普通高等教育精编法学教材

民事诉讼法

CIVIL PROCEDURAL LAW

张艳丽◎主编

撰稿人（以撰写章节的先后为序）

张艳丽 王秋兰 史 飚 于 鹏

丛青茹 周建华 蔡颖慧

北京大学出版社
PEKING UNIVERSITY PRESS

图书在版编目(CIP)数据

民事诉讼法/张艳丽主编.—北京:北京大学出版社,2013.9
(普通高等教育精编法学教材)
ISBN 978-7-301-23178-4

Ⅰ.①民… Ⅱ.①张… Ⅲ.①民事诉讼法-法的理论-中国-高等学校-教材
Ⅳ.①D925.101

中国版本图书馆 CIP 数据核字(2013)第 207126 号

书　　名:民事诉讼法
著作责任者:张艳丽　主编
策 划 编 辑:孙战营
责 任 编 辑:孙战营
标 准 书 号:ISBN 978-7-301-23178-4/D·3413
出 版 发 行:北京大学出版社
地　　址:北京市海淀区成府路 205 号　100871
网　　址:http://www.pup.cn
新 浪 微 博:@北京大学出版社
电 子 信 箱:law@pup.pku.edu.cn
电　　话:邮购部 62752015　发行部 62750672　编辑部 62752027
出版部 62754962
印　刷　者:北京鑫海金澳胶印有限公司
经　销　者:新华书店
730 毫米×980 毫米　16 开本　44.25 印张　794 千字
2013 年 9 月第 1 版　2013 年 9 月第 1 次印刷
定　　价:68.00 元

本书法律、法规、司法解释及其他规范性文件全称简称对照表

全称	简称
《中华人民共和国宪法》(2004)	《宪法》
《中华人民共和国民事诉讼法》(2012)	《民事诉讼法》
《中华人民共和国民事诉讼法(试行)》(1982)	《民事诉讼法(试行)》
《中华人民共和国海事诉讼特别程序法》(1999)	《海事诉讼法》
《中华人民共和国仲裁法》(1995)	《仲裁法》
《中华人民共和国律师法》(2012 修正)	《律师法》
《中华人民共和国公证法》(2006)	《公证法》
《中华人民共和国企业破产法》(2007)	《企业破产法》
《中华人民共和国人民调解法》(2010)	《人民调解法》
《中华人民共和国劳动争议调解仲裁法》(2007)	《劳动争议调解仲裁法》
《中华人民共和国农村土地承包经营纠纷调解仲裁法》(2009)	《农村土地承包调解仲裁法》
《中华人民共和国刑事诉讼法》(2012)	《刑事诉讼决》
《中华人民共和国行政诉讼法》(1989)	《行政诉讼法》
《中华人民共和国人民法院组织法》(2007)	《人民法院组织法》
《中华人民共和国人民检察院组织法》(1983)	《人民检察院组织法》
《中华人民共和国民法通则》(1987)	《民法通则》
《中华人民共和国合同法》(1999)	《合同法》
《中华人民共和国物权法》(2007)	《物权法》
《中华人民共和国担保法》(1995)	《担保法》
《中华人民共和国公司法》(2006)	《公司法》
《中华人民共和国合伙企业法》(2006)	《合伙企业法》
《中华人民共和国产品质量法》(2000)	《产品质量法》
《中华人民共和国消费者权益保护法》(1993)	《消费者权益保护法》
《中华人民共和国国家赔偿法》(2010)	《国家赔偿法》
《中华人民共和国侵权责任法》(2009)	《侵权责任法》
《中华人民共和国海商法》(1993)	《海商法》
《中华人民共和国婚姻法》(2001)	《婚姻法》
《中华人民共和国专利法》(2008)	《专利法》

（续表）

全称	简称
《中华人民共和国商标法》(2001)	《商标法》
《中华人民共和国著作权法》(2010)	《著作权法》
《中华人民共和国公司法》(2005)	《公司法》
《中华人民共和国劳动法》(1994)	《劳动法》
《中华人民共和国劳动合同法》(2012 修正)	《劳动合同法》
《中华人民共和国农村土地承包法》(2002 年)	《农村土地承包法》
《中华人民共和国选举法》(2004)	《选举法》
《中华人民共和国工会法》(2001)	《工会法》
《中华人民共和国治安管理处罚法》(2012 修正)	《治安管理处罚法》
《中华人民共和国道路交通安全法》(2011 修正)	《道路交通安全法》
《中华人民共和国环境保护法》(1989)	《环境保护法》
《中华人民共和国海洋环境保护法》(1999)	《海洋环境保护法》
《中华人民共和国电子签名法》(2004)	《电子签名法》
《中华人民共和国香港特别行政区基本法》(1997)	《香港特别行政区基本法》
《中华人民共和国澳门特别行政区基本法》(1999)	《澳门特别行政区基本法》
《中华人民共和国涉外民事关系法律适用法》(2010)	《涉外民事关系法律适用法》
《国务院诉讼费用交纳办法》(2006)	《交费办法》
《最高人民法院〈关于修改民事案件案由规定〉的决定》(2011)	《案由规定》
《全国人大常委会关于完善人民陪审员制度的决定》(2005)	《人民陪审制度决定》
《全国人大常委会关于司法鉴定管理问题的决定》(2005)	《鉴定决定》
《最高人民法院关于适用〈中华人民共和国民事诉讼法〉若干问题的意见》(法发〔1992〕22 号)	《民诉法意见》
《最高人民法院关于民事诉讼证据的若干规定》(法释〔2001〕33 号)	《证据规定》
《最高人民法院关于适用〈关于民事诉讼证据的若干规定〉中有关举证时限的通知》(2008)	《举证时限的通知》
《最高人民法院关于民事经济审判方式改革问题的若干规定》(1998)	《审判方式改革规定》
《最高人民法院关于各高级人民法院受理第一审民事、经济纠纷案件问题的通知》(2005)	《高院受理一审案件通知》
《最高人民法院关于新疆生产建设兵团人民法院案件管辖权问题的若干规定》(2005)	《新疆建设兵团法院案件管辖权规定》

（续表）

全称	简称
《最高人民法院关于铁路运输法院案件管辖范围的若干规定》（2012）	《铁路运输法院案件管辖范围规定》
《最高人民法院关于对诉前停止侵犯专利权行为适用法律问题的若干规定》（2001）	《诉前停止侵犯专利权行为规定》
《最高人民法院关于诉前停止侵犯注册商标专用权行为和保全证据适用法律问题的解释》（2001）	《诉前停止侵犯商标专用权行为和保全证据解释》
《最高人民法院关于人民法院民事调解工作若干问题的规定》（2004）	《调解规定》
《最高人民法院关于建立健全诉讼与非诉讼相衔接的矛盾纠纷解决机制的若干意见》（2009）	《诉讼与非诉讼衔接纠纷解决意见》
《最高人民法院关于人民调解协议司法确认程序的若干规定》（2011）	《人民调解协议司法确认程序规定》
《最高人民法院关于审理涉及人民调解协议的民事案件的若干规定》（2002）	《审理涉及人民调解协议案件规定》
《最高人民法院关于严格执行案件审理期限制度的若干规定》（2000）	《审限规定》
《最高人民法院关于适用简易程序审理民事案件的若干规定》（2003）	《简易程序规定》
《最高人民法院关于适用〈中华人民共和国民事诉讼法〉审判监督程序若干问题的解释》（2008）	《审监程序解释》
《最高人民法院关于加强人民法院审判公开工作的若干意见》（2007）	《审判公开意见》
《最高人民法院关于严格执行公开审判制度的若干规定》（1999）	《公开审判规定》
《最高人民法院关于人民法院合议庭工作的若干规定》（2002）	《合议规定》
《最高人民法院关于进一步加强合议庭职责的若干规定》（2010）	《合议庭职责规定》
《最高人民法院关于改革和完善人民法院审判委员会制度的实施意见》（2010）	《人民法院审委会制度意见》
《最高人民法院关于审判人员在诉讼活动中执行回避制度若干问题的规定》（2011）	《回避规定》
《最高人民法院关于适用督促程序若干问题的规定》（2001）	《督促程序规定》
《最高人民法院关于审理民事级别管辖异议案件若干问题的规定》（2009）	《级别管辖异议规定》

（续表）

全称	简称
《最高人民法院关于受理审查民事申请再审案件的若干意见》(2009)	《受理审查民事申请再审案件意见》
《最高人民法院关于适用〈中国人民共和国民事诉讼法〉执行程序若干问题的解释》(2008)	《执行解释》
《最高人民法院关于人民法院执行工作若干问题的规定(试行)》(1998)	《执行规定》
《最高人民法院关于进一步加强和规范执行工作的若干意见》(2009)	《执行意见》
《最高人民法院关于执行权合理配置和科学运行的若干意见》(2011)	《执行权配置与运行意见》
《最高人民法院关于委托执行若干问题的规定》(2011)	《委托执行规定》
《最高人民法院关于人民法院民事执行中查封、扣押、冻结财产的若干规定》(2004)	《查封、扣押、冻结财产规定》
《最高人民法院关于人民法院民事执行中拍卖、变卖财产的若干规定》(2004)	《拍卖、变卖财产规定》
《最高人民法院关于人民法院委托评估、拍卖工作的若干规定》(2011)	《委托评估、拍卖工作规定》
《最高人民法院关于建立和完善执行联动机制若干问题的意见》(2010)	《执行联动机制意见》
《最高人民法院关于限制被执行人高消费的若干规定》(2010)	《限制被执行人高消费规定》
《最高人民法院关于依法制裁规避执行行为的若干意见》(2011)	《依法制裁规避执行行为的意见》
《最高人民法院关于涉外民事或商事案件司法文书送达问题若干规定》(2006)	《涉外民事或商事案件司法文书送达规定》
《最高人民法院关于涉港澳民商事案件司法文书送达问题若干规定》(2009)	《涉港澳送达规定》
《最高人民法院关于人民法院办理海峡两岸送达文书和调查取证司法互助案件的规定》(2011)	《海峡两岸司法互助规定》
《关于内地与香港特别行政区法院相互委托送达民商事司法文书的安排》(1999)	《内地与香港送达安排》
《最高人民法院关于内地与香港特别行政区相互执行仲裁裁决安排》(2000)	《内地与香港执行仲裁裁决安排》

（续表）

全称	简称
《最高人民法院关于内地与香港特别行政区法院相互认可和执行当事人协议管辖的民商事案件判决的安排》(2008)	《内地与香港认可和执行判决安排》
《最高人民法院关于内地与澳门特别行政区法院就民商事案件相互委托送达司法文书和调取证据的安排》(2001)	《内地与澳门送达取证安排》
《最高人民法院关于内地与澳门特别行政区相互认可和执行民商事判决的安排》(2006)	《内地与澳门认可和执行判决安排》
《最高人民法院关于内地与澳门特别行政区相互认可和执行仲裁裁决的安排》(2007)	《内地与澳门认可和执行仲裁裁决安排》
《最高人民法院关于人民法院认可台湾地区有关法院民事判决的规定》(1998)	《认可台湾地区判决规定》
《最高人民法院关于人民法院认可台湾地区有关法院民事判决的补充规定》(2009)	《认可台湾地区判决补充规定》
《最高人民法院关于涉外民事或商事案件司法文书送达问题若干规定》(2006)	《涉外送达规定》
《最高人民法院关于涉台民事诉讼文书送达的若干规定》(2008 年)	《涉台送达规定》
《最高人民法院关于涉外民商事案件诉讼管辖若干问题的规定》(2002)	《涉外民商事管辖规定》
《最高人民法院关于审理涉台民商事案件法律适用问题的规定》(2010)	《涉台法律适用规定》
《中国海事仲裁委员会仲裁规则》(2004 年版)	《海事仲裁规则》
《中国国际经济贸易仲裁委员会仲裁规则》(2012 年)	《经贸仲裁规则》
《中国国际经济贸易仲裁委员会金融争议仲裁规则》(2008 年版)	《金融仲裁规则》

前　言

民事纠纷是社会主要的纠纷种类，民事诉讼是最终有效地解决民事纠纷的方式，民事诉讼法又是国家的基本法律之一。在我国实行依法治国的新形势下，为适应社会经济的发展和司法实践的需要，2012 年 8 月 31 日，第十一届全国人大常委会第二十八次会议通过了《关于修改〈中华人民共和国民事诉讼法〉的决定》，新的《民事诉讼法》于 2013 年 1 月 1 日起施行。依据新修订的《民事诉讼法》和相关司法解释，结合我国民事司法改革和审判实践，我们组织编写了此本《民事诉讼法》教材。本教材主要用于法学本科和非法学法律硕士专业学位研究生的日常教学和培养。

如何编写一部好的民事诉讼法教材，我们主要考虑了如下因素：第一，教材对于学生至关重要。对于编者而言，编写教材的责任、压力、难度和艰辛可能数倍于撰写学术专著或论文。因为对学术性创作而言，一句“文责自负”还可以为自己开脱；而对于教材而言，稍有懈怠，就有可能误人子弟。教材是初学法律的学生步入法学殿堂的引路人，是其学习法律的指明灯和向导。因此，一部好的民事诉讼法教材，既要高屋建瓴地全面、系统地展示该学科的理论体系，又要深入浅出地将对于初学者而言晦涩难懂的法理、原则、制度、概念等解释清楚。第二，民事诉讼法不仅是法学专业本科教育阶段的主干核心课程之一，更为重要的是它是一门理论与实践结合非常紧密的学科。因此，一部高质量的民事诉讼法教材，还应该在诉讼理论与诉讼实践、程序规则与诉讼现象之间架起桥梁，帮助学生从诉讼现象入手理解民事诉讼和民事诉讼法。法律的抽象规定只有和具体的案件事实结合起来，才具有生命力。第三，立足民事诉讼法基本理论和知识，体现我国民事诉讼法最新理论、立法和司法研究成果。自 1982 年《中华人民共和国民事诉讼法(试行)》颁布以来，我国民事诉讼法学研究有了长足的发展，尤其是近年来，更是呈现出欣欣向荣的景象。许多在学术界有重要影响的学者满腔热情地投身学术研究和实践，更多崭露头角的年轻学人迅速成长起来，许多高质量的研究成果雨后春笋般地涌现。随着民事诉讼理论研究的日新月异，民事诉讼立法也在不断推进。自 2007 年针对困扰司法实践的“申诉难”“执行难”问题对《民事诉讼法》进行局部修改后，2012 年 8 月 31 日全国人大常委会又通过了《关于修改〈中华人民共和国民事诉讼法〉的决定》,对《民事诉讼法》进行了较为全面的修改,本次修正所涉范围较广,修改和增加的条文多达八十多处,增设了许多新的诉讼制度,也吸纳了司法实践中运行效果良好的一些政策和措施。主要内容包括:完善诉讼与调解相衔接机制,增加了司法确认程序;进一步保障当事人诉讼权利,包括完善起诉和受理程序、完善开庭前准备程序、增加公益诉讼制度、增加第三人撤销诉讼制度、完善保全制度、完善裁判文书公开制度;完善当事人举证制度,包括明确接收当事人提交证据材料的手续、促使当事人积极提供证据、赋予当事人启动鉴定程序的权利、增加规定人民法院确定举证期限和不按期举证的责任;完善简易程序,包括扩大简易程序适用范围、设立小额诉讼制度;强化法律监督,完善审判监督程序,包括增加监督方式、扩大监督范围、强化监督手段;完善执行程序,包括强化执行措施、加强执行监督、将不予执行仲裁裁决标准与《仲裁法》规定的申请撤销仲裁裁决的审查标准相统一。本教材紧跟我国最新的立法动态,体现了民事诉讼法学理论和司法研究的最新成果。

呈现在读者面前的这本《民事诉讼法》正是本着上述宗旨编写完成的。本教材有如下几个特点:第一,在结构安排上,尊重传统,力求突破。亦即,根据民事诉讼法学的逻辑结构和各部分的相对独立性分编设章,将全书分为总论、诉讼程序论、非讼程序论、执行程序论、涉港澳台及涉外程序五编,共二十五章,既与民事诉讼法学的基本原理相符,也从结构上消除了纯粹的注释法学的痕迹。第二,在编写体例上,遵循惯例,丰富手段。本书遵循学术惯例,按照编、章、节的条例安排内容,同时丰富教与学的手段,每章由正文、案例精选、思考问题、法条链接、扩展阅读五部分组成。除此之外,在每一章正文之前,还增加了本章内容的核心提示,以有助于学生提纲挈领地了解全章内容。如此安排,可以让学生在掌握基本理论和基础知识的同时,获取与本章内容相关的经典论文、著作和案例的基本信息,将知识的灌输与运用以及学术研究的引导有机地衔接起来,极大地提高教材的效用。第三,在内容和知识体系上,立足于民事诉讼法学基本理论的主流观点的同时,兼顾前沿问题,同时反映民事诉讼法学研究的新进展和最新的立法、司法动态。本教材在编写过程中,充分考虑了本科生和非法学法律硕士研究生民事诉讼法学教学的目的和要求,力求做到内容覆盖全面、知识介绍准确、分析透彻充分、语言简洁明快。

本书由北京理工大学和中国政法大学具有多年民事诉讼法教学和研究经验的骨干教师编写,充分发挥了各位编者的学术擅长,同时注重保持教材内在的逻辑严谨性和整体风格的协调,使得七人之作更似一人之功。本书作者简介及分工如下(以撰写的章节先后为序):张艳丽,北京理工大学法学院教授、博士生导师,法学博士,本书主编,撰写第一、四、十七章。王秋兰,中国政法大学民商经济法学院副教授,撰写第二、三、五、七章。史飚,中国政法大学民商经济法学院副教授,法学博士,撰写第六、十八、十九、二十章。于鹏,北京理工大学法学院副教授,法学博士,撰写第八、九章。丛青茹,北京理工大学法学院讲师,法学博士,撰写第十、十六、二十一、二十二章。周建华,北京理工大学法学院讲师,法学博士,撰写第十一、十二、十三、十四章。蔡颖慧,北京理工大学法学院讲师,法学博士,撰写第十五、二十三、二十四、二十五章。

凭着对法学教育和民事诉讼法学专业的一往情深,本书编者走到一起,通力合作、数易其稿,最终完成了这本教材。感谢北京大学出版社和本书责任编辑孙战营女士的鼎力支持,使得这本教材得以顺利出版。虽然在撰写过程中力求严谨,但错讹和不足之处实属难免,还期望学界同仁不吝赐教,以期将来修订时改进。

张艳丽　谨识

2013年9月6日于北京海淀世纪城

目　录

第一编　总　　论

第一章　民事诉讼与民事诉讼法 …………………………………… (1)
　　第一节　民事纠纷及其解决机制 …………………………………… (3)
　　第二节　民事诉讼 …………………………………… (18)
　　第三节　民事诉讼法 …………………………………… (27)
第二章　民事诉讼法的基本原则 …………………………………… (39)
　　第一节　基本原则概述 …………………………………… (41)
　　第二节　当事人诉讼权利平等原则 …………………………………… (42)
　　第三节　辩论原则 …………………………………… (44)
　　第四节　诚实信用原则 …………………………………… (48)
　　第五节　处分原则 …………………………………… (52)
　　第六节　法院调解原则 …………………………………… (55)
　　第七节　民事检察监督原则 …………………………………… (58)
第三章　民事审判基本制度 …………………………………… (65)
　　第一节　概述 …………………………………… (67)
　　第二节　公开审判制度 …………………………………… (67)
　　第三节　合议制度 …………………………………… (70)
　　第四节　回避制度 …………………………………… (73)
　　第五节　两审终审制度 …………………………………… (76)
第四章　民事审判权 …………………………………… (83)
　　第一节　民事审判权概述 …………………………………… (85)

第二节　民事审判权的运行 …………………………… (93)

第五章　民事诉权与诉 …………………………… (101)

第一节　民事诉权 …………………………… (103)

第二节　民事之诉 …………………………… (106)

第三节　诉的利益 …………………………… (110)

第四节　诉的标的 …………………………… (112)

第五节　反诉 …………………………… (118)

第六节　诉的合并和变更 …………………………… (120)

第六章　受案范围和管辖 …………………………… (125)

第一节　法院受理民事案件的范围 …………………………… (127)

第二节　管辖概述 …………………………… (131)

第三节　级别管辖 …………………………… (134)

第四节　地域管辖 …………………………… (140)

第五节　共同管辖与选择管辖 …………………………… (150)

第六节　协议管辖 …………………………… (151)

第七节　裁定管辖 …………………………… (154)

第八节　管辖权异议与管辖恒定 …………………………… (158)

第七章　民事诉讼参加人 …………………………… (165)

第一节　诉讼当事人概述 …………………………… (167)

第二节　共同诉讼 …………………………… (174)

第三节　代表人诉讼 …………………………… (179)

第四节　民事公益诉讼 …………………………… (183)

第五节　第三人诉讼 …………………………… (189)

第六节　诉讼代理人 …………………………… (198)

第八章　民事诉讼证据 …………………………… (207)

第一节　民事诉讼证据概述 …………………………… (209)

第二节　民事诉讼证据的种类 …………………………… (217)

第三节　证据保全 …………………………… (241)

第四节　人民法院调查收集证据 …………………………… (244)

第九章　证明 …………………………… (257)

第一节　证明对象 …………………………… (259)

第二节　证明责任 …………………………… (268)

第三节　证明标准 ………………………………………………（280）
第四节　举证时限与证据交换 …………………………………（288）
第五节　质证与认证 ……………………………………………（296）
第六节　证明妨碍及其救济与制裁 ……………………………（303）

第十章　诉讼保障机制 ………………………………………（321）
第一节　期间与送达 ……………………………………………（323）
第二节　对妨害民事诉讼的强制措施 …………………………（330）
第三节　保全与先予执行 ………………………………………（335）
第四节　诉讼费用与司法救助 …………………………………（341）

第二编　诉讼程序论

第十一章　第一审普通程序 …………………………………（353）
第一节　第一审普通程序概述 …………………………………（355）
第二节　起诉和受理 ……………………………………………（356）
第三节　审前准备程序 …………………………………………（363）
第四节　开庭审理 ………………………………………………（367）
第五节　案件审理中几种特殊情况的处理 ……………………（373）

第十二章　法院调解 …………………………………………（383）
第一节　法院调解概述 …………………………………………（385）
第二节　法院调解的原则 ………………………………………（390）
第三节　法院调解的实施 ………………………………………（394）
第四节　调解协议及其效力 ……………………………………（399）

第十三章　简易程序与小额诉讼程序 ………………………（409）
第一节　简易程序概述 …………………………………………（411）
第二节　简易程序的具体适用 …………………………………（415）
第三节　小额诉讼程序 …………………………………………（419）

第十四章　第二审程序 ………………………………………（429）
第一节　第二审程序概述 ………………………………………（431）
第二节　上诉的提起和受理 ……………………………………（434）
第三节　上诉案件的审理 ………………………………………（437）
第四节　上诉案件的裁判 ………………………………………（440）

第十五章　民事裁判 ……………………………………………… (449)
第一节　民事判决 ……………………………………………… (451)
第二节　民事裁定 ……………………………………………… (455)
第三节　民事决定 ……………………………………………… (460)
第四节　既判力 ………………………………………………… (462)

第十六章　再审程序 ……………………………………………… (471)
第一节　再审程序概述 ………………………………………… (473)
第二节　基于审判监督权的再审 ……………………………… (475)
第三节　基于检察监督权抗诉的再审与检察建议 …………… (477)
第四节　当事人申请再审 ……………………………………… (481)
第五节　再审事由及审查程序 ………………………………… (483)
第六节　再审案件的审理和裁判 ……………………………… (489)

第三编　非讼程序论

第十七章　非诉讼程序概述 ……………………………………… (497)
第一节　非诉讼程序与诉讼程序 ……………………………… (499)
第二节　非诉讼程序适用范围 ………………………………… (506)
第三节　我国非诉讼程序的立法完善 ………………………… (510)

第十八章　特别程序 ……………………………………………… (513)
第一节　特别程序概述 ………………………………………… (515)
第二节　选民资格案件的审理程序 …………………………… (517)
第三节　宣告公民失踪案件的审理程序 ……………………… (518)
第四节　宣告公民死亡案件的审理程序 ……………………… (520)
第五节　认定公民无民事行为能力或者限制民事行为能力案件的审理程序 ……………………………………………… (522)
第六节　认定财产无主案件的审理程序 ……………………… (524)
第七节　确认调解协议案件的审理程序 ……………………… (525)
第八节　实现担保物权案件的审理程序 ……………………… (528)

第十九章　督促程序 ……………………………………………… (533)
第一节　督促程序的概念和特点 ……………………………… (535)
第二节　支付令的申请和受理 ………………………………… (536)
第三节　支付令的发出和效力 ………………………………… (537)
第四节　支付令异议和督促程序的终结 ……………………… (540)

第二十章　公示催告程序 …………………………………………（547）
第一节　公示催告程序概念和特点 …………………………（549）
第二节　公示催告程序的申请与受理 ………………………（551）
第三节　公示催告案件的审理 ……………………………（552）
第四节　除权判决 ………………………………………（554）

第四编　执行程序论

第二十一章　执行程序总论 ………………………………………（557）
第一节　执行程序概述 ……………………………………（559）
第二节　执行程序的一般规定 ……………………………（566）
第三节　执行程序的开始 …………………………………（576）
第四节　执行程序的进行 …………………………………（577）
第五节　执行程序的结束 …………………………………（586）
第六节　执行救济 ………………………………………（588）
第二十二章　执行程序分论 ………………………………………（599）
第一节　执行措施概述 ……………………………………（601）
第二节　实现金钱债权的执行 ……………………………（602）
第三节　实现非金钱债权的执行 …………………………（611）
第四节　保障性执行措施 …………………………………（613）

第五编　涉港澳台及涉外民事诉讼程序

第二十三章　涉港澳台民事诉讼程序 ……………………………（619）
第一节　涉港澳台民事诉讼程序概述 ……………………（621）
第二节　涉港澳台民事诉讼程序的特别规定 ……………（622）
第三节　区际民事司法协助 ………………………………（625）
第二十四章　涉外民事诉讼程序 …………………………………（649）
第一节　涉外民事诉讼程序概述 …………………………（651）
第二节　涉外民事诉讼程序的一般原则 …………………（653）
第三节　涉外民事诉讼管辖 ………………………………（656）
第四节　涉外民事诉讼的期间和送达 ……………………（659）
第五节　司法协助 ………………………………………（662）
第二十五章　涉外仲裁 …………………………………………（671）
第一节　涉外仲裁概述 ……………………………………（673）
第二节　涉外仲裁程序 ……………………………………（676）

第一编　总　论

第一章　民事诉讼与民事诉讼法

民事纠纷是社会纠纷种类之一，解决民事纠纷包括诉讼和非诉讼两大机制。本章主要介绍了民事纠纷及其解决机制的多元化、民事诉讼与其他非诉讼纠纷解决机制（ADR）之间的关系、民事诉讼的含义和特征、民事诉讼的目的和理念、民事诉讼法律关系、民事诉讼法及其与其他法律部门之间的关系。

第一节　民事纠纷及其解决机制

一、民事纠纷含义和特征

纠纷,又称争议,据《辞海》解释是“纷扰”。[①] 现代社会关系由人与人之间、人与组织之间、组织与组织之间的行为和活动而形成。由于政治、经济、文化等各种原因,行为主体之间总会产生各种利益冲突和纠纷。纠纷可以分为法律纠纷和非法律纠纷,法律纠纷通过法律途径解决,非法律纠纷通过非法律途径解决。非法律纠纷是指那些不涉及法律所规定权利义务的纠纷,如道义、政治、学术纠纷等;法律纠纷又大致可分为行政纠纷、刑事纠纷和民事纠纷。行政纠纷是指涉及行政法规定的行政机关与行政相对人之间发生的有关行政权行使的纠纷;刑事纠纷是指国家、刑事被害人与犯罪人之间发生的涉及刑事权利义务的纠纷;民事纠纷是指平等主体之间发生的涉及民事权利义务的纠纷,例如合同纠纷、侵权纠纷、财产纠纷、家事纠纷等等。

民事纠纷是现代社会关系中一种重要的纠纷种类,就其本质而言是利益冲突,在法律的层面就是民事权利义务争议。与刑事纠纷和行政纠纷相比较,以民事权利义务为内容的民事纠纷有如下特征:

(1) 民事纠纷主体法律地位的平等性。民事纠纷是公民之间、法人之间、其他组织之间及他们相互之间,因财产关系和人身关系而发生的纠纷。上述民事主体之间实体法律关系地位是平等的,不存在尊卑、上下、大小、隶属之分,发生纠纷以后,在纠纷的处理过程中其法律地位是平等的。

(2) 民事纠纷内容的特定性。平等主体之间民事纠纷争议的内容仅指民事权利和义务,不同于行政权利义务和刑法上的权利义务,民事法律将这些权利和义务概括为财产权利义务和人身权利义务,即凡是民事纠纷要么是财产权利义务之争,要么是人身权利义务之争。超出此范围的将不属于民事纠纷。

(3) 民事纠纷的可处分性。基于民事纠纷主体地位的平等性和民事纠纷内容的特定性,平等的民事主体可以依据私法“意思自治原则”,对产生争议的民事权利和义务进行自由处分,即可以基于民事法律规定,出于不同理由、动机主张权利、变更权利、放弃权利。民事纠纷的可处分性决定了其与行政纠纷和刑事纠纷的本质区别。

---

① 《辞海》,上海辞书出版社 1980 年版,第 1146 页。

(4) 民事纠纷解决机制的多元性。民事纠纷的上述特征,决定了民事纠纷解决机制的多元性。由于平等的民事主体可以对民事权利和义务具有自由处分权能,因此,其平息民事纠纷的手段和途径也应该是多元化的。不同于行政纠纷和刑事纠纷,民事纠纷不仅仅可以通过诉讼方式,同时还可以通过更为广泛的非诉讼方式加以解决。民事纠纷主体既可以选择私力救济、社会救济,也可以选择公力救济;既可以选择诉讼之外的协商、调解和仲裁等解决方式,也可以选择诉讼之内的调解和审判解决方式。由于民事纠纷实行"意思自治原则",相对于行政纠纷和刑事纠纷来讲国家公权力干预较小,决定了民事纠纷主体可以在解决机制多元化前提下进行选择。

二、民事纠纷解决机制的多元化

民事纠纷的产生和存在直接影响社会关系稳定和市场经济的发展。社会学家认为纠纷是一种破坏力量,纠纷意味着失范和道德规范的失衡,犹如一种病症,造成社会结构失调和功能紊乱。① 但是,纠纷也有其正面作用,它犹如一种"清醒剂",有利于"提高社会单位的更新力和创造力水平","促进常规性冲突关系的建立","提高对现实性后果的意识程度"。② 但是,要发挥纠纷的正面作用,最终必须面对纠纷和解决纠纷。古往今来,各国都非常重视纠纷的解决和平息。如上所述,民事纠纷解决机制是多元化的,包括私力救济、社会救济和公力救济。

(1) 私力救济,是指纠纷主体依靠自身力量解决纠纷,以达到维护自己权益的目的,包括自决和和解。自决是指纠纷主体一方凭借自己的力量使对方服从。和解是指纠纷主体双方相互妥协和让步,最终解决纠纷。二者的共同点是依靠自己的力量来解决纠纷,不需要第三者的介入,也不受任何规范制约。自力救济是最古老、最简单的民事纠纷解决机制。

(2) 社会救济,是指依靠社会力量解决民事纠纷的一种机制,包括调解(诉讼外调解)和仲裁。调解是指第三者依据一定道德和法律规范,对发生纠纷主体摆事实、讲道理,促使双方在相互谅解和让步基础上,达到最终解决纠纷的一种活动。仲裁是指纠纷主体根据有关规定和双方协议,将纠纷提交一定的机构以第三者居中裁决方式解决纠纷。调解和仲裁共同特点是第三者对纠纷处理起到重要作用。运用调解和仲裁解决纠纷标志着人类社会在解

---

① 渠敬东:《缺席与断裂——有关失范的社会学研究》,上海人民出版社1999年版,第31—38页。

② 〔美〕科赛:《社会冲突的功能》,孙立平译,华夏出版社1988年版,第17—183页。

决民事纠纷方面的进步,这种纠纷解决机制在现代法治社会不仅保留,而且得到了大力提倡和发挥。

(3) 公力救济,是指采用国家公权力处理和解决纠纷机制,包括诉讼和行政裁决。诉讼是指由国家审判机关在纠纷主体参加下,处理和解决纠纷的一种最终和最有效的机制。行政裁决是指由国家行政机关基于法律规定处理和解决民事纠纷的制度。诉讼和行政裁决的共同特点是由国家公权力机关参与处理和解决纠纷。诉讼的特点包括:一是国家的强制性,二是严格的规范性,诉讼必须严格按照法律规范进行。现代社会采用公力救济解决纠纷机制,能够使纠纷得到最公正、最合理的解决。

针对现代社会的民事纠纷,各国法律在提高司法效率,降低司法成本原则下,根据纠纷的具体情况,尽量采用耗时短、成本低的纠纷解决手段。尤其是针对西方国家民事诉讼制度运行耗时耗力浪费成本的特定背景,美国在20世纪80年代掀起了一场减少诉讼,以调解或和解来替代诉讼解决纠纷方式的浪潮,即所谓的ADR(Alternative Dispute Resolution)。我国自20世纪80年代司法改革开始至今,也开始重视和提倡民事纠纷解决机制的多元性,大体上可概括为两大类,一是民事纠纷的非诉讼解决机制,二是民事纠纷的诉讼解决机制。

三、当事人程序选择权

基于民事纠纷解决机制的多元化,以及民事纠纷当事人意思自治和程序主体原则,赋予当事人充分的程序选择权是很有必要的。目前,各国法律和制度通过对不同纠纷解决机制的权衡和比较,从提高解决纠纷效率和效力角度出发,都赋予当事人程序选择权,许可纠纷主体根据法律规定和自身利益需求,选择相应的纠纷解决机制。

(一) 民事程序选择权的界定

所谓民事程序选择权,是指导当事人在法律规定的范围内,选择纠纷解决方式,在诉讼过程中选择有关程序及与程序有关事项的权利。[①] 民事程序选择权主体是当事人,必须以存在两种以上的、功能相当的程序机制为前提,主要通过当事人之间在充分权衡其实体利益和程序利益基础上所达成合意来实现。

民事程序选择权直接源于程序主体性原则。"依上述国民之法主体性、

① 关于"民事程序选择权"参见邱联恭:《程序选择权之法理》,载《民事诉讼法之研讨》(四),台湾三民书局1993年版,第569—580页。

程序主体性原则及程序主体权等原则,纷争程序当事人即程序主体,亦应为参与形式、发现及适用'法'之主体。"[①]所谓程序主体性,是指当事人在纠纷过程中应当居于主体而不是客体地位,诉讼的进程主要由当事人诉讼行为而不是法院职权行为推进。目前,民事程序主体性原则已基本成为多国公认的一项宪法和诉讼法原则。由此,可以认为当事人在诉讼中必然有意思自由,必然有处分自己实体利益和程序利益的权利,民事程序选择权作为一项程序权利,是立法充分尊重当事人意思自由,对当事人进行程序关怀的体现。它强调当事人在诉讼活动中的主观积极性,鼓励当事人选择对自己最有利的程序,实现自己利益的最大化。基于程序主体性,当事人有权使用简便、快捷的程序或避免使用无实益之程序的权利。

(二)民事程序选择权的种类

民事程序选择权有广义和狭义之分,广义是指民事纠纷主体可以选择诉讼纠纷解决方式或非诉讼纠纷解决方式,狭义是指民事纠纷主体可以在诉讼程序中选择各种纠纷解决程序和程序相关事项权利。在此我们采纳广义民事程序选择权概念,归纳各国民事程序选择权主要有如下几种:(1)选择民事纠纷解决方式的权利。各国民事程序法一般都奉行"不告不理"原则,在发生民事纠纷时,当事人可选择诉讼、仲裁、民间调解等方式解决其纠纷。(2)选择管辖法院的权利。(3)选择简易程序与普通程序权利。(4)选择第一审程序与第二审程序的权利。(5)选择结案方式的权利。这是各国普遍规定的一种民事程序选择权。它是指当事人在诉讼过程中,选择以判决、调解、和解、撤诉方式结案的权利。(6)选择诉讼程序与非诉讼程序的权利。各国民事诉讼法基于纠纷的诉讼和非诉讼属性,基本上设置相应的诉讼和非诉讼程序,当事人可以根据案件性质选择相应的诉讼程序和非诉讼程序解决纠纷,例如,对于某些债权关系案件,债权人可以选择督促程序或一般诉讼程序解决。(7)选择言词审理与书面审理的权利。对某些案件允许当事人合意选择言词审理,法院亦得依职权采用书面审理方式。(8)选择公开审理或不公开审理的权利。(9)其他民事程序选择权。这一类民事程序多见于商法中,如各国普遍规定,在破产程序中,债权人有选择和解、重整与破产清算的权利。又如在票据丧失后,允许当事人选择票据诉讼、公示催告程序、请求挂失止付等程序。

---

① 参见邱联恭:《程序选择权之法理》,载《民事诉讼法之研讨》(四),台湾三民书局1993年版,第579页。

(三) 我国民事程序选择权的立法和完善

我国立法赋予了当事人一定范围的民事程序选择权,依据现行《民事诉讼法》《仲裁法》《人民调解法》《劳动争议调解仲裁法》等法律法规规定,在民事纠纷发生后,当事人可以选择调解、仲裁或者诉讼方式解决纠纷,并在诉讼程序中赋予了当事人选择管辖法院、选择简易程序和普通程序、选择以调解、撤诉或判决结案、选择督促程序与普通诉讼程序、选择公开审理和不公开审理等权利。但是,比较国外有关立法,我国赋予当事人程序选择权范围还比较窄,有关诉讼制度、调解制度、仲裁制度还存在一些立法上的不足,诉讼与非诉讼纠纷解决机制的衔接上还存在一些问题。面对我国民事纠纷现状,传统的纠纷解决机制难以适应,必须对现行诉讼和非诉讼纠纷解决机制予以完善,从实质上赋予当事人行之有效的民事程序选择权,同时保护当事人民事实体和程序权益。

四、民事纠纷的非诉讼解决机制

(一) 非诉讼纠纷解决机制特点

非诉讼纠纷解决机制,可称为替代诉讼解决纠纷机制,通常认为非诉讼纠纷解决机制有广义和狭义之分[①],广义是指除了诉讼外解决民事纠纷的各种方式、程序和制度的总称,狭义是指诉讼程序之内解决民事非讼案件的特别非诉讼程序。在此我们说明的是广义上的非诉讼纠纷解决机制。与诉讼相比,作为非诉讼纠纷解决机制具有以下特点[②]:(1) 替代性。在纠纷的解决上,非诉讼纠纷解决机制是对诉讼或审判方式的替代。(2) 选择性。非诉讼纠纷解决机制是以当事人自愿选择为前提,即是否选择非诉讼纠纷解决方式,或选择何种非诉讼纠纷解决方式都取决于当事人的自愿选择。(3) 优越性。与诉讼方式相比,非诉讼纠纷解决方式能够克服诉讼解决纠纷的刚性,降低纠纷解决成本,方便当事人纠纷的尽快解决。

(二) 非诉讼纠纷解决机制的类型和方式

非诉讼纠纷解决机制是指除了诉讼方式之外,所有公力和私力解决民事纠纷的方式。纵观世界各国和地区,关于非诉讼纠纷解决机制,可以做如下类型和方式上的划分:

在类型上,可以对非诉讼纠纷解决机制作如下分类:(1) 根据纠纷解决主体不同,可分为法院、行政机关、民间团体或民间组织、律师、国际组织等附设

① 参见范愉:《非诉讼纠纷解决机制研究》,中国人民大学出版社 2000 年版,第 12 页。
② 参见张卫平:《民事诉讼法》,中国人民大学出版社 2011 年版,第 4 页。

的非诉讼纠纷解决机制。(2) 根据纠纷处理结果效力不同,可分为有权申请法院强制执行和无权申请法院强制执行的非诉讼纠纷解决机制。(3) 根据所解决纠纷的性质,可分为普通纠纷、特定纠纷的非诉讼纠纷解决机制。例如,对于劳动纠纷、医疗纠纷、交通事故纠纷、家事纠纷等特殊纠纷,可能由政府或民间组织专门机构和人员进行专门处理和解决。①

在方式上,可以对非诉讼纠纷解决机制作如下分类:(1) 协商。又称和解,是历史最悠久、使用最广泛的民事纠纷解决方式,指通过当事人之间自愿协商和谈判对话,达成解决民事纠纷的协议。协商的特点是不需要第三者的介入,只有双方当事人进行协商的过程和活动。民事纠纷可以协商解决是因为根据国家法律,当事人对民事权利和义务享有充分的处分权能,它们可以依据利益的权衡对民事权利义务作出处分行为表示,最终纠纷双方相互妥协,在协商基础上达成和解协议解决纠纷。实践当中,自愿协商不仅可以解决纠纷,还可以预防尚未发生纠纷,使大量纠纷不通过诉讼可以得到合理解决。(2) 调解。所谓调解是指在第三方主持下,依据国家法律、法规、规章和政策,对纠纷双方当事人摆事实,讲道理,促成其相互谅解,进行协商,自愿达成调解协议,消除纠纷的活动。② 调解是一种传统的民事纠纷解决方式,在现代社会仍然得到广泛的运用。目前,各国和地区都非常重视调解在解决民事诉讼中的作用,调解不仅成为解决民事纠纷的一种方式,而且成为一种非常重要的非诉讼纠纷解决制度。根据我国现行法律规定,诉讼之外调解解决民事纠纷的种类越来越多,主要包括人民调解组织调解、行政机关调解、商事调解组织调解、行业调解组织调解和其他具有调解职能组织的调解。③ 多元化的调解解决民事纠纷方式已成为我国非诉讼纠纷解决重要机制,不同部门调解协议的法律效力也在得到提高和确认。对此,我国新《民事诉讼法》第十五章特别程序第六节专门规定了申请司法确认调解协议效力程序。(3) 仲裁。所谓仲裁是指根据民事纠纷双方当事人在纠纷发生以前或以后达成的仲裁协议,在仲裁机构仲裁员主持下,对双方当事人之间纠纷居中裁决的纠纷解决方式。仲裁也是一种比较古老的非诉讼纠纷解决机制,在现代社会仲裁依然是一种被广泛使用的纠纷解决方式。各国和地区一般都通过制定独立的仲裁法来规范这种非诉讼纠纷解决方式。与其他非诉讼纠纷解决方式相比

---

① 参见范愉:《非诉讼纠纷解决机制研究》,中国人民大学出版社 2000 年版,第 17 页。

② 参见江伟、杨荣新主编:《人民调解学概论》,法律出版社 1990 年版,第 1 页。

③ 参见《诉讼与非诉讼衔接纠纷解决意见》(法发〔2009〕45 号);1994 年《仲裁法》,2011 年《人民调解法》和 2008 年《劳动争议调解仲裁法》。

较，仲裁有如下特点[1]：第一，自愿性。仲裁必须以当事人在纠纷发生前后达成的有效书面仲裁协议为前提，来排斥法院对纠纷的管辖权。第二，民间性。民商事仲裁机构应当是民间组织，系社会团体法人，无国界和地区划分，无上下级划分，当事人可以自由选择国际国内任何一个仲裁机构进行仲裁解决纠纷。第三，自治性。在仲裁程序中，当事人双方具有高度自治性，可以选择仲裁机构、仲裁员、仲裁规则、适用的实体法、约定仲裁审理方式等。第四，合法性。仲裁的民间性和自治性，并不排除仲裁应当遵守当事人约定、一裁终局等法律有关强制性规定，仲裁的有关规范是通过仲裁法来决定的，合法的仲裁裁决才具有强制执行效力。（4）其他。随着民事纠纷解决机制的多元化，除了上述非诉讼纠纷解决方式，各国和地区都产生和存在着更多的、具有自己特点的非诉讼纠纷解决方式，而且这些非诉讼纠纷解决方式存在与诉讼纠纷解决方式相互交融和衔接的状态。例如，在20世纪后半期，美国创建的民间纠纷解决机制与法院附设ADR方式，其步骤是：早期中立评价、中立专家事实发现、简易陪审团审判、小型审判、聘请法官调解、仲裁等[2]；日本建立的“和解兼辩论”“辩论兼和解”等；我国法院建立的“审前调解”中委托其他社会组织和机构的调解等。

五、民事纠纷的诉讼解决机制

（一）民事纠纷的诉讼解决机制必要性

民事纠纷是平等主体之间民事权利义务争议，涉及的是私人权益之争，因此，当事人可以依据私法“意思自治原则”选择协商、调解、仲裁等非诉讼机制解决纠纷。这些非诉讼机制化解了相当一部分社会纠纷，减少了进入到诉讼的纠纷案件数量。但是，国家的司法最终裁决原则以及非诉讼纠纷解决机制的民间性，决定了非诉讼解决纠纷结果在权威性和执行力上具有相当的局限性。因此，在很多情况下民事纠纷还是要通过民事诉讼加以解决。根据世界各国和地区经验，国家必须设立具有极高权威性的最后一道机制来解决民事纠纷，这一机制就是由国家审判机关主持进行的民事诉讼。

（二）民事纠纷的诉讼解决机制的特征

民事诉讼是国家审判机关和当事人按照民事诉讼法的规定进行，是解决民事纠纷方式中程序最为复杂、设计步骤相对科学的一种，所以，民事诉讼应当反映出解决民事纠纷的正当性，其追求的目标也是民事纠纷解决的公正和

① 参见江伟主编：《民事诉讼法》，高等教育出版社2007年版，第3页。

② See Larry L, Teply, Ralph U. Whitten, Civil Procedure, the Foundation Press, 1994, pp. 17—21.

效率。为了保证实体公正和程序公正的共同实现,民事诉讼必须有一套精密合理的程序制度构成,保证实现当事人之间的控辩、法院的居中裁判、当事人之间权利义务的最终落实等。由于国家公权力的干预和司法最终裁决原则,民事诉讼是解决民事纠纷最终、最有效的方式。

民事诉讼作为解决民事纠纷最为重要的方式也有一定的局限性,这些局限性表现在[①]:(1) 程序的运行刚性化。民事诉讼有法律规定若干制度和程序构成,民事纠纷的解决必须严格依照法律规定进行,否则就违反了程序的正当性和合法性,因此,相对其他非诉讼纠纷解决方式,民事诉讼强调刚性化特点,缺少了灵活性和方便性手段的运用。(2) 事实证据的认定形式化。民事纠纷的解决首先要对事实和证据进行认定,由于民事诉讼法强调法律上的真实,法院对案件事实和证据的认定需要合法性,因此,民事诉讼法中设定了一系列出证、质证和认证的形式要求,这些固化的形式要求很有可能影响事实认定的有效性,使事实证据的认定相对形式化。(3) 纠纷解决的成本高昂化。由于民事诉讼设计了相对复杂的程序和制度,通常情况下当事人提起民事诉讼需要耗时、耗力、耗财,经过几级审判裁决以后,有效的裁判还不一定能够得到有效的执行,因此,就社会资源和司法资源而论,民事诉讼并不是一种经济的解决纠纷的方式,相对其他非诉讼纠纷解决机制其成本是比较高昂的。但是,民事诉讼虽然存在上述局限性,却不能否定其在解决民事纠纷中巨大的价值和作用。为了克服民事诉讼的局限性,提高民事诉讼效率,现代各国民事诉讼法都基于程序相当理论,根据民事纠纷的不同性质和简易程度,设置了一个多元化和开放化的解决民事纠纷体系,民事诉讼程序的构成可以根据纠纷类型加以构建。例如,根据案件有无实质争议的诉讼和非诉讼属性,设置了诉讼程序和非诉讼程序;根据案件简易程度,设置了普通程序、简易程序、小额程序等;根据案件复杂程度和标的额大小,设置了合理的审级制度等。

六、民事纠纷诉讼与非诉讼纠纷解决机制的衔接

(一) 诉讼与非诉讼纠纷解决机制衔接的必要性

民事纠纷可以通过诉讼和非诉讼纠纷解决机制分别加以解决,但是,这两种机制并不是完全或绝对独立的,它们之间存在内在的衔接机制。实际情况往往是,有些纠纷通过非诉讼纠纷解决机制并没有得到解决,最终还是要遵守司法最终裁决原则进入到诉讼程序;有些纠纷虽然通过非诉讼纠纷解决

① 参见张卫平:《民事诉讼法》,中国人民大学出版社 2011 年版,第 3 页。

机制得到解决，但是还要经过诉讼程序中司法确认协议效力或强制执行程序才能得到最终执行。由于各国或地区诉讼与非诉讼纠纷解决机制不尽相同，所以，两者之间如何衔接法律规定也不尽相同。我国近几年非常重视扩大非诉讼纠纷解决机制的范围，加强了有关规范性立法规定，同时，从立法和司法上也重视和规范了诉讼与主要非诉讼纠纷解决机制的衔接。2009 年 7 月《诉讼与非诉讼衔接纠纷解决意见》明确规定建立健全诉讼与非诉讼相衔接纠纷解决机制的主要目标是：充分发挥人民法院、行政机关、社会组织、企事业单位以及其他各方面的力量，促进各种纠纷解决方式相互配合、相互协调和全面发展，做好诉讼与非诉讼渠道的相互衔接，为人民群众提供更多可供选择的纠纷解决方式，维护社会和谐稳定，促进经济社会又好又快发展。建立健全诉讼与非诉讼相衔接纠纷解决机制的主要任务是：充分发挥审判权的规范、引导和监督作用，完善诉讼与仲裁、行政调处、人民调解、商事调解、行业调解以及其他非诉讼纠纷解决方式之间的衔接机制，推动各种纠纷解决机制的组织和程序制度建设，促使非诉讼纠纷解决方式更加便捷、灵活、高效，为矛盾纠纷解决机制的繁荣发展提供司法保障。①

（二）诉讼与主要非诉讼纠纷解决机制的衔接

根据我国目前法律和司法解释有关规定，主要存在如下诉讼与非诉讼纠纷解决机制的衔接：

1. 民事诉讼与人民调解的衔接

人民调解是由人民调解委员会在当事人参加下对民事纠纷或轻微刑事纠纷进行调解解决的一种制度。人民调解是我国民间调解的延续和发展，在纠纷解决中起到重要作用，曾被誉为“东方经验”并被西方各国纷纷借鉴。我国规范诉讼与人民调解相衔接的法律和法规主要是 2013 年 1 月 1 日起施行的《民事诉讼法》以及 2011 年 1 月 1 日起施行的《人民调解法》。

《人民调解法》是人民调解工作的专门性法律规范，分别对调解原则、人民调解委员会、调解员、调解程序、调解协议做了细致规定。《人民调解法》第 2 条规定：本法所称人民调解，是指人民调解委员会通过说服、疏导等方法，促使当事人在平等协商基础上自愿达成调解协议，解决民间纠纷的活动。第 3 条规定：人民调解委员会调解民间纠纷，应当遵循下列原则：（一）在当事人自愿、平等的基础上进行调解；（二）不违背法律、法规和国家政策；（三）尊重当事人的权利，不得因调解而阻止当事人依法通过仲裁、行政、司法等途径维护自己的权利。第 7 条规定：人民调解委员会是依法设立的调解民间纠纷的群

① 参见《诉讼与非诉讼衔接纠纷解决意见》（法发〔2009〕45 号）。

众性组织。第 8 条第 1 款规定:村民委员会、居民委员会设立人民调解委员会。企业事业单位根据需要设立人民调解委员会。关于人民调解协议,该法第 31 条规定经人民调解委员会调解达成的调解协议,具有法律约束力,当事人应当按照约定履行。人民调解委员会应当对调解协议的履行情况进行监督,督促当事人履行约定的义务。关于民事诉讼与人民调解的衔接有两方面:一是当事人对达成的调解协议可以向人民法院起诉;二是当事人对达成的调解协议向人民法院申请司法确认。

(1) 向人民法院提起诉讼。《人民调解法》第 32 条规定:经人民调解委员会调解达成调解协议后,当事人之间就调解协议的履行或者调解协议的内容发生争议的,一方当事人可以向人民法院提起诉讼。根据该条规定,只有两类情况之下当事人可以就调解协议向人民法院提起诉讼。第一类是当事人之间对调解协议内容没有争议,而是对调解协议中义务人一方不自动履行协议,权利人一方可以向人民法院提起诉讼,以获得对协议的强制执行效力。人民法院对此类诉讼无需审理协议内容,只需查明义务人是否履行义务,并对此作出判决,该判决生效后便可作为权利人的执行根据。第二类是当事人之间对调解协议内容发生争议的,一方当事人可以向人民法院提起诉讼,要求人民法院对调解协议内容合法性进行审查,并作出判决。人民法院对此类诉讼要进行事实上的审理,与一般民事纠纷的诉讼审理一样,要对民事争议内容作出判决,判决生效后就发生强制执行效力。

(2) 向人民法院申请司法确认。《人民调解法》第 33 条规定:经人民调解委员会调解达成调解协议后,双方当事人认为有必要的,可以自调解协议生效之日起 30 日内共同向人民法院申请司法确认,人民法院应当及时对调解协议进行审查,依法确认调解协议的效力。人民法院依法确认调解协议有效,一方当事人拒绝履行或者未全部履行的,对方当事人可以向人民法院申请强制执行。人民法院依法确认调解协议无效的,当事人可以通过人民调解方式变更原调解协议或者达成新的调解协议,也可以向人民法院提起诉讼。同时,《民事诉讼法》第 194 条规定:申请司法确认调解协议,由双方当事人依照人民调解法等法律,自调解协议生效之日起 30 日内,共同向调解组织所在地基层人民法院提出。第 195 条规定:人民法院受理申请后,经审查,符合法律规定的,裁定调解协议有效,一方当事人拒绝履行或者未全部履行的,对方当事人可以向人民法院申请执行;不符合法律规定的,裁定驳回申请,当事人可以通过调解方式变更原调解协议或者达成新的调解协议,也可以向人民法院提起诉讼。从以上规定可看出,《人民调解法》和《民事诉讼法》共同规定了对调解协议的司法确认程序。这种程序属于民事诉讼中特别程序,与一般民事诉讼程序不同：第一，对调解协议的司法确认不直接涉及民事权利义务争议，只是由申请人向法院提出申请裁定确认调解协议效力；第二，对调解协议的司法确认，需由双方当事人共同向调解组织所在地基层人民法院提出申请；第三，对调解协议申请司法确认，应当在协议生效之日起30日内进行；第四，法院对司法确认调解协议申请，根据法律规定作出有效、无效裁定，裁定确认有效的调解协议，具有强制执行效力；确认无效的调解协议，裁定驳回申请，当事人可以通过调解方式变更原调解协议或者达成新的调解协议，也可以向人民法院提起诉讼。

2. 民事诉讼与仲裁的衔接

仲裁是解决民事纠纷的一种非常重要和有效的独立解决民事纠纷方式。与民事诉讼相比，由于仲裁机构的民间性和当事人的自治性，仲裁具有更大的可选择性和优越性。民商事纠纷案件当事人不仅可以自由选择仲裁机构、仲裁员，而且由于仲裁实行的是不公开和一裁终局制度，仲裁裁决一旦作出就发生法律效力。但是，基于司法最终裁决原则，仲裁与民事诉讼也存在有机的衔接关系。我国1994年颁布的《仲裁法》和《民事诉讼法》是规范仲裁与诉讼衔接的主要法律。根据现有法律规定，民事诉讼与仲裁主要衔接机制如下：

（1）有效的仲裁协议排斥人民法院对民事纠纷审判权。对于民事纠纷，除了人身关系纠纷外，其他民事或民商事纠纷仲裁机构都有仲裁权力，但是当事人要选择仲裁解决纠纷必须要有仲裁协议。根据《仲裁法》第2条规定：平等主体的公民、法人和其他组织之间发生的合同纠纷和其他财产权益纠纷，可以仲裁。同法第4条规定：当事人采用仲裁方式解决纠纷，应当双方自愿，达成仲裁协议。没有仲裁协议，一方申请仲裁的，仲裁委员会不予受理。同时第5条规定：当事人达成仲裁协议，一方向人民法院起诉的，人民法院不予受理，但仲裁协议无效的除外。同样，根据《民事诉讼法》第124条第二项规定：依照法律规定，双方当事人达成书面仲裁协议申请仲裁、不得向人民法院起诉的，告知原告向仲裁机构申请仲裁。上述规定说明，当事人之间有效的仲裁协议排除了法院对此纠纷的审判权，一方当事人要向人民法院提起诉讼的，人民法院不予受理。但是，如果当事人双方仲裁协议无效、失效或者内容不明确的、无法执行的除外。

（2）人民法院可以通过民事诉讼程序确认仲裁协议的效力。仲裁协议是否有效直接关系到此项民事纠纷是由仲裁机构裁决还是由人民法院审理的问题。对仲裁协议效力的确认仲裁机构和人民法院都有权进行，但是，以人民法院通过民事诉讼程序确认优先为原则。按照《仲裁法》第20条第1款规定:当事人对仲裁协议的效力有异议的,可以请求仲裁委员会作出决定或者请求人民法院作出裁定。一方请求仲裁委员会作出决定,另一方请求人民法院作出裁定的,由人民法院裁定。同时,按照《最高人民法院关于确认仲裁协议效力几个问题的批复》规定,仲裁机构已经先于法院接受关于确认仲裁协议效力的申请并作出决定的,法院不予受理当事人关于确认仲裁协议无效的诉讼。仲裁机构虽已接受关于确认仲裁协议效力的申请,但尚未作出决定的,法院可以受理当事人关于要求确认仲裁协议无效的诉讼,同时通知仲裁机构终止仲裁。人民法院对仲裁协议效力的确认一般是在一方当事人向人民法院提起民事诉讼,而另一方当事人以双方存在仲裁协议为由抗辩法院审判权的情况下产生。对此,人民法院首先要确认仲裁协议是否有效,然后才能决定对案件是否享有审判权。

(3) 当事人可以申请人民法院撤销仲裁裁决。仲裁实行一裁终局制度,仲裁裁决一旦作出就产生法律效力。但是,依据《仲裁法》第 58 条规定仲裁当事人如果发现仲裁裁决具有法定可撤销理由的,可以向仲裁委员会所在地的中级人民法院申请撤销裁决。根据我国《仲裁法》规定仲裁裁决分为国内仲裁机构作出的仲裁裁决和涉外仲裁机构作出的仲裁裁决,对两种裁决可以撤销的理由仲裁法做了不同规定。对国内仲裁裁决可撤销的理由,《仲裁法》第 58 条做了规定[①],对涉外仲裁裁决可撤销的理由,《仲裁法》第 70 条作了规定。[②] 同时,根据《仲裁法》第 59 条、第 60 条、第 61 条规定:当事人申请撤销裁决的,应当自收到裁决书之日起 6 个月内提出。人民法院应当在受理撤销裁决申请之日起两个月内作出撤销裁决或者驳回申请的裁定。人民法院受理撤销裁决的申请后,认为可以由仲裁庭重新仲裁的,通知仲裁庭在一定期限内重新仲裁,并裁定中止撤销程序。仲裁庭拒绝重新仲裁的,人民法院应

---

① 参见我国《仲裁法》第 58 条规定:当事人提出证据证明裁决有下列情形之一的,可以向仲裁委员会所在地的中级人民法院申请撤销裁决:(一) 没有仲裁协议的;(二) 裁决的事项不属于仲裁协议的范围或者仲裁委员会无权仲裁的;(三) 仲裁庭的组成或者仲裁的程序违反法定程序的;(四) 裁决所根据的证据是伪造的;(五) 对方当事人隐瞒了足以影响公正裁决的证据的;(六) 仲裁员在仲裁该案时有索贿受贿,徇私舞弊,枉法裁决行为的。人民法院经组成合议庭审查核实裁决有前款规定情形之一的,应当裁定撤销。人民法院认定该裁决违背社会公共利益的,应当裁定撤销。

② 参见我国《仲裁法》第 70 条规定:当事人提出证据证明涉外仲裁裁决有《民事诉讼法》第 260 条第 1 款(相对于 2013 年 1 月 1 日实施的《民事诉讼法》第 274 条规定:对中华人民共和国涉外仲裁机构作出的裁决,被申请人提出证据证明仲裁裁决有下列情形之一的,经人民法院组成合议庭审查核实,裁定不予执行:(一) 当事人在合同中没有订有仲裁条款或者事后没有达成书面仲裁协议的;(二) 被申请人没有得到指定仲裁员或者进行仲裁程序的通知,或者由于其他不属于被申请人负责的原因未能陈述意见的;(三) 仲裁庭的组成或者仲裁的程序与仲裁规则不符的;(四) 裁决的事项不属于仲裁协议的范围或者仲裁机构无权仲裁的。人民法院认定执行该裁决违背社会公共利益的,裁定不予执行)规定的情形之一的,经人民法院组成合议庭审查核实,裁定撤销。

当裁定恢复撤销程序。人民法院撤销仲裁裁决是一种特别程序，对于法院作出的撤销裁决或者驳回申请的裁定，当事人不能上诉，也不能申请再审。仲裁裁决被人民法院撤销后，当事人可以重新达成仲裁协议进行仲裁，也可以直接向人民法院提起民事诉讼。

（4）当事人可以申请人民法院不予执行仲裁裁决。仲裁裁决作出以后就产生强制执行效力。根据《仲裁法》第62条规定：当事人应当履行裁决。一方当事人不履行的，另一方当事人可以依照民事诉讼法的有关规定向被执行人所在地或被执行的财产所在地人民法院申请执行。受申请的人民法院应当执行。与当事人申请撤销仲裁裁决一样，我国《仲裁法》对国内仲裁机构作出的仲裁裁决和涉外仲裁机构作出的仲裁裁决，可以申请不予执行的理由也做了不同规定。对国内仲裁裁决申请不予执行的理由，《仲裁法》第63条做了规定①；对涉外仲裁裁决申请不予执行的理由，《仲裁法》第71条做了规定。② 根据《民事诉讼法》第237条和第275条共同规定：仲裁裁决被人民法院裁定不予执行的，当事人可根据双方达成的书面仲裁协议重新申请仲裁，也可以向人民法院起诉。

3. 民事诉讼与劳动争议调解仲裁的衔接

劳动争议调解仲裁是我国解决境内企业和职工之间劳动纠纷的法律制度。规范民事诉讼和劳动争议调解仲裁的法律是2008年5月1日起施行的《劳动争议调解仲裁法》。根据《劳动争议调解仲裁法》第5条规定：发生劳动争议，当事人不愿协商、协商不成或者达成和解协议后不履行的，可以向调解

---

① 参见我国《仲裁法》第63条：被申请人提出证据证明裁决有《民事诉讼法》第217条第2款（相对于2013年1月1日实施的《民事诉讼法》第237条规定：对依法设立的仲裁机构的裁决，一方当事人不履行的，对方当事人可以向有管辖权的人民法院申请执行。受申请的人民法院应当执行。被申请人提出证据证明仲裁裁决有下列情形之一的，经人民法院组成合议庭审查核实，裁定不予执行：（一）当事人在合同中没有订有仲裁条款或者事后没有达成书面仲裁协议的；（二）裁决的事项不属于仲裁协议的范围或者仲裁机构无权仲裁的；（三）仲裁庭的组成或者仲裁的程序违反法定程序的；（四）裁决所根据的证据是伪造的；（五）对方当事人向仲裁机构隐瞒了足以影响公正裁决的证据的；（六）仲裁员在仲裁该案时有贪污受贿，徇私舞弊，枉法裁决行为的。人民法院认定执行该裁决违背社会公共利益的，裁定不予执行）规定的情形之一的，经人民法院组成合议庭审查核实，裁定不予执行。

② 参见我国《仲裁法》第71条规定：被申请人提出证据证明涉外仲裁裁决有《民事诉讼法》第260条第1款（相对于2013年1月1日实施《民事诉讼法》第274条规定：对中华人民共和国涉外仲裁机构作出的裁决，被申请人提出证据证明仲裁裁决有下列情形之一的，经人民法院组成合议庭审查核实，裁定不予执行：（一）当事人在合同中没有订有仲裁条款或者事后没有达成书面仲裁协议的；（二）被申请人没有得到指定仲裁员或者进行仲裁程序的通知，或者由于其他不属于被申请人负责的原因未能陈述意见的；（三）仲裁庭的组成或者仲裁的程序与仲裁规则不符的；（四）裁决的事项不属于仲裁协议的范围或者仲裁机构无权仲裁的。人民法院认定执行该裁决违背社会公共利益的，裁定不予执行）规定的情形之一的，经人民法院组成合议庭审查核实，裁定不予执行。

组织申请调解；不愿调解、调解不成或者达成调解协议后不履行的，可以向劳动争议仲裁委员会申请仲裁；对仲裁裁决不服的，除本法另有规定的外，可以向人民法院提起诉讼。有此规定可看出，对劳动争议，当事人首先进行调解，调解不成申请仲裁，对于仲裁裁决当事人不服原则上可以向人民法院提起民事诉讼。关于民事诉讼和劳动争议调解仲裁衔接主要如下：

（1）对劳动争议仲裁不服，原则上不实行"一裁终局制"，当事人可以向人民法院提起诉讼。与一般民间仲裁不同，法律规定对多数劳动争议仲裁不实行"一裁终局制"。依据《劳动争议调解仲裁法》第 50 条规定：当事人对本法第 47 条规定以外的其他劳动争议案件的仲裁裁决不服的，可以自收到仲裁裁决书之日起 15 日内向人民法院提起诉讼；期满不起诉的，裁决书发生法律效力。

（2）对部分劳动争议仲裁，实行"一裁终局制"，裁决一旦作出就发生法律效力。依据《劳动争议调解仲裁法》第 47 条规定：下列劳动争议，除本法另有规定的外，仲裁裁决为终局裁决，裁决书自作出之日起发生法律效力：（一）追索劳动报酬、工伤医疗费、经济补偿或者赔偿金，不超过当地月最低工资标准 12 个月金额的争议；（二）因执行国家的劳动标准在工作时间、休息休假、社会保险等方面发生的争议。但是，应当注意的是：第一，上述争议的一裁终局制度并不约束争议一方劳动者，劳动者对本法第 47 条规定的仲裁裁决不服的，可以自收到仲裁裁决书之日起 15 日内向人民法院提起诉讼。第二，上述争议的一裁终局结果，争议另一方用人单位只能在有法定事由情形之下，可以自收到仲裁裁决书之日起 30 日内向劳动争议仲裁委员会所在地的中级人民法院申请撤销裁决。[①] 仲裁裁决被人民法院裁定撤销的，当事人可以自收到裁定书之日起 15 日内就该劳动争议事项向人民法院提起诉讼。

（3）对不予受理或逾期未作出决定的，申请人可以向人民法院提起诉讼。劳动争议仲裁委员会收到仲裁申请之日起 5 日内，认为符合受理条件的，应当受理，并通知申请人；认为不符合受理条件的，应当书面通知申请人不予受理，并说明理由。对劳动争议仲裁委员会不予受理或者逾期未作出决定的，

---

① 参见《劳动争议调解仲裁法》第 49 条：用人单位有证据证明本法第 47 条规定的仲裁裁决有下列情形之一，可以自收到仲裁裁决书之日起 30 日内向劳动争议仲裁委员会所在地的中级人民法院申请撤销裁决（一）适用法律、法规确有错误的；（二）劳动争议仲裁委员会无管辖权的；（三）违反法定程序的；（四）裁决所根据的证据是伪造的；（五）对方当事人隐瞒了足以影响公正裁决的证据的；（六）仲裁员在仲裁该案时有索贿受贿、徇私舞弊、枉法裁决行为的。人民法院经组成合议庭审查核实裁决有前款规定情形之一的，应当裁定撤销。

申请人可以就该劳动争议事项向人民法院提起诉讼。[①]

（4）对逾期未作出仲裁裁决的，当事人可以向人民法院提起诉讼。仲裁庭裁决劳动争议案件，应当自劳动争议仲裁委员会受理仲裁申请之日起45日内结束。案情复杂需要延期的，经劳动争议仲裁委员会主任批准，可以延期并书面通知当事人，但是延长期限不得超过15日。逾期未作出仲裁裁决的，当事人可以就该劳动争议事项向人民法院提起诉讼。[②]

（5）当事人可以申请法院先予执行。仲裁庭对追索劳动报酬、工伤医疗费、经济补偿或者赔偿金的案件，根据当事人的申请，可以裁决先予执行，移送人民法院执行。[③]

（6）当事人可以申请法院依照《民事诉讼法》强制执行。当事人对发生法律效力的调解书、裁决书，应当依照规定的期限履行。一方当事人逾期不履行的，另一方当事人可以依照民事诉讼法的有关规定向人民法院申请执行。受理申请的人民法院应当依法执行。[④]

（7）对仲裁前由调解组织主持达成的部分调解协议，劳动者可以向法院申请支付令。根据《劳动争议调解仲裁法》规定，发生劳动争议，当事人可以到有关调解组织申请调解。调解协议书由双方当事人签名或者盖章，经调解员签名并加盖调解组织印章后生效，对双方当事人具有约束力，当事人应当履行。因支付拖欠劳动报酬、工伤医疗费、经济补偿或者赔偿金事项达成调解协议，用人单位在协议约定期限内不履行的，劳动者可以持调解协议书依法向人民法院申请支付令。人民法院应当依法发出支付令。[⑤]

4. 民事诉讼与行政调解和裁决的衔接

行政调解和裁决是指行政机关或具有行政职能机构处理和解决特定民事纠纷的制度。我国行政机关除了行使行政管理权之外，历来承担着处理和解决社会纠纷的职能和作用，它们根据有关法律和法规的规定，通过行政调解、决定或裁定等方式，解决一定范围内民事纠纷。行政机关调解或裁决应当属于国家行政权获准司法权行使的结果，应当具有法律效力。但是，随着法治化进程的深入，为了防止行政机关滥用权力干涉私权，对于行政机关调解或裁决解决的民事纠纷，根据有关现行法律法规规定，限制了其法律上的

① 参见《劳动争议调解仲裁法》第29条规定。
② 参见《劳动争议调解仲裁法》第43条规定。
③ 参见《劳动争议调解仲裁法》第44条规定。
④ 参见《劳动争议调解仲裁法》第51条规定。
⑤ 参见《劳动争议调解仲裁法》第10条、第14条、第16条规定。

终局性和强制执行效力。[1] 在行政机关没有达成调解协议或当事人不履行调解协议的,允许当事人提起民事诉讼。目前我国这类行政调处主要包括:公安机关《治安管理处罚法》(第9条)对造成他人人身和财产损失等赔偿处理;《道路交通安全法》(第74条)交通事故处理涉及的损害赔偿纠纷;以及各主管行政机关依据《医疗事故处理条例》(第46条)、《专利法》(第57条)、《商标法》(第53条)等法律明文规定处理的民事纠纷。值得注意的是:行政机关调解和解决民事纠纷,必须要有法律明文规定,否则,行政机关不得调解和裁决民事纠纷,以免行政机关滥用权力损害民事纠纷主体权益;同时,在调解中不得以行政权力强制解决纠纷,只能以中立第三者身份进行调解。

第二节　民事诉讼

一、民事诉讼含义和特征

(一)民事诉讼含义

民事诉讼是一种公力解决民事纠纷方式,是国家为保护公民、法人和其他组织民事权益设立的一项司法制度。民事诉讼是指国家审判机关在当事人和其他诉讼参与人参加下,审理民事纠纷案件的活动,以及由这些活动所产生的各种法律关系。民事诉讼有广义和狭义之分,广义民事诉讼是指国家审判机关依照民事诉讼法审理解决民事纠纷,以及保障实现民事权利义务程序,既包括审判程序,又包括执行程序;狭义民事诉讼是指只包括国家审判机关审理解决民事纠纷审判程序,不包括执行程序;最狭义的民事诉讼是指国家审判机关审理解决的只是对立双方当事人之间具有民事权利义务争议的纠纷程序,即诉讼程序,而不包括非对立双方当事人之间按照特别程序(或非诉讼程序)审理解决的特别事件,如宣告失踪死亡、认定财产无主、司法确认、督促程序、公示催告程序等,即非诉讼程序。我国现行《民事诉讼法》适用的是广义上的民事诉讼程序。

民事诉讼包括诉讼活动和诉讼法律关系两方面内容。诉讼活动既包括法院审判活动,如受理案件、审核证据、采取强制措施、作出裁判等,也包括当事人和其他诉讼参与人的诉讼活动,如原告起诉、被告应诉答辩,证人出庭作证等。诉讼法律关系是指法院和一切诉讼参与人之间在诉讼过程中形成的诉讼权利义务关系。如原告起诉后,法院经过审查认为符合起诉条件裁定予

---

① 参见范愉:《非诉讼纠纷解决机制研究》,中国人民大学出版社2000年版,第541页。

以受理，法院与原告之间产生了诉讼法律关系；法院在受理案件以后，并在法定期限内将起诉状副本送达被告，便与被告之间形成了诉讼法律关系。

（二）民事诉讼特征

民事诉讼是解决民事纠纷最为重要的方式，与前述和解、调解、仲裁等其他非诉讼解决纠纷方式相比较，民事诉讼有如下特征：

1. 民事诉讼解决纠纷的特定性。民事诉讼解决纠纷是民事诉讼法规定的平等主体之间财产关系和人身关系纠纷，不属于法院主管范围之内的其他纠纷不能适用民事诉讼程序处理。如伦理上冲突、政治上争议、宗教和科学纠纷等不属于民事诉讼调整对象。另外，对于具有民事权利义务内容的非诉讼事件，其他各国普遍做法是由法院主管，但是，一般都制定了与民事诉讼程序不同单独立法，即非诉讼程序法来处理解决此类纠纷。

2. 民事诉讼当事人处分权利的自由性。民事诉讼解决的是平等民事主体之间权益之争，对于这种权益之争当事人无论在实体上还是在程序上，都依法享有处分权利自由。在诉讼过程中，原告和被告都有权利处分其诉讼权利和实体权利。正是由于当事人的处分权，民事诉讼才形成了其特有机制，如“不告不理制度”“法官居中裁判制度”“和解和调解制度”“程序选择权制度”“申请强制执行制度”等。

3. 民事诉讼双方当事人对抗的特殊性。诉讼即意味着双方当事人的对抗性，但是，与其他纠纷解决方式不同，民事诉讼以依法协调当事人民事权利义务关系为基础，双方当事人在实体和程序上地位是平等的，所以，他们在诉讼上的对抗性也是平等的。如民事诉讼中一方当事人提起诉讼，另一方当事人可以提出反诉予以对抗；双方当事人都有提起上诉权利等。

4. 民事诉讼解决纠纷程序的法定性。与其他非诉讼解决纠纷方式相比，民事诉讼是国家司法制度的重要组成部分，是由国家审判机关依法行使裁判权的制度，为了达到公正和效率地解决纠纷目的，民事诉讼法规定了严格的程序步骤和方法，诉讼主体必须遵守法定程序进行民事诉讼。这些程序和步骤大体包括第一审程序、第二审程序、再审程序和强制执行程序，对于上述程序，法院和当事人都必须严格按照时间先后顺序依次依法进行。但是，上述程序并不是每一个民事案件必经程序，例如对一审裁判当事人不提起上诉的，一审裁判生效，就不会产生第二审程序；对生效的裁判和调解协议义务人自动履行的，也就不会产生强制执行程序。

5. 民事诉讼解决纠纷的权威性。根据“司法最终裁决原则”，相对于其他非诉讼纠纷解决方式，民事诉讼是以国家强制力为后盾，所作裁决具有终局性和强制性，当事人必须接受法院的裁判后果。民事诉讼权威性来源有二：

一是国家强制力，二是程序的合理性。公正合理的民事诉讼程序所产生的裁判结果，使得国家强制力更容易实现，最终保障了司法裁判的权威性。

二、民事诉讼模式

（一）民事诉讼模式含义

民事诉讼模式是指支持民事诉讼制度和程序运作所形成的结构中各种基本要素及其关系的抽象形式。民事诉讼模式是对民事诉讼程序及制度结构的抽象和概括，是对某一类型民事诉讼体制基本特征的揭示和对民事诉讼中最基本要素和关系的描述。法院审判行为和当事人诉讼行为之间的关系，是民事诉讼模式的核心问题。①

无论是大陆法系国家还是英美法系国家，少有学者以诉讼模式从理论上探讨和解释各国民事诉讼体制。我国学者是从20世纪80年代开始的司法制度改革开始，从强化民事诉讼中当事人地位角度，以诉讼模式来研究民事诉讼基本特征，阐明民事诉讼模式与特定的民事诉讼体制中各种具体制度相互之间关系，并提出了当事人主义与职权主义诉讼模式之分，同时倡导我国民事诉讼体制由职权主义向当事人主义诉讼模式的转换。② 研究民事诉讼模式的意义在于：解释不同体制下民事诉讼运行规律，正确处理诉讼中当事人和法院之间关系，实现民事诉讼价值目标，完善具有中国特色的民事诉讼制度。

（一）当事人主义与职权主义

基于各国不同历史文化、法律传统、政治经济体制，在民事诉讼法学领域，根据当事人和法院在诉讼程序启动、运行、裁判对象的确定、证据资料的来源等方面的不同作用，可将民事诉讼模式分为当事人主义和职权主义两种。

所谓当事人主义，是指诉讼程序启动和继续主要由当事人决定，裁判对象仅限于当事人请求范围，证据资料主要由当事人提出等。在当事人主义模式下，民事诉讼以当事人双方的积极诉讼活动为核心展开，以当事人双方主张举证而进行，法院只就当事人提出诉讼请求和根据当事人提供证据作出裁判。当事人主义诉讼模式有利于调动当事人诉讼积极性，落实当事人程序参与权，体现诉讼的民主和公正。但是，在当事人主义模式下，法院的被动和消极地位不利于发现事实真相，可能导致诉讼效率低下。

---

① 参见齐树洁主编：《民事诉讼法》（第二版），中国人民大学出版社2010年版，第11页。

② 参见张卫平：《转换的逻辑：民事诉讼体制转型分析》（修订版），法律出版社2007年版，第145—241页。

所谓职权主义,是指法院对诉讼程序启动和继续、裁判对象确定、证据资料收集等具有主动权。职权主义偏重法院职权的发挥,法官在诉讼中居于主导地位,并控制诉讼进程和裁决的产生。职权主义模式有利于发挥法官的主动性,有利于发现事实真相,有利于诉讼效率的提高。但是,职权主义模式削弱了当事人主体地位,可能导致裁判权的滥用。

(二) 我国民事诉讼模式

从传统的民事诉讼来看,我国人民法院在民事诉讼中始终起着主导作用,因此我国民事诉讼模式属于职权主义诉讼模式。在审判实践中,这一传统的诉讼模式逐渐暴露其弊端,例如,法官权力的滥用、当事人权益保障不足、开庭审理形式化、诉讼不经济等缺陷。为此,我国自 20 世纪 80 年代开始民事审判方式进行改革,1991 年 4 月 9 日颁布的《民事诉讼法》在一定程度上弱化了法院职权,强化了当事人诉权,具体表现在强化了当事人举证责任,建立了自愿调解制度等。由此,我国民事诉讼模式开始由职权主义向当事人主义转换。

然而,西方国家从 20 世纪 70 年代开始的司法制度改革恰恰与我国相反。当事人主义诉讼模式对程序公正和保障当事人主体地位具有重要作用,但是在西方法治发达国家民事诉讼程序运行过程中,当事人主义模式下当事人控制诉讼和过度对抗,也彰显了诉讼迟延和诉讼成本过高弊端。因此,西方国家民事司法改革的路径是强化了法官对诉讼程序运行的控制权,其目的在于确保当事人个人权利和社会权力的平衡,提高司法裁判效率,保障诉讼能够迅速有效进行。当然,由当事人控制诉讼向法官控制诉讼的转变,并不意味着有关西方国家从根本上改变了其诉讼模式,而只是在诉讼中法官控制诉讼色彩或倾向的增加。①

由此可见,当事人主义诉讼模式和职权主义诉讼模式孰优孰劣并不是一个绝对问题。对一个国家民事诉讼体制的评价,应当是基于一国诉讼传统和特色,从降低诉讼成本、节约诉讼期间、发现事实真相和正确适用法律角度进行。我国民事审判方式的改革是对域外先进立法和司法的借鉴,在向当事人主义诉讼模式转换过程中,应当警惕西方国家过度的当事人主义诉讼模式所带来的弊端,合理地设计民事诉讼制度。事实上,当事人主义与职权主义交错是当今许多国家在民事诉讼模式上形成的共识和发展趋势,过度对抗的当事人主义并不符合我国具体国情。② 基于三十多年民事审判制度改革经验,

① 参见齐树洁主编:《民事司法改革研究》(第三版),厦门大学出版社 2006 年版,第 56 页。

② 参见齐树洁主编:《民事程序法》,厦门大学出版社 2008 年版,第 22 页。

我国2013年1月1日实施的《民事诉讼法》在进一步理清当事人主体地位和法院审判地位基础上,确立的应该是一种符合我国国情的当事人主义和职权主义相结合的民事诉讼模式。

三、民事诉讼目的

民事诉讼目的是国家在设立民事诉讼制度时,所要求或期望达到的目标。民事诉讼目的是人们主观上要求,但是,目的的设定和实现过程中必须以客观现实为前提。关于民事诉讼的目的,在德、日等大陆法系国家和地区一直是一个民事诉讼理论重要问题,我国自20世纪后半期开始讨论民事诉讼目的理论。[①]

(一)国外学说

关于民事诉讼目的理论,国外学者主要有以下观点:

(1)权利保护说。认为民事诉讼制度目的是保护民事实体法规定的实体权利。此说为德国学者所倡导的[②],其理由是:民事诉讼制度建立是基于克服权利人因为私力救济所带来的弊端,民事诉讼制度的建立是要以国家强制力为后盾,取代私力救济方式来对权利进行保护。

(2)私法秩序维护说。认为民事诉讼制度是基于国家维护私法秩序的目的而设立。其理由是:国家为调整私人之间利害关系而制定了私法法规,建立了私法秩序,与此同时,还必须建立民事诉讼制度来维持这种私法秩序,以保障私法法规的有效性。

(3)纠纷解决说。认为民事诉讼目的就是国家通过强制力来解决民事纠纷。此学说在日本占有通说地位。其理由是:通过诉讼解决纠纷的请求限于实体法存在,不能单纯认为民事诉讼制度的建立就是维护私法秩序,民事诉讼制度并非是为实体法实现而建立的。与此相联系,诉权是原告向法院行使的要求法院作出判决,从而解决纠纷的一种权利。纠纷解决说既考虑了原告利用民事诉讼目的,也顾及了民事诉讼设立者国家的利益,因此比较好地说明了民事诉讼目的。

(4)程序保障说。认为从"正当程序"观念出发,认为民事诉讼的正当性来自其程序的正当,因此,民事诉讼制度的目的在于"为实现当事人自律性的纷争解决提供程序保障"。程序保障说从全新的诉讼理念出发,认为保障当

---

① 参见李祖军:《民事诉讼目的论》,法律出版社2000年版,第1页。

② 参见〔日〕新堂幸司:《民事诉讼法》,东京弘文堂1990年版,第1页。

事人在诉讼中平等地进行攻击和防御才是目的，判决不过是程序保障的结果。[①] 尽管程序保障说强调了程序存在的价值，但是将程序保障本身目的化以后，就可能忽视实体法价值，发现真实和迅速审理的理念也将被否定。[②]

（5）权利保障说。认为应当从宪法的角度阐述民事诉讼目的。理由是：诉讼制度所保障的权利实为实体法上的"实质权"，即法律应当保护的利益和价值，民事诉讼目的就是要保障这种"实质权"。

（6）多元说。认为对民事诉讼目的的认识，应当站在制度设置、运作者的国家和制度利用者的国民双重立场下进行，依此，纠纷的解决、法律秩序的维护、权利的保护都应当视为民事诉讼制度的目的。

（二）我国通说

基于国外有关学说，我国目前关于民事诉讼目的采用的是多元说作为通说。但是，关于多元说的解释学者表述有所不同。有学者认为：民事诉讼目的是多元的，既有程序保障的目的，又有解决纠纷以及发现真实、迅速审理的目的。虽然这些目的或价值追求在实践实现过程中存在矛盾，但是这些矛盾属于事物内部本身自然存在的冲突，是可以在实现过程中平衡的。如果硬要从这些多元目的中列出层次，应当将程序保障作为最基本和重要的目的。[③] 有学者认为：民事诉讼过程是民事诉讼法和民事实体法共同作用的过程，在现代民主和法治社会中，国家设置民事诉讼程序制度的目的，就在于为当事人提供充分、完善的程序保障，并在这种保障之下实现制定法所确定的权利义务关系和法定秩序，因此，民事诉讼目的应当既包括实体性目的也包括程序性目的，应当是以此为基础的多个目的的统一，具体而言，实体性目的包括保护实体权利和维护法律秩序等，程序性目的则主要是指为当事人提供程序保障，保护当事人程序权利和程序利益。[④] 从我国《民事诉讼法》第 2 条规定分析，我国民事诉讼目的在立法上也是倾向多元化的。[⑤]

---

① 参见〔日〕井上治典、伊藤真、佐上善和：《新民事诉讼法》，东京日本评论社 1989 年版，第 365 页。

② 同上。

③ 张卫平：《现行"民事诉讼法"的任务构成及修正》，载《法学》2006 年第 5 期。

④ 参见江伟、刘学在：《中国民事诉讼理论体系的阐释与重塑》，载樊崇义主编：《诉讼法学研究》（第 5 卷），中国检察出版社 2000 年版，第 105 页。

⑤ 参见《民事诉讼法》第 2 条规定：中华人民共和国民事诉讼法的任务，是保护当事人行使诉讼权利，保证人民法院查明事实，分清是非，正确适用法律，及时审理民事案件，确认民事权利义务关系，制裁民事违法行为，保护当事人的合法权益，教育公民自觉遵守法律，维护社会秩序、经济秩序，保障社会主义建设事业顺利进行。

四、民事诉讼理念

民事诉讼目的需要通过法院和当事人及其他诉讼参与人的诉讼行为来实现。以此,法院和当事人以何种诉讼理念来指导自己实施诉讼行为尤为重要。正确的诉讼理念不仅能够指导法院和当事人诉讼行为,也有助于正确解释和规制法院和当事人的民事诉讼法规范。现代法治社会追求的民事诉讼理念主要如下:

(1) 尊重当事人意愿。民事诉讼最大特征在于解决的是平等主体之间民事权利义务纠纷,除了涉及婚姻家庭等身份关系民事诉讼外,当事人都有处分自己权利的自由,因此,在普通民事诉讼中应当充分尊重当事人意愿。尊重当事人意愿理念贯穿整个民事诉讼过程,体现的具体诉讼制度包括不告不理、处分原则、辩论原则、自愿调解、程序选择、申请执行等。针对我国传统的职权主义诉讼模式,更应该强调尊重当事人意愿诉讼理念,弱化法院职权干预,强化当事人在民事诉讼中主体地位。

(2) 强调程序正义。在传统的诉讼理念中,人们把程序的正义仅仅视为实现实体正义的手段,只要审判结果满足了实体法的要求,审判的过程是否适当和公正是无所谓的,即使判断程序是否正义,也依赖实体正义,将程序正义局限为实体正义的附属,即所谓的重实体、轻程序。现代诉讼理念强调程序的正义,认为法律的正义包括实体正义和程序正义,没有程序正义就没有法律正义,程序及程序正义具有独立的存在价值,程序不仅具有保障实体正义实现的功能,还具有使审判结果正当化的作用。强调程序正义的表现包括:裁判者的中立、保障当事人程序参加权、保障当事人诉讼地位平等、保障当事人知情权、尊重当事人处分权、当事人不受突袭裁判、当事人有诉讼救济手段等。

(3) 追求发现真实。公正的裁判应当基于对案件事实正确认定基础之上,在民事诉讼中坚持发现真实是法院诉讼行为必须追求的理念。实现这一理念就要求法院在民事诉讼中尽可能穷尽认定事实和证据的一切方法和途径,对案件法律要件事实作出认定,并在此基础上正确适用法律。所谓"以事实为根据,以法律为准绳"。追求发现真实理念应当注意:第一,法院对真实的追求应当在保持中立原则和辩论原则指导下进行,即发现真实的行为必须在尊重当事人意思自治前提下进行,违反辩论原则将导致不必要的职权干预。第二,追求发现真实只是一种理念,在诉讼中实际情况是未必能够发现事实上的真实,当出现真伪不明情况时,法院只能按照证明责任的规范作出认定。即民事诉讼中的真实是一种法律上的真实,而不是事实上的真实。

(4) 注重诉讼效率。诉讼效率是对民事诉讼经济性的价值衡量,如果在诉讼中过度投入人力、物力、财力和时间,将使整个诉讼失去意义。诉讼效率是程序正义的组成部分,所谓“迟到的正义非正义”。注重诉讼效率是当前各国诉讼制度改革坚持的重要理念,针对诉讼程序过于复杂、审判周期长、诉讼费用高昂等弊端,各国将降低诉讼成本、简化诉讼程序作为民事诉讼制度改革重要内容。例如,德国在 20 世纪 70 年代专门制定了《诉讼简化法》。我国在新民事诉讼立法过程中也十分重视诉讼效率的提高,在原有共同诉讼制度、简易程序、督促程序、特别程序、诉讼期限等提高诉讼效率制度基础上,进一步提高了诉讼经济属性,降低诉讼成本。例如,公益诉讼制度、小额诉讼制度、司法确认程序等制度的确立,有效提高了我国民事诉讼效率。

五、民事诉讼法律关系

(一) 民事诉讼法律关系概念和特征

民事诉讼法律关系是指受民事诉讼法律、法规调整的法院、当事人及其他诉讼参与人之间存在的以诉讼权利义务为内容的具体的社会关系。这一概念应当包含以下内容:(1) 民事诉讼法律关系是民事诉讼法律和法规调整的社会关系;(2) 民事诉讼法律关系是法院与当事人和其他诉讼参与人之间,以及当事人和其他诉讼参与人之间发生的法律关系;(3) 民事诉讼法律关系内容为诉讼权利和义务。民事诉讼法律关系这一概念最早由德国学者标罗(Osker Bulow)在 1868 年的《诉讼抗辩和诉讼要件论》中提出,认为民事诉讼是双方当事人和法院之间的一种统一、逐步发展的法律上的关系,就像民事法律关系一样,其中与一方的权利相对应的是另一方的义务。[①] 该理论对大陆法系国家产生深刻影响。现代很多学者主张民事诉讼法律关系存在于所有参加诉讼成员之间,并且贯穿于民事诉讼始终。

在贯彻当事人主义与职权主义相结合的民事诉讼模式下,民事诉讼法律关系应具有如下特征:(1) 民事诉讼法律关系是由审判法律关系和争讼法律关系构成的特殊法律关系。所谓“审判法律关系”是指法院与当事人和其他诉讼参与人之间形成的,受民事诉讼法律法规所调整的具体社会关系。所谓“争讼法律关系”是指在当事人之间以及当事人与其他诉讼参与人之间形成的,受民事诉讼法律法规调整的社会关系。整个民事诉讼过程是由上述两种法律关系构成并发展。(2) 民事诉讼法律关系体现了法院审判权和当事人诉

① 参见张卫平:《程序公正实现中的冲突与衡平——外国民事诉讼研究引论》,成都出版社 1993 年版,第 55 页。

讼权利的制衡。如果没有法院审判权与当事人诉权的结合,那么一切民事诉讼法律关系将不会发生。现代诉讼程序都注重当事人诉权与法院审判权的相互配合,强调法院审判权与当事人诉权的并重与制衡。在协调审判法律关系和争讼法律关系时,一方面要贯彻辩论主义,使争讼法律关系形成对审判法律关系的约束;另一方面也要重视审判权的行使,正确引导争讼法律关系。只有正确认识二者的相互关系,才能构建科学公正的诉讼程序,实现民事诉讼目的。

（二）民事诉讼法律关系要素

与其他法律关系一样,民事诉讼法律关系也由主体、内容和客体三个要素组成。

1. 民事诉讼法律关系主体

民事诉讼法律关系主体是指民事诉讼权利享有者和义务承担者,包括人民法院、当事人及其诉讼代理人、其他诉讼参与人、人民检察院等。

(1) 人民法院。人民法院是行使国家审判权的机关,在民事诉讼中通过行使审判权,与当事人和其他诉讼参与人形成审判法律关系。

(2) 人民检察院。人民检察院是国家法律监督机关,在民事诉讼中依照法律规定有权对民事诉讼实行法律监督。根据《民事诉讼法》的规定,人民检察院作为一种特殊主体,在民事诉讼中可以通过行使抗诉权、检察建议权、监督执行权等方式,与法院、当事人及其他诉讼参与人形成一种特殊的民事诉讼法律关系。

(3) 当事人及其诉讼代理人。当事人及其诉讼代理人是重要的民事诉讼法律关系主体。当事人包括原告、被告、共同诉讼人、公益诉讼人、第三人和诉讼代表人。当事人在诉讼过程中享有广泛的诉讼权利,对诉讼程序和民事诉讼法律关系的发生、变更和消灭具有决定性影响,因此,他们即是法律关系主体,又是诉讼主体。诉讼代理人包括法定诉讼代理人和委托诉讼代理人,他们依据与当事人之间法定关系和代理权限代为当事人进行民事诉讼,与法院、检察院、其他诉讼参与人形成特定诉讼法律关系。

(4) 其他诉讼参与人。其他诉讼参与人是指除了上述主体之外的其他参加民事诉讼的人,包括证人、鉴定人、勘验人和翻译人员等。其他诉讼参与人与诉讼结果不具有法律上的利害关系,他们基于不同原因参加诉讼,分别与人民法院产生审判法律关系,与当事人产生争讼法律关系,以协助人民法院和当事人查明案件事实。

2. 民事诉讼法律关系内容

民事诉讼法律关系内容是指民事诉讼法律关系主体根据民事诉讼法律

规范所享有的诉讼权利和承担的诉讼义务。不同的民事诉讼法律关系主体享有不同的民事诉讼权利和承担不同的民事诉讼义务。其中最为主要的是法院、当事人的诉讼权利和诉讼义务,它们决定着民事诉讼程序的正常进行。

3. 民事诉讼法律关系客体

民事诉讼法律关系客体是指民事诉讼法律关系主体的诉讼权利和诉讼义务所指向的对象。民事诉讼法律关系主体之间存在多种民事诉讼法律关系,各个主体享有的诉讼权利和承担的诉讼义务也不相同,所以其所指向的对象客体也不相同。例如,就法院与当事人之间以及各方当事人之间,诉讼法律关系的客体是案件事实和诉讼请求;法院、当事人与其他诉讼参与人之间,诉讼法律关系的客体仅仅是案件事实,因为证人等其他诉讼参与人不能提出诉讼请求,仅仅是协助法院和当事人为查明案件事实而参加诉讼。

第三节　民事诉讼法

一、民事诉讼法含义和性质

(一) 民事诉讼法含义

民事诉讼与民事诉讼法是两个既相联系又相区别的概念。民事诉讼是民事诉讼法调整对象,民事诉讼法是调整民事诉讼的法律规范。民事诉讼法,是指国家制定和认可的,规范民事诉讼程序和民事诉讼法律关系主体之间权利义务的法律规范的总和。

民事诉讼法有广义和狭义之分。狭义的民事诉讼法仅指国家专门规定颁布的法律或法典,即《民事诉讼法》。广义的民事诉讼法是指除了狭义民事诉讼法之外,存在于其他法律、法规和司法解释中的有关民事诉讼法规范的总和。包括:(1) 法律、法规的相关规定。例如《民法通则》、《婚姻法》、《合同法》等的有关规定。(2) 最高人民法院的司法解释。所谓司法解释是指最高人民法院根据法律和有关立法精神,结合审判工作实际需要,就人民法院在审判工作中具体应用法律的问题所制定的解释性规范。司法解释形式分为"解释"、"规定"、"批复"、"决定"4 种。由最高人民法院制定的有关民事诉讼的司法解释具有规范的效力,在民事诉讼中具有十分重要的作用,人民法院应当将其作为诉讼和裁判的依据。(3) 国务院以及国务院各部委等发布的法律、法规解释性文件,包括由最高人民法院与其他有关行政机关联合发布的司法解释性文件。

(一) 民事诉讼法的性质

关于民事诉讼法的性质可以作如下表述:(1) 民事诉讼法属于程序法。

法律依照内容和性质,可分为实体法和程序法,实体法是规定人们实体权利义务法律,程序法是规范审理实体权利义务关系的程序。民事诉讼法与实体法同等重要,民事诉讼法作为程序法,不仅是为了保障实体权利义务的实现,同时也是为了保障程序权利义务的实现。法制现代化的重要标志之一就是程序法治的强化、完善。(2)民事诉讼法属于基本法。法律依照其在法律体系中地位,可以分为根本法和基本法,除宪法是国家根本法律以外,民事诉讼法与民法、刑法、刑事诉讼法等,都属于国家基本法范畴。民事诉讼法是实现所有民事实体法规范的程序规范总和,属于国家重要基本法律。(3)民事诉讼法属于部门法。法律按照其所规范的范畴和对象,分为不同的部门法。民事诉讼法是关于民事诉讼领域的专门法律,因此属于部门法。在国家法律体系中,部门法与其相近部门法之间存在一定联系。

二、《民事诉讼法》的制定和修改

《民事诉讼法》是中国特色社会主义法律体系中的基本法律,是人民法院审理和执行民事案件在程序方面的基本法律依据,是当事人民事权益得到保障的重要程序准则。民事诉讼法的良善和科学程度,取决于民事诉讼法公正的含量和正当化水平。

我国《民事诉讼法》的制定和修改经历了相当长的时间。1982 年 3 月 8 日,在总结多年审判实践经验基础上,第五届全国人大常委会第二十二次会议通过了《中华人民共和国民事诉讼法(试行)》。此后,为适应改革开放、社会经济转型的重大变化,立法机关对试行的民事诉讼法进行了修改。1991 年 4 月 9 日,第七届全国人大第四次会议通过了《中华人民共和国民事诉讼法》,同日公布并生效。

我国 1991 年《民事诉讼法》分为四编,共 29 章,270 条。与 1982 年试行法相比,更加适应改革开放和社会经济发展需要,进一步保障当事人依法行使诉讼权利,便于人民法院依法正确、及时审理民事案件。此后,最高人民法院制定了一系列有关民事诉讼的司法解释,以便各级人民法院正确理解与执行民事诉讼法。此部民事诉讼法典运行过程当中我国社会经济基础发生了重大变化,自 20 世纪 80 年代以后的民事审判制度改革很多做法已经改变和突破了《民事诉讼法》的规定,《民事诉讼法》的修改已经成为必要。因此,自 2003 年开始,全国人大常委会将《民事诉讼法》的修订列入立法计划,2007 年 10 月 28 日,第十届全国人大常委会第三十次会议审议通过了《关于修改〈中华人民共和国民事诉讼法〉的决定》,该决定 19 条,自 2008 年 4 月 1 日起施行。该次修法集中在审判监督程序和执行程序,属于局部修订,其目的在于解决审判实践中“再审难”和“执行难”问题。但是,随着社会经济的快速发展,社会各方面的深刻变革,大量社会转型时期矛盾纠纷进入法院,民事案件新类型和数量快速增加,法院审判压力日益加大。从案件类型上看,除了传统婚姻家庭、权属纠纷、债务纠纷、损害赔偿等民事案件外,公司、金融、证券等商事案件,专利、商标、著作权等知识产权案件,涉外商事、海事海商案件等新类型案件不断增加,民事案件常用案由达到 424 个。从数量上看,1990 年至 2010 年,全国法院民事一审案件收案年均增长 4.67%;2011 年受理一审民事案件达 661 万余件,同比上升 8.59%。[①] 因此,现行《民事诉讼法》规定在某些方面已经不能完全满足现实社会需要,有必要进行一次全面的修缮。

为此,全国人大常委会从 2010 年开始着手民事诉讼法修改方案的研究起草工作。经过两年努力,2012 年 8 月 31 日,第十一届全国人大常委会第二十八次会议通过了《关于修改〈中华人民共和国民事诉讼法〉的决定》,并于 2013 年 1 月 1 日起实施。这是继 2007 年《民事诉讼法》部分修订后的第一次较全面的修订。此次修改主要内容包括以下几个方面:完善调解与诉讼相衔接的机制;进一步保障当事人诉讼权利;完善当事人举证制度;完善简易程序;强化法律监督;完善审判监督制度;完善执行程序。此次修订涉及条文一百多处,修改的具体制度包括:增加了诚实信用原则;新设了公益诉讼、小额诉讼、第三人撤销之诉、行为保全、司法确认、担保权实现等多项诉讼制度;对民事诉讼原则、立案制度、管辖制度、调解制度、证据制度、简易程序、特别程序、审判监督程序、执行程序和涉外程序都做了重大修改完善。2013 年 1 月 1 日起实施《民事诉讼法》共四编 27 章 284 条。此部新修订的《民事诉讼法》秉持中国特色社会主义法治理念,认真总结《民事诉讼法》实施经验,针对实践中出现的新情况、新问题,进一步保障当事人诉讼权利,维护司法公正;遵循民事诉讼基本原理,科学配置司法资源,提高诉讼效率;强化对民事诉讼法律监督,保证法律的正确实施;注重有效解决民事纠纷,促进社会和谐稳定。[②] 此部新法的实施是中国特色社会主义法律体系形成后加强立法工作、推动中国特色社会主义法律体系发展完善、促进民事诉讼领域良法为治的实际行动。

① 参见奚晓明主编:《〈中华人民共和国民事诉讼法〉修改条文适用解答》,人民法院出版社 2012 年版,第 2 页。

② 参见江必新主编:《〈中华人民共和国民事诉讼法〉修改条文解读与应用》,法律出版社 2012 年版,第 2 页。

三、民事诉讼法的效力

(一) 民事诉讼法对人的效力

民事诉讼法对人的效力,是指我国民事诉讼法适用于哪些人,及对人的效力范围。《民事诉讼法》第4条规定:凡在中华人民共和国领域内进行民事诉讼,必须遵守本法。也就是说,凡是在我国进行民事诉讼的人,无论其国籍如何,都必须遵守我国民事诉讼法。具体而言包括:(1) 中国公民、法人和其他组织。(2) 居住在我国领域的外国人、无国籍人以及在我国的外国企业和组织。(3) 在我国进行民事诉讼的外国人、无国籍人以及外国企业和组织。

(二) 民事诉讼法对事的效力

民事诉讼法对事的效力,是指法院依照民事诉讼法审理的案件范围,即民事诉讼的主管范围。《民事诉讼法》第3条规定:人民法院受理公民之间、法人之间、其他组织之间以及他们相互之间因财产关系和人身关系提起的民事诉讼,适用本法的规定。这就是民事诉讼法对事的效力范围。随着社会的发展和法律制度的完善,民事诉讼法对事的效力范围会不断扩大。

(三) 民事诉讼法的时间效力

民事诉讼法的时间效力,是指民事诉讼法在什么时间范围内有效,包括生效时间、失效时间以及是否具有溯及力等事项。《民事诉讼法》第284条规定:本法自公布之日起施行,《民事诉讼法(试行)》同时废止。我国现行《民事诉讼法》是从2013年1月1日起施行,因此,《民事诉讼法》的时间效力是从2013年1月1日开始,直至将来被废止之日。属于程序法的《民事诉讼法》具有溯及既往的效力,即法院在《民事诉讼法》实施前已经受理、施行时尚未审结和执行的民事案件,除另有规定之外,适用新施行的《民事诉讼法》。具体规定参见《最高人民法院关于修改后的民事诉讼法施行时未结案件适用法律若干问题的规定》(法释〔2012〕23号)。

(四) 民事诉讼法的空间效力

民事诉讼法的空间效力,是指民事诉讼法作用和适用的地域范围。同样根据《民事诉讼法》第4条规定:凡在中华人民共和国领域内进行民事诉讼,必须遵守本法。据此,民事诉讼法空间范围是我国整个领域,包括领土、领海、领空以及领土的延伸部分(如我国驻外使领馆、航行或停泊于国外或公海上的我国飞行器或船舶等)。

四、民事诉讼法与相关法律部门的关系

(一) 民事诉讼法与宪法的关系

宪法作为国家根本大法,与民事诉讼法是根本法与基本法的关系,具体有以下几方面:

(1) 民事诉讼法的宪法化。民事诉讼法的宪法化是指民事诉讼法基本原则和当事人的程序基本权由宪法规定并获得宪法保障。从西方国家来看,民事诉讼法与宪法关系非常密切,尤其是第二次世界大战以后,民事诉讼法呈现出宪法化的特点:一是宪法明确规定了民事诉讼法一些基本原则和基本审判制度,如果违反这些原则和制度就构成违反宪法;二是宪法对当事人诉权、程序基本权和法院审判权予以确认。民事诉讼法应当严格遵从宪法有关原则、制度和规范,由此,民事诉讼法可以被称为"被适用的宪法"。

(2) 民事诉讼法应当依据和贯彻宪法要求。宪法作为国家根本大法,在法律体系中具有最高的法律效力。在民事诉讼法中要贯彻和实践宪法精神,有关目的确立、诉讼原则的构建、当事人诉权保障等都应当贯彻宪法的要求。

(3) 民事诉讼中宪法的司法化。宪法的司法化是指在宪法所规定的实体权利或者程序基本权受到侵害时,可以通过合宪性审查或者宪法诉讼得到救济,甚至宪法的规定在民事诉讼中可以直接作为判决依据。宪法司法化已成为当今世界各国司法实践普遍做法,许多国家建立了宪法法院和程序,以实现宪法司法化。我国现行立法没有明文规定宪法司法化制度,但司法实践中已有相关判例出现。宪法司法化是国家宪政的需要,在我国如何实现宪法司法化还要进一步探讨。

(二) 民事诉讼法与民事实体法关系

民事诉讼法与民法、商法、亲属与继承法、经济法等是程序法与实体法的关系。民事实体法是国家规定的调整平等主体之间社会关系的规则,民事程序法是法院解决私权纠纷所应遵循的程序规则。二者在调整社会关系中各自发挥着作用,彼此独立又相辅相成。目前学界普遍认为,不应将诉讼法单纯视为实现实体法内容的手段和工具,而应当充分尊重其保障程序正义的独立价值。实体法与诉讼法"如同一辆车的两个轮子,对诉讼都起作用,在它们之间不可能存在主从关系"。① 民事诉讼法与实体法关系可以概括为两个方面:(1) 二者为同一法律体系的组成部分,相互独立,互不从属。但二者在实现某一特定民事法律关系时在形式上又有一体化倾向。(2) 二者相互依存,

① 〔日〕兼子一、竹下守夫:《民事诉讼法》,白绿铉译,法律出版社 1995 年版,第 8 页。

相辅相成。一方面,实体法作为抽象的法律规则,其生命力要通过诉讼法保障来实现;另一方面,诉讼法通过对实体规范的选择适用、填补漏洞来推动实体法的发展。

（三）民事诉讼法与刑事诉讼法关系

民事诉讼法和刑事诉讼法同属程序法,因此在审判制度和程序上有很多相通和交叉(如刑事附带民事诉讼)之处,但是,由于它们调整对象不同,二者之间存在明显的区别:

(1) 提起诉讼主体不同。民事诉讼涉及私权纠纷,通常是由与案件有直接利害关系人提起诉讼,实行不告不理;而刑事诉讼涉及的是国家和人民利益,旨在惩罚犯罪,因此除自诉案件外,必须由检察机关提起公诉,实行国家干预。

(2) 基本原则不同。当事人权利平等原则、处分原则、诚实信用原则、法院调解原则等是民事诉讼特有原则;而公检法三机关分工负责、相互配合、相互制约原则,犯罪嫌疑人和被告人有权获得辩护原则是刑事诉讼法特有原则。

(3) 审理方式不同。民事诉讼法院既可以调解结案,也可以裁判结案;而刑事诉讼除自诉案件外,公诉案件一律不能调解,必须以判决方式结案。

(4) 证明标准不同。司法实践中刑事案件证明标准要高于民事案件。国外有关法律规定,刑事诉讼实行“排除一切合理怀疑”证明标准,而对民事案件则实行“盖然性权衡”的证明标准。

(5) 执行方式不同。民事调解和裁判大多由当事人自动履行,只有在当事人不履行时才由权利人申请法院强制执行;而刑事裁判通常由专门的劳改劳教机关执行,方式多为限制和剥夺被告人身自由。

（四）民事诉讼法与行政诉讼法关系

民事诉讼法与行政诉讼法也同属于程序法,二者关系较为密切,行政诉讼法未规定的事项,准用民事诉讼法有关规定。因此,二者在审判制度、诉讼程序上有很多共同之处。但是,毕竟二者处理案件性质不同,所以也存在如下区别:

(1) 诉讼主体不同。民事诉讼中发生争议的平等地位主体公民、法人和其他组织之间既可以作为原告,也可以作为被告;而行政诉讼中解决的是行政机关或其工作人员与公民、法人或其他组织之间在行政管理中发生争议,所以,行政诉讼中被告是特定的国家行政机关,而原告则是不服行政机关具体行政行为的公民、法人或其他组织。

(2) 举证责任不同。民事诉讼中一般实行“谁主张、谁举证”原则,由提出主张的当事人承担举证责任;而行政诉讼中则实行举证责任倒置,由作为被告的行政机关承担举证责任,提供作出该具体行政行为的证据和所依据的规范性文件。

(3)审理方式不同。民事诉讼中实行调解优先,可以调解方式结案;而行政诉讼中由于被告行政机关不能自由地处分行政权力,只能依法行政,所以,除了行政侵权损害赔偿案件外,对于一般行政案件法院不能以调解方式进行处理。①

(五)民事诉讼法与仲裁法关系

民事诉讼与仲裁同属于解决民事纠纷方式,同属于程序法。但是,仲裁具有非诉讼性质,由《仲裁法》调整。民事诉讼与仲裁存在着内在衔接关系,根据《仲裁法》规定:人民法院有权根据当事人请求对仲裁协议是否有效作出裁定;有权撤销违法仲裁裁决;有权对仲裁裁决不予执行;当事人申请仲裁证据、财产保全的,由人民法院执行等。但是,二者毕竟是不同解决纠纷机制,存在如下主要区别:

(1)组织机构性质不同。法院是国家审判机关;而仲裁机构属于独立的民间社会团体法人,不隶属于任何国家行政机构,同时仲裁机构相互之间也没有上下级隶属关系。

(2)受理案件前提不同。纠纷发生后,民事诉讼任何一方当事人向人民法院提起诉讼,只要符合民事诉讼法规定条件,人民法院就应当受理;而仲裁当事人申请仲裁,必须以当事人之间存在有效的仲裁协议为条件,没有仲裁协议仲裁机构无权受理。

(3)当事人选择权限不同。由于诉讼与非诉讼程序属性不同,仲裁程序更加重视当事人选择权,民事诉讼中当事人选择权限小于仲裁。在民事诉讼中诉讼地点、法院、审判程序均有法律作出明确规定,当事人无权自由选择;而在仲裁程序中的仲裁地点、仲裁机构、仲裁员、仲裁程序,当事人都可以根据仲裁法和仲裁规则自由选定。

(4)程序制度不同。民事诉讼实行法定的两审终审制、公开审判制、合议庭裁决实行少数服从多数制;而仲裁则实行一裁终局制、不公开审理制、仲裁庭裁决不能形成多数意见则由首席仲裁员意见裁决制度等。

---

① 在近年司法实践中,一些法院也推行行政诉讼和解和调解机制,这一做法得到最高人民法院有关司法解释肯定。参见最高人民法院 2007 年 3 月 1 日印发的《关于进一步发挥诉讼调解在构建社会主义和谐社会中积极作用的意见》第 6 条。

案例精选

▶【案例1】

某县技术监督局两名工作人员在对某实业有限公司进行食品检查时,发现其出售的日用百货和副食品存在食品过期和其他质量问题,在准备采取查封措施时,被公司有关营业员加以阻拦,致使查封工作不能进行。之后技术监督局又要求某实业有限公司自行清理整顿并作出检讨,并在当晚当地电视台以技术监督局名义播发了《提请消费者注意》的书面文稿,文中称:“某实业有限公司销售大量过期变质食品,请消费者注意,不要只顾价格便宜而忽视质量,上当受骗。”某实业有限公司认为该技术监督局行为侵犯了其名誉权,于是向某县人民法院提起诉讼,要求被告技术监督局更正此报道内容,并赔偿因此造成的经济损失。一审法院经审理后认为:技术监督局在当地电视台播出的有关文稿,是侵犯他人名誉权行为,因此,将该案定性为侵犯名誉权的民事侵权诉讼。被告不服提起上诉。二审法院认为:本案是一起因为行政机关在执法过程中的行政行为引起的由行政关系相对人提起的诉讼,因此,应定性为行政诉讼。

评析:本案涉及两个法律问题:一是什么是民事纠纷和民事诉讼?二是行政诉讼中是否涉及对民事纠纷的处理?

所谓民事纠纷,是指是指平等主体之间发生的涉及民事权利义务的纠纷,属于民事诉讼主管范围。民事纠纷具有特点包括:民事主体地位平等性、纠纷内容特定性、纠纷具有可处分性。所谓民事诉讼是指国家审判机关在当事人和其他诉讼参与人参加下,审理民事纠纷案件的活动,以及由这些活动所产生的各种法律关系。民事诉讼由民事诉讼法调整。从本案情况看,诉讼主体地位是不平等的,一方是行政机关技术监督局,一方是受行政机关技术监督局执法行为管理的被管理者某实业有限公司,他们的纠纷是在行政管理活动中发生的,因此,不构成平等主体间的民事纠纷。对于技术监督局监督行为是越权或侵害被管理者权益(包括民事权益),可以提起行政诉讼。二审法院认定应当是正确的,对于已经由一审法院按民事诉讼受理、审理的案件,如果认为没有主管权限,应当裁定撤销原判,告知原告另行提起行政诉讼。

所谓行政诉讼,是指国家审判机关在行政纠纷当事人(行政管理者和被管理者)和其他诉讼参与人参加下,审理行政纠纷案件的活动,以及由这些活动所产生的各种法律关系。法院在受理和审理行政诉讼过程中,也会牵涉侵犯被管理者民事权益问题。对于行政诉讼中的民事纠纷,司法实践中法院可以采取行政诉讼附带民事诉讼的做法,以民事诉讼解决机制解决案中民事纠纷。从本案情况看,如果进入行政诉讼,法院可以按行政诉讼规则处理和解决技术监督局行政执法行为是否合法适当问题,对于技术监督局在执法过程中造成的被管理者侵权损失的赔偿问题,可以按民事诉讼处理机制,例如,可以将双方以平等主体对待,对于侵权损害赔偿按调解方式协商解决。

▶【案例2】

原告贾某与家人及邻居在被告春海餐厅聚餐,春海餐厅提供给他们使用的炉具为被告厨房用具厂生产的YSQ-A"众乐"牌卡式炉,提供的燃气为气雾剂公司生产的罐装"白旋风"牌边炉石油气。在使用完第一罐,换置第二罐继续使用约10分钟时,使用中的气罐发生爆炸,致贾某面部、双手烧伤。经当即送往中国人民解放军第二六二医院治疗,诊断为:面部、双手背部深2度烧伤,面积为8%。贾某共住院治疗52天。住院期间应支付治疗费、营养品费用、护理费、交通费、残疾者生活自助用具费共计31664.93元。贾某向北京市海淀区人民法院提起诉讼称:要求气雾剂公司、厨房用具厂和春海餐厅共同赔偿共计1659551.63元,其中残疾赔偿金65万元。

诉讼中,气雾剂公司辩称:我公司的产品质量合格,贾国宇起诉我公司赔偿没有法律依据,故不同意其诉讼请求。厨房用具厂辩称:气雾剂公司灌装的气液不符合上述标准,是造成事故的主要原因。故我公司不承担任何责任。春海餐厅辩称:此次事故是因为卡式炉和气罐质量问题引发的,我餐厅提供服务没有过错,不应承担赔偿责任。

案件审理中,海淀区人民法院委托国家技术监督局对此次爆炸事故原因进行了技术鉴定。鉴定结论为:边炉石油气罐的爆炸不是由于气罐选材不当或制造工艺不良引起的,而是由于气罐不具备有盛装边炉石油气的承压能力引起的。事故罐的内压较高,主要是由于罐中的甲烷、乙烷、丙烷等的含量较高,气罐内饱和蒸气压高于气罐的耐压强度,是酿成这次事故的原因。灌装后的边炉石油气的混合气达0.95MPA和0.98MPA(15℃和23℃),"白旋风"牌边炉石油气罐不具备盛装上述成分石油气的盛装能力。卡式炉内存在一个小火是酿成事故的不可缺少的诱因。卡式炉仓内存在小火是由于边炉气罐与炉具连接部位漏气而形成的。又经国家燃气用具质量监督检验中心对YSQ-A"众乐"牌卡式炉进行测试,认为该产品存在有漏气的可能性,如果安装时不对中,漏气的可能性更大。经委托北京市法庭科学技术鉴定研究所对贾某的伤情进行鉴定,结论为:贾某损伤为面部、双手烧伤,经治疗目前伤情已稳定,遗留面部及双手片状疤痕,对其容貌有较为明显的影响。依照有关规定,贾国宇目前劳动能力部分受限,丧失率为30%。又经中国人民解放军第三〇四医院证明，贾某今后面部及手部可行药物及皮肤美容护理治疗，费用约5—6万元；必要时可再行手术治疗，费用约1万元。但治疗后仍遗留部分瘢痕难以消除。

经过对鉴定意见等证据质证、认证后，海淀区人民法院认为：气雾剂公司生产的“白旋风”牌边炉石油气气罐质量问题是造成此次事故的基本原因，气雾剂公司无可推卸地应当承担相当于70%的主要责任。“众乐”牌卡式炉与燃气瓶连接部位存在漏气可能，因此，厨房用具厂也负有30%的责任。现没有证据证明春海餐厅提供服务中存在过错，贾某要求该餐厅赔偿损失的诉讼请求，不予支持。人身损害赔偿应依法按照实际损失确定。实际损失除物质方面的以外，也包括精神损失，即实际存在的无形的精神压力与痛苦。赔偿额度要考虑当前社会普遍生活水准。综上所述，依据《中华人民共和国产品质量法》第32条，《中华人民共和国消费者权益保护法》第41条之规定，判决气雾剂公司和厨房用具厂共同赔偿贾某273257.83元，其中残疾赔偿金10万元。

评析：本案是一起典型的民事侵权纠纷和民事诉讼案件。通过本案可考虑的问题包括：民事纠纷基本含义和特点；民事诉讼基本含义和特点；法院、当事人、鉴定人之间在诉讼中形成了什么样的法律关系。首先，本案是一起典型民事纠纷，原告与三被告之间形成了人身损害赔偿法律关系，他们之间属于平等主体之间民事权利义务纠纷，可以通过民事诉讼来解决。其次，这是一起典型民事诉讼，海淀区人民法院在当事人起诉以后主持了该案的程序运行，通过技术鉴定、质证、认证，法庭辩论等诉讼程序，确定了案件事实，并正确适用法律，判定应当承担责任的过错主体，并且依法确定了对原告赔偿数额，作出最终判决。再次，法院和原告贾某、三被告、技术鉴定机构相互之间都产生了不同诉讼法律关系，其中主要是法院与当事人间审判法律关系以及当事人之间争讼法律关系。

思考问题

1. 正确理解民事纠纷的特点及意义。
2. 民事纠纷解决机制多元化与当事人程序选择权。
3. 民事诉讼与非诉讼纠纷解决(ADR)机制的关系。
4. 正确理解民事诉讼特点及意义。
5. 民事诉讼目的和主要诉讼理念。
6. 我国《民事诉讼法》的修改与完善。

7. 民事程序法与民事实体法协调关系。

法条链接

《民事诉讼法》第1—4条、第194条、第195条;《人民调解法》第7条、第8条、第31—33条;《仲裁法》第4条、第5条、第58条、第62条;《劳动争议调解仲裁法》第29条、第43条、第44条、第49—51条;《专利法》57条;《商标法》53条;《诉讼与非诉讼衔接纠纷解决意见》。

扩展阅读

1. 范愉:《非诉讼纠纷解决机制研究》,中国人民大学出版社2000年版。

2. 范愉:《纠纷解决的理论与实践》,清华大学出版社2007年版。

3. 徐昕:《论私力救济》,中国政法大学出版社2005年版。

4. 李祖军:《民事诉讼目的论》,法律出版社2000年版。

5. 肖建国:《民事诉讼程序价值论》,中国人民大学出版社2000年版。

6. 张卫平:《转换的逻辑:民事诉讼体制转换分析》(修订版),法律出版社2007年版。

7. 刘荣军:《程序保障的理论视角》,法律出版社1999年版。

8. 〔日〕谷口安平:《程序的正义与诉讼》,王亚新、刘荣军译,中国政法大学出版社2002年版。

9. 〔日〕小岛武司,伊藤真:《诉讼外纠纷解决法》,丁捷译,中国政法大学出版社2005年版。

10. 〔美〕斯蒂芬·B. 戈尔德堡等:《纠纷解决》,蔡彦敏等译,中国政法大学出版社2004年版。

第二章　民事诉讼法的基本原则

民事诉讼法的基本原则是民事诉讼基本制度和具体规范的基础，体现民事诉讼的目的并承载着民事诉讼程序的价值追求。基于基本原则抽象性的特征，其往往通过民事诉讼基本制度和具体规范得以体现。本章主要介绍了集中反映民事诉讼特有规律的当事人诉讼权利平等原则、辩论原则、处分原则、法院调解自愿和合法的原则、检察监督原则和诚实信用原则。

第一节　基本原则概述

一、基本原则的概念

民事诉讼法的基本原则，是在民事诉讼整个过程中或重要诉讼阶段起指导作用的准则。民事诉讼法典将基本原则放在篇首不仅彰显了其在民事诉讼法中处于重要地位，而且表明其是民事诉讼法规定的基本制度以及具体规范的“源”。它集中体现了民事诉讼目的，反映民事诉讼基本原理和内在规律，承载民事诉讼程序价值要求，概括了当事人和法院在民事诉讼中的作用分担，是制定、适用、解释民事诉讼法的依据，也是人民法院、检察院、当事人以及其他诉讼参与人进行民事诉讼活动必须遵守的根本性规则。

掌握民事诉讼法规定的基本原则，有助于探求民事诉讼法立法的要旨，全面、深入领会和把握民事诉讼基本制度、具体程序规范的本质所在。民事诉讼法基本原则具有以下特性：(1) 概括性。与民事诉讼法基本制度和关于具体程序规范相比，民事诉讼法基本原则具有高度概括性。这种概括性保障了民事诉讼法基本原则在整个民事诉讼中发挥作用，也为具体程序规范制定提供依据，同时为司法补充法律漏洞提供了契机。(2) 稳定性。民事诉讼法基本原则是对民事诉讼规律的概括和总结，决定了这些基本原则具有相对稳定性，不会轻易改变。(3) 包容性。民事诉讼法基本原则的包容性，是指基本原则对民事诉讼具体程序问题的处理和解决具有指导性和涵盖性。

二、基本原则的体系

民事诉讼法基本原则是由若干个原则共同构成的有机整体。各项基本原则之间既相互联系，又相互制约。因此，对每项基本原则的理解，既要单独看它运作内容和方式，又要将它置于民事诉讼法体系去审视和观察，并加以利用。

我国《民事诉讼法》第 5 条至第 16 条规定了基本原则。关于民事诉讼法应当包括哪些基本原则，学者看法不一[①]，依据现行《民事诉讼法》规定，根据

---

① 学者们基于对判断、识别基本原则的标准以及基本原则在民事诉讼中所起作用不同，提出的基本原则内容亦不同。参见柴发邦主编：《中国民事诉讼法学》，中国人民公安大学出版社 1992 年版；陈桂明：《诉讼公正与程序保障——民事诉讼程序之优化》，法制出版社 1996 年版；肖建国：《民事诉讼程序价值论》，中国人民大学出版社 2000 年版；汤维建主编：《民事诉讼法学》，北京大学出版社 2008 年版；张卫平：《民事诉讼法》，法律出版社 2009 年版；宋朝武主编：《民事诉讼法学》，中国政法大学出版社 2011 年版；江伟主编：《民事诉讼法学》，北京大学出版社 2012 年版等。

规定基本原则的法律和适用范围的不同，同时考虑到民事诉讼自身规律的特点，我们认为，民事诉讼法基本原则可分为共有原则与特有原则两类。共有原则是指《宪法》、《人民法院组织法》规定的、普遍适用于民事诉讼、刑事诉讼、行政诉讼的原则。这类原则包括：(1) 审判权由人民法院行使原则；(2) 人民法院对案件独立进行审判原则；(3) 以事实为根据，以法律为准绳原则；(4) 使用本民族语言进行诉讼原则等。特有原则是反映民事诉讼的特点和规律，根据民事诉讼的特殊要求所确立的基本原则。主要包括：(1) 当事人诉讼权利平等原则；(2) 辩论原则；(3) 诚实信用原则；(4) 处分原则；(5) 法院调解原则；(6) 检察监督原则。本章仅对《民事诉讼法》规定的特有原则进行分析。

第二节　当事人诉讼权利平等原则

一、当事人诉讼权利平等原则的含义

当事人诉讼权利平等原则，是指在民事诉讼中，双方当事人享有平等的诉讼权利，人民法院审理民事案件应当平等地保障当事人行使诉讼权利。我国《民事诉讼法》第 8 条规定：“民事诉讼当事人有平等的诉讼权利。人民法院审理民事案件，应当保障和便利当事人行使诉讼权利，对当事人在适用法律上一律平等。”当事人诉讼权利平等原则要求立法应对当事人诉讼权利予以平等分配，司法应当平等保护当事人行使诉讼权利。

二、当事人诉讼权利平等原则内容

(一) 双方当事人诉讼地位平等

当事人诉讼地位平等取决于当事人双方诉讼权利与诉讼义务的立法分配。《民事诉讼法》规定当事人之间应当平等地享有诉讼权利，同时也应平等地承担诉讼义务。诉讼地位平等并不是说双方当事人在诉讼中地位完全相同，而是指双方当事人不因社会地位、经济状况、民族、宗教信仰、文化程度、职业以及住所等因素不同存在差别，其诉讼地位是平等的。由于诉与被诉的差异可能导致当事人双方在诉讼中地位具体规定有所不同，但是，这种差异不会使当事人双方在诉讼中实质地位不平等。同样，在《民事诉讼法》第 5 条

规定的“同等、对等原则”[①]前提下，外国的、无国籍的公民、组织在我国做当事人，进行民事诉讼，其诉讼地位与我国当事人平等。

（二）双方当事人诉讼权利义务平等

诉讼地位平等意味着诉讼权利义务平等。诉讼权利义务平等，不是说当事人诉讼权利义务相同，而是指民事诉讼法规定的双方当事人进行攻防手段以及承担的法律后果是平等的。双方当事人诉讼权利义务平等具体表现为两个方面：(1) 双方当事人有一些相同的诉讼权利义务，例如，双方当事人都有权委托代理人、申请回避、收集提供证据以及进行辩论。双方当事人都应当按照法律规定行使诉讼权利、遵守诉讼秩序、履行生效文书确定的义务等。(2) 双方当事人的诉讼权利义务虽然不完全相同，但是相对应的、是对等的。例如，原告有起诉权，而被告有反诉权；原告有权变更诉讼请求、放弃诉讼请求，而被告有权反驳诉讼请求、承认诉讼请求。在应当出庭的情况下，原告没有正当理由不出庭或者未经许可中途退庭时，法院可以按照撤诉处理或作出缺席裁判；而对于被告没有正当理由不出庭或者未经许可中途退庭时，法院可以拘传或者缺席裁判。

（三）人民法院应当保障和便利当事人能够平等地行使诉讼权利

双方当事人有平等的诉讼权利义务，是当事人进行诉讼活动的法律依据。法律规定具有现实意义还要求法院对其提供平等保护。它包括两项基本要求：(1) 法院要对当事人双方提出主张和证据予以平等关注，应当告知当事人享有哪些诉讼权利，为当事人行使诉讼权利提供平等条件和机会；(2) 在审理案件时，法官应当保持中立，平等对待双方当事人，既不能随意限制或者剥夺某一方当事人行使诉讼权利，也不能无视某一方当事人滥用诉讼权利的行为，影响诉讼程序的正常进行。没有法院平等保护，当事人诉讼权利义务平等原则就难以在诉讼中落实。

三、当事人诉讼权利平等原则的依据

（一）宪法规定的平等原则是当事人诉讼权利平等原则的立法依据

《宪法》第 33 条规定：“凡具有中华人民共和国国籍的人都是中华人民共和国公民。中华人民共和国公民在法律面前一律平等。国家尊重和保障人

① 同等原则是指一国自然人、组织在他国进行民事诉讼，同他国自然人、组织享有他国法律规定的诉讼权利。而对等原则是指一国司法机关对他国自然人、组织的诉讼权利加以限制的，他国司法机关可以对限制国自然人、组织的诉讼权利同样加以限制。同等原则和对等原则是国家间平等互惠关系原则的具体体现。由于其是审理涉外案件遵循的原则，我们将其放在涉外民事诉讼程序特别规定部分。

权。任何公民享有宪法和法律规定的权利,同时必须履行宪法和法律规定的义务。"宪法是我国的根本法,它规定了公民的基本权利义务。民事诉讼法是基本法,是民事诉讼中当事人享有诉讼权利、承担义务的依据,因此民事诉讼法规定当事人诉讼权利义务平等原则,不仅是宪法"公民在适用法律面前一律平等"在民事诉讼法中的具体体现,也是实现宪法规定的适用法律平等原则的要求。

(二)当事人实体法律地位平等决定了当事人诉讼权利义务平等

《民法通则》第3条规定:"当事人在民事活动中地位平等",即民事主体实体权利义务是平等的。民事诉讼是主要解决民事主体实体权利义务纠纷的方式和过程,民事主体实体地位平等必然要求在民事诉讼中双方当事人诉讼地位平等。同时,只有当事人诉讼权利义务平等,才能真正实现民事主体实体权利义务平等。

(三)当事人诉讼权利平等原则是程序正义的具体要求

程序正义是民事诉讼程序自身固有的价值。对程序正义价值的内容,尽管学者们看法不尽相同,但大家普遍认为确保程序正义实现的基本要素包括:法官在审理案件时应当保持中立,平等对待双方当事人、保证当事人能够参与程序、充分陈述自己的主张等。当事人诉讼权利义务平等并不仅仅是为了实现实体公正,更是满足程序正义的要求。

第三节 辩论原则

一、辩论原则的含义

辩论原则,是指在法院主持下,双方当事人就案件的事实和争议的问题,各自陈述自己的主张和根据,互相进行辩驳,通过论证自己主张的事实,为法院查明事实、依据法律作出正确裁判打下基础,从而维护自己的合法权益。《民事诉讼法》第12条规定:"人民法院审理民事案件时,当事人有权进行辩论。"

辩论原则确立了当事人在民事诉讼中的辩论权。民事诉讼中的辩论原则建立在当事人双方诉讼地位平等基础上。我国《民事诉讼法》规定辩论权在民事诉讼中具有重要意义。一方面,是当事人辩论权是程序正义和民主权利在诉讼中的体现;另一方面,是通过当事人的辩论,能够为人民法院查明案件事实、正确适用法律提供依据。通过双方当事人辩论,使当事人有机会积极参与诉讼,并最终影响裁判结果,真正体现当事人程序主体地位。

二、辩论原则的内容

（一）辩论权的行使贯穿于诉讼的整个过程

辩论权是当事人(不仅指原、被告也包括第三人)一项重要的诉讼权利，表现为他们有权提出诉讼请求、陈述案件事实和理由、有权反驳对方的诉讼请求，进行答辩。辩论权是民事诉讼法为保证法院正确裁判民事纠纷案件而赋予当事人的诉讼权利，因此辩论权的行使不应当仅限于开庭辩论环节，它贯穿于解决民事纠纷的第一审程序、第二审程序以及审判监督程序全过程。

（二）辩论的范围包括案件事实和适用法律

在民事诉讼中，当事人辩论的范围十分宽泛，不仅包括案件事实，也包括如何适用法律。案件事实包括实体问题和程序问题，所谓实体问题包括双方当事人争议的实体法律关系是否存在、是何种性质的实体法律关系、原告提出的诉讼请求是否成立以及谁应当承担民事责任等；所谓程序问题包括当事人是否符合法律规定的条件、受诉法院对该案是否有管辖权、诉讼代理人是否有代理权等。同时，当事人在针对案件事实问题进行辩论时，也可以针对如何适用法律问题进行辩论，以确定当事人之间的权利和义务。

（三）辩论的形式多种多样

在民事诉讼中当事人可以自己行使辩论权，也可以由其代理人代为行使；在开庭审理环节，当事人或其代理人主要采用口头方式进行辩论，而在其他阶段，当事人则可以通过书面方式进行辩论，例如，递交起诉状、答辩状、代理意见书等。

（四）人民法院应当保障当事人充分行使辩论权

辩论权是法律规定的纸面上的权利，当事人行使辩论权离不开法院的保障行为。对于法院的保障行为，我国现行《民事诉讼法》规定具体包括下列几方面：(1) 人民法院应当为当事人行使辩论权提供机会和条件，确保当事人辩论权全面实现；(2) 人民法院主持当事人之间的辩论，指挥双方当事人按照法定秩序进行辩论，并进行适度提问、引导、解释和说明，对不当行使辩论权的行为及时加以制止；(3) 充分重视当事人辩论对法院审判的作用，未经法庭辩论和质证的证据，不得作为裁判的依据；(4) 剥夺或者限制当事人行使辩论权是一种程序严重违法行为，当事人可以以此为由提出上诉或者申请再审。

三、民事诉讼辩论原则与刑事诉讼辩护原则的区别

辩论原则和辩护原则是分别规定于《民事诉讼法》和《刑事诉讼法》中的两个重要基本原则，它们在内容和行使方式上是有区别的：

(1) 民事诉讼辩论原则建立在原、被告双方平等的基础上,双方当事人诉讼地位完全平等。刑事诉讼的辩护原则却是建立在公诉权与辩护权分立的基础上,检察院是公诉机关,代表国家对被告人行使追诉权,被告处于受审判的地位。

(2) 民事诉讼辩论原则,就是民事诉讼中双方当事人对争议的案件事实问题和适用法律问题有权进行辩论,只有经过辩论核实的事实,才能作为判决的根据。而刑事诉讼中的辩护原则主要是围绕犯罪嫌疑人或者被告是否有罪、情节轻重等进行辩护。

(3) 在诉讼过程中,民事诉讼的辩论原则要求当事人除可以相互反驳之外,被告还有权向原告提起反诉。而按照刑事诉讼辩护原则规定,在诉讼中被告人始终处于被控诉和受审判的地位,无权提起反诉,只能就自己是否犯罪和罪行轻重进行辩护。

四、确立我国民事诉讼中约束性辩论原则

我国现行《民事诉讼法》规定的辩论原则是在借鉴前苏联和东欧各国民事诉讼法规定基础上确立的。它将辩论权作为体现社会主义民主的形式之一,是维护当事人合法权益的一种手段。辩论原则表现的是当事人的抽象权利,法院应当保障当事人行使这种权利。"由于法院的保障行为仅仅是让当事人能够实施辩论行为,而没有使当事人的辩论结果形成对法院裁判的约束。因此,辩论权的相对义务就只停留在被虚无化的保障行为这一层面,我国民事诉讼法所规定的辩论原则实际上成为一种非约束性或非实质性原则。因此,可将这种形式上的辩论原则称之为非约束性的辩论原则。"①

(一) 约束性辩论原则的基本含义

(1) 直接决定法律效果发生或消灭的必要事实必须在当事人的辩论中出现,没有在当事人的辩论中出现的事实,法院不得作为裁判的依据。民事诉讼解决的是民事纠纷,纠纷主体有权处分自己的实体权利,因此作为裁判基础的事实和证明材料的提出,是当事人的权利和责任。只有规定当事人辩论的内容对法院裁判行为具有约束性,才能发挥当事人程序主体地位,避免当事人辩论仅仅是法官发现、了解案件事实情况的一个渠道。

(2) 当事人一方提出的事实,对方当事人无争议的,法院应将其作为裁判依据。即对于自认的事实,法院应当直接作出认定。自认事实,是指一方当事人认可了对方当事人主张的对自己不利的案件事实。由于自认事实,双方

---

① 张卫平:《我国民事诉讼辩论原则重述》,载《法学研究》1996年第6期。

当事人之间没有争议,因此不仅可以免除主张该事实当事人的举证责任,而且对法院有约束力。即只要一方当事人自认,法院就没有必要继续审查该事实,而是直接认定该事实并作出相应的裁判。

(3)认定案件事实的证据由当事人自行收集提出,法院不能依职权主动调查收集证据,只是对当事人提供的证据进行审查判断。民事诉讼中,原告提出诉讼请求和案件事实,被告为反驳原告诉讼请求也要提出事实,这些事实由当事人主张,因此证明该事实存在与否的责任也由当事人承担。法院对证据的审查判断是在当事人提出的证据范围内进行。只有出现客观原因导致当事人不能收集证据的情况下,可以申请法院收集证据。

(二)我国确立约束性辩论原则的依据

约束性辩论原则是与职权探知主义相对应的一项基本原则,是当事人主义诉讼模式的必然结果。[①] 虽然我国没有完全实行当事人主义诉讼模式,但是我国仍然有必要确立约束性辩论原则,其原因在于:

(1)约束性辩论原则可以充实辩论程序,避免法官"突袭裁判"。我国现行《民事诉讼法》规定的辩论原则只是当事人的一种诉讼权利,法院最多就是保障当事人行使权利,因此虽然辩论程序给当事人提供了行使辩论权的机会,但是并没有明确规定程序进行对法院产生的法律后果,没有法律后果的程序充其量只是一种形式、走过场。由于法官裁判行为可以不受当事人辩论内容的约束,因此对当事人来说,法官以未经当事人主张的事实和质证的证据作出裁判就是"突袭裁判"。

(2)约束性辩论原则可以实现当事人对实体权利和诉讼权利的处分,提高当事人对诉讼结果的认可度。约束性辩论原则是建立在双方当事人诉讼地位平等基础上,通过当事人广泛参与诉讼程序,平等、自由地陈述自己的请求和主张案件事实,双方当事人平等"对抗",法院在此基础上形成最终"判定"。因此它不仅使当事人对自己实体权利和诉讼权利的处分权得以实现,而且也促使当事人心悦诚服地接受裁判结果。

(3)约束性辩论原则能够使法院保持中立地位,从而实现司法公正。司法公正包括程序公正和实体公正,程序公正是实现实体公正的基础和保障。程序公正要求法院是中立的裁判者,不偏不倚、平等对待双方当事人。要实现程序公正,就应当合理界定案件审理中法院和当事人的作用分担。约束性辩论原则明确当事人负责提出诉讼请求、主张案件事实、收集证据材料,法院在当事人主张的范围内调查、判断证据,在诉讼请求范围内依法作出裁判。

① 汤维建主编:《民事诉讼法学》,北京大学出版社 2008 年版,第 152 页。

但是约束性辩论原则并不是说法官在审判中完全是被动的，而且为了尽量实现实体公正，法官在必要时应当行使释明权。[①] 只不过，行使释明权的范围和方式必须在保持法院中立地位的前提下进行。

第四节 诚实信用原则

一、诚实信用原则的含义

诚实信用原则，是指法院、当事人以及其他诉讼参与人在审理民事案件和进行民事诉讼时必须公正和诚实、善意。[②] 我国《民事诉讼法》第 13 条第 1 款规定，“民事诉讼应当遵循诚实信用原则”。该款规定表明我国《民事诉讼法》已将诚实信用原则确立为民事诉讼法基本原则。

诚实信用是民事实体法中规定的基本原则，起源于罗马法的诚信契约。但是，自 19 世纪末 20 世纪初开始，一些国家或者地区相继在民事诉讼法中对诚实信用原则相关的当事人真实义务作出了规定。[③] 如 1895 年的《奥地利民事诉讼法》、1911 年的《匈牙利民事诉讼法》和 1933 年修改后的《德国民事诉讼法》都规定，当事人或其代理人恶意陈述虚伪事实，或妨碍对方当事人的陈述，提出无理争辩及提出不必要的证据时，法院可以处以罚款。日本 1996 年修改的《民事诉讼》第 2 条中规定：“法院应为民事诉讼公正并迅速地进行而努力；当事人进行民事诉讼，应以诚实信用为之。”随着社会的发展，许多国家的法院在民事诉讼实践中不断扩大诚实信用原则的适用范围。

诚实信用原则是现代诉讼程序制度效率和公正的要求。一方面诚实信用原则应当贯穿于民事诉讼整个过程，另一方面诚实信用原则适用的主体包括当事人、法院和其他诉讼参与人。诚实信用原则是对法院、当事人以及其他诉讼参与人的诉讼行为加以约束的限制性准则，又是判断民事诉讼法律关系主体行为合法性、有效性的标准。我国《民事诉讼法》中一些具体规定也体现了诚实信用原则的要求。如《民事诉讼法》第 65 条第 2 款规定：人民法院根据当事人的主张和案件审理情况，确定当事人应当提供的证据及其期限。当事人在该期限内提供证据确有困难的，可以向人民法院申请延长期限，人

---

① 释明权，是指当事人的有关诉讼请求、案件事实的主张不明确、不充分、不适当时，法院依职权引导当事人通过补充、修正等方式将诉讼请求或者案件事实明确、充分、适当。

② 张卫平：《民事诉讼法》，法律出版社 2004 年版，第 27 页。

③ 当事人真实义务，是指法律关于当事人应当真实陈述案件，不得实施矛盾的行为，不得滥用诉讼权利等义务的规定。

民法院根据当事人的申请适当延长。当事人逾期提供证据的,人民法院应当责令其说明理由;拒不说明理由或者理由不成立的,人民法院根据不同情形可以不予采纳该证据,或者采纳该证据但应当予以训诫、罚款。第 111 条规定:诉讼参与人或者其他人伪造、毁灭重要证据,妨害人民法院审理案件的或者以暴力、威胁、贿买方法阻止证人作证或者指使他人作伪证的,人民法院可以根据情节轻重予以罚款、拘留,构成犯罪的,依法追究刑事责任。第 112 条规定:当事人之间恶意串通,企图通过诉讼、调解等方式侵害他人合法权益的,人民法院应当驳回其请求,并根据情节轻重予以罚款、拘留;构成犯罪的,依法追究刑事责任。第 113 条规定:被执行人与他人恶意串通,通过诉讼、仲裁、调解等方式逃避履行法律文书确定的义务的,人民法院应当根据情节轻重予以罚款、拘留;构成犯罪的,依法追究刑事责任。诚实信用由道德规范上升为法律规范,并规定于具体程序制度中,才能在民事诉讼中发挥指导作用。

二、诚实信用原则的立法依据

我国《民事诉讼法》规定诚实信用原则的立法根据在于:

首先,它是民事诉讼法与民事实体法一致性的体现。民事诉讼是解决民事纠纷、保护当事人合法权利以及稳定民事法律关系的手段。民事实体法规定诚实信用原则,就要求在解决民事纠纷过程中,当事人以及其他诉讼参与人也应当按照诚实信用原则规范自己的行为。可以说,民事诉讼法规定诚实信用原则既是基于法统一性,又是民事实体法诚实信用原则的延伸和扩张。

其次,它是实现民事诉讼法任务的具体要求。民事诉讼法的任务就是保护当事人行使诉讼权利,保证人民法院正确、及时解决民事案件。民事诉讼是法院、当事人以及其他诉讼参与人共同作用的过程。因此实现民事诉讼法的任务,就必然要求当事人以及其他诉讼参与人按照法律规定进行诉讼行为,不得滥用自己的诉讼权利;要求法院保障当事人、其他诉讼参与人行使诉讼权利,在法律规定范围内行使自由裁量权。如果当事人违反信义,不诚实地进行诉讼,如果法院滥用审判权,民事诉讼将难以实现其保障权益和公正裁判的任务。

再次,它是我国审判实践中对法院、当事人以及其他诉讼参与人诉讼行为进行规范的要求。我国民事审判方式改革以来,当事人诉讼权利逐渐扩大的同时,也伴随着不断发生当事人恶意诉讼、拖延诉讼等滥用诉讼权利的情形。法律不可能完全满足审判实务的要求,在法律没有明确规定情况下,难以判断法院审判是否公正合理、诉讼参与人实施的行为是否诚实善意。明确规定诚实信用原则不仅是规制法院、当事人以及其他诉讼参与人诉讼行为的要求，也是对民事诉讼法的解释和补充。

三、诚实信用原则的适用

民事诉讼中哪些主体适用诚实信用原则，尤其是法院是否受到诚实信用原则的约束，在学说上存有争议。在日本通说认为，诉讼是法院和当事人之间构成的三角关系，与法院期待当事人遵守信义一样，当事人也应当期待法院遵守信义，这是一种相互的关系。如果因法院的程序错误而使当事人实施了相应的诉讼行为，就应保护当事人的信赖利益。[①] 因此，主张诚实信用原则不仅适用于当事人之间，也适用于法院和当事人之间。在法院与当事人之间，诚信原则侧重于确保两者实质性协调机能；而在当事人相互之间的关系中，诚信原则侧重于维持两方当事人的实质衡平。[②] 此外，诚实信用原则也适用于其他诉讼参与人。根据诚实信用原则适用主体的不同，可以将诚实信用原则的适用分为三种情况：

（一）诚实信用原则对当事人的适用

诚实信用原则要求当事人在实施诉讼行为时应当诚实善意：

（1）不得滥用诉讼权利，恶意制造诉讼状态。它要求当事人一方不得以不正当手段形成利己诉讼状态，或者当事人之间恶意串通，企图通过诉讼、调解等方式侵害他人合法权益。对此，人民法院应当驳回其请求，并根据情节轻重予以罚款、拘留；构成犯罪的，依法追究刑事责任。被执行人与他人恶意串通，通过诉讼、仲裁、调解等方式逃避履行法律文书确定的义务的，人民法院应当根据情节轻重予以罚款、拘留；构成犯罪的，依法追究刑事责任。

（2）禁止作伪证和虚假陈述。诚实信用原则要求当事人有真实义务，当事人伪造、毁灭重要证据，妨害人民法院审理案件的或者以暴力、威胁、贿买方法阻止证人作证或者指使他人作伪证的，人民法院可以根据情节轻重予以罚款、拘留，构成犯罪的，依法追究刑事责任。

（3）禁止矛盾行为，即禁反言。禁止反悔及矛盾行为重在保障对方当事人的利益，在基于一方当事人已有的陈述和行为，利用一方当事人给予充分的信任而为的行为应当受到法律保护，不允许一方当事人事后反悔或者采取矛盾的行为来损害对方当事人的合法权益。[③] 如《海事诉讼特别程序法》第

---

① 参见〔日〕谷口安平：《程序的正义与诉讼》，王亚新、刘荣军译，中国政法大学出版社 1996 年版，第 141 页。

② 参见〔日〕中野贞一郎：《民事诉讼中的信义诚实原则》，载〔日〕中野贞一郎，《诉讼关系与诉讼行为》，日本弘文堂 1961 年版，第 63 页。

③ 田平安主编：《民事诉讼法学研究》，高等教育出版社 2008 年版，第 117 页。

85 条规定:“当事人不得推翻其在《海事事故调查表》中的陈述和已经完成的举证,但有新的证据并有充分的理由说明该证据不能在举证期间内提交的除外。”

(4) 不得实施突袭诉讼行为。当事人对自己提出的主张应当及时提供证据。未及时提供证据的,人民法院应当责令其说明理由。理由不成立的,人民法院根据不同情形予以训诫、罚款、赔偿拖延诉讼造成的损失、不予采纳该证据。

(5) 不得实施其他滥用诉讼权利的行为。如以不正当的手段改变确定管辖连接因素规避法院的管辖权、滥用撤诉权、反诉权以及其他诉讼权利行为。这些行为既侵犯了对方当事人的合法权益,也侵害了司法的权威性,违反了诚实信用原则,应当予以禁止。

(二) 诚实信用原则对法院的适用

诚实信用原则要求法院在审理和裁判民事案件时应当公正合理:

(1) 禁止滥用审判权。法官是民事诉讼中事实审理者、法律适用者、程序指挥者,法官在行使裁判权时应以诚实善意和不偏不倚的态度,探求法律本意根据案件具体情况,合理公正地解决纠纷。

(2) 禁止突袭裁判。法官在审理案件时,应当保障当事人充分行使诉讼权利,为当事人提供陈述主张和事实的提供条件和机会,不得实施突袭性裁判。对于诉讼中剥夺当事人及其诉讼代理人辩论权利的行为,当事人有权申请再审。

(3) 禁止滥用自由裁量权。法官对于实体问题和程序问题自由裁量时应当诚实善意,不得滥用自由裁量权。无论当事人提供的证据材料还是法院调查收集的证据材料都应当在法庭上出示,由当事人质证。未经质证的证据,不得作为认定案件事实的依据。审判人员应当依照法定程序、全面、客观地审核证据,依照法律规定、遵循法官职业道德,运用逻辑推理和日常生活经验,对证据有无证明力和证明力大小独立进行判断,并公开判断的理由和结果。

(4) 法官裁判民事案件都要对法律进行理解、解释。当法律有规定情况下,法官对法律适用和解释,必须考虑到法律创制时的意旨,针对法律文本的意思阐明自己形成判断的理由和依据。当法律没有明确规定时,法官则直接以诚实信用原则作为评价标准,以衡量本案事实,如果当事人的行为符合诚实信用原则,即认可其有效,并予以保护;如果当事人的行为违背诚实信用原则,即否定其效力,甚至进一步追究其法律责任。①

(三)诚实信用原则对其他诉讼参与人的适用

诚实信用原则要求其他诉讼参与人在实施诉讼行为时也要诚实善意,具体应当包括:诉讼代理人在诉讼中不得超越和滥用代理权,无正当理由拒绝代理,或恶意侵害被代理人利益;证人不得无故不出庭,不得作虚假证言;鉴定人不得作出与事实不符的鉴定意见;翻译人员不得故意做同原陈述或原文不符的翻译等。

虽然民事诉讼法规定诚实信用原则,有助于规制法院、当事人以及其他诉讼参与人的诉讼行为,提高诉讼效率,实现诉讼公正。但是,由于诚实信用原则内容具有模糊性、包容性、灵活性等特点,因此,民事诉讼立法中应当力求具体化,需要通过具体规范进一步落实诚实信用原则内容,以避免原则规定的空泛化以及实务中的被滥用。

第五节 处分原则

一、处分原则的含义

处分原则,是指民事诉讼中,在法律规定的范围内,当事人有权对自己的实体权利和诉讼权利进行支配和处置。具体表现为积极处分,可以行使权利;消极处分,即可以放弃权利。我国《民事诉讼法》第13条第2款规定:"当事人有权在法律规定的范围内处分自己的民事权利和诉讼权利。"根据处分原则的要求,当事人对其依法享有的民事权利和诉讼权利有权自由决定是否行使或如何行使,即当事人享有处分权,法院不得干预。

二、处分原则的内容

处分原则是建立在权利主体对其权利的控制和支配基础上的一项原则。它具体包括下列内容:

(一)处分权是双方当事人都享有的权利

民事诉讼是公权处理私权纠纷的过程,基于"私权"特点,民事诉讼法规定处分原则,赋予双方当事人按照自己的意志决定是否行使权利以及如何行使权利。处分是当事人对自己权利的处置,不同的当事人既有不同的处分权,也有某些相同的处分权。例如,在起诉受理环节,原告有起诉权、而被告

---

① 梁慧星:《裁判的方法》,法律出版社2003年版,第176页。

有反诉权,它们都可以决定行使与否;在开庭审理环节,他们都有权决定行使申请法官回避的权利、进行质证的权利、是否同意法院调解等。

(二) 当事人在整个诉讼过程中都可依法行使处分权

诉讼权利是当事人进行各种诉讼活动的手段,诉讼程序的进行主要是由当事人实施诉讼活动推动的,因此当事人处分权的行使贯穿于整个诉讼过程。具体表现为:民事纠纷出现后,向哪个法院起诉、提出什么诉讼请求,由原告自己决定;法院受理案件后,是否同意法院调解、要不要和解,由当事人自己决定;对于一审判决和可以上诉的裁定是否上诉,由当事人自己决定;对于已经确定的裁判,是否申请再审,由当事人自己决定;对于有给付内容的确定裁判,是否申请法院强制执行,一般也是由当事人自己决定。由于处分的权利与案件结果的关系存在差异,不同的处分行为具有不同的法律意义。

(三) 处分权对象是当事人享有的民事实体权利和民事诉讼权利

当事人行使处分权的对象是基于民事实体法和民事诉讼法所享有的实体权利和诉讼权利。当事人对民事实体权利的处分主要表现为:(1) 原告可以自由确定诉讼请求的范围以及确定诉讼请求的实体法律关系的性质。例如,对于基于合同造成损害的纠纷,原告可以选择是基于侵权案件提出损害赔偿还是基于合同纠纷要求对方承担违约责任。(2) 在诉讼中,原告有权变更、增加或放弃诉讼请求;而被告可以反驳、全部或者部分承认诉讼请求,也可以决定是否提出反诉。当事人对诉讼权利的处分主要表现为:(1) 当事人对于程序的开始、进行和结束有选择权,例如,程序的开始离不开原告的起诉行为、上诉人的上诉行为,当事人的撤诉行为一般会导致诉讼程序的终结;(2) 当事人可以决定诉讼权利如何行使。例如,当事人可以决定自己提出哪些事实主张、提出什么证据材料以及是否进行答辩,在诉讼中,是否委托代理人代为诉讼、是否申请法官及有关人员回避等。

在诉讼过程中,当事人对自己民事实体权利的处分,往往是通过对其诉讼权利的处分来实现的,例如,原告全部或者部分放弃诉讼请求,就是通过撤诉、和解或者法院调解等方式进行。

(四) 当事人对自己权利的处分应符合法律规定

我国法律保护当事人充分行使处分权,但是处分行为受国家法律制约和人民法院监督。我国民事诉讼法处分原则是相对的、有限制的,而不是绝对的、无限制的。当事人的处分行为必须与国家的合法干预相结合,当事人的处分行为不得超过法律规定的范围,不得损害国家的、集体的和他人的合法权益。否则,当事人处分行为即是非法的。

三、处分权与审判权关系

民事诉讼是在当事人处分权和法院审判权相互作用下展开的，正确贯彻落实处分原则，应当正确认识和处理处分权和审判权关系：

首先，处分权对审判权合理制约。在民事诉讼中法律赋予当事人处分权，就意味着审判权受到处分权的制约，否则处分权行使就会空化。当事人处分权直接决定法院审判权运作的起点、范围和终点。例如，审判权启动取决于当事人起诉行为，审判权作用范围受制于当事人诉讼请求和提出事实、证据的制约，审判权还会因为当事人撤诉而停止。当然，处分权对审判权的制约存在程度上差异。某些处分权具有绝对性，法院必须接受当事人处分结果，例如当事人是否起诉、或是否上诉等。某些处分权不具有绝对性，需要经过法院许可才能产生法律后果，例如是否允许当事人撤诉等。

其次，审判权对处分权的监督。人民法院审判权对当事人处分权有监督作用，为了保障当事人处分行为不超出法律规定范围，法院应通过审判权对当事人处分权实施必要的干预。如果发现当事人处分行为违反法律，超出规定范围，损害国家、社会、他人利益的，人民法院应依法干预，使其处分行为不发生法律效力。

再次，审判权应保障处分权的行使。一方面审判权不能过度扩张，不当侵入当事人自由处分领域，例如，动员撤诉、强制调解等；另一方面审判权应指导处分权的行使，应当依法提供诉讼上便利，对缺乏诉讼能力没有聘请律师的当事人提供诉讼指导，在当事人行使处分权之前提供必要的指示和说明，使当事人了解处分权行使方式及其所产生的法律后果。

四、处分原则与约束性辩论原则的关系

处分原则和约束性辩论原则都是体现民事诉讼特点的重要原则，共同体现了当事人在诉讼中地位和作用，共同反映了当事人和法院的关系：

首先，它们都是由民事实体法律关系本质所决定的。民事诉讼主要解决民事权利义务关系纠纷。在民事权利义务关系中，双方当事人是平等的，而且有权根据自己的意思行使自己的权利。因而，在解决民事纠纷的诉讼过程中，要保证法院作为中立的裁判者，一方面要求当事人在程序中发挥主导作用，另一方面赋予当事人享有依法处置自己权利的自由。处分原则和约束性辩论原则都是民事实体法律关系平等和自由在民事诉讼中的体现。

其次，它们从实质上都反映了当事人和法院在诉讼中的相互关系。“即使当事人要求国家通过诉讼来解决它们之间的纠纷，国家仍最大限度地尊重

当事者自由处分自己权利的自律性。处分权原则是在当事者直接处分自己实体权利这方面尊重他们自由的表现，而在此延长线上，辩论原则意味着从程序方面尊重当事者间接地处分自己权利的自由。这正是近代民事诉讼制度的本质要求。”①民事诉讼的本质就是调整当事人和法院之间的相互作用关系。处分原则，是通过当事人行使处分权确定法院审判权的作用范围，而约束性辩论原则，主要是把作为裁判基础的事实和证据交由当事人提供来确定法院和当事人在民事诉讼中作用分担规则。

再次，它们都起到对法院审判权限制的作用。处分原则的内容之一就是对于诉讼程序的启动、继续以及终结由当事人根据自己的意思自主确定，使法院处于相对被动地位；而约束性辩论原则表现为法院裁判所依据的事实和证据由当事人在辩论中提出，法院处于被动确认地位。即处分权和辩论权制约法院审判权。

第六节　法院调解原则

一、法院调解原则的含义和特点

法院调解原则，是指民事诉讼过程中，对于能够调解或应当调解的案件，人民法院应当在当事人自愿和合法的基础上，组织双方当事人依法定程序对争议的问题进行协商达成协议，以调解方式解决民事纠纷。法院调解在民事诉讼中既是一项重要基本原则，也是一项重要审判制度。我国《民事诉讼法》第 9 条规定：“人民法院审理民事案件，应当根据自愿和合法的原则进行调解；调解不成的，应当及时判决。”

法院调解原则，是法院审判民事案件的一种方式，更是诉讼民主原则的体现和处分原则的具体运用。就其性质而言，法院调解是法院行使审判权与当事人行使处分权相结合以解决民事纠纷的处理方式；法院调解的过程既是当事人进行诉讼的过程，也是受诉法院对案件进行审理的过程。由此，法院调解具有如下特点：(1) 法院调解是一种诉讼活动。与民间调解不同，法院调解是在法院主持下，促使双方当事人达成调解协议的诉讼活动。(2) 法院调解是法院行使审判权与当事人行使处分权的结合。(3) 法院调解是人民法院审结民事案件的一种方式。通过法院调解双方当事人达成的调解协议，与生

① 〔日〕谷口安平：《程序的正义与诉讼》(增补本)，王亚新、刘荣军译，中国政法大学出版社 2002 年版，第 141 页。

效判决发生同样法律效力。

二、法院调解原则依据

我国《民事诉讼法》之所以始终将法院调解作为基本原则,其主要依据是:

(1) 民事纠纷的特点。在民事诉讼中,法院解决的民事案件多数属于民事权利义务关系纠纷。民事权利义务关系纠纷中民事权利的可处分性,为双方当事人进行平等协商、调解解决提供了可能。在调解过程中,通过双方阐述事实、提供证据,特别是通过调解人——法官向当事人晓之于理、示之于法,能够促使当事人进行利益折中和妥协,达成调解协议,解决纠纷。

(2) 文化传统。法律制度是文化的一部分,法律制度的确定必然和一国民族文化传统息息相关。受到儒家思想的影响,和睦相处、息事宁人一直是我们处理人际关系的重要准则。民事纠纷起诉至法院后,由法官主持进行调解,双方通过平等协商、互谅互让解决纠纷不仅是儒家传统文化的要求,也是当事人愿意并能够接受的方式。

(3) 调解的优势。调解与判决相比较,其优势就是更灵活、更快捷、更彻底的解决纠纷。因为运用调解方式解决案件,可以最大限度尊重当事人选择,降低当事人之间的对抗性,程序阶段上、方式方法上更灵活。同时,恰当适用调解手段,能够尽快终结诉讼、彻底解决纠纷,可以节省当事人大量时间和精力。调解方式更符合诉讼效率和诉讼效益。

三、法院调解原则内容

(一) 法院调解活动贯穿审判程序整个过程

人民法院适用民事诉讼法审理的民事案件中绝大多数是民事纠纷,民事权利具有可处分性,因此根据案件性质和需要,对于有可能调解的案件,人民法院可以调解解决。法院调解贯穿于审判程序的各个阶段,包括一审程序,二审程序、审判监督程序。但是特别程序、督促程序、公示催告程序以及执行程序不能适用调解原则。

(二) 法院调解要在自愿和合法的基础上进行

自愿是指是否运用调解手段解决纠纷和调解能否达成协议,均征得双方当事人同意;合法是指人民法院主持进行的调解活动不得违反民事诉讼法关于调解程序制度的规定,调解协议的内容不得违反法律、法规的规定,不得侵害国家、集体和他人合法权益。人民法院进行调解必须遵循自愿合法的原则,这两者之间相互联系,不可分割。其中,自愿是前提条件,合法是要求,二者缺一不可，协调一致，是判断法院调解能否进行以及是否有效的标准。

（三）对调解不成的案件法院应当及时判决

法院调解是解决民事纠纷的一种方式，自愿是其本质特点，如果一方或者双方当事人坚持不愿意调解或者经过调解后达不成一致意见，人民法院应当根据案件情况及时审理案件并作出判决。

四、法院调解原则的沿革

法院用调解方式解决民事纠纷，是我国法院的优良传统和成功的司法经验。自新民主主义革命时期以来，人民政权的司法审判中就实行调解制度。曾提出过“调解为主、审判为辅”的八字方针，以后又提出“调解和审判相结合”。20世纪60年代初期，提出“依靠群众、调查研究、调解为主”的十二字方针，后来又发展为“依靠群众、调查研究、调解为主、就地解决”十六字方针。可见，在新中国成立后相当长一段时间，法院用调解方式解决纠纷在我国民事案件审理过程中一直处于绝对重要的地位。自此以后很长一段时间，调解成为我国民事审判的政策导向。但是“调解为主”无论从提法还是执行上都出现负面作用。如果说调解为主，是否意味着审判为辅，这必然和法院的性质发生矛盾；在执行过程中，强调调解为主，出现了追求调解率，违背当事人自愿原则用拖、磨方式变相强迫当事人调解等问题。为解决调解为主在实务中出现的偏差，1982年《民事诉讼法（试行）》在规定基本原则时，将调解为主改为着重调解。1991年《民事诉讼法》，将“着重调解原则”改为“自愿合法调解原则”。随着20世纪80年代初到90年代中后期司法制度改革和审判为中心理念的影响，“调审不分”、“调审合一”受到理论和司法界批判，作为民事审判重要方式的法院调解逐渐被边缘化。21世纪初，迫于法院案件压力增大以及“建设和谐社会”目标的提出，司法政策又开始重视法院调解。2002年以后，最高人民法院相继颁布《审理涉及人民调解协议案件规定》、《调解规定》等司法解释。2006年，时任最高人民法院院长的肖扬发表题为《充分发挥司法调解在构建社会主义和谐社会中的积极作用》的讲话，明确将“能调则调，该判则判，判调结合，案结事了”作为新时期人民法院民事审判工作的重要指导原则，强调要重新审视司法调解的功能和作用。法院调解乘着“和谐社会”的东风又强势回归，成为审判实务界和万众瞩目的热点。2009年3月10日，时任最高人民法院院长王胜俊在最高人民法院工作报告中首次提出“调解优先、调判结合”原则。2010年最高人民法院制定发布《关于进一步贯彻“调解优先，调判结合”工作原则的若干意见》，即在民事司法政策导向上一方面强调调解优先，另一方面将调解和判决两种方式相结合。为了在坚持调解优先时将调解建立在不违背当事人自愿基础上,同时实行调审适当分离,2012 年我国《民事诉讼法》除了将自愿和合法调解作为原则外,同时在第一审程序中完善了审前调解有关规定,首先第 122 条规定:当事人起诉到人民法院的民事纠纷,适宜调解的,先行调解,但当事人拒绝调解的除外。其次 133 条第 2 项规定:开庭前可以调解的,采取调解方式及时解决纠纷。

我国法院调解制度的沿革,是对调解本质的一个认识过程,也是对调解与判决这两种解决民事纠纷方式相互关系正确理解的过程。无论对调解的表述方式由政策到原则,还是对调解内容的规定由"为主"到"着重"再到"自愿合法",调解一直是法院处理民事案件的方式和结案方式。

第七节　民事检察监督原则

一、民事检察监督原则的含义

民事检察监督原则,是指人民检察院有权对民事诉讼进行法律监督。人民检察院对民事诉讼进行监督,是由我国《宪法》规定检察机关是我国法律监督机关所决定的,民事检察监督原则是基于维护国家法制、保障国家利益、社会公共利益的需要而确立的一项原则。《民事诉讼法》第 14 条规定:"人民检察院有权对民事诉讼实行法律监督"。

二、民事检察监督原则范围和方式

(一) 民事检察监督范围

根据我国《民事诉讼法》第 14 条规定,人民检察院有权对民事诉讼实施法律监督。此条规定赋予了人民检察院比较广泛的监督范围,即检察院有权对人民法院审判活动、执行活动以及调解活动进行监督,具体包括:

(1) 审判人员违法行为。检察院有权对法官在审判、执行过程中的违法犯罪行为进行监督。根据《民事诉讼法》第 208 条第 3 款规定,各级检察院发现审判监督程序以外的其他审判程序中法官有贪污受贿、徇私舞弊、枉法裁判等违法行为的,有权按照法定程序追究其法律责任。

(2) 人民法院审判活动。检察院有权对法院审理民事案件、执行民事案件过程中的严重违反程序行为进行监督。法院的审判行为、执行行为必须严格按照法定程序进行。如果法院在审判或者执行中出现严重违反《民事诉讼法》的行为,检察院有权提出检察建议,提请法院予以纠正。

(3) 生效判决裁定。检察院有权对法院作出的生效裁判是否正确合法进行监督。根据《民事诉讼法》第 208 条第 1 款规定，检察院对法院解决民事纠纷所作出的确定判决、裁定，发现有申请再审法定情形之一的，应当通过抗诉或再审检察建议的方式进行监督。

（4）调解书。检察院有权对生效调解书实行法律监督。根据《民事诉讼法》第 208 条第 1 款规定，检察院发现调解书损害国家利益、社会公共利益的，应当提出抗诉或提出再审检察建议。

（5）执行活动。《民事诉讼法》第 235 条规定：人民检察院有权对民事执行活动实行法律监督。此规定作为执行规定的一般原则，确立了人民检察院对民事执行活动实行法律监督的依据。

（二）民事检察监督方式

根据我国《民事诉讼法》有关规定，人民检察院对民事诉讼实行法律监督方式主要包括：

（1）提起公诉。检察院对审判人员在民事诉讼中滥用职权、玩忽职守、贪污受贿、徇私舞弊等违法犯罪行为，可以依照《刑事诉讼法》规定程序，提起公诉。

（2）提出抗诉。《民事诉讼法》第 208 条第 1 款规定：最高人民检察院对各级人民法院已经发生法律效力的判决、裁定，上级人民检察院对下级人民法院已经发生法律效力的判决、裁定，发现有本法第 200 条规定情形之一的，或者发现调解书损害国家利益、社会公共利益的，应当提出抗诉。同条第 2 款规定：地方各级人民检察院对同级人民法院已经发生法律效力的判决、裁定，发现有本法第 200 条规定情形之一的，或者发现调解书损害国家利益、社会公共利益的，也可以提请上级人民检察院向同级人民法院提出抗诉。

（3）提出再审检察建议。再审检察建议是指各级检察机关在办理民事抗诉案件中，认为人民法院已经生效判决、裁定或调解协议确有错误，以书面形式向同级人民法院提出监督意见，建议同级人民法院启动再审程序自行纠正的一种监督方式。根据《民事诉讼法》第 208 条第 2 款规定：地方各级人民检察院对同级人民法院已经发生法律效力的判决、裁定，发现有本法第 200 条规定情形之一的，或者发现调解书损害国家利益、社会公共利益的，可以向同级人民法院提出检察建议，并报上级人民检察院备案。

4. 提出审判人员违法行为检察建议。审判人员违法行为检察建议是指各级检察机关对审判监督程序以外其他审判程序中审判人员违法行为，以书面方式向同级人民法院提出检察建议。对此，《民事诉讼法》第 208 条第 3 款作了规定。

三、民事检察监督原则的沿革

我国检察机关对民事审判活动实行法律监督存在一个沿革过程。新中国成立之始,1949年12月经中央人民政府主席批准,颁发了《中央人民政府最高人民检察署试行组织条例》,该条例第3条规定:最高人民检察署受中央人民政府委员会之直辖,直接行使并领导下级检察署行使对各级司法机关之违法判决提起抗议;对于全国社会与劳动人民利益有关之民事案件及一切行政诉讼,均得代表国家公益参与职权。1954年《中华人民共和国人民检察院组织法》第4条规定:人民检察院对于人民法院的审判活动是否合法实行监督;对于有关国家、人民利益的重要民事案件有权提起诉讼或者参加诉讼。这是全国人民代表大会通过法律的形式,第一次明确了人民检察院对有关国家、人民利益的重要民事案件的起诉权。随着1957年的"反右"斗争和"无产阶级文化大革命",我国民事检察制度遭受了毁灭性的打击。1975年《宪法》明确规定,检察机关的职权由公安机关行使,从宪法上彻底否定了人民检察机关存在的必要性,民事检察制度与其他检察制度同时被废止。1978年拨乱反正以后,我国又重建了人民检察机关,各项检察职能都在不同程度上得以恢复。1979年2月2日最高人民法院制定颁布的《人民法院审判民事案件程序制度的规定(试行)》对检察院提起诉讼、参与民事案件的审理程序作了具体规定。但是,1979年《人民检察院组织法》彻底废止了民事检察制度。1982年《民事诉讼法(试行)》对1979年《人民检察院组织法》的规定进行了一些修正,该法第12条规定:"人民检察院有权对人民法院的民事审判活动实行法律监督。"由此重新确立了人民检察院对民事审判活动的监督权。1991年《民事诉讼法》沿用了1982年《民事诉讼法(试行)》中原则性规定,并对检察机关按照审判监督程序提出抗诉作出了一些具体规定。随后十几年,关于民事检察监督原则成为民事诉讼法学界研讨的重要课题。理论和实践部门围绕民事检察监督原则的存废、民事检察监督的范围、民事检察监督方式等问题形成了不同观点。民事检察监督原则成为民事诉讼法修改的重要内容。

2012年《民事诉讼法》在结合我国国情,总结司法实践经验基础上,对民事检察监督原则作了重大修改,进一步加强了人民检察院对民事诉讼活动的监督。此次修改主要有如下变化:(1) 扩大了监督范围。将民事检察监督从过去规定的对民事审判活动进行监督扩大到整个民事诉讼领域,既包括审判活动,也包括执行活动。一方面对法院生效判决、裁定在法定情况下进行抗诉,另一方面规定发现调解书损害国家利益、社会公共利益的,人民检察院可以向同级人民检察院提出检察建议,并报上级人民检察院备案;也可以提请上级人民检察院向同级人民法院提出抗诉。(2)增加了监督方式。对检察监督的方式,除原来规定的对生效裁判的抗诉方式外,还规定了检察建议这一新的监督形式。(3)由原来事后监督扩展到全程监督。原有法律只规定了对法院生效裁判的抗诉监督,现行法律在加强抗诉监督基础上,增加了通过检察建议的方式对审判与执行整个过程中违法行为进行监督。(4)强化了监督手段。为使检察机关正确及时地监督诉讼活动,增加规定人民检察院因履行法律监督职责提出检察建议或抗诉需要,可以向当事人或案外人调查核实相关情况。虽然,修改后的现行《民事诉讼法》较为完整的规定了民事检察职能,但是基本原则的规定还需要具体制度性规范加以体现。另外,此次修改虽然扩大了民事检察监督范围,强化了民事检察监督方式,但是,检察机关对民事诉讼法律监督仍然需要坚持合法性原则、居中监督原则、谦抑性原则。①

案例精选

▶【案例1】②

2003年9月,原告厉夫金与其所在村的村委会签订土地承包合同,承包村里94亩连片土地,约定由其种植桃树。被告徐州铜利铸造有限公司(以下简称铜利公司)是桃园南部一家经营生铁冶炼、铸铁铸造的钢铁生产企业。厉夫金发现,铜利公司生产过程中排放的烟尘飘落在桃树的叶子、花朵和幼果上,严重影响桃树生长,造成桃园减产,于是就和铜利公司进行交涉。双方曾于2005年就桃园的赔偿问题达成协议,由铜利公司补偿厉夫金5000元。但是就2006年损失补偿问题,双方未能达成一致意见。厉夫金专门委托铜山县果树技术指导站对桃树受损情况进行评估,该站参照相关文件规定标准,计算出厉夫金桃树损失产量,按黄桃近期市场均价计算,总产值损失为78508.8元。厉夫金据此向铜山县人民法院起诉。铜山县法院采信该鉴定结论,判决铜利公司赔偿厉夫金损失78508元。铜利公司不服,提起上诉。徐州市中级人民法院审理后,以原判决认定事实不清为由,裁定撤销原判,发回重审。铜山县法院在重审过程中,法官依法向双方当事人释明了举证责任的分配规则和鉴定的相关规定。双方当事人经协商,同意委托铜山县环保局进行鉴定,但是铜山县环保局以受技术条件限制为由拒绝鉴定,后双方当事人又

① 参见奚晓明主编:《中华人民共和国民事诉讼法修改条文理解与适用》,人民法院出版社2012年版,第25页。

② 最高人民法院中国应用法学研究所编:《人民法院案例选》2009年第3辑(总第69辑),人民法院出版社2010年版,第170—174页。

协商委托一家省级鉴定机构进行鉴定，但由于该鉴定机构要收取11.5万元鉴定费，诉讼成本明显过高。此时，本案已经跨年度历经两级法院三次审理，仍难以彻底查清案件事实，而且诉争的2006年桃园赔偿争议尚未解决，双方又马上面临2007年度桃园的赔偿问题。对此，法官从一般公众所认可的经验常识和逻辑规则出发，认定铜利公司排放烟尘和厉夫金桃园的损害后果之间具有一定的因果关系，并在此基础上对双方当事人进行调解，最终达成调解协议：在厉夫金承包期间，被告铜利公司每年给付厉夫金赔偿额以三万为基数并按国家统计局公布的国民经济和社会发展统计公报公布的农产品生产价格升降指数作相应调整。

评析：本案涉及法律问题是法院对案件主要事实认定应建立在当事人充分行使辩论权基础上。本案是一起环境污染侵权纠纷，根据法律和相关司法解释的规定，应当适用特殊的举证责任分配规则，即受害人厉夫金应当证明其受损害的事实，加害人铜利公司应当就法律规定的免责事由及其行为与损害结果之间不存在因果关系承担举证责任。本案一审时，原告厉夫金依据铜山县果树技术指导站出具的桃树受损评估报告，提出自己的损害赔偿请求。由于一审法院对铜利公司排放烟尘的行为和厉夫金桃园受到损失后果之间是否有因果关系这一争议事实的认定没有建立在当事人充分行使辩论权的基础上，因此二审法院作出裁定撤销原判，发回重审。在重审时，铜山县人民法院不仅依法向当事人释明本案举证责任的分配规则、负担举证责任的当事人应当申请鉴定以及不申请鉴定的法律后果，而且在进行鉴定诉讼成本过高情况下，征得当事人同意进行调解，使得该案能够及时、顺利解决。环境污染侵权纠纷中，侵权行为和损失后果之间是否有因果关系往往关系到案件的处理结果。因此，要求法官对证明责任分配规则进行释明，不仅体现了司法为民举措，更是贯穿辩论原则的要求。

▶【案例2】①

因法律服务合同纠纷，北京儒鼎时代法律咨询服务有限公司（以下简称儒鼎公司）向北京市朝阳区人民法院起诉被告程爱华。在庭审结束前，儒鼎公司向法院提交书面撤诉申请书，称“经过慎重考虑，依据《中华人民共和国民事诉讼法》之规定，依法申请撤诉”。被告程爱华辩称：被告与原告不存在咨询服务合同关系，双方也没有约定咨询费9000元。原告因本次事件多次起诉又撤诉，且均以同一事实和理由，这既浪费人民法院的司法资源，又浪费被

① 最高人民法院中国应用法学研究所编：《人民法院案例选》2010年第2辑（总第72辑），人民法院出版社2011年版，第106—108页。

告的时间和精力,请求驳回原告的诉讼请求。朝阳区人民法院认为,因儒鼎公司此前就该案多次起诉又均撤诉,本次诉讼又未说明合理理由而申请撤诉,其撤诉申请不符合法律规定,裁定不准许儒鼎公司撤回起诉。此后,朝阳区法院经过审理认为,原告主张原、被告曾约定被告应向原告支付咨询费9000元,但在被告明确否认的情况下,原告对此并没有提供充分证据进行证明,故该举证不能的后果由原告承担。判决驳回儒鼎公司的诉讼请求。判决后,儒鼎公司不服,向北京市第二中级人民法院提出上诉。上诉审法院审理后,判决驳回上诉,维持原判。

评析:本案涉及的法律问题是法院为什么不准许原告儒鼎公司提出的撤诉申请。撤诉是当事人处分其诉讼权利的重要表现,但是是否准许,由法院裁定。根据《民事诉讼法》和有关司法解释规定,当事人在宣判前申请撤诉,只要没有违反法律的行为需要依法处理的,人民法院应当准许当事人撤诉。但是"何谓有违反法律的行为需要依法处理"由法院根据案件情况来确定。就本案来说,儒鼎公司在一年之内多次起诉又多次撤诉,撤诉理由同一,且其又是专门从事法律服务的公司,对法律规定非常熟悉。而被告程爱华为积极应诉,花费了大量时间、人力和财力。因此在我国现行法没有规定原告撤诉须经被告同意,或者没有明确的恶意诉讼制度情况下,法院不准许其撤诉符合现行法相关规定。

思考问题

1. 当事人诉讼权利义务平等原则的内容。
2. 我国民事诉讼辩论原则与约束性辩论原则的区别。
3. 当事人处分权与法院审判权之间的关系。
4. 法院调解原则的内容。
5. 民事检察监督原则的内容。
6. 民事诉讼诚实信用原则的具体适用。

法条链接

《宪法》第33条、第51条、第129条、第131条;《民法通则》第3条、第4条;《民事诉讼法》第8条、第9条、第12—14条、第65条、第111—113条、第122条、第145条、第168条、第208—213条、第235条、第八章;《海事诉讼特别程序法》第85条;《民诉法意见》第91—97条、第161条、第182—185条;《证据规定》第7条、第3条、第5条、第47条、第74条;《简易程序规定》第

14—17 条;《调解规定》。

扩展阅读

1. 黄松有:《检察监督与审判独立》,载《法学研究》2000 年第 4 期。

2. 刘学在:《辩论原则的根据》,载《法学研究》,2005 年第 6 期。

3. 李浩:《民事审判中的调审分离》,载《法学研究》,1996 年第 4 期。

4. 汤维建:《论民事检察监督制度的现代化改造》,载《法学家》2006 年第 4 期。

5. 汤维建:《论民事诉讼中的诚实信用原则》,载《法学家》,2003 年第 3 期。

6. 翁晓斌:《职权探知主义转向辩论主义的思考》,载《法学研究》,2005 年第 4 期。

7. 占善刚:《诉讼权利平等原则新论》,载《法律评论》,1999 年第 2 期。

8. 张晋红:《法院调解的立法价值探究——兼评法院调解的两种改良观点》,载《法学研究》,1998 年第 5 期。

9. 张卫平:《我国民事诉讼辩论原则重述》,载《法学研究》,1996 年第 6 期。

10. 张卫平:《民事诉讼处分原则重述》,载《现代法学》,2001 年第 6 期。

第三章　民事审判基本制度

民事审判基本制度是法院审判民事案件必须遵循的基本操作规程，体现审判的规律，反映审判的目的，在民事诉讼中具有关键性的作用。本章主要介绍了合议制度、回避制度、公开审判制度和两审终审制度的基本内容及其在诉讼中的作用。

第一节 概 述

民事审判基本制度，是在法院审理民事案件的重要环节和重要问题上起重要作用的规则。由于民事审判基本制度与民事诉讼法基本原则都反映了民事诉讼法的基本精神，都对民事诉讼一般程序制度、具体规范具有指导作用，因此我国民事诉讼法在立法体例上将它们放在一章中。但是民事审判基本制度与民事诉讼法的基本原则是不同的，民事审判基本制度不仅是法院审判行为的基本规则，而且内容更具体、实用性强。民事审判基本制度与民事诉讼法规定的具体制度、一般制度也不同，具体制度、一般制度只是规制某个程序阶段或者某种程序活动，如起诉制度、裁判制度；而民事审判基本制度往往通过具体制度、一般制度体现对整个审判程序的运行发挥作用。依据《民事诉讼法》第10条规定，我国民事审判基本制度包括公开审判制度、合议制度、回避制度以及两审终审制度。

第二节 公开审判制度

一、公开审判制度的概念和依据

（一）公开审判制度概念

公开审判制度，是指依照法律规定，法院审理民事案件，除合议庭评议外，应当公开进行的制度。

关于向谁公开，我国学者普遍认为，包括向群众公开、向社会公开。所谓向群众公开，就是对于公开审理的案件，法院的审理活动和宣判应当允许群众旁听；所谓向社会公开，就是允许新闻记者对公开审理的案件情况进行采访、报道，使社会大众知晓审理的过程和裁判的结果。也有学者主张，公开审判是指依法应当向当事人和社会公开的制度。[①] 该观点有合理之处，因为它立足我国审判实务中，公开审判只强调审判过程公开，而法官的思维过程、裁判理由不公开或者公开不够的情况。公开审判是对秘密审判的否定。秘密审判，就是法院审理案件的行为、法官的思维过程以及裁判理由不仅对社会而且对当事人也不公开。公开审判制度不仅应当向社会展示审判的过程，而且也应当向社会展示法官在诉讼中对案件事实的认识过程和对当事人是非

① 常怡主编：《民事诉讼法学》，中国政法大学出版社2008年版，第79页。

责任的判断理由。公开审判是针对不公开审理提出和确立的,不公开审理的案件,只是不允许群众旁听、不允许记者采访报道。因此无论公开审判还是不公开审理的案件,法院的审判过程和法官的思维过程、裁决理由都要对当事人公开。

公开审判与开庭审理虽然都是反映法院审理案件的方式、形式,但是它们是不同的。公开审判需要通过法院的开庭审理得以实现,因此公开审判的案件,法院必然要开庭审理;但是开庭审理的案件,并不一定公开审判。

（二）公开审判制度立法依据

公开审判的意义在于将案件的审判活动置于群众的监督之下,既有助于审判人员严格依法办案,提高案件的审判质量,又可以约束当事人及其他诉讼参与人依法办事。

民事诉讼法将公开审判作为一项基本审判制度的依据在于:(1)它是司法民主化的要求。公开审判是与秘密审判相对应的一种审判形式,它是在保障人权基础上建立的,体现了诉讼制度的文明、民主。(2)它是司法公正的要求。公开审判将案件审判活动置于公众监督之下,增强了审判透明度,防止了司法专横和擅断,强化了审判人员责任感,保证其公正司法。(3)它是司法教育功能的要求。司法的作用不仅包括法院通过行使审判权解决各种纠纷、稳定法律关系,而且也包括进行法制宣传教育。公开审判的过程,就是通过直观、形象的方式对旁听群众或者社会大众进行普法宣传,从而使社会大众能够自觉按照法律规定规范自己的行为。(4)它是社会监督具体化的需要。司法反映的是法院行使国家赋予的审判权,保障权力的正确行使离不开社会的监督。社会监督包括多种形式,最基本的就是舆论监督。只有贯彻公开审判,通过对审判活动的旁听、传播、报道等形式,才能真正发挥社会力量对司法的监督作用,实现对民事审判活动的制约。

二、公开审判的内容和要求

关于公开审判制度的内容,我国学者中存在一些不同看法。如公开审判的程度,即半公开——仅仅审理案件的过程和判决的宣告公开,评议中的少数意见不公开;彻底公开——不仅案件的过程和判决的宣告公开,而且合议审理的案件评议中的少数意见也要公开。有些学者主张,我国三大诉讼法确立和采用的是一种半公开审判制度,应当逐步向彻底的公开审判制度转化。① 我们也同意该观点。至于公开审判与维护法的独立空间之间的关系,我们认

① 常怡:《公开审判》,载《民事诉讼机制的变革》,人民法院出版社1998年版,第84—101页。

为实务中出现的舆论监督干涉法官独立行使审判权，甚至“绑架”法官的独立判断原因不在于实行公开审判制度，而是我国没有新闻法等相关法律使然。1999年最高人民法院《公开审判规定》，2007年最高人民法院《审判公开意见》对如何落实公开审判原则、切实加强审判公开基本要求，规范审判公开作了具体规定。根据我国现行有关公开审判制度的规定，我国公开审判制度的内容包括：

（1）审判主体和情况的公开。审判主体的公开是指审理本案审判人员及记录人员应当向当事人和社会公开，同时，对于公开审理的案件，法院应当在开庭前将审理案件的情况、时间、地点予以公告。

（2）公开对象应包括当事人和社会两方面。向当事人公开指法院审判活动应在当事人参与下进行。对社会公开指允许群众旁听开庭审理和判决宣告。对于公开审判的案件，除精神病人、醉酒的人和未经人民法院许可的未成年人外，其他公民可以旁听。经人民法院许可，新闻记者可以记录、录音、录像、摄影、转播庭审实况。①

（3）公开的阶段指除了合议庭评议阶段以外的审判全过程。无论案件是否公开审理，法院宣判都应当公开进行。所谓全过程包括立案公开、庭审公开、执行公开、听证公开、文书公开和审务公开等。②

（4）审判公开包括形式和实质公开。形式公开指公开开庭、允许旁听等。实质公开指要求法院依法公开审理案件，案件事实未经法庭公开调查不能认定。证明案件事实的证据未在法庭公开举证、质证，不能进行认证，但无需举证的事实除外。缺席审理的案件，法庭可以结合其他事实和证据进行认证。另外，法院制作的判决书应当写明判决认定的事实和理由以及适用的法律和理由。③

（5）除涉及国家秘密、商业秘密和个人隐私的内容外，公众可以查阅发生法律效力的判决书、裁定书。

（6）凡是依法应当公开审理的案件没有公开审理的，当事人提起上诉的，第二审人民法院应当裁定撤销原判决、发回重审；当事人申请再审的、检察院

① 为进一步落实公开审判原则，规范人民法院接受新闻媒体舆论监督工作，妥善处理法院与媒体关系，最高人民法院2009年12月8日下发了《关于人民法院接受新闻媒体舆论监督的若干规定》。

② 为更好贯彻依法全面公开原则，最高人民法院2009年12月8日下发了《关于司法公开的六项规定》，从立案公开、庭审公开、执行公开、听证公开、文书公开和审务公开等六个方面对各程序阶段审判公开作了规定。

③ 近几年学者强调法官心证也要公开。参见邱联恭等：《心证公开论》，载《民事诉讼法之研讨》（七），台北三民书局1998年版，第207页。

按照审判监督程序提起抗诉的,人民法院应当裁定再审。发回重审或者裁定再审的案件,法院应当公开审理。

三、公开审理的例外情况

根据《民事诉讼法》第134条规定,公开审判是一项基本审判制度,但是针对特殊案件,法院不公开审理。

(1)不能公开审理的案件,包括涉及国家秘密的案件、涉及个人隐私的案件或者法律另有规定不公开审理的案件。这些案件或者涉及执政党、政府、军队等国家利益、国家安全;或者涉及个人不愿被人了解或者干涉的私人生活安宁和私人信息受法律保护的权利,因此为维护国家利益、个人的合法权益,法律明确规定不公开审判。

(2)可以不公开审理的案件,包括离婚案件、涉及商业秘密的案件。离婚案件是涉及公民人身关系的案件,可能涉及当事人一些不愿公开的个人生活情况,从保护当事人隐私权出发,赋予当事人申请权,即当事人申请不公开的,则法院不公开审理;商业秘密,是指涉及企业业务秘密、商业情报及信息等,如生产工艺、配方、贸易联系、购销渠道等当事人不愿公开的商业秘密。由于商业秘密是企业生存、竞争的法宝,因此当事人申请不公开审理的,法院不得公开审判。

(3)在法院调解程序中,当事人申请不公开进行调解的,人民法院应当允许。因为调解过程中伴随当事人妥协和让步,当事人可能不愿意公开,因此,调解程序当事人申请不公开的,法院应尊重其意愿。①

第三节 合议制度

一、合议制度的概念和立法根据

(一)合议制度概念

合议制度,是指由三名以上审判人员组成审判组织,代表人民法院对民事案件进行集体审理和裁判的制度。

由多人参与共同对案件进行审理的方式,我国有文字记载始于西周时期。《礼记·王制》一书中就记载:“成狱辞,史以狱成告于正,正听之;正以狱成告于大司寇,大司寇听之棘木之下;大司寇以狱成告于王,王命三公参听

---

① 参见最高人民法院《法院调解规定》第7条。

之；三公以狱成告于王，王三又（宥），然后制刑。”[1]即案件的审理由三公共同进行。但是，中国古代的合议制只具有形式意义，实质意义的合议制度是清末修律时期引进的。[2] 合议制是与独任制相对的。独任制，是由一名审判人员独立对案件进行审理并作出裁判的制度。根据我国现行《民事诉讼法》的有关规定，独任制只适用于简易程序、小额程序、某些特殊性程序（如特别程序、督促程序以及公示催告程序）审理的简单、特殊民事案件。因此合议制是人民法院审判民事案件审判组织的基本制度。

（二）合议制度依据

民事诉讼法将合议制度作为基本审判制度的理由在于：（1）发挥集体成员的智慧。合议制度是我国民主集中原则在民事诉讼中的具体体现，通过发挥集体的力量，可以克服审判人员个人的主观片面性，弥补审判员个人知识和能力上的不足。（2）实现审判人员内部的监督和制约，保证案件的公正处理。吸收陪审员参与合议庭或者有三个以上审判员组成合议庭不仅可以防止法官个人专断，而且有利于实现审判人员之间相互配合、相互制约。

二、合议制度的内容

《民事诉讼法》第三章、2000 年 8 月 16 日最高人民法院《人民法院审判长选任办法（试行）》、《合议规定》以及 2010 年 1 月 11 日最高人民法院《关于进一步加强合议庭职责的若干规定》对合议制度适用的案件范围、合议庭的组成方式、合议庭的权限以及合议庭的议事规则等内容进行较为明确的规定。

（一）合议庭的组成情况

按照法律规定，我国合议庭的组成情况根据案件适用的审级不同而不同：

（1）适用第一审审理的民事案件，合议庭的组成有两种形式：第一，审判员、陪审员共同组成合议庭。审判员、陪审员的人数、比例，《民事诉讼法》没有做限制性规定，只要求合议庭的成员人数，必须是单数。第二，全部由审判员组成的合议庭，没有陪审员参加，审判员的人数，也必须是单数。

（2）适用第二审民事案件，合议庭全部由审判员组成，没有陪审员参加。这主要因为，一、二审的任务不完全相同。一审时是要解决当事人的争议，在查明案件事实基础上依据法律作出裁判，有陪审员参加，他们可以帮助法官

---

① 参见：《汉书·淮南王安传》，转引自巩富文：《中国古代法官会审制度》，载《史学月刊》1992 年第 6 期。

② 左卫民、汤火箭、吴卫军：《合议制度研究：兼论合议庭独立审判》，法律出版社 2001 年版，第 72 页。按照该书观点，只有多人参与只是一种形式意义的合议，只有当多人参与、平等参与、共同决策、独立审判四要素同时具备时，才是实质意义的合议制。

查明案件事实,有利于法官作出正确裁判。二审除了解决上诉人与被上诉人之间争议外,还要审查原审法院的裁判是否正确,有没有不符合法律规定之处,通过上诉审程序对原审法院的裁判进行监督。

(3) 重审案件的合议庭,应当由原审人民法院按照一审程序另行组成。第二审人民法院发回重审案件,原审人民法院应按第一审程序另行组成合议庭。

(4) 再审案件合议庭的组成,适用一审程序审理的,按照第一审程序另行组成合议庭;适用二审审理的,按照第二审程序另行组成合议庭。

(二) 合议庭的权限和合议规则

根据《合议规定》,合议庭的审判长由符合审判长任职条件的法官担任。院长或者庭长参加合议庭审判案件的时候,自己担任审判长。合议庭的审判活动由审判长主持,全体成员平等参与案件的审理、评议、裁判,共同对案件认定事实和适用法律负责。合议庭承担的职责包括:(1) 根据当事人的申请或者案件的具体情况,可以作出财产保全、证据保全、先予执行等裁定;(2) 确定案件委托评估、委托鉴定等事项;(3) 依法开庭审理第一审、第二审和再审案件;(4) 评议案件;(5) 提请院长决定经案件提交审判委员会讨论决定;(6) 按照权限对案件及其有关程序性事项作出裁判或者提出裁判意见;(7) 制作裁判文书;(8) 执行审判委员会决定;(9) 办理有关审判的其他事项。

根据《民事诉讼法》第 42 条、《合议规定》、《合议庭职责》相关条款要求,合议庭评议案件应当在庭审结束后 5 个工作日内进行。合议庭评议案件时,先由承办法官对认定案件事实、证据是否确实、充分以及适用法律等发表意见,审判长最后发表意见;审判长作为承办法官的,由审判长最后发表意见。对案件的裁判结果进行评议时,由审判长最后发表意见。审判长应当根据评议情况总结合议庭评议的结论性意见。合议庭成员进行评议的时候,应当认真负责,充分陈述意见,独立行使表决权,不得拒绝陈述意见或者仅作同意与否的简单表态。同意他人意见的,也应当提出事实根据和法律依据,进行分析论证。

合议庭成员对评议结果的表决,以口头表决的形式进行。合议庭进行评议的时候,如果意见分歧应当按多数人的意见作出决定,但是少数人的意见应当记入笔录。评议笔录由书记员制作,由合议庭的组成人员签名。

合议庭应当按照规定的权限,及时对评议意见一致或者形成多数意见的案件直接作出判决或者裁定。但是对于疑难、复杂、重大或者新类型的案件,合议庭认为有必要提交审判委员会讨论决定的;合议庭在适用法律方面有重大意见分歧的以及合议庭认为需要提请审判委员会讨论决定的其他案件,或者本院审判委员会确定的应当由审判委员会讨论的案件,合议庭应当提请院长决定提交审判委员会讨论决定。

合议庭一般应当在作出评议结论或者审判委员会作出决定的5个工作日内作出裁判文书。

（三）合议庭和审判委员会、院长、庭长的关系

审判委员会是按照《法院组织法》规定，在各级法院内部设置的集体领导法院审判工作的组织形式。审判委员会由人民法院的同级人民代表大会常务委员会任命的委员组成。人民法院院长主持审判委员会的会议，审判委员会讨论决定问题，实行民主集中制原则。

按照现行《民事诉讼法》的有关规定，审判委员会与合议庭是审判业务上的监督与被监督关系。具体表现为：(1) 对于疑难、复杂、重大或者新类型的案件，合议庭认为有必要提交审判委员会讨论决定的；合议庭在适用法律方面有重大意见分歧的以及合议庭认为需要提请审判委员会讨论决定的其他案件，或者本院审判委员会确定的应当由审判委员会讨论的案件，审判委员有权讨论并作出决定。合议庭对审判委员会的决定有异议的，可以提请院长决定提交审判委员会复议一次。(2) 对于合议庭作出生效裁判，发现确有错误、需要再审的，各级人民法院院长应当提交审判委员会决定再审。

关于合议庭与人民法院院长、庭长关系，院长、庭长负责法院行政事务组织、领导和指挥等工作，而具体案件则由合议庭或独任庭进行，院长、庭长不能命令合议庭如何断案。根据最高人民法院2007年《关于完善院长、副院长、庭长、副庭长参加合议庭审理案件制度的若干意见》，院长、庭长也可以和其他审判员一起组成合议庭审判案件。根据《合议规定》第16条、第17条规定：院长、庭长可以对合议庭的评议意见和制作的裁判文书进行审核，但是不得改变合议庭的评议结论。院长、庭长在审核合议庭的评议意见和裁判文书过程中，对评议结论有异议的，可以建议合议庭复议，同时应当对要求复议的问题及理由提出书面意见。合议庭复议后，庭长仍有异议的，可以将案件提请院长审核，院长可以提交审判委员会讨论决定。

第四节 回避制度

一、回避制度的概念和立法依据

回避制度，是指审判人员、辅助审判工作的有关人员遇有法律规定不宜参加案件审理或参加有关诉讼活动的情形时，退出案件审理活动或有关诉讼活动的制度。确立回避制度就是体现程序正义的要求。首先，“任何人不能

做自己案件的法官”,审判人员、辅助审判工作的其他人员具有双重身份,既是主持或参与民事案件解决的人,又进行社会交往,可能与解决的案件或案件当事人产生各种社会关系,因此这必然影响其对案件的公正处理;其次,当审判人员、辅助审判的工作人员与解决的民事案件或者当事人有各种社会关系存在时,客观上当事人就会对其能否公正审理案件产生怀疑。因此通过隔离审判人员、辅助审判人员与案件的联系,不仅可以消除当事人顾虑,而且保障案件得到公正审理。

我国现行《民事诉讼法》关于回避制度的规定,除了《民事诉讼法》第 10 条原则规定回避制度外,又在《民事诉讼法》的第四章以及《回避规定》中对回避制度的适用人员、法定情形以及回避程序等内容进行了具体规定。

二、回避适用的主体及法定事由

(一) 回避适用主体

根据《回避规定》,回避适用的人员包括:(1) 审判人员,是指各级人民法院的院长、副院长、审判委员会委员、庭长、副庭长、审判员、助理审判员、执行员以及人民陪审员;(2) 辅助审判工作的人员,是指书记员、翻译人员、鉴定人以及勘验人。另外,根据最高人民检察院 2000 年《检察人员任职回避和公务回避暂行办法》规定,检察人员从事民事检察活动,遇有法定情形也应依法回避。

(二) 回避法定事由

根据《民事诉讼法》第 44 条规定,上述人员有下列情形之一的,应当回避:

(1) 是本案当事人或者当事人、诉讼代理人近亲属的,即上述人员与本案当事人有夫妻、直系血亲、三代以内旁系血亲及姻亲关系的亲属,或者与本案的诉讼代理人有夫妻、父母、子女或者兄弟姐妹关系的。

(2) 与本案有利害关系的,即上述人员本人或者其近亲属与本案处理结果有直接或间接经济利益和人身利益。

(3) 与本案当事人、诉讼代理人有其他关系,可能影响对案件公正审理的。

(4) 审判人员接受当事人、诉讼代理人请客送礼,或者违反规定会见当事人、诉讼代理人的,当事人有权要求他们回避。审判人员有接受当事人、诉讼代理人请客送礼,或者违反规定会见当事人、诉讼代理人行为的,应当依法追究法律责任。

为使上述规定更具有可操作性,2011 年《回避规定》第 1 条至第 3 条对回避情形做了更具体规定:

(1) 审判人员具有下列情形之一的，应当自行回避，当事人及其法定代理人有权以口头或者书面形式申请其回避：① 是本案的当事人或者与当事人有近亲属关系的；② 本人或者其近亲属与本案有利害关系的；③ 担任过本案的证人、翻译人员、鉴定人、勘验人、诉讼代理人、辩护人的；④ 与本案的诉讼代理人、辩护人有夫妻、父母、子女或者兄弟姐妹关系的；⑤ 与本案当事人之间存在其他利害关系，可能影响案件公正审理的。本规定所称近亲属，包括与审判人员有夫妻、直系血亲、三代以内旁系血亲及近姻亲关系的亲属。

(2) 当事人及其法定代理人发现审判人员违反规定，具有下列情形之一的，有权申请其回避：① 私下会见本案一方当事人及其诉讼代理人、辩护人的；② 为本案当事人推荐、介绍诉讼代理人、辩护人，或者为律师、其他人员介绍办理该案件的；③ 索取、接受本案当事人及其受托人的财物、其他利益，或者要求当事人及其受托人报销费用的；④ 接受本案当事人及其受托人的宴请，或者参加由其支付费用的各项活动的；⑤ 向本案当事人及其受托人借款，借用交通工具、通讯工具或者其他物品，或者索取、接受当事人及其受托人在购买商品、装修住房以及其他方面给予的好处的；⑥ 有其他不正当行为，可能影响案件公正审理的。

(3) 凡在一个审判程序中参与过本案审判工作的审判人员，不得再参与该案其他程序的审判。但是，经过第二审程序发回重审的案件，在一审法院作出裁判后又进入第二审程序的，原第二审程序中合议庭组成人员不受本条规定的限制。

三、回避的方式与程序

(一) 回避的方式

根据《民事诉讼法》和《回避规定》，回避方式有三种：自行回避、直接决定回避和申请回避。(1) 自行回避是指审判人员、辅助审判工作的有关人员遇有法定回避事由时，主动要求退出案件审理或者诉讼程序；(2) 直接决定回避，是指审判人员应当回避，本人没有自行回避，当事人及其法定代理人也没有申请其回避的，院长或者审判委员会应当决定其回避；(3) 申请回避是指当事人及其诉讼代理人认为审判人员、辅助审判工作的有关人员具有法定回避情形时，依法向法院申请要求该人员退出案件审理或者诉讼程序。

(二) 申请回避的程序

申请回避是当事人一项重要的诉讼权利，根据《民事诉讼法》有关规定，申请回避应当符合下列要求：(1) 可以由当事人自己行使或者由其诉讼代理人代为行使;(2) 申请回避一般在案件开始审理时提出,但是回避事由在案件审理后知道的,也可以在法庭辩论终结前提出;(3) 申请回避,应当说明理由。

(三) 决定是否回避的程序

在当事人申请回避时,被申请回避的人员不同,决定是否回避的组织或人员也不同:院长担任审判长被申请回避的,由审判委员会决定是否回避;审判人员被申请回避的,由院长决定是否回避;辅助审判工作的有关人员被申请回避的,由审判长或者独任审判员决定是否回避。

人民法院对当事人提出的回避申请,无论是否准许,都应当在当事人申请回避提出的3日内,以口头或者书面方式作出决定。

(四) 回避的法律后果

当事人申请回避后,在人民法院作出是否准许回避前,该被申请回避的人员原则上应当暂停参与本案的审判工作或者诉讼程序,但是案件需要采取紧急措施的除外。

另外,申请人对人民法院是否回避决定不服的,可以在接到决定时申请复议一次。复议期间,被申请回避的人员,不停止参与本案的工作。

由于回避制度体现了程序公正,因此我国有关法律规定了违反回避制度的法律后果,即当事人可以以法院违反回避制度为由提起上诉或者申请再审,如果确实存在违反回避制度情形的,上级法院应当发回重审或者再审。

第五节 两审终审制度

一、两审终审制度的概念和立法依据

(一) 两审终审制度概念

两审终审制度反映的是我国的审级制度。但何谓审级制度,学者看法不一,有的主张,审级制度是指一个民事案件需要经过几个不同级别的法院审理,裁判才产生既判力的制度。[①] 有的主张,审级制度,是指当事人对第一审地方各级人民法院作出的裁判不服,可以在法定期限内向上一级人民法院提起上诉,经过上一级人民法院审理裁判后,对该案件的审理宣告终结,裁判发生法律效力,当事人再不服的也不能再提起上诉。已经生效的裁判确有错误

① 杨荣新、乔欣:《重构我国民事诉讼审级制度的探讨》,载《中国法学》2001年第5期。

的，可通过审判监督程序加以纠正。[1] 还有学者主张，审级制度包含两个方面：一方面指明了一个国家法院的级别设置；另一方面也明确了当事人不服未生效的裁判，可以提起几次上诉，一个案件经过几级法院审理才能发生法律效力的问题。[2] 我们认为，第一种主张虽然简洁，但并没有全面涵盖审级制度的内容，这会影响审级制度相关内容的协调；第二种主张虽然立足我国的现行规定，但也存在片面性，因此我们认可第三种看法。根据我国现行法律的规定，我国民事诉讼审级制度，即“四级两审终审”，是指我国设立四级法院建制，四级法院都有权审理一审民事纠纷，民事纠纷经过两级法院审判后即告终结的制度。

（二）两审终审制度依据

长期封建社会，我国并没有审级制度的理念，但基于“慎刑”思想，实行的是“逐级转审”、“审而不判”。审级制度理念和制度的确立始于民国时期，北京政府实行的有名无实的“四级三审”、南京政府实行的“三级三审制”。[3] 新民主主义革命时期的各个根据地法院，审级制度并不统一，有的实行两审终审，有的实行三审终审。新中国成立初期，1951 年 9 月公布实施的第一部综合性法院组织法《中华人民共和国人民法院暂行组织条例》第 5 条规定：“人民法院基本上实行三级二审制，以县级人民法院为基本的第一审法院，省级人民法院为基本的第二审法院，一般的以两审为终审，但在特殊情况下，得以三审或一审为终审。”1954 年第一部正式的《人民法院组织法》确立了现行的四级法院结构和统一的两审终审制。我国确定现行审级制度的理由在于：(1) 根据我国国情，体现了便于当事人进行诉讼，便于法院行使审判权的原则。我国地域辽阔，实行两审终审制不仅便于当事人就近进行诉讼，而且也有利于人民法院及时解决纠纷。两审终审制不仅可以防止当事人滥用诉权、缠诉不休、增加当事人诉累，也可以使最高人民法院能够有时间指导、监督下级人民法院的审判活动，提高办案效率，正确、合法、及时处理一切民事案件。(2) 我国现行法规定的上诉审包括事实审和法律审，不仅能够发挥上诉审的作用，而且可以保证案件的审判质量。(3) 我国审判监督程序的设立，可以弥补两审终审制存在的某些不足。

---

① 张卫平：《民事诉讼法教程》，法律出版社 1998 年版，第 91 页。

② 傅郁林：《审级制度的建构原理——从民事程序视角的比较分析》，载《中国社会科学》2002 年第 4 期。

③ 聂鑫：《近代中国审级制度的变迁：理念与现实》，载《中外法学》2010 年第 2 期。

二、两审终审制度的内容

(1) 对于允许上诉的民事纠纷,一审裁判作出后,当事人不服一审裁判提出上诉,只要符合法定的上诉条件,二审法院都应当受理。二审法院作出的裁判为终审裁判,当事人不得就此再提起上诉。需要说明的是,并非所有的民事案件都实行两审终审。如最高人民法院作为一审法院所作出的裁判都是终审裁判;《民事诉讼法》规定按照小额诉讼程序、特别程序、督促程序以及公示催告程序审理的案件,一律实行一审终审。

(2) 两审终审,反映的是法律允许上诉的案件可以经过两个不同的审级法院独立进行审理。只有经过一审作出裁判,当事人不服,在法定期间内提交上诉书,一审法院将有关诉讼文书、案卷移交上诉审法院,才能使两个审级相互衔接、协调,从而发挥两个审级的不同作用。

(3) 虽然两个审级法院都对案件事实和适用法律进行审理,但是由于二审法院对一审法院的监督作用,因此一、二审的审理方式、作出裁判的种类以及裁判的效力等方面都有所不同。

三、两审终审制的弊端及其完善

当代各国审级制度的设置深受其历史传统的影响,在审级结构上存在很大差异,大体上可分为以英、美为代表的上诉制,以法、意为代表的撤销制,以德、奥为代表的更审制,此三种类型最终都构成了三级审判司法结构。这种结构实现了上级法院制约下级法院并维护了法律适用的统一性。

近年来,我国理论和司法实务界认为现行两审终审制与现行级别管辖制结合在一起,其运行存在弊端:(1) 不利于法律适用的统一性。因为多数终审法院级别较低,各生效判决及对法律的解释相差万别。(2) 一些终审法院水平较低,一审错误裁判难以通过二审得到及时、正确纠正。(3) 较低层次的两审终审制不易于消除地方保护主义。针对上述问题,民事诉讼法学界对我国现行审级制度提出了一些改革和完善措施,从维护司法统一性角度出发,终审法院应当保持小规模,各级法院之间也应当有职能分工,实行有限范围的法律审等。提议建立审级制度的多元化,即以两审终审为基础,实行有条件的三审终审和一审终审。①

---

① 参见傅郁林:《审级制度的构建原理》,载《中国社会科学》2002 年第 4 期;章武生:《我国民事审级制度之重塑》,载《中国法学》2002 年第 6 期。

案例精选

▶【案例 1】①

2005 年 6 月 3 日，李平向一审法院起诉尹文君、马家学、马恒，请求判令尹文君、马家学、马恒共同返还不当得利 400 万元。原告诉称，作为福彩双色球玩法的彩迷，自己编了 10 注号码，长期在尹文君所在的彩票销售站购买。2005 年 4 月 14 日上午 9 点 38 分，自己电话委托尹文君按其长期购买的 10 注双色球彩票号码购买 10 注 2005042 期双色球彩票。当晚 9 点 46 分，尹文君给李平打电话告知了李平中奖的消息。9 点 54 分，李平又打电话给尹文君进行核实，尹文君再次予以确认。随后，李平将其中奖的消息、告诉了矿区工程队的同事周从军、周从华、周洪兵等人。次日上午 8 点 48 分，李平在从矿区赶往建始的途中给尹文君打电话表示感谢，但尹文君却在电话中告诉李平忘记给其代买彩票了。当天下午 3 点，马家学持中奖彩票在湖北省福利彩票发行中心兑领了奖金 400 万元（已扣税 100 万元）。

一审法院公开审理该案。一审法院认为，李平作为福彩双色球玩法的彩民，自己编了一组号码在尹文君上班的福彩销售站长期购买，有湖北省福利彩票发行中心对该销售站的电脑记录复印件、李平持有的福彩 2005041 期双色球彩票、李平的手机通话单以及尹文君的小灵通通话单显示以及证人周从军、周从华、周洪兵的证言，认定李平应是中奖彩票的合法所有人。马家学取得中奖彩票及兑领奖金的行为不合法，属不当得利，应将已兑领的奖金 400 万元返还给李平。因尹文君的行为给李平造成了损失，应由其在马家学不能返还时承担赔偿损失的责任。李平无证据证实马恒获取了不当得利，故其要求马恒返还不当得利的请求不能支持。经一审法院审判委员会讨论决定，依照《中华人民共和国民法通则》、《中华人民共和国合同法》判决如下：一、马家学返还李平不当得利 400 万元。如不能返还，由尹文君在不能返还的范围内承担赔偿责任；二、驳回李平的其他诉讼请求。

宣判后，尹文君、马家学均不服，以一审法院公开审理涉及个人隐私案件，属程序违法以及一审判决认定事实错误为由向湖北省恩施土家族苗族自治州中级人民法院提起上诉。

评析：本案涉及的法律问题主要是中奖彩票兑付奖金合法归属纠纷是否

① 参见 http://www.pkulaw.cn/fulltext_form.aspx? Db = pfnl&Gid = 117469819&keyword = %e5%85%ac%e5%bc%80%e5 %ae%a1%e5%88%a4&EncodingName = &Search_Mode = accurate，2012 年 10 月 15 日最后访问。

属于个人隐私案件，一审法院公开审理本案是否违反法定程序。根据民事实体法规定，所谓个人隐私，往往指个人的信息，如个人健康状况、收入情况以及个人的生活领域等。随着社会进步和文明进程的发展，个人隐私的范围将会不断扩大。就本案来说，中奖彩票的奖金是个人财产，属于个人信息。但是本案系因中奖彩票兑付奖金的合法归属产生的纠纷，在未经人民法院审理并作出裁判前，该奖金归属尚不确定，法院是解决中奖彩票兑付奖金的合法归属问题，而不是个人财产状况。因此法院公开审理本案符合法律关于公开审判的规定。

▶【案例 2】①

因民间委托理财合同纠纷，高启花、张子亮、高启平、马晶、张妮妮向陕西省榆林市榆阳区人民法院起诉边生龙、李小兵、王世宏，要求法院判令三被告立即清偿拖欠原告的现金 10 万元，并赔偿给原告造成的利息损失 10 万元。一审法院依法组成合议庭，公开开庭审理了本案。经审理，一审法院认为，高某某（又名高某某）生前与边生龙系朋友关系，高启花以高某某的名义通过边生龙向内蒙古达旗杨场煤矿入股。2008 年 4 月 1 日，高启花借用张某（已故）的农行卡在该卡内存入 10 万元，2008 年 4 月 2 日，边生龙、李小兵分别从该卡内取走 4 万元，王世宏取走 2 万元，后经核对，边生龙认可该 10 万元均由其取走。高启花所提供的证据能证明高启花是以高某某名义通过边生龙向达旗杨场煤矿入股，并不是高启花向边生龙直接支付的入股款，故高启花的诉请不予支持。高启花只是用张某的农行卡打款，现张某去世，张某的继承人张某某、高启平、马晶、马妮妮要求边生龙、李小兵、王世宏承担民事责任的请求无事实和法律依据，故该诉请不予支持。因此判决驳回高启花、张子亮、高启平、马晶、张妮妮的诉讼请求。

高启花等原审原告不服，上诉至陕西省榆林市中级人民法院。上诉人认为本案是上诉人在原审撤诉后又起诉，原主审法官两次参加该案的审理，违反最高人民法院关于审判人员回避制度的规定。

评析：该案主要涉及对民事诉讼回避适用情形如何理解问题。由于我国现行《民事诉讼法》对回避制度规定较为原则，为进一步规范审判人员的诉讼回避行为，维护司法公正，《回避规定》对回避制度有关内容进行了具体规定。根据该规定第 3 条，凡在一个审判程序中参与过本案审判工作的审判人员，不

---

① 参见 http://www.pkulaw.cn/fulltext_form.aspx? Db = pfnl&Gid = 118256429&keyword = % e9% ab% 98% e5% 90% af% e5% 8d% 8e&EncodingName = &Search_Mode = accurate，2012 年 10 月 15 日最后访问。

得再参与该案其他程序的审判。但是,经过第二审程序发回重审的案件,在一审法院作出裁判后又进入第二审程序的,原第二审程序中合议庭组成人员不受本条规定的限制。对于本案上诉人所说,在一审时其作为原告撤诉后又起诉,一审法院指派同一主审法官进行审理,那么该主审法官是否与案件具有利害关系,一审法院的做法是否违反回避制度呢?我们认为,法官审理原告撤诉后又起诉案件的程序不是该案的其他程序,仍属于对原告起诉案件的一审程序,因此同一主审法院审理原告撤诉后又起诉的案件,与该案没有利害关系,一审法院的做法并不违反民事诉讼回避制度的规定。

法条链接

《民事诉讼法》第 10 条、第 134 条、第三章、第四章、第 160 条、第 169 条、第 178 条;《民诉法意见》第 234 条;《最高人民法院关于严格执行公开审判制度的若干规定》;《最高人民法院人民法院审判长选任办法(试行)》;《合议规定》;《最高人民法院关于进一步加强合议庭职责的若干规定》;《回避规定》

思考问题

1. 公开审判制度和法官独立行使审判权的关系。
2. 合议庭与审判委员会之间的关系。
3. 我国实务中合议制度运行及存在问题。
4. 民事回避制度的理由的模糊与具体。
5. 我国的两审终审制和审判监督程序的关系。

扩展阅读

1. 聂鑫:《近代中国审级制度的变迁:理念与现实》,载《中外法学》2010 年第 2 期。

2. 傅郁林:《审级制度的构建原理》,载《中国社会科学》,2002 年第 4 期。

3. 章武生:《我国民事审级制度之重塑》,载《中国法学》2002 年第 6 期。

4. 张晋红:《审判公开思想与修订〈民事诉讼法〉的几个基本关系定位》,载《现代法学》2005 年第 4 期。

5. 左卫民、汤火箭、吴卫军:《合议制度研究:兼论合议庭独立审判》,法律出版社 2001 年版。

第四章　民事审判权

民事审判权是国家审判机关对民事案件进行审理并作出裁决的权力，其良性运作对民事诉讼具有重要意义。本章主要介绍了民事审判权的行使范围及其界定标准，司法政策对民事审判权范围的调整和影响，民事审判权的内容，民事审判权的运行条件及其保障。

第一节　民事审判权概述

一、民事审判权含义和意义

（一）民事审判权含义

审判是一个相对于立法和行政的概念，审判是国家专门机关依法对社会纠纷进行强制性解决的活动。现代意义上的审判已经由历史上的社会功能转变为纯粹的国家功能，其重要标志就是国家垄断或统一行使审判权。所谓审判权就是国家专门审判机构依法审理和裁决社会纠纷的权力。世界上大多数国家为实现司法独立分别设立了立法、行政、司法三个相互制约国家机构，由这些机构分别行使立法权、行政权、司法权，并在宪法中明确规定司法权只能由法院行使，所谓司法权就是法院的审判权。审判权是以解决社会纠纷为目的，并作出具有约束力裁决的权力。审判权具有如下特点：（1）审判权的对象是社会关系纠纷。审判权所针对的是一种社会主体因为人身自由、社会地位、经济利益等所发生的冲突和纠纷，从而依法进行调整、解决和规范的功能。（2）审判权是由专门国家机关对利益冲突双方当事人所作出的利益归属的判定。这种判定具有法律规范效果功能，因此审判权必须确保公正性。（3）审判权是对社会生活的依法规制。审判实质上是一种适用法律行为，世界大多数国家都在宪法中规定，审判权专属于法官，法官适用法律行为在组织和程序上都具有独立性，法院或法官通过独立适用法律达到对社会生活的规制。

我国《宪法》第123条规定："中华人民共和国人民法院是国家审判机关"，明确我国审判权统一由人民法院行使，明确了人民法院与其他国家机关在行使职权和履行职责上的不同，规定了人民法院审判权限和范围。人民法院代表国家行使审判权的范围涉及民事、刑事、行政案件，因此，人民法院审判权也包括民事审判权，刑事审判权和行政审判权。

（二）民事审判权意义

人民法院是国家依照宪法、法院组织法所设立的国家审判机关，担负着国家的审判权能，民事审判权是人民法院依法享有审判权重要组成部分。民事审判权是指国家审判机关对民事案件进行审理并作出裁决的权力。它是国家审判机关解决民事主体之间权利义务关系纠纷而行使的权能的总和。由于民事审判权所针对的对象不同于刑事审判和行政审判，所以，民事审判权在行使范围、权力内容以及运行条件方面，都与刑事审判权和行政审判权有一定的区别。

研究民事审判权对民事诉讼具有重要意义:(1) 明确人民法院民事权力和职责。民事审判权既是权力又是职责,例如,对于当事人的起诉,人民法院有权根据法律规定决定受理还是不受理,同时,对于已经受理的民事案件就应当正当地履行职责,查明事实,认定证据,适用法律,作出正确裁判,不得推诿和徇私舞弊、枉法裁判。(2) 为当事人行使诉权提供法律依据。民事审判权与当事人诉权是民事诉讼法律关系中两项重要核心权利,审判权和诉权的相互协调和制衡保证了民事诉讼顺利进行。民事审判权范围和内容,直接关系到当事人诉讼能否获得法院司法保护,以及在诉讼程序中如何获得纠纷解决途径和方式,以保证诉权最终实现。明确审判权具体内容为当事人正确行使诉权提供了依据。(2) 形成审判上对内对外制约机制。基于民事审判权范围和内容,一是对外制约了其他国家机关和社会团体对法院民事审判权的干预,有利于人民法院独立行使审判权;二是对内形成人民法院内部约束机制,人民法院行使审判权必须依法进行,不能超越自身权限范围,为了自身利益、地方利益和违法干预,将审判权限扩大到法律规定范围之外。滥用审判职权将受到法律制裁。

二、民事审判权行使范围及其界定

民事审判权行使范围又称民事诉讼主管[①],指人民法院可以通过民事诉讼程序行使审判权解决的民事纠纷的权限范围,也是人民法院和其他主管部门权限分工。按照我国三大诉讼法的规定,不同性质的纠纷应当适用不同诉讼程序作出不同裁决,刑事纠纷适用刑事诉讼程序作出刑事裁决,行政纠纷适用行政诉讼程序作出行政裁决,只有民事纠纷才能适用民事诉讼作出民事裁决。上述裁决分别由人民法院行使刑事审判权、行政审判权和民事审判权来实现。但是,在审判实践中,由于纠纷本身的交叉性和重叠性,民事审判权在行使过程中常常与刑事审判权和行政审判权发生交错。[②]

(一) 民事审判权行使范围界定标准

1. 民事审判权行使范围界定标准

《民事诉讼法》第 3 条规定:人民法院受理公民之间、法人之间、其他组织之间以及他们相互之间因财产关系和人身关系提起的民事诉讼,适用本法的

---

① 参见廖永安:《民事审判权作用范围研究——对民事诉讼主管制度的扬弃与超越》,中国人民大学出版社 2007 年版,第 1 页、第 11 页。

② 参见黄松有:《中国现代民事审判权论——为民服务型民事审判权的构建与实践》,法律出版社 2003 年版,第 57 页。

规定。此条从适用民事诉讼法角度界定了人民法院民事审判权行使范围及界定标准:(1) 内容标准。只有属于民事领域的财产关系和人身关系民事纠纷,才能由法院行使民事审判权。一般认为我国民事审判主管范围主要有:民法、婚姻法、商法调整的财产关系和人身关系纠纷,以及经济法、劳动法调整的部分经济关系和劳动关系发生的纠纷;另外还有法律规定的运用民事诉讼法解决的其他纠纷,例如我国民事诉讼法特别程序中规定的有关案件。法律规定的内容标准就意味着人民法院对行政纠纷和刑事纠纷不能行使民事审判主管权。(2) 主体标准。只有法律地位完全平等主体的公民、法人和其他组织之间发生的民事纠纷,才能由法院行使民事审判权。实践当中,是否属于平等主体之间民事权利义务纠纷是一个重要标准,但是要准确判断某一具体纠纷是否属于平等主体之间有时也是比较困难的,由此,最高人民法院也发布过有关司法解释或批复以便实践中执行。[①]

2. 民事审判权与刑事审判权行使范围的界限

刑事审判权是指人民法院基于检察院的公诉,对于检察机关请求判处刑罚的被告进行审理并作出裁决权。现代司法体制下,刑事审判适用刑事诉讼法,民事审判适用民事诉讼法,二者在程序启动方式、遵循的基本原则、裁判对象范围上、举证责任、证明标准等多存在重大区别。民事审判和刑事审判一般具有各自行使审判权的领域和范围,其主管权限不会发生交叉和重叠,但是,基于现实生活中行为人行为性质的交叉性和重叠性,致使其不但要受到刑罚处罚,而且还要因其行为的违法性要承担相应的民事责任。因此,就产生了民事审判权和刑事审判权行使范围的交叉和重叠。就世界范围看,解决这一情形的模式有两种:(1) 民事审判和刑事审判单立型。即对某一行为引起的刑事惩罚和民事赔偿,分别由刑事审判和民事审判单独审理解决。英美法系国家不采取刑事附带民事做法,因犯罪行为引起的损害赔偿问题,主要通过民事审判程序解决,并且需要在刑事审判结束后方可进行。(2) 受害人选择型。即在立法中在鼓励受害人通过刑事审判提出民事损害赔偿请求同时,又从兼顾民事审判独立性角度,尊重当事人自己的意愿,行使选择程序权。受害人对于犯罪行为所引起的损害赔偿问题,既可以选择刑事附带民事审判方式加以解决,也可以直接提起民事诉讼方式加以解决。大陆法系的法国、意大利、奥地利、瑞典等国采取这种模式。

---

① 例如,在解释关于国家征用农民耕地所发生的补助费用争议是否属于法院受理的争议时,最高人民法院的批复是:土地补偿费贵农村集体经济所有,农村集体经济因补偿费用所发生争议"不属于平等主体之间的民事主体法律关系,不属于人民法院受理的民事诉讼范围,对此类争议,人民法院不予受理,应当由有关行政部门协调解决"。

我国《刑事诉讼法》规定了刑事附带民事审判制度,《刑事诉讼法》第99条规定:被害人由于被告人的犯罪行为而遭受物质损失的,在刑事诉讼过程中,有权提起附带民事诉讼。同法第102条规定:附带民事诉讼应当同刑事案件一并审判,只有为了防止刑事案件审判的过分迟延,才可以在刑事案件审判后,由同一审判组织继续审理附带民事诉讼。从上述规定可看出,我国刑事附带民事审判与其他大陆法系国家规定不同,被害人原则上没有程序选择权,对由于被告犯罪行为所遭受的物质损失(不包括精神损害赔偿)只能在刑事审判中以附带民事审判方式一并解决;只有在为了防止刑事审判过分迟延,才可以在刑事审判之后由同一审判组织继续审理有关附带民事案件。

刑事附带民事审判制度具有重要意义,它可以提高审判效率,及时保护受害人民事权益,并且最大限度地避免了裁判上的矛盾。但是,刑事附带民事所解决的问题毕竟属于民事法律所规定的民事权利和义务纠纷,而对于民事纠纷属于民事审判主管权范围,应当适用与此相适应的民事审判制度加以解决。所以,从程序的适当性和独立性角度,原则上应当赋予受害人程序上选择权,受害人对于犯罪行为所引起的损害赔偿纠纷,既可以选择刑事附带民事审判方式加以解决,也可以直接提起民事诉讼方式加以解决。即使通过刑事附带民事审判方式加以解决,那么,刑事附带民事审判也不是纯粹的刑事审判,而是一种特殊性质的民事审判,在程序上可以适用民事审判特有制度,例如以调解方式加以解决,在实体法上要严格适用民事实体法律规范确保受害人民事实体权益,包括人身、财产和精神损害赔偿。①

3. 民事审判权与行政审判权行使范围的界限

行政审判权是指人民法院对行政管理相对人与行政机关之间行政争议进行审理和裁决权。与民事审判和刑事审判关系一样,从法理上讲,民事审判和行政审判在权力行使范围上也不应当存在交错之处。但是,社会生活的复杂与多样性,往往使得行政法律关系与民事法律关系交融在一起,形成了同一案件中民事审判权和行政审判权行使范围的交叉和重叠现象。如何协调民事审判权和行政审判权交错问题,英美法系和大陆法系有着不同做法。

英美法系国家没有普通法院和行政法院之分,在同一法院内也没有设置专门的民事审判庭和刑事审判庭。例如,美国诉讼观念是行政案件主体和民事案件主体具有同一性,行政案件也是按照民事诉讼程序进行审理和解决,在美国的民事审判中既有“民告官”案件,也有“官告民”案件,由此,并不存在

---

① 我国《刑事诉讼法》第101条:人民法院审理附带民事诉讼案件,可以进行调解,或者根据物质损失情况作出判决、裁定。此条规定排除了刑事附带民事中的精神赔偿。

民事审判权与行政审判权交错问题。也可以说,英美法系民事审判权涵盖和包容了行政审判权,民事审判权行使范围是相当广泛的。与英美法系不同,大陆法系国家有普通法院和行政法院之分,普通法院主要审理民事案件和行政案件,行政法院则专门审理行政案件。如果发生民事和行政法律关系交错案件时,以法国为代表的国家惯常做法是采取分别审理方式,即由普通法院和行政法院同时分别对民事案件和行政案件进行审理,只是在行政案件审理过程中要先中止民事案件的审理,待行政法院作出判决后,普通法院再以行政法院判决为依据对民事案件作出判决。在日本又与其他大陆法系国家不同,没有普通法院与行政法院之分,而是由普通法院分别按照民事诉讼法和行政诉讼法审理和裁决民事案件和行政案件。在如何处理和解决民事和行政法律关系交错案件时,存在与我国法院相同的困扰。

我国《民事诉讼法》和《行政诉讼法》分别规定了民事审判权和行政审判权行使范围,对民事案件和行政案件分别由民事审判庭和行政审判庭行使审判权进行审理。但是,对民事法律关系和行政法律关系发生交错案件的审判权归属问题,法律并没有规定。现代社会行政权的扩张,致使行政争议与民事争议相交错的纠纷日益增加,也导致了民事审判权和行政审判权交错和重叠。近十几年来,对此问题我国法学界在理论和审判实践中都进行了探讨和总结,基于我国审判实践,解决民事和行政交错案件审判方式主要由以下几类:(1)民事附带行政审判。这类案件通常出现在民事诉讼中,主要包括因为土地、山林、房屋等不动产引起的侵权纠纷,以及专利、商标、著作权等知识产权归属而引起的侵权纠纷。这类案件本质上属于民事争议,即争议实际上是发生在平等主体之间,只是一方以行政行为合法或违法为由进行抗辩。对于此类"行政先决"案件,应当由法院民事审判庭直接审查具体行政行为合法性,并对平等主体间民事侵权纠纷统一作出裁决。(2)行政附带民事审判。这类案件通常出现在通常出现在行政诉讼中,例如,相对人在不服行政机关作出的行政处罚提起行政诉讼的同时,又提起民事赔偿请求,即典型的行政侵权纠纷。此类纠纷及存在行政争议,有存在民事争议,但是,行政争议处于核心地位,民事争议处于附属地位。对此类纠纷应当建立行政附带民事审判制度予以审理和解决。(3)由民事审判最终解决。此类案件常出现在行政诉讼中,是指因不服行政机关对民事争议所作的居间裁决和决定不服而提起的诉讼。例如,不服行政机关作出的关于土地房屋征用补偿裁决而引起的争议。此类争议源起于民事争议,行政机关的裁决和决定是为了解决民事争议,而不是行使行政管理权,行政争议是由民事争议而产生。此类争议原本属于民事争议,应当由当事人诉讼方式将纠纷提交诉讼,由民事审判庭行使民事审判权予以最终解决。

（二）民事审判权行使范围的政策性调整

我国民事诉讼立法概括性地规定了民事审判权行使范围，但是，在社会关系不断复杂和多样化的今天，民事审判主管权范围的有限规定不能适应纠纷解决的需要，对民事审判主管权范围还需要国家政策进行调整，以适应不断扩大的民事纠纷范围。所谓民事审判权行使范围的政策性调整是一种司法机关行为，主要通过最高人民法院司法解释实现。例如以意见、批复、通知等形式规定法院行使民事主管权范围或事项。民事审判权行使范围需要政策性调整主要取决于以下因素：(1) 民事实体法律规定不足。一般情况下，民事审判主管权力的行使，要以民事实体法律既定的法律关系发生纠纷为前提，即需要法律上明确规定的其所调整的关系发生纠纷，当事人才可以向法院起诉，法院才能受理并作出裁判，所谓“法无明文规定不受理”。但是，任何法律都不可能是完善或没有遗漏的，对于实体法没有明文规定的争议或纠纷，只要有诉的利益，就需要有政策性予以受理。对此，许多国家都规定只要争议属于法律关系上争议，法院就有权裁决，例如日本宪法规定：只要是法律上争讼，法院即可行使审判权。(2) 国家审判政策影响。由于法律关系上的争议往往与我国特有的政治、经济因素有着密切的联系，所以许多纠纷是否由法院行使主管权就不是法院能够最终决定的。例如，法院对维护社会稳定功能的发挥和司法为民指导思想的作用，使得很多立法没有规定的纠纷要由法院行使或不行使审判权。(3) 审判机关在国家权力机关中的位置。由于审判机关与其他国家机关之间存在特殊关系，审判机关最终解决纠纷的权限也取决于其在国家权力关系中的位置，审判权功能的发挥必须顾及纠纷的解决与国家政治、经济等各种因素的关系。由于民事审判权行使范围受上述因素的影响，因此在审判实践中民事审判权范围是经常变化的，但发展趋势是民事审判权行使范围会日益扩大。

三、民事审判权内容

关于民事审判权内容，学界有着不同解释，有学者认为：从审判权具体权能上看，审判权可分为调查权、传唤权、取证权、强制措施实施权、询问权、程序控制权等维护诉讼程序顺利进行权。有学者认为：从审判权内部逻辑结构看，可分为法律适用权和事实认定权两部分。[①] 有学者认为：民事审判权主要

---

① 参见胡夏冰：《司法权：性质与构成的分析》，人民法院出版社 2003 年版，第 241 页。

包括事实认定权、法律适用权、诉讼程序指挥权。[①] 民事审判权应当是人民法院在民事诉讼中享有的多种权力，其目的都是为了保障人民法院及时、正确、有效处理民事纠纷；同时民事审判职权必须与当事人诉讼权利义务相结合，才能正确发挥作用。综合而言，民事审判权是指人民法院依法审理民事案件所享有的职权或权能，包括提供受理案件权、查明和认定事实权、正确适用法律并作出裁决权、组织和指挥诉讼权等。[②]

（一）受理案件权

受理案件权力是人民法院的重要职权，它直接关系到当事人能否获得司法保护，具体包括一审依法受理当事人起诉，二审接受当事人上诉，再审依法保护当事人申请再审权利。根据《民事诉讼法》第 123 条规定：人民法院应当保障当事人依照法律规定享有的起诉权利。对符合本法第 119 条的起诉，必须受理。同法第 124 条规定：人民法院对于当事人的某些起诉，认为没有受理职权的，应分别情形，予以处理。例如，依照《行政诉讼法》的规定，属于行政诉讼受案范围的，告知原告提起行政诉讼等。对于案件是否受理取决于人民法院对此案件是否有符合法律规定的受理权能，同时，是否受理又直接关系到当事人该起诉是否能够得到司法最终保护。

（二）查明和认定事实权

查明和认定事实权是人民法院专属职权。我国《宪法》第 123 条明确规定：中华人民共和国人民法院是国家审判机关，审判权由人民法院独立行使。查明和认定事实是审判权重要组成部分，因此，人民法院查明和认定事实职权属于宪法性质的权力，只有人民法院才是查明和认定事实的主体，任何未经法院认定事实不能作为裁判案件依据。所谓阐明和认定事实权是指人民決院在审判过程中运用证据规则，揭示和查明案件真实情况的权能。通过诉讼程序查明案件真实，是正确适用法律的前提和基础。在民事诉讼中，任何证据材料都必须经过出证、质证和认证的程序，当事人依法享有出证、质证权利，但是不享有对案件事实最终的认定权。只有作为权威和中立的国家审判机关，在审理民事案件过程中有权查明和认定案件事实。因此，人民法院要依法要求当事人提供证据证明其请求所依据事实，并可以依职权调查收集证据，通过法庭审查和核实证据，对经过法庭审理仍然无法查明事实，最终根据举证责任分配原则作出裁决。

---

① 参见黄松有：《中国现代民事审判权论——为民服务型民事审判权的构建与实践》，法律出版社 2003 年版，第 79—240 页。

② 参见同上。参见田平安主编：《民事诉讼法》（第三版），中国人民大学出版社 2010 年版，第 26 页。

（三）正确适用法律并作出裁决权

人民法院行使审判权，最终是要对当事人之间民事纠纷依法作出裁决，这是民事审判权最重要、最核心权力。准确认定案件事实，是正确适用法律的前提和基础，如果人民法院认定事实有误，就不能够正确适用法律并作出公正裁判。人民法院所适用的法律，既包括既定的实体法和程序法，也包括审判实践当中形成的规范性的司法解释，同时，最高人民法院发布的典型判例也可以作为同类案件裁判依据。

（四）组织和指挥诉讼权

组织和指挥诉讼权是民事审判权的核心内容之一，是指人民法院为了保证诉讼正常进行，对诉讼中有关程序事项进行处置和安排的权力。民事诉讼是国家审判机关利用公权力解决民事纠纷活动，而不纯粹是私权当事人自行解决纠纷活动，因此，人民法院依法享有组织和指挥诉讼权十分必要。组织和指挥诉讼权贯穿民事诉讼始终，关于其权力类型或内容有不同划分，如果从民事审判程序进行顺序看，可以包含以下内容：(1) 程序启动控制权。民事诉讼实行的是“不告不理”原则，即“没有原告就没有法官”。但是，就审判程序而言，仅有当事人的告而没有法院的理，审判程序依然不能启动。民事审判程序的启动是当事人和法院合力的结果。对于审判程序启动权的控制，主要表现在法院对案件的立案权。根据《民事诉讼法》规定，普通民事案件只有符合起诉条件案件才能进入诉讼程序，开始民事审判。除此之外，《民事诉讼法》对其他特殊类型民事案件也规定了各种程序，例如特别程序、公示催告程序、督促程序等，针对不同程序，人民法院要以不同条件进行审查并决定是否启动。(2) 程序事项裁决权。诉讼程序涉及诸多程序事项，这些程序事项如何运行直接关系到当事人权益保障和诉讼的顺利有效进行。对于这些程序事项，人民法院有权进行管理和处置，并作出处理决定。程序事项有多种，例如，管辖权异议、案件移送、追加当事人、制定变更日期、合并审理、保全和先予执行、强制措施等，对于对程序事项人民法院一般以裁定和决定方式作出。(3) 开庭审理指挥权。开庭审理是诉讼程序的核心环节，是双方当事人和其他诉讼参与人出庭进行诉讼活动场所，为保证开庭审理程序的顺利进行，审判组织应当有效地组织、控制和指挥法庭调查、法庭辩论、评议和宣判。如出现有关影响程序问题，还要决定是否延期审理、中止或终结诉讼。(4) 释明权。在诉讼过程中，经常会出现诉讼法律关系不明确状态，所谓释明权是指当事人在诉讼过程中声明和陈述意思不清楚、不充分时，或提出了不当的声明和陈述时，或所收集证据不够充分却以为证据充足时，法官以发问或晓谕的方式提醒或启发当事人，把不明确的予以澄清，把不充分的予以补充，把不当的予以排除,或者让其提供新的诉讼材料,以证明案件事实的权能。释明权的目的是帮助当事人理清法律关系,整理并形成审理对象,把握诉讼请求和提供证据,因此会涉及诉讼的实体内容,释明权属于实体方面的诉讼指挥权。法官在行使释明权时应当注意不能替代当事人最终确定自己诉讼请求和证据,否则会影响当事人处分权核对实体问题决定权。

第二节　民事审判权的运行

民事审判权是国家赋予审判机关独有的权力,但是民事审判权的有效运行,需要相关审判制度、适当的审判组织形式、合理的审判权与诉权关系等运行条件予以保障。

一、民事审判权与审判独立

民事审判权的良好运行,必须以审判独立为前提条件。所谓审判独立是现代司法理念,要求法院在行使审判权过程中不受任何外来权力和因素的影响,由审判组织或法官独立行使对案件进行裁判的权力,并有制度上的保障。我国《宪法》第 126 条规定:“人民法院依照法律规定独立行使审判权,不受行政机关、社会团体和个人干涉。”《民事诉讼法》第 6 条也规定:“民事案件的审判权由人民法院行使。人民法院依照法律规定对民事案件独立进行审判,不受行政机关、社会团体和个人的干涉。”从立法和机构的设置来看,我国法院审判权是独立的,与立法机关和行政机关在机构设置和权力分工上也是分立的。但是,由于历史上司法隶属行政的传统影响,以及现代审判独立理念从西方传入较晚,使得审判独立在我国没有形成自我特有品格。要真正实现民事审判权的独立在实践当中还是受到很大制约的,主要表现在:第一,行政对审判的干预。由于行政机关掌管着法院经费划拨权,一些地方行政部门把人民法院作为政府所属的职能部门,随意干预法院审判活动。第二,审判地方割据现象严重。由于人民法院是按照行政区划来设置,一些审判部门出于对本地利益保护,常常争管辖、抢执行,严重损害了审判权统一性和权威性。第三,监督机制不规范。一是各级人大作为权力机关对审判监督缺乏具体范围、方法、程序、措施等规定,造成人大监督随意化和非规范化;二是新闻舆论监督也缺少法律法规规定,致使审判独立权经常与新闻监督报道权发生冲突。要真正实现民事审判独立,首先,要确立社会普遍接受的现代审判独立理念,以保证审判权行使的正当性和合理性;其次,要改革人民法院现有的财政制度和人事制度,从人、财、物上使法院独立于当地权力机构和行政机构;最后,要从微观上完善现有民事审判制度，例如公开制度、合议制度、人民陪审制度、证据制度、审级制度、再审制度等，以保证人民法院审判权的有效运行。

二、民事审判权与审判组织

民事审判权的运行要通过设置合理的审判组织的具体审判行为来实现。因此，在人民法院必须独立于外部机构和权力的前提下，应当设置合理的审判组织，并保证审判组织或法官能够依法独立行使民事审判权。

根据《民事诉讼法》规定，民事案件审判组织有两种形式，一是独任制，二是合议制。所谓独任制是由一名审判员对案件进行审理的制度，所谓合议制是由三名以上审判员组成合议庭对案件进行审理的制度。[①] 基于民事案件性质和复杂程度，我国《民事诉讼法》比较合理地设置了合议庭和独任审判庭两种审判组织形式，但是，合议庭成员和独任审判员能否依法独立行使审判权，并从根本上保证民事审判权的正当运行却存在严重问题。世界大多数国家对审判独立的理解是：审判独立其最终内涵应当是法官的独立。1987 年联合国《世界司法独立宣言（草案）》第 2 条规定："每个法官均应自由地根据其对事实的评价和对法律的理解，在不受来自任何方面或由于任何原因的直接或间接的限制、影响、诱导、压力、威胁和干预的情况下，对案件秉公裁决；此乃他们应有之职责。"第 3 条规定："在作出裁决过程中，法官应对其司法界的同行和上级保持独立。司法系统的任何等级组织，以及等级和级别方面的任何差异，都不影响法官自由地宣布其判决的权力。"但是，根据我国《法院组织法》以及《民事诉讼法》有关规定，审判的独立是指法院的独立，因此，强调的是法院组织内部集体智慧和作用，在民事审判中套用的是行政系统内的等级模式，审判行为行政化色彩较浓厚，使得应当享有和独立行使民事裁决权的合议庭和独任审判员无法独立行使民事裁决权。其主要表现为：普通法官要接受庭长领导，庭长要接受院长领导，同时，承办案件的审判组织要听从和服从法院审判委员会决定。由此，在民事审判权运行过程中普遍存在着院庭长报批制度、审判委员会讨论案件制度、下级法院向上级法院请示汇报制度。这些做法造成的弊端就是：真正意义上的审判组织丧失了独立审判权，导致"审"与"判"的分离，有关民事审判制度和原则也形同虚设，最终导致民事审判权不能良性运行。因此，我国人民法院应当废止上下级法院、法院内部审

---

① 《民事诉讼法》第 39 条第 1 款、第 2 款规定：人民法院审理第一审民事案件，由审判员、陪审员共同组成合议庭或者由审判员组成合议庭。合议庭的成员人数，必须是单数。适用简易程序审理的民事案件，由审判员一人独任审理。

判行为行政化,对审判委员会制度进行改革,逐步实现审判组织或法官行使民事审判权的独立性,保证民事审判权运行正当化。

三、民事审判权与诉权关系

民事审判权和诉权是民事诉讼活动中两个核心和相互制衡的权力(权利),合理调整审判权与诉权关系是保证民事审判权良性运行的又一重要条件。诉权与审判权属于两个不同的法权范畴,诉权属于当事人权利的范畴,审判权则表现为国家权力。诉权与审判权的关系是权利与权力关系的特殊表现形式。从法治的角度讲,权利产生权力,权力为权利服务,权利制约权力,这一原理完全适用于民事诉权和审判权的关系。就诉权与审判权的关系而言,二者既有相互冲突的一面,又有彼此融通的一面。关于二者的关系可以概括如下:首先,诉权与审判权在内在目的上具有一致性。在诉讼法律关系中诉权与审判权互对应,共同作用,推动着程序发展,促进诉讼目的的实现。其次,诉权与审判权存在着一定的冲突。审判权与诉权之间存在反向关系,审判权的膨胀,一般会导致诉权的萎缩;审判权的自律、立法的约束必然促进诉权的保障。最后,诉权与审判权既相辅相成又相互制衡。正是因为二者既体现着一致的一面,又存在冲突的一面,才决定了二者在诉讼法律关系中,除了相互配合、相互协调外,还相互制约。诉权对审判权具有请求与制约双重功能,审判权对诉权兼具维护和监督双重职能。[①] 在我国以往的民事诉讼中,民事审判权的运行具有较强的职权主义色彩,在审判权和诉权关系处理上,强调了人民法院审判权在诉讼中的主动性和主导性,使民事审判权的运行不能受到诉权的必要制约,其结果是造成民事审判权与诉权的冲突,加剧了法官和当事人的对立,弱化了程序正义,损害甚至剥夺了当事人诉讼权利,甚至产生滥用审判权的违纪违法现象。审判权的过于强势,必然导致当事人对裁判的不满。

正当的民事审判权和诉权关系,应当是在不违背民事诉讼解决纠纷基本目的前提下,坚持程序主体性原则和司法被动性原则,建立起当事人诉权制约民事审判权,民事审判权保障诉权实现运行机制。具体而言就是:诉权以及作为其具体表现的各种诉讼权利应当属于当事人自主支配范围,民事审判权一般不予以干涉,从而保证当事人诉权的独立性和完整性。同时,与民事审判权相比,诉权的行使应当处于优先地位,没有诉权也就没有民事审判权,而民事审判权的行使应该以保障当事人诉权充分实现为宗旨。因为,从根本

① 参见王岩云:《诉权与审判权关系论纲》,载《司法改革评论》第12辑。

上讲,国家设置民事审判权就是为了保护当事人诉权的行使和实现。

案例精选

▶【案例】

1990年,原告齐玉苓与被告之一陈晓琪都是山东省滕州市第八中学的初中学生。齐玉苓通过预选考试后,又在当年的统一招生考试中取得了超过委培生录取分数线的成绩。山东省济宁商业学校给齐玉苓发出录取通知书,由滕州八中转交。没有通过考试的陈晓琪从滕州八中领取齐玉苓的录取通知书,并在其父亲陈克政的策划下,运用各种手段,以齐玉苓的名义到济宁商校就读直至毕业。毕业后,陈晓琪仍然使用齐玉苓的姓名,在中国银行滕州支行工作。

齐玉苓发现陈晓琪冒其姓名后,向山东省枣庄市中级人民法院提起民事诉讼,被告为陈晓琪、陈克政(陈晓琪的父亲)、济宁商校、滕州八中和山东省滕州市教育委员会。原告诉称:由于各被告共同弄虚作假,促成被告陈晓琪冒用原告的姓名进入济宁商校学习,致使原告的姓名权、受教育权以及其他相关权益被侵犯。请求法院判令被告停止侵害、赔礼道歉,并赔偿原告经济损失16万元,精神损失40万元。

中院一审:枣庄市中级人民法院经过审理后认定:(1)《民法通则》第99条规定了公民姓名全部的受到侵害,被告陈晓琪在其父陈克政策划下盗用、假冒齐玉苓姓名上学,是侵害姓名权的一种特殊表现形式。(2)原告齐玉苓主张的受教育权,属于公民一般人格权范畴,其主张侵犯受教育权的证据不足,不能成立。(3)原告齐玉苓的姓名权被侵犯,除被告陈晓琪、陈克政应承担主要责任外,被告济宁商校、被告滕州八中、被告滕州教委亦有重大过失,均应承担一定责任。基于上述主要的事实认定,枣庄市中级人民法院根据《民法通则》第120条规定,"公民的姓名权、肖像权、名誉权、荣誉权受到侵害的,有权要求停止侵害,恢复名誉,消除影响,赔礼道歉,并可以要求赔偿损失",作出判决:(1)被告陈晓琪停止对原告齐玉苓姓名权的侵害;(2)被告陈晓琪、陈克政、济宁商校、滕州八中、滕州教委向原告齐玉苓赔礼道歉;(3)原告齐玉苓支付的律师代理费825元,由被告陈晓琪负担,被告陈克政、济宁商校、滕州八中、滕州教委对此负连带责任;(4)原告齐玉苓的精神损失费35,000元,由被告陈晓琪、陈克政各负担5,000元,济宁商校负担15,000元,滕州八中负担6,000元,滕州教委负担4,000元;(5)驳回齐玉苓的其他诉讼请求。

高院二审及最高法院批复:一审判决作出后,齐玉苓向山东省高级人民法院提起上诉,除了对精神损害赔偿的标准提出异议以外,主要是提出证据表明自己并未放弃受教育权。据此请求二审法院判决:(1) 陈晓琪赔偿因侵犯姓名权而给其造成的精神损失5万元;(2) 各被上诉人赔偿因共同侵犯受教育权而给造成的经济损失16万元和精神损失35万元。

山东省高级人民法院在审理中认为,这个案件存在适用法律方面的疑难问题,因此依照《中华人民共和国人民法院组织法》第33条的规定,报请最高人民法院进行解释。最高人民法院经过研究后,作出了《关于以侵犯姓名权的手段侵犯宪法保护的公民受教育的基本权利是否应承担民事责任的批复》(〔2001〕25号,以下简称《批复》)。该决定全文如下:山东省高级人民法院:你院1999鲁民终字第258号《关于齐玉苓与陈晓琪、陈克政、山东省济宁市商业学校、山东省滕州市第八中学、山东省滕州市教育委员会姓名权纠纷一案的请示》收悉。经研究我们认为,根据本案事实,陈晓琪等以侵犯姓名权的手段,侵犯了齐玉苓依据《宪法》规定所享有的受教育的基本权利,并造成了具体的损害后果,应承担相应的民事责任。

山东省高级人民法院在接到《批复》以后,依照《宪法》第46条和最高人民法院的批复继续审理此案并对枣庄市中级人民法院的一审判决予以部分维持、部分撤销,并判决:(1) 被上诉人陈晓琪、陈克政赔偿齐玉苓因受教育的权利被侵犯造成的直接经济损失7,000元,被上诉人济宁商校、滕州八中、滕州教委承担连带赔偿责任;(2) 被上诉人陈晓琪、陈克政赔偿齐玉苓因受教育的权利被侵犯造成的间接经济损失41,045元,被上诉人济宁商校、滕州八中、滕州教委承担连带赔偿责任;(3) 被上诉人陈晓琪、陈克政、济宁商校、滕州八中、滕州教委赔偿齐玉苓精神损害费50,000元。

评析:本案被法律界称为“中国宪法司法化第一案”,最高人民法院针对该案作出的批复也开创了中国宪法作为民事审判依据的先河。[①] 仅从民事审判权及其行使角度,本案主要涉及以下值得思考问题:(1) 人民法院民事审判权的行使范围在扩大。所谓宪法司法化是指人民法院可以依据宪法规定,受理和审理其他实体法中没有规定的具体权利义务纠纷。本案属于民事诉讼,民事审判权的行使范围应当是民事实体法中既定的具体权利义务纠纷,但是,“受教育权”及因此造成的损害赔偿权利,我国《民法通则》中并没有规定,实践中对于民事实体法中规定不足或没有规定民事权利,只要有诉的利益,人民法院就应当受理和处理。(2) 民事审判权行使范围受司法政策的调整。

① 但是,该司法解释后来被最高人民法院废止。废止理由是“该司法解释已停止适用”。

本案二审过程中，二审法院是基于最高院《关于以侵犯姓名权的手段侵犯宪法保护的公民受教育的基本权利是否应承担民事责任的批复》，认定原告因受教育权被侵害而造成的损失的，被告承担侵犯其受教育权的责任。这一批复说明民事审判权行使范围可以通过最高人民法院有关司法解释予以扩张或变更。(3) 民事审判权行使过程中适用法律问题。民事审判权重要内容之一就是正确适用法律和作出裁决，通常情况下其所适用的法律应当是调整民事法律关系的民事实体法和民事程序法，但是，本案在适用法律方面却超出了此范围。本案关键之处在于法院是否支持原告其关于受教育权被侵犯的诉求，由于《民法通则》之规定了姓名权，没有规定受教育权，故山东省高级人民法院认为民事审判权中的法律的适用遇到无法可依问题。最高人民法院的《批复》，不仅解决了山东省高级人民法院民事审判权行使范围问题，同时也解决了认为受教育权被侵害应当承担民事责任的法律适用问题，即可以依据宪法规定要求当事人承担民事法律责任。这说明人民法院民事审判权中所适用法律，既包括既定的实体法和程序法，也包括审判实践当中形成的规范性的司法解释，同时，最高人民法院发布的典型判例也可以作为同类案件裁判依据。

思考问题

1. 民事审判权行使范围及其界定。
2. 民事审判权与刑事审判权和行政审判权行使范围界限。
3. 民事审判权中适用法律权问题。
4. 民事审判权中组织和控制诉讼权问题。
5. 民事审判组织如何独立行使审判权。
6. 民事审判权与诉权关系协调。

法条链接

《宪法》第 123 条、第 126 条；《民事诉讼法》第 6 条、第 10 条、第 14 条、第 39 条、第 64 条、第 67 条；《刑事诉讼法》第 3 条、第 5—7 条、第 99 条、第 101 条、第 102 条；《行政诉讼法》第 2 条、第 3 条；《人民法院组织法》。

扩展阅读

1. 贺卫方：《司法的理念与制度》，中国政法大学出版社 1998 年版。

2. 胡夏冰:《司法权:性质与构成的分析》,人民法院出版社 2003 年版。

3. 廖永安:《民事审判权作用范围研究——对民事诉讼主管制度的扬弃与超越》,中国人民大学出版社 2007 年版。

4. 孙万胜:《司法权的法理之维》,法律出版社 2002 年版。

5. 谭世贵:《司法独立问题研究》,法律出版社 2004 年版。

6. 江伟等:《民事诉权研究》,法律出版社 2002 年版。

7. 刘敏:《裁判请求权研究——民事诉讼的宪法理念》,中国人民大学出版社 2003 年版。

第五章　民事诉权与诉

民事诉权是当事人请求法院行使审判权，保护自己合法权益的基本权利，尊重和保护诉权是民事诉讼程序设计和运行的出发点。诉是当事人向法院提出的保护实体权益的请求。诉既是民事审判权针对的对象，也构成了民事审判活动的基础和前提。二者均为民事诉讼法学的基本范畴。本章主要介绍了民事诉权的含义和作用、诉的概念和种类、诉的利益概念及作用、诉讼标的概念和识别、诉的合并与变更以及反诉的条件。

第一节 民事诉权

一、民事诉权的含义

关于何谓诉权,民事诉讼法学界存在不同看法。一般认为,诉权,是指可以为诉的权利。民事诉权是指当事人享有请求国家法院行使审判权,保护自己合法权益的基本权利。即,民事主体享有权益受到他人侵犯或与他人发生争执时,请求法院行使司法权来保护民事权益或者解决民事纠纷的权利。要通过诉讼渠道,采用诉讼方式解决民事纠纷,当事人就必须具有民事诉权。民事诉权是国民平等享有的一种宪法权利,是国家法律赋予当事人向法院提出请求进行诉讼的基本权利。

一般认为,民事诉权包含双重含义:程序意义上的诉权和实体意义上的诉权。程序意义上的诉权,是指民事诉讼法规定的当事人请求法院行使审判权的权利。只有具备程序意义上的诉权,才能启动诉讼程序。因此程序意义上的诉权表现为原告的起诉权和被告的反诉权;实体意义上的诉权,是指民事实体法赋予当事人请求法院解决民事纠纷、保护自己合法权益的权利。只有具备实体意义上的诉权,诉讼程序才能有具体内容,有意义。程序意义上诉权与实体意义上诉权是形式与内容、手段与目的之间的关系,这两方面法律赋予的权利统一构成当事人进行诉讼的基本权利。

对于民事诉权的含义,我们应当从以下几方面加以理解:

1. 民事诉权是当事人平等享有的宪法基本权利

当事人享有民事诉权的首要法律依据是宪法,诉权是宪法赋予国民平等享有的请求司法救济的基本权利。诉权的"宪法化"是现代宪政发展趋势之一,许多国家和地区都已明确将诉权规定为宪法上基本权利。法谚云:"有权利必有救济",宪法在赋予国民自由权、人身权、财产权同时,必须赋予国民在权利受到侵害时寻求司法救济的权利,所以,诉权是宪法上的救济权。民事纠纷发生后,当事人可以提起民事诉讼就是宪法法律赋予当事人的基本权利。民事纠纷发生后,双方当事人都可以请求用民事诉讼的手段解决纠纷,法律赋予双方当事人维护合法权益的同等权利。当然,当事人在行使民事诉权时,必须遵守民事实体法和程序法规定,只有符合法律规定,才能享有诉权。

2. 民事诉权是当事人向法院行使的请求权

民事诉权是一种特殊公权,首先,民事诉权是当事人向法院行使的请求权,而不是向立法机关、行政机关、仲裁机关等行使的请求权。其次,民事诉权的内容是请求法院通过民事诉讼保护民事权益和解决纠纷。民事诉权作为向国家法院提出的请求权,体现了当事人和国家法院之间在公法上权利义务关系。国家承担保护当事人诉权的义务和职责,不能非法拒绝行使审判权。

3. 民事诉权具有实体和程序双重内涵

民事纠纷是有关民事权利义务争议,只有民事实体权益发生争议或受到侵犯才能行使民事诉权。民事诉权实体内涵是指当事人行使诉权所要获得的实体法上地位或法律效果。同时,行使民事诉权将民事争议引入民事诉讼程序,也必须符合民事程序法律规定。民事诉权程序内涵是指当事人在程序上请求法院行使审判权启动诉讼程序。民事诉讼是实体法和程序法共同发生作用的“场”,所以,民事诉权兼具实体和程序双重内涵。

4. 民事诉权贯穿于诉讼活动的全过程

民事诉讼法是规范审判程序和诉讼程序的法律。审判程序以审判权为基础,而诉讼程序则以诉权为基础。诉讼程序虽然有先后不同的程序,但他们之间有连续性,正是诉权使不同诉讼程序能够连接起来。诉讼程序贯穿诉讼活动始终,因此诉权体现在不同的诉讼阶段,贯穿于诉讼活动的全过程。

二、民事诉权与诉讼权利的关系

民事诉权反映的是“当事人为什么可以提起民事诉讼”和“当事人根据什么提起民事诉讼”的权利,因此它与民事诉讼法规定的各种诉讼权利既有联系,又有区别。诉权是抽象性的权利,是当事人诉讼权利的基础,而当事人的诉讼权利是具体权利,是诉权在诉讼过程中不同阶段的具体体现。

民事诉权与诉讼权利又有所不同:(1) 诉讼权利是民事诉讼法规定的民事诉讼法律关系主体进行诉讼活动的依据,而诉权是实体法和程序法两方面法律确定的进行诉讼活动的权利;(2) 享有诉讼权利的主体不仅包括当事人、代理人,还包括其他诉讼参与人,而诉权的主体是当事人;(3) 诉讼权利在不同的程序阶段表现为不同的权利内容,如起诉权、管辖权异议权、申请回避权、上诉权等,而诉权是贯穿于诉讼全过程的基本权利。

三、民事诉权的作用

民事诉权作为宪法规定国民平等享有的一项基本权利,具有如下作用:

(1) 维护当事人的合法权益。当事人进行民事诉讼的目的,就是为了维护自己的合法权益。要实现这一目的,当事人必须实施各种诉讼行为,诉讼行为是当事人行使法律赋予其诉讼权利的手段,而诉讼权利正是当事人诉权的体现。因此,只有当事人享有诉权,他们才可以充分行使诉讼权利,要求法院通过审判程序,维护其合法权益。

(2) 实现当事人双方平等对抗,当事人双方平等地享有诉权,决定了当事人诉讼地位平等。在诉讼过程中,双方当事人基于自己的诉权,通过行使各种诉讼权利,形成双方攻防平衡,从而使法院在当事人对抗的基础上作出判定。

(3) 制约法院的审判权。民事诉讼程序的运作过程离不开法院审判权和当事人诉权相互的作用。一方面,诉权作为当事人的一项基本权利,它对审判权的启动和诉讼程序的运行有重大影响;另一方面当事人的诉权由审判权加以保障。诉权对审判权的制约不仅指法院能否对民事纠纷行使审判权以及审判权的作用对象、范围,而且还指约束审判权的滥用,监督审判权的依法行使。①

四、民事诉权的保护

民事诉权相对于民事审判权,从当事人程序主体地位出发,为保证民事诉权最终实现,必须从制度和实务两个层面保护民事诉权。②

(一) 民事诉权的制度保护

涉及民事诉权保护的法律制度主要包括宪法、民事实体法、民事诉讼法、律师制度、法律援助制度等。首先,要从宪法角度明确规定当事人能够通过诉讼保护其受到侵害的民事权益,并且可以通过宪法规范司法权;其次,民事实体法是裁判规范,要使当事人能够依据实体规范行使民事诉权保护共合法权益;再次,民事诉讼法应当构建合理和正当程序,使当事人能够顺利进入诉讼,并运用正当程序及时公正地获得司法救济。我国《民事诉讼法》修改的一个重要内容就是保护当事人诉权,并对保障当事人顺利有效行使诉权作了比较充分的规定。例如,《民事诉讼法》第 123 条规定:人民法院应当保障当事人依照法律规定享有的起诉权利。对符合本法第 119 条的起诉,必须受理。符合起诉条件的,应当在 7 日内立案,并通知当事人;不符合起诉条件的,应当在 7 日内作出裁定书,不予受理;原告对裁定不服的,可以提起上诉。

(二) 民事诉权的实务保护

民事诉权作为法律规定的一项基本权利,当事人在行使过程中主要针对法院及法院审判权。从我国司法实际情况出发,对当事人诉权的保护,法院起到至关重要作用。首先,对于符合起诉条件的,法院应当及时受理,不得非

① 刘家兴、潘剑锋主编:《民事诉讼法学教程》,北京大学出版社 2001 年版,第 22—23 页。
② 参见江伟、邵明:《民事诉权研究》,法律出版社 2002 年版,第 310—363 页。

法增加起诉条件,违规不予受理;其次,如果当事人起诉存在程序错误的,对能够补正的应当允许当事人补正,法院不得轻易拒绝审判;再次,在审判程序和执行程序中,法院应当保证当事人各项具体诉讼权利的实现,不得侵犯或剥夺当事人诉讼机会和权利,否则,应当承担法律责任。

五、滥用民事诉权的法律规制

在强调民事诉权保护的同时,也要防止当事人诉权的滥用。我国《民事诉讼法》修改在强调保护当事人诉权同时,也规定了当事人诉讼诚实信用原则,以及滥用诉权的法律规制。[①] 值得注意的是,规制滥用诉权不应阻碍诉权的合法行使。滥用诉权构成要件应当比较严格,首先,当事人存在主观恶意,即当事人恶意串通,企图通过诉讼侵犯他人权益或逃避义务;其次,当事人存在客观行为,即实际上实施了滥用诉权行为。至于滥用诉权是否发生损害结果,可以不作为其构成要件。

根据我国《民事诉讼法》第 112 条、第 113 条规定,对滥用诉权的法律规制应当包括:(1) 人民法院应当驳回其请求;(2) 对妨害民事诉讼行为人予以罚款、拘留,同时受害者还可以提起侵权损害赔偿之诉;(3) 对于滥用诉权情节严重的,可以追究其刑事责任。

第二节　民事之诉

一、诉的含义和构成要素

(一) 诉的含义

关于诉的概念,学界存在不同看法。有人认为诉是一种制度,有人认为诉为一个案件名词,例如给付之诉等,有人认为诉是一个动词,其含义为起诉。一般认为,诉是特定原告对特定被告向法院提出的审判特定的实体主张的请求。诉是由原告以起诉的方式提起,具有使诉讼开始、形成诉讼系属的功能。

当公民、法人或者其他组织的民事权益受到侵犯,或者民事权利义务关系发生争执时,都有权依照民事诉讼法的规定,向法院提出确认或者变更民事权利义务关系、制裁民事违法行为,保护财产权、人身权的实体主张请求。

---

① 我国《民事诉讼法》第 112 条规定:当事人之间恶意串通,企图通过诉讼、调解等方式侵害他人合法权益的,人民法院应当驳回其请求,并根据情节轻重予以罚款、拘留;构成犯罪的,依法追究刑事责任。第 113 条规定:被执行人与他人恶意串通,通过诉讼、仲裁、调解等方式逃避履行法律文书确定的义务的,人民法院应当根据情节轻重予以罚款、拘留;构成犯罪的,依法追究刑事责任。

诉包含程序意义的诉和实体意义的诉双重含义。所谓程序意义的诉，是指程序法规定的当事人向法院提起诉讼应当具备什么条件以及按照什么程序和方式进行诉讼活动，在诉讼活动中发生什么样的法律关系与法律效果；所谓实体意义上的诉，是指在什么情况下，在多长期限内可以提请法院解决。程序意义的诉和实体意义的诉并不是两个相互独立的请求，而是包含在一个诉的内涵中，它们是紧密联系的统一体。如果实体法未作出在一定条件下可以向法院提起诉讼的规定，民事权利义务之争的问题无法通过诉讼渠道解决。如果程序法不对解决争议的具体问题加以规定，实体法上确定的权利，实体权利义务的争执问题，就无从运用适当的程序和方式解决。

对于诉的含义，我们可以从下列几方面理解：(1) 诉的主体是双方当事人。民事纠纷发生后，双方当事人都有权要求法院保护自己的合法权益。诉的表现形式是当事人的诉讼行为，如起诉与应诉的行为，原告起诉提出的诉讼请求，被告应诉反驳原告的诉讼请求，都是以诉为根据，诉对双方当事人是持之以平的，而绝不是为一方当事人所设立，诉保护的是双方当事人的合法权益。(2) 诉的内容是解决民事纠纷、保护合法民事权益的主张请求。诉是向法院提出的请求，其内容不仅包括对法院提出的审理和裁判的请求，也包括实体权利主张，如确认法律关系是否存在、变更现存法律关系或者判决对方履行一定的义务。(3) 诉贯穿于诉讼的全过程。诉讼的过程是以诉为核心的过程，从起诉开始到诉讼结束，整个诉讼活动必须遵守民事诉讼法确定的诉讼程序和方式。当事人全部诉讼活动都是以诉为基础的。诉不仅是诉讼程序开始、展开的前提，也是法院裁判的范围和对象。

2. 诉的构成要素

诉的要素，是指一个独立的诉(或案件)必不可少的因素。分析诉的构成要素意义在于使诉特定化，确定一个具体诉的构成要素作用在于：第一，使法院能够判断当事人的诉是否符合法律设定条件，从而决定是否受理和审理。第二，有助于法院确定诉的性质、案件审理范围和处理方式。第三，明确了一个具体诉的构成要素，可以使一“诉”与他“诉”区别开来，从而避免原告重复起诉，有助于贯彻“一事不再理”原则。第四，便于双方当事人有针对性地进行诉讼。总之，诉的要素使诉具体化、特定化，它对人民法院是否受理该诉、采取什么方式审理和解决当事人之间争议，以及原被告之间如何有针对性地起诉和答辩都具有重大意义。

通常认为，诉的要素有以下三点：(1) 诉讼当事人。在诉讼中要有具体的当事人起诉和应诉，没有当事人就没有诉讼。当事人在提起诉讼时要向法院表明所要求审理、裁判的纠纷是在何者之间进行，法院判决应对哪些人产生拘束力。当事人这一要素使诉的主体特定化,即使原告、被告特定化。(2) 诉讼标的。诉讼标的是起诉当事人提起诉讼的动因,是双方当事人争执的焦点,是法院审理的对象。只有在当事人因为民事权利义务关系发生争议,并且起诉到法院,法院才能对这一具体民事法律关系进行审理,并成为诉讼标的。(3) 诉讼理由。当事人提起诉讼得以成立的根据,包括事实根据和法律根据两方面。事实根据是指诉方当事人提起诉讼所根据的客观事实,包括引起当事人之间法律关系发生、变更和消灭的事实,以及民事权益受到侵害或发生争议的事实。法律根据是指诉方当事人提出诉讼请求所根据的法律规定。法律依据是当事人诉的理由选择性要件,在某些情况下诉的成立并不要求当事人提供诉的法律依据。但是,在某些情况下,法律根据却是确定民事案件争议焦点依据,例如,在违约和侵权责任竞合情况下,就要寻求不同法律依据,以支持不同诉讼请求。

二、诉的种类

按照当事人诉讼请求的目的和内容不同,可以将诉分为:确认之诉、给付之诉和形成之诉。

(一) 确认之诉

确认之诉,是指原告请求法院确认其与被告之间某种法律关系存在或不存在的诉讼。在社会生活中,由于社会因素的复杂和人们认识的差异,往往导致当事人对是否存在民事法律关系产生争议,设立确认之诉不仅可以消除当事人之间的争议,而且可以稳定民事法律关系。

在民事诉讼中,确认之诉既适用于财产关系,也适用于人身关系。当事人向法院提出的确认请求可能有两种:一种是请求确认当事人之间存在某种法律关系,例如,在合同确权纠纷中,请求法院确认原告与被告之间形成的合同法律关系有效;另一种是请求确认当事人之间不存在某种法律关系,例如,在婚姻纠纷案件中,当事人一方请求法院认定他们之间婚姻关系无效。请求确认当事人之间存在某种法律关系的,在理论上被称为肯定的确认之诉,又称为积极的确认之诉;请求确认当事人之间不存在某种法律关系的,在理论上被称为否定的确认之诉,又称为消极的确认之诉。

确认之诉具有以下特征:

(1) 双方当事人就该法律关系是否存在发生争议。当事人向法院请求的目的,是要求确认其与对方当事人之间是否存在或不存在某种法律关系,不是要求法院判令对方当事人履行一定义务,也不是要求法院裁判解除某种法律关系。

（2）法院裁判的结果不需要予以执行。对确认之诉而言，法院裁判的结果是通过行使司法裁判权认定了当事人之间是否有某种法律关系存在，确定了某种法律关系的状态，这种确定的结果并不需要负有义务的当事人为给付的行为，也不需要强制执行。

（二）形成之诉

形成之诉，是指原告请求法院变更或消灭其与对方当事人之间的现存的民事法律关系的诉讼。民事法律关系设立、变更或消灭是由法律事实引起的。对于已经设立的民事法律关系，当事人双方就变更或消灭的法律事实产生争议形成诉讼的，原告基于民事实体法规定的形成权向法院提起形成之诉，例如请求解除婚姻关系、解除收养关系、解除合同关系等诉讼。

形成之诉具有下列特征：

（1）当事人对现存的民事法律关系没有争议。形成之诉是建立在当事人双方之间现存法律关系有效基础上，因此，对现存法律关系是否成立、是否生效如果有争议，则形成之诉不能成立。

（2）双方当事人就法律关系是否应当变更或者如何变更发生争议。当事人向法院提出形成之诉的目的，可能是要求法院解除原被告之间的法律关系，如解除收养关系诉讼，双方当事人对它们之间存在收养关系没有争议，只是对是否具有解除收养关系的法律事实产生争议；当然，实务中也存在双方当事人对现存法律关系没有争议，对变更这一法律关系也没有争议，但对如何变更这一法律关系发生争议，如析产案件，原被告对它们之间现存的财产共有关系没有争议，对变更这一法律关系也没有争议，但是就如何分割财产没有形成一致意见。

（3）形成判决确定之前，原法律关系不变；形成判决确定后，原法律关系即发生变化。如离婚裁判确定前，原被告之间仍然存在夫妻关系。只有离婚裁判确定后，原被告之间的婚姻关系才消灭。

（三）给付之诉

给付之诉，是指原告请求人民法院裁判被告履行一定义务的诉讼。当双方当事人之间形成法律关系后，由于种种原因，可能一方当事人不履行自己的义务，则另一方当事人就可以根据实体法规定的请求权向法院提出给付之诉。当事人向法院提出的给付请求的种类是各式各样的，有的要求对方返还借款，有的要求对方赔偿损失，有的要求对方停止侵害、排除妨害的等等。

根据请求给付时间的不同，可以分为现在给付之诉和将来给付之诉；根据请求给付的内容不同，可以分为特定物给付之诉、种类物给付之诉和行为的给付之诉。对于给付之诉，人民法院往往在确认当事人之间存在一定民事法律关系的基础上,判令被告履行一定的法律义务。

给付之诉具有以下特征:

(1) 当事人的请求具有给付的内容。原告提起给付之诉的目的,就是要求对方当事人为一定的行为或者给付一定的财物,而不是要求确认法律关系是否存在,也不是要求变更法律关系。

(2) 根据给付之诉作出的给付判决往往具有执行性。法院对给付之诉作出的给付判决,负有履行义务的当事人应当主动履行,如果不履行的,权利人可以申请法院强制执行。

(四) 三种诉之间的关系

1. 确认之诉和形成之诉都是针对法律关系本身

确认之诉和形成之诉都是原告针对法律关系本身向法院提起的诉讼,其中确认之诉是要求法院作出裁判确认某种法律关系存在或不存在,而形成之诉是请求法院变更或消灭当事人之间现存民事法律关系,它们都不是请求人民法院裁判被告履行一定的义务。

2. 确认之诉是给付之诉的前提

在给付之诉的案件中,为了审理裁判原告是否享有给付请求的权利,法院必须首先确认当事人之间是否存在给付与被给付的法律关系,然后再裁判被告是否负有给付的义务。另外,有时确认之诉后,确认之诉的当事人又因为被确认的法律关系上的权利义务发生争议,而提起给付之诉。由于在给付之诉的诉讼中,必须先确认当事人之间是否存在给付与被给付的法律关系,而该法律关系已在原先的确认之诉的判决中确定,不必再次确认,原先的确认判决有预决的效力。

3. 确认之诉、形成之诉有时会发展为给付之诉

在物的确认之诉中,法院裁判物的归属后,常常因为纠纷标的物在对方控制下,所以当事人在确认请求之后会提出给付的请求。形成之诉也同样。例如,原告请求解除合同关系,法院裁判解除合同关系后,当事人可能进一步提出恢复原状给付之诉请求。

第三节 诉的利益

一、诉的利益的含义

诉的利益,是指当事人所提起的诉中应具有的,法院对该诉讼请求作出

判决的必要性和实效性。[1] 必要性是指法院有必要通过裁判解决当事人之间的纠纷。如案件不属于民事诉讼受案范围，则法院没有必要适用民事诉讼法审理裁判。实效性是指法院能够通过裁判实际解决纠纷。尽管案件属于民事诉讼受案范围，但是如果法院作出判决也不能实际解决案件时，该请求就不具有诉的利益。

在诉讼理论上，诉的利益包括两方面内容：权利保护资格和权利保护利益。"权利保护资格"，实际上是法院民事审判权的范围。如果某个案件不属于法院民事审判的范围，当事人就该案件所提起的诉就不具有权利保护资格，也就根本谈不上诉的利益问题。"权利保护利益"是指当事人所提起的诉尽管具有权利保护资格，但是法院不一定有必要对案件进行审判，在某些情况下法律明确规定不得向法院提起诉讼时，该起诉就不具有权利保护的利益。

诉的利益是大陆法系民事诉讼中一个非常重要的概念和理论。按照"无利益即无诉权"的原则，诉的利益是诉权的要件之一，是法院作出实体判决的前提。

二、诉的利益的作用

确定诉的利益，有助于排除不当诉讼，使有限的司法资源得到充分利用。民事诉讼是国家提供公共产品的方式。由于国家司法资源的有限性，不可能将当事人提起的所有诉都受理并审理裁判，因此需要设立一个标准筛选运用民事诉讼方式解决案件的范围。诉的利益的确定，不仅限制无意义的诉进入到民事诉讼程序中，而且可以使有限的司法资源更好发挥作用。

确定诉的利益，还有助于扩大法院民事受案范围，促进新的民事权利生成。民事诉讼的目的就是保护当事人的实体权利。由于民事实体法自身的不周延性，当事人的许多正当利益游离于实体法之外。法律明确规定的民事受案范围具有诉的利益，而法律值得保护的利益主要是指法律没有明确规定但需要诉讼保护的正当利益和"形成中的权利"。[2] 因此，诉的利益可以扩大民事诉讼保护的权益范围，实现民事诉讼的政策形成功能。

三、诉的利益的适用

我国现行《民事诉讼法》没有明确规定诉的利益的含义、作用以及确定诉的利益标准等内容，但我国法律的一些规定体现了诉的利益的意旨。如《民

① 张卫平：《民事诉讼法》（第二版），法律出版社 2009 年版，第 38 页。
② 汤维建主编：《民事诉讼法学》，北京大学出版社 2008 年版，第 83 页。

事诉讼法》第124条规定:……(2)依照法律规定,双方当事人达成书面仲裁协议申请仲裁、不得向人民法院起诉的,告知原告向仲裁机构申请仲裁……(5)对判决、裁定、调解书已经发生法律效力的案件,当事人又起诉的,告知原告申请再审……(6)依照法律规定,在一定期限内不得起诉的案件,在不得起诉的期限内起诉的,不予受理……”

另外,针对不同类型的诉,我国民事实体法和相关司法解释的规定也体现了诉的利益的内容。如《合同法》108条规定:“当事人一方明确表示或者以自己的行为表明不履行合同义务的,对方可以在履行期限届满之前要求其承担违约责任。”该条规定表明,对于将来给付之诉,衡量诉的利益就是,被告明确表示不履行合同义务或者通过自己的行为表明不履行合同义务。

第四节　诉的标的

一、诉讼标的概念和意义

诉讼标的,又称诉讼客体、诉讼对象、系争标的等。我国《民事诉讼法》第52条、第54条和第56条使用了诉讼标的的表述,但对诉讼标的含义没有明确规定。由于受大陆法系诉讼标的理论不同学派的影响,学者对诉讼标的含义的界定众说纷纭。一般认为,所谓诉讼标的,是指原告在诉的声明中所表明的具体的权利主张,或者是当事人之间发生的争议,并要求人民法院以裁判的形式予以解决的民事法律关系。

诉讼标的与诉讼标的所指向的标的物是不同的。前者是指当事人之间争议,并要求法院予以裁判的民事法律关系;后者是指当事人争议的权利和义务所指向的具体对象。例如,房屋买卖纠纷,诉讼标的是买卖关系,诉讼标的物是房屋。在民事诉讼中,任何一个诉都有诉讼标的,但不一定都有标的物,如确认之诉、形成之诉中就没有标的物。

诉讼标的与诉讼请求既有联系又有区别。我国《民事诉讼法》第51条、第53条、第54条、第59条、第102条、第119条、第121条、第140条和第152条等条文中都使用了诉讼请求的表述,但对诉讼请求的含义没有明确解释。我国学者一般认为,诉讼请求是原告以诉讼标的为基础,向法院提出的针对被告的实体权利主张。同一诉讼标的,当事人可以提出一个或者几个诉讼请求。如借贷纠纷,原告可以请求被告归还本金,也可以基于同一诉讼标的请求被告承担违约金。诉讼标的是诉讼请求的依据,但不是当事人的具体权利主张。具体而言,给付之诉的诉讼标的是原告主张的具有给付内容的实体法律关系，或者当事人主张的给付请求权；而给付之诉的诉讼请求作为或者不作为，给付多少或者给付什么。

二、诉讼标的的意义

诉讼标的是民事诉讼法学的一个基本理论问题，是整个民事诉讼的核心，在民事诉讼理论和实务中发挥着重要作用，对于其作用可以从以下几方面来认识：

（一）诉讼标的与法院民事受案范围与管辖的关系

法院民事受案范围是法院依据民事诉讼法审理的民事案件范围。而管辖是法院内部上下级法院或者同级法院之间审理民事案件的分工和权限。通过诉讼标的，可以确定双方当事人之间的纠纷性质，是否属于法院民事受案范围。同时，诉讼标的是确定法院管辖的依据。如《民事诉讼法》第 23 条规定："因合同纠纷提起的诉讼，由被告住所地或者合同履行地人民法院管辖。"

（二）诉讼标的与诉讼时效的关系

诉讼时效是权利人在一定时间不行使实体法上的权利，就丧失该权利的胜诉权的法律制度。适用诉讼时效保护的民事权利不同，诉讼时效期间也不同，如《民法通则》第 135 条规定，普通诉讼时效是 2 年；《海商法》规定的诉讼时效是 1 年；《环境保护法》规定的关于环境损害赔偿请求权的诉讼时效是 3 年等。因此民事案件诉讼标的的界定关系到权利人能否通过诉讼得到法律的保护。

（三）诉讼标的是法院审理和裁判的对象

法院审理和裁判是围绕诉讼标的进行的。因为民事纠纷发生后，基于哪种法律关系提起诉讼是当事人的权利，根据处分原则，法院只能根据当事人主张的诉讼标的进行审判。如承租方未按合同约定交付租金引起的纠纷，出租方基于物权关系，要求承租方退房，则属于物权法调整范畴，法院应当按照物权法进行审理裁判；出租方基于债权关系，要求对方支付拖欠的租金并赔偿损失的，则属于合同法调整范畴，法院应当按照合同法审理并裁判。

（四）诉讼标的是确定适格当事人的主要依据

适格当事人是指能够成为某个具体案件当事人的资格。法院审理裁判的程序应当是在适格当事人之间进行。判断参加诉讼的当事人是否适格的主要依据在于案件的诉讼标的。如申请宣告婚姻无效的适格原告是婚姻当事人和利害关系人，而申请撤销婚姻的适格原告只能是受胁迫一方的婚姻当事人本人。

(五)诉讼标的是双方当事人进行诉讼活动的基础

民事诉讼活动的核心是证明和辩论,原告基于诉讼标的提出自己的具体诉讼请求和事实、理由,而被告围绕原告主张的诉讼标的是否存在、诉讼请求是否有理等来进行答辩。当事人对自己主张的证明过程和辩论行为都必须以本案诉讼标的为中心。

(六)诉讼标的是"一事不再理"原则的标准

诉讼标的是法院判定是否重复起诉、应否合并、分离、追加甚至变更诉的依据。诉讼标的是构成诉的要素[①]之一,是区别此诉与彼诉的重要因素。因此当事人前后提出的诉是同一的还是两个诉,法院应当根据诉讼标的判断。如果属于同一诉,法院应当按照"一事不再理"原则裁定驳回起诉。同时在一个诉讼程序中是解决一个诉还是两个诉,诉讼标的也是法院判断合并、分离以及追加变更的关键。

(七)诉讼标的与既判力的关系

既判力是判决确定后,判决中针对当事人的请求而作出的实体判断就成为规定当事人之间法律关系的基准,此后当事人既不能提出与基准相冲突的主张来进行争议,法院也不得作出与此基准相矛盾的判断。[②] 既判力与诉讼标的的关系主要通过既判力的客观范围加以体现。要理清既判力的客观范围,就要先搞清诉讼标的,因为诉讼标的决定既判力客观范围。

(八)诉讼标的与民事案件案由的关系

民事案件案由是民事案件名称的重要组成部分,反映案件所涉及的民事法律关系的性质,是将诉讼争议所包含的法律关系进行概括,是人民法院进行民事案件管理的重要手段。[③] 根据2007年10月29日最高人民法院审判委员会第1438次会议通过的《民事案件案由规定》和2011年2月18日法[2011]41号《最高人民法院关于修改〈民事案件案由规定〉的决定》,民事案件案由分为四级。一级民事案件案由一般是根据当事人主张的民事法律关系的性质确定,如民事案由规定的第一级人格权纠纷、物权纠纷、合同、无因管理、不当得利纠纷等。基于民事法律关系性质的复杂性,也有少部分案由是根据请求权、形成权或者确认之诉、形成之诉的标准进行确定,如确认合同

---

① 诉的要素,是指构成完整诉不可缺少的因素。关于诉的要素,我国学者看法不一,有二要素说,包括诉讼标的、诉讼理由;三要素说,包括诉讼当事人、诉讼标的、诉讼理由;还有四要素说,包括诉讼当事人、诉讼标的、诉讼请求和诉讼理由等等。

② 王亚新:《对抗与判定——日本民事诉讼的基本结构》,清华大学出版社2010年版,第255页。

③ 奚晓明主编:《最高人民法院民事案件案由规定理解与适用》,人民法院出版社2011年版,第11页。

有效纠纷、债权人撤销权纠纷等,还有少部分案由包含了争议焦点、标的物、侵权方式等要素,如大气污染纠纷、产品运输者责任纠纷等。由此可见,民事案件案由与诉讼标的有密切联系,其主要是根据诉讼标的确定的。当然,民事案件案由的主要作用是便于司法统计、便于法院审判业务庭的管辖分工,为司法决策服务,因此不能将《民事案件案由规定》等同于《民事诉讼法》第118条规定的受理条件,不得以当事人的诉请在《民事案件案由规定》中没有相应可以适用为由,裁定不予受理或者驳回起诉,影响当事人行使诉权。[①]

三、诉讼标的识别

诉讼标的识别是根据什么标准确定案件诉讼标的的问题,是诉讼标的理论中的重要问题。

(一)国外学者关于诉讼标的识别的学说

1. 旧实体法说(旧诉讼标的理论)

该说的代表人物是德国的赫尔维希(Hellwig)。该说主张,诉讼标的是原告在诉讼中提出的具体的实体法上的权利主张。原告起诉时,在诉状必须具体表明其所主张的实体法权利或法律关系。诉讼标的的识别标准是实体法上请求权。该学说是基于诉讼法尚未从实体法中分离出来产生的。根据该学说,同一案件事实,在实体法上按其权利构成要件,能产生多个不同请求权时(即请求权竞合),每一请求权均能独立成为一诉讼标的。例如,因合同标的物致人损害的案件,虽然都是致人损害的事实,但是在实体法上,原告可以依侵权行为行使损害赔偿请求权,也可以依合同要求对方承担违约责任。依旧实体法说,原告可以提出两个诉讼标的,法院得分别作出两个判决。一个损害事实要被告承担两次民事责任显然是不公平的。随着诉讼法与实体法分离,尤其是确认之诉与形成之诉的产生,旧实体法说已经不能完全适应所有类型民事案件确定诉讼标的的要求。

2. 诉讼法说(新诉讼标的理论)

20世纪30年代,德国学者罗森贝克(Rosenberg)等提出不以实体请求权为诉讼标的之识别根据,纯从诉讼法立场考察诉讼标的问题。诉讼法说是为了克服旧实体法说的弊端而产生的,强调同一纠纷一次解决和公平保护当事人。此说早期采二分肢说,即诉讼标的由诉的声明和事实理由构成。前后两诉的诉讼标的是否相同,应看前后两诉的诉的声明和事实理由是否全部同一

① 奚晓明主编:《最高人民法院民事案件案由规定理解与适用》,人民法院出版社2011年版,第14页。

而定;诉的声明和事实理由中任何一个是多数,诉讼标的即为二个以上。就上例来说,根据诉讼法说,事实理由(标的物致人损害的事实)和诉的声明(请求赔偿损失)构成单一诉讼标的,在诉讼中,即使原告将侵权损害赔偿请求权改为合同赔偿损失请求权,也不构成诉的变更,只是原告攻击方法的变更,不影响诉讼标的的同一性。但是二分肢说也不能合理解释如下情况。比如,原告请求解除婚姻关系,然而离婚的事实理由可能是多个:无效婚姻、虐待、遗弃或感情不忠等,如果在诉讼中原告同时提出这些事实理由,那么根据二分肢说,诉讼标的则为多个,法院得相应作出多个判决,这显然违背常理。为合理解决这一问题,德国学者伯特赫尔(Botticher)提出了“一分肢说”。“一分肢说”认为,事实理由并不能构成诉讼标的之要素,诉讼标的仅由诉的声明构成,亦即以诉的声明为诉讼标的识别标准。就上例来说,虽然事实理由为多数,但是诉的声明是单一的:请求解除婚姻关系,所以诉讼标的是单一的。但是,此说不能合理识别金钱或种类物给付之诉中的诉讼标的。因为同一当事人之间可能有几个事实关系而发生多次给付金钱或种类物,如果不结合事实理由,就不能识别具体的诉讼标的。比如,被告拖欠原告货款 1 万元,另外被告又从原告处借款 1 万元,如果仅凭原告诉的声明,显然无法判断是请求返还哪个 1 万元,必须把诉的声明与其所依据的具体事实理由(拖欠货款或借款)一并考虑,才可识别诉讼标的。

3. 新实体法说

诉讼法说的局限就在于脱离实体法确定诉讼标的,因此一些学者又回到从实体法角度来研究诉讼标的问题。20 世纪 60 年代,德国学者尼克逊(Nikisch)认为,凡基于同一事实关系发生的,以同一给付为目的的数个请求权存在时,实际上只存在一个请求权,因为发生请求权的事实关系是单一的,并非真正的竞合,而是请求权基础竞合。就合同标的物致人损害案件来说,产生请求权的事实(致人损害)是单一的,请求的目的是同一(赔偿损失),所以原告只拥有一个实体法上的请求权,至于所谓的侵权损害赔偿请求权、违约赔偿损失请求权等不过是请求权基础竞合。

虽然新实体法说解决了困扰旧实体法说的实体请求权竞合问题,但是因其与“法律不相符合”而遭受“有力打击”:(1) 由于各具体请求权是在不同法律中加以规定,诉讼时效期间有所不同,如果发生请求权竞合时,如何确定一个统一的消灭时效成为难题。(2) 各种性质的请求权,当事人的举证责任不同,有的适用“谁主张谁举证”,有的适用举证责任倒置,若将发生请求权竞合时作为一个案件,如何确定举证责任也是一个难题。[1]

（二）我国各种诉的诉讼标的的识别

我国学者对诉讼标的的识别标准看法不一,但普遍认为应当根据不同类型的诉,确定诉讼标的的标准有所不同:

（1）对于给付之诉,诉讼标的的识别依据是旧实体法说。即实体法上存在几个请求权,诉讼上就是几个标的。确定诉讼标的时,一般不考虑诉讼请求所基于的事实理由。但是,当同一当事人再次提出相同的诉讼请求时,法院应当看前后两次请求基于的案件事实理由是否相同。如《民诉法意见》第152条规定,赡养费、抚养费、抚育费案件,裁判发生法律效力后,因新情况、新理由,一方当事人再次起诉要求增加或者减少费用的,人民法院应当作为新案受理。

根据旧实体法说确定给付之诉的诉讼标的,可能会发生请求权竞合问题。对此,《合同法》第122条规定:“因当事人一方的违约行为,侵害对方人身、财产权益的,受损害方有权选择依照本法要求承担违约责任或者依照其他法律要求其承担侵权责任。”《最高人民法院关于适用〈中华人民共和国合同法〉若干问题的解释(一)》第30条规定:“债权人依照合同法第一百二十二条的规定向人民法院起诉时作出选择后,在一审开庭以前又变更诉讼请求的,人民法院应当准许……”因此,根据《合同法》和司法解释规定,对于请求权竞合,当事人可以择一请求权向法院提起诉讼,在开庭审理前,当事人有权变更诉讼请求。在法院裁判生效后,当事人不得将未诉请求权再行起诉。

（2）对于确认之诉和形成之诉,可以根据当事人要求法院确认或者变更实体法律关系的诉讼请求。[2] 当事人要求确认或者变更的实体法律关系有几个,诉讼上就有几个诉讼标的。确定诉讼标的时,一般不考虑诉讼请求所基于的事实理由。但是,在某些情况下,单靠诉讼标的即争议的法律关系还不能确认是否是同一诉讼,还需结合诉讼理由以及诉的利益来判断。如申请宣告婚姻无效案件,婚姻关系一方当事人以双方存在禁止结婚的亲属关系为由申请宣告婚姻无效,法院判决驳回诉讼请求。裁判生效后,婚姻关系一方当事人又以对方患有不得结婚疾病、没有治愈为由申请宣告无效,法院应当作为新案受理。又如婚姻关系一方当事人的父母以双方存在禁止结婚的亲属关系为由申请宣告婚姻无效,法院判决宣告婚姻无效。裁判生效后,婚姻关系一方当事人又以对方患有不得结婚疾病、没有治愈为由申请宣告婚姻关系

① 汤维建主编:《民事诉讼法学》,北京大学出版社2008年版,第91页。

② 张卫平:《民事诉讼法》(第二版),法律出版社2009年版,第46页。

无效,虽然诉讼请求基于的事实理由不同,但由于不具有诉的利益,法院裁定不予受理。

第五节 反 诉

一、反诉的概念

我国《民事诉讼法》第51条规定:被告可以承认或者反驳诉讼请求,有权提起反诉。反诉,是指民事诉讼进行中,本诉的被告以原告为被告,向受理本诉的人民法院提出与本诉具有牵连关系的,目的在于抵消或者吞并本诉原告诉讼请求的独立的反请求。由于原被告之间法律关系的复杂性,原被告的利益要求以及权利基础的交叉和重叠,《民事诉讼法》规定反诉制度,通过将反诉与本诉合并审理,不仅可以减少当事人诉讼成本,提高诉讼效率,而且可以避免矛盾裁判,全面保护当事人各自的合法权益。

在民事诉讼中,原被告双方是对立的关系。为保护自己的合法权益,双方当事人都会采取各种手段提出自己的主张,辩驳对方提出的事实和依据。反诉与反驳都是《民事诉讼法》赋予当事人的重要诉讼权利,但它们是不同的。一般而言,反驳是指一方当事人对另一方当事人主张的否定,它是被告针对原告提出的诉讼请求以及相应的事实与理由提出相反的证据和理由予以辩驳的诉讼行为,也包括原告对被告主张和理由的否定、辩驳。反驳与反诉主要有以下区别:

(1) 主体不同。反驳的主体可以是原告,也可以是被告,因为在诉讼过程中,原、被告双方都可以使用反驳的手段驳斥、否定对方提出的证据及理由;而反诉是《民事诉讼法》赋予被告的一项诉讼权利,本诉的原告不得就反诉再提出反诉。本诉的原告若还有诉讼请求提出,可以通过增加诉讼请求的方式达到目的。

(2) 性质不同。反驳只是对诉讼请求、事实或者理由进行驳斥、辩驳,是一种维护权益的手段,其本身没有提出独立的反请求,没有成为独立的诉;而反诉具备诉成立的要件,是一种独立的诉。因此原告撤回本诉,并不影响反诉的成立。如果反诉原告仍然坚持诉讼的,法院应当继续审理并作出裁判。

(3) 目的不同。反驳的目的是通过相反的证据和理由证明原告的诉讼请求不成立,要求法院判令原告败诉;反诉的目的则是为了抵消、吞并原告的诉讼请求。

二、提起反诉的条件

我国《民事诉讼法》规定了被告可以反诉,但是没有规定反诉的条件。由于反诉也是一个独立的诉,所以它必须具备诉的一般条件。又由于反诉要与本诉合并审理,所以反诉还必须具备特殊的条件:

1. 反诉只能由本诉的被告向本诉的原告提起。就是说,反诉中的当事人与本诉中的当事人相同,只是在诉讼地位上原告与被告发生互换,诉讼中双方当事人的地位具有双重性。

2. 反诉应当在本诉的法庭辩论终结前提出,如果本诉的辩论程序已终结,就不允许提起反诉,被告应当另行起诉。根据《证据规定》第 34 条规定:当事人应在举证期限届满前(开庭审理前)提起反诉,但该期限过于严格,限制了反诉的提起。根据《适用意见》第 184 条规定:如果进入二审程序才提出反诉的,实践中的做法通常是将本诉与反诉在当事人自愿情况下进行调解,不能调解解决的,法院告知反诉原告另行起诉。

3. 反诉只能向受理本诉的法院提出。因为反诉的目的是利用本诉之诉讼程序一并审理相互有牵连的两个案件,既达到诉讼经济的目的,又避免因分别审理可能造成的矛盾判决。而且反诉不得属于其他法院专属管辖。

4. 反诉请求与本诉请求具有一定的牵连性。反诉之所以产生和形成,是因为它与本诉有牵连,如果没有牵连则不成其为反诉,而是另外的诉。反诉与本诉的牵连主要表现在:(1) 反诉与本诉的诉讼标的属于同一法律关系或同意权利;(2) 反诉请求与本诉请求基于同一法律关系或者同一法律事实;(3) 反诉请求与本诉请求互不相容或其中一个请求为另一请求的先决问题。[①]

5. 反诉与本诉适用的程序具有同一性。反诉与本诉适用的程序具有同一性,一方面,是指反诉与本诉都是适用诉讼程序审理的案件,不能一个适用诉讼程序,另一个适用非诉程序;另一方面,是指反诉与本诉都适用普通程序,或者本诉适用普通程序,而反诉适用简易程序。

三、反诉的提起和审理

对当事人提出的反诉,法院应当依起诉的条件及反诉的要件予以审查。符合条件的,而且符合合并审理简化诉讼程序、及时解决纠纷目的的,法院应当受理;不符合条件的,法院则裁定不予受理。

---

① 张卫平:《民事诉讼法》(第二版),法律出版社 2009 年版,第 300 页。

人民法院受理反诉后，应当与本诉合并审理。合并审理是同一审判组织在同一诉讼程序中审理本诉与反诉，如同时辩论、同时裁判。但是并不是说所有的诉讼行为都必须同时进行，因为反诉与本诉是两个独立的诉，当合并审理使程序过于复杂时，也可以分别辩论、分别判决。

第六节　诉的合并和变更

一、诉的合并

（一）诉的合并的概念和意义

诉的合并，是指法院将两个或两个以上彼此之间互有关联的单一之诉合并到一个诉讼程序中进行审理并予以裁判的制度。每个诉讼程序通常只有一个诉，即一个原告和一个被告基于一个诉讼标的进行，又称为单一诉讼。但是由于民事法律关系的复杂性，有时几个诉之间有内在关联，如果分别审理不仅增加司法成本，加重当事人诉累，也可能导致法院对相关事实认定和裁判出现矛盾。因此为保障诉讼公正和诉讼效率，各国民事诉讼法都规定了诉的合并制度。

我国现行《民事诉讼法》没有明确规定“诉的合并”的概念、适用条件以及类型等内容。但《民事诉讼法》第 52 条、第 140 条等规定都体现了诉的合并的内容。《民事诉讼法》第 140 条规定：“原告增加诉讼请求，被告反诉，第三人提出与本案有关的诉讼请求，可以合并审理。”对于该条文规定需要注意两点：其一，这里规定的“合并审理”并非都是诉的合并，有时仅仅是指对当事人提出的诉讼请求的合并。[①] 其二，原告增加诉讼请求，法院可以合并审理。这里规定的是“诉讼请求合并”。因为诉讼请求是原告通过法院向被告提出的实体权利主张。当事人提出具体诉讼请求是引起诉讼程序开始的必备要件。在诉讼中，当事人增加诉讼请求，可能是基于同一诉讼标的，如借贷案件，原告的诉讼请求是要求被告给付本金，在诉讼中原告又增加诉讼请求，要求被告不仅给付本金还要给付利息。可能不是基于同一诉讼标的，如请求权竞合案件，原告基于合同要求对方承担违约责任，在诉讼中又增加要求对方给付人身损害精神抚慰金，则该案由于诉讼请求的增加导致超越原诉讼标的，引起诉的增加。因此诉讼请求合并与诉的合并不同，诉讼请求的合并不一定就是诉的合并，而诉的合并必然是诉讼请求的合并。

---

① 张永泉：《民事之诉合并研究》，北京大学出版社 2009 年版，第 12 页。

（二）诉的合并的种类

1. 诉的主观合并

所谓诉的主观合并，是指若干个主体集中于同一诉讼程序中。有的可能是当事人一方或者双方在两人以上，有的可能不仅有双方当事人，还有第三人等。如《民事诉讼法》规定的共同诉讼、第三人制度以及群体诉讼等。

2. 诉的客观合并

所谓诉的客观合并，是指同一当事人之间几个诉集中在同一诉讼程序进行审理。如因原告增加诉讼请求引起诉的合并、反诉等。诉的客观合并虽然具有诸多益处，但是，如果不加以限制，也可能造成诉讼的混乱和迟延。因此，诉的客观合并应当有以下条件限制：(1) 合并的数个诉讼标的或数个诉须由同一原告向同一被告在同一诉讼程序中提出。(2) 合并的数个诉讼标的或数个诉须适用用相同诉讼程序。(3) 受诉法院对数个诉有管辖权。

二、诉的变更

（一）诉的变更的概念

诉的变更，是指在同一诉讼程序中，原告以新的诉取代原来的诉。从被告角度而言，法院受理原告的起诉后，被告已经针对原告提出的诉讼请求和实施理由进行了辩驳，因此为保护被告的合法权益，法律不应当允许原告提出诉的变更。但是从原告角度而言，有的可能是在对案件事实认识不清情况下提起的诉讼，有的可能是法院受理起诉后，通过其他证据材料，原告发现提起的诉不恰当，还有可能是法院发现当事人主张的法律关系的性质或者民事行为的效力与人民法院根据案件事实作出的认定不符等。如果不允许原告提出诉的变更，原告或者撤诉，然后再起诉；或者被法院判决驳回诉讼请求。对于前者，原告再起诉，原来提交的材料重新提交，被告再次被拖入诉讼，不仅造成诉讼浪费，而且增加当事人诉累；对于后者，虽然提高了诉讼效率，但是并没有使纠纷得到适当、真正的解决。因此，从提高诉讼效率和解决纠纷角度出发，应当允许当事人诉的变更。

虽然我国《民事诉讼法》没有明确规定“诉的变更”的概念、适用条件以及类型等内容。但《民事诉讼法》第 51 条、《证据规定》第 35 条以及《最高人民法院关于适用〈中华人民共和国合同法〉若干问题的解释（一）》第 30 条等规定都体现了诉的变更的内容。《民事诉讼法》第 51 条规定：“原告可以放弃或者变更诉讼请求……”

判断诉的变更，是要依据诉讼标的识别标准来进行。需要注意的是，诉讼请求的变更不一定引起诉的变更。因为诉讼请求是原告通过法院向被告提出的实体权利主张。诉讼请求的变更可以是建立在同一诉讼标的基础上，如损害赔偿案件，原告提出根据损害程度增减赔偿数额；也可以建立在诉讼标的变更的基础上，如原告基于合同违约提出被告承担违约责任的诉讼请求，在诉讼过程中，原告将诉讼请求改为精神损害赔偿，则诉讼标的由合同纠纷变为侵权纠纷。

另外，《证据规定》第35条规定：诉讼过程中，当事人主张的法律关系的性质或者民事行为的效力与人民法院根据案件事实作出的认定不一致的，不受本规定第34条规定（增加变更诉讼应在举证期满以前提出）的限制，人民法院应当告知当事人可以变更诉讼请求。需要说明的是：其一，法律关系的性质或者民事行为效力的变更可能是诉讼请求变更，也可能是诉的变更；其二，发生法律关系性质或者民事行为效力变更情况时，法院只是"告知"，是否变更由当事人自己决定。

（三）诉的变更条件

诉的变更条件与诉的合并条件基本一致，主要包括：（1）变更后的新诉与原诉的原因事实是同一事实；（2）变更后的新诉与原诉须适用相同的诉讼程序；（3）诉的变更应当在言词辩论终结前进行；（4）新诉不属于其他法院级别管辖、专属管辖和协议管辖。

诉的变更，应当以书面方式提出，并送达被告。法院不允许诉的变更的，应对原诉进行审判，法院允许诉的变更的，应对新诉进行审判。

案例精选

▶【案例】[①]

原告苏州龙宝生物工程实业公司（以下简称龙宝公司）与被告苏州朗力福保健品有限公司（以下简称朗力福公司）均是生产销售龟蛇粉产品的企业，1997年3月4日，被告朗力福公司申请了"龟粉和蛇粉的组合物及其制备方法"发明专利，2000年9月13日被授予专利权。龙宝公司于2000年2月25日向卫生防疫站提出生产龟蛇粉胶囊的申请，在同年4月3日被江苏省卫生防疫站审核批准。2000年8月31日，常州市专利事务所受朗力福公司的委托，向明都、苏果超市等单位发送警告函，称龙宝公司生产的龟蛇粉涉嫌侵权。龙宝公司于2000年9月14日诉至南京市中级法院，请求法院确认其生

① 最高人民法院中国应用法学研究所编：《人民法院案例选》，（2004年商事、知识产权专辑）（总第49辑），人民法院出版社2005年版，第447—449页。

产龟蛇粉所采用的“龟粉和蛇粉的组合物及其制备方法”与朗力福公司的专利不同，龙宝公司不构成对朗力福公司专利权的侵犯。根据对比，二者的工艺流程和产品特征有差异，双方对此均无异议。本案一审经两次开庭，认为事实已经查清，但由于类似案件法院从未受理过，后经审判委员会研究，决定就相关法律适用等问题向江苏省高级法院书面请示。

江苏省高级法院经审判委员会研究，多数意见认为本案法院应当受理，但考虑该案件具有一定的特殊性，为慎重起见，决定书面向最高人民法院请示。就此案，2002 年 7 月 12 日最高人民法院作出《关于苏州龙宝生物工程实业公司与苏州朗力福保健品有限公司请求确认不侵犯专利权纠纷案的批复》（[2001]民三他字第 4 号）。“依据《中华人民共和国民事诉讼法》第 108 条和第 113 条的规定，对于符合条件的起诉人民法院应当受理。本案中，由于被告朗力福公司向销售原告龙宝公司产品的商家发函称原告的产品涉嫌侵权，导致经销商停止销售原告的产品，使得原告的利益受到了损害，原告与本案有直接的利害关系；原告在起诉中，有明确的被告；有具体的诉讼请求和事实、理由；属于人民法院受理民事诉讼的范围和受诉人民法院管辖，因此，人民法院对本案应当予以受理。”

评析：本案属于请求确认不侵犯专利权纠纷，即消极确认之诉。由于我国《民事诉讼法》没有明确规定诉的利益制度，因此最高人民法院[2001]民三他字第 4 号批复可以说开创了这类案件的先河。按照该司法解释，由于被告发函指控原告侵权，导致原、被告在原告是否侵权问题上发生争议，该争议具有诉的利益，因此人民法院有权受理。该案经最高人民法院批复，南京中级人民法院受理审判后，我国各地法院相继审理了不少请求确认不侵犯专利权、商标权以及著作权案件。在 2005 年 11 月召开的全国法院知识产权审判工作座谈会上，曹建明副院长指出：“提出确认不侵权诉讼一般以利害关系人受到侵权警告而权利人又未在合理期限内依法启动程序请求有关机关作出处理为基本条件。所谓合理期限要根据案情而定，但一般可掌握在不少于 3 个月。基于同一法律事实发生的纠纷，已经由有管辖权的法院依法处理完毕或者正在处理中的，当事人就此提出请求不确权诉讼，就不要再重复受理。”①

① 浙江省高级人民法院编：《案例指导》（2007—2008 年卷），中国法制出版社 2009 年版，第 162—163 页。

思考问题

1. 诉权的含义和诉权的作用。
2. 三种诉之间的关系。
3. 诉的利益的含义以及作用。
4. 诉讼标的的概念及识别标准。
5. 反诉的条件。

法条链接

《民事诉讼法》第51条至第54条,第56条、第124条、第140条、第143条;《合同法》第108条;《民诉法意见》第156条、第184条;《证据规定》第34条;《最高人民法院关于确定民事侵权精神损害赔偿责任若干问题的解释》第6条;《最高人民法院关于适用〈中华人民共和国婚姻法〉若干问题的解释(一)》第30条、第31条。

扩展阅读

1. 常怡、黄娟:《司法裁判供给中的利益衡量:一种诉的利益观》,载《中国法学》2003年第4期。
2. 段厚省:《民事诉讼标的论》,中国人民公安大学出版社2004年版。
3. 江伟、邵明、陈刚:《民事诉权研究》,法律出版社2002年版。
4. 李龙:《论民事诉讼客观的诉的合并》,载《诉讼法论丛》(第5卷)法律出版社2000年版。
5. 李仕春:《诉之合并制度研究》,载《诉讼法论丛》(第5卷),法律出版社2000年版。
6. 廖永安:《论诉的利益》,载《法学家》2005年第6期。
7. 冉思东:《民事诉权制度——一种私权的公力救济》,载《现代法学》2007年第2期。
8. 张晋红:《反诉制度适用之反思》,载《法律科学》2002年第5期。
9. 张永泉:《民事之诉合并研究》,北京大学出版社2009年版。

第六章　受案范围和管辖

民事诉讼受案范围明确了法院和其他国家机关、社会团体等在解决民事纠纷方面的职责划分；管辖则确定了法院系统内部同级人民法院或上下级人民法院受理第一审民事案件的分工和权限。在具体的民事诉讼中，无论是法院还是当事人，首先要明确所解决的纠纷是否属于法院的受案范围，然后进一步确定管辖，即考虑应由哪一个具体的法院负责处理。本章主要介绍了法院受理民事案件的范围，立法对管辖的种类划分即级别管辖、地域管辖、移送管辖和指定管辖，诉讼理论对管辖的划分即法定管辖和裁定管辖、专属管辖和协议管辖、共同管辖和合并管辖，以及当事人享有的一项重要诉讼权利管辖权异议。

第一节　法院受理民事案件的范围

一、法院受理民事案件范围的概念与意义

不同的国家机关或者社会团体,其职责和权限范围也有所不同。根据我国《宪法》的规定,人民法院是国家的审判机关,依法行使国家的审判权。人民法院的审判权因审理对象的不同而表现为民事审判权、刑事审判权和行政审判权。民事审判权是人民法院受理和审理民事案件并作出裁判的权力。由于民事案件种类多、数量大,完全交由人民法院进行审理是不现实的,所以,在我国的立法和司法实践中,除将一部分民事案件交由人民法院行使审判权解决外,人民调解委员会、仲裁机构和有关的行政机构也有权处理一定范围的民事争议。因此,哪些案件应由人民法院解决,哪些纠纷可以由其他国家机关或社会团体、组织解决,就涉及彼此之间职权的划分,这就是法院受理民事案件范围所要解决的问题。

法院受理民事案件的范围,即民事诉讼主管,是指法院主管民事案件的职责和权限。具体是指人民法院依法受理、审理民事案件的职权范围,实质上也就是确定人民法院和其他国家机关、社会团体之间解决民事纠纷的分工和职权的范围。法律规定由人民法院主管的民事案件,人民法院应当受理和审理;反之人民法院无权行使审判权。

明确法院受理民事案件的范围,一方面有利于人民法院正确、及时地行使审判权解决民事纠纷,维护社会秩序的稳定;另一方面,有利于当事人对所发生纠纷是否属于人民法院主管进行判断,避免当事人告状"无门"的现象。同时,也有利于当事人诉权的行使,及时保护当事人的合法民事权益。

二、法院受理民事案件的范围

我国《民事诉讼法》第3条规定:"人民法院受理公民之间、法人之间、其他组织之间以及他们相互之间因财产关系和人身关系提起的民事诉讼,适用本法的规定。"

民事诉讼主管案件的主体是公民、法人和其他组织,包括中国籍和外国籍的公民、法人和其他组织,以及无国籍人;民事诉讼主管案件的内容主要为平等主体之间因财产关系和人身关系发生的争议。根据《民事诉讼法》及其他法律、法规的规定,民事诉讼主管的案件主要包括:

(一)平等主体之间因财产关系和人身关系发生的争议

平等主体之间发生的财产权和人身权纠纷具体包括:(1)由民法调整的因财产关系及与财产关系相联系的人身关系产生的民事纠纷。如财产所有权、用益物权、担保物权、无因管理、不当得利、身份权和人格权等纠纷。(2)由婚姻法、继承法、收养法等调整的因婚姻家庭关系、继承关系、收养关系等产生的纠纷。如离婚案件;追索赡养费、扶养费、抚育费案件;财产继承案件;解除收养关系案件等。(3)由商法调整的因商事关系引起的纠纷。如海商案件、票据纠纷案件等。(4)由经济法调整的因经济关系所发生的各类纠纷。如因不正当竞争行为引起的损害赔偿案件、因环境污染所引起的损害赔偿案件等。

(二)因劳动关系所发生的纠纷

我国《劳动法》、《劳动争议调解仲裁法》规定,劳动者与用人单位之间应签订确立劳动关系、明确双方权利和义务的协议。在订立、履行、解除劳动协议过程中所发生的劳动争议,首先向劳动仲裁委员会申请仲裁解决,对该仲裁委员会裁决不服的,当事人可在接到劳动争议裁决书之日起15日内向人民法院起诉。

(三)法律规定适用民事诉讼法解决的其他案件

依照特别程序审理的案件,如选民资格案件、宣告失踪和宣告死亡的案件、认定无民事行为能力或限制民事行为能力的案件和认定财产无主的案件、确认调解协议案件和实现担保物权案件;依照督促程序或公示催告程序审理的案件,这些案件虽然不属于民事争议,但是《民事诉讼法》明确规定其属于民事诉讼的主管范围。

三、法院受理民事案件的范围和其他组织之间的关系

(一)法院主管和人民调解委员会调解

人民调解委员会是村民委员会和居民委员会下设的调解民间纠纷的群众性组织,在基层人民政府和基层人民法院指导下进行工作。人民调解委员会的任务为通过说服、疏导等方法,促使当事人在平等协商基础上自愿达成调解协议,解决民间纠纷,并通过调解工作宣传法律、法规、规章和政策,教育公民自觉遵纪守法,尊重社会公德。

人民法院受理民事案件的范围明显宽于人民调解委员会调解民事纠纷的范围,但对于民间纠纷,即公民之间有关人身、财产权益和其他日常生活中发生的纠纷部分,人民法院和人民调解委员会的主管范围是重合的。在处理人民法院和人民调解委员会之间主管民事纠纷案件的关系上,应遵循以下原则:

1. 自愿调解原则

根据《人民调解法》第3条第1款的规定,人民调解委员会调解民间纠

纷,应当在当事人自愿、平等的基础上进行调解。由此可见,当事人因民事权益发生纠纷,在双方当事人自愿的前提下,可以向人民调解委员会申请解决,人民调解委员会有权进行调解。

2. 人民调解不是纠纷解决的必经程序

当事人之间发生争议后,是否进行人民调解取决于当事人的自愿,而非强制;同时,《人民调解法》第3条第3款规定,人民调解应当尊重当事人的权利,不得因调解而阻止当事人依法通过仲裁、行政、司法等途径维护自己的权利。可见,当事人可以不经人民调解而直接向人民法院起诉。

3. 人民调解达成的协议具有法律约束力

根据《人民调解法》第28条至30条的规定,经人民调解委员会调解达成调解协议的,可以制作调解协议书。调解协议书自各方当事人签名、盖章或者按指印,人民调解员签名并加盖人民调解委员会印章之日起生效。当事人认为无需制作调解协议书的,可以采取口头协议方式,人民调解员应当记录协议内容。口头调解协议自各方当事人达成协议之日起生效。根据《人民调解法》第31条和第32条的规定,人民调解协议具有法律约束力,当事人应当按照约定履行。当事人之间就调解协议的履行或者调解协议的内容发生争议的,可以向人民法院提起诉讼。

4. 调解协议通过司法确认程序确认为有效的,赋予其强制执行力

根据《人民调解法》第33条以及《民事诉讼法》第194条和第195条的规定,经人民调解委员会调解达成调解协议后,双方当事人认为有必要的,可以自调解协议生效之日起30日内共同向调解组织所在地的基层人民法院申请司法确认调解协议。人民法院受理审理后,经审查,符合法律规定的,裁定调解协议有效,一方当事人拒绝履行或者未全部履行的,对方当事人可以向人民法院申请强制执行;不符合法律规定的,裁定驳回申请,当事人可以通过人民调解方式变更原调解协议或者达成新的调解协议,也可以向人民法院提起诉讼。

(二)法院主管和仲裁机构仲裁

1. 法院主管与民商事仲裁[①]

平等主体之间发生的合同纠纷和其他财产权益纠纷,既属于人民法院受理民事案件的范围,又属于仲裁机构受理案件的范围,在处理究竟为人民法

① 《民事诉讼法》第124条第2项规定:依照法律规定,双方当事人达成书面仲裁协议申请仲裁、不得向人民法院起诉的,告知原告向仲裁机构申请仲裁。《仲裁法》第26条规定:当事人达成仲裁协议,一方向人民法院起诉未声明有仲裁协议,人民法院受理后,另一方在首次开庭前提交仲裁协议的,人民法院应当驳回起诉,但仲裁协议无效的除外;另一方在首次开庭前未对人民法院受理该案提出异议的,视为放弃仲裁协议,人民法院应当继续审理。

院主管还是仲裁机构主管的问题上，我国法律确定了或裁或审制度，具体内容为：(1) 民事诉讼和仲裁是两种解决民事纠纷的途径，当事人只能在仲裁或者诉讼中选择其一加以适用，当事人一旦选择了仲裁，有效的仲裁协议就排斥了法院的司法管辖权。(2) 有效的仲裁协议并不禁止当事人起诉权的行使，一方当事人向人民法院起诉，人民法院应当告知通过仲裁解决，而不予受理，仲裁协议无效或失效的除外；如果一方向人民法院起诉未声明有仲裁协议，人民法院受理后，另一方在首次开庭前提交仲裁协议的，人民法院应当驳回起诉，告知向仲裁委员会申请仲裁。人民法院对仲裁协议的有效性不做审查。(3) 一方当事人起诉后，另一方当事人在首次开庭前未对人民法院受理该案提出异议，则视为放弃仲裁协议，人民法院对此案享有了司法管辖权。

2. 法院主管与劳动仲裁

对于劳动争议的处理，依照 2008 年 5 月 1 日起实施的《劳动争议调解仲裁法》第 47 条的规定，除了追索劳动报酬、工伤医疗费、经济补偿或者赔偿金，不超过当地月最低工资标准 12 个月金额的争议；以及因执行国家的劳动标准在工作时间、休息休假、社会保险等方面发生的争议实行仲裁终局裁决外，一般采用先裁后审的模式，即劳动争议必须先经过劳动争议仲裁委员会的仲裁，当事人才可以向人民法院提起诉讼。具体包括：(1) 劳动者对《劳动争议调解仲裁法》第 47 条规定的仲裁裁决不服的，可以自收到仲裁裁决书之日起 15 日内向人民法院提起诉讼。(2) 用人单位有证据证明《劳动争议调解仲裁法》第 47 条规定的仲裁裁决有下列情形之一，即适用法律、法规确有错误的；劳动争议仲裁委员会无管辖权的；违反法定程序的；裁决所根据的证据是伪造的；对方当事人隐瞒了足以影响公正裁决的证据的；仲裁员在仲裁该案时有索贿受贿、徇私舞弊、枉法裁决行为的，可以自收到仲裁裁决书之日起 30 内向劳动争议仲裁委员会所在地的中级人民法院申请撤销裁决。仲裁裁决被人民法院裁定撤销的，当事人可以自收到裁定书之日起 15 日内就该劳动争议事项向人民法院提起诉讼。(3) 当事人对《劳动争议调解仲裁法》第 47 条规定以外的其他劳动争议案件的仲裁裁决不服的，可以自收到仲裁裁决书之日起 15 日内向人民法院提起诉讼；期满不起诉的，裁决书发生法律效力。

（三）法院主管与行政机关解决民事纠纷

根据我国法律的规定，行政机关在履行对社会事务管理的职能时，也有处理部分民事纠纷的权限。人民法院与行政机关主管民事纠纷案件的关系不仅涉及行政机关的主管与人民法院主管的关系，同时也不可避免地涉及人民法院行政诉讼主管与民事诉讼主管的划分。处理这一关系的原则是：

第一，对双方当事人请求行政机关处理的具有民事性质的争议，由行政机关主管;对一方当事人请求行政机关处理,另一方当事人向人民法院起诉的具有民事性质的争议,由人民法院主管。如我国《专利法》第60条规定,未经专利权人许可,实施其专利,即侵犯其专利权,引起纠纷的,由当事人协商解决;不愿协商或者协商不成的,专利权人或者利害关系人可以向人民法院起诉,也可以请求管理专利工作的部门处理……

第二,当事人因不服行政机关的处理决定而向人民法院提起诉讼的,属于行政诉讼的范畴,应划入人民法院行政诉讼主管的范围。如我国《专利法》第60条规定……管理专利工作的部门在处理未经专利权人许可,实施其专利,即侵犯其专利权,引起纠纷的案件时,如果认定侵权行为成立的,可以责令侵权人立即停止侵权行为,当事人不服的,可以自收到处理通知之日起15日内依照我国《行政诉讼法》向人民法院起诉;侵权人期满不起诉又不停止侵权行为的,管理专利工作的部门可以申请人民法院强制执行……

第三,当事人因不服行政机关的调解而向人民法院提起诉讼的,属于人民法院民事诉讼的主管范围。如我国《专利法》第60条规定……进行处理的管理专利工作的部门应当事人的请求,可以就侵犯专利权的赔偿数额进行调解;调解不成的,当事人可以依照《民事诉讼法》的规定向人民法院起诉。

第二节　管辖概述

一、管辖的概念

管辖,是指各级人民法院之间以及同级人民法院之间,受理第一审民事案件的分工和权限。它是在人民法院系统内部划分和确定上下级人民法院或者同级人民法院对某一民事案件行使审判权的制度。

管辖与主管既有联系又有不同。两者的不同在于:主管只划定了人民法院行使审判权作用的范围,解决的是人民法院与其他国家机关、社会团体之间受理民事纠纷案件的分工和权限。而管辖是法院内部具体实施审判权的制度,解决的是某一民事案件由哪一级人民法院以及由哪一个人民法院行使审判权的分工和权限。两者的联系为:主管是确定管辖的前提和基础,管辖是对主管的体现和落实。

在民事诉讼中,只有将人民法院主管的民事案件,在法院组织系统内部确定由具体人民法院行使第一审的审判权限,才能使人民法院依法解决民事纠纷案件的权限得以落实;使当事人能够充分有效的行使诉权,避免因管辖不明导致当事人投诉无门,合法权益无法得到及时保护。

二、确定管辖的原则

根据我国《民事诉讼法》的规定，确定民事案件的管辖应遵循如下原则：

（一）便于当事人进行诉讼

以有利于当事人行使诉权为出发点，为当事人进行诉讼提供方便，是我国民事诉讼立法的指导思想，也应当是确定管辖的原则。根据这一原则，《民事诉讼法》将绝大部分第一审民事案件交由基层人民法院管辖，正是体现了这一原则。

（二）便于人民法院行使审判权

辖区是人民法院行使审判权的空间范围，人民法院在其各自的辖区内通过行使审判权解决当事人之间的纠纷。为了保证人民法院及时审理民事案件，提高办案效率，就要求在确定案件的管辖时，从客观实际出发，充分考虑法院工作的实际情况和案件的需要，以利于人民法院顺利地完成其审判任务。

（三）保证案件的公正审判

公正是审判的灵魂。通过公正审判，维护当事人合法权益是民事诉讼所追求的终极目标。在民事诉讼中，管辖的确定同样应当体现这一原则。《民事诉讼法》在确定管辖时，根据各级人民法院职权范围和各类案件的具体情况不同，分别确定了不同案件的管辖。为防止地方保护主义干扰，规定了对合同纠纷的协议管辖；为便于排除和避免某些行政干预因素和基于基层人民法院的业务素质及设备条件，规定了管辖权的转移和指定管辖，并适当地提高了某类案件的审级等等，都是以利于人民法院的公正审判，维护当事人合法权益为原则确定的。

（四）兼顾各级人民法院的职能和工作负担的均衡

根据《人民法院组织法》的规定，各级人民法院的职能和分工是不同的，因此，在确定管辖时必须考虑不同级别法院工作负担的均衡。基层人民法院最主要的职能是审理第一审民事案件，同时，基层人民法院最接近当事人，为便于当事人诉讼和人民法院行使审判权提供了方便条件。因此，《民事诉讼法》规定，除法律另有规定以外，第一审民事案件均由基层人民法院管辖。中级人民法院、高级人民法院的工作职能不仅依法要审理部分第一审民事案件，而且还要审理上诉审案件，并有职责对下级人民法院的审判活动进行法律监督和业务指导，因而不宜过多管辖第一审民事案件，《民事诉讼法》也只将部分一审案件交由其管辖。最高人民法院是全国最高审判机关，其主要职能是监督和指导地方各级人民法院、专门法院的审判工作，制定有关司法解释，总结和推广审判经验，以保证整个人民法院的审判质量，因此对一审民事案件的管辖范围更加有限。

(五) 确定性与灵活性相结合

为便于当事人行使诉讼权利,便于人民法院及时、正确地受理民事案件,特别是避免在当事人之间、人民法院之间以及他们相互之间因管辖不明发生争议,在立法上应当尽可能明确、具体管辖的规定。但由于客观现实的不断发展变化和法律所具有的相对稳定性的特点,为保证对案件的公正处理,在确定管辖时还必须体现一定的灵活性,以满足发展变化的审判实践的需要。

(六) 有利于维护国家主权

司法权是国家主权的重要组成部分,在民事诉讼中,特别是涉外民事诉讼中,司法管辖权直接与国家主权相联系,是国家主权在司法上的具体体现。因此,在确定涉外民事案件管辖时,应当以维护国家主权和我国公民的合法权益为出发点,尽量扩大我国人民法院对涉外民事案件管辖的范围。

三、管辖的分类

(一) 根据《民事诉讼法》的规定对诉讼管辖进行分类

根据《民事诉讼法》第一编第二章的规定,可以将诉讼管辖划分为:级别管辖、地域管辖、移送管辖和指定管辖。其中地域管辖又可进一步划分为:一般地域管辖、特殊地域管辖、协议管辖、专属管辖、共同管辖、选择管辖和合并管辖。

(二) 根据民事诉讼理论对诉讼管辖进行分类

根据民事诉讼理论,按照不同的划分标准,可以将管辖作如下划分:

(1) 法定管辖和裁定管辖。依据管辖是由法律直接规定还是由法院通过裁定加以确定为标准,管辖可以分为法定管辖和裁定管辖。由法律直接规定的管辖为法定管辖,包括级别管辖、地域管辖和专属管辖;由法院通过裁定方式确定的管辖为裁定管辖,包括移送管辖、指定管辖、管辖权转移和对管辖权异议的裁定。

(2) 专属管辖和协议管辖。依据管辖是否由法律强制性规定,是否允许当事人协议变更为标准,管辖可以分为专属管辖和协议管辖。由法律强制性加以规定,不允许当事人协议变更的管辖为专属管辖,允许当事人通过协议变更法律规定的管辖为协议管辖。

(3) 共同管辖和合并管辖。以诉讼关系为标准,管辖可以分为共同管辖和合并管辖。诉讼关系是指诉讼主体、诉讼客体与法院辖区之间所存在的关系。对同一案件两个或者两个以上人民法院都有管辖权的,为共同管辖。对某一案件具有管辖权的人民法院将与该案有牵连的其他案件一并进行审理,即为合并管辖。

第三节　级别管辖

一、级别管辖的概念

级别管辖，是指划分上下级人民法院之间受理第一审民事案件的分工和权限。纵向划分每一级人民法院各自管辖第一审民事案件的权限范围，对于第一审民事案件的管辖权限予以明确分工，从而确定哪一级人民法院对哪一类第一审民事案件享有管辖权具有重要意义。

世界各国对于法院级别管辖的规定各不相同。有的国家并不对级别管辖进行规定，而是将所有案件的第一审均交由最低级别的法院管辖，如美国联邦法院。在美国联邦法院系统中，民事案件由联邦地区法院审理，联邦上诉法院和最高法院都不审理第一审民事案件。而在有些国家，将民事案件的一审管辖权交给较低级别的法院，如日本的简易法院和地方法院都审理民事一审案件，地方法院同时又受理对简易法院判决不服的上诉审案件。不管属于上述哪种类型的国家，都不涉及复杂的级别管辖问题，即使有不同级别法院之间的管辖问题，也相对较为简单。

在我国的人民法院体制中，地方法院设有四级，即基层人民法院、中级人民法院、高级人民法院和最高人民法院；此外，还设有专门法院，包括海事法院、军事法院和铁路运输法院。各级人民法院都具有一审案件的管辖权。但由于基层人民法院、中级人民法院、高级人民法院和最高人民法院以及各专门人民法院各自的职能不同，受理第一审民事案件的权限范围也存在着一定的差异。

二、确定级别管辖的标准

设立级别管辖制度的各国，尽管具体划分级别管辖的标准不尽相同，但总的来说一般是以诉讼标的金额或者价额的大小，诉讼主体的特点和案件的性质为标准来确定的。对双方当事人争议的金额或者价额在一定限度以下，诉讼主体无特殊性，属于一般的财产关系和人身关系的纠纷，原则上均由级别较低的法院管辖；反之，则由较高级别的法院管辖。

我国《民事诉讼法》对级别管辖的确定没有完全采用上述标准，而是根据我国的实际情况，以案件的性质和案件影响的范围为标准来确定级别管辖。

(一) 案件性质

所谓案件性质,就是指案件的属性,即案件属于一般类型的民事案件还是特殊类型的民事案件。例如,《民事诉讼法》规定专利案件由中级人民法院管辖,海事、海商案件由相当于中级人民法院的海事法院管辖。

(二) 案件影响范围

所谓案件影响范围,是指案件自身和案件处理的结果对社会的影响范围。有的案件只在基层法院辖区内具有影响,而有的案件则在全国产生影响。案件的影响范围之所以决定不同级别法院管辖权的确定,主要在于案件的影响范围越大,审判高质量的难度越大,由较高级别法院审理的必要性越突出。只有由与案件影响范围相适应的一级法院进行审理,才能真正体现审理的公正。因此,案件自身及案件处理的结果对社会影响大的,就要由较高审级的人民法院作为一审法院,如重大的涉外民事案件即由中级人民法院为第一审管辖法院。反之,案件自身及案件处理的结果对社会影响小的第一审民事案件,则由基层人民法院管辖。

尽管上述标准具有一定的合理性,而且早已成为确定我国人民法院级别管辖的通说,但实际上这一标准在实践中很难划出一条清晰的界限,使得人民法院和当事人都能明确某一具体案件的管辖法院。我国《民事诉讼法》之所以没有将诉讼金额或价额的大小作为划分级别管辖的标准,是因为"案件的难易程度并不决定于争议金额或价额的大小,而要受诸多因素的制约,比如案件的性质,案情繁简,社会的影响等,都制约着整个案件,都不能以一定的数额加以衡量。"①虽然案件的难易程度的确不完全取决于争议金额或价额的大小,但设立级别管辖标准的关键是标准的确定性。有鉴于此,将争议金额或价额作为确定级别管辖的标准之一已成为主流观点。如有观点认为应以争议标的的价额作为划分级别管辖的依据。② 也有观点认为,"应以争议标的的数额作为划分级别管辖的主导性标准,以案件的性质作为划分级别管辖的辅助性标准。"③在审判实务中,最高人民法院也已根据立法精神和审判的实际情况,允许高级人民法院根据各自地区经济发展的状况和司法实践的需要,在对级别管辖作出规定时,将诉讼金额或价额作为划分级别管辖的标准。

① 柴发邦主编:《民事诉讼法学新编》,法律出版社1992年版,第129页。

② 参见江伟主编:《民事诉讼法学原理》,中国人民大学出版社1999年版,第350页。

③ 江伟主编:《民事诉讼法》,高等教育出版社、北京大学出版社2001年版,第77页。

三、各级人民法院管辖的第一审民事案件

（一）基层人民法院管辖的第一审民事案件

我国《民事诉讼法》第17条规定："基层人民法院管辖第一审民事案件，但本法另有规定的除外。"基层人民法院是我国法院组织系统中最低一级的法院，与我国的基层行政辖区相一致，不仅数量多，分布广，而且当事人住所地、纠纷发生地、法律事实所在地、争议财产所在地等都与特定辖区相联系。由基层人民法院管辖第一审民事案件，符合便利群众诉讼，便利人民法院行使审判权的管辖原则。因此，《民事诉讼法》将绝大多数第一审民事案件交由基层人民法院管辖。但是明确规定由中级人民法院、高级人民法院和最高人民法院管辖的第一审民事案件，基层人民法院无管辖权。

（二）中级人民法院管辖的第一审民事案件

根据《民事诉讼法》第18条的规定，中级人民法院管辖的第一审民事案件包括以下三种：

1. 重大涉外案件

涉外案件是指具有涉外因素的民事诉讼案件。重大涉外案件，则是指争议标的额大，或者案情复杂，或者居住在国外的当事人人数众多的涉外案件。之所以将重大涉外民事案件交由中级人民法院管辖，主要是考虑到有些涉外案件难度比较大、涉及的法律关系比较复杂，甚至案件处理的结果会涉及国家利益以及国家间的关系等问题，为了保证案件的审判质量和维护国家声誉，由中级人民法院管辖是十分必要的。最高人民法院为保证涉外民商事案件审判质量，对部分重要涉外案件实行集中管辖，并规定了管辖法院。[①] 一般的涉外案件，则由基层法院管辖。

2. 在本辖区有重大影响的案件

本辖区是专指中级人民法院所辖区域。有重大影响，则是指案件自身复

---

① 参见2002年《最高人民法院关于涉外民商事案件诉讼管辖若干问题的规定》：为正确审理涉外民商事案件，依法保护中外当事人的合法权益，根据《中华人民共和国民事诉讼法》第19条的规定，现将有关涉外民商事案件诉讼管辖的问题规定如下：第一条 第一审涉外民商事案件由下列人民法院管辖：（1）国务院批准设立的经济技术开发区人民法院；（2）省会、自治区首府、直辖市所在地的中级人民法院；（3）经济特区、计划单列市中级人民法院；（4）最高人民法院指定的其他中级人民法院；（5）高级人民法院。上述中级人民法院的区域管辖范围由所在地的高级人民法院确定。第3条本规定适用于下列案件：（1）涉外合同和侵权纠纷案件；（2）信用证纠纷案件；（3）申请撤销、承认与强制执行国际仲裁裁决的案件；（4）审查有关涉外民商事仲裁条款效力的案件；（5）申请承认和强制执行外国法院民商事判决、裁定的案件。第四条 发生在与外国接壤的边境省份的边境贸易纠纷案件，涉外房地产案件和涉外知识产权案件，不适用本规定。

杂,涉及面广,其影响已经超出了基层人民法院辖区范围。对于在本辖区有重大影响的案件,《民事诉讼法》只作了原则性规定,实践中由人民法院根据案件的具体情况自行认定。根据最高人民法院《民诉法意见》第 3 条规定的精神,审判实践中判断是否为“有重大影响的案件”,一般从以下三个方面考虑:(1) 案情的繁简;(2) 诉讼标的金额的大小;(3) 在当地的影响等。

3. 最高人民法院确定由中级人民法院管辖的案件

这是最高人民法院根据审判工作的需要,以规范性文件所确定的由中级人民法院管辖的第一审案件。根据最高人民法院的有关规定,由中级人民法院管辖的第一审民事案件包括:

(1) 知识产权民事案件。根据 2010 年 1 月 28 日最高人民法院颁布的《关于调整地方各级人民法院管辖第一审知识产权民事案件标准的通知》规定,除应当由经最高人民法院指定具有一般知识产权民事案件管辖权的基层人民法院管辖的以外,诉讼标的额在 2 亿元以下的第一审知识产权民事案件,以及诉讼标的额在 1 亿元以下且当事人一方住所地不在其辖区或者涉外、涉港澳台的第一审知识产权民事案件,均由中级人民法院管辖。民事诉讼相关司法解释还对下列具体知识产权民事案件的管辖作了规定:第一,专利纠纷案件。专利纠纷案件有两类:一类是专利行政案件,属于行政诉讼的受案范围;另一类是专利民事案件,属于民事诉讼的受案范围。根据 2001 年 6 月通过的《专利法实施细则》,专利民事案件主要包括关于专利申请公布后,专利授予和使用发明、实用新型、外观设计的费用的纠纷案件;关于专利侵权的纠纷案件;关于转让专利申请权或者专利权的合同纠纷案件。根据 2001 年 6 月公布的《最高人民法院关于审理专利纠纷案件适用法律问题的若干规定》的规定,专利民事案件由省、自治区、直辖市人民政府所在地的中级人民法院以及最高人民法院指定的中级人民法院管辖。目前,最高人民法院指定的管辖专利民事案件的中级人民法院有:深圳、珠海、汕头、佛山、东莞、江门、中山、厦门、泉州、温州、金华、宁波、台州、苏州、南通、镇江、盐城、无锡、常州、青岛、烟台、潍坊、大连等。第二,商标纠纷案件。为保证商标司法标准的统一,充分保护商标专用权人和其他当事人的合法权益,根据 2002 年 1 月 21 日《最高人民法院关于审理商标案件有关管辖和法律适用范围问题的解释》第 2 条的规定,商标民事纠纷一审案件,由中级以上人民法院管辖。但考虑到部分较大城市的一些基层人民法院近年来也处理了不少商标民事纠纷案件,积累了一定的审判经验,该解释同时规定,授权各高级人民法院根据本辖区的实际情况,经最高人民法院批准,可以在较大城市确定 1—2 个基层人民法院受理第一审商标民事纠纷案件,例如,北京市的朝阳区和海淀区的基层人民法院可以审理第一审商标民事纠纷案件。这一规定提高了商标民事纠纷案件的级别管辖,是人民法院为加强我国入世后知识产权保护力度和提高整体执法水平的重要措施之一。第三,著作权纠纷案件。2002 年 10 月,最高人民法院颁布实施的《最高人民法院关于审理著作权民事纠纷案件适用法律若干问题的解释》第 2 条规定,著作权纠纷案件由中级以上人民法院管辖,但考虑到各地的实际情况和已有的法院管辖经验,又灵活规定各高级人民法院可以确定若干基层人民法院管辖第一审著作权纠纷案件,无须报最高人民法院批准。

第四,涉及域名的侵权纠纷案件。根据 2001 年 7 月最高人民法院公布的《关于审理涉及计算机网络域名民事纠纷案件适用法律若干问题的解释》的规定,涉及域名的侵权纠纷案件,由侵权行为地或被告住所地的中级人民法院管辖。

(2) 海事、海商案件。海事、海商案件由作为专门法院的海事法院管辖。我国已经在广州、厦门、上海、武汉、海口、青岛、大连、天津等地设立了海事法院,海事法院均为中级人民法院,它们的受案范围依据 1999 年 12 月 25 日颁布的《海事诉讼特别程序法》的规定及相关司法解释加以确定。

(3) 证券虚假陈述民事赔偿案件。依据 2003 年 1 月最高人民法院公布的《关于审理证券市场因虚假陈述引发的民事赔偿案件的若干规定》第 8 条的规定,因虚假陈述引发的证券民事赔偿案件,由省、直辖市、自治区人民政府所在的市、计划单列市和经济特区中级人民法院管辖。2005 年 1 月最高人民法院又公布《关于对与证券交易所监管职能相关的诉讼案件管辖与受理问题的规定》,指定上海交易所和深证交易所所在地的中级人民法院分别管辖以上海交易所和深证交易所为被告或第三人的与证券交易所监管职能相关的第一审民事和行政案件。

(4) 期货纠纷案件。依据《最高人民法院关于审理期货纠纷案件若干问题的规定》第 7 条的规定,期货纠纷案件由中级人民法院管辖。高级人民法院根据需要可以确定部分基层人民法院受理期货纠纷案件。

(5) 确认仲裁协议效力的案件和撤销仲裁裁决的案件。根据 2006 年 9 月 8 日起实施的《最高人民法院关于适用〈中华人民共和国仲裁法〉若干问题的解释》第 12 条的规定,当事人向人民法院申请确认仲裁协议效力的案件,由仲裁协议约定的仲裁机构所在地的中级人民法院管辖;仲裁协议约定的仲裁机构不明确的,由仲裁协议签订地或者被申请人住所地的中级人民法院管辖。申请确认涉外仲裁协议效力的案件,由仲裁协议约定的仲裁机构所在地、仲裁协议签订地、申请人或者被申请人住所地的中级人民法院管辖。涉及海事海商纠纷仲裁协议效力的案件,由仲裁协议约定的仲裁机构所在地、仲裁协议签订地、申请人或者被申请人住所地的海事法院管辖;上述地点没有海事法院的,由就近的海事法院管辖。

根据我国《仲裁法》第 58 条的规定,当事人可以向仲裁委员会所在地的中级人民法院申请撤销裁决。

（三）高级人民法院管辖的第一审民事案件

我国《民事诉讼法》第 19 条规定:“高级人民法院管辖在本辖区有重大影响的第一审民事案件。”

由于绝大多数第一审民事案件由基层人民法院和中级人民法院管辖,同时高级人民法院的工作职能决定了高级人民法院的主要任务是对不服中级人民法院裁判的上诉案件进行审理,并对其辖区内的中级人民法院和基层人民法院的审判工作进行指导和监督。因此,《民事诉讼法》规定只有在高级人民法院辖区有重大影响的案件,才由高级人民法院作为第一审案件的管辖法院。

（四）最高人民法院管辖的第一审民事案件

最高人民法院是国家的最高审判机关。根据《民事诉讼法》第 20 条的规定,最高人民法院也对下列民事案件行使一审管辖权:

（1）在全国有重大影响的案件。将在全国有重大影响的案件交由最高人民法院管辖,主要是因为此类案件处理的结果关系到对整个社会的影响。为保证审判质量,同时也对全国各级人民法院的审判工作起指导作用,维护法律的统一,这一规定有其积极意义。

（2）认为应当由本院审理的案件。只要最高人民法院认为某个案件应当由自己审理,不论法律是否有明确规定,或者是否属于在全国范围内有重大影响的案件,最高人民法院都可以行使对该案的管辖权,并进行审理、作出终审裁判。这是法律赋予国家最高审判机关在管辖上的特殊权力,法律这样规定,可以使具有代表性的典型案件,通过最高人民法院的审判指导地方各级人民法院和各专门人民法院的审判工作。同时,也可以防止地方保护主义和来自其他方面对地方人民法院审判工作的干扰,从而保证案件的审判质量,维护法律尊严。

由最高人民法院作为第一审法院管辖的民事案件实行一审终审,所作的判决、裁定一经送达当事人,即发生法律效力。

第四节 地域管辖

一、地域管辖的概念

地域管辖，又称为土地管辖、区域管辖或属地管辖，是按照人民法院的辖区和民事案件的隶属关系确定的诉讼管辖。其作用在于确定同级人民法院之间在各自的辖区内受理第一审民事案件的分工和权限。

地域管辖与级别管辖不同，级别管辖只确定第一审民事案件由哪一级人民法院管辖的问题，对于第一审案件具体由同级的哪个人民法院受理的问题，则由地域管辖来确定。可见，级别管辖是从纵向来确定上下级人民法院对第一审案件的分工和权限；而地域管辖则是从横向来确定同级人民法院之间对第一审案件的分工和权限。地域管辖与级别管辖又有联系，级别管辖是地域管辖的前提，只有明确了级别管辖，才能进一步确定地域管辖；地域管辖是级别管辖的落实，任何一个案件，在级别管辖明确之后，只有进一步通过地域管辖，才能具体落实到特定区域法院。

二、确定地域管辖的标准

在我国，人民法院的辖区与行政区域相一致，行政区域的范围就是设在该区域内的人民法院行使审判权的空间范围。确定地域管辖的标准主要是：

（一）以当事人所在地与人民法院辖区的联系确定地域管辖

当事人所在地即当事人的住所地或者居住地。由于当事人所在地与其所居住的行政区域具有密切联系，因此，以当事人住所地与人民法院的关系作为确定地域管辖的标准是可行的。即当事人的住所地等在某一行政区域内时，就由设在该区域内的人民法院行使管辖权。

（二）以诉讼标的或者诉讼标的物与法院辖区的关系确定地域管辖

诉讼标的、诉讼标的物等往往成为纠纷案件的争点和解决纠纷的关键，将诉讼标的或者诉讼标的物与人民法院辖区的关系作为确定地域管辖的标准，有利于案件及时、迅速地解决。即诉讼标的或者诉讼标的物在哪个法院辖区，案件就由该辖区的人民法院管辖。

根据上述标准，以法院辖区与当事人的隶属关系为标准确定的管辖适用于对该当事人提起的所有诉讼，称为一般地域管辖；以法院辖区与诉讼标的或法律事实的隶属关系为标准确定的关系，适用于某些具有一定特殊性的诉讼，称为特殊地域管辖，因此，地域管辖又可分为一般地域管辖和特殊地域管辖。

根据我国《民事诉讼法》的规定，地域管辖还包括：专属管辖、协议管辖、共同管辖、选择管辖和牵连管辖。

三、一般地域管辖

一般地域管辖，又称为普通管辖或一般管辖，是以当事人的所在地与法院辖区的联系来确定的管辖。

（一）一般地域管辖确定的标准：当事人所在地

对于法人和其他组织来说，确定一般地域管辖的标准是住所地，即该法人和其他组织的主要营业地或者主要办事机构所在地。主要办事机构所在地，是指法人或其他组织的领导机关或者主要管理机构所在地。我国《公司法》第10条规定，公司以其主要办事机构所在地为住所。因此，依照公司法的规定，公司的住所为其主要办事机构所在地。被告如为没有办事机构的公民合伙、合伙型联营体，则由注册地法院管辖；没有注册地，几个被告又不在同一辖区的，各被告所在地的法院都有管辖权。

对于自然人而言，确定一般地域管辖的标准有两个：（1）住所地，即公民的户籍所在地。（2）经常居住地，即公民离开住所地至起诉时已连续居住1年以上的地方，但公民住院就医的地方除外。根据《民事诉讼法》第21条第1款的规定：对公民提起的民事诉讼，由被告住所地人民法院管辖；被告住所地与经常居住地不一致的，由经常居住地人民法院管辖。即被告住所地与经常居住地不一致时，经常居住地的适用优先于住所地。

关于经常居住地的判断，我们可以一个案例来说明。例如，户籍在甲区的刘某于2007年1月向户籍在乙区的李某借款10万元，约定1年内还清，但一直未还。2009年8月，李某多次催要未果，决定向人民法院起诉。经查刘某因做生意于2007年5月搬至丙区居住，2008年12月又搬至丁区居住至今。本案中，李某应当向哪个法院起诉？

本案的关键在于判定刘某在外是否有经常居住地。判定经常居住地时，首先要看起诉时被告在哪里居住，本案中，李某起诉时刘某在丁区居住；其次再看在该地居住是否连续1年以上，是否形成经常居住地。本案中，刘某是2008年12月搬至丁区居住，至2009年8月李某起诉时连续居住不足1年，所以不是经常居住地。而刘某虽然在丙区连续居住超过1年，但是起诉时刘某并不在丙区居住，因此，本案中刘某没有经常居住地，李某只能向刘某住所地甲区人民法院起诉。可见，判定经常居住地的条件有两个：（1）起诉时在此地居住；（2）起诉时在此地连续居住超过1年。此外，对于自然人而言，当户籍迁出后尚未落户时,有经常居住地的,由该地人民法院管辖;没有经常居住地,户籍迁出不足1年的,由其原户籍所在地人民法院管辖;超过1年的,由其居住地人民法院管辖。

（二）一般地域管辖的原则:被告所在地人民法院管辖

我国《民事诉讼法》第21条确立了一般地域管辖的原则:由被告住所地人民法院行使管辖权,即"原告就被告"原则。该原则的基本含义是:原告应当到被告所在地人民法院起诉。实行"原告就被告"原则,有利于人民法院查清案件事实,及时、正确地作出裁判;有利于被告出庭应诉,在双方当事人到庭的情况下解决争议;有利于人民法院采取财产保全措施和对生效判决的执行;同时可以限制原告滥用诉权,避免给被告造成不应有的经济损失。

不论被告为公民,还是法人或者其他组织,如果同一诉讼的几个被告住所地、经常居住地在两个以上人民法院辖区的,各该人民法院都有管辖权。

此外,最高人民法院在《民诉法意见》中还对特定情况作了以下补充规定:(1)双方当事人均被注销城镇户口的,由被告居住地的人民法院管辖。(2)离婚诉讼双方当事人都是现役军人的,由被告住所地或者被告所在的团级以上单位驻地的人民法院管辖。(3)双方当事人都被监禁或被采取强制性教育措施的人,由被告原住所地人民法院管辖。被告被采取强制性教育措施1年以上的,由被告被监禁地或被采取强制性教育措施地人民法院管辖。(4)夫妻双方离开住所地超过1年,一方起诉离婚的案件,由被告经常居住地人民法院管辖。(5)对没有办事机构的公民合伙、合伙型联营体提起的诉讼,由被告注册登记地人民法院管辖。没有登记注册的,几个被告又不在同一辖区的,被告住所地的人民法院都有管辖权。

（三）一般地域管辖的例外规定

"原告就被告"原则适用于绝大多数民事案件,但由被告住所地法院管辖,并不完全适应所有民事案件的需要。在实践中,有一部分案件如果由被告所在地的人民法院管辖,对原告行使诉权和法院审理案件均会带来诸多不便,考虑到对原告诉权的有效保护,《民事诉讼法》和《民诉法意见》明确规定了由原告住所地以及可以由原告住所地人民法院管辖的案件,原告住所地与经常居住地不一致的,由原告经常居住地法院管辖。具体包括:

1. 应当由原告所在地人民法院管辖的案件

(1)对不在中华人民共和国领域内居住的人提起的有关身份关系的诉讼。所谓身份关系,是指与人的身份相关的各种关系,如婚姻关系、亲子关系、收养关系等。有关身份关系的诉讼,不仅包括身份关系诉讼,还包括与这些身份关系密切相关的赡养费、抚养费、抚育费用的案件。所谓不在中华人民共和国领域内居住的人,包括不在我国领域内居住的外国人和中国人。

(2) 对下落不明或者宣告失踪人提起的有关身份关系的诉讼。既然被告属于下落不明或者被人民法院宣告失踪的人,又是基于有关身份关系的诉讼时,由被告所在地法院管辖显然不合理。

(3) 对被采取强制性教育措施的人提起的诉讼。"被采取强制性教育措施的人"是新《民事诉讼法》对旧法中"对被劳动教养的人"这一表述的修正,以呼应《治安管理处罚法》中的相应表述。被采取强制性教育措施的人在强制性教育期间,是离开自己的住所地或经常居住地,被集中在一定场所进行强制性教育,人身自由受到了一定的限制。因此,此类案件由原告住所地或者经常居住地人民法院管辖。

(4) 对被监禁的人提起的诉讼。被监禁的人包括已判刑被监禁劳动改造的罪犯和依法被逮捕、拘留监禁的未决犯。被监禁人在被监禁期间丧失了人身自由,且监禁场所与当事人及其争议的民事法律关系没有任何联系,故由原告住所地或者经常居住地人民法院管辖,更有利于原告提起诉讼。

应当注意,如果双方当事人均被采取强制性教育措施或监禁时,仍应由被告住所地人民法院管辖。被告经常居住地与住所地不一致时,由被告经常居住地人民法院管辖。因此,在遇到涉及当事人被监禁或被采取强制性教育措施的管辖判断时,应当按照以下步骤去做:首先,看被监禁或被采取强制性教育措施的是一方还是双方。如果是单方被监禁或被采取强制性教育措施,则看是被告一方还是原告一方;如果原告一方,则被告住所地有管辖权;如果被告一方,则原告住所地有管辖权。其次,如果是双方被监禁或被采取强制性教育措施,则被告住所地法院管辖,此时,要注意被告被监禁和被采取强制性教育措施的时间。如果被告被监禁或被采取强制性教育措施 1 年以上,即被告实际已经被监禁和关押 1 年以上的,形成经常居住地,则由被采取强制性教育措施或被监禁地法院管辖。

(5) 被告一方被注销城镇户口,由原告所在地人民法院管辖。

(6) 非军人对军人提出的离婚诉讼,如果军人一方为非文职军人,由原告住所地人民法院管辖。

(7) 夫妻一方离开住所地超过 1 年,另一方起诉离婚的案件,由原告住所地人民法院管辖。

2. 追索赡养费案件的管辖

追索赡养费案件的几个被告住所地不在同一辖区的,可以由原告住所地人民法院管辖。此时,其仍然可以选择被告住所地的法院管辖。应当注意的是,追索赡养费的案件是被告住所地有管辖权的案件。只有当几个被告住所地不在同一辖区时，为了便于追索赡养费的原告行使权利，法律赋予原告对管辖法院的选择权，其可以在原告住所地和被告住所地之间选择管辖法院。

3. 涉外离婚诉讼管辖的特别规定

最高人民法院还对定居国外的华侨，在国外居住的我国公民的离婚诉讼的特殊情况，对管辖问题作出了下列规定：

（1）在国内结婚并定居国外的华侨，如定居国法院以离婚诉讼须由婚姻缔结地法院管辖为由不予受理，当事人向人民法院提出离婚诉讼的，由婚姻缔结地或一方在国内的最后居住地人民法院管辖。

（2）在国外结婚并定居国外的华侨，如定居国法院以离婚诉讼须由国籍所属国法院管辖为由不予受理，当事人向人民法院提出离婚诉讼的，由一方原住所地或在国内的最后居住地人民法院管辖。

（3）中国公民一方居住在国外，一方居住在国内，不论哪一方向人民法院提起离婚诉讼，国内一方住所地的人民法院都有管辖权。如国外一方在居住国法院起诉，国内一方向人民法院起诉，受诉人民法院有管辖权。

（4）中国公民双方在国外但未定居，一方向人民法院起诉离婚的，应由原告或被告原住所地的人民法院管辖。

四、特殊地域管辖

特殊地域管辖，又称为特殊管辖，是以诉讼标的物所在地，引起法律关系发生、变更和消灭的法律事实所在地以及被告住所地与法院辖区之间的关系所确定的管辖。特殊地域管辖与一般地域管辖是兼容关系，特殊地域管辖并不排除当事人对一般地域管辖的选择。也就是说，适用特殊地域管辖的案件，依诉讼标的诸要素所确定的法院有管辖权，被告住所地的法院也同时拥有管辖权，两者之间实际上为一种竞合的关系。因此，即使在特殊地域管辖中不明确规定原告可以选择被告住所地法院作为管辖法院，原告仍然有此权利。我国《民事诉讼法》将“被告住所地法院”加入到多数特殊地域管辖当中，而在少数特殊地域管辖中并没有出现被告住所地法院字样，实际上是没有理清一般地域管辖与特殊地域管辖的关系，对特殊地域管辖存在着的误解。

相对一般地域管辖而言，特殊地域管辖比较复杂，《民事诉讼法》第 23 条至第 32 条以 10 个条文规定了 9 种特殊地域管辖的情形，《民诉法意见》和其他司法解释作了进一步的规定。具体而言，特殊地域管辖包括两种情形，即合同纠纷案件的管辖和侵权纠纷案件的管辖。

在掌握特殊地域管辖，可以发现以下规律：第一，除因公司诉讼、海难救助费用与共同海损引起的纠纷以外，其他各类案件，被告住所地均有法定管辖权;第二,密切联系是确定特殊地域管辖的重要原则。

（一）合同纠纷案件的管辖

1. 一般合同纠纷案件的管辖

因合同纠纷提起的诉讼,由被告住所地或合同履行地人民法院管辖。这是对合同纠纷案件管辖的一般性规定。如果合同没有实际履行,且当事人双方所在地又都不在合同约定的履行地的合同纠纷,只能由被告住所地人民法院管辖。

在合同纠纷案件管辖法院的确定中,被告住所地的具体确定参见一般地域管辖中的有关规定;而合同种类不同,合同履行地也不同。最高人民法院的司法解释对几类主要合同中合同履行地的确定作了明确的规定:

（1）购销合同履行地的确定:① 当事人在合同中明确约定履行地点的,以约定的履行地为合同履行地;当事人在合同中未明确约定履行地点的,以约定的交货地点为合同履行地。合同中约定的货物到达地、到站地、验收地、安装调试地等,均不应视为合同履行地。② 当事人在合同中明确约定了履行地点或交货地点,但在实际履行中以书面方式或双方当事人一致认可的其他方式变更约定的,以变更后的约定确定合同履行地。当事人未以上述方式变更原约定,或者变更原合同而未涉及履行地问题的,仍以原合同的约定确定履行地。③当事人在合同中对履行地点、交货地点未作约定或约定不明确的,或者虽有约定但未实际交付货物,且当事人双方住所地均不在合同约定的履行地,以及口头购销合同纠纷案件,均不依履行地确定案件管辖。

（2）加工承揽合同:除当事人另有约定,以加工地作为合同履行地。

（3）财产租赁合同、融资租赁合同:除当事人另有约定,以租赁物使用地为合同履行地。

（4）补偿贸易合同:以接受投资一方主要义务履行地为合同履行地。

（5）借款合同:除当事人另有约定,以贷款方所在地为合同履行地。

（6）存款合同:出具存单、进账单、对账单或与当事人签订存款合同的金融机构住所地为合同履行地。

（7）期货合同:在期货公司的分公司、营业部等分支机构进行期货交易的,该分支机构住所地为合同履行地。因实物交割发生纠纷的,期货交易所住所地为合同履行地。

（8）证券回购合同:凡在交易场所内进行的证券回购业务,交易场所所在地应为合同履行地;在上述交易场所之外进行的证券回购业务,最初付款一方(返售方)所在地应为合同履行地。

（9）委托贷款合同:以贷款方(即受托方)住所地为合同履行地。

（10）建设工程施工合同：以施工行为地为合同履行地。

（11）名称与内容不一致的合同。当事人签订的经济合同虽具有明确、规范的名称，但合同约定的权利义务内容与名称不一致的，应当以该合同约定的权利义务内容确定合同的性质，从而确定合同的履行地；合同的名称与合同约定的权利义务内容不一致，而根据该合同约定的权利义务难以区分合同性质的，以及合同的名称与该合同约定的部分权利义务内容相符的，则以合同的名称确定合同履行地。

（12）《合同法》专门对供用电、水、气、热力合同的履行地点作了规定。根据该法第 178 条、第 184 条的规定，这类合同的履行地点，按当事人的约定确定；当事人没有约定或约定不明确的，供电、供水、供气、供热力设施的产权分界处为履行地点。

2. 特殊合同纠纷案件的管辖

《民事诉讼法》第 24 条至第 27 条和《民讼法意见》还对一些特殊合同纠纷的管辖法院作了明确规定，包括：

（1）因保险合同纠纷提起的诉讼，由被告住所地或者保险标的物所在地人民法院管辖。

保险合同是保险人与投保人之间关于保险权利义务关系的协议。保险合同纠纷，是指在投保人和保险人之间发生的，关于保险人应否承担赔偿责任及赔偿数额的纠纷。所谓保险标的物，即保险对象，是投保人与保险人订立的保险合同，收取保险费用所指向的对象。根据《民诉法意见》第 25 条的规定，因保险合同纠纷提起的诉讼，如果保险标的物是运输工具或者运输中的货物，由被告住所地或者运输工具登记注册地、运输目的地、保险事故发生地的人民法院管辖。

（2）因票据纠纷提起的诉讼，由票据支付地或者被告住所地人民法院管辖。

票据是根据票据法以支付一定数额金钱为其效能的有价证券，即在指定的期日、地点，持票人向付款人无条件地请求支付一定金额款项的凭证。票据分为汇票、本票和支票三种。票据纠纷，是指持票人与付款人因票据承兑等问题发生的争议。票据支付地，是指票据上载明的付款地。根据《最高人民法院关于审理票据纠纷案件若干问题的规定》第 6 条，票据上未载明付款地的，汇票付款人或者代理付款人的营业场所、或者经常居住地，本票出票人的营业场所，支票付款人或者代理付款人的营业场所所在地为票据付款地。代理付款人即付款人的委托代理人，是指根据付款人的委托代为支付票据金额的银行、信用合作社等金融机构。

(3) 因公司设立、确认股东资格、分配利润、解散等纠纷提起的诉讼，由公司住所地人民法院管辖。该条是《民事诉讼法》修正案新增加的规定。所谓公司住所地，我国《公司法》第10条规定：公司以其主要办事机构所在地为住所。可见，公司注册登记地不是判定公司住所地的标准。对于公司注册登记地与主要办事机构所在地不一致的，主要办事机构所在地为公司住所地。公司办事机构所在地不明确的，由其注册地人民法院管辖。

公司诉讼管辖的性质为专属管辖，它排除了被告住所地法院管辖这一连接点，限制了原告选择法院的范围，便于集中地、一次性地解决有关的纠纷，有助于裁判的正确、迅速。

(4) 因铁路、公路、水上、航空运输和联合运输合同纠纷提起的诉讼，由运输始发地、目的地或者被告住所地人民法院管辖。

运输合同纠纷，是指托运人与承运人之间在运输法律关系中的权利义务争议。运输合同既包括货运合同也包括客运合同。运输始发地，是指货物起运或者旅客出发的地点。目的地，是指依照合同规定货物运输或旅客最终到达地。根据最高人民法院《民诉法意见》的规定，铁路运输合同纠纷及与铁路运输有关的侵权纠纷，由铁路运输法院管辖。因海上运输合同纠纷提起的诉讼，除依照《民事诉讼法》第27条的规定以外，还可以由转运港所在地海事法院管辖。

此外，在掌握合同纠纷案件管辖的确定时，应当注意主合同与担保合同发生纠纷提起诉讼时管辖的确定。根据《最高人民法院关于适用〈担保法〉若干问题的解释》第129条的规定，主合同与担保合同发生纠纷提起诉讼时，应当根据主合同确定案件管辖。担保人承担连带责任的担保合同发生争议，债权人向担保人主张权利的，应当由担保人住所地的法院管辖。主合同与担保合同选择管辖法院不一致的，应当根据主合同确定案件管辖。

(二) 侵权案件的管辖

《民事诉讼法》第28条规定，因侵权行为提起的诉讼，由侵权行为地或者被告住所地人民法院管辖。根据《民诉法意见》第28条的规定，侵权行为地，包括侵权行为实施地、侵权结果发生地。

此外，《民事诉讼法》第29条至第33条以及其他最高人民法院的司法解释还规定了一些特殊侵权案件的管辖，具体包括：

(1) 因铁路、公路、水上和航空事故请求损害赔偿提起的诉讼，由事故发生地或者车辆、船舶最先到达地、航空器最先降落地或者被告住所地人民法院管辖。

该种诉讼属于交通工具在运行过程中引起的损害赔偿诉讼。航空事故，是指航空器在空中碰撞、坠毁，或者为了排除障碍采取抛物、排油等措施给地面设施或水域造成损害的事故。航空器，是指能在空中运行的器械，如飞机、火箭、卫星、热气球等。事故发生地，是指侵权行为发生地。车、船最先到达地，是指事故发生后，车辆、船舶首先到达的地点。航空器最先降落地，是指航空事故发生（时）后，航空器首先降落地或坠毁地。

（2）因船舶碰撞或者其他海事损害事故请求损害赔偿提起的诉讼，由碰撞发生地、碰撞船舶最先到达地、加害船舶被扣留地或者被告住所地人民法院管辖。

海损事故，是指船舶在运行过程中所发生的损害事故，包括船舶碰撞、触礁、搁浅、失火、沉没、失踪、损坏港口设施等。碰撞发生地，即侵权行为发生地。碰撞船舶最先到达地，即碰撞事故发生后，船舶首先到达的地点。加害船舶被扣留地，即实施侵权行为船舶被扣留的地点。

（3）因海难救助费用提起的诉讼，由救助地或者被救助船舶最先到达地人民法院管辖。

海难救助，是指援救在海上遇难的船舶、货物和人员脱险。海难救助费用，是指遇难的船舶受到救助后，根据救助的事实和效果应支付救助船舶一定的报酬。实施救助的行为人，既可以是专业救护组织，也可以是邻近过往的船舶。救助地，即实施救助行为所在地。被救助船舶最先到达地，即被救助船舶经过救助脱险后，首先到达的地点（港口）。

（4）因共同海损提起的诉讼，由船舶最先到达地、共同海损理算地或者航程终止地人民法院管辖。

共同海损，是指船舶在海运中遭遇海难等意外事故时，为了摆脱险情，采取一定挽救措施所造成的特殊损失和支出的额外费用。共同海损经过清算由全体受益人分担。共同海损的全体受益人，对共同海损的分担比例发生争议并诉之法院即称为共同海损诉讼。共同海损发生地，即共同海损法律事实存在的地点。共同海损理算地，即确定共同海损受到补偿的损失和费用项目、金额，以及应当参加分摊的受益方应收或应付的金额及结算办法，进行审核计算工作的机构所在地。航程终止地，即船舶航程的最终目的地。

（5）因产品质量不合格造成他人财产、人身损害提起诉讼的，产品制造地、产品销售地、侵权行为地和被告住所地的人民法院都有管辖权。

（6）侵权名誉权提起的民事诉讼，由侵权行为地或者被告住所地人民法院管辖。侵权行为地包括侵权行为实施地和侵权结果发生地。受侵害的公民、法人和其他组织的住所地，可以认定为侵权结果发生地。

（7）侵犯著作权行为提起的民事诉讼，由侵权行为的实施地、侵权复制品储藏地或者查封扣押地、被告住所地人民法院管辖。侵权复制品储藏地，是指大量或者经常性储存、隐匿侵权复制品所在地；查封扣押地，是指海关、版权、工商等行政机关依法查封、扣押侵权复制品所在地。对涉及不同侵权行为实施地的多个被告提起的共同诉讼，原告可以选择其中一个被告的侵权行为实施地人民法院管辖；仅对其中某一被告提起的诉讼，该被告侵权行为实施地的人民法院有管辖权。

（8）因侵犯注册商标专用权行为提起的民事诉讼，由侵权行为的实施地、侵权商品的储藏地或者查封扣押地、被告住所地人民法院管辖。

五、专属管辖

专属管辖，是指法律规定某些特殊类型的案件只能由特定的人民法院行使管辖权。专属管辖具有强制性和排他性的特点，即凡法律规定属于专属管辖的案件，其他人民法院（包括外国法院）无管辖权，当事人也不得协议变更管辖法院。

专属管辖是基于法院的正确、迅速等公益上的要求而设立，当事人对之无权处分，因此，应合理限制专属管辖的适用范围，对于不涉及公益的案件不宜规定专属管辖，以免违背公正与效率的要求，侵害当事人的程序选择权。根据《民事诉讼法》第 33 条的规定，下列案件适用专属管辖：

（一）因不动产纠纷提起的诉讼，由不动产所在地人民法院管辖

不动产，是指不能移动或移动后影响或丧失其性能和使用价值的财产。如土地及土地上的附着物，滩涂、河流等。因不动产纠纷提起的诉讼，主要是指因不动产的所有权、使用权、占有权以及相邻权发生纠纷而引起的诉讼等。将不动产纠纷，规定由不动产所在地人民法院管辖，便于受诉人民法院对不动产进行勘验、保全和对生效裁判的执行。

（二）因港口作业中发生纠纷提起的诉讼，由港口所在地人民法院管辖

港口作业，主要指货物的装卸、搬运、仓储、理货等。港口作业所造成的纠纷，既包括在对货物的装卸、搬运、仓储、理货时发生的纠纷，也包括因违章操作造成他人人身或财产损害的侵权纠纷。港口作业纠纷属于海事海商案件，应当由该港口所在地的海事法院管辖。

（三）因继承遗产纠纷提起的诉讼由被继承人死亡时住所地或者主要遗产所在地人民法院管辖

继承人为继承被继承人遗产而发生的纠纷，称为继承遗产纠纷。遗产是指死者生前个人的合法财产，既包括动产也包括不动产。当遗产为不动产或者动产且有多项时，以价值高的遗产为主要遗产。将继承遗产纠纷提起的管

辖规定由被继承人死亡时住所地或主要遗产所在地人民法院管辖,便于确定继承人和被继承人之间的身份关系,开始继承的时间、地点;便于确定遗产的范围和分配方案等。

第五节　共同管辖与选择管辖

一、共同管辖与选择管辖的概念

共同管辖,是指依照法律规定,两个以上的人民法院对同一案件都有管辖权。选择管辖,是指依照法律规定,对同一案件两个以上人民法院都有管辖权时,当事人可以选择其中一个人民法院起诉。

可见,共同管辖和选择管辖实质上是一个问题的两个方面,共同管辖是从法院的角度出发的,是指两个或以上法院对同一案件都有管辖权;选择管辖是从当事人的角度出发的,是指当事人可以在具有管辖权的两个或以上法院中选择一个法院行使诉权。从两者的关系来看,共同管辖是选择管辖的基础和前提条件,选择管辖是对共同管辖的落实和实现。

二、共同管辖情形下如何确定选择管辖的人民法院

对于如何确定选择管辖的人民法院,我国《民事诉讼法》及其司法解释作了明确的规定。《民事诉讼法》第 35 条规定:“两个以上人民法院都有管辖权的诉讼,原告可以向其中一个人民法院起诉;原告向两个以上有管辖权的人民法院起诉的,由最先立案的人民法院管辖。”根据《民诉法意见》第 33 条的规定:“两个以上人民法院都有管辖权的诉讼,先立案的人民法院不得将案件移送给另一个有管辖权的人民法院。人民法院在立案前发现其他有管辖权的人民法院已先立案的,不得重复立案;立案后发现其他有管辖权的人民法院已先立案的,裁定将案件移送给先立案的人民法院。”

原告向两个以上有管辖权的人民法院起诉,如果两个以上的人民法院同时立案,则发生了管辖权争议,根据《民事诉讼法》第 37 条第 2 款的规定:“人民法院之间因管辖权发生争议,由争议双方协商解决;协商解决不了的,报请它们的共同上级人民法院指定管辖。”根据《民诉法意见》第 36 条的规定:“依照民事诉讼法第 37 条第 2 款规定,发生管辖权争议的两个人民法院因协商不成报请它们的共同上级人民法院指定管辖时,如双方为同属一个地、市辖区的基层人民法院,由该地、市的中级人民法院及时指定管辖;同属一个省、自治区、直辖市的两个人民法院,由该省、自治区、直辖市的高级人民法院及时

指定管辖；如双方为跨省、自治区、直辖市的人民法院，高级人民法院协商不成的，由最高人民法院及时指定管辖。依前款规定报请上级人民法院指定管辖时，应当逐级进行。”根据《最高人民法院关于在经济审判工作中严格执行〈中华人民共和国民事诉讼法〉的若干规定》的规定，两个以上人民法院如对管辖权有争议，在争议未解决前，任何一方人民法院均不得对案件作出判决。对抢先作出判决的，上级人民法院应当以违反程序为由撤销其判决，并将案件移送或者指定其他人民法院审理，或者由自己提审。

第六节 协议管辖

根据我国《民事诉讼法》和《民诉法意见》的规定，合同或者其他财产权益纠纷的管辖分为协议管辖和法定管辖，在没有协议管辖的约定或协议管辖的约定无效时，适用法定管辖，即协议管辖优先于法定管辖，这一方面体现了民事诉讼法在合同和财产权益纠纷案件中对当事人意思自治的尊重，另一方面也可避免法定管辖中可能产生的地方保护。

一、协议管辖的概念

协议管辖，又称合意管辖或约定管辖，是当事人在纠纷发生之前或者发生之后，以书面的形式约定管辖的法院。协议管辖制度充分体现了当事人的意思自治，对于保护当事人管辖利益、维护管辖秩序有重要意义。

1991 年《民事诉讼法》将协议管辖分为国内协议管辖和涉外协议管辖。国内协议管辖，针对的是国内合同或者其他财产权益纠纷案件的管辖协议；涉外协议管辖，针对的是具有涉外因素的合同或者其他财产权益纠纷案件的管辖协议。涉外协议管辖适用的案件范围，可选择的法院范围以及协议的方式均比国内协议管辖要广。2012 年《民事诉讼法》扩大了国内协议管辖适用的案件范围，可选择的法院范围以及协议的方式，实现了协议管辖在立法上内外的一致性。即 2012 年新《民事诉讼法》对协议管辖不再有国内和涉外的区分，均适用第 34 条的规定。

根据民事诉讼法理论，协议管辖可分为明示协议管辖和默示协议管辖。明示协议管辖是指双方当事人以明确的意思表示在合同条款中或在起诉前以书面协议形式确定管辖的法院。默示协议管辖，又称为拟制的协议管辖或者应诉管辖、推定管辖，是指原告向无管辖权的法院起诉，被告不对管辖权提出异议并应诉答辩，或者在该法院提出反诉，从而推定双方当事人均同意案件由该法院管辖，是与明示协议管辖相对应的一种协议管辖方式。1991 年

《民事诉讼法》对国内民事案件仅规定了明示的协议管辖，对于涉外民事案件既规定了明示的协议管辖，又规定了默示的协议管辖。2012 年《民事诉讼法》中，增加了对国内民事案件默示协议管辖的规定。

二、协议管辖的适用条件

我国《民事诉讼法》第 34 条对协议管辖进行了规定，协议管辖必须符合以下几个条件：

（一）协议管辖适用于合同和其他财产权益纠纷案件

1991 年《民事诉讼法》规定，协议管辖只适用于合同纠纷案件。2012 年《民事诉讼法》对协议管辖的案件适用范围作了扩大，包括合同纠纷和其他财产权益纠纷，与涉外协议管辖的案件适用范围一致。此处的其他财产权益纠纷，主要是指因侵权引起的财产权益纠纷。

（二）协议管辖适用于第一审法院的选择

协议管辖不适用于第二审民事案件及重审、再审、提审民事案件的管辖。法律明确规定，第二审民事案件由第一审法院的上一级法院；重审案件由原审法院管辖；再审申请则应向原审法院或者原审法院的上一级法院提出；提审案件则由原审法院的上一级法院管辖。当事人不得协议变更第二审民事案件及重审、再审、提审民事案件的管辖。

（三）协议管辖必须以书面形式，口头协议无效

根据《合同法》第 11 条的规定，书面形式是指合同书、信件和数据电文（包括电报、电传、传真、电子数据交换和电子邮件）等可以有形地表现所载内容的形式。根据《民诉法意见》第 23 条规定，书面协议又包括合同中的协议管辖条款或者诉讼前达成的选择管辖的协议。合同中的管辖条款较为常见，单独管辖协议非常少见，两者均符合法律规定的形式。

此外，根据《民事诉讼法》第 127 条的规定，人民法院受理案件后，当事人对管辖权有异议的，应当在提交答辩状期间提出。当事人未提出管辖异议，并应诉答辩的，视为受诉人民法院有管辖权，但违反级别管辖和专属管辖规定的除外。该款规定肯定了应诉管辖，也即当事人可以通过默示的方式达成管辖协议。

（四）当事人协议选择管辖法院的范围，限于被告住所地、合同履行地、合同签订地、原告住所地、标的物所在地的人民法院和其他与争议有实际联系的地点的人民法院

如果当事人选择了与合同没有实际联系地点的人民法院，该协议无效。并且当事人协议选择管辖法院时，只能在可选择的法院中选择一个，即选择

必须是唯一的,如果协议不明确或协议选择了两个或两个以上可选择的法院,则协议无效。

1991年《民事诉讼法》中对当事人协议选择管辖法院的范围,仅限于被告住所地、合同履行地、合同签订地、原告住所地、标的物所五个,与当时的涉外协议管辖相比,可选择管辖法院的范围比较窄。2012年修正案允许当事人选择这五个地点以外的与争议有实际联系地点的法院管辖,既扩大了当事人选择法院的范围,又给予了必要的限制,实现了在协议管辖上内外立法的一致。

(五)协议管辖不得违反民事诉讼法关于级别管辖和专属管辖的规定

民事诉讼法关于级别管辖和专属管辖的规定属于强制性法律规定,违反级别管辖和专属管辖规定的管辖协议无效。以下是一则关于合同纠纷案件中管辖如何确定的案例。

A区甲公司与B区乙公司签订一份钢材买卖合同。合同约定:A区甲公司向B区乙公司提供一批钢材,交货地点为C区乙公司第一仓库。请根据假设回答下列问题:(1)假设甲公司和乙公司在合同中约定,在合同履行过程中发生争议,双方应当友好协商,协商不成时,合同履行地人民法院有管辖权。后来,因为甲公司未向乙公司供货,双方发生争议,乙公司决定起诉,哪个法院有管辖权?(2)假设甲公司和乙公司在合同中约定,在合同履行过程中发生争议,双方应当友好协商,协商不成时,原告住所地法院和合同履行地法院均有管辖权。后来,因为甲公司未向乙公司供货,双方发生争议,乙公司决定起诉,哪个法院有管辖权?(3)假设合同签订后,乙公司与A区甲公司协商将交货地点改在乙公司在D区的第二仓库,甲公司同意。交货后,乙公司发现该批钢材有严重的质量问题,为此,双方发生争议,乙公司决定起诉,哪个法院有管辖权?

在案件中,判定合同纠纷案件中的管辖法院可以依照下列顺序进行:(1)合同纠纷的协议管辖优先于法定管辖。如果合同纠纷有有效的协议管辖约定,则无论合同是否实际履行,发生争议后均由协议的管辖法院管辖;如果无协议管辖约定,或有协议管辖约定但无效时,只能依照合同纠纷的法定管辖判定。本案1中,当事人约定发生争议后,由合同履行地人民法院管辖,该协议管辖有效,虽然合同没有实际履行,但仍由C区人民法院有管辖权。本案2中,因为约定原告住所地法院和合同履行地法院均有管辖权,属于选择了两个以上可选择法院的情形,协议管辖约定无效。本案3中,没有协议管辖约定,因此只能通过法定管辖确定管辖法院。(2)合同纠纷法定管辖的确定。第一,被告住所地一定有管辖权。本案2和3中,被告甲公司的住所地A区法院有管辖权。第二,关于合同履行地的确定,应遵循下列规则:首先,看双方当事人对合同履行地(包括交货地)有无约定;就买卖合同而言,没有约定,只能由被告住所地管辖。本案中,乙公司和甲公司约定的交货地点是C区乙公司第一仓库,C区为本案的合同履行地。其次,如果有约定的合同履行地,再看约定履行地与双方当事人住所地之间的关系;如果在其中一方(原告或被告)的住所地,该履行地有管辖权;如果约定的履行地是双方住所地以外的第三个地点,该法院有无管辖权,取决于合同的履行情况。如果合同实际履行,该法院有管辖权;如果没有实际履行,该法院无管辖权。本案2中,由于双方约定C区为交货地,而本案又未实际履行,因此,C区法院对该合同纠纷案件没有管辖权。本案2中,只有A区人民法院有管辖权。再次,如果合同实际履行,但在实际履行的过程中以书面的形式或双方一致认可的其他方式变更约定的,即约定履行地与实际履行地不一致,购销类合同以实际履行地为标准确定管辖,即实际履行地优先于约定履行地;承揽类合同以约定履行地为标准确定管辖,即约定履行地优先于实际履行地。本案3中,双方约定交货地为C区,但在实际履行的过程中双方协商将履行地变更为D区,此时,应以D区为合同履行地。因此,本案3中,被告住所地A区人民法院和合同履行地D区人民法院均有管辖权。

第七节 裁定管辖

裁定管辖,是指人民法院基于一定的事实和理由,以裁定的方式确定案件的管辖法院。在司法实践中,管辖问题纷繁复杂。《民事诉讼法》在规定法定管辖的同时规定裁定管辖,有利于法院根据具体情况灵活处理在适用法定管辖中出现的问题,从而更好地协调各个法院之间的分工和权限。可见,裁定管辖是法定管辖的必要补充。根据我国《民事诉讼法》规定,裁定管辖包括移送管辖、指定管辖和管辖权转移。

一、移送管辖

(一)移送管辖概念

移送管辖,是指人民法院受理案件后,发现本法院对该案无管辖权,依法将案件移送给有管辖权的人民法院审理的制度。移送管辖是对案件的移送,是在对案件的管辖发生错误时所采用的一种纠正措施。即将案件从没有管辖权的法院移送至有管辖权的人民法院进行审理。

移送管辖通常发生在同级人民法院之间,根据《民事诉讼法》第36条的规定:“人民法院发现受理的案件不属于本法院管辖的,应当移送给有管辖权的人民法院，受移送的人民法院应当受理。受移送的人民法院认为受移送的案件依照规定不属于本院管辖的，应当报请上级人民法院指定管辖，不得再自行移送。”

移送管辖也可以发生在上下级人民法院之间，依据《最高人民法院关于审理民事级别管辖异议案件若干问题的规定》（以下简称《级别管辖异议规定》）第7条规定：“如果当事人未依法提出管辖权异议，但受诉人民法院发现其没有级别管辖权的，应当将案件移送有管辖权的人民法院审理。”

（二）移送管辖条件

根据《民事诉讼法》以及司法解释的相关规定，移送管辖的适用应当具备以下条件：（1）人民法院已经受理案件。人民法院已经受理案件是适用移送管辖的前提，对于尚未受理的案件，不存在移送管辖问题。（2）受理案件的人民法院对该案无管辖权。依法享有管辖权的人民法院才有权行使审判权，无管辖权即无案件的审理。因此移送管辖的基础是因人民法院受理了其无管辖权的案件。这里的无管辖权，既包括无地域管辖权，也包括无级别管辖权。（3）接受移送的人民法院依法享有管辖权。移送的目的在于纠正案件管辖的错误，因此接受移送的人民法院应当是依法享有管辖权的法院，即移送管辖，只能向有管辖权的人民法院移送。

根据法律规定，对于地域管辖的移送，受移送的人民法院不得再自行移送。所谓“不得再自行移送”，是指移送案件的人民法院所作出的移送案件的裁定，对接受移送案件的人民法院具有约束力。具体表现在：第一，移送案件的裁定作出后，接受移送案件的人民法院必须受理，不得以任何理由再自行移送；第二，如果接受移送案件的人民法院认为该院依法确无管辖权时，应报请其上级人民法院指定管辖。“不得再自行移送”的规定，既可以避免人民法院之间相互推诿或者争夺管辖权，又可以防止拖延诉讼，使当事人的合法权益得到有效保护。对于级别管辖的移送，依据《级别管辖异议规定》第9条规定：“对于将案件移送上级人民法院管辖的裁定，当事人未提出上诉，但受移送的上级人民法院认为确有错误的，可以依职权裁定撤销。”

二、指定管辖

（一）指定管辖概念

指定管辖，是指上级人民法院以裁定的方式，指定其下级人民法院对某一案件行使管辖权的制度。指定管辖的实质，是法律赋予上级人民法院在特殊情况下有权变更和确定案件管辖法院。

(一) 指定管辖适用情况

根据《民事诉讼法》第 36 条和第 37 条的规定,下列情况下适用指定管辖:

(1) 在移送管辖中,受移送的人民法院认为自己对移送案件无管辖权,应当报请上级人民法院指定管辖。

(2) 有管辖权的人民法院由于特殊原因,不能行使管辖权的,由上级人民法院指定管辖。特殊原因可以从两方面来理解:第一,事实上的原因。主要指因不可抗力的发生而无法行使管辖权。例如,有管辖权的人民法院所在地发生了严重的诸如台风、地震、火灾等自然灾害,导致该法院无法办案等;第二,法律上的原因。主要是指基于法律规定的缘故,使得法院不能行使管辖权。例如,受诉人民法院的全体审判人员,因法律规定的回避事由的发生,无法执行职务等。出现上述情形之一的,应由上级人民法院在其辖区内,指定其他人民法院管辖。

(3) 人民法院之间因管辖权发生争议,由争议双方协商解决;协商解决不了的,报请它们的共同上级人民法院指定管辖。管辖权争议,是指不同的人民法院之间就某一案件的管辖权所发生的相互推诿或者相互争夺。管辖权争议的产生通常是因为人民法院之间的辖区界限不明,或者对法律的规定理解不一致等,也有因地方保护主义为其局部经济利益争先立案。不论属于哪种原因引起的管辖权争议,首先应尽可能协商解决,协商不成时应报请他们的共同上级人民法院指定管辖。

根据最高人民法院《民诉法意见》第 36 条的规定,发生管辖权争议的两个人民法院因协商不成报请他们的共同上级人民法院指定管辖时,如双方为同属一个地、市辖区的基层人民法院,由该地、市的中级人民法院及时指定管辖;同属一个省、自治区、直辖市的两个人民法院,由该省、自治区、直辖市的高级人民法院及时指定管辖;如双方为跨省、自治区、直辖市的人民法院,高级人民法院协商不成的,由最高人民法院及时指定管辖。报请上级人民法院指定管辖时,应当逐级进行。上级人民法院依照《民事诉讼法》第 37 条的规定指定管辖时,应书面通知报送的人民法院和被指定的人民法院。报送的人民法院接到通知后,应及时告知当事人。

根据《最高人民法院关于在经济审判工作中严格执行〈中华人民共和国民事诉讼法〉的若干规定》的要求,法院之间如果对案件的地域管辖产生争议,应立即停止对案件的实体审理。在争议未解决前,任何一方人民法院均不得对案件作出判决。对抢先作出判决的,上级人民法院应当以违反程序为由撤销其判决,并将案件移送或者指定其他人民法院审理,或者由自己提审。

三、管辖权转移

（一）管辖权转移概念

管辖权转移，也称移转管辖，是指经上级人民法院决定或者同意，将案件的管辖权由上级人民法院转交给下级人民法院，或者由下级人民法院转交给上级人民法院的制度。管辖权的转移是对级别管辖的一种变通和补充。

（二）管辖权转移情况

《民事诉讼法》第38条规定："上级人民法院有权审理下级人民法院管辖的第一审民事案件，确有必要将本院管辖的第一审民事案件交下级人民法院审理的，应当报请其上级人民法院批准。下级人民法院对它所管辖的第一审民事案件，认为需要由上级人民法院审理的，可以报请上级人民法院审理。"根据这一规定，管辖权的转移有两种情形：

1. 自下而上的转移

自下而上的转移是指案件的管辖权由下级人民法院转移至上级人民法院。自下而上的转移包括两种情况：(1) 上级人民法院认为下级人民法院管辖的第一审民事案件应当由自己审理时，有权决定并将案件调上来自己审理。(2) 下级人民法院管辖的第一审民事案件，因特殊原因需要由上级人民法院审理时，报请上级人民法院进行审理。所谓特殊原因主要包括：不便于本院审理，如一方当事人是受诉人民法院或者其工作人员的案件；案情复杂，涉及面广，受诉人民法院审理有困难的案件等。为了保证案件的公正性、高效率和审判质量，法律赋予上级人民法院有权审理下级人民法院具有管辖权的案件。凡是上级人民法院决定审理的下级人民法院具有管辖权的案件，下级人民法院不得拒绝，上级人民法院作出决定后，管辖权即发生转移。而下级人民法院报请上级人民法院审理的案件，必须征得上级人民法院的同意，否则不得转移该案件的管辖权。

管辖权自下而上的转移制度，提高了争议案件的第一审审理法院的级别，案件的终审审级提高，有利于避免地方保护，保障案件的公正审理。

2. 自上而下的转移

所谓自上而下的转移，是指案件的管辖权由上级人民法院转移至下级人民法院。学术界普遍认为，管辖权自下而上的转移制度有其存在的价值，有利于案件的公正审理。但管辖权自上而下的转移则未必科学，这实际上是把按照法定标准已被认定为重要的，应由上级人民法院审理的案件交给下级人民法院进行审理。这样做，一方面会给规避级别管辖留下可乘之机，另一方面会弱化程序保障和损害诉讼当事人的利益。因此，2012年《民事诉讼法》对管辖权自上而下的转移进行了严格的限制:(1) 上级人民法院认为确有必要将本院管辖的第一审民事案件交下级人民法院审理;(2) 应当报请其上级人民法院批准。

四、移送管辖和管辖权转移的区别

移送管辖与管辖权转移是两种裁定管辖的制度,关于移送管辖与管辖权转移的区别,请见下表:

移送管辖与管辖权转移的区别

区别项	移送管辖	管辖权转移
性质不同	移送的仅仅是案件	转移的是管辖权
作用不同	主要是纠正地域管辖的错误,同时也纠正级别管辖的错误	级别管辖的变通
程序不同	为单方行为,移送人民法院作出移送裁定,无需经过受移送人民法院的同意,且受移送人民法院必须接受移送。	包括因上级人民法院单方决定的转移和因下级人民法院报请与上级人民法院同意双方行为而为的转移。对于上级人民法院认为确有必要将案件管辖权转移下级人民法院的,应当报请其上级人民法院批准。

第八节　管辖权异议与管辖恒定

一、管辖权异议

(一) 管辖权异议的概念

管辖权异议,是指人民法院受理案件后,当事人依法向受诉法院提出的该人民法院对本案无管辖权的主张和意见。管辖权异议制度是当事人依法监督人民法院行使民事审判权的一项法律制度。民事诉讼法确立这一制度的价值在于,对当事人诉权尤其是被告诉权的尊重,在当事人诉权的监督下有利于贯彻落实民事诉讼法规定的管辖制度,有利于克服地方保护主义规避违反管辖制度的情形,保证审判管辖权合法、公正地审理。

1991 年《民事诉讼法》第 38 条规定:“人民法院受理案件后,当事人对管辖权有异议的,应当在提交答辩状期间提出。人民法院对当事人提出的异议,应当审查。异议成立的,裁定将案件移送有管辖权的人民法院,异议不成立的,裁定驳回。”2012 年《民事诉讼法》对管辖权异议制度作了修订,增加了默示管辖的规定。该法第127条规定:“人民法院受理案件后,当事人对管辖权有异议的,应当在提交答辩状期间提出。人民法院对当事人提出的异议,应当审查。异议成立的,裁定将案件移送有管辖权的人民法院;异议不成立的,裁定驳回。当事人未提出管辖异议,并应诉答辩的,视为受诉人民法院有管辖权,但违反级别管辖和专属管辖规定的除外。”

(二)管辖权异议的条件

1. 管辖权异议的主体

根据《民事诉讼法》第127条的规定,提出管辖权异议的主体是本案的当事人。一般而言,提出管辖权异议的当事人应当是被告,不包括原告和第三人。

因为原告在起诉时总是向其自己认为有管辖权的人民法院提起,如果在人民法院受理案件后,原告认为管辖不当,可以通过撤诉后另行诉讼的方式解决,不存在提出管辖权异议的情况。而被告是基于原告的起诉被迫进入诉讼程序的,当他认为受诉人民法院无管辖权时,就会通过提出管辖权异议抗辩法院管辖权。有独立请求权的第三人是以起诉的方式参加到已经开始的诉讼中,但如果在审理过程中受诉人民法院发现存在有独立请求权的第三人,而该第三人并没有向人民法院对原被告争议的诉讼标的主张独立请求权时,也可以通知其参加诉讼。按照最高人民法院的司法解释,有独立请求权的第三人主动参加他人已经开始的诉讼,应视为承认和接受了受诉人民法院的管辖,因而不发生对管辖权提出异议的问题;如果是受诉人民法院依职权通知他参加诉讼,则他有权选择是以有独立请求权的第三人的身份参加诉讼,还是以原告身份向其他有管辖权的人民法院另行起诉。[①] 无独立请求权的第三人参加他人已开始的诉讼,是通过支持一方当事人的主张,维护自己的利益。他在诉讼中始终辅助一方当事人,并以一方当事人的主张为转移。所以,他无权对受诉人民法院的管辖权提出异议。[②]

2. 管辖权异议的对象

当事人管辖权异议只能就人民法院受理的第一审案件的管辖权提出,对第二审案件的管辖权无权提出异议。

当事人对第一审案件的管辖权异议,既可以针对地域管辖,也可以针对级别管辖。实践中管辖权异议多是对地域管辖的异议。2011年1月1日实

① 《最高人民法院关于第三人能否对管辖权提出异议问题的批复》1990年7月28日法(经)复[1990]9号。

② 《民诉法意见》第66条,以及同上司法解释。

施的《级别管辖异议规定》第 1 条,明确规定被告认为受诉人民法院违反级别管辖规定,案件应当由上级人民法院或者下级人民法院管辖的,可以在提交答辩状期间提出管辖权异议。即赋予被告对级别管辖的异议权。

3. 提出管辖权异议的时间

根据我国《民事诉讼法》第 127 条的规定,人民法院受理案件后,当事人对管辖权有异议的,应当在提交答辩状期间提出。即在被告收到起诉状副本之次日起 15 日内,可以提出管辖权异议。无正当理由逾期提出的,视为被告放弃管辖异议权,人民法院不予审查。2011 年 1 月 1 日实施的《级别管辖异议规定》第 3 条规定:"提交答辩状期间届满后,原告增加诉讼请求金额致使案件标的额超过受诉人民法院级别管辖标准,被告提出管辖权异议,请求由上级人民法院管辖的,人民法院应当按照本规定第 1 条审查并作出裁定。"该条规定了提出管辖权异议不受答辩状期间限制的情形,即原告增加诉讼请求金额致使案件标的额超过受诉人民法院级别管辖标准时,被告提出级别管辖异议可以不受答辩状期间的限制。

对于当事人未提出管辖异议,并应诉答辩的,视为对管辖权的承认,即当事人丧失提出管辖权异议的资格,视为受诉人民法院对该案有管辖权,但违反级别管辖和专属管辖规定的除外。

(三) 管辖权异议的处理

根据《民事诉讼法》及其相关的司法解释,人民法院对当事人提交答辩状期间提出的管辖权异议,应当审查,并在受理异议之日起 15 日内作出裁定。对于提交答辩状期间届满后,原告增加诉讼请求金额致使案件标的额超过受诉人民法院级别管辖标准,被告提出管辖权异议,请求由上级人民法院管辖的,人民法院应当按照有关规定审查并作出裁定。

经过人民法院审查,认为当事人管辖权异议成立的,裁定移送有管辖权的人民法院;异议不成立的,裁定驳回,裁定应当送达双方当事人。当事人对受诉法院的裁定不服的,应当在裁定送达之日起 10 日内向上一级人民法院提起上诉,第二审人民法院应当依法审理并作出裁定。

在掌握人民法院对管辖权异议的处理时,需要注意下列问题:(1) 在管辖权异议裁定作出前,案件不得进入实质审理。因为管辖权是审判权的前提和基础,只有有管辖权的人民法院,才能够对案件行使审判权。管辖权不确定时,审判权不能行使。(2) 在管辖权异议裁定作出前,原告申请撤回起诉,受诉人民法院作出准予撤回起诉裁定的,对管辖权异议不再审查,并在裁定书中一并写明。但是,在管辖权异议裁定作出之后,当事人不服上诉期间,原告申请撤回起诉的,需要等二审法院对管辖权异议的上诉作出裁定后,由有管辖权的人民法院对原告的撤诉申请作出处理。(3)对于被告以受诉人民法院同时违反级别管辖和地域管辖规定为由提出管辖权异议的,受诉人民法院应当一并作出裁定。

二、管辖恒定

管辖恒定是民事诉讼管辖中的重要原则。管辖恒定是指人民法院对民事案件管辖权的确定,以起诉时为标准,起诉时对案件享有管辖权的人民法院,不因确定管辖的事实在诉讼过程中发生变化而影响其管辖权。确立管辖恒定的原则,可以避免已经确定的管辖因无法预料的情形的发生而可能随时变动的风险,减少因管辖变动而造成的司法资源的浪费,减轻当事人的讼累,推动诉讼迅速、经济地进行。

我国《民事诉讼法》并未明确规定管辖恒定,但在最高人民法院的司法解释中充分体现了立法者对于管辖恒定的肯定。管辖恒定既包括级别管辖恒定,也包括地域管辖恒定。

(一) 级别管辖恒定

级别管辖恒定是指某一案件在起诉时按照诉讼标的金额确定了级别管辖后,不因在诉讼过程中诉讼标的金额的增加或者减少所造成的对原级别管辖标准的突破而变更级别管辖。但是,如果当事人变更诉讼请求、诉讼标的额或者提起反诉的标的额超出受诉人民法院的管辖时,则不受其限,应当变更管辖法院。2010 年 1 月 1 日起施行的《级别管辖异议规定》第 3 条规定:“提交答辩状期间届满后,原告增加诉讼请求金额致使案件标的额超过受诉人民法院级别管辖标准,被告提出管辖权异议,请求由上级人民法院管辖的,人民法院应当按照本规定第 1 条审查并作出裁定。”

(二) 地域管辖恒定

地域管辖恒定是指某一案件在起诉时按照法律规定确定了管辖法院后,不因在诉讼过程中确定管辖因素的变动而改变。最高人民法院《民诉法意见》第 34 条规定:“案件受理后,受诉人民法院的管辖权不受当事人住所地、经常居住地变更的影响。”第 35 条规定:“有管辖权的人民法院受理案件后,不得以行政区域变更为由,将案件移送给变更后有管辖权的人民法院。判决后的上诉案件和依审判监督程序提审的案件,由原审人民法院的上级人民法院进行审判;第二审人民法院发回重审或者上级人民法院指令再审的案件,由原审人民法院重审或者再审。”

案例精选

▶【案例】

甲区的A公司与乙区的B公司签订机械设备买卖合同,合同约定,A公司向B公司提供设备10台,价款为300万元,先付款后交货,交货地点为丙区B公司的第一仓库。并约定发生争议先友好协商,协商不成由原告方住所地法院管辖。合同履行过程中,B公司只交付30万元,但A公司怕失去生意,一边继续催要货款,一边发货。B公司在收到设备后,一直未交付剩余货款。A公司遂向其住所地甲区人民法院提起诉讼,请求B公司支付剩余的货款,并承担违约金15万元。B公司得知A公司起诉后,也向其住所地乙区人民法院提起诉讼,要求确认其并未违约。乙区人民法院受理案件后,A公司在答辩状中以存在约定发生争议后由原告方住所地法院管辖的协议管辖,且本案A公司已经向甲区起诉并受理为由提出管辖权异议,认为乙区人民法院对该案没有管辖权。乙区人民法院在审查管辖权异议时,就约定发生争议后由"原告方住所地法院管辖"的协议管辖条款是否有效存在截然不同的两种意见。本案中,双方当事人就约定发生争议后由"原告方住所地法院管辖"的协议管辖条款是否有效?

评析:第一种意见认为:约定发生争议后由"原告方住所地法院管辖"的协议管辖条款有效。《民事诉讼法》第34条规定:"合同或者其他财产权益纠纷的当事人可以书面协议选择被告住所地、合同履行地、合同签订地、原告住所地、标的物所在地等与争议有实际联系的地点的人民法院管辖,但不得违反本法对级别管辖和专属管辖的规定。"依据《民诉法意见》第24条的规定,合同的双方当事人选择《民事诉讼法》第34条规定的人民法院中的两个以上人民法院管辖的,选择管辖的协议无效。即要求当事人必须在法律规定的可选择法院范围内做明确、单一的选择,否则无效。"由原告住所地法院管辖"的协议条款是否有效,需要分析"原告住所地法院"是否是单一、确定的法院。从表面看,"原告住所地法院"的约定似乎是唯一的、确定的,也符合《民事诉讼法》第34条的规定。但实际未必如此。本案中,双方当事人分别在不同的法院起诉对方当事人,他们同为不同案件的原告、被告。可见,"原告住所地"的约定导致了两个管辖法院,这并不符合《民事诉讼法》及司法解释的规定。但对于这种情况,《最高人民法院关于合同双方当事人协议约定发生纠纷各自可向所在地人民法院起诉如何确定管辖问题的复函》中作出了规定,认为该约定可认为是选择由原告住所地人民法院管辖。如不违反有关级别管辖和专属管辖的规定,则该约定应为有效。若当事人已分别向所在地人民法院提起诉讼，则应由先立案的人民法院管辖；若立案时间难于分清先后，则应由两地人民法院协商解决；协商解决不了的，由它们的共同上级人民法院指定管辖。

本案甲区法院已经先于乙区法院立案，因此，A公司管辖权异议成立，应将案件移送甲区法院管辖。

第二种意见认为约定发生争议后由“原告方住所地法院管辖”的协议管辖条款无效。因为协议管辖的立法目的是在充分体现当事人意思自治的原则基础上，减少管辖争议，缩减诉讼成本，节省诉讼时间，杜绝法院之间互相推诿。因此，协议管辖应该具有确定性、唯一性和排他性，而不应是尚不确定的，在当事人起诉后再由几个受诉法院的共同的上级法院指定管辖权的尚有争议的管辖。因此，就履行合同发生纠纷时由“原告所在地法院管辖”的约定不符合协议管辖立法本意的，应认定约定无效，当事人之间合同纠纷的管辖法院应按《民事诉讼法》《民诉法意见》《最高人民法院关于在确定经济纠纷案件管辖中如何确定购销合同履行地的规定》等有关规定办理，即不具有管辖权的法院，应把案件移送到有管辖权的法院。若两个法院都有管辖权，两个法院之间可以协商解决，不能协商解决的，报请他们的共同上级法院指定管辖。

因此，本案应当根据《民事诉讼法》第23条：“因合同纠纷提起的诉讼，由被告住所地或者合同履行地法院管辖”确定管辖，即甲区法院法院作为被告住所地、丙区法院作为合同履行地对本案有管辖权。A公司管辖权异议的理由不正确，乙区法院应当将本案移送甲区或丙区法院管辖。

最后乙区法院采纳第一种意见。但是为避免争议，乙区法院建议当事人在签订管辖协议时应当明确具体由哪一地方的法院管辖，例如，当事人欲要约定一方当事人的住所地法院管辖时，应当在合同中明确“甲方住所地法院管辖”或者“乙方住所地法院管辖”，而不能仅仅写“原告住所地法院管辖”或者“被告方住所地法院管辖”，这类条款看似明确，但遇到特例时，就极易在当事人之间引起争议。

思考问题

1. 级别管辖确定标准以及我国现行级别管辖确定标准存在的问题和完善。

2. “原告就被告”作为一般地域管辖原则的合理性及缺陷。

3. 指定管辖能否改变专属管辖？

4. 管辖权转移制度的价值以及如何解决与级别管辖的冲突。

5. 专属管辖制度设立的价值以及如何完善其适用案件范围。

6. 管辖权异议制度的价值以及完善。

法条链接

《民事诉讼法》第17条至第38条、第127条;《民诉法意见》第1第至第37条;《最高人民法院关于在确定经济纠纷案件管辖中如何确定购销合同履行地的规定》《最高人民法院关于房屋租赁纠纷如何确定管辖问题的批复》《最高人民法院关于经济合同的名称与内容不一致时如何确定管辖权问题的批复》《最高人民法院关于当事人在合同中协议选择管辖法院问题的复函》《最高人民法院关于合同双方当事人协议约定发生纠纷各自可向所在地人民法院起诉如何确定管辖的复函》《最高人民法院关于审理商标案件有关管辖和法律适用范围问题的解释》《级别管辖异议规定》《人民调解法》第3条、第31条至第33条。

扩展阅读

1. 黄川:《民事诉讼管辖研究——制度、案例与问题》,中国法制出版社2001年版。

2. 廖永安:《我国民事诉讼地域管辖制度之反思》,载《法商研究》2006年第2期。

3. 孙邦清:《民事诉讼管辖制度研究》,中国政法大学出版社2008年版。

4. 肖建国:《民事诉讼级别管辖制度的重构》,载《法律适用》2007年第6期。

5. 王福华:《解决管辖权争议的两种模式》,载《烟台大学学报》2005年2月第15卷第1期。

第七章　民事诉讼参加人

民事诉讼参加人包括参加诉讼的当事人和诉讼代理人。当事人是重要的诉讼主体之一，诉讼程序中的诸多问题都与其相关，确定当事人因而也成为民事诉讼中的一项重要工作。诉讼代理人是在民事诉讼中为当事人的利益进行诉讼活动的人，对保障当事人的合法权益和诉讼顺利进行起到了至关重要的作用。本章主要介绍了当事人理论即当事人的概念、当事人能力、当事人适格和当事人变更；多数当事人制度即共同诉讼制度、第三人制度、代表人诉讼制度，公益诉讼制度；以及诉讼代理制度。

第一节　诉讼当事人概述

一、当事人的概念和特点

（一）当事人的概念

关于当事人的概念，我国学者看法不一。有的学者主张，因与他人发生民事纠纷，以自己的名义进行诉讼，并受人民法院裁判约束的利害关系人。[①]有的主张，民事诉讼中的当事人，是指因民事权利义务发生纠纷，以自己的名义进行诉讼，旨在保护民事权益，并能引起民事诉讼程序发生、变更或消灭的人。[②]还有学者主张，民事诉讼的当事人，是指以自己的名义，就特定的民事争议要求人民法院行使民事裁判权的人及相对人。[③]由此可见，关于民事诉讼当事人概念的理解，有的从实体意义上，强调当事人要与案件处理结果有利害关系或者实际上存在民事权利义务，需要保护才能作为民事诉讼当事人。有的是从程序意义上，认为当事人的确定不是根据该当事人是否是实体权利义务关系的主体，不是看当事人是否是在客观上实际享有实体权利，承担义务的主体。[④]我们认为，民事诉讼当事人，是指因民事权利义务发生争议，以自己的名义进行诉讼，要求法院行使民事裁判权的人或者相对人。当事人是诉讼法上的概念，因为民事诉讼是因当事人起诉开始的，没有当事人就没有民事诉讼，所以在起诉阶段就要求当事人是实体权利义务主体，虽然有利于实际权利义务纠纷得到解决，但是这抬高了诉讼门槛，必然会影响当事人行使诉讼权利。[⑤]

在民事诉讼法规定的不同程序中，当事人有不同的称谓。在第一审普通程序、简易程序以及小额程序中，称为原告和被告；在第二审程序中，称为上诉人和被上诉人；在审判监督程序中，一般而言，如果适用第一审程序，仍称为原告和被告，如果适用第二审程序，仍称为上诉人和被上诉人。但是对于当事人申请再审引起的再审案件审理程序中，称为申请再审人和被申请人；在执行程序中，称为申请执行人和被申请执行人。在特别程序中，除选民资格案件审理程序当事人称为起诉人外，其他案件的当事人都称为申请人。督

① 柴发邦主编：《中国民事诉讼法学》，中国公安大学出版社 1992 年版，第 201 页。
② 柴发邦主编：《民事诉讼法学新编》，法律出版社 1992 年版，第 147 页。
③ 江伟主编：《民事诉讼法》（三），高等教育出版社 2007 年版，第 70 页。
④ 同上书，第 71 页。
⑤ 常怡主编：《民事诉讼法学》，中国政法大学出版社 2008 年版，第 127 页。

促程序中，当事人称为申请人和被申请人；公示催告程序中，当事人称为申请人和利害关系人。当事人称谓不同，表明的是案件处于不同程序阶段，也反映了当事人有不同的诉讼权利和义务。

（二）当事人的特点

按照程序意义当事人概念，当事人具有如下特征：

（1）发生了民事权利义务关系纠纷。民事诉讼是公力救济、司法救济，无纠纷就没有救济。因此只有发生民事纠纷，才有当事人到法院诉讼，通过法院行使审判权解决纠纷、维护民事法律关系稳定。

（2）以自己的名义进行民事诉讼活动。当事人和代理人的最明显区别之一就是当事人以自己名义参加诉讼、进行各种诉讼行为，而代理人是以他人名义参加诉讼活动，实施诉讼活动。

（3）要求法院行使民事裁判权。当事人参加诉讼的目的，就在于要求法院行使审判权，解决民事纠纷。当事人的诉讼行为不仅推动了诉讼程序的开始、进行和结束，而且他们提出的主张、事实理由确定了法院的审判内容。

二、当事人诉讼权利能力和诉讼行为能力

（一）当事人诉讼权利能力

当事人诉讼权利能力，又称为当事人能力、当事人资格，是指能够以自己名义请求法院行使民事审判权的资格。诉讼权利能力是作为当事人的基本条件。只有具有权利能力，才能做民事诉讼当事人，才能有权要求人民法院行使民事审判权。根据《民事诉讼法》第 48 条第 1 款规定：“公民、法人和其他组织可以作为民事诉讼的当事人。”公民，即自然人；法人，是指依法成立的具有独立法律人格的社会组织；其他组织，也称为非法人组织。根据《民诉法意见》第 49 条规定，其他组织是指合法成立、有一定的组织机构和财产，但又不具备法人资格的组织。其他组织包括：(1) 依法登记领取营业执照的私营独资企业、合伙组织；(2) 依法登记领取营业执照的合伙型联营企业；(3) 依法登记领取我国营业执照的中外合作经营企业、外资企业；(4) 经民政部门核准登记领取社会团体登记证的社会团体；(5) 法人依法设立并领取营业执照的分支机构；(6) 中国人民银行、各专业银行设在各地的分支机构；(7) 中国人民保险公司设在各地的分支机构；(8) 经核准登记领取营业执照的乡镇、街道、村办企业；(9) 符合本规定条件的其他组织。

民事诉讼权利能力与民事权利能力有密切联系。一般而言，有民事权利能力才有民事诉讼权利能力。因为有民事权利能力，就有资格享有民事权利、承担民事义务，在其民事权益受到侵犯或者与他人发生争议时，就可以作

为民事诉讼当事人，以自己的名义向法院起诉、应诉。但是在特殊情况下，民事权利能力与民事诉讼权利能力是不一致的，如外国企业、组织，它们不具有我国法人或者其他组织资格，但它们在我国进行民事诉讼也适用我国《民事诉讼法》的规定，有权按照我国《民事诉讼法》的规定起诉和应诉，成为我国民事诉讼中的当事人。

公民的诉讼权利能力与法人、其他组织的诉讼权利能力的存续时间是不同的。公民的诉讼权利能力始于出生，终于死亡。法人、其他组织的诉讼权利能力，始于依法成立，终于终止（包括被撤销、自行解散、被宣告破产等）。

（二）当事人的诉讼行为能力

当事人的诉讼行为能力，又称为诉讼能力，是指当事人可以独立实施诉讼行为和接受他方诉讼行为的资格。诉讼行为能力是当事人能否亲自进行诉讼活动的资格，是当事人诉讼行为有效的基本条件。如果只具有诉讼权利能力，没有诉讼行为能力，则该当事人就不能亲自实施诉讼活动，只能由其法定代理人代为进行诉讼。

民事诉讼行为能力与民事行为能力是密切联系的。法人和其他组织的民事诉讼行为能力与民事行为能力是完全一致的。但是，公民的民事诉讼行为能力与民事行为能力不完全一致。只有具有完全民事行为能力的公民有民事诉讼行为能力，无民事行为能力或者限制民事行为能力的公民都没有民事诉讼行为能力。原因在于民事活动与民事诉讼活动不同。民事活动具有广泛性、难易程度不同等特点，而民事诉讼活动不仅需要一定的经验及技巧，而且涉及许多主体，有时很复杂。

对于精神状况正常的公民而言，其民事诉讼行为能力始于成年，终于死亡。在我国，根据《民法通则》第 11 条第 2 款规定，16 周岁以上不满 18 周岁的公民，以自己的劳动收入为主要生活来源的，被视为完全民事行为能力人，因此也是具有民事诉讼行为能力的人。对法人和其他组织而言，民事诉讼行为能力与其民事诉讼权利能力一致，始于成立，终于消灭。

在通常情况下，有诉讼行为能力人往往都有诉讼权利能力，但是，有诉讼权利能力人并非必然有诉讼行为能力。例如，限制民事行为能力人和无民事行为能力人有诉讼权利能力，但并无诉讼行为能力。

三、当事人适格

（一）当事人适格概念

当事人适格，又称为正当当事人。是指对具体的诉讼标的有作为本案当事人起诉或应诉的资格。当事人适格是大陆法系当事人制度中一个很重要的理论问题。当事人适格与程序当事人概念不同。程序当事人是以自己名义要求法院行使民事审判权的人,其中向法院起诉的人是原告,被原告起诉的人就是被告。而当事人适格,是对本案诉讼标的的民事权利或者民事法律关系有实施诉讼的资格。

当事人适格与当事人诉讼权利能力虽然都是成为当事人的资格,但它们之间也不同。诉讼权利能力是一种抽象意义上的当事人资格,即只要有诉讼权利能力就可以作为当事人。而当事人适格是一种具体资格,反映的是能够在某个案件中作为当事人的问题。因此有民事诉讼权利能力的人不一定能够成为某个具体民事案件的适格当事人。

(二) 判定当事人适格的作用

1. 排除不正当当事人,避免无意义的诉讼程序发生

民事诉讼是公权力解决私权纠纷的过程,因此一方面要尊重当事人程序主体地位,保障当事人行使权利,另一方面保障法院司法资源得到充分利用。为此,就需要在立法上作出周全考量,规定当事人适格与否的识别机制,尽量避免当事人滥用诉权,使对方无端陷入诉讼,防止与本案实体法律关系无关的人提起诉讼或被对方提起。①

2. 扩大司法解决纠纷的范围

当事人适格制度是与程序当事人相适应的。程序当事人的确定是程序自主性的体现,更是扩大民事权利保障范围的需要。虽然当事人适格制度是剔除诉讼中不合格当事人的制度,但程序当事人使得当事人适格的范围不断扩大。因此当事人适格制度和程序当事人一样都具有扩大司法解决纠纷范围的作用。

(三) 确定适格当事人的标准

为了使民事诉讼能够在适格当事人之间进行,使法院裁判具有意义,确定当事人是否适格就应当按照一定的标准进行。确定适格当事人的标准,就是判断程序当事人是否为正当当事人的根据。一般而言,民事诉讼解决民事纠纷,当事人诉权行使与当事人在实体法上对作为诉讼标的的实体权利的处分具有同样效果。因此以当事人是否是所争议的民事诉讼法律关系的主体作为判断当事人适格的标准。②

判定当事人是否适格主要情况包括:(1) 一般情况下,适格当事人就是所争议法律关系利益的主体。根据这一标准,以该民事权利或者民事法律关系为标的进行诉讼的,一般就是适格当事人。(2) 但是,在特殊情况下,非民事

---

① 肖建华:《民事诉讼当事人研究》,中国政法大学出版社 2002 年版,第 81 页。

② 江伟主编:《民事诉讼法学》,北京大学出版社 2012 年版,第 138 页。

权利或者民事法律关系主体也可以作为适格当事人。例外情况包括：第一，基于诉讼担当理论①，根据第三人的意思或法律规定，对他人的民事法律关系或民事权利享有管理权的人，如清算组、财产代管人等，又称为非实体权利义务当事人。(3) 在确认之诉中，适格当事人是对诉讼标的有确认利益的人。由于消极确认之诉是原告请求法院确认其与被告之间不存在民事法律关系，原告和被告可能都不是该争议法律关系的主体，因此对适格当事人的判断，不是看该当事人是否是该争议法律关系的主体，而是看该当事人对该争议的法律关系的解决是否具有法律上的利害关系。就是说，原告只要对该争议标的有确认利益，就可以成为适格原告，而被告只要与作为原告诉讼标的的法律关系有争议，就可以成为适格被告。②

我国《民事诉讼法》没有规定当事人适格制度。但从有关法条和司法解释规定分析，我国适格当事人包括实体权利义务当事人和非实体权利义务当事人。

1. 实体权利义务当事人

就是基于自己的民事权益受到侵犯或者与他人发生争执，为保护自己合法民事权益，到法院起诉、应诉的人。对此，《民诉法意见》第 41 条至第 42 条、第 45 条、第 49 条以及第 50 条至第 51 条还做了具体复杂情况的规定：

(1) 法人非依法设立的分支机构，或者虽依法设立，但没有领取营业执照的分支机构，以设立该分支机构的法人为当事人。

(2) 法人的工作人员因职务行为或者授权行为发生的诉讼，该法人为当事人个体工商户以营业执照上登记的业主为当事人。

(3) 个体工商户、农村承包经营户、合伙组织雇用的人员在进行雇用合同规定的生产经营活动中造成他人损害的，其雇主是当事人。

(4) 法人或者其他组织应登记而未登记即以法人或者其他组织名义进行民事活动，或者他人冒用法人、其他组织名义进行民事活动，或者法人或者其他组织依法终止后仍以其名义进行民事活动的，以直接责任人为当事人。

(5) 企业法人合并的，因合并前的民事活动发生的诉讼，合并后的法人为当事人。

2. 非实体权利义务当事人

就是民事纠纷发生，为保护他人合法民事权利，以自己的名义到法院起

① 诉讼担当与诉讼代理不同，诉讼担当，是指本不是权利主体或民事法律关系主体的第三人，因对他人的权利或法律关系有管理权，以当事人的身份，就法律关系所产生的纠纷而行使诉讼实施权，判决的效力及于原民事法律关系主体的制度。

② 张卫平：《民事诉讼法》(第二版)，法律出版社 2009 年版，第 143 页。

诉、应诉的人。根据我国相关法律规定,非实体权利义务当事人主要包括:

(1) 企业法人终止,应当组织清算组织。对于涉及终止的企业法人的债权、债务的民事诉讼,清算组织可以用自己名义参加诉讼。

(2) 企业法人未经清算即被撤销,有清算组织的,以该清算组织为当事人,没有清算组织的,以作出撤销决定的为当事人。

(3) 法院宣告公民失踪,应当指定失踪人的财产代管人。失踪人的财产代管人拒绝支付失踪人所欠的税款、债务或者其他费用,债权人提起诉讼的,人民法院应当将代管人列为被告;失踪人的财产代管人向失踪人的债务人要求偿还债务的,可以作为原告提起诉讼。

(4) 维护死者名誉进行诉讼的死者的近亲属。

(5) 著作权人和与著作权有关的权利人可以授予著作权集体管理组织行使著作权或者与著作权有关的权利。著作权集体管理组织被授权后,可以以自己的名义为著作权人和与著作权有关的权利人主张权利,并可以作为当事人进行涉及著作权或者与著作权有关的权利的诉讼、仲裁活动。

(6) 作者死亡后,其著作权中的署名权、修改权和保护作品完整权由作者的继承人或者受遗赠人保护;著作权无人继承又无人受遗赠的,其署名权、修改权和保护作品完整权由著作权行政管理部门保护。

四、当事人变更

参加民事诉讼的当事人不是一成不变的,当发生法律规定的情况或者其他原因,原参加诉讼的当事人就会被更换或变动为新的当事人。这种当事人的变化,就是当事人变更制度。由于导致当事人变化的原因不同,当事人变更分为法定当事人变更和任意当事人变更。

(一) 法定当事人变更

法定当事人变更,又称为诉讼权利义务承担,是指诉讼进行中,因发生了法定事由,一方当事人将其诉讼权利义务转移给案外人,由该案外人续行原当事人已经开始的诉讼。

民事诉讼是解决民事权利义务纠纷的方式。在民事诉讼过程中,如果民事实体权利义务发生转移,则民事诉讼权利义务也发生转移。根据《民诉法意见》第 44 条以及《合同法》的有关规定,诉讼权利义务承担适用的情形包括:

(1) 诉讼进行中作为当事人的自然人死亡,由继承人或者遗产管理人承担诉讼。

(2) 诉讼进行中,一方当事人为法人或者其他组织的民事主体资格消灭的，由承受其权利义务的主体承担诉讼。

(3) 诉讼中当事人转移其实体权利义务的，如债权转让、债务转让或者债权债务都转让的情况，由受让人承担诉讼。

法定当事人变更可能发生在一审、二审，也可能发生在审判监督程序，还可能发生在执行程序。法定当事人变更，是由承继人取代原当事人进行诉讼活动，原当事人所实施的诉讼行为对承继人有约束力，本案诉讼程序继续进行。

(二) 任意当事人变更

任意当事人变更，又称为当事人更换。是指在诉讼过程中，人民法院发现起诉或应诉的人为非正当当事人的，通知有关的正当当事人参加诉讼，而非正当当事人退出诉讼的制度。

虽然我国现行《民事诉讼法》没有规定任意当事人变更制度，但是学者大都同意确定这一制度，实务部门也在适用该制度。当事人更换包括原告的更换和被告的更换。通常做法是：人民法院发现原告不适格的，责令原告退出诉讼，并通知适格原告参加诉讼。如果不适格原告不愿意退出诉讼，法院裁定驳回起诉。法院通知适格原告参加诉讼，适格原告是否参加诉讼由其自己决定。人民法院发现被告不适格的，通知原告更换被告，如果原告拒绝更换的，法院一般裁定驳回起诉。

当事人更换可能是在审查起诉时，也可能在审理过程中进行。无论何时更换当事人，诉讼应当重新开始，原来不正当当事人的一切诉讼行为，对更换后的正当当事人不发生法律效力。[①]

五、当事人诉讼权利和诉讼义务

当事人是民事诉讼主体，为保障当事人充分参加民事诉讼活动，民事诉讼法赋予了当事人广泛的诉讼权利。同时为维护正常的民事诉讼秩序，民事诉讼法也为当事人设定了一些诉讼义务。诉讼权利与诉讼义务是相对的，法院不仅应当保障当事人行使诉讼权利，也要督促当事人履行诉讼义务。

(一) 当事人的诉讼权利

我国《民事诉讼法》第 49 条至第 51 条集中并完整地规定了当事人的诉讼权利。诉讼权利是当事人进行诉讼行为的依据，这些诉讼权利体现于诉讼的各个阶段。从这些诉讼权利内容和目的来看，大致可以分为两类：

(1) 保障当事人进行诉讼的权利。如双方当事人都有使用本民族语言文

① 刘家兴主编：《民事诉讼法学教程》，北京大学出版社 2001 年版，第 91 页。

字进行诉讼的权利;双方当事人都有委托代理人进行诉讼的权利;双方当事人都有申请审判人员或者辅助人员回避的权利;双方当事人都有收集证据材料、提出各种证据材料、进行辩论、阐明自己对案件事实理由看法的权利;双方当事人都有要求交换证据的权利;双方当事人都有请求传唤证人、进行鉴定和勘验的权利;经审判长许可,双方当事人都有向证人、鉴定人或者勘验人发问的权利;法庭辩论终结,双方当事人都有陈述最后意见的权利;双方当事人都有查阅笔录并要求补正庭审笔录的权利以及双方当事人都可以查阅本案的有关材料,并可以复制有关材料和法律文书等等。

(2) 保障实体权利的诉讼权利。如原告有起诉权、撤诉权、变更或者放弃诉讼请求的权利,而被告有反诉权、反驳诉讼请求或者承认诉讼请求的权利;双方当事人都有请求和接受法院调解权、自行和解权、程序选择权;双方当事人都有上诉权、申请再审权;当义务人不履行法律文书确定的义务时,权利人可以申请法院强制执行,实现自己合法权益。

(二) 当事人的诉讼义务

(1)依法行使诉讼权利。当事人应当按照民事诉讼法规定的方式、时间等要求行使诉讼权利,不得滥用诉讼权利,侵犯他方合法权益。

(2) 遵守诉讼秩序。当事人应当遵守法庭纪律,服从法庭指挥,尊重对方当事人和其他诉讼参与人的诉讼权利。

(3) 履行生效的法律文书。对于生效具有执行力的法律文书,义务人应当自觉履行。义务人拒不履行的,人民法院可以依法强制执行。

第二节　共同诉讼

一、共同诉讼的概述

(一) 共同诉讼的概念

民事诉讼中存在着相互对立的当事人,即原告与被告。一般而言,原告与被告是一对一的状态,即单一诉讼。但是由于社会的复杂,民事法律关系主体有时并不是单一的,一旦民事法律关系发生纠纷,进入诉讼就会出现当事人一方或者双方是两人以上。另外,虽然民事法律关系主体是单一的,但是基于诉讼效率,通过将二个或者二个以上诉合并在同一程序中审理,也会形成当事人一方或者双方为两人以上。当事人一方或者双方为二人以上的诉讼即为共同诉讼。在共同诉讼中,多数方当事人称为共同诉讼人。

民事诉讼法规定的共同诉讼是人民法院处理涉及多数当事人民事纠

纷的一种诉讼制度。共同诉讼人是民事诉讼的当事人,但它又不同于一个原告和一个被告的当事人,它是将一方或者双方是二人以上的多数方当事人纳入同一诉讼程序进行审理,因此它属于诉讼主体的合并。法律规定共同诉讼的意义在于,减少诉讼,节省当事人的时间和费用,避免法院对同一或者同类案件作出相互矛盾的判决。

(二)共同诉讼的分类

《民事诉讼法》第52条规定,根据共同诉讼人与诉讼标的关系不同,可以将共同诉讼分为必要共同诉讼和普通共同诉讼。在大陆法系国家,必要共同诉讼又分为固有的必要共同诉讼和类似的必要共同诉讼。固有的必要共同诉讼,要求全体多数共同参加诉讼而且法院必须对诉讼标的合一裁判。而类似必要共同诉讼,多数方当事人有选择一同起诉或应诉,还是分别起诉或应诉的权利,一旦当事人选择共同诉讼,法院就必须对共同诉讼人的诉讼标的作出合一确定的判决;如果当事人选择单独诉讼,法院对其中一人的起诉或应诉诉讼作出的判决,效力及于可以作为共同诉讼的其他人。将必要共同诉讼分为固有的必要共同诉讼和类似的必要共同诉讼,既尊重了当事人的诉权,也缓解了固有必要共同诉讼多数方当事人必须一同起诉、一同应诉所带来的紧张。[①]

二、必要共同诉讼

(一)必要共同诉讼的概念和构成条件

必要共同诉讼,是指当事人一方或者双方为二人以上,诉讼标的是共同的,法院必须合并审理并对诉讼标的合一裁判。必要共同诉讼构成要件包括:

1. 当事人一方或双方为二人以上

这是形成必要共同诉讼的形式要件。

2. 共同诉讼人的诉讼标的是共同的

这是形成必要共同诉讼的实体要件。诉讼标的是共同的,是指共同诉讼人与对方发生争议的诉讼标的是同一的,即共同诉讼人在争议的诉讼标的中或者共同享有民事权利或者共同承担民事义务。共同诉讼人之所以对诉讼标的有共同的权利或者义务,可能是由实体法决定的,民事实体法规定共同诉讼人之间本身就存在权利义务的共有关系或者连带关系,也可能是因为同一事实或者法律上的原因,使本来没有共同权利或者义务的共同诉讼人形成了共同权利或者义务。学者根据形成共同权利或者义务的原因不同,将必要

① 张卫平:《民事诉讼法》(第二版),法律出版社2009年版,第154页。

共同诉讼可以分为三种:法定型、约定型以及事实型。[①] 正是由于共同诉讼人诉讼标的的同一性,因此法律要求共同诉讼人必须一同参加诉讼活动。如果共同诉讼人没有一同起诉或者应诉,法院应当依法追加。

3. 法院必须合并审理并对诉讼标的作出合一裁判

由于共同诉讼人诉讼标的的同一性,因此人民法院应当在同一诉讼程序中进行审理,并在裁判中合一确定诉讼标的,对多数当事人之间的权利义务作出内容相同的裁判。[②]

以上三点构成了必要共同诉讼的条件。根据《民诉法意见》的规定,我国实务中构成必要共同诉讼的情形包括:

(1) 个体工商户、个人合伙或私营企业挂靠集体企业,并以集体企业的名义从事生产经营活动的,诉讼中,该个体工商户、个人合伙或私营企业与其挂靠的集体企业为共同诉讼人。

(2) 个体工商户在诉讼中,营业执照上登记的业主与实际经营者不一致的,以业主和实际上经营者为共同诉讼人。

(3) 个人合伙的全体合伙人,在诉讼中为共同诉讼人。个人合伙有依法核准登记的字号的,应在法律文书中登记的字号。全体合伙人可以推选代表人进行诉讼;被推选的代表人,应由全体合伙人出具推选书。

(4) 企业法人分立的,因分立前的民事诉讼发生的纠纷,以分立后的企业为共同诉讼人。

(5) 借用业务介绍信、合同专用章、盖章的空白合同书或者银行账户的,出借单位和借用人为共同诉讼人。

(6) 在继承遗产的诉讼中,部分继承人起诉的,人民法院应通知其他继承人作为共同原告参加诉讼。

(7) 被代理人和代理人承担连带责任的,为共同诉讼人。

(8) 共同财产受到他人侵害,部分共有人起诉的,其他共有人应当列为共同诉讼人。

(9) 因保证合同纠纷提起的诉讼,债权人向保证人和被保证人一并主张权利的,人民法院应当将保证人和被保证人列为共同被告;连带责任情况下,债权人可以仅起诉保证人;但一般保证情况下,债权人不能仅起诉保证人。

(10) 因共同侵权或者共同危险行为致人损害引起的诉讼,实施行为的人作为共同诉讼人。

---

① 刘家兴主编:《民事诉讼法学教程》,北京大学出版社 2001 年版,第 94 页。

② 陈桂明主编:《民事诉讼原理与实务》,北京大学出版社 2002 年版,第 90 页。

（二）必要共同诉讼人的追加

必要共同诉讼是不可分之诉，因此，只有全体共同诉讼人一同起诉或应诉，当事人才适格。如果共同诉讼人没有一同参加诉讼，人民法院应当依法追加未参加诉讼的共同诉讼人参加诉讼。追加必要共同诉讼人可能是在一审、也可能发生在二审，还可能是在审判监督程序中。当法院追加的当事人是原告时，如果被追加的原告不愿意参加诉讼，又不明确表示放弃实体权利的，人民法院仍应追加其为共同原告；当法院追加的当事人是被告时，如果该被告不愿意参加诉讼，而且不适用拘传的，人民法院可以对该被告缺席裁判。

（三）必要共同诉讼人的内部关系

必要的共同诉讼较单一诉讼更为复杂，因为单一诉讼只涉及原告与被告之间的关系，而必要共同诉讼不仅涉及共同诉讼人与对方当事人之间的关系，还涉及共同诉讼人之间的关系。由于共同诉讼人是一方当事人，因此他们实施的诉讼行为应当一致。如果共同诉讼人实施的诉讼行为不一致，法院据此作出裁判的话，就会对共同诉讼人权利或者义务内容认定不一致。因此正确解决必要共同诉讼人内部关系是共同诉讼制度中一个重要问题。根据《民事诉讼法》第52条第2款规定，必要共同诉讼人一人的诉讼行为，只有经过全体承认后，才能具有法律效力。需要注意的是：第一，为避免因共同诉讼人意见不一致而拖延诉讼，我国《民事诉讼法》采取协商一致的原则。因此我们认为法律规定中的“承认”既包括明示认可，也包括默示，即不反对。第二，协商一致并不适用于所有场合，如一审判决后，共同诉讼人中的一人不服提起上诉，即使其他共同诉讼人不同意上诉的，其上诉行为的效力也及于其他共同诉讼人。

三、普通共同诉讼

（一）普通共同诉讼的概念

普通共同诉讼，是指当事人一方或者双方为二人以上，其诉讼标的是同种类的，当事人同意合并审理，人民法院也认为可以合并进行审理的诉讼。诉讼标的是同种类的是构成普通共同诉讼的实质条件。诉讼标的是同种类的，是指各个共同诉讼人分别与对方当事人之间争议的诉讼标的性质相同。例如丙打伤了甲、乙，甲、乙都向法院起诉丙损害赔偿。甲与丙之间是侵权纠纷，乙与丙之间也是侵权纠纷。正是基于诉讼效率的考虑，法律规定普通共同诉讼，将几个诉讼标的相同的案件用同一程序审理裁判。

（二）普通共同诉讼的构成要件

（1）诉讼标的是同种类的。普通共同诉讼是由于诉讼客体的合并而导致诉讼主体的合并。因此要成为普通共同诉讼,必须有两个以上当事人,就两个以上同种类诉讼标的向同一法院起诉或应诉。[①]

(2)同种类诉讼标的的几个纠纷属于同一法院管辖。管辖权是法院行使审判权的基础,因此对于同种类诉讼标的的几个纠纷法院都有管辖权,才能适用普通共同诉讼并入同一程序进行审理裁判。

(3)当事人同意合并审理,法院也认为可以合并审理。同种类诉讼标的的几个纠纷是合并审理还是分开审理,关系到当事人合法权益的维护问题,因此只有当事人同意合并的,才有可能形成普通共同诉讼。普通共同诉讼的目的在于节约司法资源、提高诉讼效率,因此赋予法院权衡是否能够实现该目的,从而决定是否合并审理。

(三)必要共同诉讼与普通共同诉讼之间的关系

无论必要共同诉讼还是普通共同诉讼,都表现为当事人一方或者双方为二人以上,人民法院用同一诉讼程序在共同诉讼人都参加诉讼行使自己诉讼权利的基础上作出裁判。但是它们之间更多的是区别:

(1)共同诉讼人与诉讼标的的关系不同。必要共同诉讼人与对方发生争议的诉讼标的是同一的,而普通共同诉讼人是分别与对方发生争议,诉讼标的属于同一种类。

(2)诉讼标的数量不同。必要共同诉讼中只有一个诉讼标的,而普通共同诉讼中有两个以上诉讼标的。

(3)是否必须合并审理不同。必要共同诉讼是不可分之诉,而普通共同诉讼是几个诉的合并审理,可以合在一起形成普通共同诉讼,也可以分别诉讼。

(4)共同诉讼人之间的关系不同。由于必要共同诉讼是不可分之诉,因此无论是共同诉讼人实施诉讼行为的效力还是诉讼中发生诉讼事件必要共同诉讼人之间都具有牵连性。必要共同诉讼人一人实施的诉讼行为,只要经其他共同诉讼人承认,才对全体共同诉讼人发生法律效力;必要共同诉讼人一人在诉讼过程中死亡,则整个案件诉讼中止。而普通共同诉讼人之间没有牵连性,每个共同诉讼人的诉讼行为只对自己发生法律效力,对其他共同诉讼人没有约束力。如果有的共同诉讼人遇到了诉讼中止或者诉讼终结的情况,只对个人的诉讼活动发生中止或终结的后果,不影响其他共同诉讼人诉讼活动的正常进行。

(5)裁判的作出不同。对于必要共同诉讼的案件,法院必须合一裁判,裁

---

① 江伟主编:《民事诉讼法学》,北京大学出版社 2012 年版,第 149 页。

判内容认定共同诉讼人的权利或者义务应当是一致的；而普通共同诉讼应当分别裁判，裁判内容认定共同诉讼人的权利或者义务可能一致，也可能不一致。

第三节　代表人诉讼

一、代表人诉讼的概念

代表人诉讼，又称为群体诉讼，是指具有共同或同类民事权益的一方当事人人数众多，依法推举或指定代表人进行诉讼，其他当事人不直接参加诉讼，法院裁判的效力及于全体当事人的制度。诉讼代表人，是指在代表人诉讼中，由人数众多的一方当事人推选或法院指定，代表人数众多一方当事人利益实施诉讼行为的人。

现代工业的发展使得人们相互之间的社会联系不断拓展，这有利于经济的发展，也伴生了大量众多的人基于同一或者同类事实与对方发生民事纠纷，如环境污染致人损害纠纷、产品质量侵权纠纷等。针对这些现代纠纷，各国都设立了不同的群体诉讼制度。如美国的集团诉讼制度、日本的选定代表人制度以及德国的团体诉讼制度。[①] 随着我国经济体制改革和经济的发展，我国也出现大量的环境污染、食品质量以及假化肥、假种子等使众多人受到损害的案件。在借鉴国外相关立法规定、总结审判实践经验基础上，我国《民事诉讼法》确定了代表人诉讼。

二、代表人诉讼制度与共同诉讼制度、诉讼代理制度的异同

（一）代表人诉讼与共同诉讼

代表人诉讼制度以共同诉讼制度为基础，代表人诉讼与共同诉讼都是当事人一方或者双方为二人以上（我国《民事诉讼法》规定代表人诉讼中多数方是指 10 人以上），诉讼标的是共同的或者同种类的，为节约司法资源、避免法院在相同或者相类似问题上作出矛盾裁判，法院在同一诉讼程序中将众多方

① 美国的集团诉讼，是众多方当事人存在共同的事实和法律问题，不可能每个人都参加诉讼，则众多方当事人就是一个集团，由其中一人或者数人提出请求，进行答辩，法院作出的判决不仅对于没有参加诉讼的人、甚至对那些料想不到的人都具有拘束力。日本的选定代表人诉讼，是众多方利害关系人对诉讼有共同利益，如果全体一块参加诉讼，对当事人、法院都不方便，则可以从众多利害关系人中选定一人或者数人作为全体的代表参加诉讼。德国的团体诉讼，是指法律确定的某些社会组织的成员或者其所保护的人民事权益收益受到侵害，该社会组织以自己的名义提起和参加诉讼，法院判决对该社会组织的成员或者其保护的人都具有法律效力。

当事人与对方的民事纠纷加以解决。但是代表人诉讼与共同诉讼是两种独立存在的不同的当事人制度。其不同点在于：

（1）当事人是否参加诉讼不同。共同诉讼要求当事人参加诉讼，对于必要共同诉讼，必要共同诉讼人没有参加诉讼，法院依法追加，而普通共同诉讼是可分之诉，因此众多方中部分人不愿意参加诉讼的，可以另行起诉解决；代表人诉讼是代表人参加诉讼，被代表的当事人不参加。

（2）诉讼行为的效力不同。即共同诉讼根据必要共同诉讼还是普通共同诉讼的不同，对于共同诉讼人中一人的行为对其他共同诉讼人的效力规定不同，必要共同诉讼采用协商一致原则，要求经全体共同诉讼人承认，而普通共同诉讼人之间相互是独立的，因此一人的诉讼行为对其他共同诉讼人没有法律效力；代表人诉讼中，诉讼代表人的诉讼行为对其所代表的当事人发生效力，但是，代表人变更、放弃诉讼请求或者承认对方当事人的诉讼请求、进行和解，必须经被代表的当事人同意。

（3）裁判对谁产生效力不同。在共同诉讼中，法院裁判只对参加诉讼的当事人有效，而代表人诉讼中，法院裁判具有扩展性。

（二）代表人诉讼与诉讼代理

代表人诉讼与诉讼代理都是通过他人行使诉讼权利、履行诉讼义务，但代表人诉讼制度与诉讼代理人制度在性质上是完全不同的。其不同点在于：

（1）与诉讼标的的利害关系不同。诉讼代表人与本案诉讼标的有利害关系，它是本案当事人，它与被代表的当事人与本案诉讼标的是共同的或者同种类的；而诉讼代理人与本案诉讼标的没有关系，它是基于法律规定或者当事人的委托代当事人参加诉讼实施诉讼行为。

（2）产生的程序不同。诉讼代表人因代表人诉讼种类不同，产生方式也不同；而诉讼代理人可能根据法律规定产生代理权、也可能是根据被代理人的授权行为产生代理权。

（3）参加诉讼的目的不同。诉讼代表人参加诉讼是维护自己的利益，也是为了维护全体被代表的当事人的利益；而诉讼代理人是以被代理人名义进行诉讼活动，其参加诉讼的目的在于维护被代理人的合法权益。

（4）法律后果不同。诉讼代表人参加诉讼行使诉讼权利、承担诉讼义务，法院作出裁判不仅对诉讼代表人本人有拘束力，也对被代表的当事人有拘束力；而诉讼代理人因为与本案诉讼标的没有关系，因此其在代理权限范围内实施诉讼行为，法院裁判对其只有程序拘束力，而没有实体拘束力。

三、诉讼代表人的产生

我国《民事诉讼法》根据起诉时人数是否确定，将代表人诉讼分为人数确定的代表人诉讼和人数不确定的代表人诉讼。代表人诉讼种类不同，诉讼代表人的产生方式和根据不同。

（一）起诉时人数确定的代表人诉讼。

根据《民诉法意见》第 60 条规定，共同诉讼的一方当事人人数众多，在起诉时确定的，可以由全体当事人推选共同代表人，也可以由部分当事人推选自己的代表人，推选不出代表人的当事人，在必要的共同诉讼中可以自己参加诉讼，在普通的共同诉讼中可以另行起诉。这一规定实际包括三种情况：一是人数众多的共同诉讼当事人，可以互相协商，如果能够取得一致意见，能够推选出共同的代表的，应当推选共同的代表人进行诉讼；二是如果众多当事人意见不一致，可以分成不同的部分，各部分共同诉讼人推选自己的代表；三是如果部分当事人推选出自己的代表，另一部分当事人推选不出代表人或者不愿推选代表人，在必要共同诉讼中，可以自己参加诉讼，在普通共同诉讼中，可以参加诉讼，也可以另行起诉。究其原因，就是起诉时人数确定的代表人诉讼就是共同诉讼。只是因为人数众多，所有共同诉讼人都参加诉讼，对当事人、法院都不方便，可以选定代表人代表其他共同诉讼人参加诉讼。由于共同诉讼分为必要共同诉讼和普通共同诉讼，当不能选定诉讼代表人时，必要共同诉讼中，只能当事人自己参加诉讼，普通共同诉讼中，当事人可以自己参加、也可以不参加代表人诉讼，通过另行诉讼程序解决纠纷。

（二）起诉时当事人人数不确定的代表人诉讼

根据《民诉法意见》第 61 条规定，当事人一方人数众多在起诉时不确定的，由当事人推选代表人，当事人推选不出的，可以由人民法院提出人选与当事人协商，协商不成的，也可以由人民法院在起诉的当事人中指定代表人。由此可见，集团诉讼代表人与共同诉讼情况下的代表人的产生方式不同。原因在于，共同诉讼中，尽管一方人数众多，但其人数在起诉时是确定的，在诉讼进行中共同诉讼人可能存在一定联系，容易推选代表人。推选不出的，可以自己参加诉讼。但是集团诉讼情况有所不同，不仅起诉时当事人人数众多，具体人数不确定，当事人全部参加诉讼不可能，而且众多当事人之间往往素昧平生，互相不了解，推选代表人有一定困难。因此这种案件只有通过代表人参加诉讼，才能保证诉讼的顺利进行，保护人数不确定当事人的合法权益。

四、诉讼代表人的法律地位

根据《民诉法意见》第62条规定，当事人可推选诉讼代表人二至五人，每位代表人可以委托一至二名诉讼代理人。诉讼代表人与本案有利害关系，是诉讼中的当事人，同时又是当事人的代表人，代表当事人行使诉讼权利、承担诉讼义务。根据《民事诉讼法》第53条和第54条第3款规定，代表人的诉讼行为对其所代表的当事人发生效力，但当事人变更、放弃诉讼请求或者承认对方的诉讼请求，进行和解，必须经被代表的当事人同意。由于诉讼代表人是本案当事人，因此代表人可以行使当事人的一般诉讼权利，如提供证据、请求调解、参加诉讼、提出上诉等，但是诉讼代表人和被代表的当事人都是民事权利义务主体，都与案件的处理结果有直接的利害关系，同时他们相互之间也还有不同的利益。因此，为避免因不同利害关系而损害被代表的当事人，诉讼代表人处分涉及被代表当事人的实体权利时，需要经被代表当事人的同意。

五、代表人诉讼的特有程序

诉讼代表人是一种独立的民事诉讼当事人，法院审理代表人诉讼有特殊的程序要求和法院裁判效力内容。

（一）参加诉讼活动的当事人

法院审理代表人诉讼案件时，由产生出的代表人以及共同诉讼情况下没有推选出代表人自己亲自参加诉讼的当事人参加诉讼，而被代表的当事人不直接参加诉讼。为维护广大的被代表的当事人的合法权益，法院应当对诉讼代表人的诉讼行为进行监督，防止代表人侵犯被代表人的利益，诉讼的进展情况应当及时公告被代表的当事人。①

（二）发出公告通知权利人在一定期间向人民法院进行登记

根据《民诉法意见》第63条、第64条规定，人民法院受理起诉时人数不确定的代表人诉讼案件后，可以发出公告，通知权利人向人民法院登记。公告期根据具体案件的情况确定，最少不得少于30日。向人民法院登记的当事人，应证明其与对方当事人的法律关系和所受到的侵害。证明不了的，不予登记，当事人可以另行起诉。就是说，第一，人民法院受理起诉时人数不确定的代表人诉讼后，可以发出公告，也可以不发出公告，直接根据当事人的起诉进行审理和裁判；第二，法院公告的目的在于，表明法院已经受理该案件，告

① 刘家兴：《民事诉讼法学教程》，北京大学出版社2001年版，第106页。

知与众多方当事人处于相同诉讼地位的权利人及时向法院登记,以便简化诉讼程序,使全体权利人得到同等保护;第三,登记是为了确定当事人人数。申请登记就是表明其与被代表的当事人一样享有向对方的请求权,因此申请登记的人需要有一定的证据材料证明自己的权利受到侵害的事实。至于申请登记人提交的证据材料是否真实、充足,它是否确实受到侵害以及权利能否得到保护,需要法院在案件审理后才能确定。

(三) 人民法院对代表人诉讼作出裁判具有扩展性

法院裁判一般仅对参加诉讼的当事人具有法律效力,但是法院对代表人诉讼作出的裁判还具有扩展性效力,具体表现为:对于共同诉讼情况下的代表人诉讼,法院作出的裁判不仅对参加诉讼的诉讼代表人有效,也对没有推选出代表人自己亲自参加诉讼的当事人有效,对于另行进行诉讼的当事人无效。而对于起诉时人数不确定的代表人诉讼,法院作出的裁判不仅对代表人有效,对被代表的当事人(包括起诉时的和参加登记的)有效,而且对没有参加登记但在诉讼时效内起诉的权利人也发生法律效力。即未参加登记但在诉讼时效期间起诉的,经审查,符合起诉条件的,人民法院应当作出裁定,裁判起诉的权利人享有人民法院生效裁判所确定的权利。

第四节 民事公益诉讼

一、民事公益诉讼概述

(一) 民事公益诉讼概念

公益诉讼,是指为保护社会公共利益为目的的诉讼。作为一项法律制度,公益诉讼在古罗马法时早已存在。公益诉讼是相对于私益诉讼而言的,"私益诉讼是为了保护个人私有权利的诉讼,仅特定个人才可以提起;公益诉讼是为了保护社会公共利益的诉讼,除法律有特别规定外,凡市民均可提起。"[①]公益诉讼被赋予现代意义并引起广泛关注始于自由资本主义向垄断资本主义过渡时期。因为随着生产力水平的提高,生产规模加剧,使得社会化大生产与人们生存环境的矛盾不断尖锐,社会环境问题、消费者权益受损害问题以及产品质量安全问题等涉及公共利益的纠纷越来越多。为加强国家对经济关系的控制和维护社会公共利益,许多国家都纷纷规定了保护公共利益的诉讼制度。

---

① 周枏:《罗马法原论》,商务印书馆 2005 年版,第 958 页。

近十几年来，虽然我国立法上没有明确规定民事公益诉讼制度，但是司法实践中出现了大量民事公益诉讼案例，如 1997 年河南省方城县检察院就国有资产流失向本县法院提起确认房屋买卖合同无效诉讼、2002 年黑龙江省饶河县四排赫哲族乡人民政府因与被告郭颂、中央电视台、北京北辰购物中心发生民间文学艺术作品著作权纠纷，向北京市第二中级人民法院提起诉讼（详见本章案例精选中案例 2）以及 2009 年中华环保联合会向江苏省无锡市中级人民法院起诉江苏江阴港集装箱有限公司环境污染侵权纠纷案等。面对这些具有公益诉讼属性的案件，传统诉讼制度已经无力应对，社会各界基于我国公益诉讼司法实践，强烈要求建立公益诉讼制度。在这种情况下，我国 2012 年《民事诉讼法》新增 55 条规定：对污染环境、侵害众多消费者合法权益等损害社会公共利益的行为，法律规定的机关和有关组织可以向人民法院提起诉讼。由此，我国民事公益诉讼制度诞生。

由于对公共利益的认识不同，我国学术界对公益诉讼没有形成统一概念，对公益诉讼的分类看法更是不一。立足于我们对公共利益的认识和我国现有的程序法框架，我们认为，公益诉讼，是指在社会公共利益受到侵害或者可能受到侵害时，为保护社会公共利益，由法定的主体向法院提起诉讼，法院进行审理裁判的法律制度。公益诉讼分为民事公益诉讼和行政公益诉讼。民事公益诉讼，是指针对损害社会公共利益的行为，法律规定的机关和有关组织有权向法院提起民事诉讼，法院按照法定程序进行审判，从而制裁民事违法行为，保护社会公共利益。

民事公益诉讼制度的建立具有如下意义：（1）弥补了我国公益诉讼立法空白，有助于维护受到损害的社会利益；（2）通过公益诉讼，及时制止了损害社会公共利益行为，保障了民众诉权，扩大了司法解决纠纷功能。

（二）民事公益诉讼特征

民事公益诉讼与普通民事诉讼相比，具有如下主要特征：

（1）诉讼标的不同。普通民事诉讼标的是当事人之间争议的特定主体之间权利义务关系；而民事公益诉讼的诉讼标的是公共利益，即是不特定多数人共同享有利益。

（2）诉讼主体的不同。普通民事诉讼主体必须是与本案处理结果有利害关系人，即是所争议权利义务关系主体；而在民事公益诉讼中，由于公共利益主体人数众多，且人数不确定，很难确定一个合适主体来参加诉讼提出主张，所以，需要通过法律规定相应的机关或组织作为诉讼主体，成为提起民事公益诉讼原告。多数国家法律规定为特定机关或组织担任公益诉讼原告，而这一原告可能并不是诉讼结果直接利害关系者。

(3) 判决效力不同。普通民事诉讼判决效力只涉及参加本案直接利害关系人,并对其产生拘束力;而民事公益诉讼是有法律规定机关或组织代表民事公益受害人进行诉讼,法院裁判不仅对参加诉讼当事人有拘束力,同时,对社会公众、特定国家机关、组织均具有法律效力。

(4) 诉讼程序复杂程度不同。普通民事诉讼法院按照既定审判程序规则进行,就能够顺利解决当事人之间存在的单一的、具体的民事权利义务纠纷;而民事公益诉讼案件的特殊性,使得司法裁判具有复杂性。由于涉及人数众多、权利义务范围难以界定、案件政策性、复杂性和专业性也比较强,因此,要顺利、公正解决一项公益诉讼案件,不仅需要规定复杂、特殊的审判程序,可能还要求相关行政或政策部门共同配合,以化解和解决公益纠纷。

(三) 民事公益诉讼与代表人诉讼

在我国,民事公益诉讼是一种新型诉讼,民事公益诉讼所涉及受损害主体也是人数众多而且不确定。对人数众多且不确定的案件,我国《民事诉讼法》规定了代表人诉讼。但是,代表人诉讼与民事公益诉讼是不同的:(1) 目的不同。民事公益诉讼目的在于维护社会公共利益,使社会公共利益最大化,而代表人诉讼是法院通过对具体私人民事权益的确认直接维护民事私人合法权益。(2) 诉讼主体要求不同。民事公益诉讼原告具有多元性,不局限于与起诉的案件有直接利害关系的当事人,法律规定的机关、组织都可以以社会公共利益受到损害为由,向法院提起民事诉讼。而代表人诉讼中,诉讼代表人必须是受损害众多当事人中的一员,其与起诉的案件有直接利害关系。(3) 法院裁判效力的影响不同。由于民事公益诉讼涉及社会性和公共性,因此法院的裁判不仅解决社会公共利益是否受到损害,而且往往会导致国家、公用事业、垄断经营的单位和公益性服务机构重大决策的调整和重大行为的改变,甚至是某项法律规定的修改。[①] 而代表人诉讼中,虽然法院裁判具有扩张性,但其主要还是通过及时解决双方当事人之间纠纷,维护私法秩序。

二、民事公益诉讼的原告范围

民事公益诉讼原告范围,是指哪些主体可以提起民事公益诉讼。从理论上讲,任何主体都可以成为公益诉讼的提起者。但是,立法者基于我国现行管理体制和司法状况,对民事公益诉讼主体的范围进行了限制性规定。其目

① 张艳蕊:《民事公益诉讼制度研究——兼论民事诉讼机制的扩大》,北京大学出版社 2007 年版,第 31 页。

的是防止公益诉权的滥用,保证公益诉讼制度有序健康推进。根据《民事诉讼法》第55条规定,民事公益诉讼提起主体是"法律规定的机关和有关组织",即可以提起民事公益诉讼原告,一方面要求必须是依照法律规定设立的机关和组织,另一方面要求必须是依照法律有权利提起民事公益诉讼的机关和组织。但是,究竟包括哪些机关和组织,则有待于法律的进一步明确规定。

从目前法律规定看,法律规定可以提起民事公益诉讼的机关仅有《海洋环境保护法》第90条第2款规定,"对破坏海洋生态、海洋水产资源、海洋保护区,给国家造成重大损失的,由依照本法规定行使海洋环境监督管理权的部门代表国家对责任者提出损害赔偿要求"。我们认为,对"法律规定的机关和有关组织"还应当根据民事公益诉讼目的和我国公益诉讼司法实践有一个较广泛的解释。可以作为民事公益诉讼原告的,应当是其职能或宗旨与公共利益存在关联性的那些机关和组织。

(一)人民检察院可以提起公益诉讼

法律规定机关是否包括检察院,学者们看法不一。我们认为,检察院既是社会公共利益的代表者,又是法律监督者,侵犯社会公共利益的案件本身就是违反法律的行为,因此,检察院完全有资格作为原告提起民事公益诉讼。

(二)有关行政机关可以提起公益诉讼

我们认为,行政机关行政执法权受到限制,但是,提起公益诉讼不应该受限。提起民事公益诉讼行政机关有一定优势,一是行政机关掌握有关环境评价、检测等方面信息资料,收集证据能力比较高,二是行政机关提起民事公益诉讼表明政府对公益保护的态度,法院在处理此类诉讼时受到压力和阻力相对较小。迄今为止,我国各地法院处理的公益环境诉讼案,由政府机关做原告的有多起。

(三)关于"有关组织"

有关组织不是一个确定的法律概念,泛指社会团体、民办非企业单位、基金会等各类组织。上述组织情况复杂,良莠不齐,目前全国共有约五十多万个。如果都赋予其公益诉讼起诉资格,可能造成公益诉权的滥用。为了维护行政管理秩序和社会稳定,防止不当适用民事公益诉讼制度,我们认为,可以根据该组织章程规定的设立宗旨、服务区域、业务范围等,确定其是否与某一领域公益诉讼事项有关联,通过法律或者司法解释明确其准入条件,从而使社会组织能够更有效发挥维护社会公共利益的作用。纵观我国现行已颁布实施的一些涉及社会公共利益的法律、法规,明确规定有关社会组织可以提起诉讼的主要有:《工会法》第20条第3款、《劳动合同法》第56条规定:企业违反集体合同,侵犯职工劳动权益的,工会可以依法要求企业承担责任;因履行集体合同发生争议，经协商解决不成的，工会可以向劳动争议仲裁机构提请仲裁，仲裁机构不予受理或者对仲裁裁决不服的，可以向人民法院提起诉讼。《物权法》第83条规定："业主应当遵守法律、法规以及管理规约。业主大会和业主委员会，对任意弃置垃圾、排放污染物或者噪声、违反规定饲养动物、违章搭建、侵占通道、拒付物业费等损害他人合法权益的行为，有权依照法律、法规以及管理规约，要求行为人停止侵害、消除危险、排除妨害、赔偿损失。业主对侵害自己合法权益的行为，可以依法向人民法院提起诉讼。"随着公益诉讼理念的深入，可以提起民事公益诉讼的有关组织范围应当不断扩大。

（四）关于公民

基于我国民事公益诉讼制度还不够完善，以及公民个人诉讼能力较弱、有可能滥用诉权，《民事诉讼法》第55条并没有赋予公民个人提起公益诉讼的权利。

三、民事公益诉讼的案件范围

民事公益诉讼范围，是指哪些案件应当属于公益诉讼。对此，国内外学者也是争论不休，迄今没有定论。从理论上讲，凡是"损害公共利益"的案件均应该属于公益诉讼的范围，但是，何为公共利益也是一个模糊不清的概念。国外民事公益诉讼的受案范围不仅包括国家利益或者社会利益受到损害的案件，如公害案件、不正当竞争案件等，还包括严重违背社会公德和公序良俗的身份关系案件，如婚姻无效案件、禁治产案件等。随着社会不断进步和发展，社会利益呈多元化趋势，公共利益的外延越来越具有开放性，并且与个人利益存在边缘上交织状态。

由于公共利益内容的不确定性，我国《民事诉讼法》又是首次规定民事公益诉讼制度，因此现行立法仅将司法实务中严重存在的"环境污染、侵害众多消费者合法权益等损害社会公共利益的行为"，纳入民事公益诉讼的案件范围。这就是说，立法一方面采取列举方式明确规定因"环境污染"和"侵害众多消费者合法权益"的，并且损害公共利益时引发的纠纷属于民事公益纠纷，可以提起民事公益诉讼；另一方面考虑到公共利益内容的发展性，采用开放性的立法，明确规定可以提起民事公益诉讼的案件不限于"环境污染"、"侵害众多消费者权益"两类案件，我们可以借助法律理念和司法实践，通过及时制定和修改单行法来逐步拓展民事公益诉讼的受案范围。

四、民事公益诉讼程序有关问题

民事诉讼法是以私益诉讼为中心设定的有关制度，对公益诉讼有关特别程序规定不足,例如,诉讼请求受理条件、管辖法院、有关诉讼原则的适用、诉讼费用等问题,对此,还有待于司法解释和明确。

(一)民事公益诉讼受理条件

我国现行《民事诉讼法》只规定了提起民事公益诉讼的主体和案件范围,并没有特别规定受理民事公益诉讼条件,而《民事诉讼法》第119条对私益诉讼规定的起诉条件,又不完全适合民事公益诉讼。我们认为,受理民事公益诉讼应当具备以下两个前提条件:(1)公益诉讼应当是在社会公共利益遭受到不法侵害,受害人没有提起诉讼或者很难确定受害人的情况下,才能由法定主体提起。[①] 因为侵犯社会公益利益案件,往往也会涉及侵犯多数人的个人利益,如果受害者已经向法院提起停止侵害诉讼,为节省司法资源,防止法院就同一问题作出矛盾裁判,法定的机关或者有关组织就不得再提起公益诉讼。(2)对于法定的机关和组织提起民事公益诉讼,法律应当明确规定有关机关已经用尽了法律、法规规定的行政执法措施。因为行政机关对其行政管理职权范围内的事项可以实施行政行为,行政手段具有简便、快捷、成本低的特点,有利于及时稳定社会秩序。而民事公益诉讼是司法行为,是最终的救济手段,因此,民事公益诉讼既不能取代行政管理行为,也不能削弱行政管理职能。

(二)民事公益诉讼管辖法院

借鉴其他国家集团诉讼或团体诉讼立法经验,为保证案件审理效果,保证裁判尺度的统一,我们认为对民事公益诉讼管辖的规定,首先,在级别管辖和地域管辖上,应由侵权行为地或被告住所地中级人民法院受理。海洋环境公益诉讼案件,由污染发生地或者损害结果地、采取预防污染措施地海事法院依照《海事诉讼法》专门管辖;海事法院的上诉审高级人民法院可以概括指定海事法院受理省内陆源污染海域及通海水域污染公益诉讼。其次,实行集中管辖原则,即就同一损害社会公共利益的行为,同一原告或者不同原告向两个以上有管辖权人民法院提起民事公益诉讼的,后立案人民法院应将案件移送先立案的人民法院管辖。

(三)有关诉讼原则的适用

由于民事公益诉讼的特殊性,某些适用于私益诉讼的原则在公益诉讼中受到限制。(1)处分原则的限制适用。由于民事公益诉讼涉及公共利益,诉讼中职权主义多于当事人主义,因此,当事人处分权受到限制。原告提起民事公益诉讼后,法院对其在诉讼过程中的放弃诉讼请求、承认对方请求、和解

---

① 江伟主编:《民事诉讼法典专家修改建议稿及立法理由》,法律出版社2008年版,第76页。

等诉讼行为进行严格限制,并限制被告反诉;同时,法院裁判不受当事人诉讼请求限制,为公共利益考虑,法院享有高度自由裁量权。(2)辩论主义的限制适用。当事人不主张的事实,如果涉及公共利益保护,法院也应当审理。同时,法院应当以职权调查收集证据,调查范围并不局限于当事人申请调查范围。(3)调解原则的限制适用。与私益诉讼不同,民事公益诉讼中可以适用调解原则,但是,调解协议并不一定完全依据双方当事人意愿达成,调解结果不得损害公共利益。

(四)举证责任和证明规则

在民事公益诉讼中,同样应当贯彻谁主张谁举证的举证责任分配原则,但是,考虑到民事公益诉讼原告(尤其是有关组织)举证能力较弱、距离证据较远、收集证据手段匮乏等因素,对于某些类型的要件事实,应当实行举证责任倒置原则,同时,还要强调法院调查收集证据的职责。对于公益诉讼的证明标准可以有限降低,采用表见证明、事实推定等方法认定被告过错和因果关系。

(五)关于民事公益诉讼费用

为了鼓励保护公共公益,完善民事公益诉讼激励机制,有观点主张民事公益诉讼原告可以免交案件受理费、保全申请费等。我们认为,针对民事公益诉讼,原告起诉时,法院可以缓收案件受理费,原告败诉时免收原告诉讼费用,鉴定费、律师费和其他诉讼成本费用,由有关组织基金支付。原告胜诉的,判决被告承担诉讼费用以及原告律师费、鉴定费等费用。

第五节 第三人诉讼

一、第三人的概念和特点

民事诉讼是解决民事纠纷的方式,民事纠纷总是存在利益对立的双方当事人。双方当事人之间的民事纠纷就是民事权利义务关系纠纷、民事权益矛盾。由于民事权利义务关系的复杂性,双方当事人之间的民事权利义务关系或者民事权益矛盾的处理结果可能涉及双方当事人以外的人,因此为保护这些人的合法权益,全面解决民事纠纷,《民事诉讼法》第 56 条规定了第三人诉讼制度。一般认为,民事诉讼的第三人,是指对原告和被告所争议的诉讼标的认为有独立请求权,或者虽没有独立的请求权,但与案件的处理结果有法律上的利害关系,而参加到正在进行的诉讼中去的人。在民事诉讼法学理论上,将原告起诉被告的诉称为本诉,第三人诉讼制度反映的是第三人参加之诉讼。我国《民事诉讼法》依第三人参加诉讼的根据不同,将第三人分为有独立请求权第三人和无独立请求权第三人。

第三人是各国民事诉讼法普遍规定的当事人制度,为了更好地保护本诉之外当事人利益,法律有必要规定第三人诉讼制度,将第三人参加之诉与本诉合并审理。诉讼中第三人的特点如下:

(1) 第三人参加诉讼是以原被告之间本诉的存在为前提。第三人是在原被告本诉已经开始后才参加诉讼,因此其参加诉讼应当以本诉存在为前提,本诉存在就是法院受理本诉以后,诉讼程序还没有结束。否则就谈不上参加诉讼。

(2) 第三人参加诉讼的原因是与本诉讼案件有某种利害关系。第三人参加诉讼,必须是对本诉诉讼标的有独立的请求权,或者虽无独立请求权,但同本诉案件的处理结果有法律上的利害关系。

(3) 第三人与本诉原、被告间都没有共同的权利或义务。第三人参加诉讼,既不是与本诉原告构成共同原告,也不与本诉被告构成共同被告,而是具有独立诉讼地位。虽然有的第三人参加诉讼后,辅助一方当事人进行诉讼,但是它与被辅助方当事人的诉讼地位也不同,因此第三人与本诉原、被告间都没有共同的权利或义务。

(4) 参加诉讼的目的都是为维护自己的利益。第三人参加诉讼的目的与诉讼代理人以及其他诉讼参与人不同。第三人是当事人,其参加诉讼的目的在于维护自己的合法权益,而诉讼代理人是为维护被代理人的合法权益,其他诉讼参与人是为了协助法院查明案件事实,作出正确裁判。

二、有独立请求权第三人

(一) 有独立请求权第三人概念和参加诉讼的条件

有独立请求的第三人,是指对原告和被告之间争议的诉讼标的主张独立请求权而参加诉讼的人。有独立请求权第三人参加诉讼的条件如下:

(1) 本诉诉讼程序正在进行。这是对有独立请求权第三人参加本诉的时间要求。本诉诉讼程序,仅指审理程序,而不包括特别程序、督促程序、公示催告程序以及执行程序。因为执行程序是实现实体权益的程序,而特别程序、督促程序和公示催告程序是非诉讼程序。对于有独立请求权第三人参加一审诉讼程序没有问题,但是否可以直接参加二审程序、审判监督程序,学者们有不同看法。我们认为,《民事诉讼法》确定有独立请求权第三人制度目的,就是及时保护第三人的合法权益,避免矛盾裁判、节约司法资源。因此,对于没有参加第一审程序的有独立请求权第三人,在第二审程序或者审判监督程序中提审或者按照第二审程序审理本诉过程中，可以申请参加诉讼，二审法院准许其参加诉讼的，经当事人同意调解解决本诉和参加之诉，达不成调解协议的，法院继续审理本诉，告知有独立请求权撤诉并另行起诉。

（2）提出独立的主张。这是有独立请求权第三人参加诉讼的根据和能否参加诉讼的实质要件。根据《民事诉讼法》第56条第1款规定："对当事人双方的诉讼标的，第三人认为有独立请求权的，有权提起诉讼。"诉讼上的请求权与实体请求权有密切联系，当民事主体的实体权利受到侵犯或者与他人发生争议时，他就可以将实体请求权进一步转化为诉讼上请求权，向法院提起诉讼，请求法院予以司法保护。[①] 对于实体请求权的范围，学者看法不一，有的认为，"这种独立请求权的实体权利依据一般是物上请求权，即物权请求权。通常表现为第三人对他人之间争执的标的物主张所有权"[②]。还有学者认为，由于请求权在诉讼上比实体法规定的请求权范围宽，因此这里的独立请求权是指有独立请求权第三人提出了诉讼请求，认为本诉原告、被告与本诉有关的行为侵犯了其权益，法院就不能拒绝其参加诉讼。[③] 我们同意最后一种看法。由于有独立请求权第三人制度是保护第三人的合法权益，因此只要第三人认为原被告的本诉侵犯其合法权益，他就可以将自己的实体权益转化为诉讼权益，通过提起参加之诉维护自己的合法利益。所谓"独立的请求权"，就是第三人的请求权既不同于原告的诉讼请求权，也不同于被告的诉讼请求权，或者说无论法院判决原告还是被告胜诉都会侵犯第三人的合法权益。

（3）向受理本诉的法院提起参加之诉。这是成为参加诉讼的形式要求。有独立请求权第三人是以向受理本诉法院提起诉讼的方式参加诉讼。如果他不是向受理本诉法院起诉，则是独立的诉，而不是参加诉讼。

（二）有独立请求权第三人的诉讼地位

有独立请求权第三人参加诉讼，是有独立请求权第三人提出了参加之诉。在参加之诉中，有独立请求权第三人是原告，本诉的原告、被告为被告。至于参加之诉中的被告是否是共同被告，学者看法不一。一般认为，参加之诉中的被告不是共同被告。原因在于，一方面，有独立请求权第三人提出参加诉讼后，诉讼程序中就形成三个不同的对立面：一是本诉原告和被告之间的对立面；二是有独立请求权的第三人与本诉原告之间的对立面；三是有独立请求权的第三人与本诉被告之间的对立面。另一方面，参加之诉中的被告

---

① 柴发邦主编：《中国民事诉讼法学》，中国人民公安大学出版社1992年版，第257页。

② 张卫平：《民事诉讼法教学案例》，法律出版社2005年版，第60页。

③ 汤维建主编：《民事诉讼法学》，北京大学出版社2008年版，第221页。

虽然有本诉原告、被告,但本诉原告、被告之间既不是必要共同诉讼,也不是普通共同诉讼。有独立请求权第三人是参加诉讼的原告,因此享有原告的诉讼权利,承担原告的诉讼义务。因此根据《民诉法意见》第 159 条规定,有独立请求权的第三人经人民法院传票传唤,无正当理由拒不到庭,或者未经法庭许可中途退庭的,可以对该第三人比照《民事诉讼法》第 129 条的规定,按撤诉处理。同时,由于有独立请求权的第三人不是本诉中的原、被告,因此它不享有本诉原、被告享有的诉讼权利,它无权对本诉提出管辖权异议。

(三)有独立请求权第三人与必要共同原告的区别

1. 诉讼标的数量不同

有独立请求权第三人提出参加之诉后,诉讼标的有三个,即本诉原告和被告之间的诉讼标的、有独立请求权第三人与本诉原告之间的诉讼标的以及有独立请求权第三人与本诉被告之间的诉讼标的;而必要共同被告只有一个诉讼标的,即共同原告与被告之间的诉讼标的。

2. 争议的主体对象不同

有独立请求权第三人参加诉讼,有独立请求权与本诉原告、被告都发生争议,而必要共同原告只和被告发生争议。

3. 诉讼行为效力不同

有独立请求权第三人提出参加之诉后,由于是三个诉合并审理,当事人之间没有牵连性,各自进行自己的诉讼行为,行为只对自己产生法律效力,而必要共同原告之间有牵连性,一个原告实施的诉讼行为,只要经其他共同原告承认,才对全体共同原告发生法律效力。

4. 参加诉讼方式不同

有独立请求权第三人是以起诉方式参加诉讼,而必要共同原告可能是一同起诉,也可能是法院依法追加。

5. 案件是否可以分开审理不同

有独立请求权第三人提出参加之诉与本诉是独立的两个诉,因此可以放在同一程序进行合并审理,也可以分开进行。因此《民诉法意见》第 160 条规定,有独立请求权第三人参加诉讼后,原告申请撤诉,人民法院在准许原告撤诉后,有独立请求权第三人作为另案原告,本诉原告、被告作为另案被告,诉讼另行进行。而必要共同诉讼是不可分之诉,所有共同原告必须一同参加诉讼。

三、无独立请求权第三人

(一)无独立请求权第三人的概念和参加诉讼的条件

无独立请求权第三人,是指虽没有就原告与被告之间的争议的诉讼标的主张独立的请求权，但与案件的处理结果有法律上的利害关系，而参加诉讼的人。无独立请求权第三人参加诉讼的条件如下：

1. 本诉正在进行

第三人以案件处理结果与自己有法律上利害关系为由要求参加诉讼，时间必须是在法院受理本诉案件以后，作出裁判以前。

2. 与本诉案件处理结果有法律上的利害关系

这是判断无独立请求权第三人的实质条件。之所以本诉的处理结果会涉及第三人的利益，大多是因为本诉原告与被告之间争议的实体法律关系与第三人同原告或者被告的实体法律关系有牵连。[①] 所谓与本诉案件处理结果有法律上利害关系，第一，是指本诉案件处理结果与无独立请求权第三人之间有法律利害关系，而不是事实上或者情感上的关系。如夫妻离婚案件中的第三者不得作为无独立请求权第三人。第二，与本诉案件处理结果有法律上的利害关系具体是指法院对本诉案件的裁判可能影响到无独立请求权第三人的实体权利或者义务。如甲乙之间是租赁合同关系，未经甲同意，乙擅自将租赁的房屋出租给丙。现甲向法院起诉乙解除租赁合同，则丙可以作为无独立请求权第三人参加诉讼。第三，与本诉案件处理结果有法律上的利害关系只能是直接的，不能是间接的。1994 年 12 月 22 日法发[1994]29 号《最高人民法院关于在经济审判工作中严格执行〈中华人民共和国民事诉讼法〉的若干规定》规定，下列情况下不得列为无独立请求权第三人：(1) 受诉人民法院对于原被告双方争议的诉讼标的无直接牵连和不负有返还或者赔偿等义务的人，以及与原告或者被告约定仲裁或有约定管辖的案外人，或者专属管辖案件的一方当事人，均不得作为无独立请求权第三人通知其参加诉讼。(2) 人民法院在审理产品质量纠纷案件中，对原被告之间法律关系以外的人，证据已证明其已经提供了合同约定或者符合法律规定的产品的，或者案件中的当事人未在规定的质量异议期内提出异议的，或者作为收货方已经认可该产品质量的，不得作为无独立请求权第三人通知其参加诉讼。(3) 人民法院对已经履行了义务，或者依法取得了一方当事人的财产，并支付了相应对价的原被告之间法律关系以外的人，不得作为无独立请求权第三人通知其参加诉讼。

3. 以申请的方式参加或法院通知的方式参加

因为无独立请求权第三人参加诉讼是维护自己的权益，因此无独立请求权第三人可以主动向法院提出申请参加到已经开始的本诉诉讼程序中。由

① 柴发邦主编：《中国民事诉讼法学》，中国人民公安大学出版社 1992 年版，第 261 页。

于我国立法规定无独立请求权第三人制度的目的在于纠纷的一次性全部解决，再加上多数无独立请求权第三人是基于本诉案件处理结果与其是义务关系，因此实务中，人民法院通知无独立请求权第三人参加诉讼是主要方式。

（二）无独立请求权第三人的法律地位

关于无独立请求权第三人的诉讼地位是否是当事人，学者看法不一。我们认为，无独立请求权第三人参加诉讼的根据不是基于他提出独立的请求，而是与本诉案件处理结果有法律上的利害关系，因此无独立请求权第三人只是参加到本诉程序中，并没有形成一个独立的参加诉讼。无论无独立请求权第三人为维护自己的合法权益主动要求参加还是法院基于诉讼效率考虑通知其参加，都并不是本诉中的当事人，只是辅助一方当事人，因此无独立请求权第三人不能代替本诉当事人行使诉讼权利，也不享有本诉原告、被告享有的所有处分实体权利的诉讼权利。但是，无独立请求权第三人参加诉讼后，又有独立性的一面，因此无独立请求权第三人属于广义当事人，享有当事人保障自己合法权益的一般性诉讼权利，如提交证据材料、委托代理人、申请回避等等。《民诉法意见》第 66 条规定："在诉讼中，无独立请求权的第三人有当事人的诉讼权利义务，判决承担民事责任的无独立请求权的第三人有权提出上诉。但该第三人在一审中无权对案件的管辖权提出异议，无权放弃、变更诉讼请求或者申请撤诉。"由于多数无独立请求权第三人是基于本诉案件处理结果与其是义务关系，因此考虑到节约司法资源，提高诉讼效率，法院可能判决无独立请求权的第三人承担一定的实体义务。如果无独立请求权第三人在一审判决中承担民事责任，则该无独立请求权第三人就成为狭义当事人。

四、第三人申请撤销之诉

（一）第三人申请撤销之诉的概念

长期以来，我国民事诉讼法对第三人权益的保障主要适用第三人参加诉讼和执行异议制度。第三人参加诉讼，即有独立请求权第三人可以在已经开始的诉讼中，将原、被告作为被告，以起诉方式加入诉讼，法院合并审理作出裁判；无独立请求权第三人可以由法院通知或者自己申请参加到已经开始的诉讼中，法院审理并作出裁判。执行异议制度，是指在执行过程中，当执行特定标的侵犯案外人合法权益时，案外人可以向法院提出不同看法，从而维护自己的合法权益。第三人参加诉讼属于事前救济制度，执行异议属于事后救济制度。无论第三人参加诉讼制度还是执行异议制度都有局限性，都不能对第三人的合法权益提供直接、有效的救济，因此为维护案外第三人合法权益，

《民事诉讼法》在第56条第3款规定了第三人申请撤销裁判制度，即第三人申请撤销之诉。第三人申请撤销之诉，是指因不能归责于其本人事由没有参加他人之间诉讼，同时又认为他人之间诉讼已经生效的判决、裁定或者调解书内容有错误，侵害其民事权益的，可以向人民法院提出撤销该裁判的诉讼。

（二）第三人申请撤销之诉的特征

第三人申请撤销裁判制度是借鉴大陆法系国家或者地区民事诉讼法规定的第三人撤销诉讼程序确定的，其目的在于有效保护受恶意诉讼损害的第三人的利益。第三人申请撤销之诉的特征，可以通过其与第三人另行起诉、案外人申请再审的区别予以分析。

1. 与第三人另行起诉的区别

另行起诉制度是德国、日本民事诉讼法赋予第三人在未能参加诉讼又无法适用执行异议时的一种救济手段，是第三人主张对生效裁判诉争标的具有利益，通过提起诉讼维护自己的权益。而第三人申请撤销之诉，是指第三人针对他人之间已经生效裁判认为部分或全部内容错误，并损害其民事权益，在一定期限内向法院提起的申请法院撤销生效裁判的诉讼。第三人申请撤销之诉的诉讼标的是生效裁判是否有错误，而不是针对对方当事人的争讼请求。在我国没有明确规定既判力相对性原则情况下①，如果允许第三人另行起诉，首先，会造成法院重复审理同一纠纷，浪费司法资源，损害司法权威，其次，导致法院管辖混乱，如前诉是由中级或者以上法院作出生效裁判，第三人另行起诉由基层法院受理，就会出现下级法院可能撤销上级法院裁判的不正常情况，再者，第三人另行起诉，法院裁判后，执行机构对于执行哪个裁判将无所适从。

2. 与案外人申请再审的区别

2007年，我国对《民事诉讼法》进行部分修订，其中一个主要内容就是修订案外人执行异议制度。根据该修订，《审监程序解释》第5条规定案外人在具备一定条件下，有权向法院申请再审。② 虽然案外人申请再审和第三人撤销之诉在撤销生效裁判对第三人不利部分上是一致的，但它们之间仍有不

① 既判力，是指法院对前诉作出生效裁判后，当事人不得在后诉中提出与前诉相矛盾的主张，法院不得作出与前诉相矛盾的裁判。既判力相对性，即既判力只在双方当事人之间发挥作用。

② 最高人民法院《审监程序解释》第5条规定：案外人对原判决、裁定、调解书确定的执行标的物主张权利，且无法提起新的诉讼解决争议的，可以在判决、裁定、调解书发生法律效力后2年内，或者自知道或应当知道利益被损害之日起3个月内，向作出原判决、裁定、调解书的人民法院的上一级人民法院申请再审。在执行过程中，案外人对执行标的提出书面异议的，按照《民事诉讼法》第204条（现行法第227条）的规定处理。

同。案外人申请再审，是通过再审撤销原裁判依法改判，它直接关系到已决裁判的稳定性，因此启动再审程序的门槛很高；而第三人申请撤销之诉，只是通过撤销生效裁判对第三人不利的部分，并不影响前诉裁判在当事人之间的效力，因此司法政策上第三人申请撤销之诉的门槛应当比案外人申请再审程序要低一些。[①] 具体而言，二者区别包括：(1) 诉讼主体不同。第三人申请撤销之诉主体是当事人以外的受生效裁判效力影响的第三人；而案外人申请再审之诉的主体是对执行标的有异议的人。(2) 诉讼标的不同。第三人申请撤销之诉的诉讼标的为生效裁判错误；而案外人申请再审之诉的诉讼标的仍然是原审诉讼标的，是案外人与申请执行人对执行标的的异议。(3) 诉讼目的不同。第三人申请撤销之诉的目的是保护第三人合法权益不至于受到自己为参加诉讼的裁判突袭；而案外人申请再审目的在于补救原案审判程序严重瑕疵，恢复程序和裁判的合法性。

（二）第三人申请撤销之诉的条件

《民事诉讼法》第 56 条第 3 款规定："前两款规定的第三人，因不能归责于本人的事由未参加诉讼，但有证据证明发生法律效力的判决、裁定、调解书的部分或者全部内容错误，损害其民事权益的，可以自知道或者应当知道其民事权益受到损害之日起 6 个月内，向作出该判决、裁定、调解书的人民法院提起诉讼。人民法院经审理，诉讼请求成立的，应当改变或者撤销原判决、裁定、调解书；诉讼请求不成立的，驳回诉讼请求。"从上述规定看，我国《民事诉讼法》仅仅对第三人提起撤销之诉的条件和法院如何裁判进行了原则规定，并没有形成一套完整的第三人撤销之诉制度，因此需要借助其他相关法律制度，如当事人制度、证据制度、起诉受理制度以及法院裁判制度等。

第三人提出撤销之诉应当满足以下的条件：

(1) 提出撤销之诉的主体条件。[②] 从立法本身规定看，第三人撤销之诉的原告既可以是有独立请求权的第三人也可以是无独立请求权的第三人。但是，也有的认为，提起撤销之诉的主体，除了新《民事诉讼法》第 56 条规定的有法律上利害关系的第三人情形之外，司法实践中还应当包括遗漏的必要共同诉讼人的情形。因为这次修法确立撤销之诉的立法目的意在取代《审监程序解释》依据修改前《民事诉讼法》第 204 条规定解释而成的案外人申请再审制度，将遗漏必要共同诉讼人等情形也列入撤销之诉范围，不赋予案外人

---

① 张卫平主编：《新民事诉讼法专题讲座》，中国法制出版社 2012 年版，第 77 页。

② 对于提起撤销之诉主体的称谓，立法没有明确规定，学者也没有形成统一看法。在此，我们暂时称为原告、被告。

选择适用并行的案外人申请再审的权利,可以避免实践中可能产生的混乱。[①]对于撤销之诉的被告,法律没有明确规定。我们认为,既然第三人撤销之诉是针对法院生效裁判,必然会涉及原生效裁判当事人的实体权利,因此原生效裁判中的当事人都应当作为被告。

（2）提出撤销之诉的原告没有参加本诉不是其本人原因导致的。如,第三人不知道原、被告之间进行的本诉或者第三人虽然知道,但其有客观原因导致不能参加本诉。如果法院依法通知该第三人参加本诉,第三人没有正当理由拒绝参加,则该第三人不得申请撤销裁判。

（3）第三人申请撤销生效裁判,必须提交证据证明发生法律效力的判决、裁定、调解书可能部分或者全部内容错误,损害其民事权益。因为撤销之诉既是第三人的权利救济手段,又关系到法院生效裁判的终局性、确定性问题,因此对第三人的撤销之诉与普通诉讼有所不同。当然,这里的“证据证明”,只是要求其提供的证据能够初步证明即可,至于原判决是否存在损害第三人合法权益的错误,则只能通过随后的审理程序进行确定。

（4）第三人应当自知道或者应当知道其民事权益受到损害之日起6个月内提出。因为第三人申请撤销裁判制度是一种非常救济制度,其有利于维护第三人合法权益的同时,也对生效裁判的安定性和社会秩序的稳定性构成威胁,因此法律规定“6个月”期限,既保障又督促第三人及时行使权利。

（5）第三人只能向作出原生效判决、裁定、调解书的人民法院提起诉讼。这样规定,一是考虑到作出原生效裁判法院比较了解案件情况,有利于案件及时审理;二是避免出现下级法院撤销或者变更上级法院作出生效裁判的情况。[②]

（三）人民法院对第三人申请撤销之诉的审查和处理

第三人申请撤销之诉的管辖法院,应当是作出生效裁判、调解协议的人民法院。第三人申请撤销之诉应当适用普通程序一般规定进行审理。人民法院受理第三人撤销之诉后,如果生效裁判已经进入执行程序,法院可以根据第三人申请裁定中止原法律文书的执行,必要时可以让第三人提供担保。法院审理撤销之诉案件时,应当围绕第三人的撤销理由进行审理,撤销理由成立的,法院应当变更或者撤销原判决、裁定、调解书;撤销理由不成立的,法院应当判决驳回诉讼请求。

---

① 高民智:《关于案外人撤销之诉制度的理解与适用》,载《人民法院报》2012年12月11日,第04版。

② 全国人大常委会法制工作委员会民法室编著:《2012民事诉讼法修改决定条文释解》,中国法制出版社2012年版,第65页。

第六节　诉讼代理人

一、诉讼代理人概述

（一）诉讼代理人概念和特征

诉讼代理人，是指依据法律规定或者当事人的授权，在民事诉讼中为当事人的利益进行民事诉讼活动的人。诉讼代理人应当享有诉讼代理权，诉讼代理权，是指在民事诉讼中，代理人代理当事人进行诉讼活动的权限。诉讼代理人具有以下特征：

（1）诉讼代理人必须具有诉讼行为能力。诉讼代理人是代理当事人进行诉讼活动，因此在整个诉讼代理期间，诉讼代理人必须具有诉讼行为能力，否则不仅其代理行为无效，而且诉讼代理人将丧失代理资格。

（2）诉讼代理人必须以被代理人的名义进行诉讼。诉讼代理人不是当事人，其参加诉讼目的在于维护被代理人的合法权益，因此诉讼代理人只能以被代理人的名义进行诉讼活动。

（3）诉讼代理人必须在代理权限范围内进行诉讼活动。诉讼代理人进行诉讼活动的依据是代理权，因此诉讼代理人实施诉讼活动的范围受到代理权的限制。如果诉讼代理人进行的诉讼活动超越代理权范围，则该行为无效。

（4）诉讼代理行为的法律后果由被代理人承担。诉讼代理人在代理权限范围内实施诉讼行为产生的后果由被代理人承担。诉讼代理人进行诉讼活动产生的后果既包括程序后果，如代理当事人申请撤诉，法院裁定准许撤诉，诉讼程序结束，被代理人不得要求法院继续审理。也包括实体后果，如案件败诉，民事责任由被代理人承担。

（5）诉讼代理人只能代理当事人一方进行诉讼活动，不能同时代理当事人双方。在民事诉讼中，当事人双方利益是相互对立的，因此如果允许一个诉讼代理人同时代理双方当事人进行诉讼，则必然损害一方被代理人的合法权益。

（二）民事诉讼代理制度的作用

《民事诉讼法》第 57 条至第 62 条规定了诉讼代理人制度，其主要意义在于：

（1）保证民事诉讼的正常进行。法律规定，无民事行为能力、限制民事行为能力人属于无民事诉讼行为能力人，由他们作为民事主体参加诉讼，必须由其法定代理人代为进行，以保证其合法权益得到保障，使诉讼顺利进行。

(2) 保障当事人充分行使诉讼权利。一般当事人不具有法律专业知识和诉讼技巧,在辩论是诉讼过程中,如果能寻求和得到诉讼代理人的帮助,可以保障当事人及时、充分、有效行使诉讼权利。

(3) 有利于人民法院正确处理纠纷。在司法实务中,由律师担任诉讼代理人,既能够向审判人员提供有价值的法律意见,又能够推进诉讼程序合法、有序地进行。

根据诉讼代理权产生根据不同,我国《民事诉讼法》规定了两种诉讼代理人,即法定代理人和委托代理人。诉讼代理人代理权产生的根据不同,代理权限和发挥的作用不同,因而形成各自不同的代理制度。

二、法定诉讼代理人

(一) 法定诉讼代理人及范围

法定诉讼代理人,是指根据法律规定代理无诉讼行为能力的当事人实施诉讼行为的人。法定代理是为无行为能力人、限制行为能力人确定的一种保护制度。法定代理是以监护权为基础建立的。根据《民事诉讼法》第 57 条规定:"无诉讼行为能力人由他的监护人作为法定代理人代为诉讼。法定代理人之间互相推诿代理责任的,由人民法院指定其中一人代为诉讼。"就是说,根据法律规定,对当事人行使监护权的人,都可作为他的法定代理人。法定代理人是当事人民事行为的代理人,也是诉讼行为的代理人。

(二) 法定诉讼代理人的诉讼地位和代理权限

法定诉讼代理制度是在当事人没有诉讼行为能力情况下,以民事实体法规定的监护权为基础的,因此在民事诉讼中,法定代理人处丁与被代理的当事人相类似的诉讼地位。相类似一方面反映了他的诉讼行为,视为当事人的诉讼行为,另一方面反映的是法院将其视为被代理当事人对待。但是,法定诉讼代理人毕竟不是被代理的当事人,因此法定代理人进行诉讼行为的后果由被代理的当事人承担。当法定代理人在诉讼进行中死亡或因故不能行使代理权时,法院裁定中止诉讼程序。一旦确定新的法定代理人,其他法定代理人继续代为诉讼。

法定代理人的代理权限非常广泛,凡是被代理人享有的诉讼权利,法定代理人都有权代替其行使,凡是被代理人负有的诉讼义务,法定代理人都应当代为履行,法定代理人所为的一切诉讼行为,均视为被代理人本人所为的诉讼行为,与当事人的诉讼行为具有同等的效力;法定代理人在诉讼中与被代理人居于同等的诉讼地位,其代理权不受限制,他有权代理被代理人实施一切诉讼行为,既有权处分当事人诉讼权利,又有权处分当事人的实体权利。

（三）法定诉讼代理权的取得和消灭

法定代理权，在一定条件下产生，也在一定条件下消灭。法定诉讼代理权的取得依赖于代理人与被代理人之间的监护关系。监护关系存在即产生监护权、法定代理权，监护权消灭，法定代理权消灭。根据《民法通则》及有关规定，法定代理人代理权消灭的情形包括：(1) 被代理人取得或者恢复行为能力；(2) 法定代理人本人死亡或者丧失诉讼行为能力；(3) 基于婚姻关系或者收养关系产生的监护权，由于这些关系的解除，其法定代理权随之消灭；(4) 被代理人死亡；(5) 诉讼结束。

三、委托诉讼代理人

（一）委托诉讼代理人的概念和特点

委托诉讼代理人，是指受诉讼当事人、法定代表人或者法定代理人的委托，以当事人的名义代为诉讼行为的人。确定委托代理制度目的就在于为当事人提供诉讼方便，维护当事人合法权益。委托诉讼代理是民事诉讼中适用比较普遍的一种代理方式。与法定诉讼代理人相比较，委托诉讼代理人有以下特点：

(1) 委托代理人和被代理人都是具有诉讼行为能力的人。委托代理是建立在代理人与被代理人双方意定基础上，只有双方都具有诉讼行为能力，他们的意定行为才能产生法律效力。

(2) 诉讼代理的权限范围和代理事项由被代理人决定。代理人与被代理人建立委托关系，代理人的代理权限和代理事项一般由被代理人自行决定，法律有特殊规定的，按照特殊规定确定。代理人只能在代理权限范围内实施诉讼行为。

(3) 建立委托代理关系，委托人应当出具授权委托书并提交给法院。因为委托代理是意定代理，授权委托书不仅表明代理人与被代理人之间有代理关系，而且可以使法院、对方当事人等了解代理人的授权范围，进而判断其代理行为是否有效。

（二）委托诉讼代理人的范围和人数

基于国情，我国没有实行强制律师代理制度[①]，根据《民事诉讼法》第 58 条第 2 款规定，可以接受委托担任代理人的范围十分广泛，具体包括：

(1) 律师、基层法律服务工作者。根据《律师法》规定，律师是通过司法

① 强制律师代理，是指一些国家实行的只有律师可以作为委托代理人或者法院审判民事案件某些程序阶段，如上诉审程序或者某种审判组织审理、合议制审理案件时，必须由律师作为代理人。

考试资格并取得律师执业证书的人员。基层法律服务工作者是指不具有律师身份但专门从事法律服务工作的人员，如乡镇司法助理员等。基层法律服务工作者具备一定的法律知识，能够弥补律师的不足。由具有法律专业知识、诉讼经验的人员作为代理人既满足当事人的法律服务需求，也有利于维护诉讼秩序。

（2）当事人的近亲属或者工作人员。主要包括当事人的配偶、父母、子女以及兄弟姐妹等以及当事人是法人、其他组织时，其单位工作人员。这些人与被代理人关系密切、彼此信任，对案情比较了解，因此由其作为代理人能够更好地维护被代理人的合法权益。

（3）当事人所在社区、单位以及有关社会团体推荐的人。“有关社会团体”主要是指那些对其成员负有保护责任的社会团体，比如工会、共青团、妇联以及消费者协会等对其所保护人员民事权益受到损害的诉讼，可以被委托为诉讼代理人。允许当事人所在社区、单位或者有关社会团体推荐的人，有利于这些组织支持、帮助被代理人，从而使案件得到公正、及时的解决。

根据《民事诉讼法》第 58 条第 1 款规定，当事人、法定代理人可以委托一人至二人作为诉讼代理人。如果委托两名代理人的，被代理人在授权委托委托书中分别写明每个诉讼代理人的代理权限和代理事项，保证代理活动顺利进行。

（三）委托诉讼代理人的代理权限与诉讼地位

1. 委托诉讼代理人代理权限

由于委托代理人的代理权限范围是由委托人决定的，委托代理人只能在受托的权限范围内代替进行诉讼行为，代理人超越代理权限实施的诉讼行为，属于超越代理，除非得到被代理人事后的追认，否则就是无效诉讼行为，不对被代理人产生法律部效力，由其自行承担法律后果。为确保代理权限的有效性，《民事诉讼法》规定授权委托必须以书面形式进行，向人民法院提交由委托人签字或盖章的授权委托书。

根据当事人、法定诉讼代理人、法定代表人授权委托的范围不同，可以将委托代理分为一般授权代理和特别授权代理。一般授权代理，就是代理人只能实施被代理人所享有的保障自己进行诉讼活动的一般诉讼行为，如代为起诉、代为申请回避、代为提出管辖权异议、代为答辩等等；而特别授权代理，表明代理人可依授权依法处分当事人的某些实体权利和诉讼权利。根据《民事诉讼法》第 59 条第 2 款规定，委托代理人代为承认、放弃、变更诉讼请求，进行和解，提起反诉或上诉，必须有委托人的特别授权。根据《民诉法意见》第 69 条规定，当事人向人民法院提交的授权委托书，应在开庭审理前提交人民法院。授权委托书仅写"全权代理"而无具体授权的,诉讼代理人无权代为承认、放弃诉讼请求,进行和解,提起反诉或者上诉。

2. 委托诉讼代理人诉讼地位

委托诉讼代理人在诉讼中的地位与法定代理人不同,不是处于相当于当事人的地位,而是具有独立诉讼地位的诉讼参加人。[①] 由于委托代理是意定代理,因此被代理人决定代理权限、代理事项后,究竟如何行使这些权限、怎样实施诉讼活动由代理人按照自己意志进行。委托代理是建立在被代理人与代理人双方利益要求一致情况下,当出现矛盾,委托代理人有权辞去代理。正是由于法定代理人与委托代理人诉讼地位的不同,民事诉讼制度适用上也不完全相同,如法院通知当事人、法定代理人出庭适用传票,而通知委托代理人适用通知书。

在一般情况下,当事人、法定诉讼代理人、法定代表人委托代理人后,可以与代理人一同出庭,也可以由代理人单独出庭。但是由于离婚案件涉及身份关系,判决离与不离的标准是双方感情破裂,而感情是否破裂只有当事人本人最了解,因此《民事诉讼法》第 62 条对离婚案件委托代理进行了特殊规定,即离婚案件的当事人即使委托代理人,除不能表达意思的以外,本人仍应出庭,有特殊情况确实无法出庭的,被代理人必须向法院提交书面意见。

(四) 委托诉讼代理权的产生、变更和消灭

1. 委托诉讼代理人的产生

委托诉讼代理人的代理权产生于当事人、法定代理人的授权委托行为。《民事诉讼法》规定当事人、法定代理人,法定代表人委托他人代为诉讼必须向人民法院提交由委托人签名或盖章的授权委托书。授权委托书必须记明委托的事项和权限。为保证从国外寄交或者托交委托书的真实性、有效性,《民事诉讼法》第 59 条第 3 款规定,侨居在国外的中国公民委托代理人的授权委托书,必须经我国驻该国的使、领馆证明;没有使、领馆的,由与我国有外交关系的第三国驻该国的使、领馆证明,再转由我国驻第三国使、领馆证明,或者由当地爱国华侨团体证明。

2. 委托诉讼代理权的变更和消灭

在诉讼中,委托授权范围可以变更,委托人和受托人协商变更代理权限范围的,应通知人民法院,然后由人民法院通知对方当事人。出现下列情况的,委托代理权消灭:(1) 诉讼终结;(2) 委托代理人丧失代理能力或死亡;(3) 被代理人解除委托或者委托代理人辞去代理。

---

① 宋朝武主编:《民事诉讼法学》(第二版),中国政法大学出版社 2011 年版,第 298 页。

在诉讼中，如果委托代理权消灭，被代理人必须书面通知法院，由法院通知对方当事人。

案例精选

▶【案例 1】①

2005 年 4 月 2 日 19 时 30 分许，王昌胜驾驶苏 AQ0128 号三轮运输车，沿双望线从北向南行驶至 4KM 路段时，将一 60—70 岁男性撞跌于东侧机动车道，就在此时吕芳驾驶的苏 AAV822 号小轿车由南向北行驶经过此路段，小轿车从该男性身体上碾过，致其死亡。事发后，高淳县交警大队未能查明该男性死者的姓名，并认定王昌胜与吕芳各负事故的同等责任，无名男性不负事故责任。由于无人认领该男性，交警大队就将尸体交殡仪馆火化。王昌胜和吕芳均在天安保险公司投保了第三者责任险。在高淳县检察院检察建议情况下，高淳县民政局向法院提起诉讼，要求王昌胜、吕芳以及天安保险公司赔偿丧葬费及死亡赔偿金 166331 元。高淳县法院受理案件后，以民政局不是适格原告为由，裁定驳回起诉。民政局不服一审裁判，向南京市中级人民法院提起上诉。二审法院审理后，认为上诉理由缺乏法律依据，原审法院裁定驳回并无不当，因此裁定驳回上诉，维持原裁定。

评析：本案涉及的是原告是否符合起诉条件，即是否适格问题。根据国务院《城市生活无着的流浪乞讨人员救助管理办法》和民政部《城市生活无着的流浪乞讨人员救助管理办法实施细则》规定，各级民政部门有责任对无名流浪乞讨人员采取提供食物、住宿条件和疾病治疗等救助措施。由于行政规范、规章没有赋予各级民政部门为维护无名流浪乞讨人员合法权益提起诉讼的权利，因此法院以民政局不是适格原告为由，裁定驳回起诉。

▶【案例 2】②

因民间文学艺术作品著作权纠纷，原告黑龙江省饶河县四排赫哲族乡人民政府（以下简称赫哲族乡政府）向北京市第二中级人民法院起诉告郭颂、中央电视台、北京北辰购物中心（以下简称北辰购物中心）。原告诉称：《乌苏里船歌》是赫哲族民歌，属于我国著作权法保护的民间文学艺术作

---

① 李飞坤、李立主编：《参阅案例研究》，中国法制出版社 2009 年版，第 294—297 页。

② 参见 http://www.pkulaw.cn/fulltext_form.aspx? Db = pfnl&Gid = 117507854&keyword = %e4%b9%8c%e8%8b%8f%e9%87%8c%e8%88%b9%e6%ad%8c&EncodingName = &Search_Mode = accurate，2012 年 10 月 15 日最后访问。

品，赫哲族人民依法应享有署名权等精神权利和获得报酬权等经济权利。1999年11月12日，在“南宁国际民歌艺术节”晚会上，中央电视台称《乌苏里船歌》系汪云才、郭颂创作而非赫哲族民歌，侵害了原告的权利。此后，该晚会被录制成VCD向全国发行，使侵权行为的影响进一步扩大。北辰购物中心销售了含有原告享有著作权的《乌苏里船歌》的侵权CD、图书和磁带，亦侵犯其著作权。被告郭颂和中央电视台都辩称：没有证据证明原告有权代表所有赫哲族人民就有关民间文学艺术作品主张权利。对于原告赫哲族乡政府是否有权以自己的名义提起对赫哲族民间音乐作品保护的诉讼问题，北京市第二中级人民法院认为：民间文学艺术是指某一区域内的群体在长期生产、生活中，直接创作并广泛流传的、反映该区域群体的历史渊源、生活习俗、生产方式、心理特征、宗教信仰且不断演绎的民间文化表现形式的总称。由于民间文学艺术具有创作主体不确定和表达形式在传承中不断演绎的特点，因此，民间文学艺术作品的权利归属具有特殊性。一方面它进入公有领域，另一方面它又与某一区域内的群体有无法分割的历史和心理联系。赫哲族世代传承的民间曲调，是赫哲族民间文学艺术的组成部分，也是赫哲族群体共同创作和每一个成员享有的精神文化财富。它不归属于赫哲族的某一成员，但又与每一个赫哲族成员的权益有关。因此，该民族中的每一个群体、每一个成员都有维护本民族民间文学艺术不受侵害的权利。原告作为依照宪法和法律在少数民族聚居区内设立的乡级地方国家政权，既是赫哲族部分群体的政治代表，也是赫哲族部分群体公共利益的代表。在赫哲族民间文学艺术可能受到侵害时，鉴于权利主体状态的特殊性，为维护本区域内赫哲族公众的利益，原告以自己的名义提起诉讼，符合宪法和法律确立的民族区域自治法律制度，且不违反法律的禁止性规定。被告关于原告不具有诉讼主体资格的抗辩主张，不予采纳。一审宣判后，郭颂、中央电视台不服，向北京市高级人民法院提起上诉。

经过审理，北京市高级人民法院认为：世代在赫哲族中流传、以《想情郎》为代表的音乐曲调，属于民间文学艺术作品，应当受到法律保护。涉案的赫哲族民间文学艺术作品是赫哲族成员共同创作并拥有的精神文化财富。它不归属于赫哲族某一成员，但又与每一个赫哲族成员的权益有关。该民族中的任何群体、任何成员都有维护本民族民间文学艺术作品不受侵害的权利。赫哲族乡政府是依据我国《宪法》和法律的规定在少数民族聚居区内设立的乡级地方国家政权，可以作为赫哲族部分群体公共利益的代表。故在符合我国《宪法》规定的基本原则、不违反法律禁止性规定的前提下，赫哲族乡政府为维护本区域内的赫哲族公众的权益，可以以自己的名义对侵犯赫哲族民间文学艺术作品合法权益的行为提起诉讼。

评析:该案是在我国《民事诉讼法》没有明确规定公益诉讼前提下,司法实践中出现的具有典型意义的民事公益诉讼。法院对该案的审判不仅维护了赫哲族群体的公共利益,而且为《民事诉讼法》确定公益诉讼制度提供了经验。结合本案值得分析的问题包括:(1) 民事公益诉讼原告资格问题。(2) 民事公益诉讼请求问题。(3) 民事公益诉讼审判程序和执行问题。

思考问题

1. 确定适格当事人的标准。
2. 必要共同诉讼与普通共同诉讼的关系。
3. 代表人诉讼制度和共同诉讼制度的关系。
4. 民事公益诉讼的原告资格的确定。
5. 有独立请求权第三人与必要共同原告的区别。
6. 第三人申请撤销之诉与案外人申请再审的区别。

法条链接

《民事诉讼法》第 48 条至第 62 条、第 132 条、第 227 条;《民诉法意见》第 38—69 条。

扩展阅读

1. 章武生、段厚省:《必要共同诉讼的理论误区与制度重构》,载《法律科学》2007 年第 1 期。
2. 韩向乾、葛玲:《关于完善我国共同诉讼制度的一个理论前提——兼论民事审判方式改革》,载《政法论坛》2001 年第 1 期。
3. 肖建华:《群体诉讼与我国代表人诉讼的比较研究》,载《比较法研究》1999 年第 2 期。
4. 宋朝武:《论公益诉讼的十大问题》,载《中国政法大学学报》2010 年第 1 期(总第 15 期)。
5. 肖建华:《民事诉讼当事人研究》,中国政法大学出版社 2002 年版。
6. 杨严炎:《共同诉讼抑或群体诉讼——评我国代表人诉讼的性质》,载《现代法学》2007 年第 2 期。
7. 章武生:《论群体性纠纷的解决机制——美国集团诉讼的分析与借

鉴》,载《中国法学》2007 年第 3 期。

8. 张艳蕊:《民事公益诉讼制度研究——兼论民事诉讼机制的扩大》,北京大学出版社 2007 年版。

9. 赵信会、李祖军:《无独立请求权第三人制度的内部冲突与制衡》,载《现代法学》2003 年第 6 期。

第八章　民事诉讼证据

诉讼公正的实现以发现案件事实为前提，民事诉讼证据就是能够证明案件真实情况的事实。由此观之，证据对诉讼的重要性不言而喻。无论当事人进行诉讼和还是法院公正处理案件，都必须以证据为基础。毫不夸张地说，证据是全部民事诉讼活动的核心。本章主要介绍了证据的概念，证据的构成要件，证据的证据能力和证明力，证据的种类即当事人陈述、书证、物证、视听资料、电子数据、证人证言、鉴定意见和勘验笔录，证据保全以及当事人举证和法院依职权调查收集证据的关系。

第一节　民事诉讼证据概述

民事诉讼的目的是定分止争，保护当事人的合法权益，维护社会秩序。这一目的的实现，必须以发现案件事实为基础。置事实于不顾的裁判毫无诉讼公正可言，为保证裁判的公正和正当性，法院认定案件事实时，必须借助于和案件事实相关的另外一些事实。民事诉讼证据就是能够证明案件真实情况的事实。证据是联系实体法和程序法的纽带，对诉讼的重要性不言而喻。它既是当事人进行诉讼、维护合法权益的必要条件和有力武器，也是法院裁判正当性的根本保障。因此，可以毫不夸张地说，证据是全部民事诉讼活动的基础和核心。

一、民事诉讼证据的概念

证据既是法律术语，也是现代汉语的常用词汇。在日常生活中，证据在诸多非法律事务中被广泛使用。从语义上理解，证据即证明的根据。然而，作为法律语境中使用的专门术语，证据的含义应当得到更为精准的界定。如果对证据内涵的理解不统一，必然会导致诉讼证明活动的混乱和偏差，并进而影响判决的正当性和司法公正。

在我国民事诉讼法学界，证据的概念一直是一个引发诸多争议的问题，争议的范围涉及证据法学、哲学、社会学等诸多领域，先后出现了“事实说”“材料说”“根据说”“结合说”“信息说”等不同观点。[①] 传统理论认为，民事诉讼证据是能够证明案件真实情况的事实，也是法院对案件作出裁判的根据。民事诉讼中的案件事实发生在过去的时空中，不为司法人员所知并在双方当事人之间引发争议。时间的不可逆性决定了案件事实的不可重复性，因此，法院必须借助一定的方法和手段对其进行认定，并进而对当事人之间发生争议的权利义务关系依法作出强制性判定。在现代民事诉讼中，证据就是法院认定案件事实不可或缺的证明方法。审判人员运用其掌握的证据事实，根据逻辑推理和人类的日常生活经验，可以合理地推导出发生于过去的案件事实。这种通过证据发现案件事实的证明方法，赋予了法院事实认定活动和裁判结果正当性和客观性，因而大大增加了法院裁判的可接受程度。

---

① 参见陈一云主编：《证据学》，中国人民大学出版社 2000 年版，第 99 页以下；杨荣新主编：《民事诉讼法教程》，中国政法大学出版社 1991 年版，第 210 页；江伟主编：《民事诉讼法》，高等教育出版社 2007 年版，第 142 页；何家弘主编：《新编证据法学》，法律出版社 2000 年版，第 91 页等。

正确理解证据的概念,还须将其与证据材料进行区分。所谓证据材料,指的是当事人为证明自己的事实主张向法院提供或由人民法院调查收集的、尚未经过法庭审核的资料。之所以称之为证据材料,是因为这些资料没有经过质证、认证等诉讼程序的检验,它们是否最终能被用来证明案件事实并作为法院裁判的根据尚不确定。从严格意义上来讲,只能将其称之为证据材料。我国《民事诉讼法》对证据和证据材料的概念并未严格进行区分,甚至可以说是在两种意义上使用"证据"这一概念,因而在某种程度上导致了诉讼理论和实践对证据概念认识的混乱。《民事诉讼法》第 63 条第 2 款规定:"证据必须查证属实,才能作为认定事实的根据";第 64 条第 3 款规定:"人民法院应当按照法定程序,全面地、客观地审查核实证据"。根据上述条文的规定,证据有不"属实"可能性,只有"查证属实"的证据,才能作为认定案件事实的根据。这就造成了证据概念内含的逻辑矛盾,即证据是事实,而具备"事实"属性的证据,又有"属实"和不"属实"的区分。因此,必须将证据和证据材料的概念区别开来。正是基于上述原因,2002 年起施行的《证据规定》中首次区分了证据和证据材料的概念,将当事人向法院提交的未经审核的证据称为"证据材料"。①

综上,证据和证据材料是两个既有联系又存在重大区别的概念。证据材料是证据的初始形态,但尚不具备作为定案根据的资格;民事诉讼证据来源于证据材料,是经过对证据材料的筛选和审查核实后用来认定案件事实的法院裁判根据。我国《民事诉讼法》对二者并未进行区分,民事诉讼理论和实践中也往往在两种意义上使用证据这一概念,有时指未经诉讼程序检验的证据材料,有时指法院认定争议案件事实的裁判根据。正因如此,我们要特别注意证据在特定法律语境中的含义,正确区分作为"定案根据"的证据和作为"证据材料"的证据,以免陷入逻辑不清的窘境。

二、民事诉讼证据的构成要件

民事诉讼证据的构成要件,即证据赖以构成的诸要素,或者说是证据材料能够成为证据所必须具备的条件。它是判断某事物能否作为证据使用的标准,也是证据区别于其他非证据事物的标志,又被称为证据的属性、证据的特征、证据的形成条件或证据的判断标准。② 通说认为,证据的构成要件包括

---

① 《证据规定》第 1 条规定:"原告向人民法院起诉或者被告提出反诉,应当附有符合起诉条件的相应的证据材料。"

② 参见汤维建:《关于证据属性的若干思考和讨论——以证据的客观性为中心》,载《政法论坛》2000 年第 6 期。

客观性、关联性和合法性。

（一）客观性

民事诉讼证据的客观性，指证据所反映的内容是伴随着案件的发生、发展而遗留下来的，不以人的主观意志为转移的客观存在。客观性是证据的首要构成要件，也是证据的本质特征，缺乏这一要素，任何事物都不能称之为证据。

证据的客观性主要包括两个方面的含义。首先，证据的内容是客观的。案件事实虽然发生于过去的时空当中，但必然会与客观世界的其他事物发生各种各样的相互作用，并因此在客观世界留下这样或那样的印记或痕迹。这些印记和痕迹保留着与案件事实相关的各种信息，是不以人的意志为转移的客观存在，而证据即是对这些印记或痕迹的反映。在诉讼证明活动中，通过证明主体的主观能动性，证据事实及其与案件事实的联系得以被发现和认识，并对案件事实起到证明作用。不论何种形式的证据，都是对业已发生的案件事实的客观反映，而非主观臆测、凭空杜撰或任意曲解出来的东西。其次，证据的外在表现形式具有客观性。具体而言，证据以物证、书证、证人证言等不同的形式存在于诉讼之中。无论何种形式的证据，都是人们可以通过触觉、视觉、听觉、嗅觉感知到的。如果有关案件事实的印象或痕迹只存在于某人的大脑中，没有以一种人们可以感知的方式表现于外，那它就不具备证据外在表现形式的客观性。证据的客观性保证了案件事实认定的客观性，同时也决定了利用证据认定案件事实是最可靠也是最有说服力的诉讼证明手段。

需要注意的是，对证据的客观性也要做辩证的理解，不能机械地将证据理解为具有纯粹的客观性，不掺杂任何主观性因素。实际上，能够在诉讼证明中发挥作用的所有证据，都是人的主观意识和客观内容相结合的产物。诉讼证据以其过去曾经经历过的客观实在反映案件事实，但是无论是当事人还是司法人员，必须通过行为、语言或思维去解读证据，从而认定证据表达了什么内容。案件事实的真相正是通过证据的运用者对诉讼证据的鉴别、分析、判断发现的。证据在其形成、调查收集、提供、质证、认证并最终用来证明案件事实的全过程中，不可避免地与人的主观活动联系在一起，因此在不同程度上沾染了主观性的印记。但是，我们不能因此就否定证据的客观性。司法人员对证据的判断，应当满足主观符合客观的要求。法院裁判如果不是建立在客观证据的基础之上，其公正性就无法得到保障。

（二）关联性

民事诉讼证据的关联性，又被称为民事诉讼证据的相关性，指证据必须与案件事实之间存在客观联系,即证据必须能够在某种程度上证明某项案件事实存在或是不存在。关联性是证据赖以构成的另外一个核心要素,是从证据事实与案件事实的相互关系这一角度来反映证据特征的,说明了客观事实可以作为证据的内在根据问题。

关联性是证据生而具备的属性,因为证据对案件事实的证明作用是以证据和案件事实之间的联系为基础的。二者之间存在联系,证据才能发挥证明作用;二者之间没有联系,则不能证明。英美法系国家的证据规则中,关联性是指证据必须与诉讼中的待证事实有关,从而具有能够证明待证事实的属性。英美法关于证据关联性的经典定义认为,关联性是指“任何两项事实是如此互相关联着,以至于按照事物的通常发展进程,其中一项事实本身或与其他事实相联系,能够大体证明另一事实在过去、现在或将来的存在或不存在”。①《美国联邦证据规则》第401条也规定:“关联性证据是指证据具有任何这样一种倾向,有这项证据要比没有这项证据,对于审理案件有意义的任何事实的存在更可能或者更不可能。”②在大陆法系国家,法官在认定证据的关联性上具有很大的能动性。涉及证据与案件事实是否有关联性的问题,一般交给法官自由心证来处理。

从哲学的角度分析,客观事物之间的普遍联系是绝对的。任何两个事物或现象之间,即便它们风马牛不相及,都可能找到一定的相关关系,但是这种普遍存在的关联性与证据的关联性显然不同。法律意义上证据的关联性必须符合一定的条件。首先,证据的关联性是针对具体个案中的案件事实而言的,即证据必须在一定程度上对案件事实起到证明作用;其次,证据的关联性必须达到一定的最低限度,即尽管证据与案件事实之间的联系方式及紧密程度不同,证据必须对证明案件事实有帮助。证据关联性的上述两个特征决定了,这种关联性必须在解决个案纠纷的过程中,与具体的案件事实相结合,才能加以确定。因此,有关证据关联性的判断标准,在很大程度上无法通过立法解决,而必须交由司法者在个案审理中具体把握,根据生活常识、逻辑和经验法则等进行裁量判断。

在诉讼中,证据事实与案件事实之间的联系具有广泛性,并且其表现形式具有多样性和复杂性的特点。证据与案件事实之间可以存在直接联系,如证据事实本身就是案件事实的一部分;也可以存在间接的联系,如证据事实只能间接地证明某项案件事实的存在与否。证据的关联性可以是内在的、必

---

① Digest of the Law of Evidence, 12thed, 1948(revised), London: Macmillan, art1.

② 高忠智:《美国证据法新解》,法律出版社2004年版,第39页。

然的,也可以是外在的、偶然的。有的证据是从肯定方面与案件事实发生联系的,即能够证明某一案件事实存在;有的证据是从否定方面与案件事实发生联系的,即能够否定某一案件事实的存在。无论关联性的表现形式如何,只要证据对证明案件事实具有实质性意义,该证据就具备关联性。

(三)合法性

民事诉讼证据的合法性,指证据必须符合法定的形式,并按照法定的程序收集、提供和审查判断。欠缺合法性的证据不具有证据效力。换言之,民事诉讼中用证据认定案件事实时必须符合法律规定的要求。对证据提出合法性要求的目的有二,一是为了保证证据的真实性,二是为了维护公民个人和其他组织的合法权益。与此同时,证据的合法性也提醒当事人和法院在收集、运用证据的过程中遵守法律的规定,只有经过合法性检验的证据材料,才能成为诉讼证据。一般认为,民事诉讼证据的合法性包括以下三个方面的内容:

1. 形式合法性

形式合法性指证据必须具备法律规定的外在表现形式,即证据必须符合法律规定的证据的一般表现形式。根据我国《民事诉讼法》的规定,证据可以分为当事人陈述、书证、物证、视听资料、电子数据、证人证言、鉴定意见和勘验笔录。这就意味着所有证据必须以上述八种形式之一出现在诉讼中。其次,形式合法性还要求证据必须符合实体法律规范要求的证据的特殊表现形式。例如,若证明婚姻关系存在,当事人必须提供婚姻登记机关颁发的结婚证,而不能以双方之间的结婚协议替代。再如,根据我国《担保法》第13条的规定,保证人和债权人应当以书面形式订立保证合同,口头保证合同无效并且也不能作为证据使用。

2. 主体合法性

主体合法性指形成证据的主体必须符合相关法律的规定。我国《民事诉讼法》对证人、鉴定人的资格和条件都有一些限制性规定,若形成证据的主体不符合法定的资格或条件,该证据不能作为认定案件事实的根据。例如,不能正确表达自己意思的人就其所了解的案件事实向法院所作的陈述,或者不具备鉴定资格的主体对案件所涉专门性问题进行分析后得出的结论,就不能作为证人证言或鉴定意见在诉讼中使用。

3. 程序合法性

程序合法性指证据的收集、取得也必须符合法律的规定,违反法定程序收集、提交的证据不能作为定案根据。收集证据的程序对证据合法性的影响主要体现在非法证据排除规则上。亦即,法律一般并不明确规定证据合法性的条件,而是通过排除非法证据以保证证据收集程序的合法性。2001 年施行的《证据规定》第 68 条首次在我国民事诉讼中确立了一般性的非法证据排除规则,即"以侵害他人合法权益或者违反法律禁止性规定的方法取得的证据,不能作为认定案件事实的依据"。侵害他人合法权益,指违反社会公共道德或公共利益,如侵犯他人隐私获取证据等;违反法律禁止性规定,指通过实施非法拘禁、擅自安装窃听器等法律禁止的方法收集证据。强调证据收集程序的合法性,主要是为了保障他人的合法权利不因证据的违法取得而受到侵害。除此之外,程序合法性还要求证据材料必须经过质证才能作为定案证据使用,质证是所有诉讼资料转化为证据的必经程序。但是,当事人在证据交换过程中认可并记录在卷的证据,经审判人员在庭审中说明后,可以不经质证,直接作为认定案件事实的依据。

三、证据能力和证明力

(一)证据能力

证据能力,指证据材料可以被采用为证据的资格,即证据材料满足诉讼证明对证据的基本要求,作为定案根据的资格和条件。民事诉讼中,用于证明案件事实的证据,必须具备证据能力。

证据能力与证据的构成要件二者关系密切。一般情况下,同时具有客观性、关联性和合法性的证据,具有证据能力。因此,对证据能力的审查要从证据的构成要件入手。从证明过程看,当事人为证明自己的主张,必须要向法院提交证据材料。因为不具备证据能力的事实材料进入诉讼,会造成时间、精力的浪费,所以对证据能力的考察是法官审查判断证据的第一个阶段。在此,法官考虑的主要问题是证据的关联性和合法性,或者说,证据能力的主要内容是证据的关联性和合法性。首先,就判断某证据是否具有证据能力的关联性标准而言,该证据与待证案件事实之间的联系必须具有实质性的证明意义。举例来说,因家庭暴力引发的离婚诉讼中,丈夫的父亲脾气暴躁、经常对其母亲实施家庭暴力的证人证言不具备证据能力。上述证据与案件事实之间的关联性肯定是存在的,因为事物之间的联系是普遍的,儿子很可能会受到父亲行为的影响。但二者之间的这种关联性过于遥远和不确定,针对该案而言,显然不符合该证据具备证据能力的关联性标准。其次,证据能力的合法性标准主要体现为非法证据排除规则。为了查明事实,法律对进入诉讼的事实材料一般不预先加以安排,与案件有关的事实材料,一般都有证据能力。对诉讼实践来说,哪些事实材料不得作为证据提出,才是最值得关注的。我国民事诉讼非法证据排除标准体现在《证据规定》的第 68 条,以侵害他人合法权益或者违反法律禁止性规定的方法取得的证据,不能作为认定案件事实的依据。最后,同时具备客观性、关联性和合法性的证据,也不是一定具有证据能力。根据《证据规定》第 67 条,在诉讼中,当事人为达成调解协议或者和解的目的作出妥协所涉及的对案件事实的认可,不得在其后的诉讼中作为对其不利的证据。这就意味着,调解或者和解过程中,为达成调解或和解协议,基于当事人的让步所形成的证据,即使具有客观性、关联性和合法性,在其后进行的诉讼中,也不具有证明案件事实的资格。

（二）证明力

证明力,指证据对案件事实的证明效果,即证据在多大程度上能证明案件事实。虽然基于证据与案件事实的关联性,所有证据都能在一定程度上证明案件事实的真伪,但不同证据证明作用的悬殊却显而易见,有的证据证明作用较强,有的证据证明作用较弱。证据的证明力就说明了证据对于案件事实有无证明作用及证明作用的大小。

证据的证明力与其客观性密不可分,因为证据具有证明力的前提是证据所反映的内容是真实的。而真实的证据能够在多大程度上证明待证事实则主要取决于证据和待证事实之间的关联性。一般而言,证据与案件事实之间的关联性越紧密,其证明作用就越强。这就是直接证据比间接证据证明力更强的原因所在。实际上,考察证据的证据能力和证明力均离不开对证据关联性的判断,只不过证据能力主要涉及证据关联性的有无;而证明力则主要涉及证据与案件事实之间联系的紧密程度和性质。

究其实质,证明力反映的是证据的可信程度。若从学理上进行划分,不同种类的证据证明力大小存在差别,如单个的直接证据的证明力一般强于单个的间接证据,原始证据的证明力明显强于传来证据。但具体到个案,对证据证明力的判断不能完全依靠既定的规则,而是需要借助于法官的认识活动。根据证据的证明力是由法律统一作出规定还是委诸法官自由判断,在诉讼理论上存在法定证据制度和自由心证证据制度的区分。所谓法定证据制度,指的是涉及证据的证明力及其取舍运用,都由法律预先规定,法官运用证据以及对证据证明力的判断,要受到法律的约束。而自由心证的证据制度,指的是法律不预先规定不同证据的证明力,涉及证据的取舍、运用以及证明力的大小,交由法官凭借其良心和理性自由作出判断。正如 1808 年法国《刑事诉讼法典》第 342 条的经典表述:“法律不要求陪审法官报告他们建立确信的方法,法律也不给他们预定一些规则,要他们必须按照这些规则来决定证据是不是完全和充分。法律只是要求他们集中精神,在自己良心的深处探求对于所提出的不利于被告人的证据和被告人的辩护手段在自己的理性中产生了什么印象。法律不向他们说:‘你们应当把多少证人所证明的每一件事实认为是真实的’,法律也不向他们说:‘你们不要把没有由某种笔录、某种文件、多少证人或多少罪证……所决定的证据,看作是充分证实的。’法律只向他们提出一个能够概括他们职务上的全部尺度的问题:‘你们真诚地相信吗?’”无论是法定证据制度还是自由心证的证据制度,都是各自时代的产物。法定证据制度盛行于中世纪的德国和意大利。之所以确立法定证据制度,与当时诉讼中采用的职权主义诉讼模式密切相关。基于法官队伍整体素质较低和大众对法官缺乏信任感的社会现状,为避免法官在诉讼中滥用自由裁量权,立法者认为必须由法律预先规定证据的证明力和取舍运用规则。而19世纪后,随着国家权力的分立和法官素质的普遍提高,法官滥用权力的风险降低。除此之外,当事人民主意识的不断增强和诉讼结构的日趋合理化,也是自由心证的证据制度应运而生的原因所在。

一般认为,我国民事诉讼中实行的是法官对证据的自由判断为主、以受法律规定约束为辅的证据制度。其依据是《证据规定》的第64条。根据该条规定,审判人员应当依照法律程序,全面、客观地审核证据,依据法律的规定,遵循法官职业道德,运用逻辑推理和日常生活经验,对证据有无证明力和证明力大小独立进行判断。也就是说,当法律对证据证明力作出明确规定时,法官必须根据该规定确定证据的证明力;而在法律未作规定时,法官则应当根据理性和良知对证据的证明力作出独立判断。

我国《民事诉讼法》以及相关司法解释中涉及证据证明力的规定主要包括:(1) 经过法定程序公证证明的法律行为、法律事实和文书,人民法院应当作为认定事实的根据。但有相反证据足以推翻公证证明的除外。(2) 国家机关、社会团体依职权制作的公文书证的证明力一般大于其他书证。(3) 物证、档案、鉴定意见、勘验笔录或者经过公证、登记的书证,其证明力一般大于其他书证、视听资料和证人证言。(4) 原始证据的证明力一般大于传来证据。(5) 直接证据的证明力一般大于间接证据。(6) 证人提供的对其有亲属关系或者其他密切关系的当事人有利的证言,其证明力一般小于其他证人证言

(三) 证据能力和证明力的区别

(1) 是否具备证据能力,是证据能否进入诉讼的“门槛”问题,决定了证据是否被允许进入诉讼程序;而证明力的核心是证据的可信度问题,说明了该证据是否具备证明案件事实的作用和能力。

(2) 证据能力只存在有或无的差别,不存在大小的区别;而证据的证明力是对证据证明作用的判断,不仅涉及有无的问题,不同证据的证明力还存在大小之别。以此观之,可以说证据能力是定性的概念,而证明力是定量的

概念。

（3）涉及证据能力的立法规定中蕴含着立法者的价值取向，因此，法官对证据能力的判断要严格遵循立法者所确定的规则；法律或司法解释对证据证明力的有无或强弱也会作出规定，但对证明力大小的判断在很大程度上与经验、逻辑、伦理规则等密切相关，需交由审理者依据经验和理性作出判断。

诉讼证明过程中处理二者关系的原则是，法官认证时首先要解决证据有无证据能力的问题，在此基础上才能对证据的证明力作出判断。因为证据材料只有具备证据能力，才能进入诉讼发挥证明作用。在尚无法确定证据是否具备证据能力的前提下，对证明力的大小进行判断徒劳无益。

第二节　民事诉讼证据的种类

民事诉讼证据的种类是根据证据的外在表现形式和特征，由法律对证据进行的类型划分。证据的种类不同，其收集、固定程序和审查、判断方式亦有所不同。通过立法科学地划分证据的种类，对规范证据进入诉讼程序的方式、审查判断证据的证据能力和证明力以及确定不同证据应当适用的证据规则，具有重要意义。我国《民事诉讼法》规定了八种证据，即当事人陈述、书证、物证、视听资料、电子数据、证人证言、鉴定意见和勘验笔录，它们又可被称为证据的八种法定形式。在民事诉讼中作为定案根据使用的证据，必须具备这八种法定证据形式之一。

一、当事人陈述

（一）当事人陈述的概念和特征

当事人陈述，指当事人在诉讼中就有关案件的事实情况向法院所作的陈述。从广义理解，当事人在诉讼中所进行的陈述涉及多方面的内容，包括其诉讼请求或抗辩请求、对案件事实的陈述，对证据的分析、判断和应否采纳的建议，对案件法律适用问题或处理方式的意见等等。但是，并非上述所有陈述都属于作为证据的“当事人陈述”的范围。而作为法定证据之一的当事人陈述，仅指当事人就其所感知或认识的案件事实，尤其是作为诉讼请求根据或反驳诉讼请求根据的案件事实，所进行的陈述。当事人陈述具有如下特征：

1. 真实性与虚假性并存，较难确定其证明力

基于人趋利避害的天性，当事人陈述的真实性和可靠性容易受到当事人自身心理、个性等因素的影响。当事人经历了民事法律关系发生、变更和消灭的整个过程，与其他人相比，对案件事实了解得更为清楚。如果当事人能

够如实陈述，就有可能使人民法院全面、客观地了解案件事实。但是，另一方面，由于当事人与裁判结果有直接利害关系，当事人双方之间利益又相互对立，所以难免在陈述中夸大有利于己的事实，掩盖不利于己的事实，甚至有可能歪曲、虚构事实。因此，当事人陈述可能具有真实和虚假两重属性，较难确定其证明力。

2. 是相对而言最容易收集的证据

当事人陈述是案件当事人对自己亲身经历的案件事实的表述。原告向法院起诉时，根据《民事诉讼法》第 121 条的规定，必须在起诉状中记明其诉讼请求和所根据的事实与理由；被告进行答辩时，也需要提出答辩所依据的事实和理由；第三人申请或被法院通知参加诉讼，同样要说明自己对原被告之间发生争议的诉讼标的有独立请求权的事实，或者与案件的处理结果有法律上利害关系的事实。因此，当事人陈述是在任何一个民事案件中都存在的一种证据，并且最容易收集。

3. 陈述内容具有广泛性

因为当事人是案件事实的亲历者，对案件事实的了解和掌握最为直接和全面，所以当事人陈述的内容往往涉及案件事实的各个方面，具有广泛性的特点。而其他一些法定证据形式则不具有这一特点。例如，鉴定意见是鉴定人运用自己掌握的专门技术和知识对案件所涉某一专门性问题进行分析、判断后得出的结论性意见，通常仅涉及案件事实某一方面的问题。

（二）当事人陈述的功能

根据大陆法系的民事诉讼理论，当事人就案件事实向法院进行的陈述，具备三种功能：其一，确定法院审理的事实范围和诉讼证明的对象。根据辩论主义的要求，案件主要事实或要件事实只要在当事人的辩论中没有出现，法院不得以其作为裁判的基础。所谓要件事实或主要事实，是指在判断出现权利发生、变更或消灭之法律效果中直接且必要的事实，换言之，是与作为法条构成要件被列举的事实（要件事实）相对应的事实。[①] 而当事人向法院陈述的作为其诉讼请求根据的事实，即关于案件主要事实的主张，就是诉讼中的证明对象。因此，当事人关于案件主要事实的主张具有确定法院审理范围和诉讼证明对象的功能。其二，排除争议事实，缩小证明对象的范围。当事人对不利于自己的案件事实的真实性的认可，被称为当事人自认。此种性质的当事人陈述，真实性高，虚假的可能性小，各国诉讼法一般都认可其证明力，

---

① 〔日〕高桥宏志：《民事诉讼法：制度与理论的深层分析》，林剑锋译，法律出版社 2003 年版，第 340 页。

赋予其免除对方当事人证明的效力。在我国,《证据规定》第 74 条也规定,诉讼过程中,当事人在起诉状、答辩状、陈述及委托代理人的代理词中承认的对己方不利的事实,人民法院应当予以确认。因此,对自认免予证明效力的认可,缩小了证明对象的范围。其三,证明手段的功能,指当事人作为证据方法而就其亲历所知向法院陈述有关案件事实,可以作为证据资料供法院参考。①

(三)当事人陈述的证明力

当事人在诉讼中的特殊地位决定了当事人陈述的证明力具有双重性。一方面,当事人若能如实陈述,该证据比其他任何形式的证据都更能准确地反映案件的真实情况,因为作为案件事实的亲历者,当事人对案件事实的了解比其他任何人都更加全面和深刻。另一方面,当事人和案件审理结果又存在利害关系,基于人趋利避害的本性,当事人陈述的真实性和客观性往往很难得到保障。

如何看待当事人陈述的证明价值,大陆法系和英美法系有不同的做法。英美法系的证据法中,不存在当事人陈述这一独立的证据种类。当事人是证人的一种,其在法庭上接受质询而对案件事实所作的陈述被视为证人证言。因此,和其他证人证言一样,当事人陈述的证明力由法官根据交叉询问的结果来确定。法官既不会因为当事人和案件的审理结果存在法律上的利害关系而限制其陈述的证明作用,也不会因为当事人在宣誓之后进行陈述而赋予其特殊的证明价值。在大陆法系国家,当事人陈述一般作为一种补充性或从属性证据而存在。如果当事人作出了有利于自己的陈述,只有当法官穷尽其他证明方法仍无法就待证事实获得心证时,才可以将该陈述作为证据与其他证明方法结合使用。当事人如果在法庭上承认了对方当事人主张的不利于自己的事实,则该陈述被视为诉讼上的自认,具有免除对方当事人证明的效力。

在我国,《民事诉讼法》第 75 条规定:“人民法院对当事人的陈述,应当结合本案的其他证据,审查确定能否作为认定事实的根据。当事人拒绝陈述的,不影响人民法院根据证据认定案件事实。”《证据规定》第 76 条也规定:“当事人对自己的主张,只有本人陈述而不能提出其他相关证据的,其主张不予支持。但对方当事人认可的除外。”由此可见,根据我国《民事诉讼法》的规定,当事人陈述的证明力受到一定程度的限制,即当事人陈述不能独立地证明案件事实,法官只有借助其他相关证据对陈述的真实性加以证明后,才能将其作为认定案件事实的依据。对当事人陈述的有利于己的案件事实,如果

① 参见〔日〕兼子一、竹下守夫:《民事诉讼法》,白绿铉译,法律出版社 1995 年版,第 100 页。

有其他证据证明为真实,法官可以作为认定事实的依据;如果未得到其他证据的证实,该陈述不具有证明力,不能作为认定案件事实的依据。如果当事人在诉讼中以承认对方当事人所主张的事实的方式作出了不利于己的陈述,属当事人自认,具有免除对方当事人证明的效力。

二、书证

(一) 书证的概念和特征

书证是指以文字、符号、图画等记载的内容或表达的思想证明案件事实的证据。书证通常表现为纸面载体的各种文件,如纸质形式的书信、证件、票据、合同、图纸等等。书证的物质载体还包括竹简、木片、金、石、器皿等。除了其物质载体具有多样性之外,书证的内容也通过多种多样的形式反映出来。例如,附着于特定物质载体的中外文字、图表、图画、电报代码或其他能为人所了解的符号、数码等,都可以反映书证的内容。

是否属于书证,取决于该证据能否以其记载的内容或表达的思想证明案件事实,而非该证据是否表现为纸质形式的文件。从表现形式看,非纸质文件可以作为书证使用,而某些纸质文件从证据种类上分析,却并不属于书证。例如,交通事故中受损停止走动的手表可以在诉讼中作为书证使用,因其显示的时刻能够证明事故发生的时间。而诉讼过程中询问证人所作的笔录,虽然以纸质文件的形式存在,却属于证人证言。原因在于,该证据是以书面形式记载的证人对其所了解的案件事实的陈述,纸质形式并不能改变其证人证言的本质。

书证具有以下几个特征:

(1) 反映书证本质属性的是书证记载的内容或表达的思想。对书证而言,其物质载体或外在表现形式并不具有证明作用。因此,外在表现形式完备但内容欠缺或不反映任何思想的证据,不是书证。

(2) 具有较强的稳定性。书证反映的思想内容附着在一定的物质载体上,形式上相对固定。因此,一旦形成,只要其物质载体未被损坏,书证会长久地保持其固有状态和本来面目,其证明力也不会因经历的时间久远而减弱。

(3) 书证往往能够直接证明案件的主要事实。书证一般都具有明确的意思表示,所以比较直观。此外,相当数量的书证形成于当事人实施民事法律行为的过程中,是对当事人之间民事权利义务关系的记载,所以在日后可能发生的纠纷中能起到直接的证明作用,产生较好的证明效果。

(二) 书证的分类

书证表现形式各异,根据不同的标准,可以对书证进行如下分类:

1. 公文书与私文书

根据制作主体的不同，书证分为公文书与私文书。公文书指公法人或从事公共管理事务的其他组织在其职务范围内，依法定的程序和格式做成的文书。例如，婚姻登记管理机关颁发的结婚证或离婚证、法院的裁判文书和其他诉讼文书、工商行政管理机关的颁发的营业执照、房地产管理机关颁发的房屋产权证明、学校颁发的学位学历证书等，都属于公文书。私文书主要指公民个人制作的文书，国家机关、企事业单位、其他组织非基于法定职权或非依法定程序制作的文书，也属于私文书。私文书范围很广，信件、日记、商事合同、借条等私文书，在诉讼中极为常见。

公文书和私文书的区分标准，是制作主体的身份性质以及书证是否依职权所作，而非文书记载内容的性质是公法关系还是私法关系。公法人或公务员在其职权范围之外非依法定程序制作的文书，不具有公文书的效力。公文书一般依严格的程序和格式制成，如通常会加盖制作主体的公章、行文格式体例固定等等。而私文书无论从制作主体还是制作程序和方式来看，都显得更为随意。一般情况下，基于其制作主体的社会公信力和严格的制作程序，公文书的证明力要强于私文书。但是，法院在诉讼中同样要对公文书进行审查核实，以确定其制作主体是否在法定权限范围内制作文书，以及文书制作过程中是否严格遵循了法定的程序和方式等。

2. 处分性书证与报道性书证

根据书证的内容及其法律后果的不同，书证分为处分性书证与报道性书证。如果书证内容以发生一定的法律后果为目的，包含了设立、变更或消灭某种民事法律关系的意思表示，则为处分性书证。诉讼中常见的处分性书证包括合同、书面遗嘱、借据、结婚证、授权委托书、调解协议等等。如果书证内容不是以产生一定的民事法律关系为目的，而只是记载或者报道已经发生的或制作人了解的某种事实，则为报道性书证。例如，会计账册反映了某单位的现金收支情况，旅馆的登记簿记载了旅客在该旅馆住宿的事实，会议备忘录记录了会议过程等等。上述书证仅记载某些客观事实的发生和经过，其本身不能引起相应的法律后果。

处分性书证与报道性书证的主要区别在于，报道性书证只记载某种案件事实，它反映了书证制作人对该事实的客观见闻或主观感受，并不以产生一定的法律后果为直接目的。基于这种差异，处分性书证和报道性书证对案件事实的证明力有所不同。处分性书证直接记载了特定的民事法律关系发生、变更和消灭的事实，能够直接证明某种民事权利义务关系存在与否，因此通常具有较强的证明力；而报道性书证反映的内容本身并不与特定的法律后果相联系,所以对案件事实的证明具有间接性。

3. 普通书证与特别书证

根据形式和制作程序的不同,书证分为普通书证与特别书证。普通书证是根据法律规定,无需特殊的制作程序或外在表现形式即可成立的书证。借据、收据、日记、信件等都属于普通书证。只要这些书证反映或记载了一定的案件事实,其具有何种形式法律不做特别要求。特别书证是根据法律规定,必须按照特定程序制作或者必须具备特定的形式才能够成立的书证。《民事诉讼法》第59条第3款的规定的授权委托书就属于特别书证[①],公证书、房屋产权证书、结婚证或离婚证等,也属于特别书证。

普通书证与特别书证的区分意义集中体现在对证据证明力的判断方面。对于特别书证而言,如果没有按照法定程序制作或者不具备法律规定的特殊形式,就不能对案件事实起到证明作用。

4. 原本、正本、副本、节录本、复印本和译本

根据制作方法的不同,书证分为原本、正本、副本、节录本、复印本和译本。原本,指书证制作人制作的书证的原始文本,也是书证其他文本的来源。正本,是抄录原本或按照原本印刷,与原本内容相同,与原本具有相同效力的书证。副本也是按照原本内容全文抄录或印刷的,对外具有与原本同等的效力。正本与副本的区别在于,正本是给主收件人保存的,而副本是给主收件人之外的其他需要了解书证内容的人使用的。节录本指仅摘抄原本、正本或副本一部分内容的书证。复印本指使用复印设备将原本、正本或副本进行复制得到的文本。译本是指将外文的原本翻译为我国语言文字的书证。

区分原本、正本、副本、节录本、复印本和译本的意义在于,不同制作方法制成的书证具有不同的证明力。一般而言,原本、正本的证明力高于其他种类的书证。

(三) 书证的证明力

书证的证明力,指的是书证具有的证明案件事实的能力。书证若具备证明力,必须同时满足两个条件:首先,书证本身是真实的,即书证的内容体现了书证制作主体的意思;其次,书证反映的思想或内容能够对案件事实起到证明作用。前者被称为书证的形式证明力,后者则被称为书证的实质证明力。

书证的形式证明力涉及书证的真伪问题。若书证的真实性成立,即书证

---

① 我国《民事诉讼法》第59条第3款规定:“侨居在国外的中华人民共和国公民从国外寄交或者托交的授权委托书,必须经中华人民共和国驻该国的使领馆证明;没有使领馆的,由与中华人民共和国有外交关系的第三国驻该国的使领馆证明,再转由中华人民共和国驻该第三国使领馆证明,或者由当地的爱国华侨团体证明。”

确实是当事人主张的制作人所作，则书证所反映的思想或内容通常被认为是制作人的意思，该书证即具备形式证明力。形式证明力是书证具备实质证明力的前提。书证若无形式证明力，不可能对案件事实起到证明作用。因此，书证有无形式证明力是诉讼证明过程中首先必须解决的问题。

在大陆法系国家的民事诉讼法中，一般都设有公文书的真实推定制度，即如果从文书的形式和内容上可以判定该文书确为公法人或从事公共管理事务的其他组织在其职务范围内制作，法官应推定书证本身是真实的。[①] 涉及私文书，如果双方当事人对其真实性无异议，法官可认定该书证为真实。如果双方当事人对此存在争议，则提出该书证的当事人承担证明其真实性的责任。但大陆法系国家的民事诉讼法也规定，如果私文书经本人或其代理人签名、盖章或按指印的，推定其为真实。[②] 在我国，法院不能直接推定私文书具有形式证明力，而是应当经过审查核实才能确定其效力。

书证是否具有实质证明力，即书证能否对案件事实起到证明作用，是在其形式证明力得到确认的前提下，由法院审查判断的。在法院审查过程中，当事人可以对此进行质证，或者提供证据证明书证内容与客观情况不符。

三、物证

（一）物证的概念和特征

物证，是指能够以其外部特征、物质属性、存在状况等证明案件真实情况的物品、物质或痕迹等。外部特征指物证的形状、大小、新旧或破损程度、颜色等；物质属性指物证的物理化学性质、成分、结构、质量、功能等；存在状况指物证的状态及其所处的空间位置、环境等。合同纠纷中的标的物、侵权纠纷中受到损坏的物品、案件事实发生时现场遗留的痕迹都是民事诉讼中常见的物证。与其他证据相比，物证具有如下特征：

（1）具有较强的客观性。物证本身是客观存在的，以其存在特征和物质属性证明案件事实，不像证人证言、当事人陈述等证据一样，容易受到人主观因素的影响。即使物证在收集、固定前被人为地改变，也会在客观世界留下痕迹。这些新的痕迹又是新的物证。因此，物证具有其他证据不可比拟的客观性。

（2）具有较强的稳定性。物证是客观存在的物品或其物理属性，除了那些易腐烂、变质的物品外，形成后不会轻易消失或在短时间内发生性状的改

① 参见《德意志联邦共和国民事诉讼法》第 437 条，谢怀栻译，中国法制出版社 2001 年版，第 106 页。

② 同上书，第 416 条，第 103 页。

变。所以,物证一旦固定或采用科学方法提取保存,一般就可以长时间的存在,具有较强的稳定性。

(3)具有特定性或不可替代性。作为一种客观存在,物证具有自己独一无二的特征。因而,物证一般不能被其他物品或者同类物品代替,否则就不能保持其原有特征,也就不能发挥其对案件事实的证明作用。正是基于物证的不可替代性,我国《民事诉讼法》明确规定,物证必须提交原物,只有在提交原物确有困难时,才可以提交通过特定的固定和保存方法得到的原物的复制品或照片。

(二)物证和书证的异同

尽管物证和书证对案件事实的证明作用通过不同的途径得以发挥,但因书证在存在形式上必须依赖一定的物质载体,所以书证和物证在外观上十分接近。某些情况下,同一证据可以同时具备书证与物证的特征。也就是说,该证据既可以通过其内容证明案件事实,又可以通过其外部特征或物理属性证明案件事实,即存在所谓的书证物证同体的现象。举例来说,同一份书面文件,如果通过其内容来证明案件事实,则为书证;如果通过对该文件的文字笔迹进行鉴定使某一案件事实得到确认,则为物证。

物证与书证的区别主要表现在以下几个方面:

(1)物证和书证发挥证明作用的方式不同。物证是以其存在、外部特征或物理属性等对案件事实起到证明作用,而书证尽管也有一定的物质表现形式,但却是以附着于该物质表现形式上的文字、图画、符号等所表达的思想和内容来证明案件事实。

(2)法律对两类证据在诉讼证明中的运用有无特殊要求不同。对书证而言,法律有时要求必须具备一定的形式或必须履行一定的法律手续才能够产生某种法律后果;对物证,则一般没有这种要求。

(3)书证一般是书证制作人意思表示的书面形式,因此在内容上具有主观属性,而物证一般是有形的物体,不反映人的主观思想,实物本身就是证据。

四、视听资料

(一)视听资料的概念和特征

视听资料,就是利用录音、录像以及电子计算机储存的音像信息及数据来证明案件事实的证据。诉讼中经常被使用的视听资料可以被分为录音资料、录像资料、计算机储存的资料和电视监视资料等几类。视听资料是随着现代科技的发展而出现的新型证据,现已在诉讼中被广泛采用。国外的民事诉讼法和证据法中,视听资料一般不被认为是一种独立的证据种类,而是分别被划入书证或物证的一种。但是，视听资料具有自己的独特特征，既不同于物证，也不同于书证，我国《民事诉讼法》将其作为一种独立的证据种类进行规定。

视听资料的特征主要包括以下几个方面：

（1）生动逼真，具有动态连续性。其他证据种类一般只能以静态的方式反映案件事实的局部、片段或个别情节，而视听资料能以动态的声音和图像再现案件事实发生时当事人的语言、动作和神态，也可同步记录民事法律行为和法律事实发生、发展和变化的过程。因此，视听资料具有其他证据不可比拟的形象性和直观性。

（2）技术性强。视听资料是随着现代科技的发展和进步产生的新型证据，其制作、收集、储存和审查判断需要运用相关科学原理，或者依靠一定技术设备的支持。

（3）具有双面性。一方面，由于试听资料具有生动逼真的特点，如果如实记录，就能再现案件事实，全面、形象地反映案件事实发生的过程，具有高度的准确性。另一方面，科学技术的发展也使伪造视听资料变得极其容易。当事人通过对原有视听资料的剪接、筛选和重新编排，往往可以编辑出对自己有利的证据或伪造出新证据，并且这种篡改和伪造通常还不容易被识破。从这一角度分析，视听资料又具有一定的不可靠性。

（4）易于保存。视听资料大多具有技术先进、体积小、重量轻等特点，易于收集、保管和使用，为当事人参与诉讼和法院审理案件提供了方便。

（二）视听资料与书证、物证的异同

首先，视听资料与书证、物证发挥证明作用的方式不同。书证通过文字、符号、图片等反映的思想和内容证明案件事实；物证通过其客观存在，如质量、属性、外部特征、结构等证明案件事实；而视听资料是借助于先进的技术手段或设备，通过声音、图像等，直观独立地反映案件事实的。

其次，视听资料具有书证、物证都不具备的动态连续性。换句话说，无论是物证还是书证，只能静态地反映案件事实，而视听资料却可以动态地说明案件事实发生的场景和过程。

最后，视听资料在诉讼中运用的全过程，包括其制作、收集、保存、审查判断等，都离不开技术手段或设备的支持与保障。而书证或物证往往可以被人们的感官直接感受，其运用虽然有时也需技术手段和设备的支持，但整体上不像视听资料一样，对技术和设备具有如此之强的依赖性。

（三）视听资料的证明力

视听资料通过其所记录的信息，直观、形象地再现了案件发生的过程和具体情节,克服了证人证言、当事人陈述等证据种类因主体记忆、表达能力等欠缺导致的失实或片面,能够准确、客观地反映案件的真实情况。但是,基于其内在特征,视听资料的证明力上也存在一些固有的缺陷。首先,极强的技术和设备依赖性决定了视听资料在收集、提交、固定或保存的诸多环节,容易被篡改、伪造或删除;其次,视听资料在诉讼中作用的发挥也会受到技术水平和设备的限制,并容易受周围环境的影响。因此,人民法院在审查判断视听资料时,应当辨别真伪,并结合本案的其他证据,确定能否作为认定事实的根据。以合法手段取得并有其他证据佐证、无疑点的视听资料,对方当事人提出异议但提供不出确实充分的相反证据的,人民法院应当确认其证明力。但是,存有疑点的视听资料,不能单独作为认定案件事实的依据。

五、电子数据

(一)电子数据的概念和特点

电子数据是随着信息技术产业的兴起而产生的一种新型证据形式,被视为信息世界里新的"证据之王"。[①] 电子数据以系列电磁或光信号等物理形式存在,表现为以介质、磁性物、光学设备、计算机内存或类似设备生成、发送、接收或存储的信息。因尚处于发展过程之中,涉及其用语或内涵学界尚未形成统一的认识。从称谓看,对这类证据,除了电子数据外,还存在电子证据、计算机证据、网络证据、数据电文、数字证据等其他表述。从立法看,电子数据作为一种独立的证据种类的法律地位在我国已经得以确立。我国1999年颁布实施的《合同法》承认了电子数据的可采性;2004年通过的《电子签名法》界定了"数据电文"的概念,解决了电子签名的法律效力、认证等问题;2012年修订的《刑事诉讼法》明确了电子数据是和视听资料并列的法定证据种类之一;2012年修改通过的《民事诉讼法》更是将电子数据作为独立的证据种类予以明确规定。[②] 学理上,我国的民事诉讼理论一般认为,电子数据是借助电子技术设备、光学手段或类似手段形成、传输、接收,以数字化形式储存于磁盘等载体,可以作为证据使用的一切材料及其派生物。民事诉讼中用来证明案件事实的电子数据通常包括电子聊天记录、电子合同、电子提单、电子数据交换、电子资金划拨、电子邮件、智能交通信息卡、BBS记录、电子发票等。

电子数据具有如下特征:

---

① 参见何家弘、刘品新:《证据法学》,法律出版社2011年版,第184页。

② 参见《合同法》第11条;《电子签名法》第2条、第7条、第13条、第14条;《刑事诉讼法》第48条;《民事诉讼法》第63条。

1. 技术和设备依赖性

电子数据的储存、传播和感知必须借助一定的电子介质或光信号。电子数据是一种依赖现代信息技术的存在形式,它无法被直接阅读、聆听或以其他方式感知,而是必须借助于技术手段、技术设备等进行转换后才能为人所知。芯片、磁带、软盘、光盘、硬盘等电子介质是电子数据信息的载体,电子数据不能脱离这些存储介质独立存在。

2. 不稳定性

首先,电子数据在生成、储存、传播方面的特点决定了,其极易通过技术手段被剪接、修改、删除,一个简短的指令往往就可以在瞬间实现对电子证据的伪造或转移;其次,外部环境如温度、湿度或供电系统、网络通信故障等方面的原因有时会导致电子数据的改变,使其无法反映案件的真实情况。

3. 高速传播性

电子数据的移转和传播速度极快。传统证据一般只能在物理空间里进行交接、移送,而电子数据则可以在虚拟空间里传播。例如,在技术手段和技术设备的支持下,E-mail、EDI 等可以通过因特网在分秒之间传播扩散到世界的每一个角落。

4. 隐蔽性

电子数据以物理形式存在,且其存储、处理过程中必须使用由"0"和"1"组成的二进制代码来表示和传递。因此,电子数据不像书证、物证等传统证据一样可以被人直接识别,而必须要以显示或打印的方式才能为人所感知。正是因为这个原因,电子数据的原件和复制件很难区分。

5. 外在形式的多样性

电子数据的信息一般借助于具有集成性、交互性、实时性的计算机及网络系统形成、传递或储存,不仅可以表现为文字、图像、声音或者三者的组合,还可以是交互式的,具有外在表现形式的多样性。

(二) 电子数据的法律地位

电子数据的法律地位一直是证据法学研究中一个极具争议性的话题。长久以来,涉及电子数据的法律地位,存在"视听资料说""书证说""物证说""混合证据说"和"独立证据说"等观点的争议。[①] 如何在民事诉讼法中规定电子数据证据,也是修改民事诉讼法时一个引发激烈争论的问题。电子数据在制作、存储、表现方式等方面的特点,决定了其在收集、固定保全、质证、审查判断等证明环节上,与传统证据形式存在明显的不同。因此,将其作为一

① 参见何家弘主编:《电子证据法研究》,法律出版社 2002 年版,第 16—30 页。

种独立的证据种类，通过立法赋予其独立的法律地位十分必要。唯有如此，才能确立系统完善的电子数据运用规则，最大限度地发挥电子数据在诉讼中的证明作用。正是基于上述考虑，2012 年新《民事诉讼法》采纳了“独立证据说”的观点，明确规定电子数据是与传统上七种法定证据并列的独立的证据种类之一。

1. 电子数据与视听资料的区别

电子数据和视听资料在表现形式、传播手段、感知方式等方面具有相同或类似的特点，但从其本质特点出发，二者仍应属于不同的证据类型。首先，视听资料强调以声音和图像等动态方式证明案件的真实情况；电子数据如通过电子邮件或电子数据交换签订的合同则往往以文字、符号反映的内容等静态的方式证明案件事实，将其视为视听资料过于勉强。其次，大部分视听资料采用电子技术、模拟信号进行信息的储存、传递、显示，在此过程中容易导致信息的丢失，因此存在原件与复印件之分；而电子数据采用数字技术，复制过程一般不会导致信息的丢失，原件与复印件的区分已经没有多大的法律意义。[①] 最后，根据我国民事诉讼法的规定，视听资料的证明力受到限制。没有其他证据的佐证存有疑点的视听资料，不能单独作为证明案件事实的依据。而在一些电子商务纠纷中，电子数据可能是证明案件事实的唯一根据。将电子数据与视听资料等同，显然会给案件审理造成很大的困扰和障碍，不利于发挥电子数据在民事诉讼中的作用。

2. 电子数据与书证的区别

电子数据和书证在制作、存储、表现方式等方面同样存在诸多差异。首先，原始电子数据的载体是光电或磁性介质，而书证的载体通常为纸张、竹片等可以为人类感官直接感知的物质；其次，书证的稳定性比电子数据高，电子数据的伪造、删改极具隐蔽性，很难被发现，而书证被删改、伪造后容易鉴别；再次，电子数据和书证在存储、再现方式上存在明显差别，电子数据不像书证那样可以被人的感官直接感受到，而是必须借助技术手段和技术设备，转化或显示为可以被人直接感知的形式。最后，与书证不同，电子数据的原件和复制件有时无法严格区分，传统证据理论中适用于书证的证据规则在电子数据领域往往无法适用。举例来说，发件人、收件人、甚至收件人转发的第三人处保存的电子邮件，何者为原件？再如，存储于电子介质中不可直接阅读的、显示于计算机屏幕上的和打印输出后以纸张作为载体的信息，何者为原件？在上述情况下，最佳证据规则显然无法像在书证领域一样发挥作用。

---

① 参见宋朝武：《民事证据法学》，高等教育出版社 2003 年版，第 187 页。

3. 电子数据与物证的区别

少数学者认为电子数据在需要鉴定的情况下属于物证，也有人主张将电子数据纳入广义的物证的范畴，但上述观点均缺乏令人信服的论据支撑。有外国学者提出，电子数据是由能借助特定工具和技术加以收集并分析的各种磁性物质和电脉冲物质形成的，并且同物证类似，也可以作为证据被扣押，所以也属于物证的一种。[①] 这种观点同样有失偏颇。绝大部分视听资料也是采用电子技术、模拟信号进行信息的储存、显示，在具备物质性存在形式的同时，同样存在技术设备的依赖性。据此，视听资料似乎也应划入物证的范畴。实际上，证明方法方面的差异决定了物证和电子数据分属于两种不同的证据种类，即物证以其外部特征、物质属性或存在状况证明案件事实，而电子数据则以其记载或存储的信息等反映案件事实。只有这样才能只有解释电子邮件、电子聊天记录等与传统物证的区别。

4. 混合证据说存在的问题

将电子数据分别归入我国传统的七种证据种类之一的“混合证据说”，即将电子数据分别视为电子书证、电子物证、电子视听资料、电子证人证言、电子当事人陈述、电子鉴定意见或电子勘验笔录，在立法未明确电子数据的法律地位之前，是一种相对而言风险性较小的折衷方式。但将电子数据人为地割裂成数种证据，将使我国业已存在的证据种类的交叉现象更加严重，势必造成实务处理上的混乱。除此之外，电子证据和传统证据所适用的证据规则差别很大，将电子证据分门别类地划归入传统证据种类之一后，我们将不得不对传统证据适用的证据规则作一定幅度的调整，实践操作因此会变得错综复杂。因此，“混合证据说”的做法终究是一种权宜之计，无法从根本上解决电子数据的法律适用问题。

综上，赋予电子数据独立的法律地位是适应时代和社会发展需要的明智之举。但是，基于电子数据的复杂性和特殊性，涉及其收集、调查、审查判断等一系列运用规则，目前还难以在《民事诉讼法》中作出明确、统一的规定。电子数据在诉讼证明中的具体运用规则还需在司法实践中进一步探索研究，这是我国电子数据立法将要面临的新的挑战。

（三）电子数据的收集

相对于传统证据，电子数据的收集保全有其特殊性。电子证据的收集既涉及物理空间，也涉及虚拟空间；既包括计算机主机与其他电子设备的临场取证，也包括网络下载等远程取证。就证据收集的方法和措施而言，一般包

① Eoghan Casey, Digital Evidence and Computer Crime, by Academic Press 2000, p.4.

括:(1) 对与案件有关的电脑中的数据和资料进行备份,并在备份上进行数字签名;(2) 收集有关电子设备和系统软件的资料,搜查与扣押电脑等电子设备;(3) 技术鉴定,比如鉴定电子证据的形成过程,以确定电子数据是否被解密、删改,鉴定电子信息传递情形和设备运行状况等;(4) 现场勘验,包括勘验单机现场、勘验网络现场。①

基于其稳定性差的特点,在电子数据的收集过程中要特别注意及时对证据尤其是网络证据进行固定和保全。司法实践中,对网络电子数据经常采用公证保全的方法,即公证机构利用计算机和互联网技术,对互联网上的电子身份、IP 地址及电子痕迹、微博或博客记录等进行公证。为了增强电子证据的证明力,同时需要注意调查收集其他证据,以期与电子数据互相印证。

(四) 电子数据证明力的审查判断

虽然有些适用于传统证据种类的证据证明力的判断标准和原则,对于电子数据也同样适用。但是,作为明显有别于传统证据的一种新型证据形式,基于其高技术含量下的脆弱性,对电子数据证明力的判断较之其他传统证据更具有挑战性。

证据的证明力与其真实性密不可分,而电子数据的真实性则建立在其内容的原始性和完整性之上。原始性要求电子数据的内容必须是初始生成的,即电子数据所反映的是证据初始形成时的磁性介质中所保存的文字、图像、声音等。完整性则意味着在电子数据的生成、储存、传递过程中,不存在删除、改动、剪接等。对电子数据真实性的判断,国外一般采用推定、当事人诉讼上的自认和证人具结等方法,而推定更是得到了最为普遍的适用。许多国家的法律规定,根据某一电子数据所依赖的计算机系统具有可靠性,或者其系由对其不利的一方当事人保存或提供的,或者其系在正常的业务活动中生成并保管的,可以推定该电子数据具有真实性。② 在我国,《电子签名法》第 13 条规定,电子签名同时符合下列条件的,视为可靠的电子签名:(1) 电子签名制作数据用于电子签名时,属于电子签名人专有;(2) 签署时电子签名制作数据仅由电子签名人控制;(3) 签署后对电子签名的任何改动能够被发现;(4) 签署后对数据电文内容和形式的任何改动能够被发现。当事人也可以选择使用符合其约定的可靠条件的电子签名。司法实践中,为保证电子数据的真实性,审判人员应从提供证据的主体、证据的形成过程和证据所处的信息

① 参见何家弘主编:《电子证据法研究》,法律出版社 2002 年版,第 57—66 页;刘品新:《电子取证的法律规制》,载《法学家》2010 年第 3 期。

② 参见刘品新:《电子证据真伪判断研究》,载《人民法院报》2003 年 5 月 26 日;何家弘主编:《电子证据法研究》,法律出版社 2002 年版,第 126—128 页。

系统等几个方面对电子数据的真实性进行审查。对提供或制作电子数据的主体,审判人员应当着重审查其是否有法律或当事人的授权、与案件的处理结果是否存在法律上的利害关系等。涉及电子数据所处的信息系统,应考虑数据生成软件、命令程序是否稳定可靠,操作系统、设备状态、网络状况是否安全。除此之外,也要注意电子数据在其产生、传递、储存等过程中有无伪造或被删改的可能性等等。而对电子数据关联性的审查,一般从两个角度入手,一是电子数据能够证明哪些案件事实,二是该事实的证明对争议的解决是否具有实质的意义。

六、证人证言

(一) 证人证言的概念和特征

民事诉讼中的证人是指了解案件情况,接受当事人调查和人民法院询问或被传唤到庭作证的人。在不同法系,证人的范围有所不同。在我国和大陆法系国家,证人是诉讼当事人之外的第三人。而在英美法系国家,证人的范围更为宽泛,所有在法庭审理和其他诉讼过程中向法院提供口头证词的人都属于证人,既包括当事人也包括当事人之外的第三人。而证人证言即证人就其所了解和感知的案件事实向人民法院所作的陈述。证人证言是证人对案件事实的陈述而非判断,证人对案件事实的主观臆想、猜测或评论等,不属于证人证言。

证人证言具有如下特征:

(1) 证人证言是证人对案件事实所作的陈述,属言词证据的一种。证人证言应当是证人对自己所感知的案件事实进行的陈述,道听途说不能作为证人证言使用。特殊情况下,如果证人陈述从他人处了解的事实,必须说明来源,否则不能作为证据使用。证人证言一般以口头形式表现出来,特殊情况下,证人若有不能出庭的正当理由,经人民法院同意,也可以通过书面证言、视听传输技术或者视听资料等方式作证。但作证形式的改变无法改变证据的性质,它仍然是证人就其感知的案件事实向法院进行的陈述,因而属于证人证言,而非书证或视听资料。

(2) 证人证言的证明力受多种因素的影响。从主观方面分析,证人可能与当事人存在亲属关系或其他利害关系,其证言的可信度难免会受到怀疑;从客观方面分析,自案件事实发生到诉讼开始,往往经过相当长的一段时间。时间的间隔会影响证人记忆的准确性,部分遗忘案件事实、陈述不准确或陈述有遗漏等情形,不可避免会存在。此外,证人的年龄、文化水平、个人好恶、感知能力、表达能力等各有不同,这些因素都会对证人证言的真实性和可靠性造成影响。

(3) 证人证言具有不可替代性。证人证言的不可替代性取决于证人的不可替代性。证人证言之所以具有证明价值,是因为证人处于案件事实发生的时空中。证人与案件事实在时间和空间上的这种联系是不可替代的,这也决定了证人证言的不可替代性。

(二) 证人的资格和范围

《民事诉讼法》第72条规定,凡是知道案件情况的单位和个人,都有义务出庭作证……不能正确表达意思的人,不能作证。《证据规定》第53条第2款进一步明确,待证事实与其年龄、智力状况或者精神健康状况相适应的无民事行为能力人和限制民事行为能力人,可以作为证人。

由此可见,凡是知道案件情况并且能够正确表达意思的人都可以作证。是否具备证人资格,不取决于一个人的年龄、生理或精神状况、是否与当事人存在利害关系等因素。判断是否具备证人资格,关键有二,一是是否了解需要证明的案件事实,二是对其所了解的案件事实能否正确表达。例如,聋哑人可以用手语或文字表达其所了解的事实,盲人可以就其亲耳所闻的事实进行陈述。因此,生理上有缺陷的人、未成年人、甚至间歇性精神病人在其精神正常期间,只要能够辨别是非、了解案件事实并能正确表达自己的意思,都可以作证人。

和国外通行的做法一致,我国《民事诉讼法》涉及证人资格问题实际上采取的是排除式规定,即除非具有不允许作证的情形,所有的人都具有证人资格。一般而言,我国民事诉讼中下列人员不能充当证人:

1. 不能正确表达意思的人,不能作为证人

需要注意的是,不能把"不能正确表达意思"等同于没有或限制行为能力、生理有缺陷等。如前所述,能否成为证人,以能够辨别是非并能正确表达为条件。儿童、精神病人、生理上有缺陷的人,如果能够正确表达与其年龄、智力、精神状况相适应的案件事实,其陈述可以在诉讼中作为证人证言使用。

2. 诉讼代理人在同一案件中不得作为证人

就同一案件而言,诉讼代理人的身份和证人的身份是冲突的。如果诉讼代理人对查明案件事实有重要作用,可以终止与被代理人的代理关系,作为证人出庭作证。

3. 办理本案的审判人员、书记员、鉴定人、勘验人、翻译人员,不能同时是本案的证人

将审判人员、书记员、鉴定人、勘验人、翻译人员排除在证人范围之外,主要出于对司法公正价值的考虑。上述人员掌握审判权力或对法院裁判有一

定的影响力。为保障司法公正以及法院裁判的可接受性,上述人员如果了解案件事实确有出庭作证的必要,应当以证人身份出庭,而不得担任本案的审判人员、书记员、鉴定人、勘验人、翻译人员和检察人员。

从范围上看,我国民事诉讼中的证人包括单位和个人两大类。证人主要指自然人,包括中国人、外国人和无国籍人。在某些情况下,了解案件事实的单位也可以作为证人。在单位作证的情况下,由于证人证言是证人对其所感知的案件事实的陈述,应该由单位的法定代表人、单位负责人或单位授权的人代表单位作证。

(三) 证人的权利和义务

证人参与民事诉讼,必然会与其他民事诉讼法律关系主体发生一定的诉讼法律关系。基于保护证人权利以及保障诉讼顺利进行的双重需要,证人出庭作证,理应享有相应的诉讼权利,同时履行相应的诉讼义务。

证人的诉讼权利主要包括:

(1) 使用本民族语言文字提供证言的权利。证人有权使用本民族的语言文字提供证词。如果证人不通晓当地语言文字,可以要求法院为其指定翻译;聋哑证人可以用哑语、书面形式、手势进行陈述。

(2) 获知诉讼权利义务的权利。证人出庭作证,有权获知自己的诉讼权利义务,人民法院对此有阐明义务。《证据规定》第 54 条第 2 款明确规定,人民法院应当在开庭审理前通知证人出庭作证,并告知其应当如实作证及作伪证的法律后果。

(3) 要求宣读、申请查阅、补充或者更正证言笔录的权利。对于书记员在庭审过程中所作的证人证言笔录,证人有权要求宣读或者查阅。如果笔录有错误或遗漏,证人有权要求补充或更正。

(4) 人身权、财产权受到保障的权利。司法实践中,证人因提供证言遭受侮辱、诽谤或打击报复的情形时有发生。为此,证人应有权要求公安司法机关对其本人及其亲属的人身权、财产权给予保护。《证据规定》第 80 条第 1 款规定,对证人、鉴定人、勘验人的合法权益依法予以保护。

(5) 要求补偿相关费用、损失的权利。证人出庭作证,难免会有相应费用的支出或收入的减损。请求支付证人费用是证人的一项法定请求权。在我国,证人出庭率低是长期困扰民事司法实践的一大难题。阻碍证人出庭作证的原因很多,经济方面的原因是其中之一。因出庭造成的相关费用的支出和工资、奖金以及经营性收入的损失,大大影响了证人出庭作证的积极性和主动性。为解决这一问题,我国《民事诉讼法》在 2012 年进行修订时,在原来《证据规定》第 54 条的基础上,进一步完善了有关证人经济补偿权的内容,在第 74

条明确规定:“证人因履行作证义务而支出的交通、住宿、就餐等必要费用以及误工损失,由败诉一方当事人负担。当事人申请证人作证的,由该当事人先行垫付;当事人没有申请,人民法院通知证人作证的,由人民法院先行垫付。”

证人的诉讼义务主要包括:

1. 出庭作证的义务

证人应当出庭作证,接受当事人的质询。证人在人民法院组织双方当事人交换证据时出席陈述证言的,可以视为出庭作证。无论大陆法系还是英美法系,对证人作证都提出了出庭的要求。证人必须出庭作证是由证人证言的性质所决定的。证人证言属于言词证据,是证人就其所了解的案件事实所做的陈述。在法庭上,法官可以通过观察证人作证时的神态、表情以判断其证言是否可靠,当事人也可以通过对证人的质询发现其证言当中的纰漏。因此,要求证人出庭作证是抑制证人作伪证的有力手段。严格意义上讲,书面证言因无法由当事人互相质证而欠缺程序合法性,实质上是不具备证据能力的。

证人出庭作证对于查明案件事实起着至关重要的作用,而证人出庭率低则是长期困扰我国民事司法实践的一大难题。证人不出庭作证已成为制约我国民事审判方式改革的瓶颈。为解决证人出庭作证难的问题,我国《民事诉讼法》除规定了证人出庭作证的义务外,还对证人“确有困难”不能出庭作证的方式和法定情形进行了明确界定。证人如果确有困难不能出庭的,经人民法院许可,可以通过书面证言、视听传输技术或者视听资料等方式作证。“确有困难不能出庭”的情形指:(1) 因健康原因不能出庭的;(2) 因路途遥远,交通不便不能出庭的;(3) 因自然灾害等不可抗力不能出庭的;(4) 其他有正当理由不能出庭的。

2. 向法庭如实提供证言的义务

证人作证时,应如实陈述自己所了解的案件事实,并如实回答审判人员、检察人员、当事人、诉讼代理人的询问。我国《民事诉讼法》规定,对伪造、毁灭重要证据,妨碍人民法院审理案件的诉讼参与人,人民法院可以根据情节轻重予以罚款、拘留;构成犯罪的,依法追究刑事责任。

3. 遵守法庭秩序的义务

证人应当遵守法庭秩序,服从审判人员对诉讼程序的指挥,不得哄闹、冲击法庭,不得侮辱、诽谤、威胁、殴打审判人员。如有违反,法院可以予以训诫,责令退出法庭或者予以罚款、拘留。情节严重的,依法追究刑事责任。

4. 保守秘密的义务

证人应保守在作证过程中了解的国家秘密、商业秘密或个人隐私,不得随意泄露。

七、鉴定意见

（一）鉴定意见的概念和特征

随着社会的发展和科技的进步，民事纠纷涉及的领域越来越宽广。某些案件中，双方当事人之间发生争议的案件事实相对复杂，会涉及一些专门性问题，例如房屋的损坏是否由不当施工造成、工程的合理造价是多少、当事人之间有无亲子关系等。普通证据在证明这类案件事实方面往往存在局限性。为满足案件中专门性问题的证明对诉讼证据的需要，立法规定了鉴定意见这一法定证据种类。所谓鉴定意见，即鉴定人运用自己的专门知识和技能，借助必要的技术手段和技术设备，对案件中涉及的专门性问题进行检测、分析、鉴别后所形成的判断性意见。民事诉讼中常见的鉴定意见有笔迹鉴定意见、医疗鉴定意见、亲子关系鉴定意见、会计鉴定意见、工程质量鉴定意见等。

鉴定意见表达的是鉴定人个人对案件中某些专门性问题的看法，仅涉及事实认定问题，而非对当事人应否承担法律责任的判断。作为法定证据种类的一种，法官应结合全案证据，对鉴定意见进行综合审查判断，以决定是否采信，而不是被动地将鉴定人的“结论性意见”作为定案依据。正是基于上述原因，2012 年我国新修改的《民事诉讼法》将该种证据的名称从“鉴定结论”改为“鉴定意见”。

鉴定意见具有如下特征：

（1）鉴定意见是有关案件事实认定的一种意见证据。鉴定意见不是案件事实本身，也非针对鉴定对象的客观性描述，更不是对当事人法律责任承担问题的判断。鉴定意见是鉴定人针对案件事实中的专门性问题，从专业性角度进行分析、鉴别后得出的结论性意见，属于意见证据。

（2）专业性强。鉴定意见之所以具有专业性，主要有两方面的原因。一方面，鉴定意见针对的是案件中的专门性问题，这些问题往往带有专业性的特征，仅凭普通人的知识和能力无法对其作出判定；另一方面，鉴定意见又是鉴定人运用自己的专门知识和技能，通过必要的技术手段形成的，鉴定过程的科学性决定了鉴定意见的专门性。

（3）具有特定的书面形式。鉴定意见必须采用书面形式，同时符合统一的司法鉴定文书的格式要求。一般而言，鉴定意见应明确记载委托人姓名或者名称、委托鉴定的内容；委托鉴定的材料；鉴定的依据及使用的科学技术手段；对鉴定过程的说明；明确的鉴定意见；对鉴定人鉴定资格的说明；鉴定人员及鉴定机构的签名盖章。

（4）具有中立性。根据我国法律对鉴定人资格和鉴定人确定程序的相关规定，鉴定人应是与当事人和裁判结果没有利害关系的中立的机构或个人，鉴定意见也是鉴定人在不受外来因素影响下作出的中立性结论。鉴定人如果与案件有法律上的利害关系，应当适用回避。

(二) 鉴定程序的启动和鉴定人的确定

在我国，鉴定程序的启动以当事人申请为主，法院依职权启动处于补充性地位。鉴定意见是法定证据的一种，申请鉴定，属于当事人承担证明责任的一项内容。对案件所涉专门性问题进行鉴定是当事人收集证据的一种手段，鉴定程序的启动理应由当事人参与其中。因此，我国《民事诉讼法》明确规定，当事人可以就查明事实的专门性问题向人民法院申请鉴定。当事人未申请鉴定，法院一般不能依职权委托鉴定。但是，案件中的专门性问题有时涉及有损国家利益、社会公共利益、他人合法权益的事实，或者涉及诉讼中的程序性事项，如果当事人未申请鉴定，人民法院认为必要，也应当委托具备资格的鉴定人进行鉴定。我国实行统一的司法鉴定机构和司法鉴定人审核登记、名册编制和名册公告制度。从事司法鉴定业务的个人、法人或其他组织，需经省级司法行政机关审核，取得《司法鉴定人执业证》或《司法鉴定人许可证》，才具备从事司法鉴定的资格。

当事人申请鉴定的，由双方当事人协商确定具备资格的鉴定机构或鉴定人员；协商不成的，由人民法院指定。允许当事人协商确定鉴定人，是对当事人程序选择权的尊重，体现了民事诉讼处分原则。而当事人协商不成的情况下由法院进行指定，则是在尊重程序公正的基础上查明事实、获得公正判决结果的重要手段。

除了申请鉴定外，司法实践中，当事人还享有自行委托鉴定的权利。根据《证据规定》第 28 条，一方当事人自行委托有关部门作出的鉴定结论，另一方当事人有证据足以反驳并申请重新鉴定的，人民法院应予准许。另据第 72 条，一方当事人提出的证据，另一方当事人认可或者提出的相反证据不足以反驳的，人民法院可以确认其证明力。从上述条文体现的立法精神分析，当事人享有启动鉴定程序、自行委托鉴定的权利。只不过通过这种方式产生的鉴定意见，往往得不到对方当事人的认可，容易导致对方当事人对同一问题申请法院重新鉴定。

(三) 鉴定人和证人的区别

证人和鉴定人的区别主要体现在以下几个方面：

(1) 是否需要专业知识不同。鉴定意见针对的鉴定对象是案件中的专门性问题，鉴定人需要具备相应的专业知识和技术。而只要了解案件事实并能正确表达即具备证人资格，证人并不需要专业的技能或知识。

(2) 是否具有可替代性不同。鉴定人与案件事实不存在时空上的同一性联系,对需要鉴定的专门性问题,不存在不可替代性,鉴定人因此可以被替代并应适用我国《民事诉讼法》有关回避的规定。虽然同一案件可以有多个证人,但每个证人对其所证明的案件事实而言,都具有不可替代性,既不能由法院指定或选定,也不能由他人替换,因此不适用《民事诉讼法》有关回避的规定。

(3) 是否具有严格的资格限制不同。因鉴定对象是案件中的专门性问题,为保证鉴定意见的科学性,立法对鉴定人的资格有严格限制。相对而言,为了尽可能地再现案件事实,立法对证人资格的限制较少,只要了解案情并能正确表达,就可作证。

(4) 了解案件事实的时间不同。鉴定人是在诉讼开始后才接受委托或指定从而进入诉讼的,其对案件事实的了解始于接受委托或指定之时。而证人因亲历了案件事实,其对案件事实的了解一般始于诉讼之前。

(四) 鉴定人和专家辅助人的区别

专家辅助人,是指出庭帮助当事人对与案件中专门性问题有关的证据进行说明、审查、质证并提供专业性意见的具有专门性知识或经验的人员。许多民事案件如医疗纠纷、环境污染和知识产权案件,专业性极强,案件中涉及的许多问题,不仅当事人自己不清楚,代理诉讼的律师往往也说不清楚。针对这些专门性问题,即使有鉴定人出具的鉴定意见,但因鉴定意见同样具有很强的专业性,法官或当事人在庭审中对鉴定人的询问也仅局限于鉴定意见的制作规范等问题,很难触及切中要害的实质性问题。如此一来,鉴定人出庭作证往往流于形式,难以发挥出应有的作用,法院对鉴定意见的采信有时也难免盲目。因此,为了查明事实,分清是非,维护当事人的合法权益,我国《民事诉讼法》确立了专家参与诉讼的制度。在庭审过程中,如果需要专家提供专业意见,当事人可以申请人民法院通知有专门知识的人出庭,对鉴定人进行询问,就案件专门性问题进行说明或与对方对质。对专家辅助人提供的意见,法院可自由决定是否采纳,但要在判决书和庭审笔录中完整记录,并在判决书中写明采纳或不予采纳的理由。

虽然同样属于具有专门知识和经验的人,专家辅助人和鉴定人存在明显的差别:

(1) 对案件中专门性问题所发表意见的效力不同。鉴定意见是鉴定人对鉴定对象进行分析鉴别后得出的一种结论性意见,属法定证据的一种,同时因其客观性强而具有较高的证明力。而专家辅助人的意见则是对专门性问题的一种解释说明,并且不属于法定的证据种类。

(2) 确定方式不同。鉴定人一般由双方当事人协商确定或法院指定。虽然诉讼实践中也有当事人单方聘请鉴定人提供鉴定意见,但因这种情况下对方当事人往往申请重新鉴定,所以该方式在民事诉讼中不具有普遍意义。而专家辅助人则一般由双方当事人各自聘请,分别帮助他们参加诉讼,各自为其提供相应的专业性帮助。

(五)鉴定人的诉讼权利和诉讼义务

鉴定人的诉讼权利主要包括:

(1)了解案情的权利。为保证鉴定活动的顺利进行和鉴定意见的客观性,我国《民事诉讼法》赋予了鉴定人了解与鉴定有关的案件情况的权利。为此,鉴定人有权要求人民法院提供为进行鉴定所需要的案件材料,必要时还可以通过询问当事人、证人了解与鉴定相关的案件情况。

(2)自主鉴定的权利。鉴定意见针对案件所涉专门性问题作出,如果鉴定事项超出该范围,或者鉴定资料不足及鉴定人不具备特定鉴定事项所需专门技能和知识的情况下,鉴定人有权拒绝鉴定。除此之外,鉴定人有权凭借自己的专门知识,对鉴定事项作出自己的独立判断并出具鉴定意见。

(3)获得保护的权利。鉴定人因进行鉴定、提供鉴定意见而受到侮辱、诽谤、殴打、或打击报复的,有权请求公安司法机关给予保护。

(4)获取报酬的权利。鉴定人有权请求给付必要的鉴定费用和劳务报酬,如鉴定费、出庭作证的差旅费等。

鉴定人的诉讼义务主要包括:

(1)出庭义务。出庭作证是鉴定人的一项基本义务。我国《民事诉讼法》规定,证据应当在法庭上出示,并由当事人互相质证。未经质证的证据,不能作为认定案件事实的依据。鉴定人出庭作证,接受当事人的质询,说明鉴定的过程以及鉴定意见的形成依据,是鉴定意见客观性、合法性的重要保障。鉴定人如果不出庭,当事人就无法通过正当程序对鉴定意见进行质证,这会严重动摇鉴定意见的合法性基础。我国原《民事诉讼法》没有明确鉴定人的出庭义务,只有《证据规定》第59条第1款规定鉴定人应当出庭接受当事人质询,但并未涉及鉴定人不履行该义务时的法律责任。立法的缺失导致我国司法实践中鉴定人出庭作证率较低,既影响了鉴定意见在诉讼中证明作用的发挥,也导致了实践中多头鉴定、重复鉴定的现象。鉴于此,2012年新《民事诉讼法》明确规定,当事人对鉴定意见有异议或者人民法院认为鉴定人有必要出庭的,鉴定人应当出庭作证,接受当事人、诉讼代理人和审判人员对鉴定意见、鉴定过程和鉴定对象的质询,并给予科学地回答和说明。经人民法院通知,鉴定人拒不出庭作证的,鉴定意见不得作为认定事实的根据,支付鉴定费用的当事人可以要求返还鉴定费用。

(2) 公正、如实鉴定的义务。鉴定人对需要鉴定的专门性问题,必须本着科学、客观的态度,勤勉谨慎地履行鉴定义务,独立、公正地进行鉴定活动,不得弄虚作假,不得接受他人请托、收受贿赂等。

(3) 出具鉴定意见的义务。鉴定意见是鉴定人进行鉴定的最终成果体现,及时提交鉴定意见对保障诉讼顺利进行具有重要意义。鉴定完毕后,不管鉴定结果的性质如何,鉴定人都应当出具书面鉴定意见,说明鉴定的内容、委托鉴定的材料、鉴定的依据和手段、鉴定的过程以及明确的鉴定意见,并在鉴定书上签名或者盖章。

(4) 保守秘密的义务。鉴定人对在鉴定活动中了解到的国家秘密、商业秘密和个人隐私,不得随意泄露。

(六) 重新鉴定和补充鉴定

当事人对鉴定意见有提出异议的权利。对于确有理由的异议,人民法院应当准许重新鉴定。重新鉴定,指当事人对鉴定意见的可信度存有疑虑,申请另行委托新的鉴定人进行的鉴定。在当前的司法环境下,出于对鉴定机构、鉴定人员的不信任,在鉴定意见作出后,当事人申请重新鉴定的现象很普遍。由于司法实践中的做法不尽统一,涉及同一鉴定事项,重复鉴定、多个鉴定意见互相矛盾的情况比较突出。为了解决这一问题,《证据规定》明确规定了当事人申请重新鉴定的条件。当事人对人民法院委托的鉴定部门作出的鉴定意见有异议申请重新鉴定的,必须提出证据证明存在下列情形之一:(1) 鉴定机构或鉴定人员不具备相关的鉴定资格的;(2) 鉴定程序严重违法的;(3) 鉴定意见明显依据不足的;(4) 经过质证认定不能作为证据使用的其他情形。对于有缺陷的鉴定意见,可以通过补充鉴定、重新质证或者补充质证的方法解决的,不予重新鉴定。对于当事人自行委托鉴定的鉴定意见,另一方当事人有证据足以反驳并申请重新鉴定的,人民法院应予准许。

补充鉴定是在最初鉴定意见的基础上,针对原鉴定意见中存在的个别问题,由原鉴定人进行再次修正和补充,以完善原鉴定意见的鉴定。补充鉴定是对原有鉴定意见的补救手段。需补充鉴定的情形一般包括以下几种:(1) 原鉴定意见措辞有错误,或者表述不确切;(2) 原鉴定意见对鉴定要求的答复不完备;(3) 原鉴定意见作出后,委托机关又获得了新的可能影响原鉴定意见的鉴定资料;(4) 初次鉴定时提出的鉴定要求有疏漏。

八、勘验笔录

(一) 勘验笔录的概念和特征

勘验笔录是法院的审判人员为了查明案件事实,对与争议有关的现场、物品等进行实地勘察、检验、测量、拍照后，针对勘验结果和过程制作的书面记录。民事诉讼中，勘验笔录对查明案件事实起着重要的作用，有些案件如不动产纠纷、相邻权纠纷案件，往往需要到现场实地勘验，才能形成对案件事实的正确认识。例如，案件事实中天花板裂缝、管道漏水等涉及房屋质量的事项，仅仅通过相片是不能说明问题的。审判人员必须亲临现场进行勘查，把裂缝宽度、数量等一一测量，对物品的形状、特征或者现场的状况进行记录。除此之外，有些案件中的证据本身也不适于在法庭出示，如土地、被砸碎的窗户、重型机器等。在审理类似案件的过程中，勘验笔录的证据作用不可小觑。

勘验笔录的主要特征是：

（1）具有较强的客观性和准确性。勘验笔录由法院勘验人员遵循严格的法定程序制作，如实、客观地记载勘验情况是对制作勘验笔录的基本要求。勘验主体的中立性在很大程度上保证了勘验笔录的可靠性。此外，在勘验过程中采用的照相、摄影、测量、绘图、摄像等勘验手段也保障了勘验笔录的客观性。

（2）具有综合证明能力。通过对勘验结果进行固定而形成的勘验笔录，不仅仅反映单一的案件事实，而是反映反映了各种证据材料存在的具体环境及其相互之间的关系。因此，勘验笔录既能作为一种独立的证据形式证明案件真实情况，又是固定、保全证据的一种方法，还能为鉴定提供材料，并可用于审查、鉴别其他证据的真实性。

（二）勘验笔录的制作

勘验可以依当事人的申请进行，也可由人民法院依职权进行。在进行勘验时，勘验人员必须出示人民法院的证件，证明其具有勘验的法定职责。勘验时应邀请当地基层组织或者当事人所在单位派人参加，当事人或者其成年家属亦应到场；拒不到场的，不影响勘验工作的进行。如有必要，有关单位和个人有义务按人民法院的通知，协助保护勘验的物品或现场。人民法院勘验物证或者现场，应当制作笔录，记录勘验的时间、地点、勘验人、在场人、勘验的经过、结果，由勘验人、在场人签名或者盖章。对于绘制的现场图应当注明绘制的时间、方位、测绘人姓名、身份等内容。

尽管勘验笔录是审判人员或者专门的勘验人员依据法定职权、遵循法定程序制作的，具有较强的客观性和准确性。但是，如果将其作为定案根据，也必须经过质证。法庭审理过程中，经审判人员许可，当事人可以向勘验人员发问。

（三）勘验笔录与书证的区别

勘验笔录与多数书证具有相同的书面形式，并且都是以文字、图表等记载的内容来证明案件事实，因而与书证有某种相似之处。但作为与书证并列的一种独立的证据形式，二者存在质的区别：

（1）形成时间不同。书证一般形成于诉讼之前，是和发生争议的案件事实同步生成的，反映了书证制作主体的主观意志；而勘验笔录是在诉讼过程中制作的，是对案件现场和物品情况的客观反映，具有高度的准确性，不掺杂制作人的主观意志。

（2）制作主体不同。书证的制作主体是当事人或当事人之外其他相关单位或个人；而勘验笔录的制作主体是审判人员或法院指定的勘验人员。

（3）性质不同。书证虽有公文书和私文书的区分，并不具有诉讼文书的性质；而勘验笔录基于其制作主体的特殊性，具有诉讼文书的性质。

（4）能否重新制作不同。书证一般形成于案件发生前或者发生过程中，一旦提交法庭，即使涉及相关问题表述不清或有遗漏，也不得更改或者重新制作；而勘验笔录是在案件发生后的诉讼过程中制作的，若记载有漏误，可以根据当事人的申请或由法院依职权重新勘验。

第三节 证据保全

一、证据保全的概念和条件

民事纠纷从发生之日到起诉、受理直至开庭审理，需要经过一段时间间隔。在这段时间里，无论是起诉前还是诉讼进行过程中，都存在证据灭失或以后无法或难以收集的情形。例如，不易保存的物证可能会腐烂变质；当事人为取得有利于己的诉讼结果，可能会毁灭、伪造证据；案件中的重要证人有可能移居国外等等。这些情况的存在，会给民事诉讼证据的调查和收集造成困难，从而给当事人合法权益的保护和法院查明案件事实造成难以挽回的影响。基于此，我国《民事诉讼法》明确规定了证据保全制度。证据保全，指的是在证据有可能毁损、灭失或以后无法、难以取得的情况下，人民法院根据当事人、利害关系人的申请或依职权，提前对证据进行调查收集或固定、保存的行为。

证据保全必须满足下列条件：

（1）证据存在毁损、灭失或者以后难以、无法取得的情况。这是法院决定采取证据保全措施的前提条件。证据毁损，指证据的完整性受到破坏，无法以本来面目呈现于法庭之上;证据灭失,指证据客观物质形态的消失;证据难以或无法取得,指证据虽然从客观物质形态上仍然存在,但凭借当事人或法院可以采用的调查收集证据的手段,没有可能取得该证据或者取得该证据面临难以克服的困难。导致证据毁损、灭失或难以取得的原因,可能是主观方面的,如当事人的证明妨碍行为;也可能是客观方面的,如证人因身患重病而生命垂危等。

(2) 利害关系人在起诉前或申请仲裁前申请证据保全,还必须具备"情况紧急"的条件。所谓"情况紧急",指利害关系人若不立即申请证据保全,证据就有可能灭失或被转移,以至于其合法权益难以得到保护。否则,就应当在诉讼或仲裁过程中申请证据保全。是否存在"情况紧急"的情形,应当由人民法院根据实际情况进行分析判断。

(3) 当事人在诉讼过程中申请证据保全,不得迟于举证时限届满前7日。这是证据保全的时间条件。之所以对申请证据保全的时间提出要求,是因为如果在诉讼业已进入证据调查阶段才提出证据保全的申请,采取保全措施已无任何必要。当然,双方当事人协商一致同意延长举证期限且经过法院同意,当事人申请证据保全的期限可以相应延长。

二、证据保全的类型

(一) 依申请的证据保全和依职权的证据保全

根据证据保全启动程序的不同,证据保全可分为依申请的证据保全和依职权的证据保全。诉讼开始前或申请仲裁前,如果存在证据保全的必要性,利害关系人可以向有管辖权的法院提出证据保全的申请,法院不得依职权主动采取保全措施,否则就会违背司法权被动性的原则。诉讼开始后,基于辩论主义和处分原则,在证明责任法则的内在机制作用下,证据保全程序一般也是依据当事人的申请启动。如果当事人不提出申请,意味着他在证据收集方面不需要救济,人民法院自然不需要采取保全措施。只有人民法院认为必要时,才可以依职权主动采取证据保全措施。

(二) 诉前或申请仲裁前的证据保全和诉讼过程中的证据保全

根据采取证据保全措施的时间不同,证据保全可分为诉前或申请仲裁前的证据保全和诉讼过程中的证据保全。在诉讼进行过程中,当事人可以向人民法院申请保全证据,人民法院也可以主动采取证据保全措施。实际上,无论是起诉之前还是诉讼进行过程中,都存在有必要采取证据保全措施的情形。因此,我国《民事诉讼法》第81条第2款规定,因情况紧急,在证据可能灭失或者以后难以取得的情况下,利害关系人可以在提起诉讼或者申请仲裁前向证据所在地、被申请人住所地或者对案件有管辖权的人民法院申请保全证据。除此之外，我国的《海事诉讼特别程序法》和《著作权法》也都明确规定了诉前证据保全制度。①

三、证据保全的程序

（一）证据保全程序的启动

诉前或申请仲裁前的证据保全，应当由利害关系人向法院提出书面申请，法院不得依职权主动采取证据保全措施。在诉讼过程中，证据保全主要也是由当事人申请，但法院在必要时也可依职权主动采取保全措施。

当事人在诉讼过程中申请保全证据，不得迟于举证期限届满前 7 日。在双方当事人协商一致并经人民法院同意延长举证期限的情况下，当事人申请证据保全的期限可以相应延长。

一般认为，申请证据保全应采用书面形式。证据保全申请书应表明当事人或利害关系人及其基本情况、需保全证据的种类、该证据能证明的案件事实、采取保全措施的理由以及证据持有人或保管人的相关信息等。

（二）证据保全的管辖

当事人在诉讼进行过程中申请证据保全，应向受理案件的人民法院提出。在提起诉讼或申请仲裁前申请证据保全，利害关系人可以向证据所在地、被申请人住所地或者对案件有管辖权的人民法院提出。

（三）证据保全的担保

对诉前或申请仲裁前的证据保全而言，因诉讼尚未开始，法院对是否存在保全的必要性难以判断。因此，为避免证据保全错误给被申请人造成损失，人民法院应当责令申请人提供担保。申请人不提供担保的，裁定驳回申请。对诉讼过程中的证据保全申请，法院可以要求当事人提供担保。申请人不提供担保的，裁定驳回申请。申请人提供担保的数额应与双方发生争议的标的物的实际价值相当，或者在价值上相当于采取该保全措施可能给对方造成的损害。

（四）法院对证据保全申请的处理

人民法院受理当事人在诉讼过程中提出的证据保全申请后，情况紧急的，必须在 48 小时内作出是否采取保全措施的裁定；对利害关系人在诉讼前

① 参见《中华人民共和国海事诉讼特别程序法》第 63 条、《中华人民共和国著作权法》第 50 条、《中华人民共和国商标法》第 58 条、最高人民法院《关于对诉前停止侵犯专利权行为适用法律问题的若干规定》第 16 条。

或申请仲裁前提出的证据保全申请,人民法院必须在48小时内作出裁定。裁定采取保全措施的,应当立即开始执行。诉前或申请仲裁前的证据保全申请人在人民法院采取保全措施后30日内必须向有管辖权的人民法院提起诉讼,或向仲裁机构申请仲裁。为保护被申请人的合法权益,申请人在人民法院采取证据保全措施后30日内不提起诉讼或申请仲裁的,人民法院应当解除证据保全措施。

诉前证据保全的申请人起诉后,采取证据保全措施的人民法院对该案有管辖权的,应当依法受理;没有管辖权的,应当及时将诉前证据保全的材料移送对案件有管辖权的法院。当事人申请诉前证据保全后,没有在法定期间内起诉,因而给被申请人造成财产损失引起诉讼的,由采取该证据保全措施的人民法院管辖。申请诉前证据保全错误的,申请人应当赔偿被申请人或者利害关系人因此所遭受的损失。

(五)证据保全措施

人民法院进行证据保全,可以根据被保全证据的形式和案件具体情况,采取查封、扣押、拍照、录音、录像、复制、鉴定、勘验、制作笔录等方法。诉讼实践中,法院一般针对不同证据的特点,采取不同的证据保全方法。例如,对证人证言,可以进行录音、录像或制作询问笔录;对于物证,可以制作勘验笔录或封存原物;对于书证,可以拍照或复制。无论采用何种方法保全证据,均应本着全面、客观的原则,尽量反映被保全证据的原貌。

人民法院进行证据保全,必要时可以要求当事人或者诉讼代理人到场。当事人或诉讼代理人没有到场的,不影响证据保全措施的进行。当事人或诉讼代理人应在证据保全笔录或者查封、扣押的清单上签名或者盖章。拒绝签名、盖章的,法院应在笔录或清单上注明。

第四节　人民法院调查收集证据

诉讼中对案件事实的证明始于证据的调查和收集。民事诉讼奉行辩论主义,当事人作为民事诉讼法律关系的主体,理应承担调查收集证据的责任。有关法院在民事诉讼中可否调查收集证据,两大法系做法有所不同。大陆法系特别重视法官对诉讼程序的指挥和控制,因此,其民事诉讼法普遍规定了法院在调查收集证据方面享有的职权及其行使范围和程序。而英美法系民事诉讼实行对抗制,当事人对诉讼进程的推动起主导作用,法官的职责仅在于维持庭审的基本秩序。所以,当事人尤其是代理其参与诉讼的律师在证据的调查收集方面起至关重要的作用,法官或司法机关不是证据调查的主体。

在我国,涉及民事诉讼证据的调查收集,一直遵循当事人提供证据与人民法院调查收集证据相结合的原则。但从不同时期民事诉讼法的规定看,当事人提供证据与法院调查收集证据的关系又呈现出一定的发展变化趋势。1982 年颁布的我国《民事诉讼法(试行)》第 56 条规定:当事人对自己提出的主张,有责任提供证据。人民法院应当按照法定程序,全面地、客观地收集和调查证据。以此规定作为依据,诉讼实践中法官集调查收集证据与审查判断证据的权力于一身,既模糊了当事人和法院在民事诉讼中的职能分工,又增加了司法成本,降低了诉讼效率。由此造成了所谓"当事人张张嘴,法官跑断腿"的怪现象。20 世纪 80 年代中期以来,随着审判方式改革的深化,当事人的举证责任得以加强。1991 年《民事诉讼法》适时地反映出这种变化,除了赋予人民法院向有关单位和个人调查取证的职权之外,该法第 64 条也明确规定,"当事人对自己提出的主张,有责任提供证据","当事人及其诉讼代理人因客观原因不能自行收集的证据,或者人民法院认为审理案件需要的证据,人民法院应当调查收集","人民法院应当按照法定程序,全面地、客观地审查核实证据"。据此,人民法院在诉讼证明中的主要任务已从"全面地、客观地收集和调查证据"转变为"全面地、客观地审查核实证据"。只有当事人因客观原因无法收集,或者人民法院认为必要时,法院才可依职权主动调查收集证据。而随着 2001 年《证据规定》的出台,法院依职权调查收集证据的范围更加明确化、特定化,当事人收集证据和法院调查取证的关系进一步得以理顺。

一、人民法院依职权主动调查收集证据

民事诉讼奉行辩论主义和处分主义,为落实当事人的举证责任,作为裁判依据的证据主要应当由当事人提出,法院一般不得依职权主动调查收集。根据《证据规定》第 15 条,人民法院可以依职权主动调查收集的证据,主要指以下两种:一是涉及可能有损国家利益、社会公共利益或者他人合法权益的事实;二是涉及依职权追加当事人、中止诉讼、终结诉讼、回避等与实体争议无关的程序事项。

有些案件事实不但与当事人的实体权利密切相关,同时也涉及国家利益、社会公共利益或他人的合法权益,如当事人恶意串通损害国家利益、社会公共利益或他人利益的民事行为,或者当事人以合法形式掩盖非法目的的民事行为。为保护国家利益、社会公共利益和他人合法权益不受损害,涉及类似上述行为的实体法事实,理应归入法院的职权调查事项。程序性事项与当事人间的实体争议没有关系,但影响到诉讼程序的顺利进

行事关公益，因此程序性事项也属于法院依职权主动调查收集证据的范围。

二、人民法院根据当事人的申请调查收集证据

根据我国《民事诉讼法》第 64 条第 2 款的规定，当事人及其诉讼代理人因客观原因不能自行收集的证据，人民法院应当调查收集。《证据规定》第 16 条进一步明确，上述情况下法院调查收集证据，也应当依当事人的申请进行。据此，在当事人及其诉讼代理人举证困难时，可以申请人民法院依职权调查取证。作为对当事人举证困难时的救济措施，人民法院依照当事人申请调查收集的证据，作为提出申请的一方当事人提供的证据。

（一）当事人申请法院调查收集证据的法定情形

（1）申请调查收集的证据属于国家有关部门保存并须人民法院依职权调取的档案材料。在我国，有些档案材料向社会公众开放，有些则按照国家规定需要保密或控制使用。当事人需要的证据材料，如果属于尚未开放控制使用的档案材料，就不能自行申请阅览、复制、摘录或以其他方法使用，必须向人民法院申请，由人民法院依职权调查收集。

（2）涉及国家秘密、商业秘密、个人隐私的材料。国家秘密事关国家安全大计，商业秘密和个人隐私则涉及有关单位、组织和个人的重大权益。为保障国家的安全和利益免受损害，为避免商业秘密的持有人遭受经济损失以及个人隐私权不受侵害，涉及上述事项的事实材料均具有一定的秘密性。当事人因客观原因不能自行收集的，可以申请人民法院调查取证。

（3）当事人及其诉讼代理人确因客观原因不能自行收集的其他材料。该条款属于弹性条款。在上述两种法定情形之外，如果存在当事人因客观原因无法自行收集的事实材料，也可申请法院调取。

（二）当事人申请法院调查收集证据的程序性要求

1. 申请的形式

当事人及其诉讼代理人申请人民法院调查收集证据，应当提交书面申请。

2. 申请书的内容

当事人及其诉讼代理人向法院提交的书面申请中，应当载明被调查人的姓名或者单位名称、住所地等基本情况、所要调查收集的证据的内容、需要由人民法院调查收集证据的原因及其要证明的事实。这就要求，当事人申请法院调查取证，必须向法院提供一定的证据线索。之所以作此要求，是因为申请法院调查取证是为当事人举证不能提供的一种救济手段；法院应当事人申请所为的调查取证行为，实际上是当事人举证行为的延伸。提供证据线索，既是当事人举证能力范围内能做到的，又能够节约司法资源，提高诉讼效率。

3. 申请的期限

当事人及其诉讼代理人申请人民法院调查收集证据,不得迟于举证期限届满前7日。为当事人申请设置期限限制,一是为了让法院有充分的时间去调查取证;二是为了让双方当事人了解法院调查取证的情况,以便在开庭前有效地展开证据交换,防止一方当事人通过申请法院调查收集证据达到"证据突袭"的目的,造成双方当事人之间的不公。

4. 法院对申请的审查和处理

法院经过审查,认为符合申请法院调查取证的法定情形且形式要件具备的,应当批准;认为不符合法律规定的,不予准许。人民法院对当事人及其诉讼代理人的申请不予准许的,应当向当事人或其诉讼代理人送达通知书。

5. 救济手段

当事人对法院作出的不予准许调查取证的决定不服的,可以在收到通知书的次日起3日内向受理申请的人民法院书面申请复议一次。人民法院应当在收到复议申请之日起5日内作出答复。

三、人民法院调查收集证据的方法

法院依职权调查收集证据的方法,散见于我国《民事诉讼法》以及相关司法解释当中。《民诉法意见》第70条规定:"人民法院调查收集证据,应由两人以上共同进行。调查材料要由调查人、被调查人、记录人签名或盖章。"除此之外,涉及勘验笔录的制作,物证、书证、视听资料、证人证言的调查与收集,证据保全措施的采取,《民事诉讼法》和《证据规定》相关条文中也有具体的规定。[①]

概括而言,现行法律和司法解释对于法院调取证据一般规定了直接调查的方法。但囿于法院司法资源的有限性,在所有案件中,对所有证据都采用直接调查的方法是不现实的。因此,诉讼实践中,各地法院都进行了许多有益的尝试,采取了多种行之有效的法院间接调查的方式。具体而言,就是法院通过授权的方式,将其享有的调查收集特定证据的权力赋予当事人或其代理人行使,以节约司法资源,方便当事人取证。[②] 例如,北京、上海等地法院都普遍实行了"调查令"制度并在实践中取得了积极的成效。调查令即指当事人在民事诉讼中因客观原因无法取得自己需要的证据,经申请并获人民法院批准,由法院签发给当事人的诉讼代理律师向有关单位和个人收集所需证据

① 参见《民事诉讼法》第80条、《证据规定》第20—22条、第24条、第30条、第31条。
② 参见常怡主编:《民事诉讼法学》,中国法制出版社2008年版,第216—217页。

的法律文件。[①] 通过申请法院签发调查令，当事人就可获得通过正常的调查取证途径无法取得的相关证据。

案例精选

▶【案例 1】[②]

原告北大方正公司和红楼计算机科学技术研究所是方正 RIP、方正字库等计算机软件的著作权人。上述软件安装在独立的计算机上，与激光照排机联结后，即可实现软件的功能。两被告北京高术天力科技有限公司和北京高术科技公司为激光照排机的销售商，曾为原告进口的激光照排机进行过代理销售，所销售的激光照排机使用的是方正 RIP 软件和方正文合软件。后因双方发生分歧，双方代理关系终止。

此后，原告通过调查，发现被告在全国范围内大规模非法制售方正 RIP 等软件，遂委派下属公司职员以普通用户的身份会同公证人员进行公证取证。自 2001 年 6 月起，原告公司职员以个人名义多次和被告员工联系商谈购买激光照排机及安装方正 RIP 等软件相关事宜。2001 年 7 月 20 日，原告的员工以个人名义，与被告高术天力公司签订了电子出版系统订货合同，合同约定的供货内容为：ATANA FT—5055A 激光照排机（不含 RIP），单价为 415000 元。合同签订后，方正公司的员工故意问高术公司员工盗版软件是否好用，并再三要求对方为其安装盗版软件。2001 年 8 月 22 日，被告高术天力公司在原告员工临时租用的房间内，为其安装了激光照排机，并应要求在其自备的两台计算机内安装了盗版方正 RIP 和方正文合软件，同时提供了刻录有上述软件的光盘。在此期间，原告申请了公证证据保全。北京市国信公证处先后于 2001 年 7 月 16 日、7 月 20 日、7 月 23 日、8 月 22 日，分别对原告员工以普通消费者的身份，与被告联系购买激光照排机设备及被告在该激光照排机配套使用的原告自备计算机上安装方正 RIP、方正文合软件的过程进行了现场公证，并对安装了盗版方正 RIP、方正文合软件的原告自备的两台计算机及盗版软件进行了公证证据保全。

2001 年 11 月 29 日，在法院主持下，双方当事人参加了对公证证据保全

---

① 参见 2001 年《上海法院调查令实施细则》以及 2004 年《北京市高级人民法院关于委托调查制度的若干意见（试行）》等。

② 参见最高人民法院公报案例库北大方正公司、红楼研究所与高术天力公司、高术公司计算机软件著作权侵权纠纷案，http://www.pkulaw.cn/fulltext_form.aspx? Db = pfnl&Gid = 117507974&keyword = &EncodingName = &Search_Mode = accurate，2012 年 5 月 5 日最后访问。

的安装了方正RIP、方正文合软件的原告二台自备计算机及相关软件进行的勘验。勘验结果显示，在被保全的计算机中安装了盗版方正文合软件，被保全的软件中包括盗版方正RIP及方正文合软件。对于上述勘验结果，原、被告均不持异议。

原告认为，二被告非法复制、安装、销售原告软件的行为违反了《中华人民共和国著作权法》《计算机软件保护条例》的相关规定，严重侵犯了原告享有的计算机软件著作权，同时给原告造成了巨大的经济损失，且被告侵权的情节相当恶劣，故向法院起诉，请求法院：(1) 判令两被告立即停止侵权、消除影响、公开赔礼道歉；(2) 判令两被告赔偿原告经济损失300万元；(3) 判令两被告承担本案诉讼费、保全费、取证费及审计费等。

北京市一中院的一审判决认为，方正公司和红楼研究院为取得被告的侵权证据，采取了“陷阱取证”的方式。该方式并未被法律禁止，法院对此予以认可。此外，北京市国信公证处出具的公证书亦证明了被告实施安装盗版原告软件的过程，同时对安装有盗版原告软件的计算机和盗版软件进行了证据保全。对上述公证的过程和公证保全的内容，法院同样予以确认。因此，结合方正软件的开发成本、市场销售价格和被告侵权行为的主观过错程度等因素，法院判决被告停止侵权行为、赔礼道歉并赔偿原告经济损失60万元，原告为本案花费的调查取证费用由被告支付。

被告对一审判决不服，依法提起上诉。二审法院北京市高级人民法院认为，某公证处出具的公证书，是公证员在不同时间和地点对上诉人和被上诉人购买激光照排机和安装盗版软件的现场记录，上诉人无足够的相反证据推翻公证书记载的内容，故法院对该公证书证明的事实予以认定。但值得注意的是，上诉法院对方正公司的取证方式不予认可。上诉法院认为，就本案而言，方正公司的取证方式并非获取高术公司侵权证据的唯一方式。此种取证方式有违公平原则，一旦被广泛使用，将对正常的市场秩序造成破坏。鉴于此，二审法院认定了上诉人销售一套盗版软件的侵权事实，判决高术公司赔偿方正公司一套软件的正常市场售价13万元，调查取证费由方正公司自行负担。

方正公司因对终审判决不服，依法向最高院申请再审。最高人民法院认为，就本案而言，北大方正公司公证取证方式的目的是正当的。其取证行为既未损害社会公共利益和他人合法权益，亦未侵犯高术公司、高术天力公司的合法权益。计算机软件著作权侵权行为具有隐蔽性较强、取证难度大等特点，采取该取证方式，有利于解决此类案件取证难问题，起到威慑和遏制侵权行为的作用，也符合依法加强知识产权保护的法律精神。因此，最高人民法院维持了原一审判决的主要内容。

评析:本案焦点问题是方正公司采取"陷阱取证"方法收集的证据是否具有合法性。"陷阱取证"是软件著作权侵权诉讼中权利人经常采用的一种取证方法,指权利人不暴露真实身份,以一般顾客的名义购买侵权产品,以获取证据来证明自己主张的侵权事实。"陷阱取证"并非法律概念,通过这一方式获取的证据是否具有合法性,要根据具体案情才能确定。一般认为,我国民事诉讼非法证据的判断标准是《证据规定》第68条,即"以侵害他人合法权益或者违反法律禁止性规定的方法取得的证据,不能作为认定案件事实的依据"。尽管有此明文规定,"侵害他人合法权益"和"违反法律禁止性规定"仍是相当抽象的标准。基于社会关系和利益关系的复杂性,法律对违法行为或合法权益无法采取穷尽式的列举规定。实际上,在非法证据排除问题上,深刻体现出法律制度不同目标、价值间的冲突。在具体个案中适用非法证据排除规则时,法官必须根据利益衡量原则作出判断,即权衡个案中不同利益的位阶并在选择取舍后作出裁决。

本案判决中,一审法院认为陷阱取证并未被法律所禁止,因此对原告方证据予以认可。二审法院则考虑到原被告之间先合作、后竞争的关系,以及收集证据的过程中,在被告明确告知其无权经销正版软件的前提下,原告再三要求被告员工为其安装盗版软件的情况,认为陷阱取证有违公平原则,一旦获得支持,将对正常的市场秩序造成破坏,故不应提倡。最高人民法院在对本案再审后,明确认可了知识产权案件中机会提供型的陷阱取证行为并不违法。最高人民法院的再审判决对利益衡量原则的适用主要体现在如下几个方面:第一,侵犯知识产权的行为隐蔽性强,易于实施,通过调查收集证据的常规手段,很难获取侵权证据。陷阱取证的方法虽说不是唯一可行的取证方法,但却具有相对合理性。从我国当前的情况看,知识产权侵权行为非常普遍,对市场经济秩序构成极大威胁,而这种取证方式对侵权者无疑能起到相当大的威慑作用,因此不但不会扰乱市场经济秩序,反而有利于维护市场经济秩序。第二,认定原告取证行为违法才真正有违公平原则。本案中,被告侵权在先,原告带有欺骗性的取证手段是为了反击被告的违法行为。如果原告由于缺乏证据而使得自己的合法权益无法得到保护,才是对公平原则最大的危害。最后,从有利于加强知识产权保护的角度考虑,也应该认可原告的取证手段。

▶【案例 2】[①]

许某与蔡某 1992 年结婚，二人婚后收养一女，取名许晓辉（1998 年出生）。2010 年 5 月许某因交通肇事罪判处有期徒刑 3 年 6 个月。2011 年 3 月，许某向法院起诉，称夫妻双方婚后感情一直不好，经常吵架，被告对家庭和养女缺乏关心，请求离婚并取得养女许晓辉的抚养权。诉讼中原告申请传唤许晓辉作为证人出庭作证，以证明原、被告双方婚后经常因琐事产生纠纷，导致夫妻感情破裂。而被告则认为，许晓辉尚未成年，不可能清楚夫妻感情问题，其证言不能被采信。同时辩称，原被告双方结婚已近 20 年，建立了牢固的婚姻基础，因此不同意离婚。法院应否采纳许晓辉的证言？

评析：证人许晓辉尚未成年，是限制民事行为能力人，对其提供证言中与其年龄、智力状况相当的部分予以采信，即其证言能证明原、被告双方在共同生活期间发生过争吵。至于以养父母发生争吵断定他们的夫妻感情确已破裂，与许晓辉的年龄和智力状况不相符合，故对其证言中证实原、被告双方感情确已破裂的证言，不应予以采信。

本案焦点问题涉及许晓辉的证人资格问题。许晓辉生于 1998 年，诉讼时属限制民事行为能力人。我国《民事诉讼法》第 72 条第 2 款规定："不能正确表达意思的人，不能作证。"而"不能正确表达意思"不等同于"无民事行为能力或限制民事行为能力"。《证据规定》第 53 条第 2 款规定："待证事实与其年龄、智力状况或者精神健康状况相适应的无民事行为能力人和限制民事行为能力人，可以作为证人。"因此，许晓辉具有证人资格。是否准许离婚，应以夫妻感情是否确已破裂作为标准。许晓辉年满 13 周岁，一直同原、被告共同生活，对于双方经常因琐事争吵产生纠纷的事实，应具有感知和理解能力。而夫妻感情问题则相对抽象、复杂，双方感情是否破裂的问题，显然超出许晓辉的认知水平和理解能力。所以，法院对许晓辉证言中与其年龄、智力状况相当的部分予以采信，而涉及夫妻感情确已破裂的证言不予采信，并在此基础上作出判决。

▶【案例 3】[②]

2008 年 6 月赵双玲将现金 200,000 元借给杨雪梅，允许后者将该款项从事民间投资放贷。二人约定借款月息 2%，每 3 个月付一次息。随后，杨雪梅

① 参见齐树洁主编：《证据法案例精解》，厦门大学出版社 2005 年版，第 201—206 页。

② 参见北大法宝司法案例库：http://www.pkulaw.cn/fulltext_form.aspx? Db = pfnl&Gid = 118309067&keyword = %e8%b5%b5%e5%8f%8c%e7%8e%b2%ef%bc%8c%e6%9d%a8%e9%9b%aa%e6%a2%85&EncodingName = &Search_Mode = accurate，2013 年 5 月 5 日最后访问。

将一份出借人为杨雪梅、借款人为梁斌的借款合同及借据交付赵双玲，并将债权转让给赵双玲的债权转让告知合同书交给赵双玲。2008年9月杨雪梅偿还借款100,000元，期间所有的利息也均由杨雪梅交给赵双玲。2009年9月6日借款到期，次日赵双玲从杨雪梅处取走后3个月利息6000元，并继续出借该100,000元。后赵双玲因有急用向杨雪梅索要借款时，杨雪梅称借款已归还，双方由此发生争议。2010年1月9日杨雪梅丈夫曾抢夺赵双玲持有的借款手续，赵双玲报警后，杨雪梅丈夫将手续交还了赵双玲。

2011年5月，赵双玲向法院起诉，要求杨雪梅偿还借款100,000元及利息，并向法院提交了借款合同和借据。被告杨雪梅辩称，双方当事人系好朋友，原告经常拿钱让其放贷，期间也有2—3次自己把款交给原告，而原告事后才将借条交给自己。在法庭主持下，对被告是否偿还原告100,000元一事，双方均同意测谎。涉及被告有否偿还借款一事，测谎结论显示对被告方有利。杨雪梅认为测谎经双方同意，是双方的真实意思表示，应当作为定案的依据。法院应否支持杨雪梅以测谎结论作为定案依据的主张？

评析：本案的焦点问题是测谎结论能否作为定案证据使用的问题。对于证据形式，我国《民事诉讼法》列举了八种，即当事人陈述、书证、物证、视听资料、电子数据、证人证言、鉴定意见和勘验笔录。测谎结论不属于法定证据的范畴。心理测试过程和鉴定结论的形成过程有诸多差别，前者受到多种主观因素的影响，如被测试者的心理素质、身体状况、测试者的专业水平、测试者对待测事实的主观认识等。因此，心理测试并不能完全客观地反映待证事实，争议事实仍应当根据法定的有效证据进行认定。目前我国尚没有法律和司法解释确认心理测试结论在民事诉讼中的证据地位①，测谎结论仅可作为法官认定证据时的参考，并不能排除当事人应负的举证责任，也并不能必然推翻另一方当事人提供的有效证据。

本案中，赵双玲持有借款合同及借据，该书证直接证明杨雪梅欠款事实，赵双玲主张其债权存在且未实现的证明责任已经完成，而杨雪梅不能提供有效证据证明其已将该款支付完毕的事实。并且，作为长期从事民间投资放贷的人员，杨雪梅应当具备基本的工作经验和规避经营风险的能力。杨雪梅还款不要求收款人签字也不收回借据的做法不符合日常生活经验法则。综上，赵双玲提供的书证的证明力明显居于优势地位，杨雪梅主张100,000元借款

---

① 在刑事诉讼方面，最高人民检察院曾于1999年9月10日对四川省检察院《关于CPS多道心理测试鉴定结论能否作为诉讼证据使用的请示》的批复中指出："测谎鉴定结论可以帮助审查判断证据，但不能作为证据使用。"

已还清借据未收回的事实证据不足,应当承担举证不能的后果。原告的诉讼请求应当得到法院支持。

▶【案例4】①

电影作品《七剑》由慈文公司、香港华映电影有限公司和韩国宝蓝电影有限公司共同摄制。慈文公司2005年10月31日取得国家版权局颁发的电影作品《七剑》的著作权登记证书,享有该作品在中国大陆地区的著作权,同时享有独立的、排他的诉讼与非诉讼的权利。中国电信集团株洲分公司、湖南信息港网站分公司、电信股份公司株洲分公司未经权利人同意,共同通过网站"株洲信息港"(网址为:http://www.0733.com 和 http://0733.hn.vnet.cn)向公众提供电影《七剑》的在线播放服务。慈文公司认为上述行为侵犯了自己的合法权益,使其遭受重大经济损失,因此以三公司为被告向法院起诉,要求被告停止侵权行为,赔偿经济损失。为支持自己的诉讼主张,原告代理人李研2006年11月15日向成都蜀都公证处申请网络证据保全公证。2006年11月17日,该公证处两位工作人员随李研来到位于湖南省长沙市车站路239号的三九楚云酒店1103房,使用李研携带的手提电脑与酒店的宽带网线连接,用该电脑访问 http://www.0733.com,并对该网站播放《七剑》的情况进行公证,出具了(2006)成蜀证内经字第113348号公证书。该公证书表明,李研申请公证的事项为保全证据,受理公证证据保全的公证机关为成都蜀都公证处,申请保全证据的地点为湖南省长沙市火车站广场旁车站路三九楚云酒店1103房,公证过程为李研将酒店宽带网线连接到自己携带的电脑上,在网络检查正常后进行操作。被告共同辩称,公证机构在取证过程中,没有对登录"株洲信息港"网站的"株洲影视"栏目进行DNS解析,存在下载虚假"株洲影视"页面的可能。被告向法院提交的(2007)湘长蓉证内字第2013号公证书及其当庭演示表明,在对操作系统的网络参数进行修改后,可以使相应的域名访问预先设置在计算机本地硬盘或特定网络地址的网页内容。据此,被告主张原告提供的公证书不具合法性、真实性,因而请求人民法院依法驳回原告诉讼请求。

审理该案的人民法院认为,原告提交的公证书仅能证明在其电脑上访问的 http://www.0733.com 域名上有播放《七剑》的行为,并不能证明在取证时该域名对应的IP地址为互联网IP,也就是说不足以证明所访问的网页就是由

① 参见北大法宝司法案例库:http://www.pkulaw.cn/fulltext_form.aspx? Db = pfnl&Gid = 117731210&keyword = %e6%85%88%e6%96%87&EncodingName = &Search_Mode = accurate,2013年5月5日最后访问。

被告经营的 http://www.0733.com。而被告提交的证据已足以证明,采用简单的技术手段,在不需要借用第三方软件的情况下,即可将特定的域名指向取证的计算机上预先设置好的网页。公证取证的目的在于保证取证过程的公正性,对于涉及类似本案事实的公证取证,公证机关在公证过程中一般应当使用公证员本人携带的公证处的电脑。如果不得不使用公证申请人的电脑或由公证申请人携带的电脑时,至少应当注意在公证文书中体现如下内容:计算机与互联网的连接情况和通过相关指令或命令确定了所需要访问的网站的 IP 地址,并排除申请人预先将所需要取证的网站设置在本地硬盘上。虽然从技术层面上看,由于互联网的公开性和共享性,即使所访问的网站确在互联网上而不是在本地硬盘上,仍存在预制的可能,但作为公证取证而言,完成了上述两步就意味着已将提交反驳证据的举证责任转移给了对方。本案公证取证过程使用的是原告代理人携带的电脑,且没有对所访问的域名进行解析,因而不能证明在被告电信集团株洲分公司经营的 http://www.0733.com 网站上有侵权行为发生,故原告有关被告停止侵权、赔礼道歉并赔偿损失的诉讼请求不能成立。

评析:在民事审判实务中,公证取证具有高于当事人自行取证的效力,《民事诉讼法》和最高人民法院的相应司法解释也确认了这一原则。基于网络电子数据的不稳定性,公证取证成为网络侵权最为常见的取证方式。公证取证的作用在于从第三人的角度客观记载在特定时间和地点发生的事件,但公证书记载的事实并不能取代法官的独立判断。在电子数据的收集过程中,公证机构和公证人员在进行相关领域的取证时,应当具备该领域的一般知识并遵循相应的规则和程序。一般而言,为了保证公证证据的真实性和完整性,公证保全网络电子证据应当在公证机关、公共网吧或被申请人的计算机上操作,使其操作的计算机事先脱离申请人的控制,并要保证所操作计算机的清洁度,避免引起不必要的怀疑。如果不得不使用公证申请人的计算机或由公证申请人携带的计算机时,至少应当注意在公证文书中体现如下内容:其一,是计算机与互联网的连接情况;其二,是通过相关指令或命令,解析所需要访问的网站的 IP 地址。对于在网吧、酒店等公用网络使用处上网公证取证的,也不能简单地认可其效力。在尊重公证取证的效力的同时,也应当注意到公证取证并不能取代司法判断。公证取证的证明对象,就是公证书所记载的内容,与案件事实之间的关联性,需要法官根据案件事实和有关法律进行判断。

思考问题

1. 证据关联性的含义及其判断。
2. 民事诉讼非法证据的认定标准及其适用。
3. 电子数据的法律地位。
4. 我国民事诉讼证人证言制度存在的问题及完善。
5. 民事诉讼当事人收集证据和法院调查取证的关系。

法条链接

《民事诉讼法》第63条、第64条、第67条、第70—81条;《证据规定》第15—31条、第53—57条、第59条、第61条、第80条;《民诉法意见》第70条、第73条、第77条、第78条;《全国人民代表大会常务委员会关于司法鉴定管理问题的决定》。

扩展阅读

1. 陈桂明、纪格非:《民事诉讼证据合法性的重新解读》,载《国家检察官学院学报》2005年第2期。

2. 何家弘著:《电子证据法研究》,法律出版社2002年版。

3. 姜世明著:《新民事证据法论》,新学林出版股份有限公司2009年版。

4. 李浩:《民事诉讼非法证据排除规则探析》,载《法学评论》2002年第6期。

5. 邵明:《我国民事诉讼当事人陈述制度之"治"》,载《中外法学》2009年第2期。

6. 汤维建:《关于证据属性的若干思考和讨论——以证据的客观性为中心》,载《政法论坛》2000年第6期。

7. 王敏远:《一个谬误、两句废话、三种学说——对案件事实及证据的哲学、历史学分析》,载《公法》2003年第4期。

8. 王亚新、陈航平:《证人出庭作证的一个分析框架》,载《中国法学》2005年第1期。

9. 王亚新、陈航平:《论作为证据的当事人陈述》,载《政法论坛》2006年第11期。

10. 许少波:《证据保全制度的功能及其扩大化》,载《法学研究》2009年第1期。

第九章 证 明

民事诉讼中,基于一定的诉讼规则运用证据解释、发现案件事实的活动即为证明。诉讼证明由证据的收集、提供、质证、认证等一系列具体环节构成。通过证明责任、举证时限等相关制度设计,诉讼证明过程的公正和效率得以实现。本章主要介绍了证明对象的范围、证明责任的概念和分配规则、证明标准的确定、举证时限制度、证据交换制度和证明妨碍及其救济与制裁。

第一节　证明对象

一、证明对象的概念及确定标准

证明对象，又称待证事实，指诉讼中需要用证据加以证明的案件事实。在民事诉讼中，当事人必须提供证据证明其事实主张，但并非所有的案件事实都必须由当事人进行证明。证明对象所要解决的问题，是诉讼中哪些事实需要用证据证明，哪些事实无须证明，即明确需要证明的案件事实的范围。明确了证明对象，法院的审判工作就可以有的放矢地进行，不必纠缠案件的细枝末节，也不遗漏任何需要查明的事实。证明对象的确定，也为当事人收集提供证据、质证和辩论等指明了方向。可以说，证明对象的确定是诉讼证明所要解决的首要问题，它不仅是全部证明活动的起点，而且还影响着证明活动的整个过程和归宿。

民事诉讼中，法院通过适用裁判三段论，以法律作为大前提，以案件事实作为小前提，推过推论对当事人之间发生争议的民事权利义务关系作出判断。毋庸置疑，案件事实是法院裁判的基础。而作为裁判基础的案件事实并非指与案件相关的所有社会生活事实，而仅指与当事人之间发生争议的权利义务关系相关的事实。民事诉讼奉行辩论主义和处分原则，是否存在上述事实主要由当事人主张并证明，法院借助证据对事实的真伪进行认定，并在此基础上对当事人之间发生争议的民事权利义务关系作出裁判。诸多作为法院裁判基础的案件事实中，哪些需要用证据证明，哪些具有不证自明的法律效果，一般根据以下标准确定：

1. 证明对象必须对案件的处理具有实体法或程序法意义

对案件的处理具有实体法意义的事实，主要指与当事人主张的实体权益相关的案件事实，即与引起当事人之间民事权利义务关系发生、变更或消灭的法律事实相关的案件事实。这是民事诉讼证明对象的主体构成部分。此外，某些程序法事实如适用回避的法定情形、诉讼期限延长的法定事由等，对民事诉讼的开始、进行和终止有重要影响，并且也有可能在双方当事人之间存在争议。查明这些事实，对于保障实体法的正确实施和裁判公正，也具有重要意义。因此，虽然与实体法事实性质迥异，这些程序法事实仍然是法院对案件作出正确裁判的基础，同样属于证明对象的范畴。

2. 证明对象必须是双方当事人主张并发生争议的事实

证明对象以当事人的事实主张为基础，并且根据当事人辩论的范围加以确定。民事诉讼奉行辩论主义原则,并非所有对案件处理具有实体法或程序法意义的事实都属于证明对象。当事人不主张和没有争议的事实,无需证明。当事人不主张的事实,法院无需认定;当事人之间没有争议的事实,法院可以径行认定。

3. 证明对象不属于法定的无需证明的事实

有些案件事实对法官正确审理案件具有法律意义,但从提高诉讼效率的角度出发,法律规定无需证明,直接作为法院认定案件事实的依据。例如,众所周知的事实、公证证明的事实等就不属于证明对象的范围。

二、证明对象的范围

根据上述标准,民事诉讼需要用证据进行证明的事实主要包括以下三类:

(一) 实体法事实

当事人之所以提起诉讼,是因其实体权益受到侵犯或与他人发生了实体权利义务争议。实体法事实是由当事人作为诉讼请求根据或反驳对方诉讼请求的根据提出的,关系到当事人之间法律关系的产生、变更和消灭。查明实体法事实是整个诉讼的中心环节,实体法事实因而也就成为证明对象的主干部分。实体法事实通常可以分为主要事实、间接事实和辅助事实。

1. 主要事实

主要事实又被称为直接事实,是指在判断出现权利发生、变更或消灭之法律效果中直接且必要的事实,换言之,是与作为法条构成要件被列举的事实(要件事实)相对应的事实。[①] 因此,主要事实即法律构成要件事实,会直接引起民事权利义务的发生、变更或消灭。举例来说,买卖合同纠纷中,原告要求被告根据合同支付价款,那么,作为支持其诉讼请求依据的案件主要事实就是,双方在某特定时间就特定物品的买卖达成了协议。对方当事人若反驳原告的诉讼请求,主张合同价款已付,其提出的于某日已将款项交给原告的事实就是主要事实。再如,在一般侵权行为引发的损害赔偿诉讼中,一般侵权行为的法律构成要件事实(侵权行为、损害、因果关系和过错)就属于案件的主要事实。

2. 间接事实

间接事实也被称为凭证(证据),是指借助于经验法则及逻辑法则的作用

---

① 〔日〕高桥宏志:《民事诉讼法——制度与理论的深层分析》,林剑锋译,法律出版社 2007 年版,第 340 页。

在推定主要事实过程中发挥作用的事实。[1] 间接事实不能直接导致某项民事权利义务发生、变更或消灭，但却可以用来推断或证明主要事实是否存在。因此，在无法通过直接证据证明案件主要事实的情况下，就可以运用证据证明间接事实的存在，多个间接事实如果形成一条存在内在逻辑关系的事实链，就可以证明案件主要事实。例如，原告向被告提出返还借款的诉讼请求，若原告没有直接证据证明双方之间存在借款合同，就可以通过原告多次催促被告返还借款和被告对此并未否认的事实，推定原被告之间存在借款合同关系。在此，原告多次催促被告返还借款以及被告对此并未否认的事实即属于间接事实。

3. 辅助事实

辅助事实是用来证明证据的证据能力或证明力的事实。证据能力决定了证据材料是否具备进入诉讼的资格；而证明力说明了证据证明案件事实的价值和作用。这二者是证据材料能否作为认定案件事实依据的关键，因此，常常成为庭审质证和辩论的焦点问题。对证据能力的有无或证明力的大小有证明作用的事实就是辅助事实。例如，证人与当事人存在亲属关系的事实属于辅助事实，因为该事实对证人证言的证明力造成影响。再如，在他人卧室偷偷安装窃听器或摄像装置的事实也属于典型的辅助事实，原因在于，偷安窃听器或摄像装置的行为侵犯了他人隐私权，通过这种方法获取的证据材料不具备证据能力。

（二）程序法事实

程序法事实是具有程序意义、能够产生诉讼法上效果的事实。程序法事实虽然不直接涉及当事人的实体权利，但对诉讼程序的启动、进行和终结会产生重大影响。通过证明活动确定程序法上的事实，对于正确适用民事诉讼法和依法进行诉讼意义重大。

程序法事实可以分为两类，一类是需要当事人向法院主张后才须进行证明的，如当事人之间是否签订了排除法院管辖权的有效仲裁协议、当事人申请顺延期限的事由是否存在等；另一类是不必由当事人主张法院就要依职权查明的，如受诉法院是否对案件享有管辖权、案件是否应不公开审理等。前一类事实必须由主张该事实的当事人承担证明责任，法院不能依职权主动认定。因此，将其纳入证明对象的范围自无异议。后一类事实能否构成证明对

---

[1] 〔日〕高桥宏志：《民事诉讼法——制度与理论的深层分析》，林剑锋译，法律出版社2007年版，第340页。

象,我国民事诉讼理论上观点不一。[①] 我们认为,此类程序法事实虽然仅对法院审判产生意义并须由法院主动查明,但确定这些事实存在与否,不仅为法院处理程序性问题提供相应的依据,也为诉讼程序公正、合法、顺畅的运行提供保障,因而同样应成为证明对象。

(三)外国法和地方性法规

认定事实和适用法律是法院进行裁判不可或缺的两个方面。涉及法律的适用,本着"法官应知悉法律"的一般原则,了解并熟悉国内法是法官的义务之所在。因此,一般情况下,案件所适用的国内法是否存在及其内容,并不需要当事人加以证明。而外国法则不属于法官职务上应当知悉的范围。如果案件涉及外国法的适用,需要通过一定的途径予以查明。根据我国《涉外民事关系法律适用法》的规定,涉外民事关系适用的外国法律,由人民法院查明;当事人选择适用外国法律的,应当提供该国法律,不能查明外国法律或者该国法律没有规定的,适用中华人民共和国法律。除此之外,地方性法规因具有数量大、变化快的特点,其他地方的法规也往往在法官的知悉范围之外。因此,如果当事人在诉讼中主张适用,也应成为证明对象。

(四)习惯

习惯是在某一特定地方或行业中为大家所熟知并得到普遍遵从、执行的规则或惯例。习惯在某些情况下也可以成为法院裁判三段论中的大前提。我国《物权法》第 85 条就明确规定,法律、法规对处理相邻关系有规定的,依照其规定;法律、法规没有规定的,可以按照当地习惯。在立法认可或法律存在漏洞的情况下,地方性习惯或行业习惯就有可能成为法院裁判的依据。地方性习惯在当地虽属于众所周知的事实,但可能并不为其他地域的法官知悉;行业习惯不是法律,亦非规范性文件,也处于法官职权知悉的范围之外。因此,民事诉讼中如果需要适用习惯处理案件,特别是法官对需要适用的习惯并不了解,或者当事人对该习惯的内容存在异议时,习惯就成为证明对象。

三、无需证明的事实

无需证明的事实,又称免证事实,指不需要证据证明即可直接作为裁判

---

① 有观点认为,因人民法院在民事诉讼中不是承担证明责任的主体,虽然涉及此类事实是否存在同样需要证据证明,也不能将其视为证明对象。另一种观点认为,此类程序法事实虽由法院主动查明,但确定这些事实存在与否,对正确适用《民事诉讼法》具有重要意义,因而也应当成为证明对象。参见宋朝武主编:《民事诉讼法学》,中国政法大学出版社 2012 年版,第 190 页;李浩:《民事诉讼法学》,法律出版社 2011 年版,第 207 页;何家弘主编:《新编证据法学》,法律出版社 2000 年版,第 283—285 页。

基础的事实。免证事实在诉讼上具有不证自明的效果,即与特定法律效果相联系的事实,不需要通过证明的方式取得诉讼上的证明力。之所以将这些事实确定为免证事实,一是因为该事实具有显著的真实性,二是因为免证事实的确定,缩小了证明对象的范围,降低了诉讼证明的成本,有利于实现诉讼经济的目的。无需证明的事实包括以下几类:

(一)诉讼上自认的事实

1. 诉讼上自认的概念

诉讼上的自认,是指一方当事人在诉讼过程中向法院承认对方当事人所主张的案件事实。当事人承认的事实就是自认的事实。《证据规定》第8条明确规定,诉讼过程中,一方当事人对另一方当事人陈述的案件事实明确表示承认的,另一方当事人无需举证。但涉及身份关系的案件除外。自认具有不证自明法律效果的基础在于辩论主义。一方当事人承认对方陈述的案件事实,表明了双方对该事实的存在没有争议。基于民事诉讼辩论主义的要求,即对当事人之间无争议的事实,法院应当认定并作为裁判的基础,法院自应直接将该事实作为裁判的依据,而无需当事人举证。

通常的自认过程是,一方当事人陈述于己有利的案件事实,对方当事人(自认人)表示承认。但有时一方当事人(自认人)会先作出于己不利的事实陈述,而此后对方当事人对该陈述进行援用。这就是所谓的先行自认,或称为自发性自认。大陆法系通说认为,先行"自认"在对方当事人进行援用前是不成立的。因此,只要对方当事人未进行援用,作出不利陈述的当事人可随时撤回,而一旦该陈述被对方当事人援用,则产生自认的拘束力。①

诉讼上的自认不同于对诉讼请求的承认。虽然二者的法律效力有相似之处,即一方当事人若承认对方当事人提出的诉讼请求,则对方主张的作为其诉讼请求依据的案件事实也产生不证自明的法律效果,但它们仍然存在质的差异。首先,自认是对对方主张的案件事实的承认,即自认的对象是案件的主要事实;对诉讼请求的承认是承认对方提出的诉讼请求,是对权利的承认。其次,从法律后果看,自认的法律效力体现在法院必须以自认的事实作为裁判的依据,作出自认的当事人并不一定因此而败诉,因为其在自认的同时,仍可提出新的抗辩事实;而对诉讼请求承认是当事人基于处分原则行使的对自己实体权利的处分行为,将直接导致法院判决该当事人败诉。

---

① 参见〔日〕高桥宏志:《民事诉讼法——制度与理论的深层分析》,林剑锋译,法律出版社2003年版,第386页。

2. 诉讼上自认的构成要件

(1) 自认的主体。

构成诉讼上的自认,自认的主体必须适格。自认分为当事人本人自认与当事人的代理人自认两种情形。

自认的法律后果是自认的事实将作为法院裁判的依据。当事人本人承认对方主张的案件事实,是其基于民事诉讼处分原则对事实的处分行为,自当承担相应的后果。因此,自认的主体应当包括当事人本人。基于法定代理的设置原则,法定代理人的自认与当事人自认应具有同样的法律效果。根据《证据规定》,当事人委托代理人参加诉讼的,代理人的承认视为当事人的承认。但未经特别授权的代理人对事实的承认直接导致承认对方诉讼请求的除外;当事人在场但对其代理人的承认不作否认表示的,视为当事人的承认。

(2) 自认的对象。

构成诉讼上的自认,自认的对象必须是案件主要事实,即直接引起民事法律关系发生、变更或消灭的法律事实。对间接事实和辅助事实的承认不发生自认的法律效果。自认的对象也不包括法律法规、法律解释或法律适用问题。

之所以将自认的对象限于案件的主要事实,同样根源于民事诉讼辩论主义原则。辩论主义要求,直接决定法律效果发生或消灭的事实必须由当事人主张,法院不得随意变更或更改当事人的主张,当事人未在辩论中提出的事实不得作为裁判的依据。而间接事实是用于证明案件主要事实的事实,辅助事实是用于证明证据的证据能力或证明力的事实,二者均为判断主要事实的手段,其存在与否应由法官依自由心证加以判断。因此,如果承认自认对间接事实和辅助事实有拘束力,则意味着法院必须以当事人自认的间接事实或辅助事实作为裁判的依据,从而限制了法官对案件事实的判断,有违自由心证原则。

自认的对象也不包括法律法规、法律解释和法律适用问题。法律法规是拥有立法权的国家机关制定的,其效力或内容不得通过当事人自认的方式得以确定。同样的道理,诉讼中涉及的法律解释或法律适用问题是法官的职责,当事人无权以自认的方式解释法律或确定如何适用法律。

(3) 自认的时间。

自认必须发生在诉讼过程中,只有在诉讼过程中作出的自认才能产生相应的法律效果。诉讼过程中的自认,一般发生在证据交换或法庭审理的过程中。根据《证据规定》第 74 条,当事人在起诉状、答辩状、陈述及委托代理人的代理词中承认的对己方不利的事实，人民法院应当予以确认，当事人反悔并有相反证据足以推翻的除外。

诉讼外的自认由于不是直接向审理案件的法官作出的，立法一般不承认其具有免除当事人证明责任的效力。诉讼外自认的事实如果得到证明，可以作为本案证据使用，但不得直接作为法院裁判的依据。

（4）自认的方式。

诉讼上的自认原则上必须以明示的方式作出，即对对方当事人主张的事实明确表示承认。明示自认既可以采用口头方式向审理案件的法官作出，也可采用书面形式如在起诉状、答辩状等诉讼文书中表示。与明示自认对应的是默示自认，即当事人持消极态度，对他方当事人陈述的事实既不承认也不否认。默示自认只有在法官履行了释明义务后当事人仍不明确表态的，才发生自认的法律效果。对此《证据规定》第 8 条第 2 款有明确规定，即对一方当事人陈述的事实，另一方当事人既未表示承认也未否认，经审判人员充分说明并询问后，其仍不明确表示肯定或否定的，视为对该项事实的承认。

3. 诉讼上自认的效力

诉讼上的自认一旦作出并经法院确认后，将产生如下法律效力：

（1）免除主张自认事实的当事人证明责任的效力。

诉讼过程中，当事人对对方当事人主张的案件事实作出自认的，可以免除对方当事人对该事实的证明责任，但涉及身份关系的案件除外。涉及身份关系的案件除了事关私权，还与社会公共利益和他人合法权益相关。如果在此类案件中允许当事人任意行使对案件事实的处分权，就有可能对他人权益或社会公共利益造成损害。因此，涉及身份关系的案件中，为了维护公益，使裁判建立在客观真实的基础上，只要法院认为有必要，就可以要求当事人对自认的事实进行证明，法院也可以主动依职权调查收集证据。

（2）拘束作出自认的当事人的效力。

对作出自认的当事人而言，自认一旦作出并成立，即具有不可撤销性。当事人原则上不得任意将其撤回，或者在诉讼中对自认的事实再行争执。之所以不允许自认人撤回自认，是为了保护因信赖这种意思而行事的对方当事人的利益。[①] 如果可以对在法庭上承认的事实随意推翻，不仅会破坏诉讼程序的安定性，造成诉讼迟延，而且有违诚实信用原则。

---

① 参见〔日〕新堂幸司：《新民事诉讼法》，林剑锋译，法律出版社 2008 年版，第 376—377 页。

自认对当事人的这种拘束力存在适用上的例外。诉讼上的自认对当事人的实体权益有重大影响，绝对地不允许当事人撤回自认有时也欠妥当。因此，在当事人有正当、充分的理由时，允许其撤回自认。根据我国《民事诉讼法》的规定，经对方当事人同意，或者有充分证据证明自认行为是在受胁迫或重大误解情况下作出且与事实不符的，当事人可以在法庭辩论终结前撤回自认。

（3）拘束法院的效力。

自认对法院的拘束力体现在，法院应当直接认定当事人自认的事实，并将其作为裁判的依据。这就意味着，对于当事人自认的事实，法院既不能要求主张该事实的另一方当事人举证证明，也不得主动依职权调查取证。自认对于法院的拘束力根源于辩论主义的要求。在辩论主义实行的范围内，双方无争议的案件事实，法院必须认定为真实并作为裁判的依据，而无必要对其真实性予以审查。

（二）众所周知的事实和自然规律及定理

众所周知的事实，是指在一定范围内为大多数人或具有普通知识经验的人所知晓的事实。其涵盖范围很广，包括历史事件、自然灾害、法定节日、新闻事件、重大事故等等。事实是否具有众所周知性往往因事件、地域的不同而有所不同。众所周知的事实免予证明为各国民事诉讼法普遍认可，主要原因有二：首先，该事实既然为社会上大多数人知晓，作为社会上普通人之一的法官，也理应了解该事实；其次，事实的众所周知性实际上从某种程度上说明了该项事实的确定性，因此，从诉讼经济的要求出发，不应将人力、物力和时间用在大家都知道的事实的证明上。此外，自然规律和定理的科学性和正确性已经为人们所认识并反复验证，所以也无需加以证明。

（三）推定的事实

推定是指根据法律规定或经验法则，从已知的前提事实推断未知的结果事实存在，并允许当事人举证推翻的一种证明法则。其中作为推断基础的已知事实，是基础事实或前提事实；根据已知事实推断出的事实，称为推定事实或结果事实；而连接前提事实与推定事实的桥梁则是法律规定、经验法则或逻辑规则。

推定可分为法律推定和事实推定。法律推定是法律明文规定的推定，即立法者根据事实之间的常态联系，明文规定当基础事实 A 存在时，直接可以推断事实 B 存在。例如，《合同法》第 78 条规定，当事人对合同变更的内容约定不明确的，推定为未变更。通过适用法律推定，当事人若能证明基础事实存在(有关合同变更的内容约定不明确),便可使推定事实(合同未变更)获得证明。事实推定是法律没有规定,但在司法实践中被广泛运用的推定,指法院有权根据经验法则进行逻辑上的演绎,从已知的基础事实出发,推断出推定事实是否存在的证据法则。例如,以书面形式损害他人名誉的,推定行为人存在主观上的故意;虽无法证明双方签订有书面合同,但一方当事人履行合同的事实,可以推定合同关系存在,等等。二者的主要区别就在于推定的适用有无法律明文规定。法律推定是事实推定的法律化,客观性较强。而比较典型的事实推定往往会被立法所接受,逐渐转化为法律推定。

民事诉讼中,推定的事实既不需要主张也不需要证明。取而代之的,当事人应当对推定的基础事实或前提事实提出主张并在双方发生争议时进行证明。如果推定的基础事实得以确定,则法院可以直接将推定的事实作为裁判的根据。推定是根据事物之间的常态联系作出的一种推断,其结论具有盖然性、不精确性。因此,无论是法律推定还是事实推定,并非绝对不可争议。当事人若有相反证据足以推翻推定的事实,推定事实将重新成为证明对象。

(四) 预决的事实

预决的事实指已为发生法律效力的法院裁判或仲裁裁决所确认的事实。我国《民事诉讼法》将预决的事实视为免证事实是受苏联民事诉讼理论的影响。预决的事实已经经过人民法院或仲裁机构的审理和裁决,如果允许对该事实再为争执,则很难避免法院或仲裁机构在不同程序中对同一事实作出前后矛盾的认定。因此,从维护司法权威、提高诉讼效率、节约司法资源的角度出发,对预决的事实不必再次证明。

刑事判决对民事诉讼的预决关系和民事、行政判决对民事诉讼的预决关系有所不同,不能一概而论。刑事判决有有罪判决和无罪判决之分。有罪判决确认的犯罪事实,对此后的民事诉讼有预决效力,即该事实在后行的民事诉讼中无需证明。举例来说,如果法院的刑事判决认定甲构成故意伤害罪,其犯罪行为造成了乙的人身损害,那么,在此后乙以原告身份起诉甲赔偿医疗费的民事案件中,涉及甲的行为造成乙人身损害这一事实,无需证明。而对无罪判决,则要具体情况具体分析。无罪判决有两种,一种是事实清楚、证据充分的无罪判决;另一种是事实不清、证据不足的无罪判决。就前者而言,法院在刑事诉讼中已经查明犯罪行为并非被告人所为,因此该判决对民事诉讼应具有预决效力。就后者而言,法院作出无罪判决是因为证据不足,无法达到刑事诉讼排除一切合理怀疑的证明标准,不能认定被告人有罪,因此该判决对后行的民事诉讼不具有预决效力。事实不清、证据不足的无罪判决之所以不具有预决效力,原因在于民事诉讼的证明标准要远远低于刑事诉讼。

在证据相同的情况下，被告人在刑事诉讼中可能被认定为无罪，而在民事诉讼中则有可能因达到民事诉讼的证明标准而被认定民事侵权行为成立。以美国著名的辛普森杀妻案为例，该案刑事审判中，陪审团认定辛普森无罪，而在1年后被害人亲属提起的民事诉讼中，陪审团一致认定辛普森对两名受害人的死亡有责，判决辛普森承担的赔偿金高达3350万美元。生效民事、行政判决对其后诉讼的预决关系，涉及既判力的客观范围问题。根据大陆法系民事诉讼理论的主流观点，民事、行政判决的预决效力仅限于判决主文中认定的事实，不包括作为判决理由的事实。

（五）已为有效公证文书所证明的事实

我国《民事诉讼法》第69条规定，经过法定程序公证证明的法律事实和文书，人民法院应当作为认定事实的根据，但有相反证据足以推翻公证证明的除外。在我国，公证机构是依法设立，不以营利为目的，依法独立行使公证职能、承担民事责任的证明机构。公证文书签发前也必须履行法定的审查手续。因此，经过公证的法律事实和文书，一般具有很强的公信力。基于此，我国《民事诉讼法》将公证证明的事实也作为免证事实进行规定。但是，经公证证明的事实免予证明的效力不是绝对的，如果当事人提出相反的证据推翻了该事实，主张该事实的当事人仍然需要承担证明责任。

第二节　证明责任

一、证明责任的概念

（一）证明责任的含义

证明责任，也称举证责任、证明负担或立证责任等，指作为裁判基础的法律要件事实处于真伪不明的状态时，一方当事人因此需承担不利诉讼后果的风险。诉讼证明中的案件事实发生在过去的时空中，对某些案件而言，无论当事人如何费尽心思举证，无论法院如何竭尽全力进行证据调查，法官对案件事实难以形成内心确信的情形也在所难免。基于法院不得拒绝裁判原则，即使出现上述情况，法官也要对当事人之间的争议进行裁判，而裁判的后果必然对其中一方当事人不利。特定法律要件事实处于真伪不明状态时所导致的由一方当事人承担不利诉讼后果的风险就是证明责任。

证明责任规则解决了案件事实真伪不明时法院如何裁判的问题，其功能主要体现在：对于特定的实体法律构成要件事实，确定由何方当事人提供证据进行证明；若案件审理终结时该要件事实无法得到证明，确定由哪一方当事人承担不利的诉讼后果。概言之,证明责任为法院在实体要件事实真伪不明情形下作出裁判提供了正当性依据。

一般认为,证明责任包含了两个既互相区别又互相联系的概念:行为证明责任和结果证明责任。行为证明责任,又称主观证明责任、形式上的证明责任、证据提出责任等,指当事人为了避免发生不利于己的诉讼后果,向法院提出证据证明自己的主张的责任。结果证明责任,又称客观证明责任、实质上的证明责任、说服责任等,指案件审理终结时,当法官对特定法律要件事实存在与否不能形成内心确信时,由一方当事人承担不利益判决的一种风险。行为证明责任是从提供证据或者举证行为的角度规定证明责任的内涵,指主张有利于己的要件事实的当事人,有责任对该事实的存在提供证据加以证明。结果证明责任则是从说服法官形成内心确信或者证明结果的角度规定证明责任的内涵,指诉讼终结之际若特定法律要件事实处于真伪不明的状态,法官应按照证明责任的分配规则判决一方当事人败诉。

在证明责任概念诞生之初,并不存在行为证明责任和结果证明责任的区分。从其内涵的历史发展进程看,最初的证明责任概念仅从举证行为的角度出发,认为证明责任就是提出证据证明自己主张的责任。在大陆法系,德国法学家尤里乌斯·格尔查于1883年在《刑事诉讼导论》中首次将证明责任的概念进行了主观证明责任和客观证明责任两种意义上的区分。在英美法系,美国证据法学者塞耶在其1890年发表的论文《证明责任论》中也区分了证明责任的双重涵义。此后,塞耶又在《证据理论研究》中对证明责任的两种内涵进行了详细的论证。他认为,客观证明责任是指提出特定事实主张的当事人,如果该事实为对方当事人所争执,就承担起一种特殊责仕的风险,即如果提出所有的证据后,其主张仍不能得到证明,他就会败诉;主观证明责任是指诉讼开始时,或在审判、辩论过程中的任何阶段,一方当事人首先对争议事实提出证据的责任。时至今日,大陆法系和英美法系的主流观点,仍然是将证明责任理解为具有主观证明责任和客观证明责任的双重内涵。[①]

在我国,随着对证明责任理论研究的不断深入,有关证明责任双重内涵的观点也逐渐为学界认可。其中,李浩教授首次提出应当从行为和结果两个方面来解释证明责任。他认为,证明责任具有双重含义,即行为上证明责任和结果上证明责任。前者指当事人对所主张的事实负有提供证据加以证明

---

① 参见〔德〕罗森贝克、施瓦布、戈特瓦尔德:《德国民事诉讼法》,李大雪译,中国法制出版社2007年版,第847—849页;张卫平:《民事诉讼:关键词展开》,中国人民大学出版社2005年版,第205—208页。

的责任;后者指在事实处于真伪不明状态时,主张该事实的当事人所承担的不利后果。这种不利的诉讼结果既表现为实体法上的权利主张得不到任何法院的确认和保护,又通常表现为因败诉而负担诉讼费用。[①] 此后,该观点得到学界的首肯和认同,很多学者在相关著述中提出了相同或类似的观点。

就行为证明责任和结果证明责任的关系而言,二者都是证明责任概念的组成部分,从不同层次上反映了证明责任的内涵。正是因为结果证明责任这一潜在的败诉风险的存在,才使得承担证明责任的当事人积极履行行为证明责任。因为承担证明责任的当事人若不积极提供证据证明自己的主张,在其主张的案件事实证明不能的情况下,就要承担败诉的不利后果。从这一角度分析,结果证明责任的存在是行为证明责任的得以履行的前提。而当事人如果积极履行其行为证明责任,使法官形成当事人所主张的利己事实存在的内心确信,该当事人承担的结果证明责任即可得以卸除。反之,如果当事人不能充分履行行为证明责任,提供的证据不足以使其主张的案件事实的真实性得到证明,其承担的结果证明责任就会落实,该当事人将现实地承担该要件事实真伪不明的不利后果。因此,无论是行为证明责任还是结果证明责任,都是证明责任概念内涵的组成部分。结果证明责任先于诉讼由法律预先分配给一方当事人承担,因承担结果证明责任而导致的败诉风险在诉讼中一直伴随着该方当事人,并促使其积极地履行行为证明责任。直到审理终结时,如果法律许可的证明手段业已穷尽而案件实体要件事实仍然得不到证明,结果证明责任才会现实地发生,法院即根据证明责任规则判决对该要件事实承担证明责任的当事人败诉。无论结果证明责任是否现实地由当事人承担,其在诉讼中都已发挥了基本作用,证明责任的概念和制度意义也因此得以实现。

（二）正确理解证明责任含义应当注意的问题

1. 证明责任的适用对象是案件主要事实,即法律构成要件事实

设置证明责任制度的目的,是使法院在无法形成内心确信的情况下,对某种法律效果是否发生、变更或消灭作出判断。而法院只要确定了主要事实存在与否,就能够决定是否适用实体法律规范,进而作出裁判。因此,证明责任的适用对象仅及于案件主要事实,即作为裁判基础的直接导致法律关系发生、变更或消灭的法律构成要件事实,而不包括间接事实和辅助事实。

2. 证明责任只有在法律要件事实真伪不明的情况下才会实际发生

在诉讼终结和法律所允许的证明手段业已穷尽之时,对法律构成要件事实的证明可能存在三种结果:证实,即要件事实的真实性得到证明,法官形成

---

① 参见李浩:《我国民事诉讼中举证责任含义新探》,载《西北政法学院学报》1986年第3期。

了该要件事实存在的内心确信；证伪，即要件事实的虚假性得到证明，法官确信该要件事实不存在；真伪不明，即法官无法确定作为裁判基础的要件事实是否存在。在前两种情况下，法官直接根据实体法规范作出一方当事人胜诉或败诉的判决即可。最后一种情况的出现，意味着与其相关的法律关系是否发生、变化或消灭也处于不明状态，而法官此时又不得拒绝裁判。因此，证明责任即在这种两难的情况下为法官裁判提供了指导和依据。实际上，证明责任就是通过将真伪不明的案件事实拟制为真或假的方式帮助法院作出判决的。

3. 证明责任究其实质是一种法定的诉讼风险

虽然被称为一种“责任”，但证明责任通常情况下是作为一种潜在的诉讼风险存在的。自诉讼开始后，与特定要件事实无法得到证明相关的这种潜在的诉讼风险就一直伴随着一方当事人。而这种风险最终是否由该当事人实际承担，取决于该要件事实的证明状态。在诉讼审理终结时，若该要件事实仍处于真伪不明的状态，证明责任才最终现实地落到该方当事人身上。

4. 对特定法律要件事实的证明责任，只能由一方当事人承担

民事诉讼中，虽然双方当事人各自对某些法律要件事实承担证明责任，但涉及某一特定法律要件事实的证明责任，只能由一方当事人承担。否则，由双方当事人同时对同一法律要件事实承担证明责任，在该事实真伪不明时，证明责任引导法官作出裁判的功能就无法发挥，证明责任制度的设置目的也无法实现。

5. 证明责任由法律预先设定，在诉讼中不会在当事人之间发生转移

涉及某一特定事实的证明责任由哪一方当事人承担，通常在诉讼开始前已根据一定标准在双方当事人之间抽象地预先分配和确定下来。对某特定法律要件事实的证明责任，一旦确定由哪一方当事人承担，就自始至终伴随着该方当事人，不会因诉讼的具体过程或举证活动的具体展开而发生变化。因此，证明责任不存在在双方当事人之间相互转移的问题。

二、证明责任的分配

（一）证明责任分配的含义

证明责任的分配，指的是对各类案件主要事实，确定分别由哪一方当事人承担证明责任。案件审理终结时，如果作为法院裁判基础的案件主要事实真伪不明，必然要由一方当事人承担不利的诉讼后果。证明责任分配所要解决的问题，就是原、被告双方各自应对哪些案件事实承担证明不能的诉讼风险，以及该风险应当按照何种标准或原则在双方当事人间进行划分。证明责

任分配是民事诉讼证据制度中最核心、也是最具争议性的问题之一。

证明责任分配是脱离具体的诉讼抽象地进行的。通过分配证明责任,双方当事人各自对特定的抽象法律要件事实进行证明。通常情况下,因证明责任的负担往往决定着诉讼结果,为体现公平正义,案件所涉主要事实的证明责任,不能由一方当事人单独承担,而必须在双方当事人之间均衡分配。如何分配证明责任首先取决于当事人之间的公平,其次是法律法规的立法意旨。从贯彻当事人武器平等原则、实现诉讼公正的角度出发,在分配证明责任时,应当考虑分配结果是否会增加一方当事人的负担或者无端导致诉讼争点的增加等不合理后果;从法律法规的立法意旨出发,是否需要拓宽权利救济途径、是否需要加强对一方当事人的保护等立法政策,也成为决定证明责任分配的重要因素。

(二) 有关证明责任分配的学说

证明责任的分配虽然是诉讼证明必须解决的问题,但案件事实真伪不明情况下败诉风险的分配是其核心,因此它本质上仍属于实体法问题。确定证明责任如何分配,需要研究实体法的逻辑结构、立法意旨以及实体法条文相互间的关系。一般来说,除了特殊情形外,实体法并不会为每条法律的适用都明确应如何分配证明责任,因为这样做会使得整个实体法律体系变得庞杂。此外,在注重法律适用的统一性、强调实现社会整体正义的规范出发型的大陆法系国家,就具体个案决定证明责任如何分配也不恰当。因此,确定证明责任分配的一般规则是解决证明责任分配问题的必然选择。

大陆法系有关证明责任分配的学说起源于罗马法。罗马法对证明责任的分配规定了两条基本原则,一是原告应负证明责任;二是主张者负担举证的义务,否认者不负担举证的义务。[①] 这为此后证明责任分配学说的形成奠定了基础。近现代以来,涉及证明责任分配的一般原则,先后产生了如下代表性学说:

1. 待证事实分类说

待证事实分类说的基本观点是根据待证事实的特点和性质分配证明责任,而不问与其相对应的实体法构成要件事实能够产生何种法律效果。待证事实分类说主要包括消极事实说和外界事实说两个流派。

消极事实说认为,所有的待证事实可以分为积极事实和消极事实两大类,凡主张积极事实的当事人应承担证明责任,而主张消极事实的当事人不承担证明责任。所谓积极事实,指肯定事实,即主张某事实存在;而消极事实

---

① 叶自强:《举证责任》,法律出版社 2011 年版,第 5 页。

指否定事实,即主张某事实不存在。主张消极事实的当事人不承担证明责任的原因主要有二:第一,积极事实是已经发生的事实,可能产生某种结果,比较容易证明;而消极事实是没有发生的事实,以其作为证明对象当事人往往不能证明,或者证明极为困难。例如,提出“没有注意”、“没有过失”的当事人就很难证明自己的主张。第二,从事物之间的因果关系分析,由于根本就没有发生,所以消极事实不会产生任何结果。因而,即使对消极事实举证,也无任何用处,主张消极事实的当事人因此完全没有承担证明责任的必要。鉴于此,要求主张消极事实的当事人承担证明责任是强人所难,有失公正。

外界事实说认为,根据能否借助人的感官观察、感受待证事实,可以将待证事实分为外界事实和内界事实。外界事实指那些能被人的五官感知到的事实,如物体的大小、合同的订立等;而内界事实则指那些不能被人的五官感知到的抽象事实,如知与不知、故意与恶意等人的心理状态。外界事实容易得到证明,而内界事实无法直接感知,因而极难证明。在作此分类的基础上,外界事实说提出,凡主张外界事实的人应当承担证明责任,而主张内界事实的人不承担证明责任。

待证事实分类说将证明责任的分配建立在对待证事实进行分类的基础之上,但无论是消极事实说还是外界事实说对待证事实的划分,都存在致命的缺陷。首先,消极事实与积极事实的界限往往是不明晰的,二者之间的转化仅仅通过变换一下表述方式即可实现。如果当事人为了避免承担证明责任,利用表达的技巧将肯定表述转变为否定表述,则该事实的证明责任就无法落实。例如,“过失”为积极事实,“非过失”为消极事实,而如果用“未尽应有注意”来表达“过失”,或者用“已尽相当注意”来表达“非过失”,则积极事实和消极事实相互间就会发生转化,从而导致二者混淆不清的状态。其次,虽然消极事实和内界事实不易直接得到证明,但并非无法进行证明,因为它们大都可以利用间接证明方法加以证明。将证明待证事实的难易程度作为分配证明责任的标准,无疑会使该说陷入困境。例如,许多内界事实如当事人的心理状态等,都可以通过其行为予以证明。再如,当事人不在场这一消极事实,也可轻易地通过证明当事人在其他地方得到证明。由于上述缺陷的存在,待证事实分类说在很多情况下无法解决证明责任的分配问题。

2. 法律要件分类说

法律要件分类说是在对实体法律规范进行结构分析的基础上,着眼于要件事实所能引起的实体法律效果并以此作为分配证明责任的标准。法律要件分类说包括特别要件说、因果关系说、规范说等多种学说。其中,德国学者罗森贝克提出的规范说是迄今为止大陆法系国家有关证明责任分配理论的主流学说,被奉为大陆法系证明责任分配的基本原则。

规范说的理论建立在对实体法律规范进行结构分析和归类的基础之上,该学说的主要观点包括以下几个方面:第一,法规不适用原则。该原则指法官只有在对实体法要件事实的存在形成内心确信的前提下,才能适用该实体法律规范。如果法官确信该实体法要件事实不存在,或认为该事实存在与否处于真伪不明的状态,则不能适用该实体法。第二,当事人应当对于己有利的要件事实承担证明责任,即对当事人有利的要件事实真伪不明时,其要承受不适用该法律规范所产生的不利益。第三,法律规范之间存在相互补充、支持以及排除的关系。从实体法性质出发,实体法律规范可以分为权利发生规范(又称请求权规范、基本规范或通常规范)、权利妨碍规范、权利消灭规范和权利受制规范。后来,罗森贝克又将权利受制规范并入权利妨碍规范,将所有实体法规范只分为三类。所谓权利发生规范,是指能够导致某项民事权利发生的规范,如关于借贷人可以请求借用人返还借款的法律规定。权利妨碍规范,指在权利欲发生之初,便与之对抗,使之不能发生的规范,如关于未成年人意思表示、不可抗力等的规定。权利消灭规范,指在权利发生之后与之对抗,使已发生的权利消灭的规范,如关于债权因债务的履行而消灭的法律规定。权利受制规范,指权利发生后,权利人欲行使权利之际才发生对抗作用将权利排除的规范,如关于时效的规定。在对实体法律规范进行了上述划分的基础上,规范说对与上述规范相对应的要件事实的证明责任在双方当事人之间进行了分配。主张权利发生规范要件事实的人是权利人,主张性质相反的权利障碍、权利消灭或权利受制规范要件事实的人为义务人。对于权利人和义务人而言,这两种性质相反的规定分别是对其有利的规定。因此,他们分别对各自主张的实体法要件事实承担证明责任。具体而言,主张权利存在的人,应就权利发生的法律要件事实举证;否认权利存在的人,应对妨碍该权利的法律要件事实举证;主张权利消灭的人,应对权利已消灭的法律要件事实举证;主张权利受制的人,则应对权利受制的法律要件事实举证。①

法律要件分类说要求每个当事人都应当对其诉讼行为承担责任,因而有助于实现双方当事人诉讼武器平等原则。除此之外,法律要件分类说也与罗马法规定的攻击者原理以及维护民事法律秩序、禁止私力救济的民事诉讼基本原理吻合,符合实体公正的要求。因此,自形成以来,该说一直在大陆法系

---

① 参见〔日〕高桥宏志:《民事诉讼法:制度与理论的深层分析》,林剑锋译,法律出版社 2007 年版,第 438—441 页;张卫平:《民事诉讼法》,法律出版社 2011 年版,第 213—215 页;李浩:《民事诉讼法学》,法律出版社 2011 年版,第 216—219 页。

各国被奉为证明责任分配的主流学说，至今仍为大陆法系分配证明责任的实践操作准则。[①]

3. 反规范说

自法律要件分类说形成以来，无论是在德国还是在日本，都遭受了不少学者的抨击。在批判法律要件分类说的基础上，大陆法系学者提出了一系列分配证明责任的新学说。这些学说主要包括：(1) 危险领域说。该说以待证事实属于哪一方当事人控制的危险领域为标准，在双方当事人之间分配证明责任。而所谓危险领域，指一方当事人通过事实上或法律上的手段可以控制的生活领域。该说主张，在有关损害赔偿请求权的诉讼中，因损害原因一般来自加害方的危险领域，受害人一方难以对加害人存在过失和过失与损害结果之间的因果关系进行证明，所以有关过失和过失与损害结果之间因果关系的证明责任，应该由加害方当事人承担。(2) 利益考量说。该说主张，应根据双方当事人公平的观点或立法趣旨决定证明责任的分配。所谓双方当事人公平的考量因素包括举证的难易、与证据距离的远近以及盖然性的高低等。而该说的另一分支则主张主要以实体法的立法目的以及基于实体法的价值判断作为标准，在双方当事人间分配证明责任。(3) 盖然性说。该说的主要观点是根据具体的或抽象的盖然性来分配证明责任，即如果某事实发生的盖然性高，则主张该事实的一方当事人不负证明责任，而由否认该事实的另一方当事人承担证明责任。

（三）证明责任倒置

所谓证明责任的倒置，是相对于证明责任的“正置”而言的，是证明责任分配的例外情况。而证明责任的“正置”，是按照证明责任分配的一般原则或标准，在双方当事人间分配证明责任。在大陆法系，证明责任分配的一般原则主要是法律要件分类说。因此，证明责任的倒置就是为了弥补证明责任分配一般原则的不足，针对特殊类型的案件，将按照证明责任分配的一般原则原本应由一方当事人承担的对某要件事实的证明责任，转由对方当事人承担。证明责任倒置是对证明责任一般分配原则的修正，原则上要由法律的明文规定才可适用。证明责任倒置的常见情形，是将本应由原告承担的证明责任转由被告承担，即原告对作为自己诉讼请求根据的要件事实不需提供证据证明，而由被告证明该事实并不存在。一般情况下，作为原告诉讼请求根据的要件事实的证明责任，并不是全部倒置给被告承担。在适用证明责任倒置的几类侵权损害赔偿诉讼中，被告要承担诸如过错或因果关系等部分要件事

① 参见常怡主编：《民事诉讼法学》，中国法制出版社 2008 年版，第 282 页。

实不存在的证明责任,对没有适用证明责任倒置的支持原告侵权损害赔偿请求权成立的其他要件事实,原告仍要提供证据加以证明。举例来说,在一般的侵权损害赔偿诉讼中,按照证明责任分配的一般原则,提出侵权损害赔偿请求的原告应对导致其权利发生的法律要件事实,即侵权行为、损害后果、侵权行为和损害后果之间的因果关系以及加害人存在过错等,承担证明责任。但是,在某些特定类型的诉讼如医疗纠纷诉讼中,考虑到原、被告双方距离证据的远近不同、获取证据的能力有差异,为实现证明责任分配的公平和妥当,作为原告的患者只需证明侵权行为和损害后果,而其他要件事实的证明责任则倒置给被告医疗机构,由被告举证证明医疗行为和损害后果之间不存在因果关系以及其在治疗过程中不存在过错。

之所以在某些特殊案件中适用证明责任倒置,主要是为了实现证明责任分配的公平。根据法律要件分类说,主张权利的一方当事人,一般为原告,通常需就权利发生规范的要件事实承担证明责任,而由被告就权利妨碍、权利消灭和权利受制规范的要件事实进行证明。但是,随着社会的发展和现代型诉讼的大量涌现,在某些高风险、高技术领域内发生的民事案件,如专利侵权诉讼、医疗损害赔偿诉讼、因环境污染引起的损害赔偿诉讼等,如果按照一般原则分配证明责任,难免会给受害人维权造成极大的障碍,造成对受害人的实质不公。因此,为了保证证明责任分配的合理性和公平性,各国在确定证明责任分配的一般原则之外,对某些特殊类型的民事案件,都通过立法规定适用证明责任倒置,以减轻处于弱势的受害人的证明负担,从实质上实现诉讼正义。

总体上看,在适用证明责任倒置的案件中,法律往往将某些要件事实的证明责任倒置给那些更有条件、更有能力收集证据的当事人,以体现对处于弱势的当事人的保护。在现代民事诉讼中,将单一的证明责任分配标准不加区分地适用于所有案件,无疑欠缺合理性和妥当性。证明责任倒置,作为一种合理减轻当事人证明负担的技术或方法,对平衡双方当事人间的权益关系,实现社会实质正义,起到了积极的作用。

三、我国民事诉讼证明责任的分配

在我国,证明责任的分配问题曾在相当长的一段时期内处于被立法和理论遗忘的角落。自20世纪80年代中期开始,随着民事审判方式改革的深入和证据法学研究的发展,该问题受到学界和立法部门越来越多的关注。与大陆法系国家类似,我国民事诉讼基本上也属于规范出发型的诉讼,民事审判中奉行裁判三段论的判决模式。与此相适应,涉及证明责任的分配,我国现行《民事诉讼法》在很大程度上借鉴了大陆法系通行的法律要件分类说的观点，确定了证明责任分配的一般标准。与此同时，考虑到某些案件分配证明责任的特殊性，就证明责任分配的例外情形，现行法也进行了明确规定。

（一）证明责任分配的一般规则

我国《民事诉讼法》第 64 条第 1 款规定："当事人对自己提出的主张，有责任提供证据。"该条所确定的"谁主张，谁举证"的原则，曾一度被认为是我国民事诉讼证明责任分配的一般原则。但"谁主张，谁举证"并未从根本上解决证明责任的分配问题，凭借该原则并不能确定具体案件中特定要件事实证明责任的归属。举例来说，在简单的借贷纠纷案件中，原告主张被告曾向自己借款 10 万元，请求被告返还；被告则主张自己从未向原告借款。如果按照"谁主张，谁举证"的原则分配证明责任，原告应就被告曾向自己借款的事实承担证明责任，被告则应就自己从未向原告借款的事实承担证明责任。而原、被告主张的事实实际为同一事实，只是双方从正反两方面对该事实提出了不同的主张。结果是，对同一争议事实双方当事人都负有证明责任。这样一来，案件审理终结时该事实若无法得到证明，法院就无从根据证明责任作出判决。

随着对证明责任问题研究的不断深入，我国理论界和实务界对采用法律要件分类说作为证明责任分配的基本原则逐渐形成共识。法律要件分类说之所以在我国得到普遍认可，主要是因为我国的实体法规范体系以及诉讼结构与大陆法系国家存在很多共同特征。无论从实体法规范的构成还是从我国的判决模式出发，对实体法规范按照法律要件分类说的要求进行结构分析并在司法实践中加以运用是可行的。在我国当下的司法环境下，根据法律要件分类说分配证明责任，既存在可操作性，又符合法的安定性和统一性的价值要求。[①] 学界对法律要件分类说的认可同样反映在司法解释中。《证据规定》总结了审判经验和理论研究成果，在《民事诉讼法》确立的"谁主张，谁举证"原则的基础上，对证明责任分配的一般规则进行了完善。《证据规定》第 2 条明确规定："当事人对自己提出的诉讼请求所依据的事实或者反驳对方诉讼请求所依据的事实有责任提供证据加以证明。没有证据或者证据不足以证明当事人的事实主张的，由负有举证责任的当事人承担不利后果。"上述条文的内容明显体现了以法律要件分类说为基础分配证明责任的思路，即主张权利的人应当对其权利产生的实体法要件事实承担证明责任，否认权利的人应当对抗辩事实或者权利妨碍事实、权利消灭事实、权利受制事实承担证明

① 参见肖建国：《论民事诉讼证明责任分配的价值蕴涵》，载《法律科学》2002 年第 3 期。

责任。

除此之外,《证据规定》第5条和第6条,还根据待证事实与实体法规范之间的关系,就合同纠纷和劳动争议纠纷等民事案件中证明责任分配的一般规则进行了具体规定。在合同纠纷案件中,主张合同关系成立并生效的一方当事人对合同订立和生效的事实承担证明责任;主张合同关系变更、解除、终止、撤销的一方当事人对引起合同关系变动的事实承担证明责任。对合同是否履行发生争议的,由负有履行义务的当事人承担证明责任。对代理权发生争议的,由主张有代理权的一方当事人承担证明责任。在劳动争议纠纷案件中,因用人单位作出开除、除名、辞退、解除劳动合同、减少劳动报酬、计算劳动者工作年限等决定而发生劳动争议的,由用人单位负证明责任。

(二) 证明责任分配的特殊规则

证明责任分配的特殊规则,是对证明责任分配一般规则的补充。针对特定类型民事案件的特殊性,为实现证明责任分配的合理性和公平性,我国民事诉讼法还对几类特殊案件证明责任的分配进行了例外规定:

(1) 因新产品制造方法发明专利引起的专利侵权诉讼,由制造同样产品的单位或者个人对其产品制造方法不同于专利方法承担举证责任;

(2) 高度危险作业致人损害的侵权诉讼,由加害人就受害人故意造成损害的事实承担举证责任;

(3) 因环境污染引起的损害赔偿诉讼,由加害人就法律规定的免责事由及其行为与损害结果之间不存在因果关系承担举证责任;

(4) 建筑物或者其他设施以及建筑物上的搁置物、悬挂物发生倒塌、脱落、坠落致人损害的侵权诉讼,由所有人或者管理人对其无过错承担举证责任;

(5) 饲养动物致人损害的侵权诉讼,由动物饲养人或者管理人就受害人有过错或者第三人有过错承担举证责任;

(6) 因缺陷产品致人损害的侵权诉讼,由产品的生产者就法律规定的免责事由承担举证责任;

(7) 因共同危险行为致人损害的侵权诉讼,由实施危险行为的人就其行为与损害结果之间不存在因果关系承担举证责任;

(8) 因医疗行为引起的侵权诉讼,由医疗机构就医疗行为与损害结果之间不存在因果关系及不存在医疗过错承担举证责任。

上述八种侵权损害赔偿诉讼中,证明责任的分配并未按照法律要件分类说确定的标准,由主张权利的原告就权利发生的要件事实(即侵权行为、损害后果、侵权行为与损害后果之间的因果关系和侵权人具有过错)承担证明责任。与此相反,一部分与权利发生规范对应的要件事实的证明责任倒置给被告承担。以"因新产品制造方法发明专利引起的专利侵权诉讼"为例,被告应对"其产品制造方法不同于专利方法"承担证明责任。"其产品制造方法不同于专利方法"实际上对应着"存在侵权行为"这一侵权行为成立的法律要件事实。就该要件事实,根据法律要件分类说确定的分配标准,本应由主张权利的原告一方举证证明。但涉及产品采用何种方法生产的证据完全处于被告控制之下,原告远离证据,也很难掌握收集证据的渠道。因此,为了平衡双方当事人的利益,法律规定由被告对其产品不是用专利方法制造负证明责任。因环境污染引起的损害赔偿诉讼、建筑物或者其他设施倒塌、脱落、坠落致人损害的侵权诉讼、共同危险行为致人损害的侵权诉讼、因医疗行为引起的侵权诉讼中证明责任的分配与此类似。

需要注意的是,虽然放在一个条文中进行规定,与上述五类案件不同,高度危险作业致人损害的侵权诉讼、饲养动物致人损害的侵权诉讼和因缺陷产品致人损害的侵权诉讼中有关案件主要事实的证明责任,实际上是按照法律要件分类说确定的标准进行分配的,并未实行证明责任的倒置。根据民法规定,高度危险作业致人损害和饲养动物致人损害的侵权责任适用无过错归责原则,侵权人的过错并不是其承担侵权责任的法律构成要件事实。因此,按照法律要件分类说确立的证明责任分配的一般规则,主张权利的当事人就权利发生规范的要件事实(仅包括侵权行为、损害后果和二者之间的因果关系)承担证明责任,无需举证证明侵权人存在过错。受害人有过错属于加害人的免责事由,由加害人就受害人有过错或者第三人有过错的事实承担证明责任,正是证明责任"正置"的结果,而非证明责任的倒置。同样,就缺陷产品损害赔偿责任而言,产品的生产者对受害人同样承担无过错责任。在因缺陷产品致人损害的侵权诉讼中,由产品的生产者就法律规定的免责事由承担证明责任,正是按法律要件分类说分配证明责任的结果,也非证明责任的倒置。可见,并非法律和司法解释要求加害人证明受害人、第三人有过错的,就是证明责任倒置。是证明责任的"正置"还是"倒置",关键是看过错是属于责任构成要件的过错还是属于免责事由的过错。某些特殊侵权责任的承担,不以侵权人存在过错作为侵权责任成立的要件。但与此同时,法律也往往规定受害人或第三人存在过错可以作为侵权人免责的依据或事由。在这种情况下,侵权人就受害人或第三人的过错进行证明正是其按照法律要件分类说承担证明责任的表现,而非证明责任的倒置。

(三)证明责任的裁量分配

根据法定的证明责任分配的一般规则和特殊规则确定当事人双方的证

明责任负担,有利于实现法律适用的统一,符合诉讼安定性的要求。但是,就具体个案而言,由于一般规则存在漏洞,或者适用该规则将严重背离诉讼公正的目标,就需要通过法官的自由裁量来实现证明责任分配的合理性和公平性。因此,在法律没有具体规定,或者依据法律或司法解释的规定无法确定证明责任的承担时,人民法院可以根据公平原则和诚实信用原则,综合当事人举证能力等因素确定证明责任的承担。

证明责任的裁量分配是证明责任分配原则的必要补充,但我国民事诉讼基本上属于规范出发型诉讼,强调法律适用的统一性。同时,我国目前法官整体素质还有待提高,整个司法环境还有待完善。因此,对证明责任裁量分配的适用应慎之又慎,以免为法官恣意裁判打开缺口。这就要求法官在自由裁量分配证明责任时,必须遵从诉讼公正、效率等价值,立足于保护实体权益、解决纠纷的诉讼目的,遵守诚实信用原则。同时,为防止自由裁量权滥用,还应要求法官在判决书中充分说明分配证明责任的理由。

第三节　证明标准

一、证明标准概述

(一) 证明标准的概念

标准,指衡量事物的准则,或者是人们评价事物的尺度。而证明标准,则是与诉讼活动,确切地说是与诉讼证明活动相关的准则或评价尺度,是诉讼中事实认定的准则。它是在诉讼证明活动中法官判断当事人是否已履行了举证义务,是否已卸除了证明责任的准则或评价尺度。因此,所谓证明标准,指法院在诉讼中认定案件事实所要达到的证明程度,也是证明主体对案件事实进行证明必须达到的程度。也就是说,唯有达到证明标准,证明主体才能卸去其所承担的证明责任;同时,也只有依据证明标准,法官才能衡量证明对象是否已经得到了证明。所以,无论对当事人还是法官,证明标准都是一个重要、实际的问题。可以说,法律对证明标准的设定,既作用于当事人的举证行为,也作用于法官的裁判行为。正如德国学者所言,证明标准是一把尺子,衡量什么时候证明成功了,也决定着对某个具体内容的法官心证,决定着法官必须凭什么才算得到了心证。[①] 就仿佛人们对时空原本没有任何概念,只是在有了钟表、标尺等等这些测量时间与空间的工具之后,诸如早晚、前后、

① 参见〔德〕汉斯·普维庭:《现代证明责任问题》,吴越译,法律出版社2000年版,第91页。

高低之类的概念才有了意义。证明标准就是裁判者在诉讼中使用的一把标尺,它为裁判者认定案件事实提供了依据。

（二）证明标准的功能

1. 证明标准对当事人的诉讼行为具有指引功能

明确了证明标准,当事人就可以根据该标准对自己诉讼行为的法律后果进行预测。首先,当事人可以通过证明标准衡量自己手中已经掌握的证据,决定提起还是放弃诉讼,避免贸然起诉或迟迟不敢提起诉讼的不明智做法,以有利于自己合法权益的维护。其次,证明标准可以引导双方当事人的诉讼证明活动,使其攻击和防御更有针对性。如果当事人提供的证据不足以使裁判者对案件事实的存在形成内心确信,那么该当事人在证明标准的指引下,基于利益衡量,就会进一步举证。对方当事人对该事实提供反证的必要性也同证明标准有着密切关系。为避免不利的诉讼后果,在法官即将形成内心确信时,对事实不承担证明责任的当事人也会积极提供反证,努力使法官的心证降低到真伪不明的状态。

2. 证明标准对法院的审判行为具有约束功能

证明标准作为对法官自由心证的一种制约机制,可以约束事实认定者的行为,防止其滥用审判权力。首先,证明标准将诉讼中对案件事实的认识活动限制在该标准所设定的限度之内,达不到这一标准,法官就不能以该事实为基础作出裁判;反之,符合证明标准的要求,法官就应作出最终判决。其次,把握了证明标准,法官才能够确定认定案件事实需要何种程度的证据,也才能够决定是否有必要要求当事人进一步举证。

3. 证明标准对诉讼具有利益权衡功能

证明标准是一种在诉讼中进行利益权衡的重要机制。证明标准的这一功能,使得诉讼在无法实现绝对真实的前提下可以正当、有序地进行。首先,从证明标准和败诉风险的关系看,证明标准越高,承担证明责任的一方当事人的败诉风险就越大;反之,证明标准越低,该方当事人的败诉风险越小。因此,合理确定证明标准对于调节进入诉讼的案件数量起重要作用。其次,从证明标准和证明成本的关系看,证明标准越低,证明的成本就越小;反之,证明标准越高,证明的成本就越大。因此,证明标准的确定可以调节诉讼中投入和产出关系。最后,从诉讼结构本身看,证明标准对于调节当事人和法院在诉讼证明中的作用,尤其是在加重或减轻证明负担以及分配证明责任方面意义重大。[①]

① 参见江伟主编:《民事证据法学》,中国人民大学出版社 2011 年版,第 203 页。

(三) 证明标准和证明责任

证明标准和证明责任是在诉讼证明领域两个具有密切联系的概念。一般认为,证明标准和证明责任本质上是一物两面的概念,它们是从不同角度对同一诉讼现象进行考察所得出来的不同概念。① 或者说,证明责任是从诉讼主体角度贯彻的证明标准,实质上是证明标准的主体化;证明标准是从诉讼客体角度观察的证明责任,实质上是证明责任的客体化,二者互相配合,形影相随。②

从概念上分析,证明责任实质上是作为裁判基础的法律要件事实处于真伪不明的状态时,当事人将要承担裁判上不利后果的风险。而证明标准是法院认定案件事实所要达到的证明程度,也是当事人对其主张的事实予以证明必须达到的程度。通俗地讲,证明责任所要回答的问题,是对特定的案件事实,应该由哪一方当事人提供证据加以证明并承担该事实证明不能的不利后果;而证明标准所要回答的问题,是就特定的案件事实,该方当事人应当提供具有何种数量和分量的证据加以证明。因此,也可以说证明责任是证明标准这一概念产生的基础。

诉讼中,当事人提供的证据如果达到证明标准的要求,法官就会对案件事实的存在形成内心确信,从而适用该事实存在时应当适用的实体法规范,作出对一方当事人有利的判决。反之,法官就必须依据客观证明责任作出裁判。法官适用客观证明责任进行裁判的前提,是法律许可的证明手段穷尽后,对案件事实的证明仍无法达到证明标准的要求。因此,证明标准的高低将直接决定法官按照客观证明责任进行裁判情况的多寡。如果证明标准较低,诉讼证明的难度和成本都相应降低,则法官按照客观证明责任判案的情形就会减少;如果证明标准过高,诉讼证明的难度和成本都相应提高,则法官按照客观证明标准判案的情形就会增加。因此,对案件事实的证明是否符合证明标准的要求,将直接决定着证明责任的承担与否。在此意义上,证明标准指的是当事人若要卸除证明责任,对案件事实进行证明所必须达到的程度。

二、两大法系的民事诉讼证明标准

(一) 英美法系的民事诉讼证明标准

在英美法系国家,一般民事案件所适用的证明标准是优势证据(preponderance of evidence)或盖然性占优势(preponderance of probability)。所谓盖然

① 江伟主编:《证据法学》,法律出版社 1999 年版,第 121 页。

② 汤维建、陈开欣:《试论英美证据法上的刑事证明标准》,载《政法论坛》1993 年第 4 期。

性，又称或然性，指有可能但又不是必然的性质，既可以表示客观事物自身的可能性，又可指人们认识客观事物的不同确定程度。优势证据或盖然性占优势实际上并无本质区别，都是要求诉讼中一方当事人提供的证据要比对方当事人提供的证据更有说服力或更让人信服。

对于盖然性占优势或证据优势，丹宁勋爵曾有过如下经典表述："如果证据的状况以致于法庭能说'我们认为其存在的可能性与不可能相比更具可能性'，那么，其证明责任将被卸除。但是，如果盖然性是相同的，它就不能如此。"[①]因此，优势证据或者盖然性占优势，是指承担证明责任的当事人对其所主张的案件事实的证明，应达到使法官确信该事实的存在比不存在更为可能的程度。根据英国学者彼得·墨菲(Perer Murphy)的观点，民事诉讼盖然性占优势的证明标准是指足以表明案件中负有法定证明责任的当事人所主张的事实，真实性大于不真实性。[②] 美国《模范证据法典》起草委员会主席摩根认为，盖然性占优势标准意味着"凡于特定事实之存在有说服负担之当事人，必须以证据之优势确立其存在。法官通常解说所谓证据之优势与证人之多寡或证据之数量无关，证据之优势乃在其使人信服的力量。有时并建议陪审团，其心如秤，对双方当事人之证据分置于其左右之秤盘，并从而权衡何者具有较大之重量"[③]。因此，判断民事诉讼中当事人提供的证据是否较对方当事人占据优势，不取决于其提供证据的数量，而取决于证据的质量，即证据证明力或可信度的大小。正如霍夫曼所言，放在天平上的分量不是证据的数量而是由证据产生的盖然件以及案件的全部环境决定的。[④]

在英美法系，除了一般民事案件适用证据优势或盖然性占优势的证明标准外，对于一些特殊类型的民事案件，适用更高的证明标准，即明确和有说服力(clear and convincing)的证明标准。明确和有说服力的证明标准介于盖然性占优势和排除合理怀疑之间，我们可以粗略地将其解释为某事实的发生较其不发生有非常高的可能性(much more likely than not)。这就要求当事人在诉讼中需提供清晰和更有说服力的证据，证明其所主张的事实的发生较其不发生有更高的可能性。一般而言，适用该证明标准的民事案件包括有关父母的监护权是否应当终止的诉讼、有关口头契约特别履行的诉讼以及指控欺诈和不适当影响的诉讼等。

英美法系证据优势证明标准的形成与其独具特色的陪审团制度有很大

① Miller v. Minister of Pensions(1947), All ER 372, 373—374.

② Peter Murphy, A Practice Approach to Evidence, Blackstone Press Limited 1992, 105.

③ 〔美〕摩根：《证据法之基本问题》，李学灯译，世界书局 1982 年版，第 48 页。

④ 沈达明主编：《英美证据法》，中信出版社 1996 年版，第 46 页。

关系。民事诉讼中陪审团制度的存在与证据优势之证明标准的发展似乎存在着一个完美的对应关系。[①] 在英美法系的民事诉讼中,案件事实的认定由非专业人士组成的陪审团承担,法官对陪审团的事实认定活动进行指引并在陪审团认定的事实的基础上适用法律。由于存在由法官对陪审团活动进行指引的必要,英美法必须承认司法审判中所存在的事实不确定性,同时也更为坦然地面对司法审判中所存在的盖然性本质。

（二）大陆法系的民事诉讼证明标准

大陆法系民事诉讼证明标准的确立与其自由心证制度密切相关。自由心证要求法官不受证据方法和证明力法定规则的制约,针对具体案情,以审理中体现出的全部证据材料为基础,根据经验法则、逻辑规则和自己的理性良心自由判断证据和认定事实。作为这一原则的立法体现,《德意志联邦共和国民事诉讼法》第286条明确规定:“法院应该考虑言词辩论的全部内容以及已有的证据调查的结果,经过自由心证,以判断事实上的主张是否可以认为真实。”[②]按照大陆法系的观点,事实裁判者如果认定当事人的主张为真实,须经过自由心证形成内心确信,而这种内心确信通常以高度盖然性进行表述。也就是说,法官根据案件所有的证据信息,能够准确认定案件事实存在的可能性非常大。在德国,高度盖然性的证明标准有多种表述,如“高盖然性”、“对真相的心证”、“如此高的盖然性,以至于理性的人都不怀疑”。在日本,高度盖然性的证明标准也受到了民事诉讼实践和理论的认可。[③]

高度盖然性证明标准的在大陆法系形成,经历了一个渐进的过程。从德国情况看,在19世纪下半期自由心证主义得以确立的初期,对于诉讼证明应达到何种程度法官才可形成事实存在的心证,并无明确的规定。从德国帝国最高法院的相关判例分析,法官对一般案件事实形成心证的基础仍然是“内心确信”,即法官经过对全部案件证据信息的分析判断,已经在主观上对案件事实形成了确定性的认识。法官形成内心确信的事实就是作为裁判基础的案件事实,虽然它们与客观事实本身可能并不一致。而“高度盖然性”证明标准的存在只是为了弥补因人类认识能力有限无法形成绝对内心确信的不足,

---

① World Jury Systems (Neil Vidmar ed. 2000).转引自黄国昌:《民事诉讼理论之新开展》,元照出版有限公司2005年版,第100页。

② 《德意志联邦共和国民事诉讼法》,谢怀栻译,中国法制出版社2001年版,第70页。

③ 日本最高法院1975年(昭和五十年)2月24日有关一个医疗事故案件的判决中,对诉讼中因果关系的证明,明确指出应适用高度盖然性的证明标准。参见张卫平主编:《外国民事证据制度研究》清华大学出版社2003年版,第447页。

或者适用于案件中因果关系的证明。[①] 直至20世纪三四十年代，高度盖然性的证明标准才扩张到对案件中一般事实的认定。现在，德国学者普遍认为，德国《民事诉讼法》第286条第一款规定的"真实"，是高度盖然性的真实，或"能够达到确信程度的真实盖然性"，即以高度盖然性作为认定案件事实的原则性的证明标准。[②] 从日本的民事诉讼判例和学说看，针对作为裁判基础的案件事实，法定的证明标准被描述为"高度逼近真实的盖然性"。[③] 民事诉讼法学者松岗正义也在德国有关证明标准的学说和判例的基础上提出："所谓证明乃促使裁判官，就该事实之真伪获得完全确信之作用。但其事实是过去的事实时，当然以高度的盖然性为满足。原本举证使裁判官就该事实的真实与否有完全的确信为目的之所在。然而，此完全的确信为裁判上之确实，并非是数学上之确实。即使是民事诉讼法存在着绝对的、客观的确实为理想。然而人为判断之原因，错误在所难免。因此，只有接受相对的或主观的确实。此即所谓裁判上的确实。而裁判上的确实如前所示，是指如依一般实验方法，无法了解有相反可能程度为推测。"[④]

两相比较，大陆法系民事诉讼证明标准显然高于英美法系。大陆法系之所以确立了较之英美法系更高的证明标准，主要是为了提高司法判决的可接受性和正当性。和英美法系不同，大陆法系民事诉讼职权主义色彩浓厚，诉讼程序主要由法官主导进行。法官在诉讼中既是事实认定者，又承担着适用法律作出裁判的任务。因此，法官在认定事实方面的失误或错误，极易导致当事人和社会公众对司法的不信任。为了维护司法裁判外观上的正当性，就需要在事实认定的问题上设置一个较高的高度盖然性的证明标准来消除当事人的不信任和怀疑。要求法官对案件事实的内心确信达到日常生活中人们不怀疑并作为其行动基础的程度，显然更容易使当事人接受和认同。实际上，如果从性质上分析，两大法系证明标准并不存在质的差别。二者都不苛求在诉讼中对事实的认定达到客观真实的程度。证据优势或盖然性占优势标准逻辑上包含了高度盖然性的证明标准。事实上，尽管证据优势的证明标准低于高度盖然性的证明标准，英美法系判决的合理性和公正性同样受到其独特的程序机制的保障。既然民事诉讼主要由当事人推进，既然发现、认定事实的任务交由普通公民组成的陪审团完成，对于陪审团的事实认定结果，当事人就必须接受或认可，因为不相信陪审团就是不相信自己。如此一来，

---

① 参见雷万来：《民事证据法论》，台湾瑞兴图书股份有限公司1997年版，第88—89页。

② 〔德〕汉斯·普维庭：《现代证明责任问题》，吴越译，法律出版社2000年版，第128页。

③ 参见王亚新：《对抗与判定》，清华大学出版社2010年版，第164页。

④ 〔日〕松岗正义：《民事证据论》，张知本译，中国政法大学出版社2004年版，第25页。

因事实认定错误导致的当事人对司法的不信任就会大大降低。除此之外，要求法官不理会事实问题，只负责对陪审团采信、运用证据进行指引并最终作出裁判，在对抗制模式下也同样增加了判决的合理性和可接受性。

三、我国民事诉讼证明标准

（一）客观真实的证明标准

在相当长的一段时间内，我国民事诉讼中占据主导地位的是实事求是证据制度下客观真实的证明标准。客观真实的证明标准，是指法院在认定案件事实时，应该达到"事实清楚，证据确实充分"的程度。所谓"事实清楚"，指法院对案件事实的认识符合客观存在的案件真实情况。所谓"证据确实充分"，既包括对证据质的要求，也包括对证据量的要求，其标志是：(1) 据以定案的证据均已查证属实；(2) 案件事实均有必要的证据加以证明；(3) 证据之间、证据与案件事实之间的矛盾均已得到合理排除；(4) 得出的结论是唯一的，排除了其他可能性。[①] 作为这一证明标准的立法体现，我国《民事诉讼法》第 64 条第 3 款规定："人民法院应当按照法定程序，全面、客观地审查核实证据"。除此之外，我国《民事诉讼法》第 170 条的第 1 项和第 3 项涉及二审法院对上诉案件的处理规定的内容中，也反映出对"事实清楚，证据确实充分"证明标准的追求。值得说明的是，在我国，该标准同样适用于行政诉讼和刑事诉讼。[②] 也就是说，在我国的三大诉讼中，适用同样的"一元化证明标准"。

一元化的证明标准在我国得以确立，主要是受苏联诉讼理论的影响。根据苏联和东欧各社会主义国家的诉讼理论，客观真实是民事诉讼的证明任务，也是社会主义民事诉讼制度的首要原则。其哲学依据是马克思主义的辩证唯物主义认识论，即物质第一性，意识第二性，存在决定意识。案件事实发生后，必然会在客观物质世界留下这样或那样的痕迹。因此，以辩证唯物主义认识论为依据，以我国高素质的司法队伍为依托，以诉讼法规定的各项制度和措施为保障，诉讼过程中完全有可能对案件事实作出符合客观实际情况的认定。客观真实的证明标准强调人们在主观认识上要与案件事实相符合，即重视真理的绝对性。以马克思主义的辩证唯物主义认识论作为诉讼证明活动的指导思想无可厚非。但是，客观真实是人类认识客观事物所能达到程度的终极目标，反映人类思维和认识的价值取向。而诉讼证明具有相对性，

---

① 江伟主编：《民事诉讼法》（第三版），高等教育出版社，第 199—200 页。

② 作为该标准的立法体现，我国《刑事诉讼法》第 195 条规定：案件事实清楚，证据确实充分，依据法律认定被告人有罪的，应当作出有罪判决；《行政诉讼法》第 161 条也规定：原判决事实不清、证据不足，裁定撤销原判，发回原审人民法院重审，也可以查清事实后改判。

绝对真理高度的证明标准,很难在诉讼实践中真正落实。因此,客观真实的证明标准只能作为一种司法理想而存在。

除此之外,要求民事诉讼和刑事诉讼适用同样的证明标准,也忽略了两大诉讼之间的巨大差异,欠缺合理性和妥当性。首先,从诉讼性质上分析,民事诉讼解决私权性质的纠纷,而刑事诉讼更多的牵涉到国家利益和社会公益。诉讼性质不同,诉讼证明标准亦应有所不同。刑事诉讼涉及被告人罪与非罪的问题,为了维护被告人的基本人权,除非诉讼证明达到事实清楚,证据确实充分的程度,不能认定被告人有罪。而民事诉讼解决的是平等主体之间私权性质的纠纷,只要纠纷能够得到妥善解决,有些情况下对案件事实进行证明所要达到的程度不必像刑事诉讼那样高。其次,从法律责任的具体内容分析,民事责任主要是财产责任,而刑事责任的承担往往造成被告人人身自由的限制,甚至生命的剥夺。财产责任的错误承担可以得到弥补,而人身自由和生命的剥夺却很难通过其他方式得到补救。最后,在证据收集手段和证据收集主体的能力方面,刑事诉讼中的证据收集主体多数情况下是公安机关或检察机关,民事诉讼中的证据往往由当事人收集提供。民事诉讼中,尽管在特殊情形下法院也可以调查收集证据,但从整体上看,无论是当事人还是法院,其收集证据的手段、设备和能力都无法与公安、检察机关抗衡。综上,基于民事诉讼和刑事诉讼在诉讼性质、诉讼结构、证明对象等方面的差异,理应对刑事案件和民事案件采用不同程度的证明标准。

(二)高度盖然性的证明标准

近年来,民事诉讼法学界对司法证明自身规律和特征的认识逐步深化。司法证明既是一种认识活动,同时也是一种诉讼行为。相应的,司法证明既要遵循认识规律,又要遵循诉讼规律,接受程序法和证据规则的制约。因此,将辩证唯物主义认识论的原理简单地适用于诉讼证明的过程,以客观真实作为民事诉讼的证明标准,欠缺妥当性。随着民事审判方式改革的不断推进,确立适应民事诉讼证明特点和规律的新证明标准的呼声不断高涨,司法实务界在这一领域也进行了卓有成效的尝试。学界和实务界的呼声最终体现在了 2002 年施行的《证据规定》中。该《证据规定》第 73 条第 1 款明确规定:"双方当事人对同一事实分别举出相反的证据,但都没有足够的依据否定对方证据的,人民法院应当结合案件情况,判断一方提供证据的证明力是否明显大于另一方提供证据的证明力,并对证明力较大的证据予以确认。"按照司法解释的这一规定,即使当事人提供的证据并不符合"证据确实充分"的要求,但只要一方当事人提供证据的证明力明显大于另一方提供证据的证明力,法院也应当对该证据证明的事实予以确认。在这里,"明显大于"无疑是将高度盖然性作为民事诉讼证明标准的表征。除此之外,最高人民法院于2008年发布的《关于开展〈人民法院统一证据规定(司法解释建议稿)试点工作的通知〉》中,也反映了摒弃一元化,以高度盖然性作为民事诉讼证明标准的观点。该《通知》第141条明确规定:"负有证明责任的当事人,应当提供证据对其所主张的特定事实的证明达到高度盖然性的程度。高度盖然性,是指一方提供证据证明的事实存在或不存在的可能性,明显大于另一方提供证据证明的事实存在或不存在的可能性。"

基于上述分析,在民事诉讼中,如果一方当事人对争议事实提供了确实、充分的证据,使法官形成了该事实存在的内心确信,法官就应该认定该事实并作出裁判。如果涉及该争议事实双方当事人都提供了相应证据,但任何一方的证据都不足以完全否定对方的证据,人民法院就应当结合案件情况对双方的证据进行衡量,如果判断一方提供证据的证明力明显大于另一方提供证据的证明力,就应适用高度盖然性的证明标准,对证明力较大的证据予以确认,并在此基础上认定案件事实。需要注意的是,高度盖然性的证明标准适用于民事诉讼证明的一般情形,在涉及身份关系的家事案件等特殊类型的案件中,出于维护社会伦理等基本价值的需要,应当适用更高程度的证明标准。[①] 而对于案件中的程序法事实和举证特别困难的少数例外情形,为缓和证明的负担,也应适度降低证明标准,适用较高程度的盖然性的证明要求。

第四节　举证时限与证据交换

一、举证时限

(一)举证时限的含义和设置目的

举证时限,指负有举证责任的当事人必须在法律规定或法院指定的期限内向法院提交证据,无正当理由逾期提交证据,将承受不利法律后果的制度。举证时限由两部分内容构成:其一,是举证的期限,即由法院指定或由当事人协商确定的当事人向法院提交证据的期间,该期间一旦确定即对双方当事人产生约束力;其二,是逾期举证的法律后果,即举证时限与一定的法律后果相联系,当事人无正当理由不在举证时限内提交证据,即会承受证据失权、赔偿经济损失以及训诫、罚款等不利后果。

---

① 参见江伟主编:《民事诉讼法》,中国人民大学出版社2008年版,第220页。

举证时限是一种约束当事人诉讼行为的制度。长期以来，对当事人举证，我国民事诉讼一直奉行证据随时提出主义，即自当事人起诉后至最终的法庭辩论终结前，允许当事人随时提出证据。虽然《民诉法意见》要求当事人在合理期限内提交证据①，但当事人逾期举证并不会引发任何不利后果，逾期提交的证据仍可以被法院采信。因此，所谓“在合理期限内提交证据”难免沦为一纸空文。证据随时提出主义在诉讼实践中造成了许多弊端。一方面，随时提出证据导致的开庭次数增加、审限延长等，极大地浪费了审判资源，增加了诉讼成本，降低了诉讼效率。另一方面，由于证据可以随时提出，为拖延诉讼或针对对方当事人搞证据突袭，某些当事人故意不在庭审前提供证据，而是在法庭审理中提交。这样的做法，破坏了双方当事人在诉讼证明上的平等对抗关系，对诉讼程序的安定性也构成了极大威胁。为解决上述问题，2002年施行的《证据规定》开创性地设置了举证时限制度，对当事人逾期提交的证据适用证据失权，以促进诉讼和提高民事诉讼的效率。这一极具创新意义的制度在实施过程中却遭遇了重重困难和阻力。证据失权和实体公正之间存在的天然紧张关系在中国的现实国情面前愈发凸显。考虑到目前我国当事人的诉讼能力和司法大环境，对举证时限制度的质疑之声不绝于耳，各级法院在适用证据失权时也是顾虑重重。举证时限制度本身是一项合理、先进的制度，只是我国目前的经济、文化和法制化程度决定了绝对地适用证据失权难免会出现“水土不服”的现象。为解决举证时限制度在实施过程中出现的种种问题，立法机关在修改《民事诉讼法》的过程中，结合实践经验对《证据规定》中有关举证时限制度的内容进行了反思，在2012年新《民事诉讼法》中完善了该制度，增加规定了训诫和费用制裁的逾期举证后果，在一定程度上缓解了举证时限和实体公正之间的矛盾。

举证时限制度改变了我国传统民事诉讼的理念，使其从原有的注重实体公正转变为更加关注程序公正，对当事人的举证行为和法院裁判都产生了深刻影响。设置举证时限制度的目的主要有以下几点：

1. 提高诉讼效率，促使当事人积极举证

在证据随时提出主义之下，当事人在言词辩论终结前可以随时提出新的证据，对同一案件事实的调查需经多次开庭、质证才能完成，诉讼效率极其低下。而举证时限为当事人提出证据设定了时间限制，促使当事人必须在一定

① 《民诉法意见》第76条规定：“人民法院对当事人一时不能提交证据的，应根据具体情况，指定其在合理期限内提交。当事人在指定期限内提交确有困难的，应在指定期限届满之前，向人民法院申请延期。延长的期限由人民法院决定。”

期限内收集和提出证据，在很大程度上抑制了当事人举证的随意性，缩短了案件审理期限，减少了反复开庭造成的诉讼资源的浪费，有助于诉讼效率的提高。

2. 避免“证据突袭”，实现当事人武器平等原则

现代民事诉讼，在制度设计和法律适用上，提倡当事人享有均等的利用诉讼制度的机会，以实现当事人武器平等原则。所谓当事人武器平等，即在诉讼程序上要保障双方当事人地位平等、机会平等、风险平等。利用证据随时提出而制造的“证据突袭”，使制造突袭的一方当事人在诉讼证明中赢得了占据优势的地位，而对方当事人的处境则非常被动，无法展开充分、有效的防御行为，无疑与该原则相悖。举证时限的设立，抑制了当事人的投机心理，为当事人创设了进行诉讼行为的平等机会，可以有效防止诉讼中的证据突袭。对那些滥用诉讼权利，随时提出新证据以拖延诉讼的行为，也起到了很大的约束作用，有利于当事人武器平等原则的实现。

3. 保障诉讼程序的安定性

同公正和效率一样，诉讼程序的安定性也是民事诉讼制度的价值取向。程序安定性是法的安定性在民事诉讼中的自然延伸，代表了秩序这一法律基本价值的要求。程序的时限性是程序安定性的基本要素之一，指诉讼进程的及时性，也指对诉讼中每一个环节都有时间上的要求。程序的时限性抑制了法官和当事人行为的随意性和随机性，为这些行为提供了外在的标准。[①] 举证时限制度将当事人的举证行为基本限制在庭审前的阶段，防止了当事人举证的随意性，使得诉讼程序不会因为证据的提出而被随意推翻，增加诉讼结果的可预测性，确保了程序安定性的实现。

（二）举证期限的确定

根据《证据规定》第33条，举证期限的确定有两种方式，一种是人民法院指定，另一种是由当事人协商一致，并经人民法院认可。一般而言，举证时限由法院指定。人民法院应当在送达案件受理通知书和应诉通知书的同时向当事人送达举证通知书。举证通知书应当载明举证责任的分配原则与要求、可以向人民法院申请调查取证的情形、人民法院根据案件情况指定的举证期限以及逾期提供证据的法律后果。为了尊重当事人的程序主体地位，在诉讼中充分体现当事人的程序选择权，举证时限也可以由双方当事人协商确定。当事人协商确定的举证时限，须经法院认可。除非当事人约定的期限过长可能导致诉讼迟延，基于处分原则，法院一般应当尊重当事人的意见，认可双方

---

① 参见陈桂明:《程序理念与程序规则》，中国法制出版社2000年版，第1—5页。

约定的举证期限。

在适用一审普通程序审理民事案件时，人民法院指定举证期限的，该期限不得少于30日。自当事人收到案件受理通知书和应诉通知书的次日起计算。但是人民法院在征得双方当事人同意后，指定的举证期限可以少于30日。前述规定的举证期限届满后，针对某一特定事实或特定证据或者基于特定原因，人民法院可以根据案件的具体情况，酌情指定当事人提供证据或者反证的期限，该期限不受“不得少于30日”的限制。

适用简易程序审理的案件，人民法院指定的举证期限可以少于30日。简易程序转为普通程序审理，人民法院指定的举证期限少于30日的，人民法院应当为当事人补足不少于30日的举证期限。但在征得当事人同意后，人民法院指定的举证期限可以少于30日。

（三）举证期限的重新指定与延长

举证期限的重新指定是法院指定举证期限后，因诉讼中出现了特殊情形，为使当事人能够重新收集证据材料，法院为当事人重新指定举证期限。法院为当事人重新指定举证期限的情形主要包括：

1．当事人提出管辖权异议

当事人在一审答辩期内提出管辖权异议的，人民法院应当在驳回当事人管辖权异议的裁定生效后，重新指定不少于30日的举证期限。但在征得当事人同意后，人民法院可以指定少于30日的举证期限。

2．对人民法院依职权调查收集的证据提出相反证据

人民法院依职权调查收集的证据在庭审中出示后，当事人要求提供相反证据的，人民法院可以酌情确定相应的举证期限。

3．增加当事人

人民法院在追加当事人或者有独立请求权的第三人参加诉讼的情况下，应当为新参加诉讼的当事人指定举证期限。该举证期限适用于其他当事人。

4．增加、变更诉讼请求以及提出反诉

当事人在一审举证期限内增加、变更诉讼请求或者提出反诉，或者当事人主张的法律关系的性质或者民事行为的效力与人民法院根据案件事实作出的认定不一致的，人民法院应当告知当事人可以变更诉讼请求，当事人因此变更诉讼请求的，人民法院应当根据案件的具体情况重新指定举证期限。举证期限也可由当事人协商确定，并经法院认可。

5．二审新的证据的举证期限问题

在第二审人民法院审理中，当事人申请提供新的证据的，人民法院指定的举证期限，不受“不得少于30日”的限制。

6. 发回重审案件的举证期限问题

发回重审的案件,第一审人民法院在重新审理时,可以结合案件的具体情况和发回重审的原因等情况,酌情确定举证期限。如果案件是因违反法定程序被发回重审的,人民法院在征求当事人的意见后,可以不再指定举证期限或者酌情指定举证期限。但案件因遗漏当事人被发回重审的,法院应为新参加诉讼的当事人指定举证期限。该举证期限适用于其他当事人。如果案件是因认定事实不清、证据不足发回重审的,人民法院可以要求当事人协商确定举证期限,或者酌情指定举证期限。上述举证期限不受"不得少于30日"的限制。

当事人在举证期限内提交证据材料确有困难的,应当在举证期限内向人民法院申请延期举证,经人民法院准许,可以适当延长举证期限。当事人在延长的举证期限内提交证据材料仍有困难的,可以再次提出延期申请,是否准许由人民法院决定。当事人申请延长举证期限经人民法院准许的,为平等保护双方当事人的诉讼权利,延长的举证期限适用于其他当事人。

(四)逾期举证的法律后果

举证期限和逾期举证的法律后果是构成举证时限制度不可或缺的两个方面。若只规定期限而不规定逾期举证的法律后果,该期限对当事人不会产生任何约束力,举证时限制度就失去了存在的意义。根据我国《民事诉讼法》和相关司法解释,逾期举证的法律后果表现在以下几个方面:

1. 证据失权

根据《证据规定》第34条第1款和第2款,当事人在举证期限内不提交证据材料的,视为放弃举证权利,对于当事人逾期提交的证据材料,人民法院审理时不组织质证。

证据失权是对不遵守举证时限的当事人最为严厉的制裁。证据失权虽是针对证据本身而言,却有可能导致当事人因丧失证明权而无法实现实体权利。从我国实际情况看,当事人法律知识普遍欠缺,法官释明权制度、证据调查收集制度、律师强制代理制度等一系列配套制度还欠完善,对逾期提供证据的当事人一概适用证据失权,可能有损实体公正和程序效益价值。因此,2008年《最高人民法院关于适用〈关于民事诉讼证据的若干规定〉中有关举证时限规定的通知》中,一定程度上缓和了证据失权的法律后果,要求人民法院在适用该后果时,考虑当事人逾期举证是否存在故意或者重大过失的情形。

2. 赔偿经济损失

根据《证据规定》第46条,由于当事人的原因未能在指定期限内举证,致使案件在二审或者再审期间因提出新的证据被人民法院发回重审或者改判的，一方当事人请求提出新的证据的另一方当事人负担由此增加的差旅、误工、证人出庭作证、诉讼等合理费用以及由此扩大的直接损失，人民法院应予支持。

3. 训诫、罚款

根据2012新修改的《民事诉讼法》，当事人在举证期间不提供或不能提供相关的证据，人民法院应当责令其说明理由。有正当理由的，人民法院应当采纳该证据；拒不说明理由或者理由不成立的，综合考量证据本身对查明案件事实的重要性和逾期举证对案件审理的影响，采用以下两种方式处理：一是不予采纳该证据，二是采纳该证据但对当事人予以训诫、罚款。所谓正当理由，包括当事人具有客观上不能举证或难以举证的情形和当事人因客观原因无法完成举证的情形。前者主要指需要勘验、鉴定、评估、审计才能证明的，涉及国家秘密、商业秘密的材料，当事人因客观原因不能自行收集的证据等；后者主要指因不可抗力等原因，当事人在法定举证期间内无法完成举证。①

（五）举证时限的例外

举证时限适用上的例外主要包括以下情形：

（1）当事人在举证期限届满后提出的证据，对方当事人没有异议的，不受举证时限的限制。②

（2）"新的证据"在举证期限届满后仍允许进入诉讼。

"新的证据"在此有特定含义，它不是指当事人在举证期限届满后提出的证据，而是指当事人在举证期限届满后提出的不受举证时限限制的证据。也就是说，"新的证据"虽然在举证期限届满后提出，但仍被允许进入诉讼。根据《证据规定》第41条，"新的证据"主要指以下情形：

第一，一审程序中的新的证据包括：当事人在一审举证期限届满后新发现的证据；当事人确因客观原因无法在举证期限内提供，经人民法院准许，在延长的期限内仍无法提供的证据。

第二，二审程序中的新的证据包括：一审庭审结束后新发现的证据；当事人在一审举证期限届满前申请人民法院调查取证未获准许，二审法院经审查认为应当准许并依当事人申请调取的证据。

第三，再审程序中的新的证据，是指原审庭审结束后新发现的证据。为

① 参见江必新主编：《〈中华人民共和国民事诉讼法〉修改条文解读与应用》，法律出版社2012年版，第115—116页。

② 《证据规定》第34条第2款规定："对于当事人逾期提交的证据材料，人民法院审理时不组织质证。但对方当事人同意质证的除外。"

保证生效判决的稳定性，对此处“新发现的证据”不宜做宽泛理解，应限制在以下三种情形：其一，原庭审结束前该证据已客观存在，庭审结束后新发现的证据；其二，原庭审结束前已经发现，但因客观原因无法取得或在规定的期限内不能提供的证据；其三，原庭审结束后原作出鉴定意见、勘验笔录者重新鉴定、勘验，推翻原结论的证据。此外，当事人在原审中提供的主要证据，原审未予质证、认证，但足以推翻原判决、裁定的，应当视为新的证据。

二、证据交换

（一）证据交换的概念和作用

证据交换指的是开庭审理前，双方当事人在人民法院的组织和主持下，互相交换自己持有的证据以了解各自掌握证据情况的诉讼活动。证据交换是民事诉讼审理前准备程序中的重要内容。通过证据交换，当事人双方能够了解和掌握对方所持有的证据信息，明确诉讼的争点，从而为庭审做好充分准备。

证据交换是我国司法实务部门在审判方式改革的过程中逐渐摸索形成的。早在 1993 年，最高人民法院就在《全国经济审判工作会议纪要》中提倡开庭前当事人进行证据的交换和核对。此后，随着民事诉讼法学界对证据交换制度研究的不断深入，在总结实践经验和教训的基础上，《证据规定》确立了证据交换制度，使证据交换进一步规范化和合法化。

证据交换的作用主要体现在以下几个方面：

1. 明确诉讼争点，提高庭审效率

诉讼争点是双方当事人对其真伪或存在与否持相反主张或不同意见的案件事实。争点的发现和确定，无法仅仅通过审查、分析起诉状和答辩状的内容实现。只有通过双方当事人之间的证据交换，才能明确双方当事人就哪些事实认识一致，就哪些事实存在小的争议，就哪些事实存在不可弥合的争议，各自又有何种证据支持。通过这种归纳，进入开庭审理阶段后，法官就可以引导当事人就争点问题展开有效的举证、质证和辩论，从而达到提高庭审效率，充分发挥庭审功能的目的。

2. 防止“证据突袭”

在证据交换和举证时限制度确立之前，有不少当事人违反诚信原则，将本应在开庭前提交的证据，留到开庭审理阶段才提供和出示。其目的就是为了在庭审中取得主动，使对方当事人遭受突然袭击陷入不利境地。这种做法，导致遭受突袭的一方当事人无法有针对性地进行举证和质证，也影响了法官对案件事实的认定。证据突袭既有损程序正义，也影响了诉讼结果的公正。通过证据交换的进行,辅以举证时限制度,双方当事人就可以在开庭前充分了解对方掌握证据的情况,从而防止证据突袭的发生,避免了证据突袭带来的种种弊端。

3. 促进和解

证据交换增加了当事人双方庭前和解或在法院的主持下达成调解协议的可能性,节省了司法资源。通过证据交换,当事人能够了解和掌握对方持有的证据信息,从而对案件事实会有更加充分和客观的认识。基于此,诉讼结果和诉讼证明中双方态势强弱的可预测性增加,当事人更容易达成谅解和妥协。正是在此意义上,可以说"证据交换程序为当事人精确评估自己在审理中的获胜机会提供了依据","是一种和解程序"①。

(二) 证据交换的适用范围

证据交换不是所有民事案件的必经程序,而是在以下两种情况下适用:(1) 证据较多或者复杂疑难的案件。对此类案件,人民法院应当组织当事人在答辩期届满后、开庭审理前交换证据。(2) 当事人申请进行证据交换的案件。对于不属于证据较多或者复杂疑难的案件,当事人申请交换证据的,人民法院应当允许。

(三) 证据交换的程序

1. 证据交换的时间

证据交换通常在答辩期满后、开庭审理前进行。交换证据的时间可以由当事人协商一致并经人民法院认可,也可以由人民法院指定。

证据交换和举证时限关系密切,证据交换制度可以说是举证时限制度的一个组成部分,是对证据较多或复杂疑难案件适用举证时限制度的特殊要求。② 基于此,证据交换的时间应受举证时限的限制。人民法院组织当事人交换证据的,交换证据之日举证期限届满。当事人申请延期举证经人民法院准许的,证据交换日相应顺延。

2. 证据交换的次数

当事人收到对方交换的证据后进行反驳并提出新证据的,人民法院应当通知当事人在指定的时间进行交换。证据交换一般不超过两次。但重大、疑难和案情特别复杂的案件,人民法院认为确有必要再次进行证据交换的除外。

---

① 〔美〕史蒂文·苏本、玛格瑞特·伍:《美国民事诉讼的真谛》,蔡彦敏、徐卉译,法律出版社2002年版,第123页。

② 李国光主编:《最高人民法院〈证据规定〉的理解与适用》,中国法制出版社2002年版,第285页。

3. 证据交换的进行

因证据交换是法院审判活动的组成部分，所以证据交换应当在审判人员的主持下进行。证据交换以“当面交换”为原则，即法院组织双方当事人及其诉讼代理人到庭交换证据。当事人、证人因身处异地无法当面交换证据的，只能书面交换证据。对于书证交换，外地当事人可以采取邮寄的方式进行；但对于实物证据、需要与原件核对的证据、不能复制的证据的交换，要求双方当事人必须到庭。[①] 在证据交换的过程中，对当事人无异议的事实、证据，审判人员应当记录在卷。对双方有异议的证据，按照需要证明的事实分类记录在卷，并记载异议的理由。通过证据交换，确定双方当事人争议的主要问题。

第五节　质证与认证

一、质证

(一) 质证的概念和功能

所谓质证，是指在法官的主持下，当事人双方针对在法庭审理过程中出示的证据材料，围绕其证据能力的有无和证明力的大小，进行说明、辨认、质疑和辩驳的活动。质证是诉讼证明过程中的一个重要环节，它既是法官选择、采信证据的必经程序，也是当事人进行民事诉讼的一种重要程序保障。质证有助于民事诉讼程序公正和实体公正的实现。通过质证，当事人可以充分表达自己对证据材料的意见，影响法官对证据材料的审查判断；对法院而言，质证也有助于其正确认定案件事实，提高裁判的可接受性。我国民事诉讼法对质证制度有明确规定。根据《民事诉讼法》第 68 条，证据应当在法庭上出示，并由当事人互相质证。《证据规定》第 47 条第 1 款更是进一步明确，未经质证的证据，不能作为认定案件事实的依据。

在民事诉讼中，当事人的质证具备以下功能：

1. 质证是当事人实现诉讼主张并维护实体权利的必要手段

质证是当事人享有的法定诉讼权利之一。通过质证，当事人可以详细阐述有利于己的证据的证明力，也可以指出对方当事人提出的不利于己的证据的疑点，充分表达自己对相关证据的证据能力、证明力的意见，从而有助于法官形成对自己有利的心证，并进而对裁判结果的形成产生实质性影响，最终

---

① 参见最高人民法院民事审判第一庭：《民事诉讼证据司法解释的理解与适用》，中国法制出版社 2002 年版，第 219 页。

实现自己的诉讼主张并有效维护自己的合法权益。

2. 质证是法院正确认定案件事实的有效途径

根据我国民事诉讼法的规定,质证是法院审查核实证据并在此基础上认定案件事实的必经程序。通过双方当事人对证据能力和证明力的说明、质疑和辩驳,法官对证据的真实性、关联性和合法性会有更具体、真切的认识。哪些证据是真实的,哪些证据是虚假的,哪些是违法取得的证据,哪些证据的证明力更大等等,法院对上述问题的审查判断,必须建立在当事人质证的基础上才更具可靠性和说服力。因此,质证能对法官心证的形成产生实质性的影响力,有助于法官正确认定案件事实。

3. 质证是诉讼程序公正和实体公正得以实现的保障

司法公正既包括实体公正,也包括程序公正,即司法活动的过程和结果均要体现公平与正义的原则。作为程序公正的构成要素之一,程序参与原则要求受到程序结果影响的主体,享有充分的机会并富有意义地参加到诉讼程序中来,从而能以自己的积极行为影响诉讼结果的形成。通过对证据的质证,当事人能够充分表达自己对案件证据材料的认识和意见,为法院审查判断证据提供依据,使法院的事实认定建立在当事人质证的基础上。这一过程既确保了当事人程序参与权的实现,真正体现了程序公正的内涵,又有助于法院更准确地认定案件事实,从而保障实体公正的实现。

(二) 质证的主体、客体和内容

1. 质证的主体

质证的主体指在质证过程中有权向法庭出示证据,对证据的证据能力和证明力进行说明、质疑和辩驳的人。在民事诉讼中,质证的主体是当事人,具体包括原告、被告、第三人以及诉讼代表人。

案件的审判人员虽然是质证活动的主持者和组织者,有些情况下也需要将法院依职权调查收集的证据在法庭上宣读、出示,但不能成为质证的主体。法官在质证过程中对证据的宣读、出示、质疑等,究其实质,是其履行审判职能的体现,属于对证据的审查、判断行为,而非质证行为。法官之所以不能成为质证的主体,首先,因为其与诉讼结果不存在直接利害关系,不存在质证的动因;其次,将法官视为质证主体,将导致其丧失中立性,有违程序公正的要求。

除了当事人之外,质证的主体还包括当事人的诉讼代理人。为保障和促进当事人依法行使诉权,方便当事人进行诉讼,法律设置了诉讼代理制度。诉讼代理人根据当事人的授权或法律规定,以当事人的名义代理当事人进行诉讼。诉讼代理制度为诉讼代理人成为质证主体提供了法律依据。不过,需要注意的是,诉讼代理人进行质证,是为了弥补当事人能力的不足,代理、帮助当事人进行诉讼活动。因此,在诉讼代理人质证时,当事人是真正的质证主体,诉讼代理人是质证的辅助主体。

2. 质证的客体

质证的客体,是质证行为指向的目标和对象,即在质证活动中宣读、出示并由当事人双方互相质疑、辩驳的证据材料。根据我国民事诉讼法的规定,未经质证的证据,不能作为认定案件事实的依据。因此,在立法上对可能成为事实认定基础的任何一种证据或证据方式,都应当视为质证对象所包括的内容。[①] 以此观之,质证的客体范围相当广泛,既包括当事人收集提供的证据,也包括法院依职权调查收集的证据;既指诸如证人证言、当事人陈述之类的言词证据,也指书证、物证等实物证据。基于法院在诉讼中的中立地位,法院依职权调查收集的证据材料一般而言具有相当的可信度和可靠性。尽管如此,此类证据实质上仍属于证据材料。如果不允许当事人对这部分证据进行质证,不仅违反民事诉讼法"未经质证的证据,不能作为认定案件事实的依据"的规定,而且在司法实践中也会导致法官自己取证、自己审查判断的问题,不利于案件事实的查清。因此,法院依职权调查收集的证据,也应由当事人双方,尤其是受该证据不利影响的一方当事人进行质证。

虽然所有的证据原则上都要经过质证,但并非对所有的证据双方当事人都存在争议。民事诉讼解决的是私权性质的纠纷,奉行处分原则。对那些双方当事人均表示认可的证据,也要求在法庭上质证,无益于诉讼效率的提高。因此,《证据规定》第 47 条第 2 款规定:"当事人在证据交换过程中认可并记录在卷的证据,经审判人员在庭审中说明后,可以作为认定案件事实的依据。"除此之外,涉及国家秘密、商业秘密、个人隐私的证据和法律规定的其他应当保密的证据,不得在法庭上公开进行质证。

3. 质证的内容

质证程序的设置,其直接目的在于就证据的真实性、关联性和合法性提出质疑,从而确定证据的效力和证明力。[②]《证据规定》第 50 条也明确规定:"质证时,当事人应当围绕证据的真实性、关联性、合法性,针对证据证明力有无以及证据证明力大小,进行质疑、说明与辩驳。"据此,质证的内容应该包括证据之证据能力的有无和证明力的大小两个方面。当事人对证据进行质证,应当在对证据材料进行分析的基础上,对证据的形式、取得程序是否合法、证

---

① 参见何家弘主编:《新编证据法学》,法律出版社 2000 年版,第 417 页。

② 罗玉珍、高委主编:《民事证明制度与理论》,法律出版社 2002 年版,第 520 页。

据内容是否真实、证据与案件事实的关联性等问题发表自己的意见。

（三）质证的程序

诉讼实践中，质证一般采取一证一质的方法，对证据逐一进行质证。如果对方当事人同意，也可以对一组有关联的证据统一进行质证。

法庭质证程序应在法官主持下有序进行，包括出示证据、辨认证据和对证据的质问和辩驳三个步骤。出示证据的方式主要包括宣读、展示、播放等。在一方当事人出示证据后，由另一方当事人进行辨认。通过辨认，法院可以了解另一方当事人对已出示证据的态度，从而决定是否需要继续进行质证。如果一方出示的证据被另一方当事人否认，否认的一方需向法庭说明否认的理由。如果出示证据的一方对对方否认理由不认可，双方可以针对否认的理由进行辩驳，直至法庭认为该证据已经审查核实清楚。在整个过程中，法官通过行使诉讼指挥权保障质证程序的有序和公正。除此之外，基于查明案件事实的需要，法官还可以对当事人、证人、鉴定人等进行询问。

根据我国《民事诉讼法》的规定，质证按照以下顺序进行：(1) 原告出示证据，被告、第三人与原告进行质证；(2) 被告出示证据，原告、第三人与被告进行质证；(3) 第三人出示证据，原告、被告与第三人进行质证。

人民法院调查收集的证据也需要经过质证程序。人民法院依当事人申请调查收集的证据，作为提出申请的一方当事人提供的证据。人民法院依职权调查收集的证据应当在庭审时出示，听取当事人意见、并可就调查收集该证据的情况进行说明。案件有两个以上独立诉讼请求的，当事人可以逐个出示证据进行质证。

（四）质证的方式

质证的方式，指双方当事人围绕提交至法庭的证据进行质询的方法和手段。质证的具体方式取决于证据的种类。一般而言，法院会根据不同种类证据的特征，采取各不相同的质证方式。

对书证、物证、视听资料进行质证时，当事人有权要求出示证据的原件或原物。只有出示原件、原物确有困难并经人民法院准许的，或者原件、原物已不存在，但有证据证明复制件、复制品与原件、原物一致的，才可以出示复制件或复制品。质证的具体方式包括询问证据的制作者、保管者或收集者，对证据进行鉴定或勘验以辨别真伪，要求当事人对证据的来源及其制作过程、手段等进行说明等等。

对证人证言的质证，主要围绕证人的资格、证人与当事人及其诉讼代理人是否存在利害关系、证人感知案件事实时的客观情况以及证人证言内容的真实性等几个方面的问题进行。证人应当出庭接受当事人的质询，但不得旁听法庭审理。审判人员和当事人可以对证人进行询问。询问证人应当单独进行，其他证人不得在场。人民法院认为有必要时，可以让证人进行对质。

对鉴定意见的质证，可以围绕鉴定人的资格、鉴定所依据的材料、鉴定的过程和结论进行。鉴定人应当出庭接受当事人的质询。鉴定人确因特殊原因无法出庭的，经人民法院准许，可以书面答复当事人的质询。

根据我国《民事诉讼法》的规定，为了弥补法官和当事人专业知识的欠缺和不足，维护当事人的权利，当事人可以向人民法院申请由1至2名具有专门知识的人员出庭就案件的专门性问题进行说明。审判人员和当事人可以对出庭的具有专门知识的人员进行询问。经人民法院准许，可以由当事人各自申请的具有专门知识的人员就案件中的问题进行对质。具有专门知识的人员也可以对鉴定人进行询问。

二、认证

（一）认证的概念和意义

所谓认证，指审判人员对经过法庭质证或者当事人在证据交换过程中认可并记录在卷的证据材料，按照法定程序对其客观性、关联性和合法性进行审查判断，确定其有无证据能力及证明力大小，并决定是否将其作为认定案件事实依据的诉讼活动。认证是诉讼证明活动的重要一环，它和举证、质证一起构成了民事诉讼庭审活动的核心内容。

现代民事诉讼奉行证据裁判原则，案件事实的认定，应该依据相关证据作出；没有证据，不得认定案件事实。因此，民事诉讼解决纠纷的过程实际上是举证、质证、认证、通过证据认定案件事实并在此基础上适用法律的过程。由此观之，审查认定证据是人民法院确定案件事实的决定性步骤。通过认证活动，审判人员对提交到法庭的各种证据材料进行鉴别，去伪存真，保证证据的客观性，确保证据与案件事实之间存在关联性，排除非法证据，并在此基础上准确认定案件事实，为法院的正确裁判奠定基础，以维护当事人的合法权益，并最终实现民事诉讼的目的。

正确理解认证的含义，必须注意以下几点：首先，认证的主体是法院的审判人员，即参与庭审的独任法官或合议庭全体成员。认证是审判人员对证据进行审查判断并决定采信与否的活动，从性质上属于法院的司法行为。其次，认证的对象是拟作为裁判依据的各种证据材料，既包括当事人自行收集向法院提供的证据，也包括法院依当事人申请或依职权调查收集的证据；既包括业已经法庭质证的证据，也包括当事人在证据交换过程中认可并记录在卷的不需经过质证的证据。最后，认证内容包括对证据的审查和认定两个方面。具体而言，法官在认证的过程中，需要对各种证据材料的客观性、关联性和合法性进行审查、分析，并在此基础上，对证据材料证据能力的有无和证明力的大小作出评判。

（二）认证遵循的基本原则

法官认证必须遵循一定的原则。考察现代各国的民事诉讼立法和证据立法，多数国家和地区在审查、判断及采信证据时奉行自由心证主义原则。所谓自由心证主义原则，指法律对证据的证据能力和证明力及其取舍与运用不预先进行规定，而是将其交由法官，根据个案的具体情况，借助经验法则、逻辑法则和良知理性，形成内心确信，从而对证据价值作出判断并据此认定案件事实。现代自由心证原则在赋予法官判断证据和认定案件事实方面的自由裁量权的同时，又对法官自由裁量权的行使施加了诸多限制，以防止司法擅断和法官的主观随意性。在我国，民事诉讼立法未明确规定自由心证原则，但从审判实践看，由于证据规则的匮乏，法官在认证时享有很大的自由裁量权，实际上同样采用了凭借内心确信认定证据的自由心证原则。《证据规定》吸收了现代自由心证的基本内核并根据国情进行了适当改造，在第64条明确规定："审判人员应当依照法定程序，全面、客观地审核证据，依据法律的规定，遵循法官职业道德，运用逻辑推理和日常生活经验，对证据有无证明力和证明力大小独立进行判断，并公开判断的理由和结果。"该规定明确了我国民事诉讼法官认证的基本原则，为审判实践提供了立法依据。根据该规定，认证必须遵循以下几个原则：

1. 严格依据法定程序

该原则要求，法官在审查核实证据的过程中要严格遵循法律规定的程序，对证据有无证明力和证明力大小独立地进行判断。法律若对审查判断证据的程序有明确规定而法官却视而不见，法院裁判的效力就有可能因为程序违法而受到影响。

2. 全面、客观地审核证据

为保证法院裁判的正确性，维护当事人的合法权益，法院认证应坚持全面、客观的原则。具体而言，法院应对全部证据材料进行审查核实，包括当事人在证据交换过程中认可并记录在卷的证据、庭审中提出并经质证的证据以及法院依职权调查收集的各种证据材料。与此同时，在认证过程中，法官应杜绝主观随意性和片面性，保持中立立场，客观地揭示证据材料的证明力。

3. 遵循法官职业道德

法官职业道德是从事司法审判工作的法官必须遵循的基本道德规范和行为准则。法律职业事关社会正义和法律尊严，对法官的品行操守和行为规范理应提出更高的要求。只有具备高尚的道德情操和过硬的业务素质，秉承职业道德的约束，法官才能在审查核实证据时诉诸自己的良心和理性，而非受制于私欲、权势和偏见。也只有如此，司法公正才能得到保障。

4. 运用逻辑推理和经验法则

民事案件错综复杂，个案中的证据材料更是千差万别。若想使认证的结果具有说服力，获得普通人的认同，法官必须将其判断建立在符合理性的逻辑论证和日常经验的基础之上。只有运用逻辑推理和经验法则形成的内心确信才能保证认证结果的科学性和合理性，否则就是纯粹的主观臆断。

5. 公开原则

公开原则要求法官必须向当事人和社会公开其审核认定证据的理由和结果。该原则实际上是心证公开的必然要求。所谓心证公开，是指法官应将其对于案件事实、证据和有关法律适用的见解向当事人和利害关系人进行说明和披露。作为现代自由心证与传统自由心证区别的重要标志之一，心证公开体现了司法民主，还有效抑制了法官心证形成过程中的偏差和主观随意性。而公开法官审核判断证据的理由和结果，不仅增强了当事人对裁判结果的可接受程度，也是对法官认证过程的有效制约，有利于提高法官认证的科学性和公正性。

（三）认证的方法

一般而言，认证在庭审中的实际操作方法大致可分为两种情况，即对每一份证据材料单独进行认证和对全案证据材料进行综合认证。就前者而言，法官主要针对证据材料的客观性、关联性和合法性，逐一进行审查、分析，以确定每一份证据材料是否具备证据能力，并判断其证明力的有无和大小。就后者而言，法官在对证据进行单独认证的基础上，对全案证据进行综合的分析判断，以确定各个证据之间是否存在矛盾，能否互相印证。综合认证是从全案出发，审查判断各个证据之间的联系，通过证据间的比较、分析和鉴别，判断证据的真伪，确定其能否作为认定案件事实的依据。

就认证的时间而言，法官根据案件具体情况，既可以当庭认证，也可以庭下认证。当庭认证强化了庭审功能，有利于增强审判的公开性和透明性，但对法官的业务素质提出了较高的要求。法官必须具备丰富的经验、系统的专业知识和高超的分析判断能力，才能适应当庭认证的需要。如果当庭认证的条件不具备，法院也可在庭审结束后，进行庭下认证。

第六节 证明妨碍及其救济与制裁

一、证明妨碍的概念

作为法律术语的证明妨碍的概念最早出现于查士丁尼(Justinian)甚至更早时期的罗马法。在当时的借贷交易中,某些交易记录被视为借贷关系存在的首要的、不可或缺的证据。主张权利之人如果不能提供这类证据,不仅会败诉,还会被认为对被告构成欺诈。由此,衍生出众所周知的拉丁法谚"omnia praesumuntur contra spoliatorem",意思是所有的事情应被推定不利于破坏者。[①] 该法谚所内含的逻辑判断,奠定了当今世界各国和地区民事诉讼立法和理论规制证明妨碍的重要手段,即对妨碍者作出不利推定的基础。

传统大陆法系民事诉讼理论一般从狭义上理解证明妨碍的概念,认为证明妨碍指不负证明责任的当事人,基于故意或过失,通过作为或不作为阻碍负有证明责任的一方当事人对其主张的事实的证明。之所以从狭义上理解这一概念,无外乎基于以下考虑,即在证明责任制度的作用机制下,负有证明责任的一方当事人原本就将因欠缺证据而遭受败诉的不利后果,因而无妨碍证明的必要。但是,在根据证据评价的结果认定案件事实并作出判决的审判结构下,承担证明责任的一方当事人没有妨碍证明的必要这一论断,仅在特定条件下才能成立。首先,其仅适用于本证;其次,其仅适用于隐匿、毁灭证据以及拒不提交证据等妨碍行为,而不适用于伪造、更改证据等妨碍行为。而且,上述两个条件必须同时具备。换言之,负证明责任的当事人在利用本证对待证事实进行证明时,没有必要实施隐匿、毁灭、拒不提交证据等妨碍行为。但是,这不等同于他在利用本证证明待证事实时,不会伪造、更改证据;也不等同于他对他方当事人的反证,不会为妨碍行为。

诉讼证明本身是一个动态的过程。虽然证明责任不会在诉讼进行过程中发生转移,但提供证据的责任却会随着诉讼证明的不断深入,在双方当事人之间来回移动。在诉讼证明中,负证明责任的当事人至少在以下两种情况下会产生妨碍证明的动机,一是为使本证证明成功,二是为阻止对方当事人反证证明成功。此外,司法实践中非当事人妨碍诉讼证明的现象也十分普遍。例如,当事人的诉讼代理人可能会遗失证据甚至故意毁灭、伪造证据;证

---

① T. C. Sandars, The Institutes of Justinian: With English Introduction Translation and Notes, 19th Ed. (London: Longmans, Green & Co., 1888), at 358. 转引自 Craig Jones: The Spoliation Doctrine and Expert Evidence in Civil Trials, University of British Columbia Law Review, (1998)32, at 294—295.

人会作伪证或拒绝作证;案外人的行为有时也对诉讼证明造成妨碍,诸如此类,不一而足。如果对上述妨碍证明的行为置之不理,一方面会使证明妨碍受害人的权利无法得到有效的保护和救济,另一方面也会在客观上对证明妨碍起到推波助澜的作用。因此,从保障当事人公平使用证据、提高诉讼效率、维护司法公正的角度考虑,从广义上理解证明妨碍的概念十分必要。

综上,证明妨碍指民事诉讼当事人(负证明责任的当事人和不负证明责任的当事人)或非当事人(包括诉讼参与人和案外人),基于故意或过失,通过影响证明主体或证明手段干扰和阻挠诉讼证明活动,使本可能为一方当事人所用的证据,无法或不能以本来面目呈现于法庭,并进而导致案件事实证明不能或证明困难的行为。

二、证明妨碍的动因分析

证明妨碍之所以在近现代民事诉讼中日益普遍,原因主要包括以下几个方面:

(一)“法律必然会从坏人的角度被理解”使证明妨碍成为诉讼的必然

霍姆斯(Oliver Wendell Holmes, Jr.)曾指出:“如果你想了解法律而不是别的什么东西,你必须从一个‘坏人’的角度去看待它。法律能使‘坏人’预测其行为的物质后果,这是他唯一关心的东西。而一个‘好人’,却会在模糊的良心的约束下,为其行为寻找理由,无论在法律之内还是法律之外。”①根据霍姆斯的观点,法律往往是从“坏人”的角度被理解的。面对法律,坏人不会为道德或良知所动,而仅考虑成本或风险与收益的比值。“好人”会在良知的约束下遵守法律,而“坏人”如果预见到预期收益大于损失的话,就会实施违法行为甚至犯罪。

民事诉讼的特点在很大程度上使得证明妨碍成为了“坏人”的选择。在民事诉讼中,当事人对证据的占有往往是不对等的。很多情况下,一方当事人掌握着不为对方所知但对对方来说却至关重要的证据。如果掌握证据的一方当事人销毁或者替换了该证据,妨碍行为本身的隐蔽性往往使得他人根本无从知晓。有人或许认为,妨碍行为或多或少地会留下痕迹,书证的影印本可能会在他处存在,被删除的电子文件有可能被恢复。在妨碍行为实施者对其行为的风险或收益进行评估时,对上述情形的担心可能会增加其心理天平上风险性一侧的砝码,但不足以影响天平的倾斜程度。实际上,妨碍行为是否会被发现,在很大程度上取决于证据的种类和案件的具体情况。“坏人”

① The Path of Law, The Boston Law School Magazine, Vol.1 February 1897, No.4.

预见到的妨碍行为的不利后果往往不是毁灭性的，并且这种不利后果出现的几率微乎其微。因此，从整体上看，依据霍姆斯从“坏人”的角度理解法律的观点，证明妨碍行为成为诉讼中不可避免的现象。

（二）证据裁判主义的确立是产生证明妨碍的根本制度性原因

证据裁判主义，又称证据裁判原则，指对于诉讼中事实的认定，应依据有关的证据作出；没有证据，不得认定事实。[①] 通过证据发现和确认案件事实虽非尽善尽美，通过证据重构的案件事实在某些情况下也会与客观事实不相符合，但是，这可以说是在人类理性可能达到的范围内发现案件事实的最佳方法。借助证据发现案件事实，可以有效地避免主观擅断，并为法院裁判最大限度地提供理性支持。以证据裁判主义作为前提，民事诉讼实际上就是通过对证据的审查判断重构案件事实的过程。正是因为证据裁判主义在各国得到了普遍的奉行和遵循，证据在确认案件事实和形成法官心证方面具有了至关重要和无可替代的作用，证明妨碍才具备了最强有力的动因支撑。

民事诉讼中，免证事实因其真实性已得到确认或在当事人之间未产生争议，成为证据裁判主义适用的例外。其他诸如经验法则、行业惯例等，一般也由法院直接予以采用，无需主张者提供证据进行证明。证明过程中不适用证据裁判主义的领域，不需任何人为控制，也成为证明妨碍的免疫区。这从相反的角度印证了上述论断。

（三）欠完善的证据收集制度为证明妨碍的发生提供了的契机

证据的收集是证明活动的起点。证据一般具有被动性的特点，不会自发地参与到诉讼进程中。因此，离开了证据的收集，整个诉讼证明活动就成了无源之水、无本之木。民事诉讼中，如果对证明案件事实具有举足轻重意义的证据为一方当事人或案外第三人掌握而其又拒绝交出，法院将很难对争议事实作出正确认定。而运行良好的民事诉讼证据收集制度则可以辅助当事人有效地从相对方或案外人手中获取证据和证据信息，并在一定程度上防止证明妨碍行为的泛滥。

完善的证据收集制度的内在构成要素，应该包括对当事人收集证据权利的有效保障、当事人收据证据的手段和途径的不断扩大以及对妨碍证据收集行为的有效制约机制等等。这其中任何一个环节出现疏漏，都会给证明妨碍行为提供可乘之机，证据收集的结果就会大打折扣。例如，如果当事人收集证据的手段和途径受到限制，对方当事人销毁、更改、隐藏证据将会变得更加隐蔽和难以发现。再如，如果仅关注当事人收集证据权利的保障或收集证据

① 吴宏耀、魏晓娜：《诉讼证明原理》，法律出版社 2002 年版，第 109 页。

途径和手段的扩展，而对当事人或案外人妨碍证据收集的行为置之不理，也会在一定程度上助长证明妨碍行为。不管发生哪种情形，都会从起点上削弱诉讼证明的基础，并进而影响案件事实的发现。而完善的证据收集制度，不仅可以保障当事人获取有价值的证据和证据信息，还可以有效制约诉讼中的证明妨碍行为，保障案件事实的发现和诉讼公正的实现。

（四）现代型民事诉讼的涌现成为证明妨碍日益严重的催化剂

随着人类社会的进步和社会产业结构的大规模工业化趋势，自20世纪中期开始，“现代型民事诉讼”逐渐涌现。现代型诉讼与现代化大生产引起的社会体制和经济体制的急剧变化有关，是涉及一定地域范围内的、具有相同或相似诉求的多数人利益的纠纷，以产品责任诉讼、环境污染诉讼、虚假广告侵权诉讼和医疗纠纷诉讼等为典型，体现出强烈的公益性色彩。作为与传统型民事诉讼截然不同的一种新型诉讼，现代型诉讼在诉讼构造方面一个非常显著的特点就是当事人诉讼地位悬殊。一方是分散的、弱小的、缺乏风险规避能力的普通个体，另一方则为经济实力雄厚或掌握公共权力的社会公共团体、大型企业甚至地方政府。这种诉讼地位的不平等，在诉讼证明方面，集中体现为双方当事人间证据分布的极端不平衡以及举证手段和能力的巨大差异。以环境污染诉讼为例，能够证明被告侵权行为成立的证据，如违法行为成立、污染行为和损害后果之间的关系等方面的证据，几乎全部处于污染企业的掌握和控制之下。在科学技术高度发达、生产工艺技术严格保密的情况下，由受害人收集证据证明被告实施了何种侵害行为、其侵害行为与受害人损害之间存在何种因果关系、以及侵害人主观上是否存在过错，将十分困难。

通过缓和原告的主张责任、降低证明标准以及证明责任的倒置等制度设计，现代型诉讼中双方当事人间证明能力的失衡可以在一定程度上得到调整。但是，由于占据优势的一方当事人垄断了几乎全部证据材料，利用这种优势地位，他们往往会采取更改、隐匿、伪造证据等手段以取得有利于自己的诉讼结果。并且，因为完全控制着证据，其证明妨碍行为的实施往往极具隐蔽性，一般很难被对方当事人察觉。因此，因产品责任、环境污染、医疗事故纠纷等现代型诉讼大量涌现所带来的证据分布不平衡问题，在一定程度上成为近年来证明妨碍日益严重的催化剂。

（五）民事诉讼多元化的纠纷解决机制强化了妨碍者的行为动机

由于诉讼观念的转变和民事主体权利意识的增强，民事案件数量近年来急剧增长，由此导致的诉讼延迟和法院积案问题已成为诉讼痼疾。如何有效地解决审判资源稀缺与诉讼案件激增之间的矛盾成为各国民事诉讼不容回避的问题。为合理配置审判资源，无论大陆法系国家还是英美法系国家都创制了一系列针对民事案件的诉讼调解或诉讼和解模式，以促进纠纷的多元化解决。

大量民事案件在进入实质审理阶段前就已通过调解或和解方式解决的现实，大大降低了证明妨碍的风险，从而在另一方面强化了妨碍者的行为动机。从程序设置上看，经生效调解协议确认的当事人间的权利义务关系几乎是终局性的。以我国为例，由于调解协议是双方当事人自愿达成的，法律因此不允许当事人对调解协议提起上诉。只有当事人能够证明调解违反自愿原则或者调解协议的内容违反法律，才可以针对生效的调解书申请再审。[①]显而易见，一旦达成和解或调解，民事案件就宣告终结，妨碍行为的受害人寻求救济的途径非常受限。在美国，根据《联邦民事诉讼规则》第59条的规定，因发现新的证据而重新启动诉讼程序的条件十分严苛，当事人必须在判决作出后10天内向法院提出重新审判的动议。这就意味着，如果对方当事人的证明妨碍行为没有在判决作出后10天内被揭露，判决就是终局性的。该条同时还规定，诉讼程序终结一年后，除非能够证明实施证明妨碍行为的当事人对法院构成欺诈，否则诉讼结果不会更改。与通过证明妨碍所获取的利益相比，妨碍者承担的风险可以说不值一提，无怪乎越来越多的当事人会铤而走险。

三、证明妨碍的构成要件

证明妨碍的构成要件，指各种表现形式的证明妨碍行为在通常情况下共同具有的要素。从证明妨碍的内涵出发，其构成要件包括以下几个：

（一）前提要件

无义务即无责任，证明妨碍应以证明协力义务作为前提要件。证明妨碍之所以会受到法律上的否定性评价，是因为妨碍者违反了法定或约定的义务。不以义务之违反作为证明妨碍成立的前提要件，无异于承认制裁妨碍者是必要的而其先行义务并非必要。这在逻辑上难以自圆其说。

作为证明妨碍前提要件的证明协力义务的范围比较宽泛，主要包括实体法上的义务和程序法上的义务两种类型。前者主要指民事实体法律、法规规定的相关主体所负的证据材料或信息资料的保存、报告或交付义务。实体法上义务的渊源还包括合同约定和职业道德规范。程序法上的诉讼证明协力

① 参见我国《民事诉讼法》第201条。虽然2012年《民事诉讼法》在人民法院依职权再审和人民检察院抗诉监督再审的范围中新增了调解书，但从立法本意看，对调解书的再审主要针对的是调解违法自愿原则、调解协议内容违反法律或调解书损害国家利益、社会公共利益的情况。

义务，则主要包括真实义务、事案解明义务、证据调查协力义务和基于诉讼的发生产生的证据保存、提出义务。

（二）主体要件

证明妨碍的主体要件指哪些主体妨碍诉讼证明的行为可以构成证明妨碍并承担相应的法律后果。从广义的证明妨碍的概念出发，妨碍行为由何种主体实施并不影响证明妨碍的成立。某行为是否构成证明妨碍，更多地取决于该行为是否造成了证明不能或证明困难的后果以及行为实施者的主观心理状态等条件。因此，证明妨碍的主体主要包括两类，一是当事人，即负证明责任的当事人和不负证明责任的当事人；二是非当事人，即诉讼代理人、诉讼参与人和案外人。此处之案外人，主要指承担证据作成、保存义务或证据调查协力义务的未参与诉讼的主体。

（三）主观要件

证明妨碍的主观要件，即妨碍者实施妨碍行为时的主观可归责性，指的是证明妨碍主体在实施妨碍行为时的主观心理状态。构成法律意义上的证明妨碍，要求妨碍行为的实施者在主观上必须存在过错。如果妨碍行为的发生由不可归责于妨碍者的事由所导致，妨碍者即可免除责任。在证明妨碍的语境下，妨碍者实施妨碍行为时的主观心理状态主要包括故意和过失两大基本形态。

所谓故意，指明知自己的行为会给一方诉讼当事人造成证明不能或证明困难的困境，仍追求或放任这种结果发生的主观心理状态。它包括两层含义：(1) 明知自己的行为将造成证据不能或不能以本来面目呈现于法庭的结果，却追求或放任该结果发生；(2) 明知缺乏该证据，案件事实将陷入无法证明或证明困难的境地，却追求或放任该结果发生。其本质特征是，妨碍者实施妨碍行为时，主观上希望妨碍行为对他人造成证明不能或证明困难的结果，或者明知上述结果确定会发生或很可能会发生而持放任心理。例如，亲子关系诉讼中，被告 DNA 鉴定结果对亲子关系能否成立的证明具有不可或缺的作用，无此证据，原告主张的事实将无法得到证明。被告无正当理由拒绝接受抽血取样作为 DNA 鉴定标本的行为显属故意。

所谓过失，指妨碍者对于证据的毁灭、删改或不作成等，以及证据在诉讼中的证明作用，因未尽应有的谨慎和注意，应当认识而未能认识，或者认识到了却轻信能够避免证据被排除、毁灭等后果的心理状态。只要妨碍者对“妨碍行为”和“妨碍行为对诉讼证明造成的影响”两方面之一存在认识上的过失，即构成过失证明妨碍。从表现形式看，过失证明妨碍有三种类型：(1) 积极追求证据毁灭等妨碍行为的发生，但对该行为造成的结果，即因证据被排除而导致的证明不能或证明困难则疏于认识;(2) 充分认识到证据对诉讼证明的重要意义,但过失将其毁灭、丢弃或以其他方式造成该证据无法被利用;(3) 对毁灭证据等妨碍行为以及该行为对诉讼证明造成的影响均欠缺谨慎的注意。

(四) 客观要件

证明妨碍的客观要件,指构成证明妨碍所必须具备的客观事实特征,换句话说,即构成证明妨碍在客观活动方面所必须具备的条件。证明妨碍的客观要件应包括以下三个方面的内容:

1. 妨碍证明之行为

妨碍证明的行为范围非常广泛,在诉讼实践中表现形式亦多种多样,依据不同标准又可做不同的类别划分。以行为方式作为标准,证明妨碍可以分为作为的妨碍和不作为的妨碍。前者主要包括毁灭、删改证据,过失遗失证据,采用威胁、贿赂、暴力或其他手段干扰、阻挠证人作证等;后者主要指拒不配合一方当事人举证活动或法院证据调查活动的行为,如负有文书提出义务的当事人或第三人拒绝提交书证、亲子关系诉讼的当事人拒绝抽血采样以提供 DNA 鉴定样本、无正当理由拒绝法院进入住宅查看勘验物、当事人在接受法院询问时拒绝陈述等行为。以行为发生的时间为标准,证明妨碍可以分为诉讼系属中的妨碍和诉前妨碍。证明妨碍虽通常发生在诉讼过程中,但诉讼系属之前的行为也可构成证明妨碍。诉前证明妨碍行为一般分为两类,一类是负有证明协力义务的主体,因其可归责事由未能履行该义务,导致一方当事人在诉讼中无法利用该证据;另一类是潜在诉讼的当事人或非当事人,违反其基于其对诉讼的合理预期而产生的证据作成、保存义务,在诉讼程序启动前故意或过失毁灭、隐匿、遗失证据的行为。举例来说,医生在诉前医疗行为中对患者的病情记录不详或过失毁损、丢弃病历,导致医疗纠纷诉讼中的当事人对有关案件事实证明不能的行为即属前者;纠纷发生后,得知对方即将起诉的消息,遂协助证人迁居以逃避作证的行为即属后者。以妨碍者的主观可归责性作为标准,证明妨碍可以分为故意妨碍和过失妨碍。以实施妨碍行为的主体作为标准,可以将证明妨碍分为当事人的妨碍和非当事人的妨碍。

2. 妨碍行为之结果

构成法律意义上的证明妨碍,妨碍行为必须造成一方当事人就待证事实的证明陷入证明不能或证明困难境地的结果。证明不能指案件事实在客观上根本无法得到认定,具体又可分为:(1) 被妨碍的证据是证明案件事实的唯一或不可替代的证据,妨碍行为导致的无证据状态使举证人根本无法提供任何证据证明其事实主张。(2) 虽然举证人仍可提供其他证据证明自己的事实主张，但由于妨碍行为导致的证据不充分状态使得举证人的证明达不到诉讼证明标准，案件事实陷入真伪不明因而无法得到认定。证明困难则意味着对该案件事实负证明责任的当事人必须付出额外心力才能使该事实得到证明。

3. 妨碍行为与妨碍结果之间存在因果关系

妨碍行为与妨碍结果之间存在因果关系，指的是证明妨碍行为作为原因，诉讼中待证事实无法认定或陷入真伪不明的状态作为结果，在它们之间存在的前者引起后者，后者被前者所引起的客观联系。

四、证明妨碍的救济与制裁

证明妨碍构成对当事人权利（包括实体权利和程序权利）和诉讼秩序的双重威胁，其法律应对措施往往呈现出救济和制裁并行的特征。概括而言，证明妨碍的救济与制裁措施主要包括：

（一）妨碍推定

所谓妨碍推定，指在当事人违反证据保存义务，实施妨碍行为的情况下，法院可以就证据或事实认定作出不利于妨碍者的推定。在英美法系，妨碍推定有时又被称为给予陪审团不利推定的指示（adverse jury inference instruction）。

妨碍推定一般分为两种类型：一是法院将被妨碍人主张的证据之内容或性质视为真实；二是法院将被妨碍人的事实主张视为真实。两种类型的妨碍推定在大陆法系相关立法中都有所体现。举例来说，台湾地区“民事诉讼法”第 282 条之一规定，针对当事人的故意证明妨碍行为，“法院得审酌情形认他造关于该证据之主张或依该证据应证之事实为真实”。事实上，两种类型的妨碍推定反映了证明妨碍应对措施所要实现的不同目的。推定被妨碍之证据内容或性质为真实，更多地着眼于通过对证明妨碍的法律控制，使诉讼证明回复到妨碍行为未发生时的状态；而推定事实主张为真实，则更多地体现了证明妨碍应对措施的惩罚与预防功能。允许法院基于妨碍行为的发生，径行认定事实主张为真实，有可能使被妨碍人处于比无此妨碍行为时更为有利的状态。原因在于，即使被妨碍的证据在诉讼中得以提交，法院也并不一定认定该证据能够证明的案件事实为真。之所以确立此类妨碍推定，是因为某些情况下推定被妨碍之证据内容为真存在适用障碍。推定被妨碍之证据内容或性质为真，必须以了解、知悉证据内容为条件。但是，在以证据偏在为典型特点的环境污染、产品责任和医患纠纷等现代型诉讼中，处于弱势的证明妨碍受害人因远离证据的生成、制作过程，往往无从了解相关证据的内容。要求其将证据内容具体化勉为其难，而拟制证据内容为真也就无法适用。如果不允许法院作出被妨碍证据所证之案件事实为真的推定,将不能维护证明妨碍受害人的合法权益并有效制止妨碍行为的再次发生。因此,涉及妨碍推定的适用,在被妨碍人能够获知证据内容的情况下,法院应推定证据内容为真,以避免被妨碍人获取比无此妨碍行为时更有利的证明地位;而如果被妨碍人远离证据无从了解其内容,法院应拟制被妨碍人的事实主张为真,以实现证明妨碍救济与制裁手段的功能。

我国《证据规定》第75条规定:“有证据证明一方当事人持有证据无正当理由拒不提供,如果对方当事人主张该证据的内容不利于证据持有人,可以推定该主张成立。”和大陆法系国家民事诉讼法类似条文相比,上述规定明显属于推定被妨碍之证据内容或性质为真的妨碍推定的类型,并未考虑到特定情况下拟制待证事实为真的必要性。

(二)公法性质的强制措施

基于证明妨碍对诉讼程序造成的危害,公法性质的强制措施作为证明妨碍的法律控制手段在两大法系均得到普遍适用。美国法上,存在令妨碍者承担费用的金钱制裁手段(monetary sanction),大陆法系国家和地区的民事诉讼法也普遍规定了针对证明妨碍的罚款、拘留、强制处分等间接或直接强制措施。

根据我国《民事诉讼法》第111条的规定,诉讼参与人或者其他人伪造、毁灭重要证据,妨碍人民法院审理案件的,以暴力、威胁、贿买方法阻止证人作证或者指使、贿买、胁迫他人作伪证的,人民法院可以根据情节轻重予以罚款、拘留;构成犯罪的,依法追究刑事责任。《民事诉讼法》第114条第1款规定,有义务协助调查、执行的单位拒绝或者妨碍人民法院调查取证的,人民法院除责令其履行协助义务外,并可以予以罚款。而《证据规定》第80条则规定:“对证人、鉴定人、勘验人的合法权益依法应当予以保护。当事人或者其他诉讼参与人伪造、毁灭证据,提供假证据、阻止证人作证,指使、贿买、胁迫他人作伪证或者对证人、鉴定人、勘验人打击报复的,依照《民事诉讼法》第111条的规定处理。”

从立法的顺序安排看,《民事诉讼法》第111条和第114条都位于法典第十章“对妨害民事诉讼的强制措施”中。因此,立法者主要在危害诉讼秩序这一层面理解证明妨碍的违法性,将其视为妨害民事诉讼的行为并施以罚款、拘留等公法制裁,情节严重的,甚至追究妨碍者的刑事责任。从公法立场出发,为了维护诉讼制度的良性运行对证明妨碍施加法律控制并无不妥。但是,伪造、毁灭证据等行为在妨碍人民法院审理案件的同时,也对受妨碍行为影响的一方当事人造成了危害。如何给予该当事人相应的救济以维护其在诉讼证明上享有的权益,却并不为立法所关注。由此体现出的立法意旨,表现出对证明妨碍制度惩罚之政策目标的高度重视。而如何回复证明妨碍造成的双方当事人在诉讼证明中对抗状态的不均衡,如何弥补证明妨碍受害人遭受的损失,则被立法忽略。

(三)证明责任转换

在大陆法系国家和地区,理论和实务上还存在适用证明责任转换或曰证明责任倒置作为证明妨碍救济与制裁措施的观点和做法。对证明妨碍适用证明责任转换的立论依据,包括损害赔偿义务说、期待可能性说、证明协力说和公平说等。以损害赔偿义务说和期待可能性说作为证明责任转换基础的观点认为,不负证明责任的当事人故意或过失造成对方当事人陷入对待证事实证明不能的困境,即是对对方当事人证明期待的一种损害。就此损害,妨碍人应负赔偿义务。就待证事实的证明责任转由妨碍人承担,即为妨碍者履行损害赔偿义务的方式,同时也是对妨碍行为的制裁。① 还有的观点以1977年《德国民事诉讼法》修法委员会颁布的修法报告为根据,认为证明责任转换的理论基础是证明协力义务说。② 此外,台湾地区的学者还从公平说的角度阐释转换证明责任的依据,认为"当事人妨碍他造使用证据者,为施加制裁","于应证事实由他造负举证责任显失公平者,得转换其举证责任于为妨碍行为之当事人"。③ 这种观点与台湾地区"民事诉讼法"第277条的规定一脉相承,即:"当事人主张有利于已之事实者,就其事实有举证责任。但法律别有规定,或依其情形显失公平者,不在此限。"因此,在发生证明妨碍情形下,仍由证明妨碍的受害人就待证事实承担证明责任如显属不公的情况下,上述277条但书的规定即可适用。

尽管学者们对证明责任转换的立论依据见解不一,但持不同观点的学者普遍认为,若不加分析地对所有类型的证明妨碍统一适用转换证明责任的方式加以制裁,显然缺乏弹性。对故意与过失妨碍行为在效果上等同视之,似有失衡与不妥。尤其是证明责任的转换,通常将导致原本不负证明责任的一

---

① 参见占善刚:《证据协力义务之比较法研究》,中国社会科学出版社2009年版,第285页。

② 在该报告中,修法委员会提议将《德国民事诉讼法》第286条修改为,"法院应审酌辩论与证据调查全部内容,依自由确信决定,是否一事实主张应被认为真实或非真实。若当事人一造不能举证,系因他造当事人隐匿、剥夺或致令不堪使用的,第一项规定适用之。若对造可归责违反就证据方法予以提出、供使用、予以取得、或其他就其可使用性不得侵害之义务者,则法院得自举证责任反置出发运用。"虽然该提议并未被立法者采纳,但从其内容可以看出,如果证明妨碍属于可归责违反协力义务的类型,即可适用证明责任转换进行制裁。参见 Krapoth, a. a. O., S. 41 m. w. N., 转引自姜世明:《新民事证据法论》,新学林出版股份有限公司2009年修订三版,第312页。

③ 参见许士宦:《证明妨碍》,载《月旦法学杂志》第76期,2001年9月,第50页。

方当事人败诉，因而对此更应持谨慎态度。① 日本学者高桥宏志也认为，从转移证明责任中划一性地寻求制裁固然有其有利的一面，但如此一来的缺点是，无法依据证明妨碍方式及程度的差异来灵活地作出不同的处置。②

实际上，证明责任转换作为证明妨碍的救济与制裁手段，本身并不存在问题。对某些类型的证明妨碍行为，必须施以这种极端严厉的救济与制裁措施，才能补偿受害人的损失，并实现证明妨碍制度惩罚与预防的功能。问题的关键在于，是否能将证明责任转换作为唯一的救济与制裁手段，不加区别地适用于所有类型的证明妨碍行为。证明责任转换说的局限性主要体现于此，即该学说没有考虑到证明妨碍行为属性多元化、复杂性的特征，试图通过转换证明责任这样唯一的一种方式，去应对司法实践中复杂多变的证明妨碍现象。这种刻板的做法必然导致无法根据个案的具体情况选择恰当的救济与制裁方式的结果。事实上，基于证明妨碍表现形式的多样性和复杂性，涉及其救济与制裁，无论学说还是具体手段，都必须具备极强的适应性和灵活性。在适用转换证明责任这一证明妨碍救济与制裁方式时，应综合考量受妨碍的证据用以证明案件事实的种类（主要事实、间接事实或辅助事实）、妨碍者主观可归责程度（故意还是过失）以及妨碍者的主体身份等因素，区分不同情况分别加以处理。一般而言，应将证明责任的转换限制在不负证明责任的当事人故意妨碍用以证明案件主要事实的证据之使用的情形。

（四）降低证明标准

作为法官认定案件事实的尺度，证明标准的设定对事实认定的最后结果和当事人所承担的诉讼风险，都会产生巨大的影响。妨碍行为的实施使法院认定案件事实的证据基础变得薄弱，在这种情况下，法官可能无法形成关于待证事实存在与否的内心确信。而证明标准的降低却使法院能以较低程度的心证认定案件事实，其直接结果就是减少了通过适用客观证明责任确定案件事实的概率，从而在一定程度上降低了证明妨碍给举证人带来的诉讼风险。因此，以此作为证明妨碍的法律适用效果，同样能够实现证明妨碍救济与制裁制度的目标。

一般认为，针对证明妨碍，降低证明标准的适用范围比证明责任转换更为广泛。首先，与证明责任转换不同，即使待证事实为间接事实或辅助事实，

① 参见姜世明：《新民事证据法论》，新学林出版股份有限公司 2009 年版，第 314 页。

② 〔日〕高桥宏志：《民事诉讼法：制度与理论的深层分析》，林剑锋译，法律出版社 2003 年版，第 466 页。

若有证明妨碍发生，也能产生证明标准降低的效果。[①] 其次，从广义上讲，降低证明标准作为一种认定待证事实的方法，既可以适用于故意证明妨碍，也可以适用于过失证明妨碍。而证明责任转换，基于其适用效果的极端性和严厉性，一般仅适用于故意妨碍案件主要事实证明的行为。只是在特定情形下，即妨碍某些辅助事实、间接事实的证明，导致举证人因提供的证据无法达到应有的证明标准而将承受不利裁判的风险，或者使法院在衡量举证人提出的本证与妨碍人提出的反证后认定有利于举证人的待证事实真伪不明的情况下，才可以采用转换证明责任这种极端的措施，以回复双方当事人间的公平，并同时起到制裁与预防的作用。[②]

（五）证明妨碍的实体法救济与制裁措施

针对证明妨碍，除了上述程序法救济与制裁手段外，两大法系均存在证明妨碍的实体法对策。

美国法上证明妨碍的实体法救济与制裁体系由三部分构成：(1) 通过受害人向妨碍者提起妨碍侵权之诉、其他类型的侵权之诉和违约之诉的方式，使妨碍者承担相应的民事责任；(2) 在妨碍行为构成犯罪的前提下，追究其刑事责任；(3) 执业律师实施妨碍行为，除了可能承担其他形式的法律责任外，还要受律师职业道德规范的制裁。这其中独具特点的，是美国判例法首创了妨碍侵权这一独立的侵权之诉的类型，允许证明妨碍的受害人基于妨碍行为向妨碍者提起独立的妨碍侵权之诉获得救济。正如审理相关案件的法官所言："新的、未被命名的侵权行为持续不断地被承认，普通法的进步正是以许多未有先例的判例得到确立作为标志的。在这些判例中，法院大胆地创设了之前从未被认可的新诉因……当原告的利益因被告行为受到损害，而其利益又显而易见有权受到法律保护时，仅仅因为原告提出的请求是崭新的这一事实本身，并不能阻止对其进行救济。"[③]

在大陆法系国家和地区，证明妨碍受害人同样可以通过提起独立诉讼的形式获得救济。例如，在德国，基于民事实体法的规定，当事人享有广泛的请求文书持有人提出文书的情报请求权。在文书持有人违反实体法义务毁灭或拒不提出相关资讯与文书时，当事人可以基于其享有的实体法权利，向其提起独立的诉讼以获得救济。"实体法之情报请求权可以构成一以系争资讯为给付内容之给付之诉之标的，情报请求权人乃得选择以提起情报之诉（In-

---

① 参见〔日〕伊藤真：《民事诉讼法》（第3版），有斐阁2004年版，第326页。转引自占善刚：《证据协力义务之比较法研究》，中国社会科学出版社2009年版，第288页。

② 参见毕玉谦著：《民事诉讼证明妨碍研究》，北京大学出版社2010年版，第410、439—440页。

③ Smith, 198 Cal. Rptr. at 832.

formationsklage)之方式来实现其权利。”[①]尤其是当事人对第三人享有这种请求权时,第三人作为非程序参与人不负有程序法上的证据提交义务,只有实体上的,当事人必须通过提起独立诉讼的方式寻求救济。[②] 因此,《德国民事诉讼法》明确规定,举证人主张证书在第三人手中时,在证据申请中,应申请定一期间以便取得证书(第428条)。第三人在有与举证人的对方当事人相同的原因时,负有提交证书的义务;但强制第三人提出证书,必须通过诉讼的途径实行(第429条)。但是,在大陆法系国家,证明妨碍受害人通过提起独立诉讼的方式寻求救济,远不如美国法上那么普遍。与此同时,就证明妨碍而言,受害人通过侵权之诉获得的补偿要远比给付之诉全面。

案例精选

▶【案例1】[③]

余某因周转需要,于2010年1月13日向张某借款48000元。余某向张某出具的借条载明,借款期限为一个月,约定月利息2%,到期按时归还本息,并由刘某提供担保。因余某未按时返还借款,张某向法院提起诉讼,请求余某归还借款本金及利息,并由刘某承担连带还款责任。被告辩称已经向原告归还62050元,并提交了还款凭证。原告张某承认已经收到被告归还的62050元,但认为该款项系用于归还另一笔借款。原告称,自己曾陆陆续续从银行信用卡里套现资金借给被告余某,到2010年1月13日,经结算,还欠银行5万元左右。所以,被告余某在当天给原告重新打了一张借款金额5万元的借条,担保人是刘某。同日,原告又借了48000元现金给被告余某,并由被告余某出具了本案原告提供的这张借条。因此,2010年1月13日,被告实际给原告出具了两张借条。所以,现被告归还的62050元其实是用于归还之前欠银行的那笔5万元的借款。由于借款已经还清,所以该笔5万元的借条已经还给了被告余某。被告刘某主张,张某曾通过信用卡套现借给余某5万多元,余某借钱后陆续还掉一些。因为张某害怕余某还不出钱,所以在2010年1月13日叫被告刘某给被告余某作担保,由被告余某重新出具了一张借条。当时经结算,还有48000元没有还清,所以借条上写的借款金额就是48000元。自己仅作为担保人给原告出具过本案这一张借条。本案证明责任应如何分配?

---

① 姜世明:《情报请求权之研究—以诉讼前类型之分析为中心》,载《成大法学》第6期。

② 参见〔德〕奥特马·尧厄尼希著:《民事诉讼法》,周翠译,法律出版社2003年版,第293页。

③ 参见北大法宝司法案例库:http://www.pkulaw.cn/fulltext_form.aspx?Db=pfnl&Gid=118269080&keyword=&EncodingName=&Search_Mode=accurate,2013年5月20日最后访问。

评析：涉及证明责任分配的一般规则，《证据规定》采纳的是法律要件分类说的观点。因此，主张权利的当事人应当对权利存在的法律要件事实承担证明责任，否认权利的当事人应当对权利消灭或者权利妨碍的法律要件事实承担证明责任。具体到民间借贷纠纷案件中，原告如果主张权利，就必须对借款合同的存在以及借款已经交付的事实承担证明责任，而被告要否认原告的主张，就必须对权利消灭的事实如借款已经归还承担证明责任，或者就权利妨碍的事实如诉讼时效已过承担举证责任。

本案中，原告主张权利的证据为一张借条。凭该借条，原告足以主张其权利已经产生，此时其证明责任已经完成。除非被告能够提供证据证明原告的权利已经消灭或者妨碍的事实，否则被告就必须承担相应的责任。现被告提供了62050元的还款凭证，且原告自己也承认已经收到了这些钱。故被告提供的证据足以证明其已还清借款，即原告权利已经消灭。被告还款数额之所以远远超过了借款的本金和利息，是因为原告要求信用卡的违约金和滞纳金也要由被告负担。该说法也和原告自己主张的另一笔5万元的借款系从信用卡里套现来的，由于逾期还款，故必须支付信用卡的违约金和滞纳金，所以被告支付了62050元才还清了该笔5万元的借款的说法相印证。由于被告提供的证据足以证明其主张，此时证明责任就转移到原告一方，即原告必须就其权利仍然存在的事实承担举证责任。原告主张该62050元系用于归还另一笔5万元的借款，就必须对该事实予以举证证明，否则法院就只能认定其权利已经消灭。但本案中，原告对此无法提供证据进行证明，应当由原告承担举证不利的法律后果。

需要注意的是，在贷款人和借款人之间存在连续借款的情况下，如果债务人不诚信，将证明责任分配给原告，不排除导致错误裁判的可能。所以，具体到个案的裁判，法院还需结合了案件其他情况来认定当事人是否已经履行了证明责任。

▶【案例2】

孙某与陈某是同住一楼的邻居。孙某称，2011年8月22日中午，孙某在家用盆洗东西，对门的陈某母亲朱某说孙某不正常，孙某一气之下将水盆里的水倒在过道上。朱某气不过，破口大骂并取水倒进孙某家里。孙某问朱某为什么骂人，朱某没有说话，回到家中拿拖把柄指着孙某胸口。陈某听到其母亲与孙某争吵，从房中冲出，用拖把柄砸到原告右手臂，孙某遂报警。民警出警后，孙某、朱某去派出所做了笔录。后孙某向法院起诉，称在争执中陈某用拖把柄打伤自己，造成自己右肘关节、右肩关节、右腕关节软组织损伤，要求陈某赔偿医疗费人民币720.70元。为支持其诉讼请求,孙某提出以下证据:(1) 验伤通知书;(2) 医疗费单据;(3) 病历卡。被告陈某辩称,原告平时经常惹是生非,也经常在走廊里倒水,平时邻居都忍着。但是事发当日原告把水泼到被告房间里到处都是,于是被告母亲朱某也往原告房间方向泼水,遂引发起争执。被告因担心母亲,就从自己房间冲出去观看,并未用拖把柄打过原告。原告看病损伤系自己关节毛病所致,因此要求驳回原告诉讼请求。陈某说,事发后原告及母亲朱某都去派出所做笔录,警察并未叫自己前去做笔录谈话。陈某还提供了在场证人刘某的证言。刘某称听见外面发生争吵才从屋中出来,并未亲历纠纷的全过程,就自己所见,陈某只是和原告有言语上的冲突,并未打人。案件在审理过程中,法院向处理此事的公安局派出所调取了以下证据:(1) 公安材料联系单;(2) 案件移交报告;(3) 工作情况记录;(4) 孙某询问笔录;(5) 朱某询问笔录。法院调取的证据证明,事发后原告及朱某到派出所录取了笔录,朱某否认打过原告;原告在派出所开具了验伤通知书。法院应如何审查判断该案证据并在此基础上认定案件事实?

评析:本案中,双方当事人对同一事实分别举出了相反的证据,但都没有足够的依据否定对方的证据。上述情况下,根据《证据规定》第73条,人民法院应当结合案件情况,判断一方提供证据的证明力,是否明显大于另一方提供证据的证明力,并对证明力较大的证据予以确认。案件发生时,现场仅原告、被告、被告母亲朱某和刘某四人。刘某并非在纠纷发生全过程都在场,其证言不能全面反映案件事实。原告在纠纷发生后即报警,并在录取笔录时要求派出所开具了验伤通知书,经验伤确有伤情。根据一般生活常理,可以排除原告自伤的可能。被告虽称其未打过原告,原告看病损伤系自己关节毛病所致,但却未对此提供相应的证据。从证据的制作主体和调取证据的时间上分析,结合法院调查取证的结果,原告提供的证据更能反映出事发时的真实情况。因此,可以认定原告提供证据的证明力明显大于被告提供的证据。适用盖然性占优势的证明标准,可以认定原告伤情的发生除被告导致外没有其他人可以导致。因此,对被告否认打过原告的事实主张法院不应认可,被告理应对原告的身体损伤承担赔偿责任。

▶【案例3】[①]

原告陈梅金之夫、林德鑫之父林志圻乘坐本单位的日本产三菱吉普车,

① 参见北大法宝司法案例库:http://www.pkulaw.cn/fulltext_form.aspx? Db = pfnl&Gid = 117507452&keyword = % e9% 99% 88% e6% a2% 85% e9% 87% 91% e3% 80% 81% e6% 9e% 97% e5% be% b7% e9% 91% ab&EncodingName = &Search_Mode = accurate,2013年5月5日最后访问。

从蒲田市前往福州市。行驶途中,汽车前挡风玻璃突然爆裂,坐在副驾驶座位上的林志圻因爆震伤当场昏迷,后经医院抢救无效而死亡。事发后,三菱公司在得到车主,即死者林志圻所在单位的许可后,将汽车前挡风玻璃拆卸下来封存。此后,应车主关于核查前挡风玻璃质量问题的要求,三菱公司提供了玻璃生产厂家根据破碎玻璃照片进行鉴定后形成的调查报告书。报告结论认为,玻璃受外强力撞击破损,曾受300 mm以上物品贯穿。车主所在单位不认可该结论,先后两次致函三菱公司,要求将涉案玻璃送中国境内权威鉴定部门进行鉴定。但三菱公司迟迟不予答复。原因在于,其早已擅自将封存的玻璃运往日本生产厂家,并由生产厂家重又作出挡风玻璃本身不存在品质不良现象的调查结论。在车主再三要求下,三菱公司将玻璃运回国内,由国家质检中心鉴定。质检中心认为,因拆卸后多次运输,玻璃破损严重,就玻璃强度等鉴定事项,已经不具备鉴定条件。结合委托方提供的玻璃破损归咎进行推断、分析,从玻璃破碎的塌陷形式看,能够造成此种破坏状态的外力来自外部。根据上述事实,一审法院和二审法院作出了截然相反的判决。一审法院认为,就已查明的事实不能证明三菱公司在林志圻死亡问题上有过错,并因此驳回了原告的诉讼请求。二审法院则认为,三菱公司在本案中提交的两份鉴定报告,因鉴定单位与鉴定结果存在着利害关系,不予采信。三菱公司擅自将玻璃运回生产厂家造成爆裂原因无法查明,应承担举证不能的败诉责任,并因此撤销原判,并令三菱公司赔偿上诉人各种损失近50万元。哪一级法院的判决正确?

评析:三菱公司是否应对原告承担赔偿责任,取决于汽车玻璃爆裂是否因产品缺陷导致,这也是本案的焦点问题。根据我国《民法通则》106条第3款、《产品质量法》第29条的规定,产品缺陷致人损害的侵权责任,适用无过错责任原则。原告若实现其损害赔偿请求权,只需对损害事实、违法行为和因果关系进行证明;而被告对法定的免责事由(即未将产品投入流通的,产品投入流通时引起损害的缺陷尚不存在的,将产品投入流通时的科学技术水平尚不能发现缺陷的存在的)承担证明责任。《证据规定》第4条有关缺陷产品致人损害的侵权诉讼中证明责任的划分,也体现了这种观点。本案中,双方当事人诉争的焦点即汽车玻璃爆裂因外力还是产品缺陷引起,归属于"行为违法"这一要件事实的证明。涉及该事实的证明责任,按照证明责任分配的一般原则,应由原告承担。但是,被告的证明妨碍行为造成该事实无法查清("就玻璃强度等鉴定事项,已经不具备鉴定条件"),原告对该事实的证明因而陷入证明不能的境地。作为对证明妨碍受害人的救济,同时为了制裁妨碍者,法院转换证明责任,令被告就产品不存在缺陷进行证明。因被告提交的鉴定报告未被法院采信，其证明责任无法卸除，所以导致了败诉的结果。因此，二审法院对该案的判决正确。

▶【案例 4】[①]

江某在新世界电脑公司购买康柏台式电脑一台，新世界公司出具购销凭证一份，载明了货物名称、型号、规格、音箱、彩显，并注明保修期一年。使用中，江某发现电脑存在质量问题。经向康柏电脑香港有限公司北京办事处咨询，发现所购电脑序列号 R711HYR6098 不是康柏在中国大陆销售产品的序列号，不能享受中国区保修。因协商不成，江某向法院起诉，要求法院确认买卖合同无效，由新世界公司返还货款。诉讼中，双方对争议电脑的名称、型号、规格以及该电脑为进口产品无异议，但新世界公司否认其销售给江某的电脑的序列号是 R711HYR6098。一审法院认为，江某购买电脑后，单方查证机器序列号未经新世界公司确认，且其购销凭证上也未载明该序列号，应承担举证不能的法律后果，因此驳回了江某的诉讼请求。一审法院裁判是否恰当？

评析：本案中，双方争议事实为买卖电脑的序列号，对该事实的证明责任由哪一方当事人承担，法律并未进行具体规定。按照证明责任分配的一般原则，该事实属于实体法上的权利发生要件事实，本应由主张权利的江某举证证明。但是，新世界公司开具的购销凭证上并未载明电脑序列号，江某不持有能够证明该事实的证据材料，客观上无法对此举证。并且，导致江某无法举证的原因，是新世界公司的过错（故意或疏忽）。要求不具备举证能力的当事人承担证明责任，显然是不公平的。因此，基于新世界公司造成江某无法举证的过错，依据公平原则和诚实信用原则，结合考虑双方的举证能力。应当适用证明责任的司法裁量，由新世界公司对该事实承担证明责任。一审法院对证明责任做了错误的分配。

思考问题

1. 自认的构成要件及法律效力。

2. 选择民事诉讼证明标准应当考量的因素。

3. 民事诉讼中设置举证时限制度的目的以及证据失权与实体公正和程序公正的关系。

4. 质证在民事诉讼中的作用。

① 参见齐树洁主编：《证据法案例精解》，厦门大学出版社 2005 年版，第 12—16 页。

5. 我国民事诉讼证明妨碍制度的构建和完善。

法条链接

《民事诉讼法》第64条、第65条、第68—69条、第75条、第111条、第114条;《证据规定》第1—10条、第32—52条、第58—61条、第63—67条、第69—80条;《民诉法意见》第72条、第74—76条、第78条;《审改规定》第1—3条、第21—30条;《审监程序解释》第10条;《最高人民法院关于适用〈关于民事诉讼证据的若干规定〉中有关举证时限规定的通知》。

扩展阅读

1. 毕玉谦:《民事诉讼证明妨碍研究》,北京大学出版社2011年版。

2. 陈荣宗:《举证责任分配与民事程序法》,台湾大学法学丛书编辑委员会编辑1984年版。

3. 江伟、刘敏:《论民事诉讼中的认证》,载《证据学论坛》(第一卷),中国检察出版社2000年版。

4. 李浩:《举证时限制度的困境与出路——追问证据失权的正义性》载《中国法学》2005年第3期。

5. 〔德〕汉斯·普维庭:《现代证明责任问题》,吴越译,法律出版社2000年版。

6. 潘剑锋:《论证明的相对性》,载《法学评论》2000年第4期。

7. 沈冠伶:《民事证据法与武器平等原则》,元照出版有限公司2007年10月版。

8. 李浩:《民事诉讼法修改后的"新证据"——,〈审监解释〉对"新证据"界定的可能意义》,载《中国法学》2009年第3期。

9. 张卫平:《论民事诉讼中失权的正义性》,载《法学研究》1999年第6期。

10. 张卫平:《证明标准建构的乌托邦》,载《法学研究》2003年第4期。

第十章　诉讼保障机制

诉讼程序的有序和顺畅仰赖于各种配套制度的设立，民事诉讼立法因此设置了全方位的诉讼保障制度，以保障人民法院、当事人和其他诉讼参与人正常进行诉讼活动，实现诉讼目的。本章主要介绍了从时间和形式上规范法院和当事人行为的期间和送达制度，确保生效裁判获得有效实现的保全制度，实现对当事人紧急救济的先予执行制度，维护诉讼秩序和当事人权益的对妨害民事诉讼的强制措施，减少国家财政支出、防止恶意诉讼的诉讼费用制度以及体现接近司法理念的司法救助制度。

第一节　期间与送达

一、期间

（一）期间的含义

期间是指人民法院、当事人和其他诉讼参与人单独或者会合进行或完成某项诉讼活动应当遵守的时间。期间有广义和狭义之分，广义的期间包括期限和期日。期限是指人民法院、当事人及其他诉讼参与人单独完成或实施某项诉讼活动应当遵守的时限，例如一审审限、举证期限等。期日是指人民法院、当事人及其他诉讼参与人会合进行某种诉讼活动的特定的时日，例如证据交换日、开庭审理日等。狭义的期间仅指期限，本节以下内容所及期间，如没有特别说明，仅指期限。

期限和期日有一定的区别。第一，期限是指一段时间，有起算时日和届满时日，期日是某一特定的时日。第二，期限有法定期间、指定期间和约定期间之分，期日要根据个案以及具体的诉讼进程或诉讼活动性质来确定，因此只有指定和约定两种情况。第三，期限是人民法院、当事人或其他诉讼参与人各自单独实施或完成诉讼活动的时间，而期日是人民法院、当事人及其他诉讼参与人会合进行某项诉讼活动的时间。

民事诉讼活动的顺利进行和完成要仰赖于人民法院、当事人以及诉讼参与人的积极行为。一方面，为了使纠纷获得公正的解决，确保参与的机会和权利，需要给予当事人和诉讼参与人足够的时间完成特定的诉讼活动。而法院对证据材料的甄别和审查，对各种错综复杂的事实进行理性的分析和判断也需要一定的时间。另一方面，诉讼需要耗费大量的成本，为了督促人民法院和当事人以及诉讼参与人能够在有效的时间内尽快完成诉讼，减轻当事人的讼累和提高法院的审判效率，诉讼行为又必须在合理的时间内完成。期间制度设立的主要目的就是在确保公正审判的前提下，防止诉讼拖延，提高诉讼效率。

（二）期间的种类

根据不同的标准，期间可以做如下分类：

1. 法定期间、指定期间和约定期间

根据确定期间的依据不同，期间分为法定期间、指定期间和约定期间。

法定期间是指由法律明确规定的实施或完成某项诉讼活动的期间。在这一期间内，诉讼主体需要实施或完成相应的审判活动或诉讼活动，否则将引起相应的法律后果。例如,民事诉讼中对地方各级人民法院作出的一审判决不服的,上诉期间为15天。当事人从一审判决送达之日起有权提出上诉,在上诉期间届满未提出上诉的,视为放弃上诉权利,一审法院判决发生法律效力。法定期间除法律另有规定外,人民法院、当事人以及其他诉讼参与人不得变更。

指定期间是指人民法院根据案件的具体情况,依职权对诉讼活动中的具体事项所指定的期间。由于案件本身和诉讼活动的复杂性,并非所有期间都可由法律预先作出规定。在这种情况下,只能由人民法院根据个案情况和审理案件的特殊需要酌情指定期间。例如,指定当事人的举证时限、指定当事人补足证据的时限、指定当事人行使某种诉讼权利的时限等等。指定期间是人民法院发挥诉讼指挥和组织作用的重要体现,法院在指定期间时,即要考虑到给予当事人和其他诉讼参与人足够的时间和期限,防止审判突袭;也要确保诉讼的及时进行,防止诉讼拖延。

约定期间是指当事人之间根据法律的规定,协商一致并经人民法院认可的期间。约定期间体现了民事纠纷解决过程中的平等协商和权利处分特点。《证据规定》第33条第2款规定:“举证期限可以由当事人协商一致,并经人民法院认可。”

2. 不变期间和可变期间

以期间是否可以变更为标准,期间分为不变期间和可变期间。不变期间一经确定,人民法院、当事人和其他诉讼参与人必须严格遵守,不得加以改变;可变期间在期间确定后,在规定的期间内出现了法定事由或者其他情况导致诉讼活动或审判活动无法进行或完成,人民法院可以根据当事人申请或依职权作出变更。

一般情况下指定期间和约定期间都是可变期间,法定期间相对比较刚性,大多数为不变期间。法律为应对现实生活中的特殊情况也做了适当的变通,例如,我国《民事诉讼法》第149条对一审普通程序审限的规定,一般情况下自立案之日起6个月内要审结。有特殊情况需要延长的,可以由本院院长批准,延长6个月;还需要延长的,报请上级人民法院批准。

(三)期间的计算

期间直接关系到当事人以及其他诉讼参与人的诉讼权利是否有效行使,实体权利是否得到有效的救济和保护;同时也关系到人民法院是否有效行使审判权以及是否确保诉讼效率。期间的计算对于当事人和人民法院非常重要。

1. 期间的计算单位

期间的计算单位包括时、日、月、年。具体期间的计算单位以法律规定、人民法院指定或当事人约定来确定。

2. 期间开始时间的计算

期间开始的时间直接关系到期间的长短,《民事诉讼法》第82条第2款规定,期间开始的时和日不计算在期间内,从下一小时和次日起计算。例如,我国《民事诉讼法》第100条第3款规定,人民法院接受申请后,对情况紧急的,必须在48小时内作出裁定;裁定采取保全措施的,应当立即开始执行。如果当事人申请的时间为9点到10点之间,那么应当从10点整开始计算。同理,当事人的上诉期限不是从收到一审裁判之日起算,而是从收到裁判之次日起计算。

期日以月和年为计算单位的,也从次日起计算。例如,一审审限为6个月,从立案之日起计算。如果一个案件是3月1日立案,那期限的起算要从3月2日起计算。

3. 期限届满时刻的计算

期间届满时刻从理论上讲应该是期间最后一日的24时,但是实践中通常以法院下班的时间为期间届满时刻。如果期间届满日为节假日的,以节假日后的第一个工作日为期间届满日,节假日在期间中间的不予扣除。这里的节假日是指国家法定的节假日,例如元旦、国庆等,包括双休日。

4. 在途时间的扣除

在途时间是指诉讼文书在邮寄过程中所花费的时间。期间不包括诉讼文书的在途时间,诉讼文书在期间届满前交邮的,不算过期。交邮的时间,通常以邮局所盖邮戳上的时间来确定。

5. 期间计算应当扣除的其他时间

我国《民事诉讼法》规定期间不包括在途时间外,相关的司法解释也规定了一些计算期间时应当予以扣除的时间:(1) 因当事人、诉讼代理人申请通知新的证人到庭、调查新的证据、申请重新鉴定或者勘验,人民法院决定延期审理1个月之内的期间;延期审理超过1个月的时间,仍应计入案件的审结期限;(2) 民事案件公告、鉴定的期间;(3) 审理当事人提出的管辖权异议和处理人民法院之间的管辖争议的期间;(4) 民事审判、执行中由有关专业机构进行审计、评估、资产清理的期间;(5) 中止诉讼到恢复诉讼的期间;(6) 当事人达成执行和解或者提供执行担保后,人民法院决定暂缓执行的期间;(7) 上级人民法院通知暂缓执行的期间;(8) 中止执行到恢复执行的期间;(9) 执行中拍卖、变卖被查封、扣押财产的期间;(10) 执行过程中就法律适用问题向上级人民法院请示的期间;(11) 与其他法院发生执行争议报请共同上级人民法院协调处理的期间。

（四）期间的耽误

期间的耽误是指当事人或其他诉讼参与人因特定的原因未能在法定期间或指定期间完成或实施应当完成的诉讼活动的状态。

期间耽误的原因不同，其法律后果也各不相同。如果是当事人或其他诉讼参与人主观原因造成期间的耽误，将丧失某种诉讼权利或承担诉讼上的不利后果。例如，当事人因计算错误导致上诉期间的经过，则丧失了上诉权。如果当事人因客观原因导致期间的耽误，根据我国《民事诉讼法》的规定，当事人可以申请顺延期间，或者由法院依职权决定顺延或者重新指定期日。

期限顺延应当具备以下条件：(1) 当事人期间的耽误是由于不可抗拒的事由或其他正当理由。这里的不可抗拒的事由是指主观上无法预见，客观上无法避免和克服的各种情况，例如地震、洪水等自然灾害导致当事人无法在法定或指定期间内完成或实施某项诉讼活动。其他正当理由是指除了不可抗力外的又不能归属于当事人主观原因的事由，如生病、发生意外等。(2) 当事人申请顺延期限，要在障碍因素消除后的 10 日向人民法院提出申请。这需要注意的是期间顺延不是重新计算期间，障碍因素导致期间耽误的，耽误几天就顺延几天。

对于当事人提出的顺延期限的申请，是否准许，由人民法院决定。

二、送达

（一）送达的概念和特征

送达是指人民法院依照法定的程序和方式，将诉讼文书送交当事人或其他诉讼参与人的诉讼行为。送达作为法院的一项重要诉讼行为，有以下特征：

(1) 送达的主体是人民法院。送达具有单向性的特征，是人民法院的单方行为。当事人及其他诉讼代理人向法院递交诉讼文书的行为不能成为送达。

(2) 受送达人只能是当事人及其他诉讼参与人。人民法院之间或人民法院与其他非涉诉主体之间的文件发送或报请材料的提交不能称为送达。

(3) 送达的内容是诉讼文书。人民法院送达的诉讼文书主要有：判决书、裁定书、决定书、调解书、支付令、传票、通知书以及需要通过法院送达对方当事人的起诉状副本、答辩状副本、上诉状副本等。

(4) 送达必须依法进行。送达是法院的诉讼行为，必须严格遵守法定程序和方式，否则不能产生相应的法律效果。

送达是诉讼制度中重要的一环，是连接人民法院和当事人以及诉讼参与人的重要步骤。人民法院依法定程序和方式向当事人发送诉讼文书，使得当事人以及其他诉讼参与人及时了解诉讼事项和诉讼进程,了解对方当事人的诉求和诉讼依据,在有效时间内积极准备进行诉讼。送达不仅确保诉讼的顺利进行,同时确保当事人以及其他诉讼参与人及时行使法律赋予的各项诉讼权利,维护自己的合法权益。

(二) 送达方式的种类

根据《民事诉讼法》的规定,送达包括六种方式。

1. 直接送达

直接送达是指人民法院执行送达任务的人员将诉讼文书直接送交给受送达人本人的送达方式。直接送达耗时短,也最为可靠。直接送达是原则,只有在直接送达无法达成的情况下才考虑其他送达方式。

根据《民事诉讼法》第85条第1款的规定,直接送达分为以下情形:(1) 受送达人是公民的,应送交其本人签收;本人不在交他的同住成年家属签收。(2) 受送达人是法人或者其他组织的,应当由法人的法定代表人、其他组织的主要负责人或者该法人、组织负责收件的人签收。(3) 受送达人有诉讼代理人的,可以送交其代理人签收。(4) 受送达人已向人民法院指定代收人的,送交代收人签收。

受送达人的同住成年家属、法人或其他组织的负责收件的人,诉讼代理人或者代收人在送达回证上签收的日期为送达日期。

2. 留置送达

留置送达是指受送达人或其同住的成年家属拒绝签收所送达的诉讼文书时,送达人依法将受送达文书放置于受送达人住所,并履行相关手续即视为完成送达的送达方式。留置送达是针对直接送达中出现的特殊情况而设定的强制性送达方式,这种方式将产生和直接送达同等的法律效果。

留置送达应当注意以下几个问题:(1) 受送达人或其同住的成年家属拒绝签收诉讼文书的,送达人应当邀请有关基层组织或者其所在单位的代表到场,说明情况,并在送达回证注明拒收理由和日期,由送达人、见证人签名或盖章,将诉讼文书留在受送达人住所,视为送达完成。此外,2012年新修订的《民事诉讼法》第86条还规定了送达人可以采用拍照和录像等方式记录送达过程,将法律文书留在受送达人住所,作为送达文书的证明。采用拍照、录像等视听资料记录送达过程的,要注意以下几个方面:首先,受送达人或其同住成年家属确实居住于此地;其次,送达人已经向受送达人或其同住成年家属交付法律文书,但受送达人或其同住成年家属拒绝接收或拒绝在法律文书上签字盖章;再次,将法律文书留置于受送达人或其同住成年家属的居住地。(2) 向法人或其他组织送达诉讼文书,也适用留置送达。(3) 受送达人有诉讼代理人的,如果受送达人指定诉讼代理人为代收人,向诉讼代理人送达时也适用留置送达。(4)受送达人拒绝签收诉讼文书,有关基层组织或者所在单位的代表及其他见证人不愿意在送达回证上签字或盖章的,送达人在送达回证上注明情况,把诉讼文书留在受送达人住所,也视为送达完成。

3. 委托送达

委托送达是指受诉人民法院因特殊原因在直接送达有困难的情况下,将应由其亲自送达的诉讼文书委托其他法院代为送达的方式。受诉法院委托其他法院送达的前提条件是直接送达有困难,如受送达人不在法院辖区内。受诉法院委托其他法院代为送达的,应当出具委托函,并附需要送达的诉讼文书和送达回证。受送达人在送达回证上签收的日期视为送达日期。

4. 邮寄送达

邮寄送达是指受诉法院在直接送达有困难时,将诉讼文书以邮局挂号的方式寄送给受送达人的方式。邮寄送达与委托送达是两种平行送达方式,在直接送达有困难的情况下,受诉法院可以选择委托送达,也可以选择邮寄送达。在司法实践中受诉法院多选择邮寄送达。邮寄送达的,以受送达人在挂号信回执上注明的收件时间为准。挂号信回执上注明的收件日期与送达回证上收件日期不一致的,或者送达回证没有寄回的,以挂号信回执上注明的收件日期为送达日期。

鉴于在实践中以挂号信方式邮寄送达出现的送达迟延或者丢失等问题,最高人民法院在2004年9月17日通过了《关于以法院专递方式邮寄送达民事诉讼文书的若干规定》,于2005年1月1日实施。该规定要求在全国推行法院专递,以法院专递方式邮寄送达诉讼文书的,其送达与人民法院送达具有同等效力。

5. 转交送达

转交送达是指人民法院将诉讼文书交由受送达人所在部队或者有关单位代收后,转交给受送达人的方式。转交送达适用于以下三种情况:(1)受送达人是军人的,通过其所在部队团以上单位的政治机关转交。(2)受送达人被监禁的,通过其所在监所转交。(3)受送达人被采取强制性教育措施的,通过其所在强制性教育机构转交。

代为转交的机关、单位收到诉讼文书后,必须立即交由受送达人签收。受送达人在送达回证上签收的日期为送达日期。

6. 公告送达

公告送达是指受送达人下落不明或者用上述送达方式无法送达的情况下,由法院发布公告,公告期间届满即视为送达。

公告送达的前提是受送达人下落不明或者采用上述五种送达方式无法送达。公告送达根据送达诉讼文书种类的不同,内容也各不相同。公告送达起诉状或上诉状副本的,应说明起诉或上诉要点,受送达人答辩期限以及逾期不答辩的后果;公告送达传票的,应说明出庭时间、地点以及逾期不出庭的法律后果;公告送达判决书、裁定书的,应说明裁判主要内容,属于地方各级法院一审的,说明上诉权利、期限以及上诉法院等信息。

公告送达可以在法院的公告栏内、受送达人原住所地张贴,也可以在报纸上刊登公告。自公告发出之日起60日即视为送达。

7. 电子送达

除了上述送达方式外,随着科技的发展,为了诉讼效率和方便当事人,2012年新修订的《民事诉讼法》第87条规定,经受送达人同意,人民法院可以采用传真、电子邮件等能够确认其收悉的方式送达诉讼文书,但判决书、裁定书、调解书除外。由此可见,电子送达方式的适用受到限制,首先,当事人同意是其适用前提;其次,对于重要的法律文书,如判决书、裁定书、调解书等,不应采用该送达方式。人民法院采用电子送达方式送达诉讼文书,以传真、电子邮件等到达受送达人特定系统的日期为送达日期。

(三)送达的效力和送达回证

1. 送达的效力

送达的效力是指法院依照法定程序和方式将诉讼文书送达当事人或其他诉讼参与人后所产生的法律效果。送达是法院重要的诉讼行为,由此可以引发一系列程序法或实体法上的效力。

(1)程序法上的效力。

第一,引起某些诉讼法律关系的发生或消灭。如将起诉状副本送达被告并经被告签收后,被告和法院之间产生诉讼法律关系。

第二,诉讼期间开始计算。例如,相关诉讼文书送达后,答辩期间、上诉期间等将开始计算,如果期间届满仍未实施特定的行为,将导致相关权利的丧失或承担不利的法律后果。

第三,受送达人签收诉讼文书后有义务按照法律规定或诉讼文书要求履行相关义务或实施相关诉讼行为,否则将承担诉讼上的不利后果。如原告经合法传票传唤无正当理由拒不到庭的,按撤诉处理。

(2)实体法上的效力。

根据法律规定,有些法律文书一经送达,当事人签收后即发生法律效力,例如,二审法院判决,经双方当事人签收的调解书。当事人应当自觉履行判决书或调解书中确定的实体义务,否则就可能引发强制执行。

2. 送达回证

送达回证是指人民法院统一制作,用于证明法院完成送达行为,受送达人已经收到相关诉讼文书的书面凭证。送达回证能证明法院依法定程序、方式完成了送达行为,证明当事人或其他诉讼参与人是否履行期间义务,判断当事人或其他诉讼参与人的诉讼行为是否具有法律效力。

除了公告送达外,其他送达方式必须有送达回证。由受送达人在送达回证上记明收到的日期,并签名或盖章。受送达人在送达回证上的签收日期为送达日期。送达回证应由送达人带回或由受送达人寄回法院附卷存查。

第二节　对妨害民事诉讼的强制措施

对妨害民事诉讼的强制措施是指人民法院在诉讼过程中为了确保审判活动和执行活动的顺利进行,对实施妨害民事诉讼活动的人所采取的强制措施的总称。对妨害民事诉讼的强制措施有双重意义:确保人民法院审判秩序和执行秩序,维护法院权威和尊严;保障当事人充分行使诉讼权利,保障其合法权利获得有效救济。

一、妨害民事诉讼的行为

妨害民事诉讼的行为是指当事人、诉讼参与人或其他人在诉讼过程中(包括审判和执行程序)故意实施扰乱诉讼秩序,妨害诉讼顺利进行的各种行为。

(一) 妨害民事诉讼行为的构成要件

妨害民事诉讼行为必须同时具备以下要件:

(1) 客观要件:必须有法律规定的妨害民事诉讼的行为(作为或不作为),且尚未达到犯罪的程度。如果该行为已经非常严重,构成了犯罪,则不属于妨害民事诉讼行为。

(2) 主观要件:行为人有主观上的故意。行为人是故意实施妨害行为,如果是过失则不构成妨害民事诉讼行为。

(3) 时间要件:该行为发生在诉讼过程中。诉讼过程包括审判程序和执行程序。如果在诉讼前或诉讼结束后有相关违法行为,则根据《治安管理处罚法》或其他法律、法规处理。

(二) 妨害民事诉讼行为的种类

1. 妨害审判活动的行为

(1) 必须到庭的被告,经传票传唤,无正当理由拒不到庭。必须到庭的被告，一般是指给付赡养费、抚育费、扶养费等案件和离婚案件中的被告以及被告不到庭就无法查清案情的案件的被告。

（2）违反法庭规则、扰乱法庭秩序的行为。如未经允许在开庭时录音、录像、拍照，冲击法庭和在法庭上哄闹等。

（3）伪造、毁灭重要证据，妨害人民法院审理案件尚未构成犯罪的。

（4）以暴力、威胁、贿买方法阻止证人作证或指使、贿买、胁迫他人作伪证尚未构成犯罪的。

（5）隐藏、转移、变卖、毁损已被查封、扣押的财产或已被清点并责令其保护的财产，转移已被冻结的财产尚未构成犯罪的。

（6）对司法工作人员、诉讼参与人、证人、翻译人员、鉴定人、勘验人、协助执行的人，进行侮辱、诽谤、诬陷、殴打或打击报复尚未构成犯罪的。

（7）以暴力、威胁或其他方法阻碍司法工作人员执行职务尚未构成犯罪的。

2. 妨害执行工作的行为

（1）拒不履行人民法院已经发生法律效力的判决、裁定，尚未构成犯罪的。

（2）负有协助义务的金融机构接到协助通知书后拒不协助查询、冻结或者划拨存款的。

（3）负有协助义务的有关单位接到协助通知书后拒不协助查询、扣押、冻结、划拨、变价财产的，拒不协助扣留被执行人的收入、办理有关财产证照转移手续、转交有关票证、证照或其他财产的。

（4）其他妨害执行的行为。这些行为有隐藏、转移、变卖、毁损向人民法院提供执行担保的财产的；案外人与被执行人恶意串通转移被执行人财产的；故意撕毁人民法院执行公告、封条的；伪造、隐藏、毁灭有关被执行人履行能力的重要证据，妨碍人民法院查明被执行人的财产状况的；指使、贿买、胁迫他人对被执行人的财产状况和履行义务的能力问题作伪证的；妨碍人民法院依法搜查的；以暴力、威胁或其他方法妨碍和抗拒执行的；哄闹、冲击执行现场的；对人民法院执行人员或协助执行人员进行侮辱、诽谤、诬陷、围攻、威胁、殴打或打击报复的；毁损、抢夺执行案件材料、执行公务车辆、其他执行器械、执行人员服装和执行公务证件的。

二、强制措施的种类及适用

（一）拘传

拘传是指对于必须到庭的被告、被告的法定代理人或被执行人经合法的传票传唤，没有正当理由，拒不到场的情况下采取强制其到场接受询问的措施。由于拘传对被执行人的自由和人身都会产生很大的影响，适用上必须具备法定的条件：

（1）拘传适用的对象是必须到庭的被告，包括负有赡养、抚养、抚育义务和不到庭无法查清案情的被告；给国家、集体或他人造成损害的未成年人的法定代理人；必须到场接受询问的被执行人或被执行人的法定代表人或负责人。

（2）程序上，必须到场的主体经过了两次传票传唤。

（3）传唤的对象没有正当理由拒不到场。在拘传前，应当向被拘传人说明拒不到庭的后果，经批评教育仍不到庭的，可以拘传。

只有在以上三个条件同时具备时，才能适用拘传。拘传必须经院长批准，向被告、被告法定代理人或被执行人发拘传票，拘传票直接送达被拘传人。对于被拘传人的调查询问不得超过 24 个小时，询问后不得限制被拘传人的人身自由。

（二）训诫

训诫是指对于妨害民事诉讼情节较轻的，可以通过批评教育的方式，指出其违法之处并责令其改正。训诫措施在强制措施中的强制性最弱，主要适用于情节显著轻微的妨害民事诉讼行为。

（三）责令退出法庭

对于违反法庭规则，情节较轻的，审判人员可以其责令其退出法庭或者交由司法警察强制其离开法庭，防止其继续实施妨害民事诉讼的行为。责令退出法庭由审判人员以口头方式作出并记录在案。

（四）罚款

罚款是对实施了妨害民事诉讼的行为人采取的强制其缴纳一定数额金钱的强制措施。

1. 罚款的适用范围

罚款的适用范围非常广泛，包括违反法庭规则，哄闹、冲击法庭；侮辱、诽谤、威胁、殴打审判人员；妨害证据的收集调查，阻拦、干扰诉讼进行；拒不履行协助执行义务的行为。

2. 罚款的数额

1991 年《民事诉讼法》曾规定：对个人的罚款金额，为人民币 1000 元以下。对单位的罚款金额，为人民币 1000 元以上 3 万元以下。后来在十多年的施行过程中很多人提出，上述的罚款金额规定过低，远不能适应我国经济发展的客观需要，不足以起到法律威慑的作用。为顺应此呼声，2007 年《民事诉讼法》第一次修正时，将罚款金额做了较大幅度的提高，将上限提高到原来的十倍,修改为“对个人的罚款金额,为人民币1万元以下。对单位的罚款金额,为人民币1万元以上30万元以下”。但从司法实践来看,修改后的罚款额度仍不能起到应有的威慑作用,特别是对那些标的较大的民事案件更是如此,行为人拒不协助执行判决、裁定带来的利益和因此受到的罚款严重不成比例。2012年《民事诉讼法》修正案最终将额度提高为“对个人的罚款金额为人民币10万元以下;对单位的罚款金额为人民币5万元以上100万元以下”。

3. 罚款程序

罚款必须制作决定书,经院长批准。不服罚款决定,可以向上一级人民法院申请复议一次。复议期间不停止执行。上一级人民法院5日内作出复议决定,并通知下一级法院和被罚款人。上级人民法院复议时认为罚款不当,应当制作决定书,撤销或变更下级人民法院的罚款决定。情况紧急的,3日内作出复议决定。

(五)拘留

拘留是指对于严重妨碍审判活动和执行活动顺利进行的当事人、其他诉讼参与人或案外人,由人民法院决定对其采取一定时间内限制和剥夺其人身自由的措施。拘留是最严厉的强制措施,其适用应当严格限定在法定的范围内,并遵守一定的程序。

1. 拘留的适用范围

拘留适用的对象是在诉讼过程有严重妨害诉讼顺利进行的行为,且经过反复教育仍不改正的单位和个人。具体适用的情形参见《民事诉讼法》第110条至第113条的规定。

2. 拘留的程序

首先,采取拘留措施必须由院长批准并制作拘留决定书。其次,由司法警察采取拘留措施,并将被拘留人送交当地的公安机关看管。再次,对于拘留决定不服的,被拘留人可以向上一级人民法院申请复议,复议期间不停止决定的执行。上一级人民法院5日内作出复议决定,并通知下一级法院和被拘留人。上级人民法院复议时认为强制措施不当,应当制作决定书,撤销或变更下级人民法院的拘留决定。情况紧急的,3日内作出复议决定。

三、对虚假诉讼和恶意诉讼采取的强制措施[①]

随着社会的发展,人们的法律意识、权利意识不断增强,民事诉讼日益成

① 江必新主编:《〈中华人民共和国民事诉讼法〉修改条文解读与应用》,法律出版社2012年版,第199—204页。

为人们维护自身合法权益的重要手段。但同时司法实践中也出现了一些当事人滥用诉权的现象，制造了大量的虚假诉讼、恶意诉讼，企图通过欺骗法院获取有利于自身的裁判和执行。例如，当事人合谋虚构债务，转移债务人财产，降低偿债能力，使得真正债权人无法受偿；当事人虚构抵押合同，使得虚构的债权具有法定优先清偿的效力，侵害普通债权人的权益等。虚假诉讼、恶意诉讼在实践中的频繁发生，主要有两个原因：一是少数人诚信道德感严重缺失，为了自身利益不择手段；二是相关立法缺乏对虚假诉讼、恶意诉讼的明确规定和有效惩戒，使得行为人所追求的不法利益大大超出其可能付出的违法成本，客观上助长了其行为的积极性。为扼制虚假诉讼、恶意诉讼的产生，2012 年修订的《民事诉讼法》作出如下规定：一是在第 13 条增加了诚实信用原则，要求当事人必须本着诚实信用原则来处分自己的民事权利和诉讼权利，这是对虚假诉讼、恶意诉讼的原则性规定；二是在第 112 条和第 113 条规定了虚假诉讼、恶意诉讼的行为方式和法律后果。

（一）当事人合谋虚假诉讼（含调解）的行为方式及法律后果

《民事诉讼法》第 112 条规定，当事人之间恶意串通，企图通过诉讼、调解等方式侵害他人合法权益的，人民法院应当驳回其请求，并根据情节轻重予以罚款、拘留；构成犯罪的，依法追究刑事责任。

对虚假诉讼行为进行处罚必须具备以下几个方面的要件：

（1）适用主体必须是民事诉讼程序中的当事人。这里的“当事人”应泛指受法院裁判约束的起诉方、被诉方，具体而言，包括普通程序的原告、被告、第三人和特别程序的申请人、债务人等。如果当事人与证人、鉴定人等其他诉讼参与人恶意串通骗取法院裁判，则不属于本条规定的范围。

（2）当事人之间必须有恶意串通的意思联络。虚假诉讼行为人以侵害他人合法权益为目的进行意思联络，这样的共同故意严重违反了诚实信用原则，主观上具有恶意。一般来说，当事人恶意串通的故意在提起诉讼之前就已经存在，但也不排除在诉讼进行过程中逐渐形成该种故意的可能。

（3）行为表现是采取诉讼、调解等方式。

（4）行为人目的是企图侵害他人合法权益。首先，侵害对象是他人的权益。“他人”是指诉讼外的不特定对象，而非作为诉讼相对方的原告、被告。其次，他人的合法权益不限于财产性权益，还包括非财产性权益。最后，不以对他人合法权益造成全部侵害为要件，行为人即使未能实现其侵害目的，也应受到本条规定的处罚。

在具体适用处罚措施上，虚假诉讼行为人可能承担三种法律后果：诉讼请求被驳回，被处以罚款、拘留措施，被追究刑事责任。

（二）被执行人虚假诉讼（含仲裁、调解）的行为方式及法律后果

《民事诉讼法》第113条规定，被执行人与他人恶意串通，通过诉讼、仲裁、调解等方式逃避履行法律文书确定的义务的，人民法院应当根据情节轻重予以罚款、拘留；构成犯罪的，依法追究刑事责任。

对本条规定的理解，应掌握以下要素：

（1）适用主体是针对已进入强制执行程序的被执行人。

（2）行为表现是被执行人与他人恶意串通，通过诉讼、仲裁、调解等方式。

（3）行为人的目的是逃避履行法律文书确定的义务。至于逃避是否得逞，不为必要要件。

（4）处罚措施方面，人民法院应当根据情节轻重予以罚款、拘留；构成犯罪的，依法追究刑事责任。

第三节　保全与先予执行

一、保全制度

保全制度是指为了确保生效裁判获得有效执行，或避免给一方当事人的权益造成损害、或避免损害进一步扩大，对当事人争议的财产或与案件有关的财产采取强制性保护措施或是责令另一方当事人为或不为特定行为的制度。

在各国或地区的民事诉讼立法中，保全制度的名称、对象和内容各不相同。例如，日本和我国台湾地区把保全分为假扣押和假处分两种。针对金钱或者可以转换为金钱的请求采取的保全措施为假扣押；针对金钱以外的请求而采取的保全措施为假处分。

（一）保全的类型

根据采取保全措施时间的不同，保全分为诉前保全和诉讼保全。根据保全对象的不同，可以分为财产保全和行为保全。

我国原《民事诉讼法》第92条只规定了财产保全，一方当事人只能对另一方当事人的财产提出保全请求，如扣押诉争标的，查封对方当事人的部分财产等，却无法要求对方当事人停止实施侵权行为，这给司法实践造成不便。随着我国知识产权保护制度的逐步发展和完善，率先在著作权法、专利法和商标法中规定了行为保全制度。此外，在海事诉讼程序中对于行为保全作出了相关规定。2012年修订的《民事诉讼法》增加了对行为保全的规定，保全的范围不仅包括与案件有关的财产，也包括一定的行为。《民事诉讼法》第九章

相应从“财产保全和先予执行”修改为“保全和先予执行”。行为保全不仅适用于知识产权领域,同时也适用于有关监护权争议以及人身权侵害等案件中。行为保全特征在于为了避免损失或损失的扩大,由人民法院作出责令一方当事人为或不为特定行为。行为保全可以在诉前采取也可以在诉讼中采取。除此外,由于行为保全的相关规定多与财产保全相同,在此就不做赘述。

1. 诉前保全

诉前保全是指起诉前或申请仲裁前因情况紧急,如果不立即采取措施可能给利害关系人造成难以弥补的损害,人民法院根据利害关系人的申请,对与案件有关的财产和被申请人所采取的强制性保护措施。

根据我国《民事诉讼法》第 101 条第 1 款的规定,采取诉前保全措施应当具备以下条件:

(1) 情况紧急,如不立即采取保全措施将会使申请人的合法权益受到难以弥补的损失。这里的情况紧急是指债务人有转移、损毁、处分或隐匿财产的行为,或者由于客观原因相关财产可能发生毁损或灭失。如果不立即采取保全措施,即使当事人将来起诉,进而胜诉也无法保证其合法权益的实现。

(2) 利害关系人提出申请。这里利害关系人是指认为自己的权利受到侵害或者与他人发生争议,纠纷的处理结果与其有法律上权利义务关系的人。诉前保全只能由利害关系人向法院提出申请,法院不得依职权采取保全措施。

(3) 申请人应当提供担保。这是因为诉前保全是人民法院受理案件之前对民事纠纷的一方当事人采取的保全措施,而此时的利害关系人之间民事权利义务关系未经人民法院审理并不明确。为了防止因保全错误或者一方恶意滥用而给被申请一方合法权益造成损害,法律要求申请人在提出诉前保全时应当提供担保。如果申请不提供担保的,人民法院应当驳回申请。

(4) 申请人应当向被保全财产所在地、被申请人住所地或者对案件有管辖权的人民法院提出申请。根据管辖原则,财产所在地和被申请人住所地是确定管辖的重要依据。为了确保将来受诉的法院和采取保全措施的法院尽量保持一致以实现诉讼效率,申请人应当向被保全财产所在地和被申请人住所地法院提出申请;根据法律规定,当事人也可以向其他有管辖权的法院提出保全申请。根据《民诉法意见》第 31 条第 2 款的规定,人民法院采取诉前财产保全后,申请人起诉的,可以向采取诉前财产保全的人民法院或其他有管辖权的人民法院提起。也就是说即使采取诉前财产保全的人民法院原本对案件无管辖权,由于诉前财产保全而取得了对案件的管辖权。

2. 诉讼保全

诉讼保全是指人民法院在受理案件后生效判决作出之前,因当事人一方的行为或者其他原因，使判决难以执行或者造成当事人其他损害的案件，根据对方当事人的申请或依职权，裁定对其财产进行保全、责令其作出一定行为或者禁止其作出一定行为的临时性强制保护措施。

根据《民事诉讼法》第100条规定，采取诉讼保全应当具备以下条件：

（1）确实存在因一方当事人的行为或其他原因，使得将来生效判决无法执行或难以执行，或者造成另一方利益损害或损害扩大的可能性。当事人一方的行为主要是指当事人有转移、处分或损毁财产的行为。其他原因主要是指当事人行为之外一些客观因素导致财产损毁或灭失的，例如争议的标的物具有强烈的季节性特征或者容易腐烂变质等。

（2）采取诉讼财产保全的案件具有财产给付内容。只有具有财产给付内容的判决才具有执行的必要和可能，保障生效判决实现的诉讼财产保全措施的采取也以有财产给付内容为前提。

（3）诉讼保全原则上由当事人提出申请。人民法院认为必要时可以依职权裁定采取财产保全措施。

（4）人民法院采取诉讼保全措施，可以责令申请人提供担保，申请人不提供担保的，裁定驳回申请。

（二）保全的范围和措施

1. 保全的范围

《民事诉讼法》第102条规定，保全限于请求的范围，或者与本案有关的财物。所谓"限于请求的范围"是指保全的财产应当在价值或者对象上与申请人诉讼请求的内容相当或相符。实践中，请求保全的范围可以与诉讼请求的范围重合，也可以小于诉讼请求的范围；如果请求保全的范围超出诉讼请求的范围，则人民法院对超出的部分不予支持。例如，原告诉讼请求是要求被告支付5万元货款，现查明被告在某银行有10万元的存款，此时保全就只能冻结被告账户内的5万元。所谓"与本案有关的财物"是指被保全的财物是本案的诉讼标的物，或者是与本案有牵连的其他财物。如当事人双方对一房屋的所有权发生争议诉诸法院，申请人就可以对该房屋申请保全，请求予以查封。

根据《民诉法意见》第102条、第104条和第105条的规定，抵押物、留置物以及债务人到期的收益以及到期债权也可以作为被保全的对象。对于抵押物和留置物，人民法院可以采取保全措施，但是抵押权人和留置权人有优先受偿权。对于债务人的到期收益，人民法院可以采取保全措施，限制其支取并通知有关单位协助执行。债务人财产不能满足保全请求的，如果第三人对债务人有到期债权的，人民法院可以依债权人申请裁定该第三人不得对本案债务人清偿。该第三人要求偿付的,由人民法院提存财物或价款。

2. 保全措施

(1) 查封。是指人民法院依法对需要保全的财物清点后,加贴封条,就地封存或异地封存的强制措施。查封主要适用于不动产或其他不宜移动的财物。在查封过程中,所有权不发生变动,但是所有权人和其他任何人不得擅自使用和处分。

(2) 扣押。是指人民法院将被保全的财产或财产的产权证明予以扣留,在财产保全期间不得使用和处分的强制措施。扣押主要适用于动产,在扣押前应当清点、登记造册,并由被申请人和见证人在清单上签名或盖章后归入案卷。

(3) 冻结。是指人民法院对被申请人的存款或其他款项禁止提取或处分,并通知有关银行或金融机构予以协助执行的强制措施。

(4) 法律规定的其他方法。主要包括提取、扣留被申请人的劳动收入或其他所得;对于不宜保存的季节性商品或者容易腐烂、变质的物品交由有关部门作价变卖,由人民法院保存价款等。

对于特殊的物品,根据《民诉法意见》的规定,可以采取相对灵活的保全措施。对于季节性商品、鲜活、易腐烂变质以及其他不宜长期保存的物品,可以责令当事人及时处理,由人民法院保存价款;必要时人民法院可以予以变卖保存价款。对于不动产和特定的动产(车辆、船舶等)采取财产保全措施时,人民法院可以扣押有关财产权证照并通知有关产权登记部门不予办理财产转移手续,也可以在必要时查封或扣押该财产。对于有偿还能力的企业法人,一般不得采取查封和冻结的保全措施。已经采取相应措施的,企业法人提供了担保的,应当及时解除查封和冻结。人民法院在财产保全中采取了查封或扣押措施的,应当妥善保管被查封、扣押的财产。如果交由当事人或其他有关单位保管的,当事人和有关单位应当妥善保管。

(5) 责令为或不为特定行为。上述保全措施针对的是财产保全。对于可能造成诉讼中另一方当事人损害的,人民法院可以责令一方当事人作出一定行为或禁止其作出一定行为。

(三) 保全的程序

1. 保全的申请和担保

诉前保全由利害关系人申请,法院不得依职权主动采取保全措施。诉前保全中利害关系人必须提供担保,如果不提供担保的,人民法院驳回其请求。

诉讼保全可以由当事人提出申请,也可以由人民法院依职权决定。人民法院可以责令当事人提供担保。法院责令提供担保的,如果申请人不提供担保，法院将驳回其申请。

2. 保全的裁定和执行

人民法院接受申请后，对于诉前保全必须在 48 小时内作出裁定；诉讼保全如果情况紧急的，也必须在接受申请后 48 小时内作出裁定。最高人民法院《关于执行权合理配置和科学运行的若干意见》的通知第 15 条、第 16 条对诉前和诉中财产保全的审查和裁决以及执行有详细的规定：诉前、申请执行前的财产保全申请由立案机构进行审查并作出裁定；裁定保全的，移交执行局执行。诉中财产保全的申请由相关审判机构审查并作出裁定；裁定财产保全，移交执行局执行。

人民法院裁定采取保全措施后，立即生效。人民法院应当立即通知被申请人并开始执行，有关单位有义务协助执行。对于已经被查封、冻结的财产，其他人民法院不得就该项财产再行查封、冻结。

对于保全裁定不服的，可以申请复议一次。复议期间不停止裁定的执行。

（四）保全的解除

根据《民事诉讼法》第 101 条第 3 款和第 104 条的规定，有下列情形之一的，人民法院应当裁定解除财产保全措施。

1. 诉前或仲裁前保全的申请人在法定期间内不起诉的

诉前或仲裁前保全的申请人应当在人民法院采取保全措施后 30 日内向采取保全措施的法院或其他有管辖权的法院，或向约定的仲裁机构起诉或申请仲裁；如果逾期不起诉或不申请仲裁的，法院应当解除保全措施。这样规定的目的一方面督促申请人尽快起诉或提出仲裁申请，保证纠纷及时获得解决；另一方面也保护被申请人的合法权利，避免因保全时间过长或保全错误遭受损失。

2. 被申请人提供担保

如果被申请人提供了有效的担保使得将来生效判决无法执行或难以执行的障碍因素消除，保全措施没有必要，人民法院应当解除保全措施。

3. 保全的原因消除

保全的目的在于确保判决的有效执行，如果申请时存在有碍判决实现的因素在诉讼过程中已经消除，保全措施没有必要，人民法院应当解除保全措施。

4. 申请人在保全期间经法院同意撤回申请

如果申请人和被申请人达成和解或由于其他原因撤回保全申请，人民法院经审查后同意的，应当解除保全措施。

（五）保全措施错误的赔偿

诉前保全中，申请人在法定期间内不起诉，或者保全确有错误给被申请人造成财产损失的，申请人应当赔偿被申请人因保全所遭受的损失。如果是法院依职权错误采取保全措施造成被申请人财产损失的，应当按照国家赔偿法的相关规定，赔偿被申请人的财产损失。

二、先予执行

先予执行是指人民法院在受理案件后、终审判决作出前，由于一方当事人生活或生产以及权利维护的迫切需要，根据该方当事人的申请，裁定对方当事人向其支付一定数额的金钱或者其他财产，实施或停止某种行为，并立即付诸执行的一种制度。

先予执行的概念是相对于终审判决后的强制执行。一般情况下债务人的给付义务应当由生效判决加以确定，并在判决生效后由债务人自觉履行或经由强制执行完成。司法实践中审判周期比较长，如果严格遵守判决生效后才能履行给付义务的规定，可能会给一方当事人的生产或生活造成无法克服的严重困难。此时就需要一种应急制度，满足一方当事人在诉讼期间的基本生活需求或者生产经营需求，确保该方当事人的利益，同时也确保诉讼的顺利进行，这一制度就是先予执行。

（一）先予执行的适用范围和条件

1. 先予执行的适用范围

先予执行不适用于所有案件，根据《民事诉讼法》第 106 条的规定，人民法院对下列案件，根据当事人申请，可以裁定先予执行：

（1）追索赡养费、抚养费、抚恤金、医疗费用的。

（2）追索劳动报酬的。

（3）因情况紧急需要先予执行的。所谓情况紧急在《民诉法意见》第 107 条中规定有以下情形：一是需要立即停止侵害、排除妨碍的；二是需要立即制止某项行为的；三是需要立即返还用于购置生产资料、生产工具贷款的；四是追索恢复生产、经营急需的保险理赔费的。

2. 先予执行的适用条件

（1）当事人之间的权利义务关系明确，不执行将严重影响申请人生活或者生产经营。适用先予执行的案件应当是案件基本事实清楚，当事人权利义务明确，被申请人负有给付义务；同时，申请人又具有生活或生产经营上被满足的迫切需求，如果不先予执行会造成更大损失。

（2）被申请人具有履行能力。这是先予执行得以实施的必要基础。

（二）先予执行的程序

1. 提出申请

当事人提出书面申请，法院不得依职权主动采取先予执行措施。口头形式提出申请的，人民法院应当记录在案。

2. 审查和责令提供担保

人民法院经开庭审理后作出是否准许先予执行的裁定。法院在管辖权尚未确定的情况下，不得裁定先予执行。人民法院可以责令申请人提供担保，申请人不提供担保的，驳回申请。

3. 先予执行裁定

人民法院经过审查，认为符合条件的，裁定先予执行，不符合条件的，裁定驳回申请。该裁定不可以上诉，可以申请复议一次。复议期间不停止裁定的执行。对于当事人的复议申请，人民法院应当及时予以审查。经审查认为原裁定正确的，通知驳回当事人的申请；认为原裁定错误的，应作出新的裁定或者撤销原裁定。

（三）先予执行措施的救济程序

先予执行措施如果经由再审程序或者是被发生法律效力的判决认定为错误的情况下，有两种方式予以救济。其一，由于申请人的错误申请而采取了先予执行措施，造成被申请人损失的，由申请人予以赔偿。其二，申请人将依据先予执行取得的财产或利益返还给被申请人，拒不返还的，强制执行。

第四节　诉讼费用与司法救助

一、诉讼费用的概念和意义

诉讼费用是指当事人进行诉讼，依法向受诉法院交纳和支付的费用。

诉讼费用制度的设立主要具有两方面意义：一方面，它确保司法有效的运转，为司法活动提供经费支持。当事人向人民法院提起诉讼，请求人民法院对其和他人之间的纠纷进行审理和解决，实质是一种对特殊公共品的消费，需要支付一部分费用；人民法院为解决纠纷需要投入大量的人力和物力资源，纠纷解决又具有个案性的特征，不能由国家财政来负担全部费用。除了国家财政供给外，诉讼费用也成为支撑司法系统正常运转的财力保障。

另一方面，它防止当事人滥用诉权。任何纠纷解决程序都需要社会成本的投入，而诉讼是最为昂贵的纠纷解决方式。诉讼费用的收取使得当事人在涉诉前必须要进行审慎的思考，是否采用诉讼方式来解决纠纷。这样的制度设置对纠纷进行有效的分流，当事人可以根据具体情况采用其他诉讼外纠纷解决方式，缓解诉讼纠纷解决机制的压力，节约社会成本。另外，根据我国法律规定，诉讼费用由败诉人承担，对于恶意诉讼的当事人具有一定的约束力，可以有效防止恶意诉讼的产生，同时有力保护对方当事人的合法权益，节约司法资源。

二、诉讼费用的种类和收取标准

诉讼费用分为案件受理费和申请费。根据《诉讼费用交纳办法》第 11 条第 1 款的规定，证人、鉴定人、翻译人员、理算人员在人民法院指定日期出庭发生的交通费、住宿费、生活费和误工补贴，由人民法院按照国家规定标准代为收取。

（一）案件受理费

案件受理费是指当事人向人民法院寻求司法救济和保护，人民法院决定立案受理后向人民法院交纳的费用。案件受理费包括：第一审案件受理费、第二审案件受理费。一般情况下再审案件当事人不交纳案件受理费。但是，具有下列情形的除外：当事人有新的证据，足以推翻原判决、裁定，向人民法院申请再审，人民法院经审查决定再审的案件；当事人对人民法院第一审判决或者裁定未提出上诉，第一审判决、裁定或者调解书发生法律效力后又申请再审，人民法院经审查决定再审的案件。根据《诉讼费用交纳办法》第 8 条的规定，下列案件不交纳案件受理费：依照《民事诉讼法》规定的特别程序审理的案件；裁定不予受理、驳回起诉、驳回上诉的案件；对不予受理、驳回起诉和管辖权异议裁定不服，提起上诉的案件。

案件受理费可以分为财产案件的受理费和非财产案件的受理费。如果诉讼标的既涉及财产问题又涉及非财产问题的，如离婚案件中既涉及夫妻关系的解除，又涉及共同财产分割，要按照规定分别交纳两种案件受理费。

1. 非财产案件的受理费

（1）离婚案件每件交纳 50 元至 300 元。涉及财产分割，财产总额不超过 20 万元的，不另行交纳；超过 20 万元的部分，按照 0.5% 交纳。

（2）侵害姓名权、名称权、肖像权、名誉权、荣誉权以及其他人格权的案件，每件交纳 100 元至 500 元。涉及损害赔偿，赔偿金额不超过 5 万元的，不另行交纳；超过 5 万元至 10 万元的部分，按照 1% 交纳；超过 10 万元的部分，按照 0.5% 交纳。

（3）其他非财产案件每件交纳 50 元至 100 元。

（4）劳动争议案件每件交纳 10 元。

知识产权民事案件,没有争议金额或者价额的,每件交纳 500 元至 1000 元;有争议金额或者价额的,按照财产案件的标准交纳。当事人提出案件管辖权异议,异议不成立的,每件交纳 50 元至 100 元。

2. 财产案件受理费

财产案件根据诉讼请求的金额或者价额,按照下列比例分段累计交纳:

(1) 不超过 1 万元的,每件交纳 50 元;

(2) 超过 1 万元至 10 万元的部分,按照 2.5% 交纳;

(3) 超过 10 万元至 20 万元的部分,按照 2% 交纳;

(4) 超过 20 万元至 50 万元的部分,按照 1.5% 交纳;

(5) 超过 50 万元至 100 万元的部分,按照 1% 交纳;

(6) 超过 100 万元至 200 万元的部分,按照 0.9% 交纳;

(7) 超过 200 万元至 500 万元的部分,按照 0.8% 交纳;

(8) 超过 500 万元至 1000 万元的部分,按照 0.7% 交纳;

(9) 超过 1000 万元至 2000 万元的部分,按照 0.6% 交纳;

(10) 超过 2000 万元的部分,按照 0.5% 交纳。

对于案件受理费,还应当注意以下几点:

第一,以调解方式结案或者当事人申请撤诉的,减半交纳案件受理费。

第二,适用简易程序审理的案件减半交纳案件受理费。

第三,对财产案件提起上诉的,按照不服一审判决部分的上诉请求数额交纳案件受理费。

第四,被告提起反诉、有独立请求权的第三人提出与本案有关的诉讼请求,人民法院决定合并审理的,分别减半交纳案件受理费。

第五,需要交纳案件受理费的再审案件,按照不服原判决部分的再审请求数额交纳案件受理费。

第六,有两个或两个以上诉讼请求的,按照每一个诉讼请求的金额分别交纳案件受理费。

(二) 申请费及收费标准

1. 依法向人民法院申请执行人民法院发生法律效力的判决、裁定、调解书,仲裁机构依法作出的裁决和调解书,公证机关依法赋予强制执行效力的债权文书,申请承认和执行外国法院判决、裁定以及国外仲裁机构裁决的,按照下列标准交纳:

(1) 没有执行金额或者价额的,每件交纳 50 元至 500 元。

(2) 执行金额或者价额不超过 1 万元的,每件交纳 50 元;超过 1 万元至 50 万元的部分,按照 1.5% 交纳;超过 50 万元至 500 万元的部分,按照 1% 交纳;超过500万元至1000万元的部分,按照0.5%交纳;超过1000万元的部分,按照0.1%交纳。

(3) 符合《民事诉讼法》第54条第4款规定,未参加登记的权利人向人民法院提起诉讼的,按照本项规定的标准交纳申请费,不再交纳案件受理费。

2. 申请保全措施的,根据实际保全的财产数额按照下列标准交纳:

财产数额不超过1000元或者不涉及财产数额的,每件交纳30元;超过1000元至10万元的部分,按照1%交纳;超过10万元的部分,按照0.5%交纳。但是,当事人申请保全措施交纳的费用最多不超过5000元。

3. 依法申请支付令的,比照财产案件受理费标准的1/3交纳。

4. 依法申请公示催告的,每件交纳100元。

5. 申请撤销仲裁裁决或者认定仲裁协议效力的,每件交纳400元。

6. 破产案件依据破产财产总额计算,按照财产案件受理费标准减半交纳,但是,最高不超过30万元。

7. 海事案件的申请费按照下列标准交纳:

(1) 申请设立海事赔偿责任限制基金的,每件交纳1000元至1万元;

(2) 申请海事强制令的,每件交纳1000元至5000元;

(3) 申请船舶优先权催告的,每件交纳1000元至5000元;

(4) 申请海事债权登记的,每件交纳1000元;

(5) 申请共同海损理算的,每件交纳1000元。

(三) 交通费、住宿费、生活费和误工补贴

证人、鉴定人、翻译人员、理算人员在人民法院指定日期出庭发生的交通费、住宿费、生活费和误工补贴,由人民法院按照国家规定标准代为收取。然后由人民法院转交给相关的证人、鉴定人、翻译人员和理算人员。根据《诉讼费用交纳办法》第12条的规定,诉讼过程中因鉴定、公告、勘验、翻译、评估、拍卖、变卖、仓储、保管、运输、船舶监管等发生的依法应当由当事人负担的费用,人民法院根据谁主张、谁负担的原则,决定由当事人直接支付给有关机构或者单位,人民法院不得代收代付。人民法院依照民事诉讼法规定提供当地民族通用语言、文字翻译的,不收取费用。

三、诉讼费用的交纳与退还

诉讼费用的交纳是指当事人预交诉讼费用。诉讼费用的预交并不等同于诉讼费用的最后承担。预交的目的在防止当事人滥用诉权以及产生诉讼费纠纷。诉讼费用的退还是指因法定情形的发生,人民法院将已经预收的诉讼费用退还给预交的当事人。

（一）诉讼费用交纳的规则

(1) 案件受理费的交纳。案件受理费由原告、有独立请求权的第三人、上诉人预交。被告提起反诉，依照《诉讼费用交纳办法》的规定需要交纳案件受理费的，由被告预交。追索劳动报酬的案件可以不预交案件受理费。需要交纳案件受理费的再审案件，由申请再审的当事人预交。双方当事人都申请再审的，分别预交。

(2) 申请费用的交纳。申请费由申请人预交。依法向人民法院申请执行人民法院发生法律效力的判决、裁定、调解书，仲裁机构依法作出的裁决和调解书，公证机关依法赋予强制执行效力的债权文书的，执行申请费在执行后交纳。申请破产的，破产申请费在清算后交纳。

(3) 证人、鉴定人、翻译人员、理算人员在人民法院指定日期出庭发生的交通费、住宿费、生活费和误工补贴，由人民法院按照国家规定标准代为收取。当事人复制案件卷宗材料和法律文书应当按实际成本向人民法院交纳工本费。上述费用均需实际发生后交纳。

（二）诉讼费用交纳时限及法律后果

原告自接到人民法院交纳诉讼费用通知的次日起 7 日内交纳案件受理费；反诉案件由提起反诉的当事人自提起反诉次日起 7 日内交纳案件受理费。

上诉案件的案件受理费由上诉人向人民法院提交上诉状时预交。双方当事人都提起上诉的，分别预交。上诉人在上诉期内未预交诉讼费用的，人民法院应当通知其在 7 日内预交。

申请费由申请人在提出申请时或者在人民法院指定的期限内预交。

当事人逾期不交纳诉讼费用又未提出司法救助申请，或者申请司法救助未获批准，在人民法院指定期限内仍未交纳诉讼费用的，由人民法院依照有关规定处理。

（三）诉讼费用的补交与退还

1. 变更诉讼请求数额的。当事人在诉讼中变更诉讼请求数额，案件受理费依照下列规定处理：

(1) 当事人增加诉讼请求数额的，按照增加后的诉讼请求数额计算补交；

(2) 当事人在法庭调查终结前提出减少诉讼请求数额的，按照减少后的诉讼请求数额计算退还。

2. 根据民事诉讼法相关规定移送、移交的案件，原受理人民法院应当将当事人预交的诉讼费用随案移交接收案件的人民法院。

3. 人民法院审理民事案件过程中发现涉嫌刑事犯罪并将案件移送有关部门处理的，当事人交纳的案件受理费予以退还；移送后民事案件需要继续审理的，当事人已交纳的案件受理费不予退还。

4. 中止诉讼、中止执行的案件，已交纳的案件受理费、申请费不予退还。中止诉讼、中止执行的原因消除，恢复诉讼、执行的，不再交纳案件受理费、申请费。

5. 第二审人民法院决定将案件发回重审的，应当退还上诉人已交纳的第二审案件受理费。

6. 第一审人民法院裁定不予受理或者驳回起诉的，应当退还当事人已交纳的案件受理费；当事人对第一审人民法院不予受理、驳回起诉的裁定提起上诉，第二审人民法院维持第一审人民法院作出的裁定的，第一审人民法院应当退还当事人已交纳的案件受理费。

7. 依照《民事诉讼法》的规定终结诉讼的案件，已交纳的案件受理费不予退还。

案件审结后，人民法院应当将诉讼费用的详细清单和当事人应当负担的数额书面通知当事人，同时在判决书、裁定书或者调解书中写明当事人各方应当负担的数额。需要向当事人退还诉讼费用的，人民法院应当自法律文书生效之日起15日内退还有关当事人。

四、诉讼费用的负担

诉讼费用的负担是指在案件审理终结后和执行完毕后，当事人之间对诉讼费用的实际承担。诉讼费用的承担方式主要是由败诉人承担，当事人之间也可以协商负担或者由人民法院来决定。

（一）败诉方负担

（1）《诉讼费用交纳办法》第29条规定，诉讼费用由败诉方负担，胜诉方自愿承担的除外。部分胜诉、部分败诉的，人民法院根据案件的具体情况决定当事人各自负担的诉讼费用数额。共同诉讼当事人败诉的，人民法院根据其对诉讼标的的利害关系，决定当事人各自负担的诉讼费用数额。本条规定的诉讼费用负担原则不仅可以促使当事人选择诉讼外纠纷解决方式，也可以促使当事人在诉讼中达成和解或调解，从而减少诉讼费用的承担。

第二审人民法院改变第一审人民法院作出的判决、裁定的，应当相应变更第一审人民法院对诉讼费用负担的决定。

（2）应当交纳案件受理费的再审案件，诉讼费用由申请再审的当事人负担；双方当事人都申请再审的，诉讼费用按照《诉讼费用交纳办法》第29条的规定由败诉方负担。原审诉讼费用的负担由人民法院根据诉讼费用负担原则重新确定。

(3) 债务人对督促程序未提出异议的,申请费由债务人负担。债务人对督促程序提出异议致使督促程序终结的,申请费由申请人负担;申请人另行起诉的,可以将申请费列入诉讼请求。

(4) 申请执行人民法院发生法律效力的判决、裁定、调解书,仲裁机构依法作出的裁决和调解书,公证机构依法赋予强制执行效力的债权文书;申请承认和执行外国法院判决、裁定和国外仲裁机构裁决的,申请费由被执行人负担。

（二）当事人协商负担

(1) 经人民法院调解达成协议的案件,诉讼费用的负担由双方当事人协商解决;协商不成的,由人民法院决定。

(2) 离婚案件诉讼费用的负担由双方当事人协商解决;协商不成的,由人民法院决定。

(3) 执行中当事人达成和解协议的,申请费的负担由双方当事人协商解决;协商不成的,由人民法院决定。

（三）自行负担

自行负担就是不考虑胜诉或败诉,由法律直接规定由特定的当事人自己负担相应的诉讼费用。

(1) 根据《民事诉讼法》的规定民事案件的原告或者上诉人申请撤诉,人民法院裁定准许的,案件受理费由原告或者上诉人负担。当事人在法庭调查终结后提出减少诉讼请求数额的,减少请求数额部分的案件受理费由变更诉讼请求的当事人负担。

(2) 公示催告的申请费由申请人负担。

(3) 申请保全措施的,申请费由申请人负担,申请人提起诉讼的,可以将该申请费列入诉讼请求。

(4) 应当交纳案件受理费的再审案件,诉讼费用由申请再审的当事人负担。

(5) 当事人因自身原因未能在举证期限内举证,在二审或者再审期间提出新的证据致使诉讼费用增加的,增加的诉讼费用由该当事人负担。

(6) 依照特别程序审理案件的公告费,由起诉人或者申请人负担。

（四）法院决定负担

(1) 申请撤销仲裁裁决或者认定仲裁协议效力由人民法院《诉讼费用交纳办法》第 29 条的规定决定申请费的负担。

(2) 对于诉讼费用可以协商的,先有当事人协商解决诉讼费用的负担,协商不成的,由人民法院决定。

(3) 依法向人民法院申请破产的,诉讼费用依照有关法律规定从破产财产中拨付。

(五) 海事案件中的有关诉讼费用的特别规定

(1) 诉前申请海事请求保全、海事强制令的,申请费由申请人负担;申请人就有关海事请求提起诉讼的,可将上述费用列入诉讼请求;

(2) 诉前申请海事证据保全的,申请费由申请人负担;

(3) 诉讼中拍卖、变卖被扣押船舶、船载货物、船用燃油、船用物料发生的合理费用,由申请人预付,从拍卖、变卖价款中先行扣除,退还申请人;

(4) 申请设立海事赔偿责任限制基金、申请债权登记与受偿、申请船舶优先权催告案件的申请费,由申请人负担;

(5) 设立海事赔偿责任限制基金、船舶优先权催告程序中的公告费用由申请人负担。

(六)《民事诉讼法》的特别规定

《民事诉讼法》第 74 条规定,证人因履行出庭作证义务而支出的交通、住宿、就餐等必要费用以及误工损失,由败诉一方当事人负担。当事人申请证人作证的,由该当事人先行垫付;当事人没有申请,人民法院通知证人作证的,由人民法院先行垫付。这条规定无疑对于保障证人出庭作证有积极的推进作用,但是同时又存在着具体操作上的问题。例如,部分胜诉或部分败诉时证人费用该如何处理;当事人申请证人作证,该证人证言与待证事实、判决事实之间有无内在联系,是否所有证人的相关费用都由败诉当事人一方承担等等。

(七) 诉讼费用负担异议的救济

对于由法院决定诉讼费用承担,当事人不服的,不得单独对人民法院关于诉讼费用的决定提起上诉。当事人单独对人民法院关于诉讼费用的决定有异议的,可以向作出决定的人民法院院长申请复核。复核决定应当自收到当事人申请之日起 15 日内作出。

当事人对人民法院决定诉讼费用的计算有异议的,可以向作出决定的人民法院请求复核。计算确有错误的,作出决定的人民法院应当予以更正。

五、司法救助

(一) 司法救助的定义

司法救助是指人民法院对于交纳诉讼费用确有困难的当事人,根据其申请,予以缓交、减交或者免交诉讼费用的制度。

诉权是每个主体的宪政性权利,当其权利受到侵害或者与他人发生争议时，有权向人民法院提起诉讼，要求人民法院给予实质性的救济和保护。诉讼费用制度的设立一方面是当事人消费特殊公共品的对价，也防止了诉权的滥用。但是同时也必须注意到的是如果因为经济上的困难而导致当事人无法接近司法，失去了享有法律保护的权利的话，司法救济将成为一部分人的特权。

根据《诉讼费用交纳办法》第 44 条的规定，当事人交纳诉讼费用确有困难的，可以依照本办法向人民法院申请缓交、减交或者免交诉讼费用的司法救助。

（二）司法救助的条件

1. 主体要件

诉讼费用的免交只适用于自然人，其他主体不能申请司法救助。

2. 实质要件

具有下列情形的，可以享有免交、减交或缓交诉讼费用。

（1）当事人申请司法救助，符合下列情形之一的，人民法院应当准予免交诉讼费用：

① 残疾人无固定生活来源的；

② 追索赡养费、扶养费、抚育费、抚恤金的；

③ 最低生活保障对象、农村特困定期救济对象、农村五保供养对象或者领取失业保险金人员，无其他收入的；

④ 因见义勇为或者为保护社会公共利益致使自身合法权益受到损害，本人或者其近亲属请求赔偿或者补偿的；

⑤ 确实需要免交的其他情形。

（2）当事人申请司法救助，符合下列情形之一的，人民法院应当准予减交诉讼费用：

① 因自然灾害等不可抗力造成生活困难，正在接受社会救济，或者家庭生产经营难以为继的；

② 属于国家规定的优抚、安置对象的；

③ 社会福利机构和救助管理站。

（3）确实需要减交的其他情形：

① 追索社会保险金、经济补偿金的；

② 海上事故、交通事故、医疗事故、工伤事故、产品质量事故或者其他人身伤害事故的受害人请求赔偿的；

③ 正在接受有关部门法律援助的；

④ 确实需要缓交的其他情形。

人民法院准予减交诉讼费用的,减交比例不得低于30%。

（三）司法救助的程序

当事人申请司法救助,应当在起诉或者上诉时提交书面申请、足以证明其确有经济困难的证明材料以及其他相关证明材料。因生活困难或者追索基本生活费用申请免交、减交诉讼费用的,还应当提供本人及其家庭经济状况符合当地民政、劳动保障等部门规定的公民经济困难标准的证明。

当事人申请缓交诉讼费用经审查符合规定的,人民法院应当在决定立案之前作出准予缓交的决定。人民法院对当事人的司法救助申请不予批准的,应当向当事人书面说明理由。

人民法院对一方当事人提供司法救助,对方当事人败诉的,诉讼费用由对方当事人负担;对方当事人胜诉的,可以视申请司法救助的当事人的经济状况决定其减交、免交诉讼费用。人民法院准予当事人减交、免交诉讼费用的,应当在法律文书中载明。

案例精选

▶【案例】[①]

2007年9月,丁某因与他人发生经济纠纷,致其位于XX市仙湖路877号XX嘉园东苑15栋二单元201室的房产被XX市人民法院查封。2008年,XX市人民法院陆续受理了四件以丁某为被执行人的案件,总标的为140余万元。同年11月,丁某被查封的房产被以37万元的价格拍卖。

2006年,丁某因经营所需,曾先后向李某借款共计10万元。2007年12月,李某指使丁某与其伪造了一张房屋租赁合同,约定以10万元的价格承租上述房屋,租期为20年,落款时间为该房产被查封之前的2007年6月。2008年2月,李某为了多分得债权利益,又指使丁某与其伪造了一张由丁某向其借款35万元的借条,并于同年3月起诉至XX市人民法院,庭审前双方达成还款调解协议,XX市人民法院作出第592号民事调解书予以确认。

李某依据该民事调解书申请执行,要求参与分配,并以已向丁某一次性付清10万元房租为由,要求法院先行退还剩余的房屋租赁费。多名债权人依法受偿丁某房产拍卖款项时,对李某与丁某的借条提出异议。XX市人民法院经查发现,李某与丁某存在虚构债务的虚假诉讼情况,遂于2009年4月29

① 江必新主编:《〈中华人民共和国民事诉讼法〉修改条文解读与应用》,法律出版社2012年版,第206—207页。

日决定对该案进行再审，并于2009年7月15日作出撤销原民事调解书的判决。其后，XX市人民法院将李某、丁某虚假诉讼涉嫌犯罪的线索，移交公安机关立案侦查。2009年11月12日，两人主动向公安局投案。

2010年4月9日，该市人民检察院以两人分别涉嫌构成妨害作证罪、帮助伪造证据罪提起公诉。该市人民法院经开庭审理后认为，被告人李某为多分得债权利益，指使他人伪造借条，向人民法院提起诉讼并申请执行，严重妨碍了司法机关正常的诉讼活动，其行为已构成妨害作证罪。被告人丁某为使李某多分得债权利益，帮助其伪造借条，情节严重，其行为已构成帮助伪造证据罪。鉴于二者犯罪后自动投案，如实供述自己的罪行，属于自首，均可从轻处罚。据此，以妨害作证罪判处李某有期徒刑1年，以帮助伪造证据罪判处丁某有期徒刑8个月。

评析：本案涉及当事人虚假诉讼问题。为了确保案外人或执行程序中权利人的合法权益，2012年新修订的《民事诉讼法》增加了对当事人和被执行人虚假诉讼的规定。当事人虚假诉讼的构成要件包括主体上为民事诉讼的当事人，采用诉讼或调解的行为方式，主观上有恶意串通的意思联络，意图是损害除本案当事人外的他人的合法权益。

本案中李某为了在对丁某的执行程序中多分配被执行人丁某的财产，采取了和丁某串通的方式，通过签订虚假房屋租赁合同和借条，并通过虚假诉讼获得民事调解书。据此民事调解书，在对丁某的财产进行参与分配时李某可以获得更多的财产份额。这样的行为无疑是侵害了其他丁某债权人的合法权利。因此李某和丁某的行为构成了合谋虚假诉讼。对于虚假诉讼，根据情节轻重，可以处以罚款或拘留；构成犯罪的，依法追究其刑事责任。本案中李某和丁某因为触犯了刑法的相关规定被处以刑罚处罚。

思考问题

1. 送达的方式。
2. 对妨害民事诉讼行为的强制措施的种类和适用范围。
3. 虚假诉讼和恶意诉讼的构成要件和制裁措施。
4. 保全的含义、种类、适用条件和程序。
5. 先予执行的条件和适用程序。
6. 司法救助的含义和范围。

法条链接

《民事诉讼法》第82—92条、第100—108条、第109—117条;《民诉法意见》第79—90条、第98—111条、第112—127条、第128—138条;《最高人民法院关于在经济审判工作中严格执行〈中华人民共和国民事诉讼法〉的若干规定》第6条、第12—19条;《最高人民法院关于诉前财产保全几个问题的批复》;《诉讼费用交纳办法》;《最高人民法院关于对经济对确有困难的当事人提供司法救助的规定》。

扩展阅读

1. 江伟、肖建国:《民事诉讼中的行为保全初探》,载《政法论坛》1994年第3期。

2. 李浩:《虚假诉讼中恶意调解问题研究》,载《江海学刊》2012年第1期。

3. 宋朝武:《民事电子送达问题研究》,载《法学家》2008年第6期。

4. 廖永安、刘方勇:《潜在的冲突与对立——诉讼费用制度与周边制度关系考》,载《中国法学》2006年第2期。

5. 谭秋桂:《德、日、法、美四国民事诉讼送达制度的比较分析》,载《比较法研究》2011年第4期。

6. 占善刚:《民事诉讼中的不变期间探微》,载《学习与实践》2012年第1期。

7. 王亚新:《诉讼费用与司法改革——〈诉讼费用交纳办法〉施行后的一个"中期"考察》,载《法律适用》2008年第3期。

第二编　诉讼程序论

第十一章　第一审普通程序

第一审普通程序是民事审判程序中的"基础性"程序，具有程序完整性、适用自足性和广泛性的特征。该程序的相关规定在民事诉讼法中具有"程序通则"的作用，其设置直接影响民事诉讼纠纷解决功能的发挥。本章主要介绍了第一审普通程序的基本环节即起诉、受理、审理前准备、开庭审理、合议和裁判等各个阶段，尤其对起诉制度、审理前准备程序以及审判程序中特殊情形的具体适用进行了重点介绍。

第一节　第一审普通程序概述

一、普通程序的概念

根据我国《民事诉讼法》的规定，民事诉讼程序体系结构中包含诉讼程序与非讼程序。诉讼程序包括第一审普通程序和简易程序、第二审程序、审判监督程序；非讼程序包括特别程序、督促程序、公示催告程序等。普通程序是相对于简易程序而言，指我国《民事诉讼法》规定的人民法院审理第一审民事案件和当事人进行第一审民事诉讼通常适用的程序。普通程序在整个民事诉讼程序中居于核心地位，它是所有诉讼程序中最基本的程序，集中体现了民事诉讼程序的基本结构，反映了诉讼程序的全貌，对其他诉讼程序起着程序通则的作用。

二、普通程序的特点

相对于其他诉讼程序而言，普通程序具有以下特点：

（一）普通程序是最完整的民事诉讼审判程序

在民事诉讼程序中，普通程序的内容最系统、最完整，它规定了从当事人起诉、法院受理案件，到开庭前的准备、开庭审理，直至人民法院作出第一审裁判的不同阶段以及各个阶段依次进行的步骤和程序，同时对民事审判的基本制度做了专门的规定。相对而言，民事诉讼法对简易程序、第二审程序和审判监督程序等，都没有进行完整、系统的规定。简易程序是普通程序的简化；第二审程序仅针对审理第二审民事案件的特殊之处进行特别规定，除此之外，法院审理上诉案件，适用第一审普通程序的规定；而审判监督程序是针对审理再审案件的特点作出的特别规定，就其具体适用的审判程序而言，要么是一审程序，要么是二审程序。

（二）普通程序是民事诉讼的基础审判程序

普通程序是人民法院审理除简单民事案件和特殊类型案件以外的第一审民事案件通常所适用的程序，也是当事人进行第一审民事诉讼通常所遵循的程序。第一审程序是第二审程序或审判监督程序得以进行的前提，因此普通程序是民事诉讼审判程序的基础。

（三）普通程序在适用中具有独立性和广泛性

一方面，普通程序是独立的诉讼和审判程序，法院适用普通程序审理案件时，除需遵循民事诉讼法总则部分有关基本原则和基本制度等的规定外，无需适用其他诉讼程序的规定，因此它不依附于其他程序而独立存在；另一方面，人民法院审理第一审民事案件，除简单民事案件和特殊类型的案件外，都要适用普通程序。即使适用简易程序和特别程序或适用第二审程序和审判监督程序审理各类案件时，如果适用的程序没有相关规定的，都要适用第一审普通程序的有关规定。

由于我国现行《民事诉讼法》中没有关于程序总则的单独规定，而普通程序又具有上述基本特征，因此普通程序的规定在民事诉讼法中具有程序通则的作用。

三、普通程序的结构与内容

根据其运行的规律与特点，普通程序分为起诉与受理阶段、审理前的准备阶段和开庭审理阶段。开庭审理阶段是整个普通程序的核心，最集中地反映了民事诉讼的特点。因此，民事诉讼法对开庭审理阶段的规定最为全面和完整。该阶段依次分为开庭前准备、法庭调查、法庭辩论、合议庭评议和判决宣告五个环节。此外，针对庭审进行过程中导致诉讼无法顺利进行的特殊情形，《民事诉讼法》还规定了撤诉、缺席判决、延期审理、诉讼中止、诉讼终结等制度。

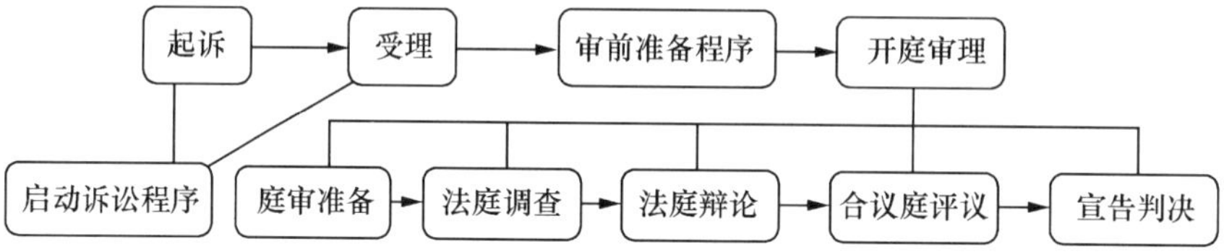

第一审普通程序流程图

第二节　起诉和受理

一、起诉

（一）起诉的概念和意义

起诉是指公民、法人和其他组织认为自己所享有的或者依法管理、支配的民事权益受到侵害，或者与他人发生民事权益的争议，以自己的名义请求法院通过审判予以司法保护的诉讼行为。

起诉是一种民事诉讼法律行为，是公民、法人和其他组织行使诉权的具体体现。根据“不告不理”原则，没有起诉，法院则无权启动诉讼程序。只有当事人向法院起诉,才会启动相应的诉讼程序。原告的起诉也决定了当事人的范围、诉讼的内容与形式以及法院审判的范围。因此,原告起诉是法院正确行使审判权的基础,对诉讼的进行具有重要意义。但是有了当事人的起诉行为,诉讼程序也并非必然得以启动。只有符合法定条件的起诉行为,才能成为诉讼程序的起点。

(二) 起诉的条件

依照《民事诉讼法》第 119 条的规定,起诉必须符合下列条件:

1. 原告必须是与本案有直接利害关系的公民、法人和其他组织①

该条件应同时从两方面进行理解:

第一,原告必须是有诉讼权利能力或称"当事人资格"的自然人、法人或其他组织,即原告是具有生命的自然人或处于合法存续状态的法人或其他组织,尚未出生或已经死亡的人、在法律上已不复存在的法人或其他组织不得作为原告。

第二,原告必须与所起诉的案件有直接利害关系。所谓"有直接利害关系",是指当事人请求法院保护的民事权益属于自己所享有或者受自己管理、支配。譬如,就离婚案件而言,原告必须是配偶双方之一;就合同纠纷案件而言,原告必须是该合同的签约双方之一;就侵权案件而言,原告必须是利益受到侵害的一方。原告的具体表现形态包括两种类型:一种为实体权利主体,即受到侵害或发生争议的民事权益系自己直接享有,或认为自己所享有;另一种为非实体权利主体,即受到侵害或发生争议的民事权益不是原告自己直接享有,而且原告也不认为自己应该享有,但依据法律的明确规定,其享有对民事权益的管理权或支配权,可以以自己的名义提起诉讼,此称为"法定诉讼担当"。应当注意,在起诉阶段,法院对原告是否与本案有直接利害关系的审查应为形式审查,即以当事人声明为准。

2. 有明确的被告

有明确的被告,指原告起诉时应向法院指明发生争议的相对方,即将发生纠纷的另一方当事人予以特定化、具体化。民事诉讼的任务是解决现实发生的权利义务之争,民事纠纷必须呈现在法官面前,包括纠纷当事人,否则法院无法肯定该纠纷是否现实发生。

---

① 当前,由于现代型诉讼(特别是公益诉讼)的兴起和发展,《民事诉讼法》第 119 条所规定的原告资格条件逐渐成为阻碍诉权行使的限制条件。因此,学者们提出突破的方法:一是借助"诉的利益"概念的扩大化,将那些原本与本案无直接利害关系的公民、法人或其他组织意欲包括进来;二是提出诉讼当事人的资格概念,企图由法律明确赋予某些特定的主体(例如检察院、行政机关、行业组织、社会组织等)对某类特殊案件享有起诉的权利。

要求被告明确，不仅是指被告的称谓要明确，而且被告的有关简况也应当明确。因此，在被告是公民的情况下，必须要由原告向受诉人民法院明确其姓名、性别、工作单位和住所等信息；在被告是法人或其他组织的情况下，则必须由原告向受诉人民法院明确其名称、住所等信息。这些信息资料都是构成足以确定被告身份的“明确的被告”所不可缺少的资料。

同样需要注意的是，“明确”的被告并非“正确”的被告。法院在受理案件时只是采取形式上的审查，无法对被告的适格问题进行实体审查；受理案件后，法院发现原告起诉状列明的被告不适格时，会要求原告更换为正确的被告。

3. 有具体的诉讼请求和事实、理由

“具体的诉讼请求”是指原告在起诉时必须明确请求法院予以司法保护的具体内容和方式。法院审理民事案件以原告提出的诉讼请求为审理的范围，诉讼请求不具体、不明确，法院对案件就无从审理。“事实”是指原告向法院提出诉讼请求所依据的案件事实和证据，包括当事人之间民事法律关系发生、变更和消灭的基本事实，当事人之间发生民事争议的事实以及有关的证据。“理由”是指证明该诉讼请求合理、合法，应得到法院支持的原因。

对于起诉条件中的“事实和理由”要求，不能将其理解成为“事实和理由必须确实、充分”，而应仅将其理解为“诉讼请求的提出并非毫无根据”或者“原告应为其诉讼请求提供相应的证据材料”。至于这些“根据”或“材料”（“事实和理由”）是否能够支撑原告的诉讼请求，则有待案件审理以后，方能在判决中加以认定。

4. 属于人民法院受理民事诉讼的范围和受诉人民法院管辖

原告提起的诉讼应当属于人民法院行使审判权的主管范围和受诉法院的管辖范围，否则法院无权对案件进行审理。

以上四个条件属于起诉的积极条件，必须同时具备，缺一不可。此外，起诉要能够为法院受理还必须具备其他消极条件，即不得具有法律规定的禁止起诉的情形。法律规定禁止起诉的情形主要有：第一，原告的起诉属于重复起诉。根据“一事不再理”原则，法院已经立案受理正在处理的案件或判决、裁定已经发生法律效力的案件，当事人不得重复起诉。第二，双方当事人已就合同纠纷自愿达成书面仲裁协议，并且向仲裁机关申请仲裁的。第三，属于在一定期限或期间内禁止起诉的情形。例如，《婚姻法》规定，女方在怀孕期间、分娩后1年内或中止妊娠后6个月内，男方不得起诉提出离婚。

（三）起诉的方式和起诉状的内容

起诉的方式，以书面起诉为原则，口头起诉为例外。《民事诉讼法》第120

条规定:起诉应当向人民法院递交起诉状,并按照被告的人数提交起诉状副本。书写起诉状确有困难的,可以口头起诉,由人民法院记入笔录,并告知对方当事人。

起诉状是原告向法院提起诉讼的意思表示的载体,也是确定法院将来对案件进行审理是否正确、合法的重要根据。因此起诉状是基础诉讼文件,内容须完整,且形式符合要求。依照《民事诉讼法》第121条的规定,起诉状应当记明下列事项:(1) 原告的姓名、性别、年龄、民族、职业、工作单位、住所、联系方式[①],法人或者其他组织的名称、住所和法定代表人或者主要负责人的姓名、职务、联系方式;(2) 被告的姓名、性别、工作单位、住所等信息,法人或者其他组织的名称、住所等信息;(3) 诉讼请求和所根据的事实与理由;(4) 证据和证据来源,证人姓名和住所。

上述事项中,原告的诉讼请求和所依据的事实和理由是起诉状的实质性内容,当事人在诉讼中主要围绕这项内容展开诉讼活动。原告应具体写明:原告向人民法院提出的具体诉讼请求是什么,请求人民法院保护哪些权利,要求对方当事人履行什么义务,有哪些事实和理由来支持自己提出的请求。起诉状中的"证据和证据来源",是指原告用来证明自己的诉讼请求与案件事实的证据材料及其获取途径。至于它们是否具有证据资格和证明力,以及在多大程度上具有证明力,最终能否作为认定案件事实的依据,则有待于案件开庭审理后,由受诉人民法院来审核认定。

起诉状应当按照法律规定的内容书写,内容如有欠缺的,受诉人民法院应告知原告限期补正。当事人在起诉或答辩时应向人民法院提供自己准确的送达地址,以便准确及时收到法院的诉讼文书,保障自己合法权益的实现。

(四) 起诉的法律效果

以往学界认为,当事人的起诉并不必然引起诉讼程序的开始,只有当事人起诉符合法定条件,法院予以受理才是诉讼的起点。实际上,从起诉的性质上看,起诉是当事人的单方诉讼行为,该行为一旦实施,就会产生相应的法律后果,即当事人提起诉讼之时,其与法院之间的诉讼法律关系由此产生。

① 原告要提交自己的联系方式是2012年《民事诉讼法》修改后增加的内容。《民事诉讼法》制定之初,当事人联系方式以"住所"为主,但随着经济社会的发展,固定电话、移动电话、电子邮件等新型的联系方式已逐渐普及,要求原告记明"联系方式",为诉讼过程中的送达提供了便利条件。原告在起诉状中无需就被告的联系方式详细记明,因为原告在提交起诉状时往往无法掌握被告的确切联系方式,所以只要能够提供其他足以确定被告身份的信息,满足"有明确的被告"的条件即可。2012年《民事诉讼法修正案(草案)》(第一稿)曾建议在原有内容上增加"当事人的身份号码、联系方式",试图帮助法院容易确定当事人的身份,但是考虑到实践中原告经常无法查明被告的身份号码,此建议未被采纳。

当事人享有提起诉讼的权利，相应地，法院负有对当事人的起诉依法进行审查并决定是否予以受理的义务。如果以法院的受理作为民事诉讼程序的起点，一方面，无法解释原告的起诉行为与法院的审查行为为什么要受民事诉讼法调整；另一方面，不利于对诉权的保护，因为法院可以以此为理由对原告的起诉置之不理。审判实践中有的法院认为当事人的起诉不符合条件的，并不出具不予受理的裁定书，使当事人不能通过上诉途径保障诉权的实现。司法实践中法院推诿立案的做法，即法院既不立案，也不拒绝立案，导致当事人起诉不被受理后无法启动正常的救济途径。对此，2012 年新修订的《民事诉讼法》专门在第 123 条中增加一款："人民法院应当保障当事人依照法律规定享有的起诉权利"，以加强对原告起诉权利的保护。因此，明确当事人的起诉行为具备使案件处于诉讼状态（或称为"诉讼系属"）的法律效果，对于保障当事人诉权的实现具有非常重要的意义。

根据我国《民事诉讼法》的规定，原告的起诉将产生下列法律效力：

（1）原告起诉后，法院必须对原告的起诉进行审查，并在 7 日内作出是否立案的决定。决定立案的，案件将进入审理前的准备阶段；决定不予立案的，应作出书面裁定，当事人不服不予受理裁定的，可以向上一级人民法院提出上诉。

（2）禁止另行起诉。原告向法院提起诉讼后，不得以同一事实理由就同一诉讼请求对同一被告再行起诉，即禁止二重起诉。

（3）因原告起诉而启动的民事诉讼程序，除民事诉讼法规定的情形（如不符合起诉条件，人民法院不予受理或原告撤诉）之外，任何组织或个人不得随意解除和终止。

二、受理

受理是指受诉人民法院通过对原告起诉的审查，认为符合法定条件，决定立案审理的审判行为。受理是纠纷进入诉讼程序的过滤器，法院应把好此关，让合法的起诉行为进入诉讼程序，而将不合法的起诉行为挡在诉讼之外。

（一）审查起诉和立案

法院受理案件包括两个阶段：审查起诉和立案。

1. 审查起诉

法院在收到当事人的起诉状后，先要对当事人的起诉进行审查，查看当事人的起诉是否符合法律规定的条件。人民法院的审查主要从三个方面进行[①]:(1) 要审查原告的起诉是否属于法院受理民事诉讼的范围,是否属于受诉法院的管辖;(2) 要审查起诉是否符合法定的四个条件;(3) 要审查起诉手续是否完备,起诉书内容是否明确具体。

人民法院对起诉审查以后,认为起诉符合《民事诉讼法》第 119 条规定的条件,应当在 7 日内立案并通知当事人;认为起诉不符合法定条件的,应当在 7 日内作出裁定书,不予受理;原告对裁定不服的,可以提起上诉。如果在立案后,发现起诉不符合法定条件的,裁定驳回起诉;当事人对驳回起诉的裁定不服,也可以提起上诉。

2. 立案

按照《最高人民法院关于人民法院立案工作的暂行规定》,人民法院经审查认为起诉符合受理条件的,根据案件的不同情况,由负责审查起诉的审判人员决定立案或者报庭长审批。重大疑难案件报院长审批或者经审判委员会讨论决定。起诉经审查决定立案后,应当编立案号,填写立案登记表,计算案件受理费,向原告发出案件受理通知书,并书面通知原告预交案件受理费。[②] 决定立案后,立案机构应当在 2 日内将案件移送有关审判庭审理,并办理移交手续,注明移交日期。经审查决定受理或立案登记的日期为立案日期。

2012 年《民事诉讼法》增设了案件受理阶段的先行调解制度。《民事诉讼法》第 122 条规定,当事人起诉到人民法院的民事纠纷,适宜调解的,先行调解,但当事人拒绝调解的除外。诉讼实践中,当事人起诉到法院后,人民法院在立案前,根据案件情况认为适宜调解的,可以先行调解。若当事人拒绝调解或在商定、指定的时间内无法达成调解协议的,法院应及时立案。案件受理之后尚未进入开庭审理前,人民法院仍可进行调解。

---

① 我国现行《民事诉讼法》采用的是立案审查制。有学者认为该制度对于行使诉权的当事人来说“门槛”过高,不利于其寻求司法保护,故应借鉴国外立法的成熟经验,以纯粹程序性质的“立案登记”制度取而代之。立案登记制度的特点,就是规定只要当事人向法院提起诉讼,提交了符合要求的起诉状,法院就无需进行审查,而应立案登记;法院不得拒收当事人的起诉状。用立案登记制代替立案审查制,旨在确保诉权免遭侵害及有效行使,是对现行民事诉讼法的重大突破。也有学者认为,由于“门槛”的降低,故在目前情况下,“立案登记”制度不仅未必能够解决原有的问题,而且还可能因此而给人民法院的案件受理工作带来客观上根本无法承受的新的压力,同时也会造成司法资源的较大浪费,因此“立案登记”制度应当缓行。“立案登记”制度建立缓行的同时,学者提出对现行的立案审查制进行改进和完善,降低起诉条件。从 2012 年《民事诉讼法》的相关规定看,立法机关认为,考虑到我国目前的司法现状,不宜直接采用立案登记制度。解决“起诉难”问题,还是应该从我国实际出发,循序渐进地对现有制度进行改良。

② 根据《民诉法意见》第 143 条的规定,通知后原告仍不预交,或者申请缓、减、免交但未获人民法院批准而仍不预交的,裁定按自动撤诉处理。

此外,为了方便法院更好地落实受理工作,防止在受理环节发生该受理的未立案,不该立案的却立案的情形,《民事诉讼法》第124条专门列举了法院应当分别情形予以处理的几种特殊情况:(1)依照《行政诉讼法》的规定,属于行政诉讼受案范围的,告知原告提起行政诉讼;(2)依照法律规定,双方当事人达成书面仲裁协议申请仲裁、不得向人民法院起诉的,告知原告向仲裁机构申请仲裁;(3)依照法律规定,应当由其他机关处理的争议,告知原告向有关机关申请解决;(4)对不属于本院管辖的案件,告知原告向有管辖权的人民法院起诉;(5)对判决、裁定、调解书已经发生法律效力的案件,当事人又起诉的,告知原告申请再审,但人民法院准许撤诉的裁定除外;(6)依照法律规定,在一定期限内不得起诉的案件,在不得起诉的期限内起诉的,不予受理;(7)判决不准离婚和调解和好的离婚案件,判决、调解维持收养关系的案件,没有新情况、新理由,原告在6个月内又起诉的,不予受理。

《民诉法意见》还规定,以下几类特殊类型的案件,人民法院应予受理,并妥善处理:(1)裁定不予受理、驳回起诉的案件,原告再次起诉的,如果符合起诉条件,人民法院应予受理;(2)病员及其亲属对医疗事故技术鉴定委员会作出的医疗事故结论没有意见,仅要求医疗单位就医疗事故赔偿经济损失向人民法院提起诉讼的,应予受理;(3)夫妻一方下落不明,另一方诉至人民法院,只要求离婚,不申请宣告下落不明人失踪或死亡的案件,人民法院应当受理,对下落不明人用公告送达诉讼文书;(4)赡养费、扶养费、抚育费案件,裁判发生法律效力后,因新情况、新理由,一方当事人再行起诉要求增加或减少费用的,人民法院应作为新案受理;(5)当事人超过诉讼时效期间起诉的,人民法院应予受理。受理后查明无中止、中断、延长事由的,判决驳回其诉讼请求。

(二)受理的法律效果

法院决定受理案件后,会产生两个方面的法律效果:

(1)程序法上的效果。人民法院通过受理行为,实现对诉争案件的管辖权,排除了其他法院对案件行使审判权的可能性。同时,法院负有依法审判的义务,除非出现法律规定的特殊情形应当裁定中止或终结诉讼,法院不得中途随意停止审理。双方当事人由于法院的受理行为,分别获得了原告和被告的诉讼地位,依法享有诉讼权利,承担诉讼义务,并分别与受诉人民法院正式发生民事诉讼法律关系。就同一纠纷而言,原告和被告均不得另外向其他任何人民法院起诉。

(2)实体法上的效果。根据《民法通则》第140条的规定,诉讼时效因当事人提起诉讼而中断。人民法院受理当事人起诉的,诉讼时效重新计算;人民法院裁定不予受理的,从不予受理的裁定生效之日起,诉讼时效连续计算。

但从当事人起诉到人民法院不予受理的裁定生效之间的时间应从诉讼时效期间扣除。

第三节　审前准备程序

一、审前准备程序的概念和意义

审前准备是指立案受理后至正式开庭审理之前，审判人员与当事人为确保庭审顺利进行依法采取一系列准备工作的总称。审前准备程序是在普通程序中，为保证开庭审理的顺利进行以及案件及时、正确的审理而设立的程序，也是民事诉讼过程中的一个必经阶段。审前准备程序的功能主要包括两个方面：一是尽量在案件进入法庭审理之前解决与实体审理无关的程序性事项，从而使法官在法庭审理阶段集中于实体事项的处理；二是灵活运用调解，在庭审前解决纠纷。

按照两大法系主要国家的共同认识，审前准备程序具备功能多元化的特点，兼有实体法和程序法的意义。审前准备程序中在法院组织下双方交换证据、整理争点等活动具有程序法上的意义，而法院对民事纠纷进行调解或双方当事人进行和解就具有实体审理的特征。此外，该程序主要的参加主体是当事人，两大法系中都是由当事人决定需要判断的案件事实，由当事人收集、提出并与对方交换证据，以此形成对庭审有约束力的争点，同时为法官断案提供基础。[①]

审前准备程序在我国民事诉讼程序中的独立地位的确立，是在我国民事审判改革经历从“四步到庭”到“直接开庭”后深刻反思的结果。在我国传统的“四步到庭”的审判方式下，由法官主导的审前准备阶段一度成为“暗箱操作”、先定后审的温床。为此，民事审判方式改革将强化庭审功能作为改革的目标之一，把开庭审理放到审判的中心位置上来。自 20 世纪 90 年代中期开始，各地法院不同程度地推行了“直接开庭”的审理方式，即开庭前基本上不在庭外做调查、询问等了解把握案情的工作，把审理的重点放在正式的开庭上，通过开庭审理来逐渐把握案情。“直接开庭”将法官对案情的了解全部置于当事人对席的公开法庭上，改变了传统审判方式下法官单方接触当事人，未经庭审就作出判决的习惯做法，对于提升当事人的程序主体地位，革除法

① 全国人大常委会法制工作委员会民法室编著：《〈中华人民共和国民事诉讼法〉释解与适用》，人民法院出版社 2012 年版，第 216 页。

官包揽诉讼的弊端,体现程序公正的价值均具有重要的意义。尤其是在简单的案件中,直接开庭具有适用上的合理性。但是,在复杂的案件中,由于缺少开庭前的准备,法官与当事人对案件缺乏总体的把握,难以掌握真正的争点,开庭审理常常不得要领而达不到预期的效果。而且在庭审前双方当事人互不了解对方的证据,庭审中一方当事人突然提出证据,另一方当事人无法进行及时有效的质证,庭审不得不反复进行,由此不仅带来了诉讼效率的问题,也使庭审陷入形式化的危险。正是认识到这些不足,审前准备程序的重要意义与价值更为人们所重视,改革与完善审前准备程序成为民事审判方式改革的重心。

1998 年《最高人民法院关于民事经济审判方式改革问题的若干规定》(以下简称《审改规定》)和 2004 年《证据规定》对审前准备程序的规定,特别是证据交换和举证时限制度的确立,意味着具有实质意义的审前准备程序在我国已初步形成。2012 年修改后的《民事诉讼法》中增加的第 133 条,规定人民法院对受理的案件,分别情形,予以处理:(1) 当事人没有争议,符合督促程序规定条件的,可以转入督促程序;(2) 开庭前可以调解的,采取调解方式及时解决纠纷;(3) 根据案件情况,确定适用简易程序或者普通程序;(4) 需要开庭审理的,通过要求当事人交换证据等方式,明确争议焦点。由此,审前程序的独立性及其化解纠纷、分流案件、明确争点的功能得以彰显,审前程序的重要作用进一步得到体现。

二、审前准备程序的内容

依照我国现行《民事诉讼法》和有关司法解释的规定,在审前准备程序中,要完成的工作主要有:

(一) 在法定期限内送达诉讼文书

人民法院应当在立案之日起 5 日内将起诉状副本发送被告;原告口头起诉的,也应当在 5 日内将记录口头起诉的笔录抄件发送被告。被告应当在收到之日起 15 日内提出答辩状。答辩状应记明被告的姓名、性别、年龄、民族、职业、工作单位、住所、联系方式;法人或者其他组织的名称、住所和法定代表人或者主要负责人的姓名、职务、联系方式。人民法院应当在收到答辩状之日起 5 日内将答辩状副本发送原告。这是辩论原则在民事诉讼中的最先体现。

当事人通过人民法院交换起诉状与答辩状,有助于人民法院与双方当事人初步了解案件的大致情况,尽早明确争议的焦点,从而有针对性地做好庭审准备,以提高庭审效率,实现充实的审理。不过,在我国,提交答辩状并未规定为被告的义务,被告不提交答辩状,并不影响法院对案件的审理。司法实践中被告也常常不按期提出答辩状,这样做的后果导致原告无从了解被告的主张和证据资料,难以在初次开庭审理中进行相应的抗辩,不得不再次开庭,从而导致诉讼的拖延。有鉴于此,《证据规定》第32条要求被告应当在答辩期届满前提出书面答辩,阐明其对原告诉讼请求及所依据的事实和理由的意见。2012年《民事诉讼法》也要求被告"应当"在收到起诉状副本之日起15日内提交答辩状。但是,上述规定并未明确被告没有按时提交答辩状时将承担的不利后果,因此规定中的"应当"也只是一种口头的强调,并未成为义务性规则。

2012年《民事诉讼法》修改中引发了应否确立答辩失权制度的争论:肯定者认为被告的任意答辩有悖于程序正义和诉讼效率,违背诉讼权利平等原则的基本要求,导致举证时限制度的功能减弱;否定者则认为"答辩失权"源于英美法系的对抗制诉讼土壤,不适合我国的民事诉讼结构及制度背景,而强制答辩的效果根据现有的举证责任和举证时限制度已得到保证。立法者考虑到我国民事诉讼结构的特征和本土的实际情况,没采纳确立答辩失权制度的建议。①

(二)告知当事人诉讼权利义务和合议庭组成人员

依照法律规定,人民法院应当在受理案件通知书和应诉通知书中告知原告和被告所享有的诉讼权利、所承担的诉讼义务,或者以口头形式告知当事人诉讼权利义务。

普通程序的审判组织必须采用合议制,为保障当事人申请回避权的充分行使,审理案件的合议庭组成后,法院应当在3日内把合议庭的组成人员告知当事人。

(三)审阅诉讼材料,调查收集必要的证据

审阅诉讼材料是审判前准备工作的中心环节。审判人员通过审阅原告提交的起诉状、被告提交的答辩状以及各自的证据和其他诉讼材料,初步了解案情,掌握双方当事人争执的问题和矛盾的焦点,并确定当事人提供的证据是否充分,是否需要人民法院调查、收集必要的证据,案件应当适用的有关法律,涉及的有关专业知识以及案件是否能及时进入开庭审理阶段。

人民法院调查收集证据有两种方式:依职权调查和依申请调查。前者是指在涉及可能有损国家利益、社会公共利益或者他人合法权益的事实,或涉

① 江必新主编:《〈中华人民共和国民事诉讼法〉修改条文解读与应用》,法律出版社2012年版,第237—238页。

及依职权追加当事人、中止诉讼、终结诉讼、回避等与实体无关的程序事项时,人民法院可以依职权主动调查收集证据;后者是指对于当事人无法调取的档案材料、涉及国家及商业秘密以及个人隐私的材料、当事人确因客观原因不能自行收集的其他材料,人民法院可以依当事人申请调查收集证据。

(四)督促当事人在举证期限内提交证据和组织证据交换

为加快诉讼程序的进程,《证据规定》特意对审前准备程序中证据的提交做了详细规定,必要时要求确定举证期限和组织当事人的证据交换。人民法院应当在送达案件受理通知书和应诉通知书的同时向当事人送达举证通知书。举证通知书应当载明举证责任的分配原则与要求、可以向人民法院申请调查取证的情形、人民法院根据案件情况指定的举证期限以及逾期提供证据的法律后果。当事人在举证期限内不提交证据的,视为放弃举证权利。对于当事人逾期提交的证据材料,人民法院审理时不组织质证。但对方当事人同意质证的除外。当事人增加、变更诉讼请求或提起反诉的,应当在举证期限届满前提出。当事人在举证期限内提交证据材料确有困难的,应当在举证期限内向人民法院申请延期举证,经人民法院许可,可以适当延长举证期限。当事人在延长的举证期限内提交证据材料仍有困难的,可以再次提出延期申请,是否准许由人民法院决定。

经当事人申请,人民法院可以组织当事人在开庭审理前交换证据;人民法院对于证据较多或者复杂疑难的案件,应当组织当事人在答辩期届满后、开庭审理前交换证据。证据交换只在当事人申请或有必要时才进行,并不是所有诉讼的必经阶段。证据交换的时间可以由当事人协商一致并经人民法院认可,也可以由人民法院指定。证据交换应当在审判人员的主持下进行,对当事人无争议的事实、证据应当记录在案;对有异议的证据,按照需要证明的事实分类记录,并记载异议的理由。通过证据交换,确定双方当事人争议的主要问题。证据交换一般不超过两次。但对于重大、疑难和案情特别复杂的案件,人民法院认为确有必要再次进行证据交换的除外。

(五)当事人的追加

在审理前的准备工作中,如果人民法院发现应当参加诉讼的当事人没有参加诉讼,应当通知其参加诉讼,或者由当事人向人民法院申请追加,此谓当事人的追加。人民法院对当事人提出的申请,应当进行审查,申请无理的,裁定驳回;申请有理的,书面通知被追加的当事人参加诉讼。追加当事人只有在诉讼属于共同诉讼的情况下才会发生。

人民法院追加共同诉讼的当事人时,应通知其他当事人。应当追加的原告,已明确表示放弃实体权利的,可不予追加;既不愿意参加诉讼,又不放弃实体权利的，仍追加为共同原告，其不参加诉讼，不影响人民法院对案件的审理和判决。追加共同被告时，即使被追加的被告未实际参加诉讼，也不影响审理的进行。对于必须到庭的被告，人民法院可以在法定条件下依法对其采取强制措施，强制其到庭。本案诉讼标的涉及第三人权益的，第三人可以申请参加诉讼，或是由人民法院通知其参加诉讼。

第四节　开庭审理

一、开庭审理概述

（一）开庭审理的概念和意义

开庭审理是指在人民法院审判人员的主持下，在当事人和其他诉讼参与人的参加下，在法院固定的法庭或法律允许设置的法庭上，依照法定的程序和顺序，对案件进行实体审理，从而查明案件事实、分清是非，并在此基础上对案件作出裁判的全部过程。开庭审理的过程由庭审准备、法庭调查、法庭辩论、合议庭评议和宣告判决组成。各个阶段既相互独立又相互联系，依次递进。

开庭审理是普通程序中的中心环节，是当事人行使诉权进行诉讼活动和人民法院行使审判权进行审判活动最集中、最生动的体现。在该阶段，所有民事诉讼法律关系主体都应参加诉讼，民事诉讼法的各项原则、制度都在此得到充分的应用，当事人的权利义务得以兑现，所有的事实和证据材料将得到调查、辩论及最后的认定，人民法院还要据此作出裁判结果。开庭审理的任务是：通过法庭调查和辩论，审查核实证据，查明案件事实，分清是非责任，正确适用法律，确认当事人之间的权利义务关系，制裁民事违法行为，保护当事人的合法权益。

（二）开庭审理的形式和要求

1. 开庭审理的形式

法院审理第一审民事案件，都必须开庭审理。开庭审理有公开审理和不公开审理两种方式。公开审理是指开庭审理时向群众和社会公开，允许群众旁听，允许新闻媒体对案件审理的情况进行采访报道，将案情公之于众。不公开审理是指庭审过程不向社会公开，禁止群众旁听和新闻媒体采访报道。开庭审理以公开审理为原则，以不公开审理为例外。法院审理民事案件，除涉及国家秘密、个人隐私或者法律另有规定的以外，应当公开进行；离婚案件，涉及商业秘密的案件，当事人申请不公开审理的，可以不公开审理。

法院审理民事案件，可根据需要进行巡回审理，就地办案。开庭审理的地点可以在受诉法院审判厅内进行，也可以根据客观需要和可能，到当事人所在地、案发地、标的物所在地进行审理。巡回审理、就地办案是我国审判工作的优良传统，因其方便群众参加诉讼，有利于生产和工作，判决生效后容易执行而深受群众欢迎；同时，这也是普法教育的一种重要途径。

2. 开庭审理的要求

开庭审理的基本要求包括：第一，庭审活动必须是在规定的时间、地点按照民事诉讼法规定的程序和步骤进行。第二，庭审活动应当在各方当事人或其他诉讼代理人的参加下，以对席的方式进行。除非法律许可，法院一般不可缺席审理，也不得实行“背靠背”的方式审理；否则会影响和限制当事人平等的听审权和诉讼参与权。第三，当事人之间所有争议的事实问题和法律问题都必须接受法庭调查并进行辩论。第四，庭审活动以直接言词的方式进行。第五，法院的裁判必须以庭审活动为基础，未经开庭审理的内容不得作为裁判的依据。

二、开庭审理的程序

开庭审理必须严格依照法定程序进行。根据《民事诉讼法》和相关司法解释的规定，普通程序中的开庭审理包括庭审准备、法庭调查、法庭辩论、合议庭评议和宣告判决五个诉讼阶段。

（一）庭审准备

庭审准备是开庭审理的预备阶段，具体是指在事先确定的开庭期日到来时，在正式进入实体审理前，为了保证开庭审理的顺利进行，而应当由人民法院完成的准备工作。在开庭审理的准备阶段，人民法院应当完成以下工作：

（1）向当事人和其他诉讼参与人送达开庭通知。人民法院确定开庭日期后，书记员应当在开庭3日前通知当事人和其他的诉讼参与人，以便于他们做好准备，按时出庭。通知当事人用传票，通知其他的诉讼参与人用通知书。当事人或其他诉讼参与人在外地的，应留有必要的在途时间。

（2）开庭公告。对于公开审理的案件，人民法院应当在开庭审理前3日发布公告，公告当事人的姓名、案由以及开庭的时间、地点，以便群众旁听，记者采访、报道。

（3）查明当事人以及其他诉讼参与人是否到庭，宣布法庭纪律。开庭审理前，书记员应当查明当事人和其他诉讼参与人是否到庭。当事人或其他诉讼参与人没有到庭的，应将情况及时报告审判长，并由合议庭确定是否需要延期审理或者中止诉讼。查明到庭人员后，书记员宣布当事人及其诉讼代理人入庭,并宣布法庭纪律。

(4) 核对当事人,宣布案由和审判人员、书记员名单,口头告知当事人有关的诉讼权利和义务,询问当事人是否提出回避申请。依照有关规定,书记员在宣布完法庭纪律后,即应宣布全体起立,请合议庭组成人员入庭。书记员向审判长报告当事人及其诉讼代理人的出庭情况。由审判长核对当事人及其诉讼代理人的身份,并询问各方当事人对于对方出庭人员有无异议。当事人的身份经审判长核对无误,且当事人对对方出庭人员没有异议,审判长宣布各方当事人及其诉讼代理人符合法律规定,可以参加本案诉讼。之后,由审判长宣布案由及开始审理,不公开审理的应当说明理由。此后,审判长宣布合议庭组成人员、书记员名单,告知当事人有关的诉讼权利义务,询问各方当事人是否申请回避。当事人提出回避申请的,合议庭应当宣布休庭。申请回避的理由不能成立的,由审判长在重新开庭时宣布予以驳回,记入笔录;理由成立,决定回避的,由审判长宣布延期审理。

在完成以上开庭准备工作后,审判长即应宣布进入法庭调查阶段。

(二) 法庭调查

法庭调查,是指人民法院依照法定程序,在法庭上向当事人和其他诉讼参与人调查案情,审查核实各种证据以及当事人举证、质证的活动。法庭调查标志着开庭审理进入实质性阶段,调查重点是双方争议的事实。该阶段的主要任务是:在双方当事人陈述、举证、反驳、质证活动的基础上,逐步展示案件事实,再通过人民法院的审查、核实,对证据进行认定,全面揭示案情,为进入法庭辩论打好基础。

依照《民事诉讼法》第 138 条的规定,法庭调查按照下列顺序进行:

(1) 当事人陈述。即由当事人对自己的主张及其所根据的事实和理由加以陈述。具体按原告、被告、第三人及其诉讼代理人的先后顺序进行陈述。在各当事人陈述之后,审判长或者独任审判员归纳本案争议焦点或者法庭调查重点,并征求当事人意见。

(2) 告知证人的权利义务,证人作证,宣读未到庭的证人证言。凡是了解案情的人都有义务作证。应人民法院传唤出庭的证人,在法庭上应当如实提供证言,作伪证应负法律责任。证人如果确有困难不能出庭,经法院许可可以提交书面证言,由法庭宣读。经审判长许可,当事人及其诉讼代理人有权向证人发问,证人应当回答。受诉法院委托外地法院代为询问证人的笔录应当在法庭上宣读。未在法庭上宣读的证人证言,不能作为认定案件事实的根据。

(3) 出示书证、物证、视听资料和电子数据。不论是当事人提供还是人民法院主动收集的书证、物证、视听资料和电子数据，除法律不准公开外，均须当庭出示。书证当庭宣读，物证当庭展示。出示视听资料和电子数据时，法院还应为当事人出示证据提供必要条件。涉及国家秘密、商业秘密和个人隐私的证据，当事人提交法庭的，法庭不能公开出示，但可以适当提示。案件中如果有多个诉讼请求或者多个独立存在的事实的，可按每个诉讼请求、每段事实中争议的问题，顺序出示书证、物证和视听资料，并由当事人逐一核对证据。

（4）宣读鉴定意见。鉴定意见要当庭宣读。鉴定人应向法庭说明鉴定的方法和经过，以及鉴定意见的科学依据。当事人及其诉讼代理人经法庭许可，可以向鉴定人发问。当事人有权要求重新进行鉴定，是否准许，由法庭决定。

（5）宣读勘验笔录。勘验笔录是由审判人员或法院指定的其他人员依法对现场或物证进行勘验所制作的笔录，作为证据之一，应由法庭审判人员或勘验人当庭宣读。拍摄的照片或绘制的图表，应向当事人出示。经过法庭许可，当事人及其诉讼代理人可以向勘验人发问。当事人有权要求重新进行勘验，是否准许，由法庭决定。

法庭调查结束前，审判长或者独任审判员应当就法庭调查认定的事实和当事人争议的问题进行归纳总结，并应当分别询问当事人、第三人及其诉讼代理人是否还有意见作最后陈述。经过庭审质证的证据，能够当即认定的，应当当即认定；当即不能认定的，可以休庭合议后再予以认定；合议之后认为需要继续举证或者进行鉴定、勘验工作的，可以在下次开庭质证后认定。未经庭审质证的证据，不能作为定案的根据。

法院经过法庭调查，如果认为此次法庭调查未能查清案件有关情况，法庭可以决定休庭而准备第二次开庭。法庭决定再次开庭的，审判长或者独任审判员对本次开庭情况应当进行小结，指出庭审已经确认的证据，并指明下次开庭调查的重点。第二次开庭时，只就未经调查的事项进行调查和审理，对已经调查、质证并已认定的证据不再重复审理。审判人员如果认为案件事实已经查清，必要的证据已经齐备，即可宣布终结法庭调查，进入法庭辩论阶段。

（三）法庭辩论

在法庭辩论阶段，双方当事人及其诉讼代理人充分行使自己的辩论权，在法庭上就有争议的事实和法律问题进行辩驳和论证。法庭辩论是开庭审理的重要阶段之一，是民事诉讼辩论原则在普通程序中最集中、最生动的体现。法庭辩论的任务是通过双方当事人及其诉讼代理人的言词辩论，对有争议的问题逐一进行审查和核实,以查明案件的客观真实情况,为明确是非责任、正确适用法律奠定基础。作为定案依据的所有证据,都必须经过法庭的辩论和质证,即使是不得在公开开庭时出示的证据,也必须经过双方当事人的辩论和质证。

在法庭辩论过程中,审判人员处于指挥诉讼进程的地位,引导当事人就争议焦点展开辩论,制止发言中与本案无关的陈述或重复未被法庭认定的事实,保障双方当事人的平等辩论权。法庭辩论应在法庭调查的基础上进行,当事人如果在法庭辩论中提出与案件有关的新的事实和证据,合议庭应当停止辩论,恢复法庭调查。法庭辩论时,审判人员不得对案件性质,是非责任发表意见,不得与当事人辩论。必要时,审判长可以根据案情限定当事人及其诉讼代理人每次发表意见的时间。

《民事诉讼法》第 141 条第 1 款规定,法庭辩论按照下列顺序进行:(1) 原告及其诉讼代理人发言;(2) 被告及其诉讼代理人答辩;(3) 第三人及其诉讼代理人发言或者答辩;(4) 互相辩论。第一轮辩论结束后,审判长应当询问当事人是否还有补充意见。当事人要求继续发言的,应当允许,但要提醒不得重复。当事人没有补充意见的,审判长应即宣布法庭辩论终结。在案件受理后、法庭辩论结束前,原告增加诉讼请求、被告提出反诉、第三人提出与本案有关的诉讼请求,可以合并审理的,受诉人民法院应当合并审理。法庭辩论终结时,审判长按照原告、被告、第三人的先后顺序征求各方最后的意见,给当事人再一次阐述自己观点和意见的机会。至此,法庭辩论即告终结。

《民事诉讼法》第 142 条规定:“法庭辩论终结,应当依法作出判决。判决前能够调解的,还可以进行调解,调解不成的,应当及时判决。”法庭辩论终结后,法院作出判决前,对于能够调解的,可以再进行调解。当事人不愿意调解或调解不成的,合议庭应当宣布休庭,进入下一个阶段——合议庭评议。

(四) 合议庭评议

法庭辩论终结后,由审判长宣布休庭,合议庭组成人员进入评议室对案件进行评议。合议庭评议的任务是依据法庭调查和法庭辩论的情况,就案件的性质、认定的事实、适用的法律、是非责任和处理结果等进行评议并作出结论。评议的结果应是以判决或裁定的方式确认当事人之间的权利义务关系。评议中如发现案件事实尚未查清,需要当事人补充证据或者由人民法院自行调查收集证据,可以决定延期审理,由审判长继续开庭时,宣布延期审理的理由和时间,以及当事人提供补充证据的期限。

合议庭评议应当秘密进行。在合议庭对案件进行评议时,发表意见的先后顺序也应依法进行。根据 2002 年《合议规定》第 10 条的要求,合议庭评议案件时,先由承办法官对认定案件事实、证据是否确实、充分以及适用法律等发表意见,审判长最后发表意见;审判长作为承办法官的,由审判长最后发表意见。合议庭评议的情况应当制成笔录,由合议庭成员签名。评议实行少数服从多数的原则,评议的情况应如实记入笔录。评议笔录不准当事人及其诉讼代理人查阅、复制。评议完毕,由审判长宣布继续开庭,宣告判决结果。

(五) 宣告判决

不论案件是否公开审理,宣告判决结果一律公开进行。宣告判决有两种方式:一种是当庭宣判,一种是定期宣判。定期宣判(也称约期宣判)的,应在10日内向当事人发送判决书;当庭宣判的,应在宣判后立即发给判决书。不管采用哪种形式宣判,都要告知当事人上诉权利、上诉期限以及上诉法院。宣告离婚判决时,必须告知当事人在判决发生法律效力前不得另行结婚。

当庭宣判的案件,人民法院应当告知当事人或者诉讼代理人领取裁判文书的期间和地点,当事人在指定期间内领取裁判文书之日即为送达之日;当事人在指定期间内未领取的,指定领取裁判文书期间届满之日即为送达之日,当事人的上诉期从人民法院指定领取裁判文书期间届满之日的次日起开始计算。

当事人因交通不便或者其他原因当庭要求邮寄送达裁判文书的,人民法院可以按照当事人自己提供的送达地址邮寄送达。人民法院根据当事人自己提供的送达地址邮寄送达的,邮件回执上注明收到或者退回之日即为送达之日,当事人的上诉期从邮件回执上注明收到或者退回之日的次日起开始计算。

按撤诉处理或者缺席判决的,人民法院可以按照当事人自己提供的送达地址将裁判文书送达给未到庭的当事人。

定期宣判的案件,定期宣判之日即为送达之日,当事人的上诉期自定期宣判的次日起开始计算。当事人在定期宣判的日期无正当理由未到庭的,不影响该裁判上诉期间的计算。当事人确有正当理由不能到庭,并在定期宣判前已经告知人民法院的,人民法院可以按照当事人自己提供的送达地址将裁判文书送达给未到庭的当事人。

三、法庭笔录

法庭笔录是在法庭审理过程中,由书记员制作的反映法庭全部审判活动的真实情况的记录。包括以下内容:(1) 案由;(2) 开庭审理的时间、地点;(3) 是否公开审理;(4) 审判员、书记员姓名;(5) 当事人、第三人、诉讼代理人和其他诉讼参与人姓名、性别、年龄、民族、职业、住所;(6) 审判员告知当事人的诉讼权利和义务；(7) 法庭调查、法庭辩论、法庭调解的过程和内容；(8) 合议庭评议笔录；(9) 当庭宣判的应记明判决主文，当事人对判决的声明。定期宣判的，应另作宣判笔录。法庭笔录应当有全体审判员、书记员的签名，以表明法庭笔录的真实性和严肃性。

法庭笔录的内容，应当向当事人和其他诉讼参与人公开。公开方式可以由书记员当庭宣读，或由当事人及其他诉讼参与人当庭阅读，或告知当事人在闭庭后5日内阅读。当事人和其他诉讼参与人认为法庭笔录有遗漏或差错的，有权申请补正；如果审判员和书记员认为申请无理，不予补正的，不能更改原始记录，但应当将当事人的申请记录在案。法庭笔录应当有当事人和其他诉讼参与人的签名或盖章，拒绝签名盖章的，记明情况附卷。

四、审理期限

审理期限是指某一案件从人民法院立案受理到作出裁判的法定期间。具体而言，是指从立案的次日起至裁判宣告、调解书送达之日止的期间，但公告期间、鉴定期间、审理当事人提出的管辖权异议以及处理人民法院之间的管辖争议期间不应计算在内。因当事人、诉讼代理人申请通知新的证人到庭、调取新的证据、申请重新鉴定或者勘验，法院决定延期审理1个月之内的期间；由有关专业机构进行审计、评估、资产清理的期间；中止诉讼（审理）至恢复诉讼（审理）的期间，不应计算在内。

依照现行《民事诉讼法》的有关规定，适用普通程序审理的案件，人民法院应当在立案之日起6个月内审结。有特殊情况需要延长的，报请院长批准，批准延长的期限，最长不超过6个月；在上述期限内还未审结，需要延长的，则由受诉法院报请上级法院批准，延长的期限由上级法院决定。《最高人民法院关于严格执行案件审理期限制度的若干规定》（以下简称《审限规定》）第2条规定，报请上一级人民法院批准的，可以再延长3个月。

第五节　案件审理中几种特殊情况的处理

一、撤诉

撤诉是指在人民法院受理案件后，宣告判决之前，原告要求撤回其起诉的行为。撤诉是当事人对其诉讼权利行使处分权的表现，可以发生在起诉受理之后判决宣告之前的任何诉讼阶段，并产生程序终结的法律后果。撤诉表面上与当事人的实体权利无关，但实际上与法院调解、诉讼和解以及放弃诉讼请求或承认对方诉讼请求等处分实体权利的行为存在千丝万缕的联系。因此,在撤诉的制度设计中,应注意处理好法院审判权与当事人处分权的关系,并保证当事人双方在撤诉程序中的实质性参与。

根据是否由当事人主动提出,撤诉分为申请撤诉和按撤诉处理两种情况。

(一)申请撤诉

申请撤诉,指原告在法院立案受理后,进行宣判前,以书面或口头形式向人民法院提出撤回其起诉的要求。申请撤诉的条件包括:

(1)申请人必须是原告及其法定代理人。经原告特别授权的诉讼代理人也可以提出撤诉申请;有独立请求权的第三人也可以提出撤诉申请,但有独立请求权的第三人申请撤诉不影响原告和被告之间本诉的进行。

(2)撤诉必须是原告自愿。申请撤诉是原告处分自己诉讼权利的行为,除非原告有明确的意思表示,任何人不得强迫原告申请撤诉,审判人员也不得以任何借口动员原告申请撤诉。

(3)撤诉必须合法。申请撤诉的时间必须是在法院受理案件之后,宣告判决之前;申请撤诉在实体上不得有规避法律的行为,不得违反现行法律、法规的规定,不得有损于国家、集体和他人的利益。

(4)撤诉必须由人民法院作出裁定。当事人行使处分权,必须在法律许可的范围内。原告申请撤诉,人民法院应当依法进行审查,申请符合条件的,裁定准许撤诉,案件审理终结;申请不符合条件的,裁定驳回申请,案件继续审理。不论是否准许撤诉,都必须以裁定的方式告知当事人。此外,有独立请求权的第三人参加诉讼后,原告申请撤诉,人民法院依法准许原告撤诉后,有独立请求权的第三人作为另案原告,原案原告、被告作为另案被告,诉讼另行进行。当事人申请撤诉的案件,如果当事人有违法行为需要依法处理的,法院可不准撤诉。

值得注意的是,在处理撤诉的问题上,许多国家的民事诉讼法都规定需要考虑被告的利益,甚至需要征得被告的同意。例如,《德意志联邦共和国民事诉讼法》第269条规定:“原告只能在被告未就本案开始言词辩论前,可以不经被告同意而撤回诉讼。撤回诉讼以及使撤回生效的必要的被告的同意,应向法院表示。”[①]之所以这样规定,是为了防止被告因原告的撤销行为而遭受利益损害。因此,在撤诉的制度设计中,应注意平衡当事人双方的利益:既要保障原告处分诉讼权利的自由,又要保障被告的程序利益;既要限制原告滥用撤诉权,又要防止被告不合理地阻碍原告撤诉以达到拖延诉讼的目的。

---

① 《德意志联邦共和国民事诉讼法》,谢怀栻译,中国法制出版社2001年版,第64页。

这是今后完善我国《民事诉讼法》应予考虑的问题。

（二）按撤诉处理

按撤诉处理指原告虽然没有提出撤诉申请，但其在诉讼中的一定行为已经表明他不愿意继续进行民事诉讼，因而，法院依法决定撤销案件，对案件不再进行审理。按撤诉处理的法律效果与申请撤诉完全相同，因此，只有出现下列法定情形时，法院才可以裁定按撤诉处理：

（1）原告或上诉人未按期交纳诉讼费用。

（2）原告经传票传唤，无正当理由拒不到庭。

（3）原告未经法庭许可中途退庭。

（4）原告应预交而未预交案件受理费，人民法院应当通知其预交，通知后仍不交纳，或申请缓、减、免未获人民法院批准仍不交纳诉讼费用的，按撤诉处理。

（5）无民事行为能力的原告的法定代理人，经法院传票传唤无正当理由拒不到庭的，可按撤诉处理。

（6）有独立请求权的第三人经法院传票传唤，无正当理由拒不到庭的，或未经法庭许可中途退庭的，可按撤诉处理；无独立请求权的第三人，无正当理由拒不到庭的，或未经法庭许可中途退庭的，不影响案件的审理；依法可以按撤诉处理的案件，如果当事人有违法行为需要依法处理的，法院可以不按撤诉处理。

（三）撤诉的法律后果

1．撤诉将直接引起终结诉讼程序的效果

对当事人来说，不能再请求人民法院按原诉讼程序继续审理此案；对于人民法院来说，也无需对案件进行审理并作出裁判。撤诉是法院结案的一种方式。

2．撤诉是否具备中断诉讼时效的效力

我国法学界对此存在争议，主要分为三种观点：（1）因撤回起诉视为没有起诉，因此撤诉不能引起诉讼时效的中断。（2）只要起诉，无论是否撤诉都会引起诉讼时效的中断，诉讼时效重新计算，但是法律有特别规定的除外。（3）起诉之后被告已经收到了诉讼法律文书，将引起诉讼时效的中断；如果被告未收到，就不能引起诉讼时效的中断。实践中法院大多倾向于采用第三种方式。

3．诉讼费用由原告负担

根据《诉讼费用交纳办法》第15条，当事人申请撤诉的，减半交纳案件受理费。

二、缺席判决

缺席判决是指人民法院在一方当事人无正当理由拒不参加法庭审理的情况下,依法作出判决。法院裁判本应建立在双方当事人均出庭并充分进行言词辩论的基础之上,通常情况下,当事人也会于言词辩论之日出庭并进行辩论。但是,由于民事诉讼奉行处分原则,基于各种考虑,当事人缺席法庭辩论的情况实难避免。缺席判决制度就是为维持法庭秩序,保障参加法庭审理的一方当事人的合法权益及法庭审理的正常进行而设立的制度。依此制度作出的判决书,就是缺席判决书。

根据《民事诉讼法》的有关规定,缺席判决适用于下列情况:

(1) 原告不出庭或中途退庭按撤诉处理,被告提出反诉的。

(2) 被告经传票传唤,无正当理由拒不到庭的,或未经法庭许可中途退庭的。

(3) 法院裁定不准撤诉的,原告经传票传唤,无正当理由拒不到庭的。

(4) 无民事行为能力的被告人的法定代理人,经传票传唤无正当理由拒不到庭的。

(5) 在借贷案件中,债权人起诉时,债务人下落不明的,人民法院受理案件后公告传唤债务人应诉。公告期限届满,债务人仍不应诉,借贷关系明确的,经审理后可缺席判决。在审理中债务人出走,下落不明,借贷关系明确的,可以缺席判决。

《民诉法意见》第 162 条规定:“无独立请求权的第三人经人民法院传票传唤,无正当理由拒不到庭,或者未经法庭许可中途退庭的,不影响案件的审理……”据此,对经传票传唤无正当理由拒不到庭,或者未经法庭许可中途退庭的无独立请求权第三人,法院也可以作出缺席判决。但是,由于我国民事诉讼法无独立请求权第三人制度本身存在的立法缺陷,对无独立请求权第三人进行缺席判决的合理性和正当性值得质疑。

缺席判决与对席判决具有同等法律效力。对于缺席判决,人民法院同样应当依照法定的方式和程序,向缺席的一方当事人宣告判决及送达判决书,并保障当事人的上诉权利的充分行使。

三、延期审理

延期审理是指人民法院开庭审理后,由于发生某种特殊情况,使开庭审理无法按期或继续进行从而推迟审理的制度。

根据《民事诉讼法》第 146 条的规定,有下列情形之一的,可以延期开庭审理:

（1）必须到庭的当事人和其他诉讼参与人有正当理由没有到庭的；

（2）当事人临时提出回避申请的；

（3）需要通知新的证人到庭，调取新的证据，重新鉴定、勘验，或者需要补充调查的；

（4）其他应当延期的情形。

人民法院决定延期审理的，应当作出裁定，并当庭宣布。延期审理的裁定一经宣布，立即发生法律效力。

四、诉讼中止

诉讼中止是指在诉讼进行过程中，因发生某种法定中止诉讼的原因，诉讼无法继续进行或不宜进行，因而法院裁定暂时停止诉讼程序的制度。中止诉讼的裁定一经作出，立即发生法律效力，当事人既不得对之提起上诉，亦不得申请复议。中止诉讼的原因消除以后，除了那些进而发生诉讼程序终结的案件以外，应当及时恢复诉讼。恢复诉讼程序时，不必撤销原裁定，从受诉人民法院通知或者准许当事人双方继续进行诉讼时起，中止诉讼的裁定即失去效力。诉讼程序恢复后，受诉人民法院和当事人等原来已经进行的一切诉讼活动仍然有效，除非有必要，不得再次进行。

根据《民事诉讼法》第 150 条第 1 款的规定，有下列情况之一的，中止诉讼：

（1）一方当事人死亡，需要等待继承人表明是否参加诉讼的；

（2）一方当事人丧失诉讼行为能力，尚未确定法定代理人的；

（3）作为一方当事人的法人或者其他组织终止，尚未确定权利义务承受人的；

（4）一方当事人因不可抗拒的事由，不能参加诉讼的；

（5）本案必须以另一案的审理结果为依据，而另一案尚未审结的；

（6）其他应当中止诉讼的情形。

最高人民法院在有关司法解释中针对司法实践中出现的问题，还规定了下列几种适用诉讼中止的情形：

（1）在借贷案件中，债权人起诉时，债务人下落不明的，法院应要求债权人提供证明借贷关系存在的证据，受理后公告传唤债务人应诉。公告期限届满，债务人仍不应诉，借贷关系无法查明的，裁定中止诉讼；在审理中债务人出走，下落不明，事实难以查清的，裁定中止诉讼。

（2）人民法院受理实用新型或外观设计专利侵权案件后，在向被告送达起诉状副本时，应当通知被告如欲请求宣告该项专利权无效，须在答辩期间内向专利复审委员会提出。被告在答辩期间请求宣告该项专利无效的，人民法院应当中止诉讼。专利权人提出财产保全申请并提供担保的，人民法院认为必要时，在裁定中止诉讼的同时责令被告停止侵权行为或者采取其他制止侵权损害继续扩大的措施。被告在答辩期间未请求宣告该项专利权无效，而在其后的审理过程中提出无效请求的，人民法院可以不中止诉讼。人民法院受理的发明专利侵权案件或者经专利复审委员会审查维持专利权的实用新型专利侵权案件，被告在答辩期间请求宣告该项专利无效的，人民法院可以不中止诉讼。

五、诉讼终结

诉讼终结是指在诉讼进行过程中，因发生某种法定的诉讼终结的原因，使诉讼程序继续进行已没有必要或不可能继续进行，从而由人民法院裁定终结诉讼程序的制度。

根据《民事诉讼法》第151条的规定，有下列情形之一的，终结诉讼：

（1）原告死亡，没有继承人，或者继承人放弃诉讼权利的；

（2）被告死亡，没有遗产，也没有应当承担义务的人的；

（3）离婚案件中的一方当事人死亡的；

（4）追索赡养费、扶养费、抚育费以及解除收养关系案件的一方当事人死亡的。

诉讼终结并没有解决当事人之间的实体权益问题，因此人民法院以裁定的形式决定诉讼终结。诉讼终结的裁定既可以是书面的，也可以是口头的。诉讼终结的裁定一经作出即发生法律效力，当事人不得上诉，也不得申请复议，自裁定送达当事人之日起或宣布之日起发生法律效力。诉讼终结的案件，当事人不得以同一事实和理由，就同一诉讼标的再行起诉，法院也不得再行受理此案。

案例精选

【案例1】[①]

2011年4月26日，尤某被王某驾驶皖MW9XXX号轿车撞伤，其伤情经鉴定已构成伤残，皖MW9XXX号轿车投保于安邦保险安徽公司。因向肇事者王某和保险公司索赔不成，尤某以他们为共同被告，向安徽省蚌埠市淮上

① 参见http://www.chinacourt.org/paper/detail/2012/08/id/808429.shtml，2012年8月9日最后访问。

区人民法院提起诉讼,要求两被告赔偿医疗费、救护费、交通费、营养费、住院伙食补助费、住院护理费、后期护理费、伤残赔偿金、精神损害抚慰金、复印费、鉴定费,合计309589.40元。

2012年1月4日法院立案受理该案。法院依法向被告送达了起诉书,被告在法定期限内提出答辩意见。被告王某对事故事实和责任划分无异议,但辩称:原告部分诉请过高,护理费应按护工工资每天40元计算,后期护理按40%计算。事发后我方垫付医疗费59000余元,要求在本案中一并处理。我方车辆投保了交强险和不计免赔的商业第三者险,原告的合理损失应由保险公司赔偿。原告方在事故中负次要责任,超出交强险部分应按主次责任划分。被告安邦保险安徽公司辩称:原告已经73岁,后期护理费用应一年赔偿一次,鉴定费、案件受理费不属保险公司赔偿范围。

法院依法组成合议庭,于2012年2月28日公开开庭,对该案件适用普通程序进行审理。2012年3月20日,合议庭作出了民事判决书。通过法庭上的质证认证,法院认定在此交通事故中,被告王某负此事故的主要责任,原告尤某负此事故的次要责任。尤某作为受害人,身体多处受伤。两被告要对尤某的损害承担赔偿责任。因王某已为皖MW9XXX号轿车在安邦保险安徽公司投保了交强险和不计免赔的商业第三者险,应由安邦保险安徽公司首先在交强险限额内予以赔偿。超出交强险限额的在商业第三者险限额内按责任承担。不在保险公司赔偿范围的,由王某按事故责任赔偿。最后,法院判决被告安邦财产保险股份有限公司安徽分公司首先在交强险限额内赔偿原告尤某医疗费等相关费用119977.65元;然后在商业第三者险限额内赔偿相关费用81271.04元;总计201448.69元,于判决生效后十日内付清。被告王某赔偿原告尤某鉴定费、复印病历费,合计2896元,于判决生效后十日内付清。

评析:本案是一起机动车责任事故纠纷,纠纷的法律关系是容易认定的,适用法律也相对比较简单。原告作为交通事故的受害人,向肇事者和保险公司进行索赔时,必须要向法院证明两点:(1)对方当事人在交通事故中的责任承担;(2)自身因为此交通事故所遭受的损失。在法庭调查中,原告向法庭出具了八组证据:第一组证据(尤某身份证)和第二组证据(事故责任认定书),证明交通事故发生经过和责任划分,以及原告的主体资格。第二组证据到第八组证据,则是围绕医院住院和看病等费用、司法鉴定意见书等,证明原告尤某在此次事故所遭受的伤害,已经为此支付的医疗费用和后期可能需要的医疗费用。在法庭调查阶段,对方当事人对于事故经过和责任划分并无异议,只是对原告提出的赔偿数额等证据提出异议。各方当事人主要就原告提出的部分医疗费用收据的真实性提出异议;经法院认证,最后认可这些证据的真实性。基于法庭调查中形成的有利于原告的局面,原告在法庭审理的结果中自然获得胜诉的机会。因此,法庭调查是法庭审理中的中心环节,当事人必须要细心收集和整理好支持自己主张事实的证据,这是争取胜诉的关键步骤。

▶【案例 2】[①]

美国 EOS 工程公司(以下简称工程公司)诉山西新绛发电有限责任公司、新绛县人民政府、中国银行山西省分行返还工程款一案,于 1999 年向山西省高级人民法院提起诉讼,之后又申请变更诉讼请求为不当得利。该院经开庭审理,于 2001 年作出民事判决,驳回工程公司的诉讼请求。工程公司不服该判决,依法向最高人民法院提起上诉,审理中又书面申请撤诉,最高人民法院作出裁定准许其撤回上诉,一审民事判决即发生法律效力。工程公司于 2002 年 2 月 4 日就同一法律事实又向山西省高级人民法院提起侵权纠纷诉讼,山西省高级人民法院裁定不予受理。工程公司不服该裁定,上诉称:(1) 原审裁定违反法律程序。侵权纠纷案经立案庭受理后分到了民四庭,后民四庭又将该案退回立案庭,立案庭裁定不予受理。这种做法系程序违法。(2) 原审裁定剥夺了工程公司的民事诉讼权利。以侵权纠纷为由起诉的案件与已审结的返还不当得利案件是两个不同的案件。故请求撤销原审裁定、由山西省高级人民法院恢复审理本案。最高人民法院作出终审裁定:撤销山西省高级人民法院关于不予受理的民事裁定;驳回工程公司的起诉。

评析:本案中,原审原告工程公司基于同一事实,以相同的当事人为被告,向原审法院先后提起不当得利返还之诉和侵权损害赔偿之诉。尽管前后的诉讼理由不同,但实质的诉讼标的是相同的。就此诉讼标的,工程公司先以不当得利为由请求被告返还相应款项,原审法院对此作出了一审民事判决,工程公司不服提起上诉后,又撤回了该上诉,一审民事判决即发生法律效力。工程公司如果仍不服该实体判决,只能通过申诉或者申请再审途径获得救济。后工程公司以侵权为由,就同一诉讼标的再次提起诉讼,违反了“一事不再理”的原则。根据我国《民事诉讼法》第 124 条第 5 项的规定,对判决、裁定、调解书已经发生法律效力的案件,当事人又起诉的,告知原告申请再审,但人民法院准许撤诉的裁定除外,对于工程公司基于同一事实、针对相同的

---

① 汤维建主编:《民事诉讼法学原理与案例教程(第二版)》,中国人民大学出版社 2010 年版,第 285—286 页。

被告又以侵权为由提起的诉讼,人民法院不应予以受理。对此,原审法院认定正确。然而,根据《民诉法意见》第 139 条第 1 款的规定,“起诉不符合受理条件的,人民法院应当裁定不予受理。立案后发现起诉不符合受理条件的,裁定驳回起诉。”本案原审法院在已经立案的情况下,不应再裁定不予受理,而应当裁定驳回起诉。对此原审裁定有误,应予纠正。上诉人的第一点上诉理由成立,应予支持;第二点上诉理由不能成立,不予支持。故最高人民法院作出撤销原审裁定、驳回工程公司起诉的终审裁定是正确的。

思考问题

1. 普通程序的功能、意义和基本流程。
2. 立案程序和审前准备程序的功能和改革。
3. 当事人起诉的条件和法院审查起诉的范围。
4. 法院受理案件的法律后果。
5. 当事人撤诉和按撤诉处理的情形和法律后果。
6. 诉讼中止和诉讼终结的情形。

法条链接

《民事诉讼法》第 119—151 条;《民诉法意见》第 112 条第 1 款、第 139—167 条、第 184 条、第 189 条、第 191 条;《最高人民法院第一审经济纠纷案件适用普通程序开庭审理的若干规定》(法发〔1993〕34 号);《最高人民法院关于人民法院立案工作的暂行规定》(法发〔1997〕7 号);《审改规定》;《证据规定》第 34 条、第 37—39 条;《审限规定》。

扩展阅读

1. 傅郁林:《中国民事诉讼立案程序的功能与结构》,载《法学家》2011 年第 1 期。

2. 柯阳友:《起诉权研究:以解决“起诉难”为中心》,北京大学出版社 2012 年版。

3. 李祖军:《民事诉讼答辩状规则研究》,载《法学评论》2002 年第 4 期。

4. 刘敏:《裁判请求权研究——民事诉讼的宪法理念》,中国人民大学出版社 2003 年版。

5. 张卫平:《起诉条件与实体判决要件》,载《法学研究》2004 年第 6 期。

6. 熊跃敏:《民事审前准备程序研究》,人民出版社 2007 年版。

7. 陈桂明:《审前准备程序设计中的几对关系问题》,载《政法论坛》2004 年第 4 期。

8. 赵旭东:《民事诉讼第一审的功能审视与价值体现》,载《中国法学》2011 年第 3 期。

第十二章　法院调解

法院调解是当事人在审判人员或其他调解人员的主持下，通过意愿的自由交换，就纠纷的解决达成协议的活动。在我国民事诉讼中，调解和判决是两种并存的结案方式，法院主持达成的调解协议具有与终审判决相同的效力。与判决的封闭性和强制性不同，调解呈现出开放性和自愿性的特征。本章主要介绍了法院调解的特征、程序、基本原则和效力。

第一节　法院调解概述

一、法院调解的概念和性质

（一）法院调解的概念

法院调解，又称诉讼调解、司法调解，是指在民事诉讼中双方当事人在法院审判人员的主持或法院委托的其他调解员的主持下，就案件争议的问题进行协商，从而解决纠纷所进行的活动。法院调解包括调解活动的进行和以调解的方式结案。

在我国，以调解的方式解决纠纷历来在纠纷解决机制中占有重要的地位。调解的种类繁多，除民事诉讼中的法院调解外，还包括民间调解、人民调解委员会的调解、行政调解以及仲裁调解等类型。前述各类调解在所适用的程序、所依据的实体规范以及效力上有所不同。其中，法院调解因达成的调解协议被赋予生效判决的效力而在各类调解中占据重要的地位。

（二）法院调解的性质

关于法院调解制度的性质，我国民事诉讼法学界主要有三种观点：

1. 审判行为说

该说认为，法院调解有两层含义：其一，法院调解是人民法院在审理民事案件的过程中，贯彻调解原则所进行的一种诉讼活动；其二，法院调解是人民法院行使审判权，解决民事纠纷，结束诉讼程序的一种结案方式。

审判行为说注意到了法院调解与当事人自行和解的区别，凸显了法院调解的诉讼功能，也能够对法院调解的合法性原则作出合理解说：既然法院调解是审判行为，调解过程与结果受程序法和实体法的双重约束就是法院调解的题中应有之义，调解的程序灵活性应当在法院调解中受到一定程度的制约。不过，以往对法院调解的审判行为性质的阐释，往往突出强调法官在法院调解中的地位与权力，忽略了当事人在调解中的重要性，忽略了调解与判决的本质区别，只看到人民法院的调解工作而未注意到人民法院的调解需要通过当事人的意志发挥作用，并且是否同意调解的决定权在当事人。用这样的思想指导调解工作容易造成强制调解。

2. 处分行为说

该说强调，法院调解尽管是在法院主持下进行的，但它不同于法院运用审判权以判决方式解决争议的活动，它本质上是当事人在法院的指导下自律地解决纠纷的活动。当事人的合意是法院调解的本质。

处分行为说的贡献在于从理论上揭示了调解模式与判决模式的区别，该学说关于当事人的处分行为在法院调解中应居主导地位的观点，对于长期以来我国法院调解突出法官职权的观念与做法是一次重大的修正，强调了法院调解程序的当事人主义色彩。当然，完全以当事人的处分行为说明法院调解的性质在理论上难以解释诉讼调解与当事人和解的区别。

3. 审判行为和处分行为结合说

该说认为，应当从人民法院的审判行为与当事人的处分行为两个层面去认识法院调解的性质，应当把我国的法院调解制度看做是当事人行使处分权和人民法院行使审判权相结合的产物。

该说避免了处分行为说所面临的理论解释上的困境，又避免了仅仅将调解视为法院的审判行为带来的片面性。对法院周解的双重定位，要求法院调解的程序设置应兼具诉讼解决纠纷与合意解决纠纷的特征，体现二者的特性。从当事人角度讲，是否用法院调解的方式解决纠纷取决于双方当事人的自愿。调解程序的进行、调解协议的达成也都必须以双方当事人的自愿为前提，调解协议的基础实质上即双方当事人的合意，这种合意包含了当事人一方或双方对自己实体权利的处分，并以此换取纠纷的解决。从人民法院角度讲，法院调解又不仅仅是纯粹当事人之间私权的合意，而是在审判人员的主持下，通过审判人员的说服教育，使当事人双方明了法理，知晓是非，从而达成解决纠纷的协议。① 法院调解存在双重性质，即合同性质和司法性质，前者为当事人处分权的体现，后者为法院审判权的体现。② 在承认此双重性质的前提下，应特别注意强调法院调解的合同性质，避免法院职权介入过多，防止出现当事人合意强制化的现象。

二、法院调解与诉讼外调解、诉讼中和解的联系和区别

（一）法院调解与诉讼外调解

以调解在诉讼程序内外为标准，可将调解分为法院调解和诉讼外调解。法院调解是指在诉讼程序内，由法官主持或法官委托其他人员主持的调解活动。诉讼外调解则是在诉讼程序之外，由人民调解员或其他社会调解组织主持的调解活动。诉讼外调解进行的过程中，法院不会介入调解员的活动；如果介入，就不能说是诉讼外调解，而是法院调解。但是在诉讼外调解协议达

① 张卫平：《程序公正实现中的冲突与衡平》，成都出版社 1993 年版，第 294 页。

② 周建华：《司法调解：合同还是判决？——从中法两国的比较视野出发》，中国法制出版社 2012 年版，第 25—26 页。

成后，法院就有可能介入，即经双方当事人申请，对调解协议实施司法确认，赋予其强制执行的效力。

1．法院调解与诉讼外调解的区别

（1）发生的阶段不同。法院调解发生在诉讼过程中。因此，当事人在此过程中所进行的行为，属诉讼行为，对当事人产生诉讼上的约束力。诉讼外的调解发生在诉讼之外，当事人的行为无诉讼上的意义。

（2）调解主体不同。法院调解是在人民法院的审判人员的主持下进行的。人民法院进行该活动，依据的是其审判职权，所进行的活动属于审判活动，具有审判上的意义和司法的性质。诉讼外调解的主持者是人民调解委员会的委员、行政机关的官员、仲裁机构的仲裁员，所进行的活动不具有审判性和司法的性质。

（3）遵循的要求不同。法院调解要遵循一定的法律原则和程序。在我国，根据《民事诉讼法》的规定，法院调解要遵循当事人自愿和合法的原则，应当在事实清楚、责任分明的基础上进行，法院组织调解还需要有一定的程序。诉讼外的调解虽然也要求要当事人自愿和合法，但这对它们而言不是法律规定的原则，在查清事实和分清责任的问题上也不像法院调解那样严格；在程序上，诉讼外调解也不如法院调解规范。

（4）达成调解协议的效力和性质不同。法院调解如果成功，其所形成的调解协议或调解书生效后与生效的判决书具有同等的法律效力。法院调解当事人达成协议并签收了送达的调解书的，诉讼结束，具有给付内容的调解书具有执行力。诉讼外的调解，除仲裁机构制作的调解书对当事人有拘束力外，其他机构主持下达成调解协议而形成的调解，均无拘束力，而只有一定的见证力，当事人反悔的，可以就该争议问题向人民法院起诉。

相比法院调解协议具有合同和司法双重性质，诉讼外调解协议则只具备合同性质。2002 年发布的《审理涉及人民调解协议案件规定》第 1 条规定："经人民调解委员会调解达成的、有民事权利义务内容，并由双方当事人签字或者盖章的调解协议，具有民事合同性质。当事人应当按照约定履行自己的义务，不得擅自变更或者解除调解协议。"此条已落实到 2010 年颁布的《人民调解法》第 31 条第 1 款："经人民调解委员会调解达成的调解协议，具有法律约束力，当事人应当按照约定履行。"2009 年《诉讼与非诉讼衔接纠纷解决意见》将合同性质的界定推广到行政机关、人民调解组织、商事调解组织、行业调解组织或者其他具有调解职能的组织对民事争议调解后达成的具有民事权利义务内容的协议。

2. 法院调解与诉讼外调解的联系

目前,建立诉讼与非诉讼纠纷解决机制之间的衔接机制是我国纠纷解决改革的重点。

一方面,法院可以将收到的案件转托给诉讼外的组织和个人进行调解,即根据《最高人民法院关于人民法院民事调解工作若干问题的规定》(以下简称《调解规定》),在诉讼中经各方当事人同意,人民法院可以委托与当事人有特定关系或者与案件有一定联系的企业事业单位、社会团体或者其他组织,和具有专门知识、特定社会经验、与当事人有特定关系的个人对案件进行调解,达成调解协议后,人民法院应当依法予以确认。

另一方面,法院有权通过司法确认程序赋予诉外调解协议一种特殊法律效力,使其具有申请执行依据的名义。《人民调解法》第 33 条规定:"经人民调解委员会调解达成调解协议后,双方当事人认为有必要的,可以自调解协议生效之日起 30 日内共同向人民法院申请司法确认,人民法院应当及时对调解协议进行审查,依法确认调解协议的效力。人民法院依法确认调解协议有效,一方当事人拒绝履行或者未全部履行的,对方当事人可以向人民法院申请强制执行。人民法院依法确认调解协议无效的,当事人可以通过人民调解方式变更原调解协议或者达成新的调解协议,也可以向人民法院提起诉讼。"2011 年发布的《人民调解协议司法确认程序规定》对该程序做了详细的规定,涉及案件管辖、申请需提交的材料、受理条件、案件审理的具体要求、不予确认的情形、案外人的救济等。

2012 年《民事诉讼法》修改在第十五章增加第六节"确认调解协议案件",规定了当事人申请司法确认调解协议的程序和法律后果。第 194 条规定:"申请司法确认调解协议,由双方当事人依照人民调解法等法律,自调解协议生效之日起 30 日内,共同向调解组织所在地基层人民法院提出。"第 195 条规定:"人民法院受理申请后,经审查,符合法律规定的,裁定调解协议有效,一方当事人拒绝履行或者未全部履行的,对方当事人可以向人民法院申请执行;不符合法律规定的,裁定驳回申请,当事人可以通过调解方式变更原调解协议或者达成新的调解协议,也可以向人民法院提起诉讼。"

(二) 法院调解与诉讼和解

诉讼和解是指当事人在诉讼过程中通过自行协商,就案件争议问题达成协议,并共同向法院陈述协议的内容,要求终结诉讼的制度。

法院调解与诉讼和解相比较,有以下三点区别:

(1) 性质不同。前者含有人民法院行使审判权的性质,后者则是当事人在诉讼中对自己诉讼权利和实体权利的处分。

（2）参加的主体不同。前者有人民法院和双方当事人共同参加，后者只有双方当事人自己参加。

（3）效力不同。根据法院调解达成协议制作的调解书生效后，诉讼归于终结，有给付内容的调解书具有执行力；当事人在诉讼中和解的，则应由原告申请撤诉，经法院裁定准许后结束诉讼，和解协议不具有执行力。

应当注意的是，法院调解与诉讼和解二者并不是完全没有关系。根据《调解规定》，二者的联系表现为以下两点：

第一，当事人在诉讼过程中自行达成和解协议的，当事人可以申请人民法院依法确认和解协议制作调解书。

第二，当事人在和解过程中可以申请人民法院对和解活动进行协调，人民法院可以委派审判辅助人员或者邀请、委托有关单位和个人从事协调活动。

三、法院调解的意义

法院调解作为人民法院行使审判权处理民事纠纷的一种形式，在我国的民事审判中具有重要意义：

（1）有利于彻底解决当事人之间的纠纷。法院调解是在人民法院主持下，在双方自愿的基础上以平等协商的方式解决他们之间的纠纷。调解的过程，就是尽可能使双方当事人对本案的事实问题和法律问题形成较为一致的认识的过程，调解的结果体现着双方当事人的合意。由于是当事人之间的合意，因此有利于纠纷的彻底解决。

（2）有利于简化诉讼程序，及时化解矛盾。调解手段的运用比较灵活，按照现行《民事诉讼法》的规定，调解可以贯穿于审判程序的全过程，不仅庭审前可以进行调解，开庭审理中也可以进行调解；第一审程序可以调解，第二审、再审程序中都可以进行调解。审判人员可以根据案件的具体情况适时进行调解。一旦调解成功，调解协议生效后即终结诉讼程序，当事人不得再行上诉，从而避免诉讼程序的冗长。

（3）由于法院调解有审判人员的介入，因此容易在审判人员的引导下正确地进行调解，有利于纠纷的顺利解决。当然，要注意防止审判人员对当事人调解意愿的干预。

四、法院调解的改革和完善

法院调解一直是我国重要的纠纷解决方式。20 世纪 90 年代以前，在审判功能衰弱的背景下，调解一度成为法官的主要纠纷解决手段。由于过度追求调解，调解制度的运用产生变味和扭曲，最重要的弊病是调解中当事人合意的丢失,取而代之的是法官的恣意。随着审判功能的加强,要求区分好审判和调解的不同功能。因此,还原调解中当事人的合意一直是调解改革的目标。

有学者认为法院调解包含了公权裁决和私权合意处分,因此也就导致法院调解制度必然产生矛盾。例如,一方面,作为合意处分,允许调解对事实的认定具有一定的模糊性;另一方面,作为一种公权的运用,调解又必须查明事实、分清是非。因此,有些学者主张以诉讼和解取代法院调解,摆脱法院调解中的公权成分。①

笔者认为,我国法院调解改革的重心就是分清楚法院公权力和当事人私权利在调解中的地位和功能分工。诉讼程序中的审判功能是法院公权力发挥主导优势的领域,那么调解功能则应当是当事人私权利发挥主导优势的领域。因此,调解的根本性原则是自愿原则,当事人对调解的启动和进行、结束拥有优势话语权。法院公权力的存在是辅助当事人私权利的,公权力的运用是为保障私权利的正确实施。

第二节　法院调解的原则

法院调解的原则,是指人民法院在进行调解时应遵循的行为准则。我国《民事诉讼法》第 93 条规定:“人民法院审理民事案件,根据当事人自愿的原则,在事实清楚的基础上,分清是非,进行调解。”第 96 条规定:“调解达成协议,必须双方自愿,不得强迫。调解协议的内容不得违反法律规定。”根据这两项法律条文,我国法院调解的原则通常被总结为三项基本原则:当事人自愿原则、真实原则(或称为查明事实、分清是非原则)、合法原则。然而,近年来随着对于调解功能和性质认识的转变,法院调解的原则也逐渐发生变化。因为真实原则和合法原则都是审判中应遵循的原则,调解和审判属于相异的两种纠纷解决方式,调解以其简易性和灵活性著称,真实原则和合法原则有违调解的本质。因此,《调解规定》重新构造了法院调解的原则:提升当事人自愿原则、建立保密原则、抛弃真实原则,限制合法原则。

一、提升当事人自愿原则

当事人自愿原则是指法院调解活动的进行和调解协议的形成都要建立在当事人自愿的基础上。自愿原则是法院调解的合同性质的直接体现,也是私法意思自治原则的贯彻实施。该项原则的具体要求是:第一,在程序上,是

---

① 张卫平:《民事诉讼法》(第二版),法律出版社 2009 年版,第 291 页。

否以调解的方式解决纠纷,当事人必须自愿;第二,在实体上,是否达成调解协议,必须尊重当事人的意愿。前者为程序意义上的自愿,后者为实体意义上的自愿。自愿原则是调解区别于审判的根本标准。

根据自愿原则,一个民事案件能不能用调解的方式解决,除了要看有没有调解解决的可能性外,更主要的是还要看当事人愿不愿意调解。凡当事人一方或双方坚持不愿调解的,人民法院不能强行调解。当事人同意调解的,在调解过程中,人民法院居于主持者地位,既要尽量说服双方当事人互谅互让,达成协议;同时也要尊重当事人的意见,按当事人的意愿达成调解协议。当事人不愿调解或调解无效的,应当及时判决,不能久调不决。

自愿原则虽然一直存在于我国法院调解中,但是在司法实践的适用经常受到其他两项原则——真实和合法原则的限制。法官在调解型审判方式下容易利用查明事实和违反法律规定为由,取缔当事人的合意,以恣意取代合意,歪曲了调解的合同本质。因此,自愿原则的落实贯彻必须依赖其他原则的保障。笔者认为应在调解程序中建立一个金字塔式的原则体系,自愿原则处于金字塔之首,处于底端的其他原则——保密、诚信、对等原则实现对调解程序的规制和保护当事人的意愿。保密原则禁止调解信息的随意披露。诚信原则将重点放在调解的伦理道德上:调解员展示所要求的品质,特别是他的中立性和客观性;当事人积极参与协议的形成和执行中的诚信合作。对等原则要求调解员平衡当事人的对抗力量,特别是在进行单独会谈时。自愿原则的实现不是孤立的,而必须依赖于配套的一系列原则。在法院调解的金字塔原则体系中,自愿原则处于金字塔之首,统治着下属的次要原则——保密、对等、诚信原则;而这些次要原则的共同实施保障着自愿原则的真正贯彻落实。总而言之,自愿的调解既是保密的调解,也是对等的调解。①

二、建立保密原则

保密原则是指法院在主持调解中既要保证调解的不公开进行,同时(更重要的是)要对调解程序中产生的信息在以后的程序中进行保密,不能作为证据(特别是针对提供信息一方)来使用。调解保密原则的确立具有双重意义:维护调解程序的安定性和保障司法程序的公正性。②

调解是双方当事人在第三人的主持下合意解决纠纷的活动。当事人的合意是调解的核心,与诉讼和仲裁相比,调解员不具有任何的强制权力,既不

① 周建华:《司法调解的契约化》,载《清华法学》2008 年第 6 期。
② 周建华:《司法调解的保密原则》,载《时代法学》2008 年第 5 期。

能对当事人采取某种强制措施,也不能对纠纷施加以自己意愿形成的结果。他在调解过程中只是"催化剂"的作用;他的行为只是帮助当事人作出某种决定。如果当事人发现调解员正在冲破界限试图对调解结果施加自己的意愿时,当事人享有随时单方面中止调解的权利。自愿原则赋予当事人完全的能力来约束调解员的行为。相反,在诉讼中,法官具有强制的权力,他既可以在诉讼中采取某些强制措施,又可以在诉讼结束后作出具有强制效力的裁判结果。在诉讼中当事人的意愿受到法官权力的约束;如此,公开原则旨在规制法官权力的行使。然而,公开原则在诉讼中的这层涵义并不适用于调解中。调解不同于诉讼,它的成功取决于当事人的意愿。在调解中如何保护当事人的意愿是核心问题;调解的公开相反将会损害当事人意愿在调解程序中的自由表达。缺失保密原则的保护,当事人将会害怕自己的"坦诚相对"反而成为之后诉讼中针对自己的不利证据。于是,他们不敢随意披露自己的观点,不敢随意展示自己拥有的证据,不敢随意作出任何承认和承诺;他们对待对方提出的方案慎之又慎。在缺失当事人真实自由意愿的情形下,调解程序的进展举步艰难。

允许调解信息在调解结束后的诉讼程序中应用的危害,不仅仅限于对调解程序安定性的危害,而且危及到诉讼程序中判决的公正性。在泄露的调解信息中,一部分是真实的,另一部分的真实性则可能需要予以验证。比如,当事人在调解中出于对对方的信任,或者寻求一个快速的解决结果,可能会作出一些与事实有所差异的自认、承诺或方案等;他们作出对部分利益的让步,放弃了本来对这部分利益拥有的权利。如果我们允许另一方当事人将前面的"让步"作为证据在诉讼程序中使用,法官的客观中立地位必然受到这些证据的影响,他所作出的判决不可能是公正的。

鉴于调解保密原则的上述意义,《证据规定》第 67 条规定:"在诉讼中,当事人为达成调解协议或者和解的目的作出妥协所涉及的对案件事实的认可,不得在其后的诉讼中作为对其不利的证据。"2004 年《调解规定》第 7 条第 1 款规定:"当事人申请不公开进行调解的,人民法院应当准许。"2009 年《诉讼与非诉讼衔接纠纷解决意见》第 19 条比较完整确定了调解保密原则的两重涵义:(1) 调解过程不公开,但双方当事人要求或者同意公开调解的除外。(2) 从事调解的机关、组织、调解员,以及负责调解事务管理的法院工作人员,不得披露调解过程的有关情况,不得在就相关案件进行的诉讼中作证,当事人不得在审判程序中将调解过程中制作的笔录、当事人为达成调解协议而作出的让步或者承诺、调解员或者当事人发表的任何意见或者建议等作为证据提出,但下列情形除外:① 双方当事人均同意的;② 法律有明确规定的;③ 为保护国家利益、社会公共利益、案外人合法权益，人民法院认为确有必要的。

三、抛弃真实原则

有学者说，法院调解与判决一样，是人民法院行使审判权的方式，因此以调解的方式处理民事纠纷同样要查明案件事实，分清是非。① 查明案件事实是分清当事人之间是非责任的前提，又是对当事人进行说服教育，做好调解工作，正确解决纠纷的基础和依据。人民法院的审判人员在调解时必须查明事实，做到心中有数，才能抓住当事人争执的焦点，分清是非，对当事人进行有理有据的调解工作。如果事实不清，是非不明，盲目调解，只能是事半功倍，不能达到调解的目的，甚至使案件久拖不决。②

确实，查明事实、分清是非是调解成功的一个重要条件。很多案件如果不事先查明案件事实，就容易产生和稀泥式的调解。这种情形下达成的调解协议极易导致不公平因素的产生。调解中坚持查明事实、分清是非原则和民事诉讼中一直坚持的以事实为根据、以法律为准绳原则分不开。但是，诉讼中坚持的“事实”不再是对客观真实的要求，而是一种法律真实，即通过诉讼证据还原的、尽可能接近于客观真实的法律真实。既然诉讼中的事实也只是法律事实，那么在调解中我们并不要求遵守严格的程序规范，自然不能提出与诉讼中查明事实同样的标准。并且，在某些案件中没有查明事实的必要，只要当事人同意，就可以达成调解协议。另外，审前调解机制的设立，起诉一卄始，还未进入案卷审查阶段，或者还处于案件审查中，就鼓励进行调解；此时，查明事实显然不可能。因此，查明事实、分清是非不应当成为法院调解的原则，而只是部分调解活动中促使调解成功的 个重要条件。即使是追求查明事实、分清是非，这里也只是说法院调解在事实基本清楚、当事人之间的权利义务关系基本明了的基础上进行。

四、限制合法原则

合法原则是指法院调解在程序上要遵循法律程序，形成的调解协议不可违反国家的法律规定的原则。该项原则的具体要求是：

第一，人民法院进行调解活动，程序上要合法。当事人不愿进行调解或不愿继续进行调解的，不应强迫当事人进行调解；调解未成的，不应久调不决，而应及时判决，等等。

---

① 张卫平：《民事诉讼法》（第二版），法律出版社 2009 年版，第 291 页。

② 江伟主编：《民事诉讼法》（第三版），高等教育出版社 2007 年版，第 216 页。

第二,人民法院进行调解,调解协议内容应当不违反国家的法律规定。

应注意,调解中的合法原则显然不同于审判中的合法原则。审判要遵循严格的程序形式要求,同时在实体结果方面要严格依照法律裁断。调解以其灵活性著称。一方面,在程序方面,可以不遵守繁琐的程序要求,采取灵活的方式与当事人和其他诉讼参与人进行会面。另一方面,在实体方面,调解也可跳出法律的束缚,由当事人基于合意自由解决纠纷。根据《调解规定》第12条,调解协议具有下列情形之一的,人民法院不予确认:(1) 侵害国家利益、社会公共利益的;(2) 侵害案外人利益的;(3) 违背当事人真实意思的;(4) 违反法律、行政法规禁止性规定的。因此,调解协议只要不违反法律、行政法规禁止性规定的,不侵害国家利益、社会公共利益和案外人利益,不违背当事人真实意思的,即为"合法"。

第三节　法院调解的实施

一、法院调解的开始

(一) 法院调解的适用范围

1. 法院调解适用的程序范围

根据《民事诉讼法》的规定,法院调解在诉讼的各阶段、各审级中均可进行。具体来讲,法院在案件受理之后开庭之前可以进行调解,在庭审过程中可以进行调解,在二审中乃至在再审中也都可以进行调解。

根据《调解规定》,调解可以在答辩期满后裁判作出之前进行,在征得当事人各方同意后,法院可以在答辩期满前进行调解。为避免答辩期满前的调解时间过长会拖延诉讼,《调解规定》对这一阶段的调解时间做了限制:在答辩期满前人民法院对案件进行调解,适用普通程序的案件在当事人同意调解之日起15天内,适用简易程序的案件在当事人同意调解之日起7天内未达成调解协议的,经各方当事人同意,可以继续调解。延长的调解期间不计入审限。庭审中的调解,通常情况下是在法庭辩论结束后进行。根据司法实践,调解可以当庭进行,也可以在休庭之后另定日期进行。调解的开始,一般由当事人提出申请,法院也可以依职权主动提出建议,在征得当事人同意后开始调解。

2012年《民事诉讼法》修改在原《民事诉讼法》中增加一条,作为第122条:"当事人起诉到人民法院的民事纠纷,适宜调解的,先行调解,但当事人拒绝调解的除外。"调解作为解决纠纷的有效方式,具有程序简便、方式灵活、自觉履行率高等优点。未经人民调解的纠纷,起诉到法院的,可以先行调解;经过人民调解未达成调解协议的纠纷,起诉到法院的,也可以先行调解。在立案之前,法院就可先行采取调解的方式解决纠纷。调解的适用范围进一步扩大,从立案后延伸至立案前。① 根据调解适用的阶段,法院调解可分为:立案前的调解、立案阶段的调解、答辩阶段的调解、审前程序中的调解、庭审中的调解。

2. 法院调解适用的案件范围

《调解规定》第 2 条规定:"对于有可能通过调解解决的民事案件,人民法院应当调解。但适用特别程序、督促程序、公示催告程序、破产还债程序的案件,婚姻关系、身份关系确认案件以及其他依案件性质不能进行调解的民事案件,人民法院不予调解。"

(1) 从原则上讲,对于有可能通过调解解决的民事案件,人民法院都应当进行调解。

所谓"有可能通过调解解决的民事案件",是指在事实上和法律上都存在调解解决可能性的案件,而非前述"但书"规定中予以明确排除的案件。民事案件的调解可能性,具体则是指各方当事人之间存在"求同存异"的共同意愿,利益冲突并非不可调处的客观基础,较为明晰的法律关系和基本清楚的案件事实,以及不为法律、法规所强制性禁止的合意处分之可能性。此外,须明确,上述"人民法院应当调解"之规定,并不意味着法院可以不考虑各方当事人是否愿意而一律主动依职权进行调解,而只是说不一定要待当事人正式提出调解申请后再进行调解。譬如,法院开启调解程序后当事人并未明确表示反对,即可认为当事人愿意接受调解。

(2) 对于某些特定案件,人民法院应当先行调解。

法院审理离婚案件,应当进行调解。根据《最高人民法院关于适用简易程序审理民事案件的若干规定》(以下简称《简易程序规定》)第 14 条第 1 款,对于婚姻家庭纠纷和继承纠纷、劳务合同纠纷、交通事故和工伤事故引起的权利义务关系较为明确的损害赔偿纠纷、宅基地和相邻关系纠纷、合伙协议

① 这实际就是对实践中地方法院开创的新立案机制——立案预登记的一种确认。"立案预登记"是指法院在立案审查时,对有调解可能的婚姻家庭、相邻关系、宅基地、土地承包、小额欠款等纠纷,第一时间向当事人释明诉前先行调解的特点、优势以及诉讼风险,建议当事人到村(居)委会、民调组织等进行调处,如各方当事人同意,法院只做立案预登记,将纠纷移交相应组织进行调解,如在一定期限内未调解成功,法院再转入诉讼程序进行审理。这种模式充分借助专家、律师、社会团体、民调组织等社会力量,挖掘法院内部人员潜力,便捷、经济、有效地化解了纠纷。参见 http://rmfyb.chinacourt.org/paper/html/2012-04/10/content_43088.htm,2012 年 11 月 21 日最后访问。

纠纷以及诉讼标的额较小的其他纠纷,法院在开庭审理时应当先行调解。此外,《最高人民法院关于进一步发挥诉讼调解在构建社会主义和谐社会中积极作用的若干意见》第5条规定:“人民法院对适合调解结案的民事案件,应当调解,并重点做好以下案件的调解工作:涉及群众利益,需要政府和相关部门配合的案件;人数众多的共同诉讼、集体诉讼案件;案情复杂,当事人之间情绪严重对立,且双方都难以形成证据优势的案件;相关法律法规没有规定或者规定不明确,在适用法律方面有一定困难的案件;敏感性强、社会关注程度大的案件;申诉复查案件和再审案件。”

(3)《调解规定》第2条“但书”中明确予以排除的六类具体案件,即适用特别程序、督促程序、公示催告程序、破产还债程序的案件,婚姻关系、身份关系确认案件,法院一律不予调解。

特别程序中的选民资格案件,其不仅直接涉及相关公民所享有的选举权与被选举权等基本权利,而且与国家的选举秩序息息相关,因此不允许当事人合意处分,故不得适用法院调解。而特别程序中的其他几类案件,包括宣告失踪或宣告死亡案件、认定公民无民事行为能力或限制民事行为能力案件、认定财产无主案件、确认调解协议案件和实现担保物权案件,均属非讼案件,这些案件中均不存在利益直接对立的双方争议主体,所以也都不存在调解解决的客观可能性。适用督促程序和公示催告程序的案件,它们所适用的程序均为略式诉讼程序,本身并不具备进行调解所必需的诉讼结构和诉讼空间。破产还债程序,其开启与运作并不以解决纠纷为目的,而是以处理某些民商事主体的“市场退出”问题为宗旨,因此显然不存在进行法院调解的必要与可能。至于婚姻关系、身份关系确认案件,它们的处理和解决,不仅直接关系案件当事人个人的权益保护问题,更与国家的婚姻制度、身份制度以及社会的公序良俗密切不可分,因此均须以法律、法规的明确规定作为解决纠纷的依据,而不允许各方当事人合意处分,这是当事人意思自治的一个例外。否则,将会出现婚姻关系和身份关系是否存在或是否有效可以由当事人自己来合意商定的荒唐局面。当然,需要指出的是,对于同时存在婚姻关系(或身份关系)确认之诉和相关给付之诉的民事案件,针对其中的给付之诉部分,仍然可以适时进行法院调解。

《调解规定》第2条在明确排除上述六类案件的同时,概括性地将“其他依案件性质不能进行调解的民事案件”附列其后,乃是因为:相对于客观事物的多样性和复杂性而言,人类的认知能力在一定时期内总是有限的,而认知能力的有限性又必然造成立法的不完善,司法解释也是如此,这在成文法国家是一个普遍存在的问题。具体就不适用法院调解的案件范围而言,上述列举性排除固然可以解决实践中的一般认定问题，但却仍然难以穷尽所有应予排除的案件。为此，《调解规定》第 2 条既给法官提供了一定的自由裁量空间，法官应当谨慎行使、小心操作，同时又为今后随着认识的深化和客观情形的变化而适当调整上述排除性列举的范围预留了规则层面的“入口”。

（二）调解程序的启动

人民法院要适用调解的，首先要考虑有无调解解决的可能，如果认为有可能调解解决，即可在征得当事人同意的前提下，由合议庭或独任审判员进行调解；也可委托法院外的第三人进行调解。《调解规定》第 2 条规定：对于有可能通过调解解决的民事案件，人民法院应当调解。

对某些特定案件，法律设置了调解前置程序，即必须先行启动调解程序，调解不成才进入审判程序。《简易程序规定》第 14 条规定：“婚姻家庭纠纷和继承纠纷，劳务合同纠纷，交通事故和工伤事故引起的权利义务关系较为明确的损害赔偿纠纷，宅基地和相邻关系纠纷，合伙协议纠纷，诉讼标的额较小的纠纷，人民法院在开庭审理时应当先行调解。但是根据案件的性质和当事人的实际情况不能调解或者显然没有调解必要的除外。”应当注意，调解程序的强制启动并不意味着必须达成调解协议。调解程序的强制启动只是给予当事人一个可能协商解决的机会，强制当事人能够面对面地进行协商，至于当事人能否真心诚意参与调解和达成协议，这是当事人的意愿，任何人不得强制。

二、调解的进行

（一）调解工作的展开

调解开始前，人民法院应当告知当事人主持调解人员和书记员姓名以及是否申请回避等有关诉讼权利和诉讼义务。当事人申请不公开进行调解的，人民法院应当准许。调解开始后，首先由双方当事人陈述案件的事实和理由，并出示有关的证据，或要求证人出庭作证，双方当事人可以进行辩论、质证。然后，再由审判人员根据已查明的事实，针对当事人之间争议的焦点，有的放矢对当事人进行法制宣传教育工作。之后，即由双方当事人自行协商，双方当事人协商可在法庭内进行，也可在法庭外进行，但审判人员和调解人员应当参加。

（二）调解组织

法院的调解在审判人员的主持下进行。调解工作既可以由合议庭共同主持，也可以由审判员一人主持。所谓“由审判员一人主持”，既指由独任审判员主持调解活动，也指由受合议庭指派的某一个审判员主持调解活动。由审判员一人主持调解活动,主要适用于相对简单的民事案件,这样可以在完成调解的同时,合理控制诉讼投入,减少诉讼成本;由合议庭主持调解活动,主要适用于相对复杂或影响较大的民事案件,这样可以充分发挥合议庭组成人员的集体智慧,尽力促成调解协议的达成。调解可以在法庭上进行,也可以在当事人所在地进行。

法院进行调解,还可以采用协助调解和委托调解的方式。

1. 协助调解

协助调解,是指法院进行调解,可以邀请有关单位和个人协助。被邀请的单位和个人,应当协助人民法院进行调解。这里所说的有关的单位和个人,是指"与当事人有特定关系或者与案件有一定联系的企业事业单位、社会团体或者其他组织,和具有专门知识、特定社会经验、与当事人有特定关系并有利于促成调解的个人"。协助调解制度的确立,并没有改变诉讼调解的主持者,调解的主持者仍然是法官,但是这一机制的适用,既有助于促成案件的调解解决,也能够使普通民众在一定程度上接近司法、参与司法,这是和谐司法的具体表现之一。

2. 委托调解

《调解规定》第3条第2款规定:"经各方当事人同意,人民法院可以委托前款规定的单位或者个人对案件进行调解,达成调解协议后,人民法院应当依法予以确认。"与前述协助调解机制那种"请进来"的方式不同,委托调解机制则是一种"托出去"的方式。通过委托调解机制,实现了调解主体的多元化与社会化,避免了由法官主持调解所可能给当事人造成的过于"冰冷"的感觉,大大地增强了诉讼调解的可接受性。

(三) 调解方式

1. "面对面"与"背靠背"的调解方式

法院调解应当在当事人的参加下进行,原则上要采取面对面的形式。根据《调解规定》,法院根据需要也可以对当事人分别做调解工作,此即"背靠背"的调解方式。单独会谈有助于调解的成功,特别是在当事人之间存在抵触情绪时。因为在调解过程中,由于当事人双方本身就已存在情感冲突,因此有时在受到来自对方或其他方面不良信息的刺激后,就极易使冲突进一步升级或矛盾进一步恶化。此时调解法官在必要时就应使用隔离的方法使双方当事人分开,并分别安置于不同场所,不使双方有任何接触机会,使他们均接受不到来自对方或其他方面不良信息的刺激。此时法官则通过各个劝说的方法,使双方逐步缩小意见差距,待事过境迁,当事人的情绪稳定下来后再促成双方调解协议的达成。

2. 当事人参与调解

调解的进行,当事人可以亲自参加,也可以委托诉讼代理人代为进行调解。无诉讼行为能力的当事人进行调解,应当有其法定代理人代为进行。离婚案件原则上应由当事人亲自参加调解,确有困难无法亲自参加调解的,当事人应就离与不离问题出具书面意见。

(四) 调解方案的提出

调解协议通常是在调解方案的基础上形成的。调解方案原则上应当由当事人自己提出,双方当事人都可以提出调解方案。根据《调解规定》,主持调解的人员也可以提出调解方案供当事人协商时参考,双方当事人经过调解,达成调解协议,法院应当将调解协议做记录,并由当事人或经授权的代理人签名。根据《民事诉讼法》的有关规定,调解协议违背法院调解有关原则的,人民法院不予确认。

三、调解的结束

法院调解的结束有两种情况:

第一种是因调解无效而结束。即经过调解,双方当事人不能达成协议,或虽已达成协议,但协议内容不合法,当事人又不愿修改以及在调解书送达前一方反悔的,人民法院应当及时判决。

第二种是因调解成立而结束。即双方当事人经法院调解后,达成了调解协议,经过人民法院审查,协议内容符合国家法律政策的,应予以批准。需制作调解书的,应制作调解书并发给双方当事人。对不需要制作调解书的,协议内容应记入笔录,并由双方当事人、审判人员和书记员签名盖章,从而结束案件的审理。

第四节　调解协议及其效力

一、调解协议的制作

(一) 调解协议和调解书

1. 调解协议和调解书的关系

作为调解成功的结果,当事人会就纠纷解决签订协议,此为调解协议。协议内容记入笔录,并由双方当事人、审判人员和书记员签名盖章,即可终结案件的审理。通常而言,在调解协议达成后,法院应制作以调解协议为主要内容的正式的法律文书,即调解书。调解书写明诉讼请求、案件的事实和调解结果。调解书由审判人员、书记员署名，加盖人民法院印章，送达双方当事人。因此，调解协议是一种简单、初步的调解结果，调解书则是一种相对更为正式、固定化的调解结果。

制作调解书的目的是为了明确当事人之间的权利义务关系，同时也表明人民法院对当事人之间的协议予以认可。因此，人民法院通过调解活动，当事人自愿达成调解协议的，一般应制作调解书。只有在某些特殊情况下，当事人达成调解协议的，法律规定不需制作调解书。根据《民事诉讼法》第 98 条第 1 款的规定，不需制作调解书的案件有：(1) 调解和好的离婚案件；(2) 调解维持收养关系的案件；(3) 能够即时履行的案件；(4) 其他不需要制作调解书的案件。

2. 调解书的内容

调解书由人民法院按照法定的格式依据调解协议的内容制作。《民事诉讼法》第 97 条第 1 款规定：调解达成协议，人民法院应当制作调解书。调解书应当写明诉讼请求、案件的事实和调解结果。调解书的具体内容主要包括：

(1) 首部。包括制作调解书的人民法院的名称、案件的编号、当事人及其诉讼代理人的基本情况、案由等。

(2) 主文。包括案件的事实和调解的结果。该部分为调解书的核心部分。案件事实包括当事人双方争议的事实和人民法院查明的事实。写法可采取归纳式，力求简略而概括，不必像判决书那样详细。调解的理由一般可以不写或从简，与事实写在一段里。调解的结果部分则要求具体、明确，避免当事人在履行调解书时发生争议。在协议内容之后，另起一行，写明诉讼费用的负担。当事人不能对诉讼费用如何承担达成协议的，不影响调解协议的效力。人民法院可以直接决定当事人承担诉讼费用的比例，并将决定记入调解书。

(3) 尾部。包括案件审判人员、书记员的签名、调解书的制作时间和人民法院的印章。

《调解规定》第 16 条规定：当事人以民事调解书与调解协议的原意不一致为由提出异议，人民法院审查后认为异议成立的，应当根据调解协议裁定补正民事调解书的相关内容。

(二) 调解协议中的特殊约定

1. 调解协议内容可以超出诉讼请求的范围

因为当事人进行协商解决的纠纷，往往不止一个，对这些纠纷达成一揽子协议，有助于解决他们之间的争议。所以，调解中无需像判决那样严格遵守当事人提出的诉讼请求范围。相比判决的封闭性特征，调解协议的内容具有开放性特征。根据《调解规定》第 9 条，调解协议内容超出诉讼请求的，人民法院可以准许。

2. 调解协议可先行就部分诉讼请求达成约定

《调解规定》第 17 条规定：当事人就部分诉讼请求达成调解协议的，人民法院可以就此先行确认并制作调解书。当事人就主要诉讼请求达成调解协议，请求人民法院对未达成协议的诉讼请求提出处理意见并表示接受该处理结果的，人民法院的处理意见是调解协议的一部分内容，制作调解书的记入调解书。

但是，当事人自行和解或者经调解达成协议后，请求人民法院按照和解协议或者调解协议的内容制作判决书的，人民法院不予支持。

3. 调解协议中对协议执行保障条款的约定

尽管多数调解协议能够得到当事人自觉地履行，需要强制执行的调解案件较少。但一旦发生不履行调解协议或者调解书的情况，债权人则往往会为自己在调解时作出的让步而感到后悔。这种顾虑也直接影响了当事人进行调解的积极性。为消除当事人这种顾虑，促进当事人达成调解协议，《调解规定》建立了两种调解协议执行的保障机制：

（1）允许当事人在调解协议中设定违约责任。

《调解规定》第 10 条第 1 款规定："人民法院对于调解协议约定一方不履行协议应当承担民事责任的，应予准许。"此项规定的设置目的，乃是为了通过加大违约成本来遏制违约行为，督促当事人自动履行调解协议。此项民事责任的预设，须以各方当事人在调解协议中有明确约定为基础。此项民事责任的实际承担，须以一方当事人不履行调解协议中确定由其承担的实体义务为前提。此项民事责任并不是相对于调解协议中原本就已确定由某方当事人承担的基本民事责任而言的"替代性"责任，而是一种带有"加重"性质或曰"惩罚"性质的民事责任。也就是说，在一方当事人不履行调解协议时，基本民事责任与此项民事责任都必须由其承担。正因如此，《调解规定》第 19 条第 1 款中才规定："调解书确定的……承担民事责任的条件成就时，当事人申请执行的，人民法院应当依法执行。"应当注意的是，当事人在调解协议中约定的此项民事责任应当被限制在合理的范围之内，通常不能超过义务人根据相关实体法所应承担的全部民事责任的范围。同时，为了避免使不履行调解协议的一方当事人重复承担"加重责任"或曰"惩罚性责任"，《调解规定》第 19 条第 2 款又规定："不履行调解协议的当事人按照前款规定承担了调解书确定的民事责任后，对方当事人又要求其承担民事诉讼法第 232 条（现为第 250 条——笔者注）规定的迟延履行责任的，人民法院不予支持。"

虽然各方当事人可以在调解协议中约定一方不履行协议时所应承担的民事责任,但却不能在调解协议中约定一方不履行协议时另一方可以请求法院对案件作出裁判的条款,否则法院不予准许。这不仅是因为此项约定已经明显超过了各方当事人可以合意处分的事项范围(即其既不属于对实体权利的处分,也不属于对诉讼权利的行使),而且若由法院据此直接作出裁判也有违诉讼机理:既无相关诉讼程序之启动,亦未经过法院审理之过程,更无据以定案之证据。此外更为重要的是,这样做的结果还将造成案件在实体处理上的重叠(因为调解协议的本身就是对案件所做的一种实体处理),并由此导致调解协议在事实上遭到否定。

(2) 允许当事人在调解协议中设定担保。

《调解规定》第 11 条规定:"调解协议约定一方提供担保或者案外人同意为当事人提供担保的,人民法院应当准许。案外人提供担保的,人民法院制作调解书应当列明担保人,并将调解书送交担保人。担保人不签收调解书的,不影响调解书生效。当事人或者案外人提供的担保符合担保法规定的条件时生效。"同样,调解书确定的担保条款条件成就时,当事人申请执行的,人民法院应当依法执行。不履行调解协议的当事人按照前款规定承担了调解书确定的民事责任后,对方当事人又要求其承担民事诉讼法规定的迟延履行责任的,人民法院不予支持。民事诉讼中调解担保制度的确立,有助于督促当事人自动履行调解协议,防止、遏制当事人在达成调解协议后的随意毁约现象。

(三) 法院对调解协议的审查责任

经调解达成协议后,法院应当进行审查,并根据审查的结果,或予以确认,或不予确认。《调解规定》第 12 条规定:"调解协议具有下列情形之一的,人民法院不予确认:(1) 侵害国家利益、社会公共利益的;(2) 侵害案外人利益的;(3) 违背当事人真实意思的;(4) 违反法律、行政法规禁止性规定的。"此外,《最高人民法院关于进一步发挥诉讼调解在构建社会主义和谐社会中积极作用的若干意见》第 8 条还要求:"人民法院应当认真履行对调解协议……的审查确认职责,确保协议……不违背善良风俗和社会公共道德。"据此可知,如有违背者,法院亦不予确认。

二、调解协议的效力

调解协议的效力,是指人民法院主持调解成功,双方当事人达成调解协议,并依法定程序接受调解协议所产生的法律后果。

（一）调解协议生效的时间

依照《民事诉讼法》第 97 条至第 98 条的规定，法院调解发生效力的时间，因是否制作调解书而有所不同。法院调解成功后，制作调解书的，调解书经双方当事人签收后，即具有法律效力。对不需要制作调解书的协议，记入笔录，由双方当事人、审判人员、书记员签名或者盖章后，即具有法律效力。

根据《民诉法意见》第 95 条至第 97 条，当事人一方拒绝签收调解书的，调解书不发生法律效力，人民法院要及时通知对方当事人。调解书不能当庭送达双方当事人的，应以后收到调解书的当事人签收的日期为调解书生效日期。无独立请求权的第三人参加诉讼的案件，人民法院调解时需要确定无独立请求权的第三人承担义务的，应经第三人的同意，调解书应当同时送达第三人。第三人在调解书送达前反悔的，人民法院应当及时判决。因此，在调解书送达之前当事人一方或双方反悔的，或调解书送达时当事人拒绝签收的（调解书不适用留置送达），调解不成立，法院应对案件继续进行审理。

实践中存在当事人一方在签收调解书之前无故反悔，以此拖延诉讼的现象。这不仅违背了诉讼诚信原则，而且浪费了审判资源，增加了当事人的诉讼成本。《简易程序规定》第 15 条规定："调解达成协议并经审判人员审核后，双方当事人同意该调解协议经双方签名或者捺印生效的，该调解协议自双方签名或者捺印之日起发生法律效力。当事人要求摘录或者复制该调解协议的，应予准许。调解协议符合前款规定的，人民法院应当另行制作民事调解书。调解协议生效后一方拒不履行的，另一方可以持民事调解书申请强制执行。"《调解规定》第 13 条规定："根据民事诉讼法第 90 条第 1 款第（4）项规定，当事人各方同意在调解协议上签名或者盖章后生效，经人民法院审查确认后，应当记入笔录或者将协议附卷，并由当事人、审判人员、书记员签名或者盖章后即具有法律效力。当事人请求制作调解书的，人民法院应当制作调解书送交当事人。当事人拒收调解书的，不影响调解协议的效力。一方不履行调解协议的，另一方可以持调解书向人民法院申请执行。"第 15 条又规定："对调解书的内容既不享有权利又不承担义务的当事人不签收调解书的，不影响调解书的效力。"

（二）调解协议的效力

调解协议或调解书生效后，与生效判决具有同等的法律效力，具体表现在以下几方面：

（1）诉讼结束，当事人不得以同一事实和理由再行起诉。

（2）一审的调解协议或调解书发生效力后，当事人不得上诉。

（3）当事人在诉讼中争议的法律关系中的争议归于消灭，当事人之间实体上的权利义务关系依调解协议的内容予以确定。

(4) 具有给付内容的调解书,具有强制执行力。当负有履行调解书义务的一方当事人未按调解书履行义务时,权利人可以根据调解书向人民法院申请强制执行。

案例精选

▶【案例 1】[①]

武汉锅炉公司是世界五百强公司之一的法国阿尔斯通公司的下属上市公司,与我国存在长期的经济合作关系。魏桥铝电公司是我国五百强企业之一山东魏桥集团公司的下属上市公司。双方自 20 世纪 80 年代就一直开始良好合作,累计发生过 56 台锅炉的贸易关系,共同促进了各自公司的发展壮大。但 2007 年 8 月武汉锅炉公司被阿尔斯通公司(中国)收购后,一方面,由于公司经营理念发生变化,加之搬迁新址导致了供货不及时、设备部件及资料不全等违约情况;另一方面,魏桥铝电公司由于大力扩张,管理力量不足及资金短缺,出现了支付货款不及时的违约行为。在双方不能有效的沟通和交流的情况下,先是魏桥铝电公司在山东省滨州市中级人民法院对武汉锅炉公司提起 3 个诉讼,紧接着武汉锅炉公司又在山东高院对魏桥铝电公司提起了 5 个诉讼。8 个案件共涉及双方合作中的 5 个合同,合同总价款 16.64 亿元,涉案争议标的额达 7.14 亿元。

鉴于该系列案件影响重大,山东高院民二庭迅速组织精干力量,抽调业务骨干审理该批案件。同时积极与滨州中院进行联系,争取案件一揽子处理。双方有多年良好贸易合作关系,并有今后进一步合作的业务需求,之所以发生纠纷,主要是在公司控制人及管理层变更后,双方企业文化及价值观念存在差异,缺乏必要的信任以及有效的沟通交流平台。在案件审理中,合议庭鉴于这种情况,确定了着力调解,力促双方当事人建立长期协作关系或建立新的贸易关系,实现“案结事了、合作发展、互利共赢”的办案思路。根据这一思路,合议庭和办案法官反复与双方当事人沟通,并由庭长带队,多次分别到魏桥铝电公司所在地和武汉,与双方公司高层直接对话,从法律、经济及社会发展等方面辨法析理,寻求最佳解决方案。在合议庭的参与和努力下,双方先是对纠纷解决方式达成共识,即在继续合作中处理发展中出现的问

① 闫继勇:《山东高院一揽子调解 8 起案件涉案标的 7 亿余元,实现案结事了,促进合作发展,推动互利共赢》,原载《人民法院报》,转引自 http://www.chinacourt.org/article/detail/id/478002.shtml,2012 年 4 月 13 日最后访问。

题，一揽子解决双方的争议。之后，双方又就纠纷解决以及继续合作的细节问题进行了4个月的艰苦磋商。最终，双方于3月27日达成调解协议，8起案件全部调解或撤诉结案。同时，双方当事人不仅冰释前嫌、握手言和，还重新签订了标的额5.6亿元的新合同，并另行协商确定了5.6亿元的合同意向。

评析：本案中的双方当事人具有长期合作的关系。两者因为短暂的沟通和交流存在的问题而产生各种误解，引发多起诉讼。虽然法院也可以通过审判作出裁判结果来解决问题，但这样的裁判有些"火上加油"，可能不能把矛盾解决，反而有可能激化矛盾。结果是即使当事人的关系进一步恶化，又会因当事人的上诉和可能的申诉导致诉讼资源的浪费。此时，调解的优越性显示出来，可以促使双方当事人互相交流和沟通，体谅各自的难处，达成共识，进而继续保持友好的合作关系。显然，本案中法官通过细心的工作，使用调解一次性解决了当事人之间的8起买卖合同系列纠纷案，获得了很好的效果：既解决了纠纷，又化解了矛盾，促进了互相往来，修复了关系，实现了互利共赢。

▶【案例2】[①]

安徽省医药保健品进出口公司（以下简称"医保公司"）与（香港）华甲有限公司（以下简称"华甲公司"）于1992年12月10日，签订了出口肝素钠的购销合同。合同签订后，医保公司在合同约定的有效期间，先后两次履行了合同约定的供货数量，共计货款313576.16美元，人民币162.5万元，华甲公司未付。在此之后至诉讼之前，双方虽多次达成付款协议，华甲公司仅付7万美元，其余货款始终未付。因此，医保公司向法院提出诉讼，要求华甲公司归还所欠货款本息和因此造成的经济损失，并承担本案诉讼费用。在诉讼期间，合肥市中级人民法院根据医保公司的财产保全申请和担保，依法查封了华甲公司在深圳注册的新世界生化技术有限公司的一号工业厂房。审理后，合肥市中级人民法院主持调解，双方自愿达成还款协议。调解书送达后，双方当事人签收，调解书发生法律效力。

但调解书在履行期间内，被执行人华甲公司未按协议履行还款义务，申请执行人医保公司于1994年11月向合肥市中级人民法院申请执行。1995年1月9日，合肥市中级人民法院向被执行人华甲公司发出执行通知书。

评析：本案涉及调解书的效力问题。《民事诉讼法》第97条第3款规定："调解书经双方当事人签收后，即具有法律效力。"生效的调解书具有与生效

① 郭纪元主编：《民事诉讼法学案例教程》，厦门大学出版社2008年版，第235—236页。

裁判相同的效力:确认当事人之间的权利义务关系;结束诉讼程序;不得以同一诉讼标的、同一的事实和理由再行起诉;不得对调解协议提出上诉;有给付内容的调解协议书具有强制执行力。本案中,医保公司和华甲公司达成的调解协议经人民法院确认制作调解书,送达双方当事人并经签收后,即生效。同时该调解书具有给付内容,因此还具有强制执行力。华甲公司不履行调解书所确定的还款义务,医保公司有权依据生效的调解书向法院申请强制执行。

思考问题

1. 调解与审判的关系。
2. 法院调解的双重性质。
3. 法院调解的基本原则。
4. 法院调解的程序。
5. 法院调解的效力。

法条链接

《民事诉讼法》第 9 条、第 50 条、第 93—99 条、第 122 条、第 133 条、第 142 条、第 172 条、第 194 条、第 195 条、第 198 条、第 201 条、第 202 条、第 206 条、第 208 条、第 212 条、第 234 条、第 236 条;《民诉法意见》第 84 条、第 91—97 条、第 123 条、第 182—184 条、第 191 条、第 211 条;《审理涉及人民调解协议案件规定》;《简易程序规定》第 14—17 条;《调解规定》;《最高人民法院关于进一步发挥诉讼调解在构建社会主义和谐社会中积极作用的若干意见》;《诉讼与非诉讼衔接纠纷解决意见》;《人民调解协议司法确认程序规定》。

扩展阅读

1. 范愉,史长青,邱星美:《调解制度与调解人行为规范:比较与借鉴》,清华大学出版社 2010 年版。

2. 李祖军:《调解制度论:冲突解决的和谐之路(癸亥)》,法律出版社 2010 年版。

3. 〔澳〕娜嘉·亚历山大(Nadjia Marie Alexander):《全球调解趋势(第 2 版)》,王福华等译,中国法制出版社 2011 年版。

4. 李浩:《当下法院调解中一个值得警惕的现象——调解案件大量进入强制执行研究》,载《法学》2012 年第 1 期。

5. 苏力:《关于能动司法与大调解》,载《中国法学》2010 年第 1 期。

6. 李浩:《理性地对待调解优先——以法院调解为对象的分析》,载《国家检察官学院学报》2012 年第 20(1) 期。

7. 潘剑锋:《论法院调解与纠纷解决之关系——从构建和谐社会的角度展开》,载《比较法研究》2010 年第 4 期。

第十三章　简易程序与小额诉讼程序

简易程序与小额诉讼程序的产生，反映了以提高诉讼效率为目的对民事案件和诉讼程序进行繁简分流的要求。二者以灵活简便为特征，皆只适用于基层人民法院及其派出法庭审理的简单民事案件。与一般简易程序相比，小额诉讼程序更为简单、快捷，如一审终审、审限更短等。本章主要介绍了简易程序和小额诉讼程序的特征、适用范围，程序环节的简化以及简易程序与普通程序的转换机制。

第一节　简易程序概述

一、简易程序的概念和意义

（一）简易程序的概念

在我国民事诉讼中，简易程序是指基层人民法院及其派出法庭审理简单的民事案件和经济纠纷案件所适用的程序。基于我国民事案件的构成及司法资源的现状，简易程序成为我国民事诉讼程序的一个重要组成部分。因符合高效、快捷、低廉的民事司法改革目标，简易程序在其他各国也受到普遍重视。一般而言，人们对民事简易程序概念的理解往往囿于立法，将其局限于《民事诉讼法》专章规定的简易程序。实际上，对简易程序的概念可以从以下四个方面来理解：

（1）传统意义上的民事简易程序。它既包括狭义的民事简易程序，也包括小额诉讼的简易程序。我国现行《民事诉讼法》专章规定的简易程序，仍然是在传统意义上使用的。

（2）狭义的民事简易程序，也称普通意义上的民事简易程序。它不仅排除了民事诉讼中的其他简易化程序，如督促程序、缺席判决等，而且也排除了小额诉讼这种更为简易化的简易程序。日本和我国台湾地区现行民事诉讼法中专章规定的民事简易程序就是在这个意义上使用的。

（3）小额诉讼的简易程序，习惯上也称为小额诉讼程序。通常是指从民事简易程序中分离出来的对诉讼标的额更小的案件所适用的更加简易化的程序。我国近年来一些学者主张增加的小额诉讼程序，就是在这个意义上使用的。

（4）最广泛意义上的民事简易程序。这种简易程序是民事诉讼中所有简易化程序的总称，它既包括通常程序中的简易程序，也包括特别程序中的简易程序；既包括整体的简易程序，也包括局部适用的简易程序；既包括初审程序中的简易程序，也包括上诉审和再审程序中的简易程序。

（二）简易程序设立的意义

建构诉讼程序必须遵循程序保障原理和诉讼费用相当性原理。程序的多元化或专门化是社会发展的逻辑结果和适当解决纠纷的内在需求。正当而合理的诉讼程序应当具有充足保护权益和为社会提供安全的品格。程序的繁复或简易都应与所需解决的纠纷和所要保护的权利的性质和意义相匹配，正所谓“不同类型纠纷适用不同程序”。案件有复杂和简单之分，民事诉讼程序中也应有普通程序和简易程序之分。

简易程序的设立,目的在于使简单民事案件得到快捷、高效和低成本的解决,直接贯彻了诉讼经济和诉讼效率的原则,也是便利当事人进行诉讼和便利人民法院办理案件的“两便”精神在审判程序中鲜活的体现。应注意,简易程序的适用并非只是为了提高司法效率,它还有一个更为重要的目标,即实现司法的大众化,使当事人便于接近司法获得简便快捷的司法救济。

简易程序通过限制甚至取消当事人的一部分诉讼权利来获得或突出“效率”时,应当重视程序自身所具有的最低限度公正性的保障,如平等保障双方当事人的证明权、辩论权等。维护当事人的上诉权,也可限制法官的恣意。

二、简易程序与普通程序的联系和区别

简易程序是我国民事诉讼第一审程序中一个独立的审判程序。它与普通程序并列,不依附于普通程序而存在,也不是普通程序的分支程序。二者既有密切的联系,又有明显的区别。

两者的联系主要表现在:

(1) 程序内容上的关联性。简易程序和普通程序都是法院审理第一审民事案件所适用的审判程序,两者在许多程序制度上是相同的,法院在适用简易程序审理民事案件时,简易程序中没有规定的,适用普通程序的有关规定。

(2) 程序转换上的关联性。法院在适用简易程序审理民事案件的过程中,如果发现案情比较复杂,或者权利义务关系不明确,或者争议较大,需要转为普通程序审理的,应当转为普通程序审理。此外,当事人对适用简易程序有异议的,有权向法院提出,法院经审查认为异议成立的,应当将案件转为普通程序审理。但是,应当适用普通程序审理的民事案件,一般情况下不能转为简易程序审理,除非当事人各方自愿选择适用简易程序,并须经法院审查后同意。

两者的区别主要表现在:

(1) 在程序特点上,简易程序简易、便行;而普通程序完整、系统。

(2) 在适用范围上,简易程序只有基层法院及其派出法庭审理简单的民事案件时才能适用;而普通程序则为各级法院审理除简单的民事案件外的一切民事案件所适用的审判程序。

(3) 在审判组织上,适用简易程序审理案件只能实行独任制;而适用普通程序审理案件必须实行合议制。

(4) 在具体的诉讼规则上,两种程序也存在许多不同之处。

三、简易程序的适用范围

简易程序的适用范围，即哪些法院审理的哪些案件应当适用简易程序。换言之，简易程序的适用范围包括适用简易程序的法院范围和案件范围。

（一）适用简易程序的法院

按照《民事诉讼法》第157条的规定，只有基层人民法院及其派出法庭可以适用简易程序审理第一审案件。派出法庭是指人民法院依法巡回审理就地办案临时组织的审判组织以及固定的人民法庭。人民法庭是基层人民法院在辖区内设置的固定派出机构，是基层人民法院的组成部分，它所作的裁判和调解书与基层人民法院的裁判和调解书具有同等法律效力。除此以外，中级人民法院、高级人民法院、最高人民法院审理第一审民事案件均不得适用简易程序。

（二）适用简易程序的案件

1. 适用简易程序案件范围的一般规定

根据《民事诉讼法》的规定，只有事实清楚、权利义务关系明确、争议不大的简单的第一审民事案件才能适用简易程序。所谓“事实清楚”，是指当事人双方对争议的事实陈述基本一致，并能提供可靠的证据，无须人民法院调查收集证据即可判明事实、分清是非；所谓“权利义务关系明确”，是指谁是责任的承担者，谁是权利的享有者，关系明确；所谓“争议不大”，是指当事人对案件的是非、责任以及诉讼标的争执无原则分歧。以上三者必须同时具备，缺一不可。

2. 适用简易程序案件范围的除外规定

为了正确适用简易程序，保障当事人依法行使诉讼权利，《简易程序规定》第1条列举了五类不适用简易程序的案件：

（1）起诉时被告下落不明的案件。除了被告已经被依法宣告失踪之外，法院应当要求原告提供被告最后居住地的通讯地址或其他联系方式，并按照该通讯地址或联系方式送达应诉通知书，而不能仅凭原告的一面之词就得出被告下落不明的结论。起诉时被告下落不明，法院无从了解双方当事人对争议的事实陈述是否基本一致，对案件的是非、责任以及诉讼标的争执有无原则分歧，因而不能适用简易程序审理。

（2）发回重审的案件。发回重审的案件，一般不会是事实清楚、权利义务关系明确、争议不大的简单的民事案件，应当另行组成合议庭按普通程序审理。

（3）共同诉讼中一方或者双方当事人人数众多的案件。这类案件因涉及的当事人人数众多，案情一般比较复杂，处理起来相对要困难一些，不得适用简易程序审理。

（4）法律规定应当适用特别程序、审判监督程序、督促程序、公示催告程序、企业法人破产还债程序的案件。

（5）人民法院认为不宜适用简易程序进行审理的案件。

3. 当事人自愿选择适用简易程序进行审理的案件

2012年修改后的《民事诉讼法》在第157条增加一款："基层人民法院和它派出的法庭审理前款规定以外的民事案件，当事人双方也可以约定适用简易程序。"此条明确赋予当事人在普通程序和简易程序之间的程序选择权，即当事人可以通过双方同意共同选择适用简易程序。允许当事人约定适用简易程序，在实际效果上扩大了简易程序的适用范围，符合民事诉讼处分原则，也有助于解决诉讼迟延、法院积案等问题。

四、普通程序和简易程序的转换

（一）简易程序向普通程序的单向转换

第一审民事案件适用普通程序还是简易程序，一般依据原告起诉时的案件情况确定，而基于程序安定性之考虑，一经确定适用某种程序，不宜再行变化。适用简易程序审理的案件，是事实清楚、权利义务关系明确、争议不大的民事纠纷，比较容易解决。然而，案件简单与复杂的判断标准在诉前只能是主观的，由于案件本身的复杂性、司法认知的渐进性等原因，会出现已经适用简易程序审理的民事案件，在案件审理过程中，发现案件事实比较复杂，若一概适用简易程序，可能会造成诉讼拖延，不利于查清案件事实、保护当事人实体权益和诉讼权利。此时，需要有程序转换制度，允许将简易程序转为普通诉讼程序。

因此，1992年《民诉法意见》第170条率先规定：适用简易程序审理的案件，审理期限不得延长。在审理过程中，发现案情复杂，需要转为普通程序审理的，可以转为普通程序，由合议庭进行审理，并及时通知双方当事人。审理期限从立案的次日起计算。然而，《民诉法意见》第171条对于普通程序转为简易程序做了禁止性规定，即已经按照普通程序审理的案件，在审理过程中无论是否发生了情况变化，都不得改用简易程序审理。

（二）简易程序与普通程序的双向转换

随着对当事人程序选择权的重视，对诉讼民主和当事人处分权的尊重，2003年《简易程序规定》第2条规定：基层人民法院适用第一审普通程序审理的民事案件，当事人各方自愿选择适用简易程序，经人民法院审查同意的，可以适用简易程序进行审理。人民法院不得违反当事人自愿原则,将普通程序转为简易程序。第3条规定:当事人就适用简易程序提出异议,人民法院认为异议成立的,或者人民法院在审理过程中发现不宜适用简易程序的,应当将案件转入普通程序审理。

根据上述规定,案件适用普通程序还是简易程序,不再是法官单方决定的事情,当事人有了重要的程序选择权;因此,在选择适用程序上,体现了当事人处分权和法官审判权的结合。一方面,本应适用普通程序审理的案件,可以在当事人各方都同意的前提下转为适用简易程序。当然,这种转换也不是当事人说了就算的事情;当事人的同意是前提,但是须经法院审查同意。这是为了防止当事人双方在民事诉讼中恶意串通,损害他人的合法权益。另一方面,法官有时为图便利,将本不应当适用简易程序的案件适用简易程序;此时,赋予当事人提出异议的权利,人民法院认为异议成立的,应当将案件转入普通程序审理。

此外,2012年《民事诉讼法》修改增加了一条,即第163条:"人民法院在审理过程中,发现案件不宜适用简易程序的,裁定转为普通程序。"根据该规定,简易程序转换为普通程序由法院依职权主动进行,即法院可以对其决定适用简易程序的案件或当事人合意选择适用简易程序的案件,转为适用普通程序。但是,这种转换必须具备法定的条件,即"案件不宜适用简易程序"。一般而言,这种情况指案件审理过程中发现事实比较复杂,或者权利义务关系不明确,或者争议较大,依法需要转为普通程序进行审理。形式上,法院转换程序必须通过裁定作出,以限制诉讼实践中简易程序向普通程序转换方面的随意行为。

(三)普通程序和简易程序转换机制的完善

关于普通程序和简易程序的转换,现行规定依然存在不完善之处,主要体现在对法官审判权介入的程序缺乏规制。现行规定都强调转换由法官决定,这样难免造成法官对于当事人的申请置之不理,例如,对于当事人就适用简易程序提出异议权不通告,提出异议不认真审查,忽略了当事人的程序选择权。因此,必须制定相关的规定,要求在当事人提出申请或异议时,法院必须对此在一定期限内作出答复;如果是驳回申请和异议的,法院应当作出有理由的裁判,对此裁判应当赋予当事人申请救济的权利。

第二节 简易程序的具体适用

简易程序既然为普通程序的简易化,那么在其具体适用上呈现出几个方面的特点:起诉方式简便;受理案件的程序简便;传唤当事人和通知其他诉讼参与人的方式简便;实行独任审判;对部分民事案件设立了调解前置程序;开庭审理的程序简便;审结案件的期限较短。总而言之,简易程序集中了简、便、易三个特点。所谓简,就是程序简单,从当事人起诉的方式到人民法院审理案件的方式和审结案件的期限,都有所简化;便,是指便于群众诉讼和便于人民法院办案;易,是指易于人民法院执行。①

一、起诉与答辩

(一) 起诉

《民事诉讼法》第 158 条第 1 款规定:"对简单的民事案件,原告可以口头起诉。"《简易程序规定》第 4 条第 1 款规定:"原告本人不能书写起诉状,委托他人代写起诉状确有困难的,可以口头起诉。"依照法律规定,适用简易程序的民事案件,原告起诉有两种方式:其一,是书面起诉方式;其二,是口头起诉方式。原告起诉的内容应包括当事人的基本情况、联系方式、诉讼请求、事实理由及相关证据和证据来源。当事人口头起诉的,人民法院应将上述内容予以准确记录,将相关证据予以登记并将上述记录和登记的内容向原告当面宣读。原告认为无误后应当签名或者按手印。

(二) 答辩

被告答辩是被告行使辩护权的重要内容。在民事简易程序中,被告有权选择答辩的方式。双方当事人到庭后,被告同意口头答辩的,人民法院可以当即开庭审理;被告要求书面答辩的,人民法院应当将提交答辩状的期限和开庭的具体日期通知各方当事人,并向当事人说明逾期举证以及拒不到庭的法律后果。

二、审理前准备

(一) 举证期限的特点

适用简易程序审理的民事案件,当事人及其诉讼代理人申请人民法院调查收集证据和申请证人出庭作证,应当在举证期限届满前提出,但其提出申请的期限不受《证据规定》第 19 条第 1 款"不得迟于举证期限届满前 7 日"以及第 54 条第 1 款"当事人申请证人出庭作证,应当在举证期限届满前 10 日提出,并经人民法院许可"的限制。

---

① 江伟主编:《民事诉讼法》(第三版),高等教育出版社 2007 年版,第 327 页。

（二）对适用简易程序异议的处理

在简易程序进行中，允许当事人对适用简易程序提出异议。当事人一方或者双方就适用简易程序提出异议后，人民法院应当进行审查。异议成立的，应当将案件转入普通程序审理，并将合议庭的组成人员及相关事项以书面形式通知双方当事人；异议不成立的，口头告知双方当事人，并将上述内容记入笔录。简易程序转入普通程序审理的民事案件的审理期限仍然从人民法院最初立案的次日起开始计算。

三、开庭审理

（一）简易程序中的调解

适用简易程序审理的案件，大都是一些诉讼标的金额较小、案情简单、权利义务明确的案件，因此，有可能调解的案件应该遵循当事人自愿的原则，尽可能促进当事人达成调解。对于婚姻家庭纠纷和继承纠纷、劳务合同纠纷、交通事故和工伤事故引起的权利义务关系较为明确的损害赔偿纠纷、宅基地和相邻关系纠纷、合伙协议纠纷、诉讼标的额较小的纠纷等民事案件，除根据案件的性质和当事人的实际情况不能调解或者显然没有调解必要的，人民法院在开庭审理时应当先行调解。

调解达成协议并经审判人员审核后，双方当事人同意该调解协议并经双方签名或者按手印生效的，该调解协议自双方签名或者按手印之日起发生法律效力。调解协议生效后，人民法院仍应当另行制作民事调解书。调解协议生效后一方拒不履行的，另一方可以持民事调解书申请强制执行。当事人以民事调解书与调解协议的原意不一致为由提出异议的，人民法院审查后认为异议成立的，应当根据调解协议裁定补正民事调解书的相关内容。

人民法院可以当庭告知当事人到人民法院领取民事调解书的具体日期，也可以在当事人达成调解协议的次日起10日内将民事调解书送达给当事人。

（二）对当事人诉讼权利义务的告知

为便于当事人在诉讼中充分行使诉讼权利，自觉履行诉讼义务，在普通诉讼程序中，人民法院不仅在受理案件通知书和应诉通知书中应当向当事人告知有关的诉讼权利义务，或者口头告知，而且在开庭审理时，还应当由审判长告知当事人有关的诉讼权利义务。

但在简易程序中，开庭前已经书面或者口头告知当事人诉讼权利义务，或者当事人各方均委托律师代理诉讼的，审判人员除告知当事人申请回避的权利外，可以不再告知当事人其他的诉讼权利义务。对没有委托律师代理诉讼的当事人，审判人员应当对回避、自认、举证责任等相关内容向其做必要的解释或者说明，并在庭审过程中适当提示当事人正确行使诉讼权利、履行诉讼义务，指导当事人进行正常的诉讼活动。

（三）法庭调查和辩论

依照简易程序审理案件，审理程序比较简便。开庭审理时，不受3日前通知当事人和其他诉讼参加人的限制。2012年《民事诉讼法》进一步简化审理程序，规定基层人民法院和它派出的法庭审理简单的民事案件，可以用简便方式传唤当事人和证人、送达诉讼文书、审理案件；同时，新法也强调保障当事人陈述意见的权利。简易程序的最终目标仍然是及时、快捷地保护当事人依法享有的诉讼权利和实体权利，因此，不能以牺牲公正换取效率，单纯为了程序上的简便而无视当事人依法享有的诉讼权利。简易程序可以采取简易的方式传唤当事人和证人、送达诉讼文书、审理案件。但如果不给当事人充分合理的时间准备应诉，办理委托手续等，有可能造成其仓促应诉，审理过程中也难以有效陈述意见，在诉讼中处于不利地位。因此，新《民事诉讼法》在简化审理方式的基础上，强调要保障当事人陈述意见的权利。①

当事人双方同时到基层人民法院请求解决简单的民事纠纷，但未协商举证期限，或者被告一方经简便方式传唤到庭的，当事人在开庭审理时要求当庭举证的，应予准许；当事人当庭举证有困难的，举证的期限由当事人协商决定，但最长不得超过15日；协商不成的，由人民法院决定。在开庭审理时，本着简便易行的原则和有利于尽早解决纠纷的目的，法庭在进行法庭调查、法庭辩论时，可以不按法定顺序进行：审判人员可以根据当事人的诉讼请求和答辩意见归纳出争议焦点，经当事人确认后，由当事人围绕争议焦点举证、质证和辩论。当事人对案件事实无争议的，审判人员可以在听取当事人就适用法律方面的辩论意见后直接判决、裁定。

适用简易程序审理的民事案件，应当一次开庭审结，但人民法院认为确有必要再次开庭的除外。

（四）庭审笔录

为了保证简单民事案件的审理质量，防止案件审理过于简单化，适用简易程序审理民事案件，也应当将审理案件的全部活动记入笔录。对于审判人员关于当事人诉讼权利义务的告知、争议焦点的概括、证据的认定和裁判的宣告等重大事项，当事人申请回避、自认、撤诉、和解等重大事项，当事人当庭陈述的与其诉讼权利直接相关的其他事项，应当详细记载。

---

① 江必新主编：《〈中华人民共和国民事诉讼法〉修改条文解读与应用》，法律出版社2012年版，第281页。

四、宣判

适用简易程序审理的民事案件，判决结案的，应当公开宣判。宣判的方式有当庭宣判和定期宣判两种。除人民法院认为不宜当庭宣判的以外，应当当庭宣判。

五、判决书的简化

适用简易程序审理的民事案件，也应制作完整的裁判文书。但有下列情形之一的，人民法院在制作裁判文书时对认定事实或者判决理由部分可以适当简化：(1) 当事人达成调解协议并需要制作民事调解书的；(2) 一方当事人在诉讼过程中明确表示承认对方全部诉讼请求或者部分诉讼请求的；(3) 当事人对案件事实没有争议或者争议不大的；(4) 涉及个人隐私或者商业秘密的案件，当事人一方要求简化裁判文书中的相关内容，人民法院认为理由正当的；(5) 当事人双方一致同意简化裁判文书的。

第三节　小额诉讼程序

一、小额诉讼程序概述

（一）小额诉讼程序的概念

小额诉讼程序，也称为小额程序，是指为了案件审理的简便、迅速和经济，针对请求小额金钱或者其他替代物或有价证券的诉讼所规定的一种审理程序。

小额诉讼程序有广义和狭义两种理解。广义的小额诉讼程序与传统的简易程序并无严格区别；狭义的小额诉讼程序指基层法院的小额法庭或专门的小额法院审理数额甚小的案件时所适用的比普通程序更加简化的诉讼程序。前者与一般简易程序并无严格区别。在习惯以诉讼标的额作为标准划分地方法院和上级法院管辖权的大陆法系国家，二者的区别仅在于诉讼标的额和简易程度有所不同而已。例如，法国的小审法院、德国的地方法院及其简易程序。后者则是世界各国在当代司法改革中追求的一种新理念基础上的小额诉讼程序。[1]

① 范愉：《小额诉讼程序研究》，载《中国社会科学》2001 年第 3 期。

（二）小额诉讼程序设立的意义

小额诉讼程序设计上追求低成本与高效率，有益于小额纠纷快速有效的解决。小额诉讼程序是根据程序相称的原理构建的。所谓“程序相称”，是指程序的设计应当与案件的性质、争议的金额、争议事项的复杂程度等因素相适应，以使案件得到妥当的处理。世界范围看，各国司法制度改革均将诉讼程序的简易、便利、快速、低廉作为基本目标之一，普遍重视简易程序并对其进行了一系列的创新。正是在这一背景下，小额诉讼程序应运而生。

从形式和性质上看，小额诉讼程序实质上处于诉讼与非讼程序之间。一方面，它本属于一种民事诉讼程序，原则上由职业法官主持审判，因而与各种法院附设的非诉讼程序（ADR）存在明确的区别。另一方面，小额诉讼程序是世界各国在民事纠纷解决中普遍实行的一种区别于普通民事程序和一般简易程序的制度①，小额诉讼程序的产生目的既在于提高诉讼效率、减轻法院负担，也在于实现司法的大众化，“通过简易化的努力使一般国民普遍能够得到有程序保障的司法服务”。②

在我国，针对目前大幅上升的案件数量与有限的司法资源，建立小额诉讼程序高效率、低成本地处理小额纠纷势在必行。在《民事诉讼法》修改过程中，增加小额诉讼程序是各界专家学者的一致意见。因此，2012 年《民事诉讼法》增加了第 162 条的规定：“基层人民法院和它派出的法庭审理符合本法第 157 条第 1 款规定的简单的民事案件，标的额为各省、自治区、直辖市上年度就业人员年平均工资 30% 以下的，实行一审终审。”从立法安排看，上述第 162 条的规定被置于《民事诉讼法》“简易程序”一章中，立法者并未将小额程序视为一种与简易程序并列的独立的诉讼程序。

贯彻实施小额诉讼程序，在我国具有两层重要意义：

1. 小额诉讼程序有助于人民群众接近司法

在法治社会，不论争议所涉及标的额的大小，当事人都有权诉诸法院，请求司法救济以获得司法平等保护。而民事诉讼法对当事人诉权的平等保障则表现为两个方面：一是程序权的保障，即当事人进入民事诉讼程序后如何保障当事人充分行使诉权；二是程序的保障，即保障当事人都有机会走向法院、接近司法、“接近正义”。对于利益较大的争议案件而言，当事人可能愿意适用相对复杂的普通程序、简易程序并为此支付较高的诉讼成本。而对于日

---

① 范愉：《小额诉讼程序研究》，载《中国社会科学》2001 年第 3 期。

② 〔日〕棚濑孝雄：《纠纷的解决与审判制度》，王亚新译，中国政法大学出版社 1994 年版，第 275 页。

常生活中的小额争议而言,当事人可能会因法律知识的欠缺或诉讼成本高于诉讼利益而理性选择放弃诉讼。当前,随着社会经济转型的加速,人民群众之间小额标的纠纷不断增加,现有简易程序立法及司法解释呈现出滞后性。不少小额纠纷,人民群众基于诉讼成本高昂、诉讼程序复杂等原因不愿将之提交法院解决。而小额诉讼程序以其更加简易化的程序设计、低廉的诉讼成本以及便捷高效的裁判过程,大大方便了当事人诉讼,对解决小额纠纷具有独一无二的优势。

2. 小额诉讼程序有助于降低诉讼成本、合理匹配司法资源

随着社会转型的加速,各种民事纠纷数量不断增长。诉讼案件的增多,一方面体现了人民群众权利意识的苏醒;另一方面也使得当事人的诉讼负担日益增加。因此,当事人对小额案件的程序选择必须考虑诉讼成本上的投入与产出的关系。而小额诉讼程序快捷、简便的程序设计满足了当事人以最低诉讼成本,最快速解决纠纷的需求。

任何国家,在一定时期内司法资源总是有限的。因此,必须用有限的资源,实现司法制度收益的最大化——即最大限度地解决纠纷。如果对小额案件仍适用普通程序或简易程序,将不可避免地造成司法资源的浪费,使得司法资源无法更多地投向更为复杂的民事纠纷,从而最终导致司法资源的配置失衡。而小额诉讼程序一审终审、庭审简化、庭审时间自由、审限压缩等独特制度设计,都服务于"快收、快审、快结"这一主题,可以有效节省司法成本,快捷、及时、有效地维护当事人的合法权益,实现社会公平和正义。

二、小额诉讼程序的立法形式

根据小额诉讼程序的广义和狭义之分,其立法形式基本可分为两类:

第一类,通过民事诉讼法的修改,在简易法院或简易程序之下再设立一种特殊程序。《日本民事诉讼法》中专门规定了区别于简易程序的小额(少额)诉讼程序,处理金额限度为30万日元以下的金钱支付请求案件,该程序在简易裁判所进行,根据当事人提出的申请而进行。我国台湾地区的"民事诉讼法"除了简易诉讼程序(第三章)外,也在第四章中专门规定了"小额诉讼程序",关于请求给付金钱或其他代替物或有价证券之诉讼,其标的金额或价额在新台币10万元以下者,适用小额诉讼程序。英国在其《民事诉讼规则(1998)》所进行的司法改革中,保留了原有的小额诉讼程序,将适用小额诉讼程序案件的标的额从原来的3000英镑提高到5000英镑。

我国原《民事诉讼法》中简易案件与小额案件合一,简易案件中包括小额案件,两者均适用简易程序。学界与实务界均认为这种做法没有体现小额案

件的审理特点,不符合民事纷争的程序设置应与案件类型相适应的程序法理,应当予以改革。有必要在现有的简易程序的基础上进一步简化,为小额案件设立专门的程序,发挥小额诉讼程序的功能。因此,2012 年修改后的《民事诉讼法》针对小额诉讼程序增加了单独的一条,但是程序方面的操作仍显粗糙,对小额诉讼相对于简易程序更为方便快捷的程序特点没有具体规定。

第二类,专门建立区别于普通初审程序的小额法院或法庭。法国的小审法院可以说是历史最为悠久的小额法院,它与大审法院同为初审法院,区别仅在于受理案件的标的额不同。在美国,由于一审案件均由初审法院审理,民事诉讼中并没有专门设立独立的简易程序,而是在诉讼程序进行的各个环节都可以进行简化,例如即决裁判(summery judgment)。为了解决大量的小额债务纠纷,各州陆续建立了小额法院或法庭。美国小额法院一般受理 5000 美元以下的损害赔偿、债务、租赁等案件。在审判制度方面,夜间或休息日开庭、建立社区法庭、开展免费法律咨询等改革,既降低了诉讼成本,又为当事人“接近正义”、获得法律救济提供了便捷渠道。

三、小额诉讼程序的适用范围

各国确定小额诉讼的标准和方法有很大差异,有些以请求金额为标准,有些以一审判决确定的争议金额为标准,有些则以上诉人在上诉中可能获得的利益为标准。其中,以请求金额为标准比较普遍,如英国小额诉讼程序的受案标的额为 5000 英镑。有些国家在限定请求金额的同时还限定了适用小额诉讼程序的案件类型,一般限于交通事故、消费纠纷、邻里纠纷等,如日本规定小额诉讼程序限于标的额在 30 万日元以下的金钱支付请求。

2011 年 4 月,最高人民法院启动了小额速裁试点工作,北京、湖北、青海等 13 个省、直辖市的高级人民法院分别指定其辖区内两个基层人民法院作为试点单位。《最高人民法院关于部分基层人民法院开展小额速裁试点工作的指导意见》对适用小额速裁的案件范围试图予以确定,限定为法律关系单一,事实清楚、争议标的金额不足 1 万元的下列给付案件:借贷、买卖、租赁和借用纠纷;身份关系清楚,仅在给付的数额、时间上存在争议的抚养费、赡养费、扶养费纠纷;权利义务关系明确的拖欠水、电暖、天然气费及物业管理纠纷;责任明确、损失金额确定的道路交通损害赔偿和其他人身损害赔偿纠纷案件;其他可以适用小额速裁的案件。

从其他国家和地区的规定和我国实际看,如果将适用小额诉讼程序的标的额规定得过高,大量一审民事案件适用小额诉讼程序,一方面不能达到合理配置司法资源的目的,另一方面可能违背我国二审终审的审级制度。小额诉讼程序的额度标准关乎老百姓对小额制度的认识、社会稳定以及纠纷的顺利解决,因此,适用小额诉讼的标的额不宜过高。从最高人民法院试点的情况看,将“小额”的标准定位于 1 万元左右比较合适。因此,2011 年《民事诉讼法》修改的草案一稿中,适用小额诉讼程序民事案件的标的额初定为人民币 5000 元以下的,后改为人民币 1 万元以下。

然而,立法部门经研究认为,我国地域辽阔、各地发展差异较大,对于适用小额诉讼的标的额不宜采“一刀切”的方式。因此,最后确定的修改条文,即《民事诉讼法》第 162 条规定:“基层人民法院和它派出的法庭审理符合本法第 157 条第 1 款规定的简单的民事案件,标的额为各省、自治区、直辖市上年度就业人员年平均工资 30% 以下的,实行一审终审”。

立法者以两个条件限定了小额诉讼的受案范围:

(1) 案件必须属于简易民事案件,即为基层人民法院和它派出的法庭审理的事实清楚、权利义务关系明确、争议不大的简单的民事案件。需要注意,当事人约定适用简易程序的民事案件,并不符合这一条件;也就是当事人不能对简单的民事案件以外的案件约定适用小额诉讼程序。

(2) 案件的标的额为各省、自治区、直辖市上年度就业人员年平均工资的 30% 以下。这主要是考虑到我国各地区经济社会发展不平衡,确定一个相对数更符合实际需要。根据国家统计局提供的数据,2011 年全国城镇单位就业人员年平均工资为 41799 元,按 30% 计算,全国大多数省区市为 12000 余元。

实践中可以考虑对符合上述要求的下列单一金钱给付案件,适用小额诉讼程序:(1) 买卖合同纠纷、借款合同纠纷、租赁合同纠纷和服务合同纠纷案件;(2) 身份关系清楚,仅在给付的数额、时间上存在争议的抚养费、赡养费、扶养费纠纷案件;(3) 责任明确,原告主张的损失金额确定的机动车交通事故责任纠纷和其他人身损害责任纠纷案件;(4) 供用水、电、气、热力合同纠纷案件;(5) 银行卡纠纷案件;(6) 劳动关系清楚,仅在劳动报酬、工伤医疗费、经济补偿金或者赔偿金等案件的给付数额和给付时间上存在争议的劳动合同纠纷案件;(7) 劳务关系清楚,仅在劳务报酬的给付数额和给付时间上存在争议的劳动合同纠纷案件;(8) 其他金钱给付纠纷。同时,对于下列案件,暂时可不适用小额诉讼程序:(1) 涉及人身关系争议、财产确权争议的案件;(2) 追加当事人或者提起反诉的案件;(3) 涉及知识产权的案件。

四、小额诉讼程序的操作

各国及各地区小额诉讼程序一般都以简便快捷,收费低廉为显著特征。例如,《日本民事诉讼法》中规定,小额诉讼程序原则上一次开庭 7 日内审理终结,当事人应在开庭审理期日前或该期日,提出全部的攻击或防御的方法,证据也仅限于能即时调查的证据。我国台湾地区则规定,小额诉讼程序得在夜间或星期日抑或其他休息日进行,以方便当事人进行诉讼。另外,小额诉讼收费低廉,一般适用小额诉讼费用专门标准。例如,英国《民事诉讼规则》规定,治安法官责令当事人支付的诉讼费用金额不得超过 260 英镑。小额诉讼还具有非专业化的特点,对法官和当事人的法律专业化程度没有特别要求。例如,法官多为非职业法官或位次较低的职业法官,而在实行律师强制代理制的国家,小额诉讼程序不要求律师代理。

在我国,立法未对小额诉讼的程序进行特别规定,小额诉讼适用简易程序的一般规定。实际上,小额诉讼程序是一种相比传统简易程序更加简易化的程序。对于小额诉讼案件的当事人而言,适用传统简易程序所需要的时间和费用仍然是无法承受的。他们需要一种更为简易化的程序。这种更为简易化的程序简便、完全按照常识化的方式进行运作。①

2012 年《民事诉讼法》修改过程中,对小额诉讼程序是否强制适用的问题主要有三种观点:第一种观点认为,应该采取强制主义,只要属于法定数额标准以下的案件,无需征询当事人意见,直接由人民法院依职权决定启动小额诉讼程序;第二种观点认为,小额诉讼程序应贯彻自愿原则,由当事人决定是否自愿适用小额诉讼程序解决他们之间的纠纷;第三种观点认为,应当采取强制与自愿相结合的原则。也就是说,一定标的额以下的案件,采取强制主义,标的金额超过一定金额以上的案件,采取当事人双方自愿的原则。立法机关最终采纳了强制适用的观点,小额诉讼由法院依职权决定使用,当事人对于简易程序适用范围之外的案件可以约定适用简易程序,但是对于标的额超过小额诉讼标的额标准的案件,不可以约定适用小额诉讼程序。②

根据最高人民法院和学者的探讨,小额诉讼程序的适用将涉及下列几个问题的处理:

(一) 小额诉讼程序的释明

法院在确定适用小额诉讼程序审理案件后,一般可在开庭前以书面《小额诉讼须知》等方式向当事人告知小额诉讼程序的适用条件、审判组织、审理方式、一审终审、申请再审权利等重大事项,并要求当事人对上述书面《小额诉讼须知》进行签收。对当事人提出适用小额诉讼程序的异议,如果异议成

① 范愉:《小额诉讼程序研究》,载《中国社会科学》2001 年第 3 期。

② 江必新主编:《〈中华人民共和国民事诉讼法〉修改条文解读与应用》,法律出版社 2012 年版,第 289 页。

立，可以裁定按简易程序的一般性规定处理或将案件转入普通程序。异议不成立的，裁定驳回其异议申请。

（二）当事人的答辩期和举证期

对双方当事人均到庭的案件，法院可在告知当事人放弃答辩期和举证期的后果并经当事人确认后，立即开庭审理。如当事人明确表示不放弃举证期限，则可自行约定举证期限，但约定的期限不超过10天。当事人没有约定的，由人民法院指定不超过10天的举证期限。如已放弃举证期限的当事人又提出延期举证的申请，则一般不予准许。对于开庭之后新发现的证据，可根据相关规定决定是否准许当事人提交。如因未放弃举证期限的当事人申请延期举证无法在1个月内结案的，经批准，可以延长至3个月，如有需要可转入普通程序审理。如当事人明确表示不放弃答辩期，则可在普通程序规定的15天答辩期基础上，视情况缩短至7天以内。

（三）小额诉讼程序的审理

适用小额诉讼程序审理的案件，通知当事人开庭可以不必传票传唤，但通知原告、被告开庭时间、地点应有已通知当事人的具体书面材料入卷。在通知开庭时，可要求当事人在开庭时携带所有证据并通知证人出庭，争取做到一次开庭，当庭宣判，当庭送达裁判文书。

庭审中，当事人有正当事由不能到庭时，经对方当事人同意，可利用视频技术开庭审理。庭审可不受法庭调查、法庭辩论、最后陈述以及法庭调解的顺序限制，可以灵活地安排询问证人的时间。当事人申请利用视频技术等方式询问证人理由正当的，可予准许。

另外，适用小额诉讼程序公开审理案件，可不必在开庭3日前公布当事人姓名、案由、开庭时间和地点。至于开庭时间，则可以根据当事人的共同申请并经人民法院同意后，在晚间、休息日或法定节假日进行开庭。适用小额诉讼程序审理的案件还可到当事人工作场所所在地、住所地或争议发生地等进行开庭。

（四）小额诉讼程序向其他程序的转化

考虑到适用小额诉讼程序审理的民事案件比适用简易程序普通规定审理的案件更为简单，建议在立案之日起1个月内审结案件。在1个月内不能审结的，可区分下列情形进行处理：如因案件排期等原因导致1个月内不能审结的，经批准，可以延长审限至3个月；如经审理发现当事人诉请涉及人身关系争议、财产确权争议等金钱给付之外的争议，案情复杂，不宜适用小额诉讼程序的，经批准，可裁定按简易程序的一般性规定处理或将案件转入普通程序。按简易程序一般性规定处理的，如双方均未提供新证据且案件已经开庭审理,无须另行开庭;案件转入普通程序的,应组成合议庭,重新开庭,继续审理。

(五) 小额诉讼程序的裁判文书

适用小额诉讼程序审理的案件,可简化裁判文书,在裁判文书中只记载当事人姓名、案件事实要点、裁判基本理由、给付金额及期限等。在条件成熟时,还可以直接将裁判文书要素填充到统一制作的表格,或制作只记载诉讼参加人基本情况和裁判主文的令状等方式进一步简化裁判文书。为了确保裁判文书简化落到实处,各高级人民法院可以因地制宜,制作各类关于适用小额诉讼程序的法律文书样式,下发辖区内基层人民法院及其派出法庭参照使用,以增加司法活动的权威性和稳定性。

(六) 小额诉讼程序的调解

适用小额诉讼程序的案件标的额较小,双方争议不大,调解成功的概率较高。因此,在适用小额诉讼程序审理案件时,要始终坚持"调解优先、调判结合"的工作原则,尽可能通过庭前、庭审、庭后各环节引导、组织当事人进行调解。在调解时,除了遵循自愿、合法原则以外,还要注意调解方法的正当性、灵活性和可操作性,努力实现案结事了,充分发挥诉讼调解的职能作用,确保达到法律效果与社会效果的统一。

(七) 小额诉讼程序的再审

如果当事人对适用小额诉讼程序所做的裁判不服申请再审,可从将矛盾"化解在基层,化解在当地"出发,通过主动释明、积极引导等方式,尽量让当事人选择向原审人民法院申请再审,实现"为大局服务"与"为人民司法"的和谐统一。另外,小额诉讼程序既然以提高诉讼效率为重要目的,其再审程序的启动要更为严格,限制随意启动此程序,从而违背限定其为一审终审的初衷。

案例精选

▶【案例1】①

2005年9月11日唐某在华盛房地产开发有限公司购买益阳市公务员小区(华盛家园)D5栋301号住宅,后将此房出卖给刘某,2006年3月18日,双方签订了房屋买卖合同。刘某已付清所有房款并交纳了一级市场初始办证

① 湖南省益阳市资阳区人民法院(2012)资民二初字第576号民事判决书,参见 http://www.chinacourt.org/paper/detail/2012/08/id/808408.shtml,2012年8月10日最后访问。

的所有税费,但是唐某却迟迟不把房屋交给原告。因此刘某以唐某为被告向益阳市资阳区人民法院提起诉讼,请求人民法院确认该买卖合同有效,并将该房产所有权判归原告。案件于 2012 年 5 月 21 日由法院立案受理,依法由审判员陈某适用简易程序对案件进行了审理。

在法庭审理中,通过简单的法庭调查和法庭辩论,被告未持任何反对意见。原告提供了《房屋买卖合同》、房产证、地产证、税费发票、物业公司证明等证据。基于以上证据和当事人的陈述,法院 2012 年 6 月 11 日作出判决:确认原、被告签订的《房屋买卖合同》合法有效;坐落在益阳市公务员小区(华盛家园)D5 栋 30 层住宅(益房权证朝字第 XXXXXXX)所有权归原告所有;本案受理费 1600 元,由原告负担 800 元,被告负担 800 元。

评析:本案中原告和被告签订房屋买卖合同,原告已按合同约定履行了付款义务,而被告却迟迟不履行交付房屋的合同义务;于是,原告起诉至法院,原告提交了充分的证据证明自己的诉讼请求,而被告对此没有反对。如此,案件的事实清楚,法律关系简单,法院适用简单程序处理,历时仅 20 天。该案体现了简易程序在提高诉讼效率方面的优越性。

▶【案例 2】①

2001 年 7 月 15 日晚,广州市民曲某和朋友为庆贺北京申奥成功,到天鲜阁酒楼消费。其间,曲某特意自带了一瓶白酒与朋友分享。餐后结账时,酒楼除了收取曲某的餐饮费 168 元外,还要加收开瓶费 20 元。曲某认为酒楼强行加收开瓶费的行为是强迫自己接受服务和商品,侵害了自己的合法权益,遂于当年 7 月 18 日向广州市白云区人民法院提起诉讼,要求天鲜阁返还收取的开瓶费 20 元,并赔偿 20 元,同时要求赔礼道歉,赔偿其精神损失费 1 元。

法院一审认为,曲某作为消费者,有自主决定是否买一件商品或接受一项服务的权利,天鲜阁酒楼规定"谢绝自带酒水,自带酒水收取开瓶费 20 元",侵犯了曲某的自主选择权和公平交易权,明显不符合我国《消费者权益保护法》与《民法通则》的有关规定,因此,天鲜阁酒楼收取曲某开瓶费 20 元无理,应予以返还。遂判决天鲜阁酒楼返还曲某 20 元,但法院对曲某的其他诉讼请求不予支持。曲某不服一审判决,提起上诉。二审法院审理认为,原审判决事实清楚,适用法律正确,遂驳回曲某的上诉,维持原判。

评析:本案是一起小额索赔诉讼。该案件虽然诉讼标的额非常小,但是这类小额侵权诉讼有着相当的社会效益。该案中法院判决天鲜阁酒楼输了

① 汤维建主编:《民事诉讼法学原理与案例教程(第二版)》,中国人民大学出版社 2010 年版,第 331—332 页。

"开瓶费"官司,通过媒体的宣传,消费者自然就会认识到强收"开瓶费"是不合理的,进而自觉地拒缴"开瓶费"。而宾馆、酒楼也会意识到一定要强收这笔费用的话也有可能要输官司,这对整个行业无疑有很大的规范作用。从长远意义上看,小额索赔诉讼对法治和权利的实现具有极大推动作用。这就是我国2012年《民事诉讼法》修改中增设小额诉讼程序的重要原因。

思考问题

1. 简易程序的特点、适用范围和条件。
2. 普通程序与简易程序的转换条件和程序操作。
3. 小额诉讼程序的特点和功能。

法条链接

《民事诉讼法》第39条、第133条、第157—163条;《民诉法意见》第168—175条;《审改规定》第20条;《简易程序规定》。

扩展阅读

1. 范愉:《小额诉讼程序研究》,载《中国社会科学》2001年第3期。
2. 傅郁林:《繁简分流与程序保障》,载《法学研究》2003年第1期。
3. 何文燕,廖永安:《我国民事简易诉讼程序之重构》,载《中国法学》2002年第1期。
4. 廖中洪:《小额诉讼救济机制比较研究——兼评新修改的〈民事诉讼法〉有关小额诉讼一审终审制的规定》,载《现代法学》2012年第5期
5. 王亚新:《对抗与判定——日本民事诉讼的基本结构》,清华大学出版社2003年版,第379页以下,《少额诉讼制度》。
6. 章武生、杨严炎:《民事简易程序比较研究》,载《现代法学》2003年第1期。
7. 章武生:《民事简易程序改革的若干认识误区之剖析——兼论我国多元化民事简易程序体系的建构》,《中国法学》2004年第6期。
8. 章武生:《民事简易程序研究》,中国人民大学出版社2002年版。

第十四章　第二审程序

第二审程序是两审终审制下保护当事人权利的普通救济程序。该程序因当事人的上诉行为而启动,启动无需任何理由,只需属于法律规定的可以上诉的案件范围和遵循法律规定的形式条件。第二审程序还负有对第一审法院审判活动的监督功能。第二审裁判一旦作出即生效,具有终结诉讼程序的功能,可以作为申请执行的依据。本章主要介绍了第二审程序的性质和功能、启动条件、审理方式、审理结果的情形、裁判结果的效力等。

第一节　第二审程序概述

一、第二审程序概述

（一）第二审程序的概念

第二审程序是指由于当事人不服地方各级人民法院作出的第一审裁判而在法定期间内向上一级人民法院提起上诉而引起的诉讼程序，是第二审级的人民法院审理上诉案件所适用的程序。我国实行两审终审制，当事人不服一审法院作出的裁判，可以向一审法院的上一级法院提起上诉，由上一级法院对案件再次进行审理，所以第二审又称上诉审，第二审程序又称上诉审程序。同时，一个案件经过二审程序审理并作出裁判后，诉讼即告终结，二审作出的判决立即发生法律效力，因此，二审程序又称为终审程序。

（二）第二审程序的性质

关于第二审程序的性质，有三种不同的学说：

（1）复审制说。该学说认为，第二审是对案件的重新审理，它与第一审无关，第一审中的一切诉讼资料于第二审无效。当事人可不受限制地提出新事实、新证据；第二审法院应重新收集、调查诉讼资料，并在此基础上作出裁判。

（2）续审制说。该学说认为，第二审是第一审的继续和发展，当事人在第一审中提出的诉讼资料，于第二审仍然有效；当事人在第一审没有提出，或虽然提出但未经审理的诉讼资料，可以在第二审中提出。

（3）事后审制说。该学说认为，第二审只能以当事人在第一审中提出的诉讼资料为依据，不允许当事人在第二审中提出新的诉讼资料；第二审只能就第一审适用法律是否恰当进行审查，而不审查第一审法院所认定的事实。

目前世界上大多数国家的第二审程序采用续审制，但对当事人在第二审程序中提出的新证据是否加以限制则有不同的规定。从各国的规定来看，都在逐渐限制第二审程序中提出的新证据，旨在提高二审程序的效率，防止当事人利用上诉制度进行诉讼投机。我国《民事诉讼法》对当事人在二审中提出新证据并没有任何限制，采取的是“证据随时提出主义”。但是，《证据规定》第 41 条第 2 款规定，二审程序中的“新的证据”包括：一审庭审结束后新发现的证据；当事人在一审举证期限届满前申请人民法院调查取证未获准许，二审法院经审查认为应当准许并依当事人申请调取的证据。第 42 条第 2 款规定：当事人在二审程序中提供新的证据的，应当在二审开庭前或者开庭审理时提出；二审不需要开庭审理的，应当在人民法院指定的期限内提出。

由此可见,我国也对第二审程序中的新证据提出做了限制。

（三）第二审程序设立的意义

第二审程序设立的意义在于:

（1）当事人可以通过上诉请求第二审法院对第一审裁判的正确性、合法性进行审查,从而维护自己的合法权益。

（2）上级法院可以通过第二审程序行使审判监督权,审查和监督下级法院的审判工作,维持正确的裁判,发现并纠正错误的裁判。

（3）上诉法院通过第二审程序,发现和纠正下级法院在适用法律上的偏差,确保国家法律的统一实施,克服因法院不同或法官认识不同而产生的裁判的差异性。

（四）第二审程序的结构和内容

第二审程序不是民事诉讼的必经程序，当事人的上诉是第二审程序发生的前提。如果当事人在案件一审过程中达成调解协议或者在上诉期内未提起上诉,一审法院的裁判就发生法律效力,第二审程序也因无当事人的上诉而无从发生。当事人提起上诉,只要符合法律规定的上诉条件,第二审法院就应当受理。受案的人民法院首先对当事人提交的上诉状和案卷材料进行审核,复杂的案件也可参照第一审程序组织证据交换等审理前准备工作。审核后根据不同情况,第二审法院可以采用开庭审理或径行裁判的方式。开庭审理的过程基本相同于第一审程序的开庭审理过程。开庭审理结束后,第二审法院作出裁判,或是维持原判,或是发回重审,或是依法改判。第二审裁判经当事人签收后即发生法律效力。

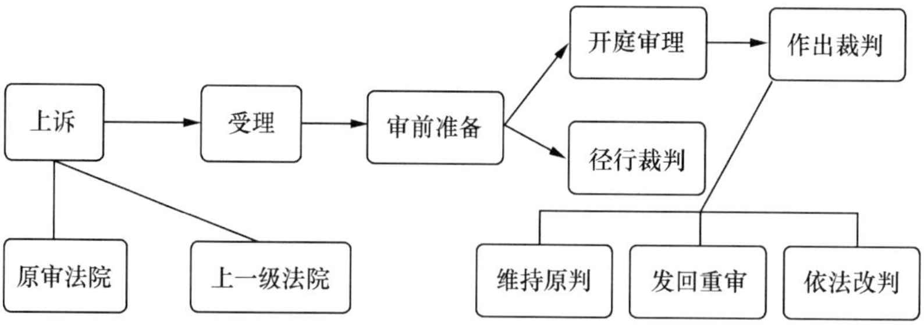

第二审程序示意图

二、第二审程序与第一审程序的联系与区别

第一审程序是第二审程序的前提和基础,第二审程序是第一审程序的继续和发展。第一审程序中包括普通程序和简易程序,它们与第二审程序同属

于诉讼案件的审判程序。经过普通程序或简易程序审理的民事案件,如果当事人不服提起上诉的,上诉审法院即适用第二审程序对案件进行审理。第二审人民法院审理上诉案件,首先运用第二审程序的有关规定;第二审程序没有规定的,要适用普通程序的有关规定。

第二审程序与第一审诉讼程序虽然都属于诉讼案件的审判程序,但毕竟是两种不同的诉讼程序,其主要区别如下:

(1) 审判程序发生的原因不同。一审诉讼程序的发生,基于当事人的起诉权和法院的管辖权;而二审程序的发生是基于当事人的上诉权。

(2) 审级不同。第一审诉讼程序是案件在第一审人民法院审理适用的程序;而第二审程序是案件在二审法院审理的程序,它是一审案件受诉法院的上一级法院在审理上诉案件时适用的程序。

(3) 审判组织不同。一审法院适用第一审诉讼程序审理民事案件的组织形式有两种,即合议制和独任制。实行合议制的,合议庭可以由审判员组成,也可以由审判员和陪审虽共同组成;而二审法院适用第二审程序审理上诉案件只能采取合议制,并且合议庭必须由审判员组成,不能有陪审员参加。

(4) 审理的对象不同。第一审诉讼程序是以原告的起诉状和被告的答辩状为基点展开的,审理的对象是双方当事人之间的民事权益争议;而第二审程序是以一审裁判为基点,对当事人上诉请求的有关事实和适用的法律进行审查,审理对象是一审法院的裁判。因此,两者的任务和目的是不同的。第一审程序的任务是确认当事人之间的民事权利义务关系,正确适用法律,解决民事纠纷;第二审程序除承担上述任务之外,还侧重于对上诉人的权利救济。第二审法院在第一审法院认定事实不清、适用法律错误时,可以撤销原判决发回重审或自行改判。因此,第二审法院在上诉请求范围内,对下级人民法院的审判活动进行监督。

(5) 审理的方式和期限不同。适用第一审程序审理民事诉讼案件,法院只能采取开庭审理的方式;而适用第二审程序审理民事上诉案件,法院可以根据案件事实是否已经清楚等实际情况,选择采取开庭审理或者径行判决的方式。第一审程序中,普通案件的审限一般为 6 个月,简易程序一般为 3 个月。适用第二审程序审理案件,对判决不服的,审限为 3 个月,对裁定不服的,为 30 日。

(6) 裁判的效力不同。适用第一审诉讼程序审结后的判决,在上诉期间,是未发生法律效力的裁判;适用第二审程序审结后的裁判,是发生法律效力的裁判,当事人不得提起上诉。

第二节 上诉的提起和受理

一、上诉的提起

上诉的提起是指当事人对一审法院裁判不服,依法向上一级法院提出,要求上级法院撤销或变更一审裁判的诉讼行为。提起上诉必须具备一定的条件,并遵守一定的程序。

(一) 提起上诉的条件

根据我国《民事诉讼法》的规定,提起上诉应具备以下条件:

1. 提起上诉的主体必须合格

提起上诉,首先必须有上诉人和被上诉人,并且上诉人和被上诉人必须合法。上诉人是享有上诉权的人,被上诉人是上诉人的对方当事人。凡是在第一审程序中具有实体权利的当事人都可能成为上诉人或被上诉人,具体有:第一审程序中的原告和被告、共同诉讼人、诉讼代表人、有独立请求权的第三人及一审法院的判决认定其承担责任的无独立请求权的第三人。

双方当事人和第三人都提出上诉的,均为上诉人。必要共同诉讼人中的一人或者部分人提出上诉的,按下列情况处理:(1) 该上诉是对与对方当事人之间权利义务分担有意见,不涉及其他共同诉讼人利益的,对方当事人为被上诉人,未上诉的同一方当事人依原审诉讼地位列明;(2) 该上诉仅对共同诉讼人之间权利义务分担有意见,不涉及对方当事人利益的,未上诉的同一方当事人为被上诉人,对方当事人依原审诉讼地位列明;(3) 该上诉对双方当事人之间以及共同诉讼人之间权利义务承担有意见的,未提出上诉的其他当事人均为被上诉人。

2. 提起上诉的客体必须是依法允许上诉的裁判

依法允许上诉的裁判必须是未生效的一审裁判,包括地方各级人民法院适用普通程序和简易程序审理后作出的第一审判决,第二审法院发回重审后的判决,以及按照第一审程序对案件再审作出的判决;不予受理的裁定、对管辖权有异议的裁定以及驳回起诉裁定。除此之外,基层人民法院适用特别程序、公示催告程序作出的判决以及根据《民事诉讼法》第 162 条的规定对小额诉讼作出的裁判,第二审法院的终审裁判和最高法院的一审裁判,都是不能上诉的裁判,当事人不能对它们提起上诉。

3. 必须在法定期限内上诉

根据《民事诉讼法》的规定,不服一审判决的上诉期间为 15 日,不服一审裁定的上诉期间为10日,从裁判送达之日起计算。诉讼参加人各自接收裁判的,从各自的起算日分别开始计算;任何一方的上诉期未满,裁判都是在上诉期内,这时,裁判处于一种不确定状态,当事人可以上诉。只有当双方当事人的上诉期都届满后,双方均未提起上诉的裁判才发生法律效力。

共同诉讼人上诉期间的计算,因共同诉讼的种类不同而不同,必要共同诉讼人的上诉期应以最后一个收到裁判的共同诉讼人的上诉期来计算。普通共同诉讼人的上诉期则分别计算。

4. 必须提交上诉状

上诉状是表明当事人表示不服一审法院的裁判,请求二审法院变更原审裁判的根据,是一种重要的诉讼文书。它不仅要求上级法院确认自己的权利,而且要求改变或者撤销原审法院的裁判,通过变更裁判维护自己的合法权益。

上诉状应写明以下内容:

(1) 当事人的姓名,当事人是法人或者其他组织的,还应写明法人或其他组织的全称,法定代表人或者主要负责人的姓名和职务。

(2) 原审法院的名称、案件的编号和案由。

(3) 上诉的请求和理由。这一部分是上诉状的核心部分。上诉的请求是上诉人提起上诉所要达到的目的;上诉的理由是上诉人提出上诉的根据,是上诉人向上诉法院对一审法院在认定事实和适用法律方面持有异议的全面陈述。上诉的请求和理由决定着二审法院对案件的审理范围。

(二) 提起上诉的程序

当事人不服一审法院的裁判,提起上诉的,原则上应向原审法院提交上诉状,同时也允许当事人直接向二审法院提起上诉。不论向哪个法院提出上诉,最终都要由二审法院依二审程序进行审理,上诉途径并不会影响终审裁判。当事人直接向二审法院提出上诉状的。二审法院应在5日内将上诉状移交原审法院。不论当事人向原审法院提起上诉还是直接向二审法院提起上诉,都应按对方当事人或者诉讼代表人的人数提出诉状副本,以便被上诉人及时提出答辩状、充分行使答辩权,同时也为第二审诉讼做好准备。

(三) 提起上诉的效力

当事人只要在规定的期间内提起上诉,并符合上诉条件,便产生如下效力:

(1) 阻断效力。上诉阻断第一审民事裁判的既判力的发生,并使诉讼得以继续。只要上诉在法定期间以法定形式提出,第一审裁判的既判力就不得发生,并且该阻断效力及于裁判的全部,即使上诉人仅对第一审裁判的部分内容不服,也会产生阻断全部裁判内容的效力。

(2) 转移效力。上诉产生诉讼移转效果,即该案由原第一审法院转移至上一级法院。第一审法院应当将上诉人的上诉状、被上诉人的答辩状连同第一审的案卷材料移交给上一级法院,由上一级法院继续审理。

(3) 重新裁断效力。虽然第一审法院在审理终结后作出了相应的裁判,但由于当事人上诉阻断了其效力,案件转移至上一级法院后,上一级法院应当通过审理,检验原一审法院裁判的正确性,并重新作出裁判。裁判的形式主要有驳回上诉、维持原判、裁定发回重审和依法改判四种。对于驳回上诉、维持原判的,该裁判虽然在内容上与原一审裁判相同,但不能认为是原一审裁判继续生效,而是第二审法院的裁判发生法律效力。

二、上诉的受理

当事人提起上诉,符合法定的上诉条件的,均应受理,并履行如下法定程序:

(一) 诉讼文书的接收与送达

原审法院收到当事人的上诉状及其副本后,应当在 5 日内将上诉状副本送达对方当事人。当事人的上诉状及其副本,既包括当事人向原审法院提交的上诉状及其副本,也包括二审法院移交给原审法院的上诉人的上诉状及其副本。对方当事人收到上诉状副本后,应当在 15 日内提出答辩状。被上诉人提交答辩状的,法院应当在收到答辩状之日起 5 日内将答辩状副本送达上诉人。提交答辩状是当事人的一项诉讼权利,放弃提交答辩状的,并不影响其在审理过程中的答辩。

(二) 诉讼案卷和证据的报送

原审法院收到上诉状和答辩状后,应当在 5 日内连同全部案卷和证据,报送二审法院。至此,案件全部脱离一审法院,诉讼法律关系在一审法院全部结束,而由二审法院对案件进行审理,产生二审的诉讼法律关系。

三、上诉的撤回

上诉的撤回是指上诉人依法提起上诉后,在二审法院作出裁判前,要求撤回自己上诉的诉讼制度。当事人撤回上诉,意味着对一审法院裁判的承认。

撤回上诉是当事人行使自己的处分权的具体体现。当事人应当依法撤回上诉,即撤回上诉应当获得法院的准许。二审法院如果认为一审法院的裁判确有错误或者原审法院违反法定程序,可能影响案件正确裁判,需要改判或者发回重审的,都不应准许其撤诉。另外,对于双方当事人在上诉期内都提出上诉，各自的上诉理由又不一致的，也不应准许其撤诉。

第二审法院裁定准许或者不准许撤回上诉，可以用书面形式，也可以用口头形式。审判实践中，准许撤回上诉的一般用书面裁定，而不准许撤回上诉的则大多采用口头裁定。第二审法院裁定上诉人不准撤回上诉的，诉讼继续进行；裁定准许撤回上诉的，第二审程序即告终结，同时第一审法院的裁判发生法律效力。

第三节　上诉案件的审理

第二审法院审理上诉案件，依照第二审程序进行；第二审程序没有规定的，适用第一审普通程序的有关规定。

一、第二审程序的审理范围

我国《民事诉讼法》第 168 条规定：第二审人民法院应当对上诉请求的有关事实和适用法律进行审查。《审改规定》第 35 条进一步明确规定：第二审案件的审理应当围绕当事人上诉请求的范围进行，当事人没有提出请求的，不予审查。但判决违反法律禁止性规定，侵害社会公共利益或者他人利益的除外。被上诉人在答辩中要求变更或者补充第一审判决内容的，第二审人民法院可以不予审查。可见，在我国，第二审法院的审理范围是当事人的上诉请求。如果当事人双方对一审裁判中已经认定的事实和相关法律适用问题无异议，没有要求二审法院审查与处理的，二审法院对非上诉部分不再审理。换言之，我国第二审法院对上诉案件的审理，属于对案件的续审，即第二审审理中所要解决的是一审中已经审理但仍存在争议的问题。

第二审法院对上诉案件的审理范围反映了第二审法院的职能，即我国第二审法院进行的审理既是事实审，又是法律审。但二审法院审理的事实和法律问题，是围绕着当事人的上诉请求进行的，即只审理与上诉请求有关的事实和法律问题。如果上诉人请求改变或撤销判决的全部，则二审法院就应对一审判决中认定的全部事实和适用法律进行审查；如果上诉人只请求改变或撤销判决的一部分，则二审法院只围绕上诉请求的部分事实认定和适用法律进行审查即可。上诉请求的有关事实和适用法律，既包括上诉人提出的事实和法律问题，也包括上诉人未提出的但与上诉请求有关的其他事实和法律问题。

二、第二审程序的审理方式

根据我国《民事诉讼法》第169条第1款的规定，第二审人民法院对上诉案件，应当组成合议庭，开庭审理。经过阅卷、调查和询问当事人，对没有提出新的事实、证据或者理由，合议庭认为不需要开庭审理的，可以不开庭审理。因此，上诉案件的审理方式包括开庭审理和径行判决两种，前者为原则，后者为例外。开庭审理是指直接传唤当事人和其他诉讼参与人到庭，经过法庭调查、法庭辩论、合议庭评议等环节后作出判决。径行判决是指合议庭经过阅卷、调查、询问当事人，对没有提出新的事实、证据或者理由，合议庭认为不需要开庭审理的，直接作出裁判的审理方式。径行判决不等于书面审理，而是要求审判人员必须和当事人见面，亲自听取当事人陈述，并询问当事人。

《民事诉讼法》原第152条规定："第二审人民法院对上诉案件，应当组成合议庭，开庭审理。经过阅卷和调查，询问当事人，在事实核对清楚后，合议庭认为不需要开庭审理的，也可以径行判决、裁定。"虽然《民诉法意见》第188条界定了适用径行判决的案件范围①，但是法律和司法政策关于审理方式的这种含糊规定依然导致变相书面审理的普遍存在，审判过程出现程序展开不充分，事件中绝大多数案件均以所谓"谈话"方式进行，可改可不改的坚决不改；绝大多数案件维持原判，很少改判或被发回重审，哪怕一审裁判存在严重问题。在审理方式上，第二审法院拥有无须开庭而径行判决的权力，也往往导致第二审程序不过走走过场而已，很难实现第二审程序纠错和监督的功能，导致所谓的两审终审制蜕变为事实上的一审终审制。针对这种现象，2012年《民事诉讼法》对径行判决、裁定的范围限制在"没有提出新的事实、证据或者理由"的情形，比起原条文中"在事实核对清楚后，合议庭认为不需要开庭审理的"的情形，新条文的客观操作性相对要强些。

三、第二审程序中的证据

第二审程序在举证、质证、认证的规则方面与第一审程序适用的规则不同之处，体现在上诉案件中"新的证据"的认定和举证期限两个方面。

（一）上诉案件中"新的证据"的认定

我国《民事诉讼法》允许当事人在第二审程序中提出"新的证据"。但是，

---

① 适用径行判决的案件包括：(1) 一审就不予受理、驳回起诉和管辖权异议作出裁定的案件；(2) 当事人提出的上诉请求明显不能成立的案件；(3) 原审裁判认定事实清楚，但适用法律错误的案件；(4) 原判决违反法定程序，可能影响案件正确判决，需要发回重审的案件。

不是任何新提出的证据都是"新的证据"。二审程序中"新的证据"包括:第一,一审庭审结束后新发现的证据;第二,当事人在一审举证期限届满前申请人民法院调查取证未获准许,二审法院经审查认为应当准许并依当事人申请调取的证据。

当事人举证期限届满后提供的证据不是"新的证据"的,法院不予采纳;当事人经法院准许延期举证,但因客观原因未能在准许的期限内提供,且不审理该证据可能导致裁判明显不公的,其提供的证据可视为新的证据。

(二) 上诉审的举证期限

一般来说,上诉审举证期限的确定、计算、逾期举证的后果等举证期限规则,与第一审程序基本一致。其独特之处还是体现在与"新的证据"有关的问题上:

(1) 上诉案件的举证期限是提出"新的证据"的举证期限。当事人在第一审程序中已经提出的证据,不需要再次举证,也就不存在举证期限的问题。

(2) 上诉案件举证期限仅对"新的证据"具有约束力。对于在一审程序中已经提出的证据,无论第一审法院是否已经认定,当事人都可以再次进行辩论,不存在超过举证期限的问题。

(3) 上诉案件举证期限的确定方式较为简单。当事人在二审程序中提供"新的证据"的,应当在二审开庭前或者开庭审理时提出;二审不需要开庭审理的,应当在人民法院指定的期限内提出。在第二审程序中,一方当事人提出"新的证据"的,法院应当通知对方当事人在合理期限内提出意见或者举证。

四、第二审程序中的调解和和解

调解是民事诉讼法的一项基本原则。因此,调解也是第二审程序中的结案方式之一。在第二审程序中达成调解协议的都应制作调解书,同时,调解书应由审判员和书记员署名,并加盖人民法院的印章。调解书送达当事人后,原审法院的判决即视为撤销。在第二审法院的调解书中,不写"撤销原判"。

根据《民诉法意见》第 182 条至第 185 条、第 191 条的规定,以调解方式结案包括以下几种特殊情形:

(1) 对当事人在一审中已经提出的诉讼请求,原审人民法院未作审理、判决的,第二审人民法院可以根据当事人自愿的原则进行调解,调解不成的,发回重审。

(2) 必须参加诉讼的当事人在一审中未参加诉讼,第二审人民法院可以根据当事人自愿的原则予以调解,调解不成的,发回重审。发回重审的裁定书不列应当追加的当事人。

(3) 在第二审程序中,如果原审原告增加独立的诉讼请求或者原审被告提出反诉,第二审人民法院可以根据当事人自愿的原则,就新增加的诉讼请求或者反诉进行调解;调解不成的,应当告知当事人另行起诉。

(4) 一审判决不准离婚的案件,上诉后,第二审人民法院认为应当判决离婚的,可以根据当事人自愿的原则,与子女抚养、财产问题一并调解,调解不成的,发回重审。

(5) 当事人在二审中达成和解协议的,人民法院可以根据当事人的请求,对双方达成的和解协议进行审查并制作调解书送达当事人;因和解而申请撤诉,经审查符合撤诉条件的,人民法院应予准许。

五、案件审理的地点和宣判法院

根据《民事诉讼法》第 169 条第 2 款的规定,第二审人民法院审理上诉案件,可以在本院进行,也可以到案件发生地或者原审人民法院所在地进行。这是便利当事人进行诉讼、便利法院办案原则在二审程序中的体现。从审判实践来看,以径行判决方式审理的上诉案件,一般在本院进行;开庭审理的案件,则可依具体情况,到案件发生地或原审人民法院进行。

二审的宣判有自行宣判和委托原审法院或当事人所在地法院代为宣判两种方式。第二审人民法院经过审理作出的判决,既可以在本院自行宣判,也可以委托原审人民法院或者当事人所在地人民法院代为宣判。

第四节　上诉案件的裁判

一、上诉案件的裁判概说

上诉案件的裁判,也称第二审裁判,指第二审法院经过对当事人的上诉进行审理,根据事实与法律作出的终局性判定。第二审裁判属于法院行使司法权的具体形式,当然应当符合作出裁判的一般准则。

有学者提出,为了充分保护当事人的上诉权利与处分权利,上诉裁判的作出还应当符合特殊的规则,即禁止不利益变更原则。禁止不利益变更原则,是指在只有一方当事人上诉,对方当事人没有提出上诉或没有提出附带上诉的情况下,第二审法院原则上不能作出比第一审裁判对上诉人更为不利的裁判。学者认为该原则能够充分保护当事人的上诉权,也体现了对当事人处分权的尊重，遵循了民事诉讼处理私权争议的规律性要求。不过，我国现行《民事诉讼法》对此没有作出规定。

2012年新《民事诉讼法》对上诉案件的裁判做了比较大的变动，主要体现在下列四点：

（1）对第二审法院对不服第一审法院裁定的上诉案件的处理方式，做了明确的规定。修改前的条文仅规定了第二审法院对不服第一审法院裁定的上诉案件的处理，一律使用裁定。实践中，法院对原裁定的处理都是参考对原判决分别处理的条文进行处理。立法过程中，有意见认为，应明确第二审法院对裁定分别处理的情况，做到有法可依。因此，《民事诉讼法》的修改草案中采纳了此建议。

（2）重新界定了直接改判和发回重审的权限。旧《民事诉讼法》对发回重审的标准、范围规定不明确，诉讼实践中，滥用发回重审权现象十分普遍。发回重审既增加了当事人的诉讼成本，又影响了审判效率。因此，《民事诉讼法》的修改以减少第二审人民法院将案件发回原审人民法院重审为原则。根据2012年《民事诉讼法》的规定，在第二审人民法院能查清事实改判的情况下，由它直接查清事实后改判；在基本事实不清，第二审人民法院查清事实有困难，发回一审人民法院查清更有利的情况下，才发回原审人民法院重审。

（3）增加了对程序违法的重视。修改前的《民事诉讼法》规定"原判决违反法定程序，可能影响案件正确判决的，裁定撤销原判决，发回原审人民法院重审"。据此，程序违法只有和实体错误联系起来，才能成为发回重审的理由。新法条文则规定"原判决遗漏当事人或者违法缺席判决等严重违反法定程序的，裁定撤销原判决，发回原审人民法院重审"。因此，只要具备严重违反法定程序的行为，就应发回重审。当然，何为严重违反法定程序，需要进一步明确。

（4）增加了限制发回重审次数的规定。原审人民法院对发回重审的案件作出判决后，当事人提起上诉的，第二审人民法院不得再次发回重审。对发回重审次数的限制，对提高诉讼效率，解决案件久拖不决问题，起到了积极作用。

二、上诉案件的裁判种类

第二审法院审理上诉案件的内容，不仅包括双方当事人之间的实体权利义务之争，而且还包括审查一审裁判认定的事实是否清楚、适用的法律是否正确、有无违反法定程序等。因此，针对一审裁判的不同情况，第二审法院对上诉案件要作出不同裁判。

根据《民事诉讼法》修改后的第 170 条的规定,第二审人民法院对上诉案件,经过审理,按照下列情形,分别处理:

(一) 驳回上诉,维持原裁判

二审法院经过审理,认为原判决、裁定认定事实清楚,适用法律正确的,以判决、裁定方式驳回上诉,维持原判决、裁定。即确认一审法院的裁判是正确合法的,当事人上诉的请求和理由不能成立,依法不予支持。

(二) 依法改判

二审法院对上诉案件经过审理,对以下情形,可依法予以改判:

(1) 原判决、裁定对上诉请求的有关事实认定清楚,但适用法律错误的,二审法院在确认一审裁判认定的事实的同时,依法改判、撤销或者变更,以纠正原判决、裁定在适用法律上的错误。

(2) 原判决、裁定认定事实错误的,依法改判;撤销或者变更。

(3) 原判决认定基本事实不清的,二审法院可以在查清事实后依法改判。基于当事人上诉请求的不同,依法改判可能变更原判决的一部分,也可能变更原判决的全部。

(三) 撤销原判,发回重审

根据《民事诉讼法》第 170 条的规定,第二审人民法院对上诉案件,经过审理,按照下列情形,分别处理:

(1) 原审判决认定基本事实不清的。对于此种情形,既可由二审法院在查清事实后依法改判,也可以撤销原判,发回重审。

(2) 原判决遗漏当事人或者违法缺席判决等严重违反法定程序的,裁定撤销原判决,发回原审人民法院重审。

同时,《民诉法意见》第 182 条至第 186 条规定,对于下列案件,是否发回重审,由第二审法院根据案件审理的具体情形,作出不同处理:

(1) 对当事人在一审中已经提出的诉讼请求,原审人民法院未作审理、判决的,第二审人民法院可以根据当事人自愿的原则进行调解,调解不成的,发回重审。

(2) 必须参加诉讼的当事人在一审中未参加诉讼,第二审人民法院可以根据当事人自愿的原则进行调解,调解不成的,发回重审。发回重审的裁定书不列应当追加的当事人。

(3) 在第二审程序中,原审原告增加独立的诉讼请求或原审被告提出反诉的,第二审人民法院可以根据当事人自愿的原则就新增加的诉讼请求或反诉进行调解,调解不成的,告知当事人另行起诉。

(4) 一审判决不准离婚的案件,上诉后,第二审人民法院认为应当判决离婚的,可以根据当事人自愿的原则,与子女抚养、财产问题一并调解,调解不成的,发回重审。

(5) 人民法院依照第二审程序审理的案件,认为依法不应由人民法院受理的,可以由第二审人民法院直接裁定撤销原判,驳回起诉。发现一审法院主管错误,应裁定撤销原判,告知当事人向有关主管部门申请解决。

原审人民法院对发回重审的案件作出判决后,当事人提起上诉的,第二审人民法院不得再次发回重审,应当直接作出判决。

三、第二审裁判的效力

我国实行两审终审制。第二审法院即终审法院,第二审法院的裁判为终审裁判,其法律效力主要体现在以下三个方面:

(1) 不得对裁判再行上诉。第二审法院的裁判是对当事人之间实体权利义务的最终确认,一经送达当事人,即发生法律效力,当事人不得就此再行上诉。如果当事人认为第二审法院的裁判有错误,只能按照审判监督程序向法院申请再审。

(2) 不得就同一诉讼标的,以同一事实和理由重新起诉。但是,判决不准离婚、调解和好的离婚案件以及判决维持收养关系的案件、调解维持收养关系的案件除外。

(3) 具有强制执行的效力。对于第二审法院具有给付内容的裁判,如果义务人拒不履行义务的,对方当事人有权向法院申请强制执行,人民法院也可以视情况依职权采取强制措施,从而保护当事人合法权益的实现。

四、第二审程序的审理期限

根据《民事诉讼法》第 176 条第 1 款的规定,第二审法院审理不服判决的上诉案件,应当在第二审法院立案之日起 3 个月内审结。有特殊情况需要延长的报请本院院长批准,由院长根据案件的具体情况,在保证案件审判质量的原则下,予以审批。

第二审法院审理不服裁定的上诉案件,应当在二审法院立案之日起 30 日内作出终审裁定,没有特殊情况延长的规定。

根据 2000 年发布的《审限规定》第 12 条规定,民事案件应当在审理期限届满 10 日前向本院院长提出申请;还需延长的,应当在审理期限届满 10 日前向上一级人民法院提出申请。但是,根据《民事诉讼法》第 270 条规定,涉外民事诉讼中不受前述审限的限制。

案例精选

▶【案例1】[1]

李某、路某原系夫妻,后因感情不和于2009年正月离婚。离婚后李某、路某双方仍同居生活。2010年9月3日路某在李某银行存折上存入10000元,并在存款人签名处写上路某的名字。2010年9月20日路某又将该1万元从李某存折中取出。后双方发生矛盾,李某向公安机关报案,称路某从其存折中借取1万元存款。随后,李某以民间借贷合同纠纷案由起诉至巩义市人民法院。

巩义市人民法院认为:路某用李某银行存折取款10000元,有银行取款原始凭证证明。李某诉称系路某借用,路某辩称系双方共同生活费且仅取一次7000元,因路某在庭审中承认其是向李某借款,只是数额不符,故对路某辩称系双方共用此款的辩称理由不予采信,法院认定双方是民间借贷关系。关于借款数额问题,路某未提供充分证据反驳李某提供的银行取款原始凭据证明的取款10000元的事实,故对其辩称借款7000元,法院不予采信。综上,第一审法院作出如下判决:一、路某于判决生效之日起10日内偿还李某借款1万元;二、驳回李某的其他诉讼请求。案件受理费50元,减半收取25元,由路某负担。

路某不服第一审判决,依法在法定期限内向郑州市中级人民法院上诉。上诉人诉称:与李某离婚后,其一直不离开我家,我曾取过李某的7000元钱是共同意交的生活费。因后来李某称给1万元他才离开,我于2010年9月3日又向其存折存入1万元,因李某仍不离开家还要求给2万元才走,无奈情况下我从他存折中取出1万元,这1万元是我存入的款项,不属于借款。请求二审法院查明事实依法改判。

李某答辩称:原审查明路某从我存折中取出的1万元,属于路某的借款事实清楚。请求二审维持原判。

第二审法院依法组成合议庭,公开开庭审理了本案。经法庭调查和法庭辩论,第二审法院认为:李某与路某原系夫妻,共同生活期间李某将本人存折及密码交由路某存取款项,2010年9月3日李某存折中的1万元款由路某所存入,有银行存款凭证等证据在案佐证。路某上诉称,从李某存折中取款1万元不属于借款,不应承担还款责任的理由成立,本院予以支持。原审判决认

---

① 河南省郑州市中级人民法院(2012)郑民四终字第71号民事判决书,参见http://www.chinacourt.org/paper/detail/2012/02/id/723885.shtml,2012年4月18日最后访问。

定事实有误,应予纠正。2011 年 2 月 9 日第二审法院直接改判:一、撤销巩义市人民法院(2011)巩民初字第 2043 号民事判决。二、驳回李某的诉讼请求。一审案件受理费 25 元、二审案件受理费 50 元,合计 75 元,由李某负担。该判决为终审判决。

评析:本案中第一审法院作出了不利于被告的判决,判决其与原告的民间借贷关系成立,要求被告偿还原告 1 万元借款。被告对此不服,在法定期限内(应该是其收到第一审判决的次日之日起的 15 日内)向第一审法院的上级法院提起上诉。被告在上诉状提出上诉请求和理由:1 万元并非借款,而是属于被告所有;原告和被告并不存在民间借贷关系,要求第二审法院撤销第一审判决。第二审法院组成合议庭(只能由审判员组成),对案件采取公开开庭审理。根据上诉人(即原审被告)的上诉请求和理由,第二审法院重新审查,通过法庭调查和辩论查明:1 万元本属于被告所有,而非借款;因此第一审法院认定事实有误。根据《民事诉讼法》第 170 条的规定,原判决认定事实错误的,上诉法院可依法改判、撤销或者变更。因此,第二审法院在查明案件事实的基础上,直接改判:撤销第二审判决;驳回原审原告的诉讼请求。第二审判决为终审判决,在签收后发生法律效力。

▶【案例 2】[①]

1997 年 5 月 6 日,江苏省金坛市金沙航运公司(简称金沙航运)与上海市宝能实业有限公司(简称宝能实业)签订运输合同,约定由金沙航运为宝能实业运输货物,每天运 300 吨,为期一年,总运量 10 万吨,运价每顿 9.5 元人民币。同时约定:如因停电、生产设备故障及业务间断等缘故,造成金沙航运损失,宝能实业不承担经济责任。签约后,金沙航运自行对船舶进行改装,为此支出费用人民币 3.3 万余元。但在履行合同过程中,双方发生争议导致合同中止,金沙航运遂向法院起诉要求被告宝能实业支付违约金 9.7 万余元人民币及船舶改装费 3.3 万余元。一审法院经审理不支持原告的诉讼请求。

金沙航运不服一审判决,向二审法院提起上诉,宝能实业曾多次口头承诺赔偿金沙航运的货源落空损失,在撤船前又同意补偿金沙航运 4 万—5 万元人民币经济损失,该事实有证人证言证实。其要求宝能实业支付违约金是有事实依据的。同时,金沙航运继续要求宝能实业赔偿船舶改装费 3.3 万余元人民币,并要求宝能实业支付拖欠的运费 3000 余元人民币。

二审法院经审理认为:(1) 金沙航运称宝能实业曾许诺赔偿其 4 万—5

① 郭纪元主编:《民事诉讼法学案例教程》,厦门大学出版社 2008 年版,第 347—349 页。

万元人民币经济损失，对此金沙航运仅提供其三名船员的证言。鉴于该三名船员均系本案利害关系人，证明力不足，法院难以采信。因金沙航运始终未能提供其在法定期限内向宝能实业索取违约金的有效证据，其有关违约金的诉讼主张难以获得法院支持。(2) 金沙航运要求宝能实业支付船舶改装费的上诉理由缺乏事实与法律依据，法院不予支持。(3) 金沙航运要求宝能实业支付拖欠的运费3000元，系上诉后提出的新的诉讼请求，不属二审法院审理范围。据此，二审法院依法判决驳回上诉，维持原判。

评析：本案涉及上诉案件审理范围的问题。第二审人民法院审理上诉案件，应当对当事人上诉请求的有关事实和适用法律进行审查。上诉请求的有关事实既包括上诉人在一审中提出的事实和依据，也包括上诉审中提出的新的事实和依据。上诉请求的法律适用，包括原审人民法院审理过程中对民事诉讼法的适用是否正确，以及对案件裁判所适用的实体法是否正确。而对于上诉人没有提出异议的原审裁判所认定的事实和权利义务，第二审法院一般不予审查。但是第二审法院发现在上诉请求以外原判确有错误的，也应予以纠正。另外，上诉人在上诉过程中提出的新的诉讼请求也不属于二审法院的审理范围。本案中，二审法院不对金沙航运要求宝能实业支付拖欠的运费3000元进行审理，这是金沙航运在二审中提出的新的诉讼请求。法院对此可以进行调解，调解不成的，告知金沙航运就该诉讼请求另行起诉。

思考问题

1. 上诉程序的概念、性质和功能。
2. 上诉程序的流程。
3. 上诉案件的裁判情形。
4. 第二审法院裁判的效力。
5. 审级制度的改革。

法条链接

《民事诉讼法》第164—176条；《民诉法意见》第176—192条；《审改规定》第35—39条；《证据规定》第41条、第43条。

扩展阅读

1. 陈刚:《我国民事上诉法院审级职能再认识》,载《中国法学》2009 年第 1 期。

2. 陈杭平:《组织视角下的民事诉讼发回重审制度》,载《法学研究》2012 年第 1 期。

3. 傅郁林:《审级制度的建构原理——从民事程序视角分析》,载《中国社会科学》2002 年第 4 期。

4. 傅郁林:《审级制度的历史考察与思考》,载《法商研究》2005 年第 1 期。

5. 江伟、廖永安:《论我国民事诉讼一审与上诉审关系之协调与整合》,载《法律科学——西北政法学院学报》2002 年第 6 期。

6. 傅郁林:《论民事上诉程序的功能与结构——比较法视野下的二审上诉模式》,载《法学评论》2005 年第 6 期。

7. 齐树洁:《民事上诉制度研究》,法律出版社 2006 年版。

8. 邱星美:《建立我国民事诉讼附带上诉制度刍议》,载《政法论坛》2004 年第 6 期。

9. 张家慧:《改革与完善我国现行民事上诉制度探析》,载《现代法学》2000 年第 1 期。

10. 章武生:《我国民事审级制度之重塑》,载《中国法学》2002 年第 6 期。

第十五章　民事裁判

民事裁判是指法院在审理民事案件的过程中，根据案件事实和法律规定，针对审理案件过程中发生的各种问题按法定程序所做的处理结果。民事裁判由国家专门审判机关依法作出，是国家意志的体现。本章主要介绍了民事裁判的三种形式即判决、裁定和决定各自的概念、适用范围、内容和效力。

第一节　民事判决

一、民事判决的概念

民事判决是指在民事诉讼程序终结之前，法院根据查清的事实，依据法律对所审理案件的实体争议作出的权威性判定。

民事判决具有以下几个特点：

1. 民事判决是法院行使审判权的结果

民事审判权是法院对民事案件进行审理并作出裁判的权力，民事判决是法院行使民事审判权的重要标志。其他国家机关、社会团体和个人都无权对民事案件进行审理或者作出判决。法院是代表国家行使审判权的机构，法官和人民陪审员又代表法院行使审判权。

2. 民事判决是严格适用实体法的结果

法院在作出民事判决时，以当事人主张的实体法律关系、事实与争点为基础，选择相应的实体法律规范，按照司法三段论的逻辑对案件作出判决。在此过程中，本案是否符合适用某条法律规范的条件、当事人主张的权利能否成立、当事人的抗辩是否成立、当事人的请求在多大程度上能够得到满足等实体问题，都要严格依照实体性法律规范的本意作出评判。因此，民事判决是严格适用实体法的结果。

3. 民事判决是实体争议终结性的结果

对于实体争议，民事判决具有终结性。以民事判决是否发生法律效力为标志，判决的终结性又可分为暂时的终结性与永久的终结性。民事判决未生效之前，裁判的终局性是暂时的。当事人可以通过上诉、复议等救济渠道寻求他们认为公正的判决。民事判决生效后，判决的终局性是永久的。除非极个别的情形下，可以通过再审途径加以改变外，原则上生效判决具有的终结性是永久的。正因为判决具有终结性，民事诉讼程序才具有安定性与可预期性。

二、民事判决的类型

以诉的类型为基础，可以将民事判决分为不同的类型。通说认为，我国民事诉讼中的诉分为给付之诉、确认之诉、形成之诉三种。相应地，民事判决也分为给付判决、确认判决、形成判决。

(1) 给付判决,是指判令一方当事人履行一定义务的判决。

(2) 确认判决,是指确认当事人之间存在或者不存在某种法律关系的判决。其中,确认当事人之间某种法律关系存在的判决为积极确认判决,确认当事人之间不存在某种法律关系的判决为消极确认判决。

(3) 形成判决,是指改变当事人之间的既有法律关系,形成当事人之间新的关系状态的判决。

三、民事判决书的内容

判决书是民事诉讼中最为重要的法律文书,它不仅记载了人民法院对争议的实体法律关系的终结性评判,也记载了得出这一评判的审判流程与逻辑思维过程。民事判决一般应当包括以下内容:

1. 案由、诉讼请求、争议的事实和理由

案由是民事诉讼案件的名称,应当准确反映出案件争议的民事法律关系的性质和焦点,是人民法院对诉讼争议所包含的法律关系进行的概括。我国于 2008 年 4 月 1 日起施行新的《民事案件案由规定》。该规定以民法理论对民事法律关系的分类为基础,结合现行立法及审判实践,将案由的编排体系划分为人格权、婚姻家庭继承、物权、债权、知识产权、劳动争议与人事争议、海事海商、与铁路运输有关的民事纠纷以及与公司、证券、票据等有关的民事纠纷、适用特殊程序案件案由等共 10 大部分、30 类、361 种案由。最高法院的这一规定是各级法院确定案由的根据。案由在法院立案时就应当加以明确。除记明案由之外,判决应记明诉讼请求,包括原告的诉讼请求,被告的反诉请求和有独立请求权第三人提出的诉讼请求。除此之外,判决还应当分别具体写明当事人各自主张的事实及相应的理由,不能有所偏颇。

2. 判决认定的事实和理由、适用的法律和理由

判决书的理由部分是判决合法性与正当性的充分体现,是对法院判决所认定的事实、证据进行的高度概括,并依据有关法律、法规,说明法院对争议的焦点和纠纷的性质、当事人责任有无、责任分担等各方面的分析论证和意见。一方面,当事人和社会公众应当能从判决书中衡量与评价出判决的合法性与正当性;另一方面,判决书应该完整、清晰地表达审判组织形成判决结果的司法逻辑过程。

我国判决书长期存在的主要缺陷就是判决理由论述不充分,表现为认定事实缺少分析和适用,法律论述过于概括。首先,认定事实缺少分析。有的判决书没有阐明案件事实的认识过程和认识依据,对证据的取舍不作具体的分析、认证,没有阐明认证的理由,使证据采信的过程在裁判文书中反映不出

来。其次,适用法律的论理过于概括。判决书大都只引用法律条文,不阐明适用法律的理由,没有对法律依据的适用问题进行法理分析或分析不深入,缺乏说服力。因此,2012 年《民事诉讼法》修改强化了判决书的充分说理性:第一,明确规定了判决书应当写明判决结果和作出该判决的理由,强调判决的说理性;第二,强调了要写明法律适用的理由。

根据新修改的法律条文,法官在撰写判决时应当注意:第一,对于当事人提交证据情况、证据交换情况、当事人质证与辩论情况及法院采信的依据,判决书都应说明清楚。如果涉及举证责任分配,还要对举证责任分配的法律依据加以说明。第二,对于适用的法律,除了列明援引的实体法律依据和程序法律依据外,还应当对其做进一步地说明理由。引用法规条款时,要按照法律、法规的级别效力和条目顺序表述,尤其要注意处理好特别法与普通法之间的关系。总之,在判决书中,无论对事实认定过程,还是对法律规范的选择与适用,都要有充分的理由。

3. 判决结果

判决结果是人民法院根据审理查明的事实和理由,依据适用的法律条款对案件争议的实体问题作出的处理决定,通常称为判决的主文。判决主文要求明确、具体、完整。有执行内容的主文还应当具有可操作性。判决的结果,应当明确针对诉讼请求作出,对当事人提出的诉讼请求,人民法院应当在判决中表明自己的态度,不能遗漏。

4. 诉讼费用的负担

诉讼费用的负担即法院依法决定谁负担诉讼费用以及如何负担、具体数额等。诉讼费用负担本身不是判决结果,但与判决结果密切相关。当事人不得单独就诉讼费用的负担提起上诉。

5. 上诉期间和上诉的法院

对于一审民事案件的判决,当事人有上诉权。上诉法院是一审法院的上一级法院。在判决书的结尾部分应写明上诉期间和具体上诉到哪一个人民法院。

判决书的尾部还应当有合议庭成员及书记员的署名和判决日期。判决书制作印好后,书记员要与原本核对无误,并加盖“本件与原件核对无异”章和人民法院印章。

四、生效民事判决的效力

在我国民事诉讼中,判决生效的时间因法院级别和审理程序的不同而不同。《民事诉讼法》第 155 条规定,最高人民法院的判决、裁定,以及依法不准上诉或者超过上诉期没有上诉的判决、裁定，是发生法律效力的判决、裁定。最高人民法院是我国最高审判机构，不论最高人民法院作为第一审人民法院，还是第二审人民法院，其所作出的判决一经宣布就发生法律效力。基层人民法院适用特别程序作出的判决，适用公示催告程序所作出的除权判决，以及根据《民事诉讼法》第162条的规定对小额诉讼作出的判决，当事人没有上诉权，在判决送达当事人之后，立即生效。地方各级人民法院就民事案件所作出的一审判决，当事人有上诉权。上诉期满，当事人没有提出上诉的，该一审民事判决于上诉期届满后次日发生法律效力。

《民诉法意见》第163条规定，一审宣判后，原审人民法院发现判决有错误，当事人在上诉期内提出上诉的，原审人民法院可以提出原判决有错误的意见，报送第二审人民法院，由第二审人民法院按照第二审程序进行审理；当事人不上诉的，按照审判监督程序处理。另外，如果包括判决书在内的法律文书中出现误写、误算，诉讼费用漏写、误算和其他笔误，可以用民事裁定的方式予以补正。

判决是法院对当事人之间纠纷作出的权威性判断。作为通过国家强制力解决纠纷的最终结果，判决必须具有一定的法律效果或作用，即在法律上或事实上具有一定的效力。判决的效力是指判决本身所具有的作用或效果。具体而言，民事判决的法律效力包括法律上的约束力、确定力和执行力。

（一）生效判决的约束力

生效的民事判决是法院代表国家对争议作出的权威性评判。民事判决生效后，对当事人、法院和社会都有约束力，这种评判不能随意被撤销或更改，否则将会丧失其权威性根基。判决约束力的意义就在于维持判决的稳定性、安定性和权威性。在我国民事诉讼中，一审可上诉判决，上诉期届满后，当事人未提出上诉的，则产生法律上的约束力；上诉期内，当事人上诉，上诉后又撤回上诉的，二审法院准许撤回上诉的裁定送达时，一审判决发生法律效力，也随即产生了约束力。任何国家机关、企事业单位、社会团体都不能再随意变更或者撤销。

（二）生效判决的确定力

生效判决具有确定力。生效判决所确定的案件事实和双方当事人之间的民事法律关系，具有不可争议性。亦即，判决确定后，判决中针对当事人的请求而作出的实体判断就成为规定当事人之间法律关系的基准，此后当事人既不能提出与此基准相冲突的主张来进行争议，法院也不得作出与此基准相矛盾的判断。如果判决不能对审判对象中涉及的权利与义务关系产生实质性的确定力，该判决也就失去了实质意义，民事诉讼就不能发挥其定分止争的基本功能。判决的这种实质性的确定力，被称为既判力。判决的实质确定力，具有禁止重复起诉和“一事不再理”的效力。既判力是要求法院提供权利保护的必然结果，其宪法依据在于法治国家原则。为了维护当事人之间的法律和平，每一个纠纷都必须有一个尽头；从照顾法院的角度出发，它们不应重新卷入已经不可辩驳地裁判了的纠纷；为了维护法院的声望，也需要避免出现矛盾的裁判。只有通过禁止再次审理和裁判以及使当事人受裁判的拘束，这一目的才能得到最完美的实现。①

（三）生效判决的执行力

生效判决的执行力，是指在义务人不履行义务的情形下，权利人根据生效判决请求法院强制义务人履行生效法律文书所确定的义务的效力。一般只有具有给付内容的判决才有执行的必要，因此，判决的执行力也可以说是给付判决所特有的一种判决效力。对于生效的民事判决，一方拒绝履行的，对方当事人可以向人民法院申请执行，也可以由审判员移送执行员执行。在我国民事诉讼中，判决执行力的发生以义务人不履行义务为前提。只有义务人不履行义务时，权利人将有权以给付判决为根据，向人民法院申请强制执行。

第二节　民事裁定

一、民事裁定的概念和特点

民事裁定，是法院对民事诉讼和执行程序的程序问题以及个别实体问题进行处理时所作的判定。民事裁定主要用于解决程序问题，如管辖权异议、是否允许撤诉等；在个别情况下也用于对实体问题的处理，例如关于保全和先予执行的裁定。需要注意，保全和先予执行裁定虽涉及对当事人实体权利的处分，但其对实体权利的处分不具有终局性，仅具有暂时性和程序保障性。通常，民事裁定适用于案件受理之后到判决宣告之前；在个别情形下，裁定也适用于案件受理前，如诉前保全的裁定。

民事裁定不同于民事判决，有其自身的特点：

（1）制作时间不同。民事裁定既可以是人民法院的一种结案方式，也可以是解决诉讼过程中阶段性程序问题的一种方式。因此，裁定既可能在诉讼

① 〔德〕罗森贝克、施瓦布、哥特瓦尔德：《德国民事诉讼法》（下），李大雪译，中国法制出版社2007年版，第1151页。

终结时作出,也可能在诉讼进行过程中作出。民事判决只能在审判终结或者部分事实查清后才能作出。[①]

(2) 适用的阶段不同。民事裁定的适用阶段具有全程性,无论审判阶段还是执行阶段,人民法院都可以对程序问题作出裁定。民事判决只适用于审判阶段并一般只能在程序终结之际作出。

(3) 上诉期间不同。判决的上诉期间是15日,而裁定的上诉期间是10日。

(4) 形式不同。民事判决只能用书面形式。民事裁定有口头裁定和书面裁定。口头裁定,指审判人员不制作裁定书,而是将裁定的内容向当事人口头宣布。口头裁定一般适用于比较简单的程序问题,例如准予撤诉、延期审理等,其内容以及宣布情况应当记入笔录。书面裁定,是以书面形式作出的法律文书,适用于事关当事人权利的重大程序问题,例如允许上诉、终结诉讼、终结执行、不予执行等事项。

(5) 救济途径不同。在民事诉讼中,对民事裁定不服的当事人可以通过上诉、复议、审判监督程序等多种救济途径维护自己的权益。对于不予受理、驳回起诉、管辖权异议的裁定,当事人不服的,可以提起上诉。对保全与先予执行的裁定不服的当事人可以申请复议。根据《最高人民法院关于在经济审判工作中严格执行〈中华人民共和国民事诉讼法〉的若干规定》第19条的规定,对财产保全和先予执行裁定还可以通过法院启动审判监督程序的方式得到救济,受诉人民法院院长或者上级人民法院发现采取财产保全或者先予执行措施确有错误的,应当按照审判监督程序予以纠正。民事判决不能通过复议程序来予以救济。

二、民事裁定的适用范围

根据《民事诉讼法》第154条第1款的规定,对于下列事项将采取裁定方式:

(1) 对起诉不予受理。人民法院收到起诉状或者口头起诉,经审查,认为符合起诉条件的,应当在7日内立案,并通知当事人;认为不符合起诉条件的,应当在7日内裁定不予受理。不予受理裁定是对不符合起诉条件的起诉的处理方式,直接关涉原告起诉权的保障,因此不予受理裁定的适用应以慎重为妥。

---

① 民事判决一般在案件审理终结时作出,但为了及时保护当事人的民事权益,避免诉讼迟延,如果对当事人一部分诉讼请求的相关事实已经查明,并且就该部分诉讼请求有必要尽快作出判决,人民法院可以就该部分先行判决。

(2) 对管辖权异议的处理。人民法院受理案件后,当事人对管辖权有异议的,应当在提交答辩状期间提出。人民法院对当事人提出的异议,应当审查。异议成立的,裁定将案件移送有管辖权的人民法院;异议不成立的,裁定驳回。

(3) 驳回原告起诉。起诉不符合受理条件的,人民法院应当裁定不予受理。立案后发现起诉不符合受理条件的,裁定驳回起诉。驳回起诉与不予受理裁定两者发生的时间段不同,不予受理裁定适用于法院的立案审查阶段,驳回起诉裁定适用于案件审理阶段。由于立案审查阶段只是形式审查,案件在立案后经实体审查发现不符合起诉条件的,法院有权拒绝审判,裁定驳回起诉。不予受理的裁定书由负责审查立案的审判员、书记员署名;驳回起诉的裁定书由负责审理该案的审判员、书记员署名。

(4) 是否准予保全和先予执行。法院可以依法作出诉讼中保全和诉前保全以及先予执行的裁定。

(5) 是否准许当事人撤诉。宣判前,原告申请撤诉的,是否准许,由人民法院裁定。

(6) 中止或者终结诉讼。在诉讼中发生了法律规定的中止诉讼或终结诉讼的情形,人民法院应当作出中止诉讼或者终结诉讼的裁定。

(7) 补正判决书中的笔误。判决书中的笔误,人民法院以裁定的方式补正,作为原判决书的附件。

(8) 中止或者终结执行。在执行中遇到法律规定的中止执行或终结执行的情形,法院应当作出中止执行或者终结执行的裁定。

(9) 撤销或者不予执行仲裁裁决。对国内仲裁裁决和涉外仲裁裁决,被申请人提出证据证明存在应予撤销或不予执行的法定情形之一的,经人民法院组成合议庭审查核实,裁定撤销或不予执行。

(10) 不予执行公证机关赋予强制执行效力的债权文书。法院受理执行申请之后,确认据以执行的债权文书确有错误的,裁定不予执行。

(11) 其他需要裁定解决的事项。此为"兜底条款",用以涵盖可能遗漏的情形。

三、裁定书的内容和效力

(一) 民事裁定书的内容

裁定书是裁定的书面形式,是记载裁定内容的法律文书。由首部、正文和尾部三部分组成。

(1) 首部,包括标题、案号、案由、诉讼参加人及其基本情况。裁定的案由应依据《民事诉讼法》第154条规定的适用裁定的类型进行确定。

(2) 正文,包括裁定结果和和作出该裁定的理由。裁定结果是裁定书的主文,是审判人员根据事实和法律对需要裁定的事项作出的判定。这部分要针对具体的问题,写明具体作出的处理方式。裁定理由包括事实认定理由和法律适用理由。其中,事实认定理由是指法院对案件事实进行认定的依据,其重点在于法官对证据的分析、比较和阐述。民事裁定书中应当充分地说明认定某一事实的理由,即对当事人的争议事实如何查明、有何证据予以证明进行逐一说明。法律适用理由是指依照法律和法理对案件事实进行的论证。“裁定书应当写明裁定结果和作出该裁定的理由”,这是2012年《民事诉讼法》修改增加的条款。虽然之前的审判实践中法院作出的裁定书一般都会写明裁定的理由,但《民事诉讼法》没有规定。2012年《民事诉讼法》的修改以立法的形式确立了裁定书说理性的基本原则。

(3) 尾部,主要包括是否允许上诉、制作主体、裁定日期等。允许上诉的裁定,应当写明上诉期间和上诉的法院。允许复议的裁定,应写明当事人复议的权利和复议的法院;不得上诉的裁定,应写明该裁定不得上诉;如果是终审裁定,应写明该裁定为终审裁定。

裁定书制作后,由审判人员、书记员署名,加盖人民法院印章,注明作出裁定的日期。审判员口头裁定的,记入笔录。

(二) 裁定的救济。

“有限上诉”是对民事裁定的救济途径之一,可上诉裁定的种类仅包括不予受理裁定、管辖权异议裁定和驳回起诉裁定三类,而其他的裁定只能通过复议、申请再审、抗诉等方式寻求救济。一审判决书和可以上诉的裁定书不能同时送达双方当事人的,上诉期从各自收到判决书、裁定书的次日起计算。

(三) 民事裁定的效力

根据《民事诉讼法》第155条的规定,最高人民法院的判决、裁定,以及依法不准上诉或者超过上诉期没有上诉的判决、裁定,是发生法律效力的判决、裁定。与民事判决相同,可上诉的裁定发生法律效力的时间因法院级别和审理程序而有所不同。最高人民法院所作出的裁定一经宣告就发生法律效力。对于准许上诉的裁定,上诉期内,当事人没有提出上诉的,一审裁定发生法律效力。不准上诉的裁定,一经宣告就发生法律效力。第二审法院对提起上诉的裁定所作出的裁定属于终审裁定,一经宣告就发生法律效力。对于可以复议的裁定,复议期间不停止裁定的执行。

四、公众对裁判文书的阅卷权

《民事诉讼法》第156条规定:“公众可以查阅发生法律效力的判决书、裁定书，但涉及国家秘密、商业秘密和个人隐私的内容除外。”该条是关于裁判文书向社会公开的规定，是2012年《民事诉讼法》修改中新增加的条款，体现了公开审判的要求。公开审判作为现代诉讼制度的重要基石和公认的审判标准，是民主政治的必要要求，也是确保公平正义的基本要素。人民法院的裁判文书不只是审判过程和裁判结果的书面反映，更重要的是，裁判文书可以显示出法官在审理该案时审判权运用得是否公正，承载着向社会展示司法公正的功能。人们通过裁判文书及其执行，能具体深刻地理解法律，感受到法律的尊严和权威。公正裁判具有规范和导引公众行为的功能，有利于培养公民意识，促进社会法治意识的形成。以此观之，确立裁判文书公开制度意义重大。

裁判文书的公开具有重要的社会功能。早在1999年，最高人民法院制定的《人民法院五年改革纲要》就提出，要使“裁判文书成为向社会公众展示司法公正形象的载体”。此后，最高人民法院出台的一系列规定也涉及了裁判文书公开的内容。例如，最高人民法院2009年公布的《关于司法公开的六项规定》提出，人民法院可以根据法制宣传、法学研究、案例指导、统一裁判标准的需要，集中编印、刊登各类裁判文书。除涉及国家秘密、未成年人犯罪、个人隐私以及其他不适宜公开的案件和调解结案的案件外，人民法院的裁判文书可以在互联网上公开公布。当事人对于在互联网上公开裁判文书提出异议并有正当理由的，人民法院可以决定不在互联网上发布。2010年最高人民法院公布《关于确定司法公开示范法院的决定》和《司法公开示范法院标准》，确定了100个法院作为司法公开示范法院。在裁判文书公开方面，规定示范法院在法院网站设立专门的裁判文书公开栏目。而在法律层面上就裁判文书公开制度作出专门规定，对司法公开和诉讼公正的实现更能起到积极的促进作用。

根据《民事诉讼法》第156条的新规定，公众对裁判文书的阅卷权的实现应当从以下几个方面展开：

1. 民事裁判文书的查阅主体

可以查阅到裁判文书的主体不仅包括本案当事人及其诉讼代理人，还应包括普通民众。当公民需要查阅有关民事裁判文书时，应当向持有该民事裁判文书的审判机关提出申请，在不损害案件当事人及其他诉讼参与人利益的情况下，审判机关不应予以拒绝。

2. 民事裁判文书的查阅提供主体

法院作为民事裁判文书的制作者，承担着对民事裁判文书保管的义务，因此其承担着主要的查阅提供义务。当事人有权公开与其相关的民事裁判文书,但不是查阅的提供主体,其有权拒绝公众向其提出的查阅申请。

3. 民事裁判文书的查阅方式

裁判文书对社会公开的路径和方法是允许公众公开自由地进行实体书面查阅,即直接查阅案卷。公民需要查阅有关的裁判文书的实物时,应依据法定程序向掌控该文书的审判机关提出申请。在不损害案件当事人及其他诉讼参与人利益并符合法定条件的情况下,审判机关不得无故对该申请予以拒绝。

4. 民事裁判文书的查阅范围

按照目前的规定,并非人民法院作出的所有法律文书都向社会公开,公开的对象限定于发生法律效力的判决书、裁定书。因此,民事诉讼过程中法院作出的决定书、调解书、人民调解协议确认书,以及一审人民法院作出的未满上诉期限的判决书、裁定书等不予公开。需要注意的是,虽原则上所有发生法律效力的判决书、裁定书都要予以公开,但公开的范围只限于裁判文书本身,相应的案卷不是公开的对象,公众不能自由查阅。此外,裁判文书中涉及国家秘密、商业秘密和个人隐私的内容,也不能成为查阅的范围。

5. 民事裁判文书的查阅时间

既包括诉讼中的查阅即审理过程中的查阅和公开宣告裁判结果时的查阅,也包括诉讼结束后的查阅。

第三节 民事决定

一、民事决定的概念

民事决定,是指人民法院在民事诉讼中为了保障诉讼活动的顺利进行,对某些特殊事项依法作出的裁断。所谓特殊事项,一般是指对于诉讼活动的正常进行意义重大,具有一定紧迫性,亟须在诉讼过程中予以解决,但又不宜适用判决或裁定解决的事项。民事决定不同于民事判决和民事裁定,其主要区别体现在以下几个方面:

(1) 产生的效力不同。所有民事决定一经作出或送达,即发生法律效力,不允许当事人提出上诉。决定与不可以上诉的裁定几乎没有区别,部分决定与部分裁定通用一种救济途径——复议。而对于未生效的一审判决和准许上诉的裁定,当事人可以依法上诉。

(2) 制作的时间不同。民事决定与民事裁定是在诉讼过程中作出,而民事判决是在案件审理终结或者部分事实查清后才能作出。

（3）制作的目的不同。民事决定是为了保障诉讼的顺利进行，民事判决和民事裁定是为了解决实体问题或者程序问题。

二、民事决定的适用范围

根据《民事诉讼法》的规定，下列情形应当适用民事决定：

（1）回避。无论审判人员或有关人员自己提出回避，还是当事人申请回避，都需要由人民法院以决定方式处理。

（2）期间的顺延。当事人因不可抗拒的事由或其他正当理由耽误期间的，在障碍消除后的10日内，可以申请顺延期限，是否准许，由人民法院决定。

（3）对妨害民事诉讼行为采取的强制措施。采取对妨害民事诉讼的强制措施必须由人民法院决定。对妨害民事诉讼的行为人采取哪种强制措施，要结合其妨害行为的性质，由人民法院以决定的形式依法确定。

（4）缓交、减交、免交诉讼费用。当事人交纳诉讼费用确有困难的，可以按照规定向人民法院申请缓交、减交或者免交。法院审查后，作出是否准许的决定。

（5）启动再审。各级人民法院院长对本院已经发生法律效力的判决、裁定，发现确有错误，认为需要再审的，应当提交审判委员会讨论决定。审判委员会对是否再审的问题采用决定方式来处理。

三、民事决定书的内容和效力

民事决定可以采取口头或者书面的形式。例如，对妨害民事诉讼行为决定采取强制措施时，训诫和责令退出法庭通常采取口头形式，罚款和拘留则采取书面形式。民事决定书是民事决定的书面表达形式。法律规定必须采用书面形式的，必须制作决定书。

决定书由首部、正文、尾部组成，首部应写明作出决定的法院名称、决定书标题和编号、案由、当事人的基本情况；正文应写明作出决定的事实、理由、法律依据和决定内容；尾部应有作出决定的法院的印章、作出决定的审判人员的签名，记明是否准许申请复议，并写明作出决定的时间。

民事决定，一经作出或者送达当事人即发生法律效力，当事人不得上诉。其中对是否回避问题作出的决定、罚款或拘留的决定，当事人可以申请复议。对罚款与拘留决定不服的，当事人有权向作出决定的法院的上一级法院申请复议。

第四节　既　判　力

一、既判力的概念

既判力的概念源于罗马法中关于“诉权消耗”的法理或制度。罗马法诉权消耗制度在德国普通法中进化为“既济事件的抗辩”,在德国普通法末期最终演变为作为确定判决效力的既判力制度。[①] 日本、法国等国的民事诉讼法也采用了既判力的概念。

判决一经生效就不容许随意改变,而作为其对象的纠纷也被视为得到了最终解决,这种性质就是判决的终局性。判决的终局性体现在其所具有的约束力、形式上的确定力、实质上的确定力(既判力)、执行力等一系列的效力中。其中,既判力是裁判效力的核心内容。法院的终局判决确定后,无论该判决结论如何,判决中针对当事人的请求而作出的实体判断就成为规定当事人之间法律关系的基准,当事人及法院均要接受判决内容的约束。当事人不得就该判决的内容再提出不同的主张,法院也不得就该判决的内容再作出相矛盾的判决。判决所具有的这种拘束力称为既判力。

二、既判力的本质

为什么判决具有生效后就不容许随意改变的性质?当诉讼之外客观存在的实体权利关系与判决的判断不一致时,为什么判决仍然具有既判力,不容许改变?确定判决的拘束力来自何方,其基本依据是什么?上述关于既判力的效果来源及其性质的问题即有关既判力的本质问题。涉及该问题,学理上存在不同的学说。

(一)实体法说

实体法说把生效判决视为实体法上的法律要件之一。该说认为,既判力的本质在于确定判决具有创设实体法上权利义务的效果。正当的判决是对当事人之间从来就有的权利关系给予重新确认,而不正当的错误判断变更了实际上的实体法律关系而使错误的实体关系成为法律上的正当关系。亦即,有关既判力来源的解释,实体法说认为既判力是作为一种实体法的效果来规范双方当事人的,而作为这种规范的效果,判决也间接地拘束法院。该学说认为既判力只在当事人之间产生拘束力,因此难以解释当判决涉及第三人的

① 参见张卫平:《民事诉讼:关键词展开》,中国人民大学出版社2005年版,第300页。

权利关系时，既判力能否发生拘束力等问题。

(二) 诉讼法说

诉讼法说是诉讼法自实体法中分离出来后形成的一种学说。该说认为判决的既判力是纯粹的诉讼法上的效力。既判力与诉讼外实体权利存在与否无关，而仅仅是一种基于国家裁判统一之要求产生的诉讼法上的效力。[①]因此，既判力对当事人和法院的确定力并不是来自实体法，而是来自诉讼法。既判力并不涉及判决所确认的权利与既存权利是否相符的问题，而是关系到前一判决内容上的判断对后诉法院的效力问题。换言之，既判力的本质是一种禁止后诉法院作出与前诉判决相矛盾判断的效力。当某一法院作出的判决确定后，即使法院的确定判决所认定的权利状态与既存的真正权利状态不符，但基于国家权力的统一性，不准许其他法院作出与其相矛盾的裁判。而且，作为这种效果的一种反射，发生争议的当事人双方也不得提出与此相反的请求或主张。

诉讼法学说的产生与诉权理论中的公法诉权说的兴起是一脉相承的。随着抽象诉权说、具体诉权说的相继提出，在既判力理论中，学者们也逐渐脱离了实体法的旧路，从诉讼法的视野进行分析研究。

(三) 新实体法说

新实体法说承继了实体法说的某些观点，但有所发展。该说承认实体法律关系与既判力的密切关联性，认为既判力属于实体法领域的作用。发生既判力的法院判决的内容，是当事人必须遵从的权利状态。即使判决不正确，也应当维护判决的权威性而以判决的内容作为规范当事人权利状态的标准。新实体法强调要严格区分判决前的权利状态与判决后的权利状态。前者只是当事人依照实体法的规范作出的法律评价，而后者是由法院通过适用法律作出的权威性判断。新实体法说从既判力的实体法性质出发，同时不否认既判力具有诉讼法上的意义。该说认为既判力本质具有实体和程序双面性质，即一方面确定当事人的实体权利状态，另一方面在法院与当事人之间发生一事不再理的作用。

(四) 新诉讼法说

新诉讼法说是由旧诉讼法说发展而来的，代表人物有德国的伯特赫尔、日本的三月章等人。该说认为，既判力的法律效果在于阻止判决事项被一再重复审理，并认为一事不再理是民事诉讼判决的最高理念。从这一理念出发，该说主张前诉判决之所以对后诉判决具有拘束力，原因在于法院不得就

① 〔日〕兼子一：《实体法与诉讼法——民事诉讼的基础理论》，有斐阁1957年版，第142页。

同一事项重复审判，因而当事人也不得重复起诉。承认既判力具有一事不再理的法律效果，是新诉讼法说区别于旧诉讼法说的关键点。新诉讼法说把既判力视为与一事不再理具有同样效果的效力。无论新旧诉讼法说，都站在诉讼法的立场上，否认既判力具有实体法上的意义。在这方面，新诉讼法说更彻底。新诉讼法说成为德国、日本目前的通说。

（五）权利实在说

该说为日本民事诉讼法学家兼子一倡导。兼子一认为，权利及法律，只有人们加以判断和适用，才能转化为真正的权利和法律。在法官进行判断之前，没有真正实在的既存法律和权利。在法院判决之前，当事人之间私自适用法律而主张的权利，只是一种虚假的存在，不是真正存在的权利；只有当法院作出判决后，才能成为真正存在的权利。该说认为，实体法说和诉讼法说存在共同的错误，即将权利或法律状态的存在现象等同于感觉领域外的物质存在范畴，将法律适用（或判决）视为对既存权利的认识手段。判决既判力之所以对当事人及法院有拘束力，就是因为判决能赋予真正实在的权利，当事人和法院必须遵从，不能作出不同的主张和判断。由于权利实在说否认了诉讼之外存在实体权利，因而法院判决并不存在所谓错误判决问题。权利实在说得到个别学者的认可，一则因为它避免了实体法说将既存权利与经判决的权利进行比较，从而不必将既判力解释为既存权利的转化作用；二则避免了诉讼法说将判决与实体法的关系完全割裂的不当现象。[①]

三、既判力的范围

（一）既判力的主观范围

既判力的主观范围是指既判力作用的主体范围，即哪些人受到既判力的拘束。由于生效判决是法院和当事人按照正当程序及实体规范共同作用的结果，法院和当事人自当接受既判力的拘束。民事诉讼解决的是当事人之间的民事纠纷，生效判决处理的是当事人之间的实体争议，所以除法院以外，既判力的主体范围原则上只限于当事人。此即大陆法系国家均秉持的既判力的相对性原则。[②] 按照辩论主义的要求，法院的判决事项必须以当事人双方在言词辩论程序中所主张的内容为基础。如果既判力扩大到当事人以外的案外人，由于案外人没有参与诉讼，实际上是剥夺了该案外人的程序参与权；

① 参见〔日〕兼子一、竹下守夫：《民事诉讼法》，白绿铉译，法律出版社 1995 年版，第 154—156 页。

② 张卫平：《民事诉讼：关键词展开》，中国人民大学出版社 2005 年版，第 322 页。

对其来说是不公平的。

但是,既判力的相对性也存在例外。民事判决的既判力可能及于当事人以外的人员。既判力向当事人之外的第三人扩张的情形主要包括:

(1) 向请求标的物的持有人的扩张。请求标的物的持有人指的是对特定物不具有自己的固有利益,专门为当事人或其承继人的利益持有该物的保管人、管理人和受托人等。大陆法系既判力理论认为,虽然请求标的物的持有人相对于案件的当事人而言是第三人,但其对标的物的持有是专门为了当事人的利益,因而在与交付请求相关的限度内,可以被视同为当事人。① 既判力向这些第三者扩张,既不会损害其固有的实体利益,也不会损害其程序保障权益。

(2) 向本案最后辩论终结后的诉讼承继人扩张。判决的既判力作用于本案言词辩论终结后承继当事人实体权利义务的人,比如当事人的继承人、债的受让人等。承继人既然承继了当事人的实体权利义务,就应接受对该实体权利义务的判决的既判力的拘束。

(3) 向诉讼担当的被担当人扩张。在诉讼担当中,对诉讼标的有直接利害关系的人不参加诉讼,破产管理人、遗嘱执行人等以形式诉讼当事人的身份进行诉讼。上述情形下,法院就该涉讼法律关系进行审理进而作出确定判决,该判决之既判力及于讼争的实体权利义务关系主体。

(二) 既判力的客观范围

1. 既判力的客观范围与诉讼标的的关系

既判力是对后诉的拘束,而对后诉的拘束实际上就是对后诉诉讼标的的拘束,因此,就存在着对哪些法律关系有拘束力的问题,也就是既判力客观范围的问题。② 通说认为,既判力原则上只是对判决主文中表述的判断事项产生,而所谓判决主文的判断即对诉讼标的的判断。除法律有特别规定外,当事人不得就已经裁判的诉讼标的再行起诉。诉讼标的是当事人请求诉讼救济的实体事项,是诉讼请求的基础,并且诉讼标的是诉的“质”的规定性,法院生效判决对诉讼标的作出最终判断即意味着法院审判完该诉。诉讼标的是判断是否为“一事多讼”或“一事再理”的标准,以同一诉讼标的为基础的诉讼请求,也随之不得再被提起和再被审判。

传统诉讼标的理论以实体法规定的具体实体权利作为诉讼标的的概念,以实体法律规范作为识别诉讼标的的标准。因此,法院裁判的既判力只能及于

① 参见〔日〕新堂幸司:《新民事诉讼法》,林剑锋译,法律出版社 2008 年版,第 489 页。

② 张卫平:《民事诉讼:关键词展开》,中国人民大学出版社 2005 年版,第 322 页。

该具体的实体权利。只要实体法上规定的实体权利不同,即使原告请求给付的目的只有一个,其诉讼标的也不相同,从而在对各个诉讼标的所作出的判决之间,不发生既判力的拘束问题。根据传统理论,诉讼标的的范围与既判力的客观范围均以实体法上的具体权利或者法律关系为准,所以既判力的客观范围与诉讼标的完全一致。

新诉讼标的理论则将诉讼标的概念从实体法中解放出来,使之成为诉讼法上的范畴。当不同的原因事实只产生同一法律地位或者法律效果时,这些不同的原因事实虽然可能构成实体法上的若干个实体请求权,但并不构成不同的诉讼标的,诉讼标的仍为单一。此时,既判力的客观范围不一定能与诉讼标的的范围一致。

2. 判决理由是否具有既判力

关于判决理由有无既判力的问题是大陆法系特有的争论,分为否定和肯定两种观点:前者认为既判力只及于判决主文中的判断,判决理由中的判断无既判力;后者主张特定情况下判决理由也有既判力。绝对地肯定或者否定判决理由的既判力都有各自无法克服的弊端。从各国司法实践来看,判决主文中的判断往往过于简短,尤其是原告败诉的案件,判决主文往往只表述为"驳回原告的诉讼请求",根本无法明确双方争议的性质是什么,此时必须斟酌判决理由才能确定双方间的权利义务关系。如果忽视判决理由与判决主文之间这种密不可分的联系,忽视判决理由在认定法律关系、查清法律责任上的重要作用,允许当事人不受拘束地就已经审理判断的事项再行争执,势必破坏民事诉讼解决纠纷的机能。

然而,完全肯定判决理由有既判力的观点也存在缺陷。首先,它剥夺了当事人的处分权。当事人作为诉讼的主体对提出哪些基础事项及诉讼材料享有自由处分的权利,而这些诉讼材料、法庭辩论及质证也都是围绕诉讼请求而进行。如果直接承认基础事项也有既判力,那么判决一经确定,当事人就不能再就该基础事项发生争执,提出其他诉讼请求和诉讼材料。这无疑剥夺了当事人的合法权益。其次,如果认定判决理由具有既判力,那些事无巨细的用以支持诉讼请求的基础事项都一概会被赋予拘束当事人自身的效力,这就会使当事人因为法院偶然采纳了某一个并未得到当事人充分抗辩的基础事项作为判决理由而蒙受意外的不利后果,造成对当事人的突袭裁判。再次,它违背诉讼效率价值。如果当事人仅对判决理由不服便可以不断地提出上诉,无疑将导致整个诉讼拖延,这显然违背了诉讼效率的价值要求。

绝对地肯定或否定判决理由的既判力虽有弊端,但并非不可调和,考察两种观点的利弊程度,学者们提出了一定条件下赋予判决理由约束力的折中观点,在大陆法系比较有代表性的是日本的“争点效”理论。所谓“争点效”,是指在前诉中被双方当事人作为主要争点予以争执,而且法院也对该争点进行了审理并作出了判断,当同一争点作为主要的先决问题出现在其他后诉请求审理中时,前诉法院对于该争点作出的判断产生的通用力。根据这种“争点效”的作用,后诉当事人不能提出违反该判断的主张及举证,同时后诉法院也不能作出与该判断相矛盾的判断。这一理论的适用需具备以下几个条件:(1) 在前诉请求中主要争点事项的判断;(2) 在前诉中当事人尽到主张和证明责任;(3) 法院对于该争点业已作出实质上的判断;(4) 前诉与后诉所争利益几乎是等同的;(5) 在后诉中,一般由当事人主张这种“争点效”。但“争点效”产生的是拘束力,与既判力效力并不相同,其主要区别在于:一是前者基于判决的理由部分,后者是基于判决的主文;二是既判力属于法院职权调查事项,而“争点效”需当事人自己提出抗辩;三是由于“争点效”只有在当事人对此进行认真严格的争议,并由法院作出实质性判断的情形下才得以产生,因此,其适用的限制较多。[①]

3. 诉讼上抵销与既判力客观范围

如前所述,判决的既判力一般只限于判决主文中的判断,而不及于判决理由。诉讼上的抵销,既然不是原告起诉主张的诉讼标的,而是被告的攻击防御方法,就不应该发生既判力。但是纵观大陆法系各国的民事诉讼法不难发现,几乎所有德国法系的国家都在其民事诉讼法典中明确规定了抵销抗辩的既判力。[②] 诉讼中的抵销抗辩可以说是判决理由具有既判力的特殊情形。应当注意,抵销抗辩具有既判力也不是绝对的。一方面,法院就抵销抗辩所作的判断必须为实体上的判断,因此,对债权不具备适于抵销的状态、禁止抵销或抵销的意思表示无效等理由所做的判断并不发生既判力。另一方面,抵销抗辩只不过是被告抗辩或防御方法而已,法院对此所作的判断,虽不一定表现于判决主文,但必须在终局判决的理由中经判断才有既判力可言。

案例精选

▶【案例】[③]

朱某某与案外人邬某某系夫妻关系。2003 年 10 月,邬某某以朱某某名义与中信银行股份有限公司上海静安支行(以下简称中信静安支行)签订了

① 邓辉辉:《既判力理论研究》,中国政法大学出版社 2005 年版,第 145—147 页。
② 江伟主编:《中国民事诉讼法专论》,中国政法大学出版社 1998 年版,第 197 页。
③ 参见 http://www.shezfy.com/view/cpws.html? id =72481,2013 年 3 月 10 日最后访问。

一份《中信实业银行个人借款合同》,借款金额为25万元,并将朱某某名下的房产作为抵押。借款合同上"朱某某"的签名系邬某某找人代签的。朱某某对借款事实并不知情,直至2005年11月,中信静安支行向其本人催款后,其到中信静安支行出具了一张便条,载明:"此房屋2003年5月贷款30万,2003年10月贷款25万元,今后不再抵押,还清贷款后提取抵押证,一定要本人来拿"。2008年3月,邬某某去世。中信静安支行要求朱某某履行还款义务,朱某某诉至法院,请求法院确认借款合同无效。

第一审法院认为,借款合同是邬某某以朱某某名义与中信静安支行签订的,并非朱某某的真实意思表示,依据朱某某所写便条,亦无法确认其事后有对借款合同予以追认的意思表示,故该合同应认定为未成立,对朱某某无约束力。经法院释明后,朱某某仍坚持合同无效的诉请,原审法院遂判决驳回朱某某的诉讼请求。

一审判决生效后,中信静安支行对判决结论并无异议,但对判决部分关于合同不成立的认定有异议,认为会直接影响其后向朱某某主张权利,遂以朱某某出具的便条构成追认,系争合同已生效为由向上一级法院申请再审,请求再审撤销原判。

上一级法院于2012年3月31日作出(2012)沪二中民六(商)抗字第3号裁定,提审该案。

评析:由于该案属于原审"胜诉"一方申请再审,且仅对生效判决理由不服,因此就该再审申请是否能够受理,始终存在争议。一种意见认为,生效判决的既判力仅及于判决主文,中信静安支行如认为原审认定的理由存在错误,其可以另行诉讼提出反证予以推翻。现其实际上已是该案胜诉一方,在该案中已不具有诉的利益,即便要申请再审也应由朱某某提出,故对中信静安支行的再审申请不应受理,无需再进行实质审查。另一种意见认为,原审判决主文虽对中信静安支行并无不利,但其判决理由直接约束双方当事人,对中信静安支行的利益有实质影响,其具有诉的利益。如不受理该案,由中信静安支行另案再诉,则会出现前后两个判决理由认定不一甚至冲突的矛盾局面。故应受理其再审申请,受理后经实质审查不符合再审法定条件的予以驳回。

我们认为该案关于"合同不成立"的认定系带有诉讼请求性质的判断,应当赋予其既判力。该案"合同不成立"的判决理由实质上就是对"请求权"而非"基础权利"的判断,其原本是应该写进判决主文的,只是朱某某经过法院释明后,依然坚持确认合同无效的诉讼请求,法院碍于必须根据诉讼请求作出裁判的基本原则,才导致了中信静安支行胜得很无奈的尴尬局面。如果经过释明,朱某某采纳了法院意见变更诉请为确认合同不成立,那么在同样的事实根据、同样的审理程序下,完全一样的判断立刻就有了既判力。

思考问题

1. 民事判决的效力。
2. 民事裁定的适用范围。
3. 民事决定的适用范围。
4. 既判力的概念、本质和范围。
5. 既判力客观范围的扩张。

法条链接

《民事诉讼法》第152—156条;《民诉法意见》第163条、第166条、第173条、第180—192条;《最高人民法院关于诉讼代理人查阅民事案件材料的规定》;《最高人民法院关于裁判文书引用法律、法规等规范性法律文件的规定》;《最高人民法院关于司法公开的六项规定》;《最高人民法院关于人民法院在互联网公布裁判文书的规定》。

扩展阅读

1. 邓辉辉著:《既判力理论研究》,中国政法大学出版社,2005年版。
2. 江伟、肖建国:《论既判力的客观范围》,载《法学研究》1996年第4期。
3. 〔日〕新堂幸司:《诉讼标的与争点效》,有斐阁1988年版。
4. 林剑锋:《民事判决既判力与客观范围研究》,厦门大学出版社2006年版。
5. 李龙:《论民事判决的既判力》,载《法律科学》1999年第4期
6. 〔日〕棚濑孝雄:《纠纷的解决与审判制度》,王亚新译,中国政法大学出版社2004年版。
7. 张卫平:《既判力的客观范围》,载樊崇义主编:《诉讼法学研究》(第五卷),中国政法大学出版社2003年版。
8. 叶自强:《论判决的既判力》,载《法学研究》1997年第2期。
9. 叶自强:《论既判力的本质》,载《法学研究》1995年第5期。

第十六章　再审程序

再审程序的设立,从法院角度,是对确有错误的生效判决、裁定和调解书的再次审理;从当事人角度,是在两审终审制度的基础上,在具备特定事由的情形下再次启动的救济程序。根据启动主体的不同,再审程序可以分为基于审判监督权的再审程序、基于检察监督权的再审程序和当事人申请再审。本章主要介绍了再审程序的启动主体、启动条件、再审事由和审查程序以及人民法院对再审案件的处理。

第一节　再审程序概述

一、再审程序的概念和特点

再审程序是指法院对判决、裁定和调解书业已生效的民事案件，发现具备法律规定的再审事由时，对案件再次进行审理所适用的程序。

再审程序并不是基于审级制度设置的一种正常审判程序，而是为了纠正生效裁判和调解书的错误而设置的一种特殊救济程序，其启动对生效裁判的终局性和稳定性构成一定程度的威胁。显而易见，以追求结果公正作为制度设计目标的再审程序和以维护终局裁判权威性为目标的既判力理论存在着天然的紧张关系。“在判决被确定后，如果仅仅为判断不当或发现新的证据就承认当事人的不服声明，则诉讼是无止境的；但是另一方面，从作出正确、公正的裁判的理想来说，不管有什么样的瑕疵一律不准撤销已确定的判决，也是不合理的。”①因此，如何在结果公正和裁判终局性之间找到平衡点，既能最大限度地维护诉讼公正，又能从整体上保持生效裁判的稳定性，是设计再审程序时必须关注的问题。正是基于这一考虑，各国民事诉讼立法对再审程序的启动，都设定了严格的限制条件。

大陆法系国家民事诉讼再审程序的设计理念，是对受到错误裁判损害的当事人进行救济，因此当事人提起再审之诉是启动再审程序的唯一途径。而我国民事诉讼再审程序以审判监督理念为指导，反映在立法上，该程序以“审判监督程序”命名，规定于《民事诉讼法》的第十六章。从程序的启动看，除了通过当事人申请再审外，还存在法院依职权决定再审和检察机关抗诉引起再审两种途径。民事诉讼奉行处分原则，基于民事权利的私权性质，再审程序的启动应以当事人申请为主，以人民法院和人民检察院的审判监督为辅。因此，将纠正生效错误裁判的程序定位于再审程序而非审判监督程序更符合民事诉讼的自身规律。

再审程序和第一审程序、第二审程序都是人民法院审理诉讼案件所适用的程序，分别适用于诉讼的不同阶段。与第一审程序和第二审程序相比，再审程序主要具有以下特点：

（1）程序启动的原因不同。第一审程序的启动是当事人与他人发生争议或者是认为自己的权益受到了侵害，为维护自己的合法权益而请求司法救济

① 〔日〕兼子一、竹下守夫：《民事诉讼法》，白绿铉译，法律出版社 1995 年版，第 249 页。

和保护。第一审程序是诉讼案件的必经程序。第二审程序的启动是当事人不服第一审人民法院作出的裁判,由第二审人民法院对案件继续审理。一方面保护当事人的上诉权利,另一方面也体现上级人民法院对下级人民法院的审判监督。再审程序的启动是为了纠正已经发生法律效力的裁判或调解书的错误,是对已经发生法律效力的裁判或调解书再次审理的程序。

(2)启动的方式和主体不同。第一审程序启动是基于当事人的起诉行为,主体是与案件有直接利害关系的公民、法人或其他组织。第二审程序的启动是基于当事人的上诉行为,提起上诉的主体是在第一审程序中享有实体权利或承担实体义务的当事人。再审程序的启动相对复杂,既可以由当事人申请再审,也可以由有审判监督权和检察监督权的主体提起再审。第一审程序和第二审程序的启动需要经过法院的审查,这种审查属于形式审查范畴,法律并没有做过多限制性规定;再审程序的启动必须具备特别的事由,尤其是当事人申请再审的,必须具有法定事由并且经由法院审查裁定后方可启动再审程序。

(3)提起的时间限制不同。当事人起诉的时间由实体法中的诉讼时效制度加以规定,在诉讼时效内,当事人都可以提起诉讼。二审程序提起的时限由诉讼法规定,当事人只有在上诉期内才享有上诉的权利。再审程序启动或申请的时限根据案件的具体情况有所不同。基于审判监督权和检察监督权抗诉再审的案件没有启动时间的限制,只要是生效的裁判或调解书确有错误或者具有法定的再审理由,有权启动再审的主体可以随时启动再审程序。当事人申请再审的,应当在判决、裁定和调解书发生法律效力6个月内申请再审。

(4)审理的对象和侧重点不同。第一审程序审理的对象是当事人之间争议的事实和权利受到侵害的事实,侧重于分清是非责任,解决当事人之间的争议。第二审程序审理的对象是与当事人提出的上诉请求有关的事实和法律问题,侧重点在于当事人的上诉请求是否应当得到支持,原审人民法院的裁判是否正确。再审程序审理的对象是已经发生法律效力的裁判和调解书,侧重点在于判定原审裁判或调解书是否确有错误,是否应当给予当事人再次救济。

二、再审程序设立的意义

再审程序不是案件的必经程序,而是在特定情形下适用的诉讼程序制度。

(1)再审程序是人民法院审判工作重要的补救制度。对于人民法院来说,出现这样或那样的错误不可避免。确有错误的裁判既损害了当事人的合法权益,也有损司法的公正和权威。而再审程序为纠正错误的裁判和调解书提供多种途径和手段,比如我国《民事诉讼法》规定了基于审判监督权和检察监督权提起再审的途径,也规定了当事人申请再审的途径。

(2) 对当事人而言,再审程序为当事人的合法权益救济提供了进一步的可能。错误裁判或调解书不仅造成当事人财产上的损失和精神上的伤害,更重要的是其对人民法院和法律权威的怀疑。如果这种个体体验没有通畅的解决途径和渠道,就会形成一种普遍的社会共识,会加大人民法院今后的工作难度,对法律权威造成不可估量的损害。对于错误的裁判,有通畅的渠道予以纠正,无论是对当事人权利的保护,还是对人民法院信誉以致对法律的权威的确立都是有益的。

(3) 再审制度是我国两审终审制的必要补充。许多国家实行的是三审终审制。对我国而言,三审终审制审判周期较长,影响民事权利义务关系的稳定;另外,我国地域辽阔、人口众多,实行三审终审制在人力上、物力上都有困难。再审程序的设立,既作为两审终审制的必要补充,又可以避免三审终审制的弊端。

第二节　基于审判监督权的再审

根据我国《民事诉讼法》第 198 条的规定,各级人民法院院长对本院已经发生法律效力的判决、裁定、调解书,发现确有错误,认为需要再审的,应当提交审判委员会讨论决定。最高人民法院对地方各级人民法院已经发生法律效力的判决、裁定、调解书,上级人民法院对下级人民法院已经发生法律效力的判决、裁定、调解书,发现确有错误的,有权提审或者指令下级人民法院再审。因此,各级人民法院院长对本院的、上级人民法院和最高人民法院对下级人民法院的发生法律效力的确有错误的裁判享有审判监督权,有权发动再审。

2012 年修改的《民事诉讼法》对人民法院依职权再审的对象,除"发生法律效力的判决、裁定"外,增加了"调解书"。之前的《民事诉讼法》只规定当事人对已经发生法律效力的调解书,在提出证据证明调解违反自愿原则或者调解协议的内容违反法律的情形下,可以申请再审。在司法实践中,一些人采用欺诈、胁迫、恶意串通等手段,通过调解方式损害国家利益、社会公共利益、他人合法权益的情况时有发生。为规制此种现象,除了当事人对调解书申请再审外,新《民事诉讼法》还增加规定了人民法院对调解书依职权启动再审以及检察院对调解书提出再审检察建议或者抗诉。

一、人民法院行使审判监督权提起再审的程序

提起再审的主体的不同，提起的程序也有所不同。

（一）本院院长提起的再审

我国《民事诉讼法》第198条第1款规定，各级人民法院院长对本院已经发生法律效力的判决、裁定、调解书，发现确有错误，认为需要再审的，应当提交审判委员会讨论决定。各级人民法院的院长对本院的审判工作享有监督的权力，对于发生法律效力的确有错误的裁判和调解书，人民法院院长应当提交审判委员会讨论，是否再审，由审判委员会决定。审判委员会决定再审的，应当以人民法院的名义作出对案件再审并中止原判决、裁定执行的裁定。

（二）最高人民法院提起的再审

最高人民法院对地方各级人民法院已经发生法律效力的裁判和调解书，发现确有错误的，有权提审或者指令下级人民法院再审。最高人民法院是全国最高的审判机关，它有权监督和指导地方各级人民法院的审判活动，有权监督地方各级人民法院的裁判在认定事实和适用法律上是否正确。

最高人民法院决定再审的方式有两种：可以自己提审，也可以指令下级人民法院再审。对于最高人民法院提审的，应当通知下级人民法院，调取案卷，裁定中止案件的执行，进行再审。指令下级人民法院再审的，指令到达下级人民法院之日为再审提起之时。下级人民法院接到指令后，再审应即时开始，由下级人民法院裁定中止原裁判的执行。下级人民法院作出的裁判，应当报送最高人民法院。哪些案件适用提审，哪些案件适用指令再审，法律并没有明确的规定，由最高人民法院根据案件的具体情况选择适用。

（三）上级人民法院提出的再审

上级人民法院对下级人民法院同样有审判监督权。对于下级人民法院已经发生法律效力的裁判和调解书，发现确有错误，有权提审或者指令下级人民法院再审。上级人民法院只能对本地区有隶属关系的下级人民法院的裁判行使审判监督权。由第二审人民法院判决、裁定的案件，上级人民法院需要指令再审的，应当指定第二审法院作为再审法院。

根据《最高人民法院关于人民法院对民事案件发回重审和指令再审有关问题的规定》，各级人民法院对本院确有错误的裁判只能再审一次；上级人民法院对下级人民法院确有错误的裁判再审的，只能指令再审一次。如果上级人民法院认为下级人民法院作出的生效再审裁判需要再审的，应当由上级人民法院提审。但是如果上级人民法院因下级人民法院违反法定程序指定再审的，不受上述规定的限制。

二、再审程序的适用

再审程序的适用根据案件的情况有所不同。

(一) 原审人民法院决定再审的案件

原审人民法院应作出裁定,中止原裁判的执行,同时另行组成合议庭,按照原审程序对案件进行审理。即再审案件是第一审人民法院审结的,再审时适用第一审普通程序进行审理,审理后作出的裁判是未生效裁判,当事人不服的,可以提起上诉;再审案件是第二审人民法院审结的,再审时适用第二审程序审理,作出的裁判是终审裁判,当事人不得提出上诉。

基于审判监督权提起的再审程序是为了纠正确有错误的裁判,因此,原告在经合法传唤后,无正当理由拒不到庭的,不能按撤诉处理。原告拒不到庭的行为,不影响人民法院对案件的审理。被告经合法传唤,无正当理由拒不到庭的,可以根据案件的情况缺席判决或采用拘传强制措施。

(二) 上级人民法院和最高人民法院提审和指令再审的案件

对于指令再审的案件,应指令作出生效裁判的人民法院再审。适用的程序与原审人民法院审理再审案件的程序相同。由上级人民法院和最高人民法院提审的再审案件,无论原审是第一审人民法院审结的,还是第二审人民法院审结的,一律适用第二审程序对案件进行审理。

第二节 基于检察监督权抗诉的再审与检察建议

我国的检察机关是法定的法律监督机关,人民检察院有权对人民法院的审判活动和审判人员的行为进行监督。检察机关一般情况下不能直接参与民事诉讼的过程,其实现监督的手段和途径主要就是针对人民法院作出的生效裁判和调解书,认为其确有错误或者符合法定情形,依法向人民法院提起抗诉,引发再审程序,要求人民法院对案件重新审理或向同级人民法院发出检察建议。

一、抗诉

(一) 抗诉的种类

根据我国《民事诉讼法》第 208 条的规定,民事抗诉应通过以下途径提出:

(1) 最高人民检察院对各级人民法院裁判和调解书的抗诉。最高人民检察院是全国最高的法律监督机关,有权对全国各级人民法院的审判活动行使检察监督权。最高人民检察院对于各级人民法院已经发生法律效力的裁判和调解书，在符合法定条件的情形下，有权提出抗诉，引发再审程序。

（2）上级人民检察院对下级人民法院裁判和调解书的抗诉。上级人民检察院对同一地区，有直接审级关系的下级人民法院的生效裁判有提起抗诉的权力。上级人民检察院对下级人民法院已经发生法律效力的裁判和调解书，在符合法定条件的情形下，有权提起抗诉，引发再审程序。

（3）地方各级人民检察院对同级人民法院的生效裁判，发现存在法定的抗诉情形，或者发现调解书损害国家利益、社会公共利益的，有权提请上级人民检察院向同级人民法院提起抗诉。

（二）检察机关抗诉的条件

1. 抗诉的客体必须是已经发生法律效力的判决、裁定与调解书

抗诉是人民检察院对法院的审判活动实施的事后监督，对于没有发生法律效力的判决、裁定和调解书，即使有错误，检察院也不能提出抗诉。与旧法相比，2012 年《民事诉讼法》扩大了检察机关抗诉监督的范围，将有损国家利益和社会公共利益的民事调解书列入监督的范围。作为法律监督机关和社会公共利益的当然维护者，除了对已经发生法律效力的裁判享有检察监督权外，检察机关对法院制作的发生法律效力的调解书也应当享有监督的权力。需要注意的是，对调解书行使检察监督权的法定事由是调解书损害国家利益或者是损害社会公共利益。考虑到公权力对调解结案的案件不宜干预过度，调解书违反自愿原则或者调解协议内容损害第三人利益等情形，不属于检察机关监督的范畴。在上述情况下，相关当事人和案外第三人可以向人民法院申请再审寻求救济。

2. 必须具备法定事由

根据《民事诉讼法》第 208 条的规定，对于发生法律效力的判决和裁定，检察机关抗诉的事由和当事人申请再审的事由相一致，只要具备法定事由之一的，检察机关就可以提起抗诉。与当事人申请再审不同的是，检察机关提出抗诉的，一般情况下人民法院应当接受并启动再审程序。当事人申请再审的，法院享有审查权和决定权，并不必然引发再审程序的启动。对于发生法律效力的调解书，如果存在损害国家利益、社会公共利益的情形，最高人民检察院应当提出抗诉，地方各级检察机关应当提请上级人民检察院向同级人民法院提出抗诉。

（三）抗诉的方式及效果

1. 抗诉的方式

人民检察院对人民法院生效裁判和调解书提起抗诉的，应当制作抗诉

书。抗诉书应当载明以下内容:提起抗诉的人民检察院和接受抗诉的人民法院;抗诉案件在原审人民法院的编号;抗诉的事实和理由;如果有证据的,可以同时向人民法院提供证据或证据来源。

2. 抗诉的效果

对于检察机关抗诉的案件,《民事诉讼法》第 211 条规定,人民法院应当在收到抗诉书之日起 30 日内作出再审的裁定。作为国家的法律监督机关,人民检察院对生效裁判的抗诉必然引起再审程序的发生,这是其与当事人申请再审的重要区别。

对于检察机关的抗诉,人民法院应当有权进行形式审查。审查内容包括:(1) 是否提交了相关的书面材料。如抗诉书、原审当事人的申请书及相关证据材料。(2) 抗诉对象是否正确。抗诉的对象应当是发生法律效力的,依法可以再审的判决、裁定和损害国家利益、社会公共利益的调解书。除了驳回起诉和不予受理裁定外的、其他没有诉的内容的程序性裁定不能抗诉再审。(3) 审查抗诉书是否指明法定事由。经形式审查,发现材料不符合要求的,人民法院要求检察机关撤回或补正;检察机关坚持不予撤回或补正的,可以裁定不予受理。

人民法院一旦裁定再审程序开始,应当裁定中止原裁判的执行。对于抗诉再审的案件,人民法院在审理时,应当通知人民检察院派员出席法庭。对于人民检察院而言,案件是基于其抗诉而进行的再审,为了更进一步实现检察监督权,应当派员出席法庭。检察人员出庭的任务包括:宣读抗诉书;发表出庭意见;发现庭审活动违法的,向再审法院提出建议。根据《民事诉讼法》第 211 条的规定,具有《民事诉讼法》第 200 条第 1 项到第 5 项规定情形之一的,也就是说主要涉及事实认定和证据问题的,不涉及程序和法律适用问题的,接受抗诉的法院可以交由下级人民法院审理,但经该下一级人民法院再审的除外。

二、检察建议

2012 年《民事诉讼法》丰富了检察监督的内容,除抗诉监督外,还增加了人民检察院依照审判监督程序提出的旨在启动再审的检察建议这一监督方式。《民事诉讼法》第 208 条第 2 款规定:地方各级人民检察院对同级人民法院已经发生法律效力的判决、裁定,发现有本法第 200 条规定情形之一的,或者发现调解书损害国家利益、社会公共利益的,可以向同级人民法院提出检察建议,并报上级人民检察院备案。根据上述规定,检察建议是同级人民检察院向同级人民法院发出的监督建议,并不能马上引发对生效判决、裁定和调解书的再审，但却可以加强人民法院和人民检察院在审判监督方面的合作配合，能够促使人民法院发现错误、纠正错误。同时，通过并行规定向上级人民检察院报请备案，也有利于上下级检察机关之间及时沟通情况，从而更慎重地决定是否抗诉。[①]

由于检察机关并不直接参与案件的审理活动，对于审判活动的监督信息一方面来自于对公开判决、裁定以及调解书的审查；另一个重要的信息来源就是当事人的申请。针对司法实践中当事人申请再审难以启动再审程序的现状，为解决检察抗诉再审和监督在信息上的不对称，2012 年《民事诉讼法》增加了当事人有权向检察机关申请检察建议或者抗诉的规定。但是，为避免因当事人多头申请再审、多头处理导致司法资源的浪费和审判监督程序的混乱，《民事诉讼法》第 209 条确立了“法院纠错先行、检察监督断后”和“有限再审”的原则。[②] 具体而言，根据《民事诉讼法》第 209 条第 1 款的规定，符合下列情形者，当事人可以向人民检察院申请检察建议或者抗诉：(1) 人民法院驳回再审申请的；(2) 人民法院逾期未对再审申请作出裁定的；(3) 再审判决、裁定有明显错误的。人民法院对于驳回其再审申请的当事人又向人民法院申请再审的；当事人认为再审判决、裁定有错误向人民法院申请再审的这两种情况，应当告知当事人向检察机关申请检察建议或抗诉，不能作为申请再审案件予以受理。

人民检察院对当事人的申请应当在 3 个月内进行审查，作出提出或者不予提出再审检察建议或者抗诉的决定。为了避免因当事人反复申诉引发“终审不终”的后果，在检察机关作出决定后，当事人不得再次向人民检察院申请再审检察建议或者抗诉。人民检察院因提出检察建议和抗诉的需要，可以查阅、调阅人民法院的诉讼卷宗，并可以向当事人或者案外人调查核实有关情况。

人民法院对于检察机关提出的检察建议也有权进行形式审查。审查的内容有：(1) 是否提交了相关的书面材料。如检察建议书、原审当事人的申请书及相关证据材料。(2) 抗诉对象是否正确。抗诉的对象应当是发生法律效力的，依法可以再审的判决、裁定和损害国家利益、社会公共利益的调解书。(3) 提出检察建议前是否经过检察委员会讨论决定。人民法院收到检察建议后，应当在 3 个月内进行审查。发现确有错误的，或者检察建议针对的再审判

① 全国人大常委会法制工作委员会民法室编著：《中华人民共和国民事诉讼法解读》，中国法制出版社 2012 年版，第 570—571 页。

② 参见江必新主编：《〈中华人民共和国民事诉讼法〉修改条文解读与应用》，法律出版社 2012 年版，第 409 页。

决、裁定有明显错误，需要再审的，由该院院长提交审判委员会讨论决定。认为检察建议成立的，启动再审程序。认为检察建议不成立的，书面回复人民检察院，并说明理由。

除了对生效法律文书提出检察建议外，《民事诉讼法》第208条第3款还规定，对于审判监督程序外的其他审判程序中审判人员的违法行为，人民检察院也有权向同级人民法院提出检察建议。这种检察建议不是对生效裁判予以救济的旨在启动再审的检察建议，而是对一、二审程序进行全程监督的检察建议。

第四节　当事人申请再审

当事人是法院裁判和调解书的直接承受者，生效裁判和调解书所确定的权利义务与其利益休戚相关。因此，当事人最有动力要求纠正确有错误的裁判或调解书，保护自己合法权益。当事人申请再审制度，赋予当事人在符合法定事由时对确有错误的生效裁判或调解书向法院申请重新审理的救济权利，用以解决实践中有权启动再审程序的组织的权能或动力不足问题，更好地保护当事人的合法权益。

一、当事人申请再审的法定条件

第一，申请再审的主体必须是原审中的当事人。即有权申请再审的只能是原审中的原告、被告、有独立请求权的第三人和在裁判中承担实体权利义务的无独立请求权的第三人以及诉讼代表人和上诉人、被上诉人。但是，例外情形下，非原审当事人的案外人也有权申请再审。根据最高人民法院《审监程序解释》第5条的规定，案外人对原判决、裁定、调解书确定的执行标的物主张权利，且无法提起新的诉讼解决争议的，可以在判决、裁定、调解书发生法律效力后2年内，或者自知道或应当知道利益被损害之日起3个月内，向作出原判决、裁定、调解书的人民法院的上一级人民法院申请再审。[①]

第二，申请再审的对象是法律准许申请再审的生效裁定、判决和调解书。若法律文书尚未生效，当事人可以通过对未生效裁判提起上诉或拒绝签收调

① 2012年《民事诉讼法》对当事人申请再审的期限进行了修改。根据现行《民事诉讼法》的规定，当事人申请再审，应当在判决、裁定发生法律效力后6个月内提出。有新的证据，足以推翻原判决、裁定的；原判决、裁定认定事实的主要证据是伪造的；据以作出原判决、裁定的法律文书被撤销或者更改的；以及审判人员审理该案件时有贪污受贿，徇私舞弊，枉法裁判行为的，自知道或应当知道之日起6个月内提出。因此，有关案外人申请再审的期限，有待司法解释给予统一和协调规定。

解书寻求救济,并无申请再审的必要;即使是已生效的法律文书,如果法律规定不得申请再审,当事人也不能提出再审申请,如已经生效的解除婚姻关系的判决。当事人对已经发生法律效力的调解书,提出证据证明调解违反自愿原则或者调解协议的内容违反法律的,可以申请再审。

第三,申请再审必须在法定期限内提出。当事人申请再审,应当在判决、裁定和调解书发生法律效力后6个月内提出;有《民事诉讼法》第200条第1项、第3项、第12项、第13项规定的情形的,自知道或者应当知道之日起6个月内提出。对第二种情形,当事人应当书面说明发现再审事由的时间并提交相应证据。

为了减轻当事人的诉累和防止社会关系长期处于不稳定状态,2012年新修订的《民事诉讼法》大大缩减了再审申请的期限。这就涉及过渡期如何计算再审申请期限的问题。

2013年1月1日前生效的判决、裁定和调解书申请再审期限,应当以2007年《民事诉讼法》的规定为基础,以申请再审期限至2013年1月1日是否届满为标准分为两种情况:一是申请再审期限至2013年1月1日已经届满的案件,在2013年1月1日后申请再审的,不予受理;二是申请再审期限至2013年1月1日未届满的案件,按照以下规定确定:(1)剩余申请再审期限少于6个月的,不论申请事由,一律按照原有的期限规定计算。(2)剩余申请再审期限超过6个月的,除了依据《民事诉讼法》第200条第1项和第3项规定,即"有新的证据,足以推翻原判决、裁定的;原判决、裁定认定事实的主要证据是伪造的"申请再审外,申请再审期限计算至2013年6月30日。(3)剩余申请再审期间超出6个月,再审事由为"有新的证据,足以推翻原判决、裁定的;原判决、裁定认定事实的主要证据是伪造的"这两种情形的,再审期限为从判决、裁定和调解书生效之日起2年。

第四,当事人申请再审必须符合法定的情形。当事人申请再审的法定事由参见第五节再审事由。

第五,必须向有管辖权的人民法院申请再审。根据《民事诉讼法》第199条的规定,当事人认为已经发生法律效力的判决和裁定有错误的,可以向上一级人民法院申请再审;当事人一方人数众多或者当事人双方为公民的案件,也可以向原审人民法院申请再审。

1991年《民事诉讼法》规定,当事人申请再审可以向原审人民法院或者上一级人民法院提出。这一具有灵活性的申请再审管辖制度虽然给予当事人和上下级法院较大的自主性,但由于缺乏管辖冲突解决规则,造成了现实中申请再审管辖的混乱局面。出于解决"申诉难"的立法目的,2007年《民事诉讼法》修正案明确规定了申请再审向上一级人民法院提出，期冀消除当事人和社会大众对原审法院管辖申请再审案件公正性的顾虑，从客观上增强再审程序的权威性和公正性。但是，“上提一级”造成上级法院审判任务量的巨大攀升，由此带来了中心城市的维稳压力，引发了上级法院审查再审申请的质量危机等问题。于是，2012 年《民事诉讼法》增加了两种情形为上提一级的例外：(1) 公民之间的案件；(2) 一方当事人人数众多的案件。

第六，不属于法律规定不能申请再审案件。《民事诉讼法》第 202 条规定，当事人对已经发生法律效力的解除婚姻关系的判决、调解书，不得申请再审。婚姻关系一经人民法院的生效判决和调解书确定予以变更和解除，就产生了消灭的后果，任何一方当事人可以再行结婚。如果对此提出再审，会影响到新的合法婚姻关系的稳定。此外，按照特别程序、督促程序、公示催告程序、企业法人破产还债程序审理的案件以及依照审判监督程序审理后维持原判的案件都不得再申请再审。

二、当事人申请再审的救济程序

如前所述，2012 年《民事诉讼法》新增加的第 209 条确立了“法院纠错先行，检察监督断后”的再审思路，一方面给予当事人有效的权利救济路径，另一方面也确立了有限再审制度。据此，当事人申请再审应首先向人民法院提出，只有当事人的再审申请经法院审查被驳回、人民法院逾期未对再审申请作出裁定以及再审裁判有明显错误的情况下，才可以向检察机关寻求救济，即向检察机关申请抗诉或再审检察建议。对于当事人向人民检察院申请检察建议或抗诉的，人民检察院在收到当事人申请之日起 3 个月内进行审查，决定是否提出检察建议或抗诉。人民检察院决定不予提出检察建议或抗诉决定的，当事人不得再次向人民法院提出再审申请，也不得再次向人民检察院请求提出检察建议或抗诉。

第五节　再审事由及审查程序

一、再审事由确定的意义及标准

再审事由是指由法律规定的法院决定对已经发生法律效力的判决、裁定和调解书再次审理的理由。再审程序与一审和二审程序设立的价值取向有显著差别。再审程序的启动不仅是对生效裁判的重新审视，也是对已经发生效力的裁判既判力的挑战，不仅影响到法院的权威，也影响到案件当事人以及案外人的合法权利甚至是正常生活。对于再审事由的合理确定是实现再审制度价值的关键所在。再审事由的确定必须要考虑诸多因素。

第一,要考虑到法律真实与客观事实的合理距离以及人类认识的局限。已经发生的客观事实势必会留下这样或那样的痕迹,人们只能追寻这些踪迹去认识和发现过往的事实。然而,事物是不断发展变化的,任何过去都无法纤毫无错的重现,就如同人不能两次踏入同一条河流。把客观事实作为认识的标准不仅违反人类认识的规律,也是无法达到的目标。诉讼法意义上的事实都是能用证据证明的事实,这些事实只要达到一定的认识程度或标准就被认定是真实的,可以成为裁判的依据。我们必须承认这样的现状:受有限的诉讼时间和空间条件限制,法律真实和客观真实永远存在距离,在制度设立上无需为追求所谓的客观真实耗费人力、物力和财力。

第二,要注意到效率与公正的平衡。任何诉讼程序都需要大量的成本投入,包括人力资源的投入,例如法院的投入,当事人和律师的投入以及其他诉讼参与人的投入;同时也包括各种物质成本的投入,例如调查取证的花费、证人作证支出的费用等等。此外还有对未来裁判结果预期不明而产生的焦虑和不安以及对局部社会秩序产生不同程度的震荡等影响。一般来说,诉讼程序越多,流程越复杂,对事实就越接近,裁判正确率就会越高。但是同时诉讼周期越长就会产生越多的成本投入。

第三,要考虑到“有错必纠”与判决既判力以及法的安定性的背离。有错必纠无疑是一种认真的态度,也是一种良好的愿望。生效裁判是法院在对案件进行审理之后,通过认定事实、适用法律,对当事人之间权利义务的重新认定和分配,相当于当事人之间的法律。裁判的效用不仅仅是对当事人的约束,同时裁判具有非常重要的宣誓意义,该意义已经超越了当事人的范围向整个社会扩散。公权力介入纠纷的解决是人类文明进步的重要指征,避免了私力救济的弱肉强食,赋予裁判公正的象征。通过对个案的解决,对发生扭曲和变形的社会关系或秩序给予修正和弥合,也体现法律的权威。如果对于生效裁判频繁的质疑和启动审查程序,无疑对裁判本身的公正和权威是巨大的破坏。

二、法定再审事由

(一) 再审事由的修订

1991 年《民事诉讼法》对于再审事由的规定语焉不详,结果导致法院享有巨大的自由裁量权空间,给当事人申请再审设置了重重障碍。经过 2007 年和 2012 年的两次修订,《民事诉讼法》对再审事由进行了精确化,并且将当事人申请再审的事由和检察机关抗诉再审的事由统一起来。

具体而言这些法定事由包括:(1) 有新的证据,足以推翻原判决、裁定的;(2) 原判决、裁定认定的基本事实缺乏证据证明的;(3) 原判决、裁定认定事实的主要证据是伪造的;(4) 原判决、裁定认定事实的主要证据未经质证的;(5) 对审理案件需要的主要证据,当事人因客观原因不能自行收集,书面申请人民法院调查收集,人民法院未调查收集的;(6) 原判决、裁定适用法律确有错误的;(7) 审判组织的组成不合法或者依法应当回避的审判人员没有回避的;(8) 无诉讼行为能力人未经法定代理人代为诉讼或者应当参加诉讼的当事人,因不能归责于本人或者其诉讼代理人的事由,未参加诉讼的;(9) 违反法律规定,剥夺当事人辩论权利的;(10) 未经传票传唤,缺席判决的;(11) 原判决、裁定遗漏或者超出诉讼请求的;(12) 据以作出原判决、裁定的法律文书被撤销或者变更的;(13) 审判人员审理该案件时有贪污受贿,徇私舞弊,枉法裁判行为的。

上述再审事由可以分为三大类:

第一类是实体性错误,涉及的是认定事实并据以作出裁判的主要证据方面,包括第(1)项、第(2)项,此外还有适用法律上错误以及作为裁判依据的法律文书被撤销或变更(第(6)项和第(12)项)。

第二类是程序上的缺陷或瑕疵。公正的程序是确保公正结果的前提,人民法院在审理案件的过程中,违法了法定程序,就有可能作出错误的裁判。这类事由占了再审事由的绝大部分。

第三类是职业伦理上的过错或瑕疵。如果法官在审理案件中有贪污受贿,徇私舞弊行为,难以保障其中立立场,违背诉讼最本质的理念。

(二) 司法解释的补充

新的再审事由相对详细,但是在很多事项上仍留有很大的自由裁量空间和不尽合理之处。为此最高人民法院又出台了司法解释给予进一步的补足。

1. 对"新的证据"的界定

"新的证据"具体包括:(1) 原审庭审结束前已客观存在庭审结束后新发现的证据;(2) 原审庭审结束前已经发现,但因客观原因无法取得或在规定的期限内不能提供的证据;(3) 原审庭审结束后原作出鉴定意见、勘验笔录者重新鉴定、勘验,推翻原结论的证据。当事人在原审中提供的主要证据,原审未予质证、认证,但足以推翻原判决、裁定的,应当视为新的证据。

2. 基本事实的厘清

对原判决、裁定的结果有实质影响、用以确定当事人主体资格、案件性质、具体权利义务和民事责任等主要内容所依据的事实,为《民事诉讼法》第

200 条第 2 项规定的“基本事实”。

3.“适用法律确有错误”情形的明确

“适用法律确有错误”的情形包括:(1) 适用的法律与案件性质明显不符的;(2) 确定民事责任明显违背当事人约定或者法律规定的;(3) 适用已经失效或尚未施行的法律的;(4) 违反法律溯及力规定的;(5) 违反法律适用规则的;(6) 明显违背立法本意的。

4.“剥夺当事人辩论权利”的说明

原审开庭过程中审判人员不允许当事人行使辩论权利,或者以不送达起诉状副本或上诉状副本等其他方式,致使当事人无法行使辩论权利的,属于《民事诉讼法》第 200 条第 9 项规定的“剥夺当事人辩论权利”。依法缺席审理,依法径行判决、裁定的除外。

6. 违反法定程序的兜底条款

“违反法定程序可能影响案件正确判决、裁定的情形”,是指除《民事诉讼法》第 200 条中涉及违法程序事项之外的其他违反法定程序,可能导致案件裁判结果错误的情形。

7. 职业伦理道德违反的确定

《民事诉讼法》第 200 条第 13 项规定的“审判人员审理该案件时有贪污受贿,徇私舞弊,枉法裁判行为的”,是指该行为已经被相关刑事法律文书或者纪律处分决定确认的情形。

(三) 对调解书申请再审的法定事由

上述法定再审事由适用于对生效判决和裁定申请再审的情形。对调解书而言,只有在具备以下两种情形时才能申请再审:

(1) 调解中违反了当事人的自愿原则。如果调解是在人民法院或对方当事人的强制下达成的,或者调解协议内容并非当事人的真实意思表示的情况下,当事人有权申请再审。

(2) 调解协议的内容违反法律的。如果调解协议的内容违法,势必会损害一方当事人的权利或对国家、集体或他人的合法权利造成损害。对于调解违反当事人自愿原则,或者调解协议内容违法的,当事人在提供证据的情况下,有权申请再审。人民法院经查证属实的,应当再审。

三、再审事由的审查程序

为了避免法院的推诿,防止当事人的再审申请石沉大海,再审制度增设了再审事由审查程序,包括启动主体,针对对象、申请书、时效、管辖以及审查时限等一系列规定。经过人民法院审查后符合条件的,裁定再审,不符合法律规定的，驳回申请。

（一）启动主体

再审事由审查程序的启动主体主要是指当事人，案外人能否成为启动主体一直存有争议。《审监程序解释》中承认了案外人作为启动再审程序的主体资格。案外人对原判决、裁定、调解书确定的执行标的物主张权利，且无法提起新的诉讼解决争议的，可以在判决、裁定、调解书发生法律效力后2年内，或者自知道或应当知道利益被损害之日起3个月内，向作出原判决、裁定、调解书的人民法院的上一级人民法院申请再审。该条款的规定时效与新修订的民事诉讼法中当事人申请再审的时限有一定的区别，有待司法解释给予统一和协调规定。另外，根据《民事诉讼法》第227条的规定，在执行过程中，案外人对执行标的提出书面异议的，如果异议成立，人民法院裁定中止对该标的的执行。案外人认为原判决、裁定错误的，依照审判监督程序办理。

（二）管辖法院

根据2012年修订的《民事诉讼法》第199条的规定，当事人对已经发生法律效力的判决、裁定，认为有错误的，可以向上一级人民法院申请再审。当事人一方人数众多或者当事人双方为公民的案件，也可以向原审人民法院申请再审。此项规定改变了原《民事诉讼法》规定的“申请再审一律由上一级法院管辖”的原则，一方面为了及时化解矛盾，尽量将纠纷化解在基层，减轻当事人的诉讼负担；同时也减轻上一级法院的审判压力。

这里需要明确几个问题：

（1）当事人一方人数众多和当事人双方为公民的案件范围。第一，当事人一方人数众多。案件以一方当事人为3人以上为标准。对于劳动争议、物业服务合同纠纷等一方当事人相同，诉讼标的是同一种类的普通共同诉讼案件也可以作为当事人一方人数众多的案件。第二，当事人双方为公民案件。包括以下情形：一审原告与被告为公民；二审上诉人和被上诉人均为公民；再审申请人和再审被申请人均为公民。

（2）尊重当事人的选择权。当事人选择向原审人民法院申请再审的，原审人民法院经审查符合再审条件的，应当依法受理。当事人选择向上一级人民法院申请再审的，经原审人民法院释明，当事人同意向原审人民法院申请再审的，原审人民法院应当依法受理；当事人坚持向上一级人民法院申请再审的，原审人民法院应当在1个月内向当事人申请再审材料、案件卷宗和释明情况一并报送上级人民法院。

（三）当事人提交的材料

当事人申请再审应当提交再审申请书并按对方人数提供副本。申请书中应载明以下事项：(1) 申请再审人与对方当事人的姓名、住所及有效联系方式等基本情况；法人或其他组织的名称、住所和法定代表人或主要负责人的姓名、职务及有效联系方式等基本情况；(2) 原审人民法院的名称，原判决、裁定、调解文书案号；(3) 申请再审的法定情形及具体事实、理由；(4) 具体的再审请求。此外，当事人申请再审，还应当向人民法院提交已经发生法律效力的判决书、裁定书、调解书，身份证明及相关证据材料。

（四）再审事由的审查

1. 受理

人民法院应当自收到符合条件的再审申请书等材料后5日内完成向申请人发送受理通知书等受理登记手续，并向对方当事人发送受理通知书及再审申请书副本。对方当事人应当在收到再审申请书副本之日起15日内提交书面意见；不提交书面意见的，不影响人民法院的审查。人民法院可以要求申请人和对方当事人补充材料，询问有关事项。

2. 审查范围与方式

人民法院受理当事人的再审申请后，应当组成合议庭予以审查。对再审申请的审查，主要是围绕再审事由是否成立进行。人民法院认为仅审查再审申请书等材料难以作出裁定的，应当调阅原审卷宗予以审查。人民法院可以根据案情需要决定是否询问当事人。以有新的证据足以推翻原判决、裁定为由申请再审的，应当询问当事人。在审查再审申请过程中，对方当事人也申请再审的，人民法院应当将其列为申请再审人，对其提出的再审申请一并审查。申请再审人在案件审查期间申请撤回再审申请的，是否准许，由人民法院裁定。申请再审人经传票传唤，无正当理由拒不接受询问，可以裁定按撤回再审申请处理。

3. 裁定

（1）裁定再审。人民法院经审查再审申请书等材料，认为申请再审事由成立的，应当径行裁定再审。

（2）驳回再审申请。当事人申请再审超过《民事诉讼法》第205条规定的期限，或者超出《民事诉讼法》第200条所列明的再审事由范围的，人民法院应当裁定驳回再审申请。驳回再审申请的裁定一经送达，即发生法律效力。

有下列情形之一的，人民法院可以裁定终结审查：(1) 申请再审人死亡或者终止，无权利义务承受人或者权利义务承受人声明放弃再审申请的；(2) 在给付之诉中，负有给付义务的被申请人死亡或者终止，无可供执行的财产，也没有应当承担义务的人的;(3) 当事人达成执行和解协议且已履行完毕的,但当事人在执行和解协议中声明不放弃申请再审权利的除外;(4) 当事人之间的争议可以另案解决的。

人民法院对再审事由审查的期限为3个月,自收到再审申请书之日起算。有特殊情况需要延长的,须经本院院长批准。

第六节　再审案件的审理和裁判

各种主体提出的再审动议都要经过一个审查程序。基于法院审判监督权提出的再审动议,其审查程序相对简单,具有内部性的特征;对于本院作出的裁判,要经由审判委员会讨论决定;上级人民法院对下级人民法院的裁判认为确有错误的,要作出提审或指令再审的裁定。基于检察监督权提出的再审动议,一般情况下人民法院不能拒绝,应在收到抗诉书之日起30日内作出再审的裁定。对于当事人提出的再审动议,人民法院要对再审事由进行审查,再审事由成立的,裁定再审。法院决定或裁定再审后,案件进入实质的再审程序。

一、再审案件的审判管辖

进入实质再审程序后,首先面临的问题就是审判管辖,即由哪个法院对再审案件进行审理并作出裁判。根据启动再审程序主体的不同,管辖法院各不相同。

(一) 当事人申请裁定再审的审判管辖

依照《民事诉讼法》第199条的规定,当事人对已经发生法律效力的判决、裁定,认为有错误的,可以向上一级人民法院申请再审;当事人一方人数众多或者当事人双方为公民的案件,也可以向原审人民法院申请再审。

对于向上一级人民法院申请再审的,上级人民法院经审查认为申请再审事由成立的,一般由本院提审。最高人民法院、高级人民法院裁定再审的案件,由本院再审或者交其他法院再审,也可以交原审法院再审。这里需要注意的是“其他法院”是指与原审人民法院同级的其他人民法院。最高人民法院、高级人民法院交由原审法院或其他法院再审的,采用指令再审和指定再审的方式。上一级人民法院可以根据案件的影响程度以及案件参与人等情况,决定是否指定再审。需要指定再审的,应当考虑便利当事人行使诉讼权利以及便利人民法院审理等因素。

对于有下列情形之一的,不得指令原审人民法院再审:(1) 原审人民法院对该案无管辖权的；(2) 审判人员在审理该案件时有贪污受贿，徇私舞弊，枉法裁判行为的；(3) 原判决、裁定系经原审人民法院审判委员会讨论作出的；(4) 其他不宜指令原审人民法院再审的。

（二）检察机关抗诉裁定再审的审判管辖

检察机关提出再审动议管辖法院和最后的再审审判法院并非完全一致。根据《民事诉讼法》第 208 条规定，由检察机关提出的再审动议模式是由上级检察机关对下级人民法院的生效裁判向同级人民法院提出抗诉，同级检察机关无权对同级人民法院生效裁判提出抗诉，如果认为同级人民法院裁判具备法定再审事由需要抗诉的，提请其上级检察院向同级人民法院提出抗诉。根据《民事诉讼法》第 211 条的规定，收到抗诉书后 30 日内人民法院作出再审的裁定。如果是具备了《民事诉讼法》第 200 条规定的再审事由第 1 项至第 5 项的，可以指令下一级人民法院再审，但是经过该下一级人民法院再审的除外。

（三）人民法院决定再审案件的审判管辖

《民事诉讼法》第 198 条第 2 款规定，最高人民法院对地方各级人民法院已经发生法律效力的判决、裁定、调解书，上级人民法院对下级人民法院已经发生法律效力的判决、裁定、调解书，发现确有错误的，有权提审或者指令下级人民法院再审。

二、再审案件审判庭的组成

再审案件的审判一律实行合议制，不得采用独任制审判。再审合议庭的组成根据原生效裁判的审理程序而定，原生效裁判是由第一审法院作出的，按第一审程序组成合议庭；原生效裁判是由第二审法院作出的，按照二审程序组成合议庭。无论是一审还是二审，原参与过案件审理的审判人员不得参与新的合议庭。

三、审理程序

（一）中止执行

裁定再审的案件，人民法院应当作出裁定，中止原判决、裁定和调解书的执行，裁定由院长署名，加盖人民法院印章，送达双方当事人。之所以中止原生效法律文书的执行，是为了防止继续执行给国家利益、社会公共利益或公民合法权益造成更大的损害，因为再审程序程序启动本身就意味着原生效法律文书极有可能存在错误。但为了保护弱势群体的权益，对于追索赡养费、扶养费、抚育费、抚恤金、医疗费用、劳动报酬等案件，可以不中止执行。

（二）程序适用

启动再审程序不是为了审理新的案件，而是对案件的重新审理。根据《民事诉讼法》第207条的规定，人民法院审理再审案件，发生法律效力的判决、裁定是由第一审法院作出的，按照第一审程序审理，所作的判决、裁定，当事人可以上诉；发生法律效力的判决、裁定是由第二审法院作出的，按照第二审程序审理，所作的判决、裁定是发生法律效力的判决、裁定；上级人民法院提审的，按照第二审程序审理，所作出的判决、裁定也是生效的判决、裁定。

（三）审理方式

人民法院审理再审案件应当开庭审理。但按照第二审程序审理的，双方当事人已经其他方式充分表达意见，且书面同意不开庭审理的除外。检察机关抗诉的案件，人民法院再审时，应当通知检察机关派员出席法庭。

（四）开庭审理流程

人民法院开庭审理再审案件，应分别不同情形进行：(1) 因当事人申请裁定再审的，先由申请再审人陈述再审请求及理由，后由被申请人答辩及其他原审当事人发表意见；(2) 因人民检察院抗诉裁定再审的，先由抗诉机关宣读抗诉书，再由申请抗诉的当事人陈述，后由被申请人答辩及其他原审当事人发表意见；(3) 人民法院依职权裁定再审的，当事人按照其在原审中的诉讼地位依次发表意见。

（五）再审申请、抗诉以及一审原告起诉的撤回

申请再审人在再审期间撤回再审申请的，是否准许由人民法院裁定。裁定准许的，应终结再审程序。申请再审人经传票传唤，无正当理由拒不到庭的，或者未经法庭许可中途退庭的，可以裁定按自动撤回再审申请处理。

人民检察院抗诉再审的案件，申请抗诉的当事人有前款规定的情形，且不损害国家利益、社会公共利益或第三人利益的，人民法院应当裁定终结再审程序；人民检察院撤回抗诉的，应当准许。终结再审程序的，恢复原判决的执行。

按照第一审程序审理再审案件时，一审原告申请撤回起诉的，是否准许由人民法院裁定。裁定准许的，应当同时裁定撤销原判决、裁定、调解书。

四、审理结果

(1) 原判决裁定视为被撤销。在再审程序中同一审和二审一样允许适用调解方式解决当事人之间的争议。当事人在再审审理中经调解达成协议的，

人民法院应当制作调解书。调解书经各方当事人签收后，即具有法律效力，原判决、裁定视为被撤销。

（2）维持原判决、裁定或驳回再审申请。人民法院经再审审理认为，原判决、裁定认定事实清楚、适用法律正确的，应予维持；原判决、裁定在认定事实、适用法律、阐述理由方面虽有瑕疵，但裁判结果正确的，人民法院应在再审判决、裁定中纠正上述瑕疵后予以维持。

人民法院以调解方式审结的案件裁定再审后，经审理发现申请再审人提出的调解违反自愿原则的事由不成立，且调解协议的内容不违反法律强制性规定的，应当裁定驳回再审申请，并恢复原调解书的执行。

（3）改判。人民法院按照第二审程序审理再审案件，发现原判决认定事实错误或者认定事实不清的，应当在查清事实后改判。有新的证据证明原判决、裁定确有错误的，人民法院应予改判。

（4）发回重审。原判决认定事实错误或认定事实不清的，除了改判外，如果原审人民法院便于查清事实，化解纠纷的，可以裁定撤销原判决，发回重审；原审程序遗漏必须参加诉讼的当事人且无法达成调解协议，以及其他违反法定程序不宜在再审程序中直接作出实体处理的，应当裁定撤销原判决，发回重审。

（5）另行起诉。申请再审人或者申请抗诉的当事人提出新的证据致使再审改判，被申请人等当事人因申请再审人或者申请抗诉的当事人的过错未能在原审程序中及时举证，请求补偿其增加的差旅、误工等诉讼费用的，人民法院应当支持；请求赔偿其由此扩大的直接损失，可以另行提起诉讼解决。

（6）当事人特殊情况的处理。民事再审案件的当事人应为原审案件的当事人。原审案件当事人死亡或者终止的，其权利义务承受人可以申请再审并参加再审诉讼。

（7）案外人申请裁定再审的处理。因案外人申请人民法院裁定再审的，人民法院经审理认为案外人应为必要的共同诉讼当事人，在按第一审程序再审时，应追加其为当事人，作出新的判决；在按第二审程序再审时，经调解不能达成协议的，应撤销原判，发回重审，重审时应追加案外人为当事人。案外人不是必要的共同诉讼当事人的，仅审理其对原判决提出异议部分的合法性，并应根据审理情况作出撤销原判决相关判项或者驳回再审请求的判决；撤销原判决相关判项的，应当告知案外人以及原审当事人可以提起新的诉讼解决相关争议。

案例精选

▶【案例】[①]

2004年9月29日中午，安徽来京青年吴某在地铁南礼士路站追车时，掉下站台，被列车轧断左腿和右脚。公安机关对此事故的调查结论认定这是一起“由于吴某进站赶车速度快，不慎掉下站台的意外事故”。在与地铁公司多次交涉未果后，2005年1月10日吴某将北京地铁运营总公司诉至西城区人民法院，索赔150万元。2005年11月，法院一审判决地铁公司没有过错，不应承担赔偿责任，驳回吴某的诉讼请求。吴某上诉，北京一中院维持判决。

2006年11月，吴某以法律适用错误为由向北京市第一中级人民法院提出申诉，第一中级人民法院将案件发回西城区人民法院重审。2008年1月8日，西城区人民法院经过重审后认为，地铁属于高速运输工具，从事高速运输工作造成他人损害的，应当承担无过错责任。但吴某对自己的安全疏于注意，依公平原则，应减轻地铁公司的赔偿责任。法院酌定按照吴某已发生的合理经济损失总额的80%赔偿，共计50万余元。吴某提出的30万元精神损害抚慰金也获得法院支持。地铁公司不服一审判决提出上诉。2008年6月17日，北京第一中级人民法院终审维持原判。

2008年8月西城区人民法院经过执行，将80万元的赔偿款交给了吴某。

2009年7月，在地铁公司的申请下，北京市人民检察院向北京高级人民法院抗诉，认为北京第一中级人民法院的终审判决适用法律不当。北京市高级人民法院裁定此案发回西城区人民法院重新审理。2009年12月18日，西城区人民法院经过重新审理，推翻了原判决，只判决地铁公司补偿吴某25万元。吴某上诉，2010年6月8日北京市第一中级人民法院作出第三个终审判决。维持了西城区人民法院作出的地铁公司只补偿吴某25万元的判决结果。

评析：本案历时6年，经过两次再审程序宣告终结。本案涉及再审制度中的众多问题：当事人申请再审事由；检察院抗诉事由；当事人申请再审的时限；再审管辖法院包括申请再审的审查法院和再审审判法院；检察机关抗诉的程序适用；再审程序的适用等。

本分析着重说明2007年和2012年再审制度两次修改在本案中的适用。

第一，再审事由。本案再审事由无论是吴某自己提出的再审申请还是检

---

① 参见 http://www.legalinfo.gov.cn/index/content/2009-10/19/content_1167406.htm? node=7880; http://zgss.chinacourt.org/public/detail.php? id=477; http://bjyouth.ynet.com/article.jsp? oid=66330155，2012年12月12日最后访问。

察机关的抗诉再审事由都是原审判决适用法律错误。本案的关键就在于确定适用的责任承担原则究竟是过错责任还是无过错责任。根据不同的实体法律规定,作出的判决相去甚远。此项再审事由在两次修改中并无变化。

第二,当事人申请再审的时限。2012 年修订前的《民事诉讼法》规定,对于生效裁判不服的,应当在判决裁定生效后 2 年内提出再审申请。本案中吴某提起申诉的时间在法律规定的时限内。根据新修订的《民事诉讼法》,当事人申请再审应当在判决、裁定发生法律效力后 6 个月内提出;有新的证据,足以推翻原判决、裁定的,原判决、裁定认定事实的主要证据是伪造的,据以作出原判决、裁定的法律文书被撤销或者变更的,以及审判人员审理该案件时有贪污受贿,徇私舞弊、枉法裁判行为的,自知道或者应当知道之日起 6 个月内提出。

第三,当事人申请再审的管辖法院。这里的管辖法院包括申请再审的审查法院和再审审判法院两种情况。2007 年之前对于当事人申请再审的审查没有专门的程序,当事人认为生效裁判确有错误的,可以向原审人民法院或上一级人民法院申请再审。因此案件中吴某是向原生效判决作出法院北京市第一中级人民法院申请再审。2012 年修订的《民事诉讼法》规定,当事人对已经发生法律效力的判决、裁定,认为有错误的,可以向上一级人民法院申请再审。当事人一方人数众多或者当事人双方为公民的案件,也可以向原审人民法院申请再审。

对于再审的审判法院,两次修订有了比较大的变化。根据 2007 年修订的《民事诉讼法》,法院对当事人再审申请进行审查,用裁定的方式决定是否启动再审程序。如果裁定再审的,应当由中级以上人民法院审理。2012 年修订的《民事诉讼法》对此作出了补充规定:即再审审判法院级别上是中级法院,但当事人一方人数众多或者当事人双方为公民的案件,当事人向基层人民法院申请再审的除外。这里需要注意的是无论是中级人民法院还是基层人民法院作为审判法院,其前提条件是生效判决的作出法院。因此根据现有法律规定,本案中的再审审判法院应当是北京市第一中级人民法院。

第四,检察机关抗诉再审的程序适用。需要注意到的是本案检察机关对生效判决提出抗诉已经是 2009 年,2007 年修改的《民事诉讼法》已经施行,应该适用于本案。地方各级检察机关无权对本级人民法院的判决提出抗诉,因此本案是由北京市人民检察院向北京市高级人民法院提起的抗诉。检察机关抗诉再审的案件应当由作出再审裁定的法院审理;符合法律规定的情形,也可以交由下一级人民法院再审。本案中“法律适用错误”并不属于可以交由下一级法院审理的情形,因此应当由作出裁定的北京市高级人民法院审理。本案中北京市高级人民法院将案件裁定发回西城法院重新审理违反了法律规定。2012 年的修改在原有条款基础上又增加了一项新规定:“但经该下一级人民法院再审的除外。”也就是说根据现有法律规定,即使符合法律规定的可以交由下一级法院再审的情形,因为北京市第一中级人民法院已经对该案再审过而丧失了对案件的审判管辖权。

第五,再审程序的适用。根据现有法律规定,再审程序的适用根据发生法律效力的判决作出的程序来确定。生效判决由第一审法院作出的,审理时按第一审程序审理,所作判决和裁定可以上诉;生效判决由第二审法院作出的,审理时按第二审程序审理,所作的判决是生效判决。本案中发生法律效力的判决都是第二审程序作出的,因此无论是当事人申请再审还是检察院的抗诉再审都应当适用第二审程序。

思考问题

1. 再审程序启动的主体、方式和程序。
2. 对基于审判监督权的再审合理性的思考。
3. 基于检察监督权的再审程序的改革。
4. 再审制度设置的根本价值和目的。
5. 再审事由规定的合理性。
6. 再审案件的审理程序。

法条链接

《民事诉讼法》第 198—213 条;《民诉法意见》第 199—214 条;《最高人民法院关于规范人民法院再审立案的若干意见》;《最高人民法院关于人民法院对民事案件发回重审和指令再审有关问题的规定》;《审监程序解释》。

扩展阅读

1. 江必新:《论民事审判监督制度之完善》,载《中国法学》2011 年第 5 期。

2. 孙祥壮:《民事再审程序原理精要与适用》,中国法制出版社 2010 年版。

3. 汤维建:《民事诉讼法的全面修改与检察监督》,载《中国法学》2011 年第 3 期。

4. 吴杰主编:《民事再审原理及程序构造》,法律出版社2012年版。
5. 张卫平:《民事再审事由研究》,载《法学研究》2000年第5期。
6. 张卫平:《再审事由构成再探讨》,载《法学家》2006年第6期。
7. 张卫平:《民事再审事由规范的再调整》,载《中国法学》2011年第3期。
8. 李浩:《民事再审程序改造论》,载《法学研究》2000年第5期。

第三编　非讼程序论

第十七章　非诉讼程序概述

非诉讼程序相对于诉讼程序，是处理和解决非诉讼案件所适用的程序。因非诉讼案件中不存在争议，且多数情况下案情简单，非诉讼程序以简捷性和经济性为特征，强调尽快解决案件。本章主要介绍了非诉讼程序的基本原理、非诉讼程序与诉讼程序的区别、非诉讼程序的适用范围以及我国非诉讼程序的立法和完善。

第一节 非诉讼程序与诉讼程序

一、非诉讼程序的由来

在诉讼程序制度的历史发展进程中，早在古罗马的诉讼制度中就已经有了诉讼程序与非诉讼程序之分的思想理念。意大利的罗马法学家彼得罗·彭梵得(Pietro Bonfante)在《罗马法教科书》中就指出："在罗马法中，诉讼不仅具有主观法的一般特点，而且存在着大量不同类型的诉讼，它们有着自己的名称，有的是为权利而设置，有的则是为法律关系而设置，这要看表现得较为明显的是权利还是法律关系。"①在古罗马的诉讼实务中，案件也有了"诉讼事件"(Jurisdictio contentiosa)和"非诉讼事件"(Jurisdictio voluntaria)之分。所谓"诉讼事件"是指当事人之间对某事产生争执，需要由法官为之裁判解决的事件，所谓"非诉讼事件"是指当事人之间对案件所涉事项双方并无争执，诉讼目的在于利用诉讼形式和法官权力完成合法手续，以确定某项事项或行为的法律效力，以免以后产生纠纷的事件。由于两类案件性质和诉讼目的的不同，古罗马法在审理条件、方式等诉讼程序上也都有所不同。进入到中世纪欧洲的有关诉讼程序规定，根据诉讼事件和非诉讼事件不同特点，分别设置不同诉讼程序的思想和趋向也更加明显。到了近现代社会以后，"诉讼事件"与"非诉讼事件"概念在欧洲大陆国家区分的更加明确。这两种案件中，由于法院适用审判权力的前提条件、裁判所要达到的目标和追求的实际社会效果不同，两种程序设置的价值取向不同，所以，程序设置的基本原理和法理也有所不同。

在此背景之下，欧洲大陆法系国家产生了现代民事诉讼程序设置中最基本的理论：即"诉讼法理和非诉讼法理二元分离适用论"。所谓"二元分离适用论"，是指针对诉讼案件和非诉讼案件不同性质和特征，要依据不同程序法理设置不同的适用程序理论。这种理论认为，法院解决非讼事件的程序与解决诉讼事件的程序，无论在基本原则还是在程序机制上都存在很大差异，要有针对性地解决纠纷，最大限度实现当事人程序利益和实体利益，实现程序资源与司法资源配置上的最优化，民事诉讼立法必须科学、合理地设置富有针对性的诉讼和非诉讼程序制度。于是，大陆法系一些国家和地区根据现代司法理念之一"程序相称原理"，针对诉讼案件和非诉讼案件，在设置了诉讼

① 张晋藩主编：《中国民事诉讼制度史》，巴蜀书社1999年版，第1—2页。

程序的前提下，对有关非诉讼事件进行专门立法。例如，德国于1898年颁布了《非讼事件法》，日本也在1898年实行了《非讼案件程序法》，我国台湾地区1965年制定和颁布了独立的“非讼事件法”。

在新中国的诉讼立法史上是没有非讼程序的用语的，我国现行《民事诉讼法》程序制度设置中，相对于其他国家按照非诉讼程序审理的部分案件在立法中规定在“特别程序”“公示催告程序”以及“督促程序”中予以解决。然而，这种立法方式是存在严重问题的。首先，是这些特殊程序中的所谓非讼案件范围极其狭窄，不能适应目前社会产生和存在的大量非讼事件处理的需要。其次，这种立法规定形式不科学，不符合现代各国程序设置的逻辑规则。目前世界各国有关诉讼程序制度的设置标准有两个，一是根据审理事件的性质，即是否是涉及民事权益争议的诉讼事件和非诉讼事件；二是根据审理方式，即是否采用通常的全部程式。按照前一个标准，民事诉讼分为诉讼程序和非诉讼程序两大类；按照后一个标准，民事诉讼程序分为普通程序、简易程序和略式程序等。然而，我国《民事诉讼法》有关特殊程序的划分标准和逻辑都不清楚，无法说明其与诉讼程序、普通程序、简易程序之间的关系。所以，从本质上讲我国现行《民事诉讼法》中第十五章“特别程序”、第十七章“督促程序”、第十八章“公示催告程序”就是广义上的非诉讼程序，但是，在适用案件种类和范围上，以及程序制度的设计上，都与其他大陆法系国家和地区有着很大区别。

随着民事纠纷种类的繁多和复杂，诉讼法解决纠纷的功能也在得到扩展，大量的非诉讼事件需要通过民事诉讼法来解决，尤其是有关公司或商事非讼事件并不必须通过漫长的诉讼程序解决[①]，为了提高诉讼效率，节省司法资源，及时有效解决纠纷，我国学者们也提出了必须增加和完善民事非讼程序，并在理论和立法方面进行了探索性研究。比较统一观点认为我国民事非诉讼程序应当在完善基础上独立立法。[②]

二、非诉讼程序与诉讼程序区别

（一）非诉讼程序含义

基于“诉讼法理与非讼法理二元分离适用”理论，大陆法系国和地区产生了独立的诉讼程序与非诉讼程序立法。非诉讼程序，又称非讼程序，由于各

① 参见李建伟，《公司非讼程序之适用研究》，载《中国法学》2010年第5期。

② 参见孙邦清：《试论特别程序适用范围之拓展》，载《民事诉讼法修改重要问题研究》2011年版，第216页；廖中洪：《制定单行〈民事非讼程序法〉的建议与思考》，载《现代法学》2007年第3期；蔡虹：《非讼程序的理论思考与立法完善》，载《华中科技大学学报》（社会科学版）2004年第3期。

国立法适用范围不同，所以概念也有不同。从广义上讲，民事非诉讼程序是指除了法院解决“诉讼案件”所适用的诉讼程序以外的其他各种程序，不仅包括法院处理“非诉讼事件”所适用的程序，也包括法院处理“调解事件”、“公证事件”、“破产事件”和“执行事件”所适用的程序，甚至包括行政机关办理的一些登记活动等。从狭义上讲，民事非诉讼程序就是相对于民事诉讼程序，从立法上相对独立规定的法院处理和解决民事非诉讼事件（民事非争议事件）所适用的程序。本章中所述的非诉讼程序仅指狭义上的非民事诉讼程序。

（二）非诉讼程序与诉讼程序区别

根据各国民事非诉讼理论及立法经验，非讼程序具有不同于诉讼程序的特殊性质。有人认为它具有预防私法上权利纷争的性质，还有人认为它具有司法行政性质①，总之，非诉讼程序在原则与制度上有不同于诉讼程序的特点：

1. 民事非诉讼程序实行程序特定化

所谓民事非诉讼“程序特定化”，是指非讼程序的设定以非讼纠纷的类型为前提，纠纷的类型不同，适用的具体程序就不同。在非讼程序中，不同种类的非讼纠纷只能适用一种特定构造的程序。而诉讼程序不论是所有权纠纷、商标侵权纠纷，还是人身损害赔偿纠纷或者其他类型的纠纷，只要是以争讼为特征的纠纷，都统一适用同一争讼审判程序，即普通程序或简易程序。根据他国和地区立法通例，针对每一种具体的非讼纠纷，设置单一的非讼程序，每一种非讼纠纷都有与之相应的具体而特定的单一程序，而且，各具体程序之间彼此独立，不能相互交替适用。例如，日本和我国台湾地区都把非讼案件分为了“民事非讼案件”“家事非讼案件”和“商事非讼案件”，并规定了各不相同、彼此独立的适用程序和制度。

2. 民事非诉讼程序原则上采用职权主义

职权主义相对于当事人主义，在诉讼程序中，由于案件是基于当事人对私权权利的争议和处分，实行的是当事人意思自治，所以原则上贯彻当事人主义；在非讼程序中，由于案件往往涉及当事人以外的不特定人的权益，包含着公益因素，对于非讼案件的处理原则上不受私权自治和当事人意志的约束，所以，原则上限制或排除当事人主义的适用而采行职权主义。具体说，其一，法院不受当事人意志的左右而依职权控制程序的进行，当然非讼程序还是因当事人申请而开始并且当事人依法可撤回该申请，法院就非讼事件作出裁决以后，如果认为裁决不当时，可以主动启动程序，撤销或变更裁决。其

① 参见江伟主编：《民事诉讼法学原理》，中国人民大学出版社 1999 年版，第 718—737 页。

二,法院可以依职权主动收集调查案件事实和证据,不受当事人提出的案件事实和证据以及当事人自认的限制;其三,法院可以变更或超出当事人请求的内容和范围作出裁判,不受当事人请求的内容和范围的限制。例如,针对未成年人监护人的指定,法院完全可以不受申请人要求的约束,从保护监护人利益考虑确定适当的监护人。

3. 民事非讼程序原则上适用职权探知主义

基于职权主义,民事非讼程序中实行"职权探知主义", 所谓"职权探知主义",是指法院裁判所依据的事实、证据,由法院依职权调查、收集,不受当事人所提交诉讼资料、证据限制。职权探知主义相对于辩论主义,所谓辩论主义是诉讼程序中运用原则,指诉讼审理所依据的主要事实及其证据材料,均应由当事人主张、收集和提出。具体应当包含以下内容:其一,诉讼中主张事实是当事人责任,直接决定法律后果发生或消灭的事实,只能由当事人主张,法院不可以采用当事人未主张事实作为裁判依据。其二,对双方当事人之间无争议的事实约束法院,不必调查真伪并可直接作为判决的依据。其三,法院在审理中对于案件事实的认定,不得超越当事人的事实主张和提交证据的范围。相对而言职权探知主义有三大特点:其一,诉讼中未经当事人主张的事实,法院亦可以采纳,并可以将其作为法院裁判的依据。其二,诉讼中当事人之间不争执的事实,即当事人之间的自认,对法院没有约束力。其三,对于当事人未声明和提出的诉讼资料、证据,法院可依职权进行调查。即法院不受当事人事实主张和提出诉讼资料的限制,可以超越当事人的事实主张和提交诉讼资料、证据的范围,依职权调查、收集证据。① 实行职权探知主义是非讼程序与争讼程序在裁判依据及其事实确定上最主要的区别。就国外非讼程序的设置而言,可以说世界各国各地区在非讼程序的立法上无不遵循着这一基本原则。例如,《日本非讼案件程序法》第 11 条规定:"法院以职权探知事实,并认为必要时调查证据。"《法国新民事诉讼法典》第 26 条规定:"法官得以与其受理的案件有关的全部事实为其裁判决定之依据,其中包括可能未经提出与援引的事实。"第 27 条规定:"法官得进行,甚至依职权进行一切有益的调查。法官有权不经任何手续自行听取有可能对其说明事实真相的任何人的意见,以及听取利益有可能受到裁判决定影响的人的意见。"我国台湾地区的"非讼事件法"第 32 条第 1 项也规定:"法院应依职权调查事实

---

① 参见〔日〕三月章:《日本民事诉讼法》,台北五南图书出版有限公司 1974 年版,第 196—198 页;邱联恭:《诉讼法理与非讼法理交错适用——从民事事件之非讼化审理及诉讼化审理论程序保障之机能》,载《民事诉讼法之研讨(二)》,三民书局有限公司 1976 年版,第 437—438 页。

及必要之证据。”①

4. 民事非诉讼程序原则上适用不公开审理主义

不公开审理相对于公开审理,公开审理是指审判过程要向当事人和社会公开。公开审理是诉讼程序中采用的基本原则,与言词审理紧密相连,而不公开审理与书面审理密切联系。由于非讼程序中不存在法庭言词辩论而原则上采取书面审理,所以对于非讼案件原则上无须公开审理。所谓“不公开审理主义”,是指法院对于非讼案件的审理不向当事人以外的社会公众公开,不允许当事人以外的其他人员进入法庭旁听审理之主义。从审判制度的历史发展来看,审理方式上的公开主义,不仅是审判制度文明和进步的明显标志,而且在现代民事司法审判中还具有十分重要的意义。然而,在非讼案件的审判中,由于非讼案件广泛涉及当事人的婚姻、亲属关系,以及家庭和个人的特殊秘密,为此在程序制度的设置以及审判形式上有必要采取折衷性立法,以实现保护利益与审理方式上的平衡。同时,也是基于迅速、简便和经济上的考虑,非讼程序一般不采用公开主义。例如,《日本非讼案件程序法》第13条规定:“审问非公开进行。但法院认为适当的人,可以允许旁听。”《法国新民事诉讼法典》第434条规定:“非讼案件,诉讼请求于评议室审议。”第436条规定:“评议室进行辩论,公众不得在场。”我国台湾地区的“非讼事件法”第34条规定:“讯问关系人、证人或鉴定人,不公开之。但法院认为适当时得许旁听。”②

5. 民事非诉讼程序原则上采取书面审理主义

书面审理与言词审理相对应。言词审理是诉讼程序的基本原则,诉讼案件以追求客观真实、慎重而正确的裁判为目标,它要求诉讼主体的诉讼行为原则上应采用口头方式加以表达,使事实陈述清晰,法官印象深刻。非讼程序中,事件不存在争议,无对立的双方当事人,不可能也无须法庭言词辩论,法官通常根据申请人提供的事实证据进行书面审查。当然,在非讼程序中,书面审理原则并不绝对排除言词审理,必要时也需询问申请人、证人等。既然非讼程序采取书面审理原则,就无须采行直接审理,而可以采行间接审理。所谓直接审理是指对案件作出实体裁判的法官,应当亲自和直接听取双方当

① 参见〔日〕竹下守夫:《日本新民事诉讼法》,白绿铉编译,中国法制出版社2000年版,第167页;《法国新民事诉讼法典》,罗结珍译,中国法制出版社1999年版,第8页;王泽鉴:《新学林综合大六法精华版》,台北新学林出版股份有限公司2006年版,第97页。

② 参见〔日〕竹下守夫:《日本新民事诉讼法》,白绿铉编译,中国法制出版社2000年版,第167页;《法国新民事诉讼法典》,罗结珍译,中国法制出版社1999年版,第88页;王泽鉴:《新学林综合大六法精华版》,台北新学林出版股份有限公司2006年版,第97页。

事人在开庭审理室的口头辩论，否则不能作出裁决。由于非讼程序采用书面审理主义，不存在双方的言词辩论过程，作出裁判的法官完全可以以书面材料为基础，实行间接审理并作出裁决。

6. 民事非讼程序裁判“羁束力”效力缓和

所谓“羁束力”，是指在诉讼程序中，判决一经宣告或送达，就对法院产生拘束性，理论上称为“羁束力”或“自缚性”。其效力表现为：法院对已经作出的生效判决，不能随意地自行变更或撤销。其原因在于：诉讼程序强调稳定性，对于诉讼案件，传统理论认为法院行使审判权的前提是基于当事人行使诉权的“诉讼契约观”，以此观念，法院一旦对诉讼案件作出判决，就意味着要从案件中退出，并不再对已确定的当事人权利义务实行干预，否则便是审判权的滥用。从本质上讲，法院经过诉讼程序作出的判决是不能够任意变更或者废除的。但是，在非讼程序中法院对于非讼事件的处理并不是以当事人“诉讼契约观”为理论依据，诉讼并不是对当事人之间权利义务的认定，而是对某一事实的确认，同时，这种事实所关系到的利益可能已经超出了特定当事人间私益范畴，法院行使审判权强调的是非讼案件裁判结果的妥当性和合目的性，因此，法院一旦发现非讼事件的裁判存在错误，通常都是应当予以变更或撤销的。由此，在非讼程序中裁判对于法院的“羁束力”或“自缚性”是受到缓和甚至是被排除的。为了便于法院对不妥当的非讼事件裁判予以更改，各国各地区立法通常规定对非讼事件的解决采用裁定方式，例如，我国台湾地区“非讼事件法”第 36 条第 1 项规定：非讼事件之裁判，除法律另有规定外，由独任法官以裁定行之。同时，同法第 40 条第 1 项规定，为救济不当之裁定，法院认为不得抗告之裁定不当时，得撤销或变更之。得抗告之裁定，经关系人依法抗告，法院可撤销或变更之。[①] 所以诉讼程序与非诉讼程序又分别成为“判决程序”和“裁定程序”。

7. 民事非诉讼程序原则上实行“一审终审”制

由于诉讼程序与非诉讼程序解决案件性质的不同，立法上也对其规定了不同的审级制度。由于诉讼程序解决的是当事人之间存在争议和纠纷的案件，需要在程序上强化对当事人诉权和审判质量的保障，所以，各国对诉讼程序都有不尽一致的审级规定，有的是三审终审制，有的是二审终审制。至于非诉讼程序，由于其处理的事件是对某一事实的确认，在程序上也要求简洁、及时，所以在审级保障上也不过于强调，各国各地区非诉讼程序一般都实行一审终审制。与审级制度相适应，实行一审终审制的非诉讼事件的裁定，也

---

① 参见林洲富：《实用非讼事件法》，台湾五南图书出版股份有限公司 2010 年版，第 18—19 页。

不必像经过几审言词辩论程序的判决那样，必须写明判决理由，以便当事人上诉，法院在制作非讼案件裁定书中无需写明理由，如果当事人对此裁定不满，仅能够遵循抗告程序获得救济。抗告期间一般比较短，并且不影响裁定的执行。至于再审制度，原则上也只适用于按诉讼程序加以解决的案件，如果非讼程序结束后发现新情况或新证据，使得原来裁决已不再妥当或正确，可以由利害关系人提出抗告，或法院依照职权作出新裁决，撤销原裁决。例如，我国台湾地区"非讼事件法"第46条规定：抗告及再抗告，除本法另有规定外，准用民事诉讼法关于抗告程序的规定。由于非讼事件法无再审之规定，同法第40条第1.2项分别规定：对于已经作出的非讼事件的裁定，法院如果发现有不当时，得撤销或变更之；关系人如果发现裁定有错误，可依法抗告，由法院撤销或变更之，例如，法院认可收养的裁定确定后，倘发现有错误，认为收养有无效或得撤销的原因时，关系人可依法抗告，由法院将裁定撤销或变更。对于可抗告的期间，同法第42条规定：对接受裁定送达的抗告，应于裁定送达后10日之不变期间内为之。未接受裁定送达的抗告，10日不变期间应自知悉裁定时起算。但是裁定送达于受裁定之人后已逾6个月，或因裁定而生之程序已终结者，不得抗告。关于抗告的程序，同法第44条和45条规定：抗告，除法律另有规定外，由原审地方法院以合议裁定之。抗告法院的裁定，应附理由。抗告法院的裁定，以抗告不合法而驳回者，不得再为抗告，仅得向原法院提出异议。法院就异议所为之裁定，不得声明不服。为了进一步的救济，第45条第3项规定了再抗告程序：对于抗告法院的裁定再为抗告，仅得以其适用法规显有错误为理由。接受再抗告的法院应为作出抗告裁定的上级法院。[①]

关于非诉讼程序审级制度的设置，有学者也提出一审终审制和二审终审制并用的观点。[②] 认为非讼程序中非讼事件范围广，种类多，单纯的一审终审制不能满足对案件审理的需要，应当根据案件种类和性质，分别适用一审终审和二审终审。适用一审终审的案件为传统的非讼案件，即没有实质争议的案件，此类案件适用一审终审制不仅适应实践对此类案件快捷处理的需要，而且还可以提高司法效率，节约司法资源。适用二审终审的案件为具有争讼性质的非讼案件，此类案件也需要法院依职权进行快捷处理，但该类案件具有争讼性，处理不当极易侵害当事人实体权利，因此应当赋予当事人上诉的

① 参见林洲富：《实用非讼事件法》，台湾五南图书出版股份有限公司2010年版，第19—22页。

② 参见孙邦清：《试论特别程序适用范围之拓展》，载《民事诉讼法修改重要问题研究》2011年版，第216页。

救济机会。例如,申请拍卖工程案件,此类案件不具有民事权益争议,只是借助法院强制司法力量,使当事人实现通过其私力无法实现的利益,具有非讼案件特点,但是如果发包人和承包人无法就拍卖达成一致,就会有争议产生。因此应适用两审终审,赋予当事人上诉救济机会。

总之,与诉讼程序相比,非讼案件中不存在着争议,多数情况下案情比较简单,所以非讼程序多是简单快捷程序,强调尽快经济地解决案件。非讼程序原则上适用上述职权主义、职权探知主义、书面审理、不公开审理和一审终审等原则或制度,就是体现了非讼程序的简捷性和经济性,有助于实现非讼程序简捷经济的价值。但是,强调简洁和经济,并不能认为非讼程序轻视公正和正确。事实上,非讼案件的性质和特点决定了只需采取非讼法理即能实现其主要目的,若采取诉讼法理解决非讼案件,则背离了非讼案件的性质和特点,也不当增加非讼案件的解决成本。同时,虽然非讼裁决不得提起上诉和再审,但是法律也规定对于非法或不当的非讼裁判的救济途径,比如当事人或利害关系人可依法提出抗告,由法院更改或撤销原裁决。

第二节　非诉讼程序适用范围

一、非诉讼程序立法体例

非诉讼程序立法体例,直接关系到非诉讼程序适用范围。纵观大陆法系国家和地区,关于非诉讼程序的立法体例做法不同,包括如下几种:一是制定专门的非诉讼程序法,包括德国、日本和我国台湾地区。二是在民事诉讼法中用专编或专章作出规定,如俄罗斯和我国澳门地区。[①] 三是在民事诉讼中不作专章或专编规定,而是在诉讼程序中同时加以规定。[②] 无论采用哪种立法例,都是将非诉讼案件与诉讼案件作区别对待,并用相对独立的程序加以审理。其中,尤其以德国的非讼事件法对大陆法系影响最大。

二、非诉讼案件适用范围

非讼案件适用范围,是指应当将哪些非讼事件纳入到民事非讼程序法的处理范畴。由于非讼事件理论含义难以统一界定,加上各国和地区社会、经济和法律背景的不同,哪些案件应当采用诉讼程序解决,哪些案件应当采用

---

① 2002年《俄罗斯联邦民事诉讼法典》在第四分编"特别程序"中对"非讼程序"作了规定;我国澳门地区《民事诉讼法》在第五卷"特别程序"中的第15编专门规定了"非讼事件的程序"。

② 例如,《法国民事诉讼法典》在第4编起诉中,分别规定了争讼案件的起诉和非讼案件的起诉。

非讼程序解决,各国和地区立法规定不一,理论上存在争议。

(1)德国于1898年制定了专门的《非讼事件法》,简称FGG。一百多年以来,随着德国社会的发展,德国对《非讼事件法》进行修订和完善。2002年德国司法部又启动了对《非讼事件法》的修改,其主要目的是制定适用于所有非讼裁判事项的统一非讼程序法。按照德国2004年12月22日修改,以及2004年12月29日施行的《非讼事件法》的规定,德国现行的《非讼事件法》总共有11章,约200个条文。这11章分别是:第1章,总则;第2章,监护、家事、照管以及安置案件;第3章,代子女收养;第4章,身份;第5章,遗产和分割案件;第6章,船舶抵押;第7章,商事案件;第8章,社团案件、合伙案件和夫妻财产登记簿;第9章,代替宣誓的保证、调查和保管物品、质物变卖;第10章,法院和公文书;第11章,附则。2008年德国司法部又将修正案提交众议院,该修正案将家事事件全部纳入非讼事件程序法[①],法典名称也相应地修订为《家事事件及非讼事件程序法》,简称FamFG,2009年9月1日众议院通过实施该法。[②] 修改后的德国非讼事件程序法(FamFG)在体例上沿用了FGG的做法,仍然采用总则和分则结构,但条款数目扩大到432条。在案件范围上除了新纳入的家事事件外,后续各编事件还包括:成人监护事件、遗产事件、登记、商事、社团事件、其他非讼事件及限制自由事件。由此可见,德国非讼事件程序法案件范围包括家事非讼事件、民事非讼事件和商事非讼事件等类别。

(2)日本也于1898年制定了《非讼案件程序法》,按照日本《非讼案件程序法》第1条的规定,除该法及其他法令另有规定的以外,凡是法院所管辖的非讼案件一律适用《非讼案件程序法》的规定。日本的《非讼案件程序法》在结构上分为3编,共210个条文。由于日本实行民商分立的立法传统,所以,在其《非讼案件程序法》中分为民事非讼案件和商事非讼案件。其中的第1编是有关总则的规定,第2编是关于民事非讼案件的规定,第3编是关于商事非讼案件的规定。在第1篇总则的规定中,除对于适用范围、管辖、代理、职权探知、程序非公开、通知检察官的义务等等作出了规定以外,对于裁判方式、抗告、负担费用等等问题也作出了规定。第2编的民事非讼案件包括关于法人的非讼案件(包括补办捐助行为、选人临时理事和特别代理人、法人清算及解散等),关于信托的非讼案件(包括改任或辞去信托管理人、变更信托财产

---

① 家事事件审判程序原定于德国民事诉讼法第六编,具体可参见:《德意志联邦民事诉讼法典》,谢怀栻译,中国法制出版社2001年版。

② 参见郝振江:《德国非讼事件程序法的新发展》,载《民事诉讼法修改重要问题研究》,厦门大学出版社2011年版,第253页。

的管理方法等),关于审判上代位的非讼案件(指债权人在其债权期限到来之前不行使对债务人的权利,就不能保全其债权或产生保全债权困难之虞时,债权人的债权人代位该债权人进行诉讼),关于保存、提存、保管及鉴定的非讼案件(包括指定保存分割共有物证书的人、指定提存所、选任提存保管人、改任或选任提存物保管人、选任鉴定人、行使买回权代位等案件),法人及夫妻财产契约登记(包括法人登记及夫妻财产契约登记等案件)。第 3 编的商事非讼案件包括公司及拍卖的案件(包括命令解散公司、股份买卖价格的确定、选任监事人、申请检查和召集股东大会的许可、申请变更办理交纳股款机构许可、散股卖出许可申请、申请决定收买股份价格、因新股发行无效而增减返还金额的申请、查封债权人份额保全申请、股东总数超过许可申请、有限公司与股份公司合并许可申请、有限公司的组织变更申请),关于公司债的非讼案件(包括公司债权人会议决议的许可申请、召集公司债权人会议的许可申请、委托募集公司债的报酬等负担许可申请、延长公司债权人异议期间的申请),关于公司整顿的非讼案件,关于公司清算的非讼案件(包括无限公司、两合公司、股份公司、有限公司的清算、监督银行或者经营无尽业或无尽管理业的公司的清算),委托商业登记的非讼案件(是指法院作出裁判并委托公司所在地登记所进行登记,例如,作出解任公司清算人的裁判时、撤销公司设立的裁判被确定时、选任公司董事、监事、清算人职务时等)。

在日本,除了《非讼案件程序法》规定的民事和商事非讼案件外,在其《家事审判法》和《民法》中有关身份关系的家事案件也属于非讼案件。按照《日本家事审判法》第 7 条规定,除另有规定外,对于审判和调解的家事案件,只要不违背其性质,准用《非讼案件程序法》第一编总则的规定。这些案件是指不涉及变更人的基本身份关系的婚姻家庭方面的家事事件,例如,宣告或撤销禁治产,管理无主财产的处分,宣告或撤销失踪,选任特别代理人,许可子女姓氏变更、收养许可等等。

(3) 我国台湾地区是在 1965 年才制定和颁布了独立的“非讼事件法”。经过 1970 年、1973 年、1981 年、1984 年、1987 年、2000 年和 2006 年 2 月等多次修改,由最初的 96 个条文扩展到了现在的 198 个条文,在结构上共分 6 章。[①] 与日本不同的是,我国台湾地区将民事非讼案件、商事非讼案件、家事非讼案件统一规定在现行“非讼事件法”中。第 1 章是有关总则的规定,该章

---

① 王泽鉴:《新学林综合大六法精华版》,台北新学林出版股份有限公司 2006 年版,第 95—109 页。

对事件管辖、关系人、费用之征收及负担、声请及处理、裁定及抗告、司法事务官处理程序等作出了规定;第2章是关于民事非讼事件的规定,该章对法人之监督及维护事件,意思表示之公示送达事件,出版、拍卖及证书保存事件,信托事件等作出了规定;第3章是关于登记事件的规定,该章对于法人登记、夫妻财产制契约登记作出了规定;第4章是关于家事非讼事件的规定,该章对失踪人财产管理事件、婚姻及亲权事件、收养事件、监护事件、继承事件、亲属会议事件、罚则等作出了规定;第5章是关于商事非讼事件的规定,该章对公司事件、海事事件、票据事件等作出了规定;第6章是关于附则的规定,该章对实施细则的相关问题作出了规定。按照台湾学者的观点,非讼事件涵盖的范围非常广泛,依据其涵盖的事件,有广义、狭义和最狭义之分。① 广义的非讼事件,应当包括行政机关处理有关私权之非讼事件,例如,因土地登记而取得之不动产物权(土地法第37条)、因公司登记而取得法人资格(公司法第6条)、因专利申请而取得专利权(专利法第2条)、因商标注册而取得商标权(商标法第22条)。狭义非讼事件是指法院处理的无争讼性质的事件,其适用的法律包括非讼事件法、民事诉讼法、强制执行法、破产法、提存法、公证法等。最狭义非讼事件,专指的是非讼事件法规定的案件范围。

(4)我国澳门地区《民事诉讼法》在第五卷"特别程序"中的第15编专门规定了"非讼事件的程序",结构为24章,第一章是"一般规定",第二章至第二十四章是适用非讼程序案件范围,包括:人格权之保护,失踪人或不能作出行为人之财产保佐,已消灭法人之财产的给予,给付或价金的确定,通知行使优先权,物或文件的出示,期间的订定,由共有人以法定多数通过的决议的取代,分层建筑物管理机关据为人的任命及免职,同意的取代,家庭居所的确定或变更,承担家庭负担,使用姓氏的批准或姓氏使用权的剥夺,两愿离婚,家庭居所的给予,对成年或已解除亲权的子女的扶养,对某些行为的许可或确认(例如,无行为能力人法定代理人声请许可),亲属会议,待继承的遗产,许可转让受信托处分拘束之财产或在该财产上设定负担,遗嘱执行人的推辞或撤职,股东或合伙人权利的行使,有关船舶或其货物的措施。综上,澳门地区非诉讼案件的范围也基本包括三大类:民事非讼事件、家事非讼事件和商事非讼事件。

① 参见林洲富:《实用非讼事件法》,台湾五南图书出版公司2010年版,第4页。

第三节　我国非诉讼程序的立法完善

一、关于立法体例

非诉讼程序立法设置，首先要考虑的是立法体例问题。我国没有独立的非诉讼程序的理论和立法，新修订的《民事诉讼法》虽然增加了非诉讼案件种类，例如，在特别程序中增加了“确认调解协议案件”和“实现担保物权”案件，但是，在立法模式上还是以“特别程序”“督促程序”“公示催告程序”对有关非讼性质案件加以规定。借鉴大陆法系国家和地区经验，基于我国目前非讼实践，理论和立法部门应该探讨有关民事非诉讼程序立法问题。关于立法体例有两种观点，一是单独立法，二是在现行民事诉讼法中设立单独一编：非讼程序。关于单独立法，理论学者探讨较多，主要是基于国外立法以及非诉讼原理发展趋势，认为我国应当设立独立的《民事非讼程序法》。[①] 我们认为：基于我国目前民事诉讼理论和立法情况，在完善现行《民事诉讼法》中有关民事非诉讼程序基础上，待将来时机成熟应当将民事非讼程序从诉讼法中独立出来，设立专门的《民事非讼程序法》。

二、关于非诉讼案件范围

民事非讼程序的立法体例决定了民事非讼的案件范围。如前所述，我国现行《民事诉讼法》中非讼案件种类狭小，不能满足目前民事非讼事件的需要，很多非讼种类的案件甚至是诉讼种类的案件，需要依照快捷的非讼程序来解决。但是，如何界定诉讼案件和非诉讼案件种类在理论和实践中都是一个难题。要想界定好民事非讼程序案件范围，首先，要依据传统的“民事诉讼原理与非诉讼原理二元分离理论”，将“完全适用非讼法理案件”和“主要适用非讼法理案件”规定在非讼程序法中；其次，还要依据现代的“民事诉讼与非诉讼交错适用理论”，要根据民事案件适用程序的主要价值和目的取向，在确定两大程序案件适用范围基础上，规定对非讼程序法中“主要适用非讼法理案件”实行“交错适用理论”。借鉴国外经验，各国关于民事非诉讼案件种类的范围也不尽一致，但大体分为三大类：民事非讼案件、家事非讼案件和商事非讼案件。我国非讼案件范围究竟如何？我们认为：非讼案件适用范围应当广泛一些，凡是没有明确的双方对立当事人，没有实体权益之争，适用程序的

---

① 参见廖中洪：《制定单行“民事非讼程序法”的建议与思考》，载《现代法学》2007 年第 3 期。

目的和价值取向是侧重于简洁快捷的处理有关事项的，都可以规定在非讼程序中。具体应当包括以上民事非讼案件、家事非讼案件和商事非讼案件等。

三、关于非讼程序法的原则和制度

至于民事非讼程序的原则和制度，我国目前《民事诉讼法》第十五章、第十七章、第十八章主要包括和遵循了以下规则：一是优先适用非讼程序的特别规定。凡是特别程序规定案件应当首先适用为其单独规定的特别程序。二是实行独任制。除了重大、疑难的非讼案件，由审判员组成合议庭审理之外，其他案件由审判员一人独任审理。三是非讼程序中若存在民事权益争议的则应终结非讼程序，并告知利害关系人可以另行起诉。四是审限较短。适用非讼程序审理案件的期限一般较短，应在立案之日起30日内或者公告期满后30日内审结。若有特殊情况需要延长的，则由本院院长批准。五是实行一审终审。按照非讼程序审理的案件，实行一审终审。一审判决一经送达，即发生法律效力(形式确定力)，申请人对于一审判决不得提起上诉。六是非讼判决不具有既判力(实质确定力)。非讼判决确定后，如果发现判决在认定事实或适用法律方面有错误，或者是出现了新情况、新事实，不能按照再审程序对该判决提起再审，但是原申请人及其他有关人员可以重新申请，请求法院依照非讼程序作出新判决撤销原判决。

以上规则，基本都符合国外关于民事非讼程序基本原理和制度，但是，关于非讼程序另外一些关键性的原则和制度，我国《民事诉讼法》还没有规定。例如，前述的职权探知主义、非言词主义、非公开审理主义、书面审理主义等，都应当属于非讼程序基本适用原理，应当在我国新定的非讼程序中加以规定。另外，根据诉讼程序和非诉讼程序“交错适用理论”，针对某些特定的非讼案件，在原则上适用非讼法理情况下，还应当在非讼程序法中规定非讼制度与诉讼制度的交错适用规则，实现必要情况下非讼程序与诉讼程序的衔接。例如，非讼程序法是否绝对实行独任制、一审终审制、非言词辩论等。针对担保物申请拍卖非讼案件，适用非讼程序原则和制度，简洁快捷地对符合条件拍卖作出许可裁决，是为了节省司法资源和费用，并且由于法院职权探知原则的介入，有助于公益的维护和担保权人权益的及时保护以保障当事人程序利益，发挥非讼程序有效功能。但是，如果当事人间就拍卖范围或价值等有关实体问题发生争执，为了避免诉讼程序的浪费，没有必要将此产生争议的非讼案件让当事人另行起诉，加重法院及当事人负担，转入诉讼程序来审理，为了保障当事人公证程序请求权，可以在非讼程序中直接适用诉讼原理和制度，例如，当事人举证与法院职权探知相结合，并贯彻开庭原则，实行直接的言词辩论原则,对非讼案件中实质事项进行实质审理,最终由法官对实体事项和拍卖事项统一作出裁决,并对实质裁决赋予其“判决”既判力效力。

思考问题

1. 诉讼案件与非诉讼案件区别。
2. 非诉讼程序的法理基础。
3. 非诉讼程序与诉讼程序区别。
4. 民事非诉讼案件范围。
5. 我国民事非诉讼立法和完善。

法条链接

《民事诉讼法》第十五章、第十七章、第十八章。

扩展阅读

1. 林洲富:《实用非讼事件法》,五南图书出版股份有限公司 2010 年版,第 19—22 页。

2. 葛义才:《非讼事件法论》,台北三民书局 1995 年版。

3. 王强义:《民事诉讼特别程序研究》,中国政法大学出版社 1993 年版。

4. 李建伟:《公司非讼程序之适用研究》,载《中国法学》2010 年第 5 期。

5. 廖中洪:《制定单行〈民事非讼程序法〉的建议与思考》,载《现代法学》2007 年第 3 期。

6. 孙万胜:《司法权的法理之维》,法律出版社 2002 年版。

7. 蔡虹:《非讼程序的理论思考与立法完善》,载《华中科技大学学报》(社会科学版)2004 年第 3 期。

7. 邱联恭:《诉讼法理与非讼法理交错适用——从民事事件之非讼化审理及诉讼化审理论程序保障之机能》,载《民事诉讼法之研讨(二)》,台北三民书局有限公司 1976 版。

第十八章　特别程序

特别程序是指人民法院根据民事诉讼法的规定，审理和解决某些特殊类型案件的审判程序的总称。特别程序是针对非民事争议案件的审理程序，与诉讼程序比较，具有没有对立的双方当事人、审判组织主要采用独任制、实行一审终审、纠错不适用审判监督程序、审理期限较短等特点。本章主要介绍了适用特别程序审理的选民资格案件、宣告公民失踪案件、宣告公民死亡案件、认定公民无民事行为能力或限制民事行为能力案件、认定财产无主案件、确认调解协议效力案件以及实现担保物权案件的概念和审理程序。

第一节　特别程序概述

一、特别程序的概念与特点

特别程序是指人民法院根据民事诉讼法的规定，审理和解决某些特殊类型的案件的审判程序的总称。这些特殊类型的案件，要么属于不存在争议而仅由法院确认某种法律事实或某种权利实际状态的案件，如宣告公民失踪、死亡或认定财产无主的案件；要么属于虽存在争议但并非民事权利义务争议的案件，如选民资格案件。显而易见，此类案件和适用普通程序或简易程序审理的一般民事案件存在显著差别，我国《民事诉讼法》针对此类非民事权益争议案件专门设置了“特别程序”一章。该章中，除“选民资格案件”的审判程序属于特殊类型的诉讼程序外，其他几类案件的审判程序从性质上讲属于非讼程序，在程序法理、程序设置和审理对象等方面明显区别于通常诉讼程序。人民法院适用特别程序审理非民事权益争议案件的目的在于确认某种事实或权利状态，因此，特别程序具有一些特殊的特点。

（一）对某种法律事实进行确认

普通程序和简易程序是用来解决当事人之间争议的，而特别程序不解决权利义务的争议，而是对某种法律事实进行确认，如确认行为能力，确认财产无主等。人民法院在依照特别程序审理案件的过程中，如果发现本案属于民事权益争议的，应当裁定终结特别程序，并告知利害关系人可以另行起诉。

（二）没有对立的双方当事人

普通程序和简易程序因原告提起诉讼而启动，法院在双方当事人对立的基础上定分止争，因此必定存在原被告双方当事人。而在特别程序中，除了选民资格案件由起诉人起诉以外，其他案件都是由申请人提出申请。无论是起诉还是申请，适用特别程序审理的案件中都只有一方当事人，没有相对应的对方当事人。因此，特别程序中只有起诉人或申请人，而没有原告和被告。

（三）审判组织特殊

一般的诉讼案件适用普通程序，对于事实清楚、权利义务关系明确、争议不大的简单民事案件则适用简易程序，进而根据普通程序与简易程序的要求组成审判组织。而对于特别程序而言，根据《民事诉讼法》第 178 条的规定，依照特别程序审理的案件，实行一审终审。除审理选民资格案件或者重大、疑难案件由审判员组成合议庭外，其他案件由审判员一人独任审理。

（四）实行一审终审制度

一般的诉讼案件都实行两审终审制。而人民法院适用特别程序审理的案件是非民事权益争议的案件，一律实行一审终审制度，即判决书一经送达立即发生法律效力。

（五）不适用审判监督程序

一般的诉讼案件在判决生效后，如果发现确有错误，还可以通过审判监督程序进行再审。但特别程序的判决生效后，如果发现判决与新的事实不相吻合，不能适用审判监督程序进行再审，而只能由作出该生效判决的法院，根据有关人员的申请作出新判决，撤销原判决。

（六）审理期限较短

对于特别程序审理的案件，其中选民资格案件必须在选举日前审结，其他案件应当在立案之日起30日内或者公告期满后30日内审结。有特殊情况需要延长的，由本院院长批准。

（七）免交诉讼费用

按普通程序和简易程序审理的案件，无论是财产案件还是非财产案件，都必须依法交纳诉讼费。适用特别程序审理的案件并不是为了解决某种权利与义务争议，而且，申请人提出申请有时并不是为了维护自己的合法权益。因此，依照特别程序审理的案件一律免交诉讼费用。

二、特别程序的适用范围

适用非讼程序审理某些特殊类型的案件是世界各国和地区的通行做法，但涉及非讼程序的适用范围，各个国家和地区的民事诉讼立法则存在很大差异。[①] 特别程序并非审理某类单一案件的程序，而是包含了若干不同类型的非民事权益争议案件的审理程序。从整体上看，其他国家和地区民事诉讼法中非讼程序的适用范围较为广泛。[②] 以日本和我国台湾地区为例，其非讼程序既适用于关于信托、保存、提存、保管、鉴定等的民事案件，也适用于公司、海商、票据等商事案件，还适用于收养、监护、失踪人财产管理等家事案件。[③]相对而言，我国民事诉讼特别程序的适用范围则明显偏窄。2012年《民事诉讼法》修改前，适用特别程序审理的案件仅包括选民资格案件、宣告公民失踪或者死亡的案件、认定公民无民事行为能力或限制民事行为能力的案件和认定财产无主的案件。特别程序的适用范围过于狭窄，一方面造成某些事件因得不到恰当处理而形成纠纷隐患，不利于维护良好的私法秩序；另一方面也

① 因立法体例存在问题，我国《民事诉讼法》的程序制度设置中并无非讼程序的规定，非讼案件的处理按照有关特别程序的规定进行，督促程序和公示催告程序也属于广义的非讼程序的范畴。

② 参见王强义：《民事诉讼特别程序研究》，中国政法大学出版社1993年版，第13—14页。

③ 参见江伟主编：《民事诉讼法专论》，中国人民大学出版社2005年版，第434—435页。

使得民事权利无法以简便、快捷、低成本的方式获得实现，与民事诉讼制度的价值追求相悖。

为建立健全诉讼与非诉讼互相衔接的纠纷解决机制，发挥非诉讼机制在权利实现方面简易、灵活、快捷的优势，2012年新修订的《民事诉讼法》适当扩大了特别程序的适用范围。根据现行《民事诉讼法》的规定，适用特别程序审理的案件，除包括上述四类外，还包括确认调解协议效力的案件以及实现担保物权的案件。将确认调解协议效力和实现担保物权的案件纳入特别程序的适用范围，既解决了《民事诉讼法》和《人民调解法》以及《物权法》等法律的衔接问题，又增强了诉讼外纠纷解决方式的实效性，为民事权利实现的迅速化提供了有力保障。

第二节　选民资格案件的审理程序

一、选民资格案件的概念

选民资格案件，是指公民对选举委员会公布的选民名单有不同意见，向选举委员会申诉后，对选举委员会就其申诉所作的决定不服，向人民法院提起诉讼的案件。人民法院处理选民资格案件的审判程序，就是选民资格案件程序。

根据我国《宪法》的规定，凡是年满18周岁的依法享有政治权利的中华人民共和国的公民都享有选举权与被选举权。

二、选民资格案件的审理程序

（一）管辖

根据《民事诉讼法》第181条的规定，选民资格案件由选区所在地基层人民法院管辖。因为选区所在地基层人民法院与选民的空间距离最近，便于起诉人、与选民名单有关的公民、选举委员会代表参加诉讼活动，也便于人民法院查清选民资格的相关事实并在此基础上作出正确的裁判。

（二）申诉处理前置

根据《选举法》的规定，选举委员会应当在选举日的20日前公布选民名单，对公布的选民名单有不同意见的，可以向选举委员会申诉。选举委员会对申诉意见，应在3日内作出处理决定。也就是说，任何人对选举委员会公布的选民资格名单有意见时，不能直接向人民法院起诉，而必须先就该选民资格问题向选举委员会申诉，选举委员会对该申诉处理后，如果仍然有人对该申诉处理结果有意见,才能向选举委员会所在地基层人民法院起诉。

（三）起诉人起诉

根据《民事诉讼法》的规定,选民资格案件的起诉人的范围非常广泛。起诉人可以是与本案有直接利害关系的选民资格的本人,也可以是与本案无直接利害关系的其他公民。但必须在选举日的5日之前,向人民法院起诉。

（四）审判组织

因为选民资格案件涉及公民的选举权与被选举权这些重大的权利,因此,根据《民事诉讼法》第178条的规定,人民法院审理选民资格案件,由审判员组成合议庭。

（五）审理中的参与人特殊

根据《民事诉讼法》第182条第2款的规定,人民法院审理选民资格案件过程中,起诉人、选民资格所涉及的公民以及选举委员会的代表必须参加。

（六）审理期限特殊

根据我国法律规定,人民法院应当在选举日以前将案件审理结束。

三、判决与送达

根据《民事诉讼法》第182条第3款的规定,人民法院的判决书,应当在选举日前送达选举委员会和起诉人,并通知有关公民。人民法院对选民资格案件实行一审终审,所作的判决一经送达就立即发生法律效力,当事人不得提起上诉。

第三节　宣告公民失踪案件的审理程序

一、宣告公民失踪的概念

宣告公民失踪案件,是指公民离开自己的住所地下落不明,经过法律规定的期限仍无音讯,经利害关系人申请,人民法院宣告该公民为失踪人的案件。人民法院处理宣告公民失踪案件的审判程序,称为宣告公民失踪案件程序。

公民失踪以后,就会使与该公民有关的财产关系和人身关系等方面处于不稳定状态,也使该公民的合法权益得不到保护。为此,人民法院通过审判,判决认定下落不明人为失踪人,以依法维护失踪人的合法权益,解决失踪人与利害关系人之间的人身及债权债务关系,稳定社会秩序。

二、宣告公民失踪案件的审理程序

（一）申请和受理

依照《民事诉讼法》的规定，宣告公民失踪，必须由利害关系人提出申请，但必须符合下列条件：

（1）公民下落不明已满 2 年。下落不明满 2 年是指公民离开其住所地或者居所地去向不明，毫无音讯。两年的期限必须是持续未间断的。下落不明一般自公民音讯全无之日起算；在战争期间失踪的，应当从战争结束之日起计算；在意外事故中失踪的，从事故发生当日起计算。

（2）由利害关系人申请。利害关系人，是指与下落不明的公民有人身关系或民事权利义务关系的人。包括下落不明公民的配偶、父母、成年子女、祖父母、外祖父母、成年兄弟姐妹、其他与之有民事权利义务关系的人。

（3）采取书面形式。申请宣告公民失踪的必须采用书面形式向法院提出，书面申请中应当载明失踪事实、时间、请求申请人与被申请人的关系，并附有关机关关于该公民下落不明的书面证据。

（4）向下落不明人住所地基层人民法院提出书面申请。从级别管辖来看，宣告公民失踪案件的管辖法院只能是基层人民法院。从地域管辖而言，下落不明人住所地人民法院对此类案件享有管辖权。这样便从级别和地域管辖这两个层次确定了宣告失踪案件的管辖法院为下落不明人住所地基层人民法院，以便于为快速查清和认定案件事实，作出正确裁判。对于符合条件的申请，人民法院应当受理；对于不符合条件的申请，人民法院应当以裁定驳回。

（二）发布寻找下落人明人公告

人民法院受理宣告公民失踪案件后，应当发布寻找下落不明人的公告，公告期间为 3 个月。公告应记明如下事项：申请人的姓名、住所；寻找下落不明人的姓名、年龄、性别、职业、面貌特征；该公民失去音讯的最后时间；公告期间等。

（三）作出判决

公告期满，已知该公民下落的，应作出判决，驳回申请人申请；如果仍然无该公民任何音讯的，应当作出判决，宣告该公民失踪，同时依法指定失踪人的财产代管人。根据《民诉意见》的规定，失踪人的财产代管人经人民法院指定后，代管人申请变更代管的，人民法院应当比照民事诉讼法特别程序的有关规定进行审理。申请有理的，裁定撤销申请人的代管人身份，同时另行指定财产代管人；申请无理的，裁定驳回申请。失踪人的其他利害关系人申请变更财产代管人的，人民法院应当告知其以原指定的代管人为被告起诉，并按普通程序进行审理。

三、失踪人财产的管理

宣告公民失踪后，产生财产代管的法律后果，财产代管人由此而取得进行诉讼的诉权。根据《民通意见》第 32 条，涉及失踪人的民事诉讼时，代管人可以直接以自己的名义作为被告或原告参加诉讼。

四、失踪人重新出现后的处理

失踪人重新出现后，该公民本人或者他的利害关系人有权向作出失踪宣告判决的人民法院提出申请，请求撤销原判决。人民法院审查属实后，应当作出新判决，撤销原判决。原判决撤销后，财产代管人应对其代管的财产进行清理，并将该代管财产返还给失踪人。

第四节　宣告公民死亡案件的审理程序

一、宣告公民死亡案件的概念

宣告公民死亡案件，是指公民离开自己的住所或居所，下落不明已满法定期限，人民法院根据利害关系人的申请，依法宣告该公民死亡的案件。人民法院处理申请宣告公民死亡案件的审判程序，称为宣告公民死亡案件程序。

二、宣告公民死亡案件的审理程序

（一）申请和受理

宣告公民死亡，必须由利害关系人提出申请，人民法院不得依职权启动宣告公民死亡案件程序。根据法律规定，申请宣告公民死亡，必须具备下列条件：

（1）必须有公民离开自己的最后住所或居所下落不明的事实。

（2）公民下落不明的状态达到法定期限。根据法律的规定，宣告公民死亡的期限有三种：第一，在通常情况下，公民下落不明满 4 年。第二，因意外事故下落不明满 2 年。期间从意外事故发生之日起计算，因战争下落不明的，期间从战争结束之日计算。第三，因意外事故下落不明，经有关机关证明该公民不可能生存。在这种情况下，不受下落不明期间的限制。

（3）由利害关系人提出申请。宣告公民失踪不是宣告公民死亡的必经程序，只要符合宣告死亡的条件，利害关系人就可以直接向人民法院提出申请宣告下落不明人死亡。同一顺序的利害关系人,有的申请宣告失踪,有的申请宣告死亡的,对于符合宣告死亡条件的,人民法院应当按照宣告死亡案件审理。

(4) 向下落不明人住所地的基层人民法院提出申请。宣告公民失踪案件的管辖法院只能是下落不明人住所地的基层人民法院,之所以这样规定是为了更加快捷、准确地处理案件。

对利害关系人的申请,人民法院应进行审查,认为不符合受理条件的,裁定驳回申请;认为手续完备符合受理条件的,依法进入案件审理程序。

(二) 发出寻找下落不明人的公告

人民法院受理宣告公民死亡案件后,应当发出寻找下落不明人的公告。公告应记明如下事项:申请人的姓名、住所、与被申请宣告死亡人的关系;下落不明人的姓名、年龄、性别、职业、面貌特征;该公民失去音讯的最后时间等。对于因意外事故下落不明,经有关机关证明不可能生存的,公告期为3个月,其他情况下公告期为1年。

(三) 作出判决

公告期届满,人民法院即可以根据公告期内的情况,作出判决宣告该公民为死亡人,或者在查明该公民确切下落与信息的情况下,作出判决驳回申请。

三、宣告公民死亡的法律后果

宣告死亡产生与自然死亡完全相同的法律后果。具体来说包括以下三个方面:(1) 婚姻关系自然解除;(2) 个人的合法财产变为遗产,发生继承关系;(3) 夫妻的另一方可以送养子女给他人。

宣告死亡结束了该公民以自己的住所或经常居住地为活动中心所发生的民事法律关系。但宣告死亡和自然死亡毕竟不同,如果该公民在异地生存,并不影响其民事活动。

四、公民重新出现后的处理

如果被宣告死亡的人重新出现,该公民本人或者他的利害关系人有权向作出死亡宣告判决的法院提出申请,请求撤销原判决。法院审查属实后,应当作出新判决,撤销原判决。原判决撤销后,财产关系应当恢复,即继承人应当将所继承的财产返还,原物不能返还的,作价返还;人身关系中的父母子女关系自然恢复,夫妻关系能否自行恢复则要取决于配偶是否再婚,如果配偶再婚了,就不能自然恢复,即便是再婚后又离婚或再婚后配偶死亡的,也不得自行恢复。根据《民通意见》第38条，被宣告死亡的人在被宣告死亡期间，其子女被他人依法收养，被宣告死亡的人在死亡宣告被撤销后，仅以未经本人同意而主张收养关系无效的，一般不应准许，但收养人和被收养人同意的除外。

第五节 认定公民无民事行为能力或者限制民事行为能力案件的审理程序

一、认定公民无民事行为能力、限制民事行为能力案件的概念

认定公民无民事行为能力、限制民事行为能力案件，是指人民法院根据利害关系人的申请，对不能辨认自己行为或不能完全辨认自己行为的人，按照法定程序，认定并宣告该公民为无民事行为能力人或者限制民事行为能力人的案件。人民法院审理认定公民无民事行为能力和限制民事行为能力案件的程序，分别称为认定公民无民事行为能力案件程序和认定公民限制民事行为能力案件程序。通过这种非讼程序，从法律上认定和宣告那些因患精神病或者其他病症丧失了全部或者部分民事行为能力的公民是否具有民事行为能力，并为其指定监护人，不仅有利于维护该公民的合法权益，而且有利于维护其利害关系人、民事活动对方当事人的合法权益。因此，认定公民无民事行为能力或者限制民事行为能力程序对于确保民事流转安全以及维护正常的社会、经济秩序具有十分重要的意义。

二、认定公民无民事行为能力、限制民事行为能力案件的审理程序

（一）申请与受理

认定公民无民事行为能力、限制民事行为能力，应当由利害关系人向人民法院提出申请。申请必须符合下列条件：

（1）必须具有该公民患有精神病不能辨认或者不能完全辨认自己行为的事实存在。

（2）利害关系人提出申请。利害关系人有两类：一是近亲属，主要是指该公民的配偶、父母、子女、兄弟姐妹或者其他近亲属；二是其他利害关系人，包括经该公民所在单位或者住所地居民委员会、村民委员会同意的，与该公民有密切关系且愿意承担监护责任的其他亲属、朋友以及该公民所在单位或者住所地的居民委员会、村民委员会或者民政部门。

（3）向被认定公民住所地基层人民法院申请。

（4）利害关系人的申请必须采取书面形式。申请书应载明以下内容：申请人的姓名、性别、年龄、住所，与被申请人的关系；被申请人的姓名、性别、年龄、住所，被申请人为无民事行为能力或限制民事行为能力的事实和根据。如果有医院出具的诊断证明或鉴定结论，也应一并提交人民法院。

人民法院对利害关系人的申请应当审查。对于符合申请条件的，应当受理申请；对于不符合条件的，驳回申请。

（二）指定代理人

人民法院审理认定公民无民事行为能力或者限制民事行为能力案件时，应当由该公民的近亲属作为代理人，但申请人除外。近亲属互相推诿的，由人民法院指定其中一人作为代理人。为该公民确定代理人的目的就在于，让同为被认定公民近亲属的代理人和申请人形成相互监督的关系，以保证被认定者的合法权利。

（三）鉴定

人民法院受理申请后，必要时应当对被请求认定为无民事行为能力或者限制民事行为能力的公民进行鉴定。申请人已提供鉴定意见的，应当对鉴定意见进行审查。对民事行为能力的判断有赖于被认定人的年龄、精神状况等，一般需要进行鉴定的是精神状况。被认定人是否患有精神病，人民法院应当根据司法精神病鉴定或者参照医院的诊断、鉴定确认。在不具备诊断、鉴定条件的情况下，如利害关系人无异议，也可以参照群众公认的事实予以认定。

（四）指定监护人

人民法院经过审理确认被申请人为无民事行为能力人或者限制民事行为能力人的，应当作出判决并为该公民指定一个监护人。被指定人对指定不服的，应当在接到通知书的次日起30日内向法院起诉。经审理认为指定不当的，判决撤销指定，并另行指定监护人；指定合理的，裁定驳回起诉。逾期未起诉的，按变更监护关系处理。

三、判决的撤销

人民法院作出判决后，如果该公民经过治疗病情痊愈，精神恢复正常，能够判断自己行为的后果，就意味着造成其无民事行为能力或限制民事行为能力的原因已经消除。此时，该公民或者其监护人，有权向人民法院提出请求撤销原判决的申请。人民法院根据该公民本人或其监护人的申请，经查证属实后，应作出新判决，撤销原判决，从法律上恢复该公民的民事行为能力，同时撤销对他的监护。判决一经宣告,立即发生法律效力。

第六节　认定财产无主案件的审理程序

一、认定财产无主案件的概念

认定财产无主案件,是指人民法院根据公民、法人或者其他组织的申请,依照法定程序查明属实后作出判决,将归属不明的有形财产认定为无主财产,并将其收归国家或集体所有的案件。人民法院处理认定财产无主案件的程序,称为认定财产无主案件程序或者认定财产无主程序。

二、申请认定财产无主案件的审理程序

(一)申请与受理

申请认定无主财产应当具备下列条件:

(1)需要认定的财产必须是有形财产,不包括无形财产或精神财富。

(2)财产失去所有人或者所有人不明。实践中,失去所有人或者所有人不明的财产主要体现为:第一,没有所有人或者所有人不明的财产;第二,所有人不明的埋藏物和隐藏物;第三,拾得的遗失物、漂流物、失散的饲养动物,经公安机关或有关单位公告招领满1年无人认领的财物;第四,无人继承的财产。

(3)申请人提出书面申请。申请人可以是公民,也可以是法人或其他组织。申请书应写明待认定财产的种类、数量、形状、目前占有状况或存放位置以及相应的法律事实。

(4)向财产所在地基层人民法院提出申请。认定财产无主程序为的是解决财产所有权的归属问题,程序中没有被告,因而管辖法院的确定不适用一般地域管辖规定。而规定由财产所在地基层人民法院管辖此类案件,更便于快速找寻财产所有人,利于法院调查该财产的状况,以便及时准确作出裁判。

人民法院接受申请后,进行审查,认为申请不符合条件,或者财产有所有人的,裁定驳回申请;申请符合条件的,立案受理。

(二)发出认领财产的公告

人民法院受理后认定财产无主案件后,应当发布财产认领公告,公告期是1年。

(三)判决

如果在公告期内有人认领财产,人民法院应当裁定终结认定财产案件的

审理程序;如果无人认领财产,则判决认定该财产为无主财产,收归集体或者国家所有。

三、财产所有人出现后的处理

人民法院通过判决的方式,认定无主财产,仅仅是根据一定的事实,从法律上推定为无主财产,是否在事实上真正无主,尚未作出符合实际的肯定。根据《民事诉讼法》第193条的规定,判决认定财产无主后,原财产所有人或者其继承人出现,在《民法通则》规定的诉讼时效期间可以对财产提出请求,人民法院审查属实后,应当作出新判决,撤销原判决。原判决撤销后,财产由其原所有人或合法继承人认领,占有财产的单位应当返还原物,原物不存在的,应当作价赔偿。

第七节 确认调解协议案件的审理程序

一、确认调解协议案件的概念和范围

(一)确认调解协议案件的概念

确认调解协议的案件,是指人民法院根据双方当事人的申请,依照法定程序对经调解达成的调解协议进行司法确认,从而赋予其强制执行力的案件。人民法院对确认调解协议案件的审理程序,称为司法确认程序。司法确认程序是2012年修订《民事诉讼法》新增加的内容,是对司法实践改革成果的吸收和巩固,也为多元化纠纷解决机制的完善提供了有力的保障。

作为一种制度化的非诉讼纠纷解决机制,人民调解是我国多元化纠纷解决机制中的重要环节,在合理配置纠纷解决资源、化解社会矛盾发挥了积极作用。但是,因长久以来人民调解协议不具强制执行的效力,调解协议确定的义务人不履行协议内容无需承担任何责任,所以当事人选择人民调解作为纠纷解决方式的积极性大受打击。鉴于此,最高人民法院2002年颁布的《审理涉及人民调解协议案件规定》中明确规定,符合法定调解的人民调解协议具有民事合同的性质。这虽然在一定程度上提升了人民调解协议的效力,但涉及调解协议的履行、变更以及效力的确认等,仍需要通过诉讼程序解决。因此,人民调解协议缺乏强制力这一制约人民调解充分发挥作用的瓶颈问题依然存在。在学界的司法实务界的多方努力和推动下,2009年《诉讼与非诉讼衔接纠纷解决意见》中开创性地规定了对诉讼外达成的调解协议的司法确认程序,规定经行政机关、人民调解组织、商事调解组织、行业调解组织或者

其他具有调解职能的组织调解达成的具有民事合同性质的协议，经调解组织和调解员签字盖章后，当事人可以申请有管辖权的人民法院确认其效力。因上述司法文件的法律效力仍显不足，2011 年 1 月 1 日施行的《人民调解法》首次在法律层面对人民调解协议的司法确认进行了原则性规定，明确了人民调解协议的司法确认资格以及确认有效的调解协议具有执行依据的效力。2011 年 3 月公布的《人民调解协议司法确认程序规定》又对司法确认案件的程序问题进行了细化和明确，使得调解协议司法确认制度的司法实践得到了极大的丰富和发展。在这一背景下，2012 年《民事诉讼法》修订时专门在特别程序中增加了"确认调解协议案件"一节，对确认调解协议案件的管辖、法院的审查、法律文书的形式和效力以及驳回申请后的处置等问题作出规定，从程序法层面落实了调解协议的司法确认制度，增强了通过诉讼外调解解决纠纷、实现权利的实效性，进一步完善和健全了我国诉讼和非诉讼相衔接的多元化纠纷解决机制。

（二）调解协议司法确认程序的适用范围

调解协议司法确认程序的适用范围，指可以申请司法确认的调解协议的种类，即对哪些调解组织作出的调解协议可以申请司法确认。《民事诉讼法》第 194 条规定："申请司法确认调解协议，由双方当事人依照人民调解法等法律，自调解协议生效之日起 30 日内，共同向调解组织所在地基层人民法院提出。"据此，除了可以对《人民调解法》规定的人民调解协议申请司法确认外，今后其他法律规定可以申请司法确认的调解协议，也可以适用这一程序。这就为拓展调解协议司法确认程序的适用范围预留了空间，有助于诉讼与非诉讼纠纷解决机制的相互衔接。还有观点认为，在我国多元化纠纷解决机制改革迅速推进的大背景下，从《民事诉讼法》第 194 条的立法本意出发，除了《人民调解法》规定可以申请司法确认的调解协议外，其他法律、行政法规、地方性法规、行政规章以及中央批准的司法改革方案中明确规定可以确认的调解协议，均属于《民事诉讼法》第 194 条规定的申请确认范围。

此外，涉及调解协议司法确认程序的适用范围，《人民调解协议司法确认程序规定》还从调解协议所涉法律关系的角度进行了限定。根据该《规定》第 4 条，具有下列情形之一的，人民法院不予受理当事人的司法确认申请：(1) 不属于人民法院受理民事案件的范围或者不属于接受申请的人民法院管辖的；(2) 确认身份关系的；(3) 确认收养关系的；(4) 确认婚姻关系的。

二、调解协议的司法确认程序

（一）申请

1. 管辖法院

司法确认案件的管辖法院是调解组织所在地基层人民法院。由调解组织所在地基层人民法院管辖调解协议司法确认案件,既便于公民诉讼,也便于人民法院进行审判,有利于节约司法成本,提高法院的工作效率。

2. 申请主体

根据《民事诉讼法》第194条以及相关司法解释的规定,双方当事人应当共同向有管辖权的法院提出调解协议的司法确认申请。在当事人平等、自愿的基础上进行调解是调解的基本原则之一,调解协议是双方当事人在平等协商的基础上,自愿达成的。因此,对于调解协议的司法确认也应当秉承当事人平等、自愿的原则,体现双方当事人的共同意愿,由双方当事人在平等、自愿的基础上共同向法院提出申请。

3. 申请期限

调解协议达成后,双方当事人认为有必要的,应当自协议生效之日起30日内提出申请。

4. 申请材料

根据《人民调解协议司法确认程序规定》第3条,当事人申请确认调解协议,应当向人民法院提交司法确认申请书、调解协议和身份证明、资格证明,以及与调解协议相关的财产权利证明等证明材料,并提供双方当事人的送达地址、电话号码等联系方式。委托他人代为申请的,必须向人民法院提交由委托人签名或者盖章的授权委托书。

（二）受理

人民法院收到当事人司法确认申请,应当在3日内决定是否受理。双方当事人同时到法院申请司法确认的,人民法院可以当即受理。人民法院决定受理的,应及时向当事人送达受理通知书。对不属于司法确认程序适用范围的调解协议,人民法院不予受理。

（三）审查

1. 审查方式

人民法院受理司法确认申请后,应当指定一名审判人员对调解协议进行审查。人民法院在必要时可以通知双方当事人同时到场,当面询问当事人。当事人应当向人民法院如实陈述申请确认的调解协议的有关情况,保证提交的证明材料真实、合法。从我国目前司法实践和司法解释的规定看,法院对调解协议的审查采取的是形式审查和有限的实体审查相结合的方式。

2. 审查内容

人民法院应着重审查调解协议是否符合法律规定,即调解协议的达成是否符合自愿原则,调解协议的内容是否违反了法律、行政法规的强制性规定,调解协议是否侵害了国家利益、社会公共利益或案外人的合法权益,调解协议是否损害了社会公序良俗,调解协议的内容是否明确等。只有经审查得到肯定的结论,法院才能确认调解协议有效。

(四) 裁定

人民法院应当自受理司法确认申请之日起 15 日内决定是否确认调解协议的效力。因特殊情况需要延长的,经本院院长批准,可以延长 10 日。

关于司法确认案件法律文书的形式,以往的司法实践中做法不一。2012 年《民事诉讼法》明确规定了确认调解协议效力的案件采用裁定书的形式。人民法院经审查,认为调解协议符合法律规定的,裁定调解协议有效,作出确认书。不符合法律规定的,裁定驳回申请。

三、司法确认裁定的法律效力

人民法院作出的确认调解协议有效的裁定可以作为法院的执行依据,具有强制执行力,一方当事人拒绝履行或者未全部履行的,对方当事人可以向人民法院申请执行。

法院经审查认为调解协议不符合法律规定,裁定驳回申请的,当事人可以通过调解方式变更原调解协议或者达成新的调解协议,也可以向人民法院提起诉讼。此处之诉讼指当事人之间就原纠纷向法院提起的诉讼。

第八节　实现担保物权案件的审理程序

一、实现担保物权案件的概念

担保物权是指在借贷、买卖等民事活动中,债务人或者第三人将自己所有的财产作为履行债务的担保,债务人未履行债务时,债权人依照法律规定的程序就该财产优先受偿的权利。担保物权包括抵押权、质权和留置权。担保物权的实现指在债务人不履行债务时,担保物权人经法定程序,通过将担保标的物拍卖、变卖等方式,从而使其债权得到优先受偿的过程。实现担保物权不仅对担保物权人意义重大,同时也是出质人、留置法律关系中的债务人防止质权人、留置权人怠于行使权利的手段。实现担保物权的案件,是指人民法院根据担保物权人以及其他有权请求实现担保物权的人的申请，依照法定程序对其申请审查，对符合法律规定的申请作出强制执行的裁定，从而实现担保权的案件。人民法院对实现担保物权的申请仅做形式上的审查，对于担保物权是否存在的实体问题，不予审查。

涉及担保物权的实现方式，我国相关法律规定有一个发展变化的过程。根据我国《担保法》，担保物权种类不同，其实现方式亦有所不同。抵押权人可以通过协议折价、拍卖、变卖或提起诉讼的方式实现其担保物权；而质权人和留置权人实现其担保物权的途径则有协议折价或依法拍卖、变卖两种。[①]由于《担保法》关于担保物权实现方式的规定过于原则，对依法拍卖或变卖的含义、担保物权人可否径行单方拍卖、变卖等问题，实践中存在不同理解。此外，通过诉讼实现担保物权程序复杂且周期较长，而债权人和抵押人涉及抵押合同相关事项一般又不存在实质性争议，因此，该方式既不利于保护债权人的权利，也造成司法资源的无谓浪费。鉴于此，2007 年施行的《物权法》首次明确规定了通过非诉讼的方式实现担保物权。《物权法》第 195 条第 1 款规定："债务人不履行到期债务或者发生当事人约定的实现抵押权的情形，抵押权人可以与抵押人协议以抵押财产折价或者以拍卖、变卖该抵押财产所得的价款优先受偿……"该条第 2 款规定："抵押权人与抵押人未就抵押权实现方式达成协议的，抵押权人可以请求人民法院拍卖、变卖抵押财产。"据此，抵押权人与抵押人未就抵押权实现方式达成协议的，为简便抵押权的实现方式，抵押权人可以直接请求人民法院拍卖、变卖抵押财产。借助探寻立法原意和法律解释技术，质权人和留置权人在单方径行拍卖、变卖有障碍或者无法就担保物权实现方式与债务人达成协议时，也可以请求人民法院通过非讼程序拍卖、变卖担保财产。[②] 此外，为防止质权人、留置权人怠于行使权利，侵害出质人、债务人的合法权益，《物权法》还规定，在债务履行期限届满，质权人、留置权人不及时行使权利时，出质人、债务人可以请求人民法院拍卖、变卖担保财产。[③] 尽管《物权法》规定了不经诉讼通过公力救济实现担保物权的方式，旧《民事诉讼法》中却没有与此对应的程序规则。配套程序规则的缺失，既给担保物权的实现造成了障碍，也给法院处理此类请求带来了困惑和困难。为顺应实践的发展要求，2012 年新修订的《民事诉讼法》对实现担保物权

---

① 参见《担保法》第 53 条第 1 款、第 71 条第 2 款和第 87 条第 2 款。

② 参见全国人大常委会法制工作委员会编著：《中华人民共和国民事诉讼法解读》，中国法制出版社 2012 年版，第 525 页；江必新主编：《〈中华人民共和国民事诉讼法〉修改条文解读与应用》，法律出版社 2012 年版，第 336 页；《物权法》第 216 条、第 219 条第 2 款和第 236 条第 1 款。

③ 参见《物权法》第 220 条第 1 款和第 237 条。

的相应程序性问题进行了规定。考虑到我国《民事诉讼法》的立法体例，新增设的实现担保物权案件一节纳入了“特别程序”一章。这一修改实现了实体法和程序法的合理衔接，既有利于保护权利人的合法权益，又节约了诉讼资源。

二、实现担保物权案件的审理程序

（一）申请

1. 管辖法院

新《民事诉讼法》第 196 条规定，申请实现担保物权，应当向担保财产所在地或者担保物权登记地基层人民法院提出。实现担保物权的案件由担保财产所在地或者担保物权登记地法院管辖，符合两便原则，既有利于人民法院了解财产状况，也更加方便担保物权人实现担保物权。

2. 申请主体

根据新《民事诉讼法》第 196 条的规定，有权申请人民法院实现担保物权的主体包括两类：担保物权人和其他有权请求实现担保物权的人。担保物权人包括抵押权人、质权人和留置权人，其他有权请求实现担保物权的人包括出质人和留置法律关系中的债务人。因抵押不转移标的物的占有，当债务人不履行债务时，抵押权人一般需要申请法院拍卖、变卖担保标的物以实现抵押权。而质物和被留置的财产由质权人、留置权人占有，质权或者留置权的实现，有的需要申请人民法院，有的不需要申请人民法院。[①] 司法实践中，有时也会出现因质权人、留置权人怠于行使权利导致质物或被留置财产毁损、灭失、自然损耗或贬值，侵害出质人、债务人合法权益的情形。鉴于此，《物权法》规定出质人和留置关系中的债务人在发生上述情形时可以请求人民法院拍卖、变卖担保财产。因而，出质人和留置法律关系中的债务人也可申请法院实现担保物权。

3. 申请材料

《民事诉讼法》对申请人应当向法院提交的申请材料没有明确规定。一般认为，除了申请人和被申请人的送达地址、联系方式、身份证明等，申请人需要提供主合同、担保合同、抵押权登记证明或其他权利证书等能够证明担保物权有效存在以及债务履行期限业已届满的材料。

（二）审查

人民法院在受理实现担保物权申请后，应当进行审查。除重大疑难案件

---

① 参见全国人大常委会法制工作委员会编著：《中华人民共和国民事诉讼法解读》，中国法制出版社 2012 年版，第 525 页。

外，原则上采用独任审理的方式。申请实现担保物权的案件性质上属于非讼案件，因此法院主要是根据《物权法》等实体法的规定审查担保物权是否有效存在、债务履行期限是否届满，如合同是否成立和有效、抵押物是否为法律禁止抵押的财产，以判断是否已经满足担保物权实现的条件。当事人应当向法院提交真实、合法的证明材料并如实陈述有关情况。审查中法院若认为当事人的陈述或提交的证明材料有疑义或不充分，可以要求当事人补充陈述或补交证明材料。

（三）裁定

经审查，人民法院认为申请符合法律规定的，作出拍卖、变卖担保财产的裁定。所谓符合法律规定，主要指符合《物权法》等法律的规定，具备实现担保物权的条件。该裁定是具有强制执行力的，担保人拒绝履行或者未全部履行时，担保物权人可以据此裁定向法院申请强制执行。

人民法院经审查认为申请不符合法律规定的，裁定驳回申请，当事人可以向人民法院提起诉讼。不符合法律规定的情况主要指涉及债务是否履行、抵押权的效力或抵押合同的相关条款存在争议。上述情形表明，担保权实现的条件尚不具备。如果担保物权人与担保人之间对担保物权是否存在等实体法律关系尚存在争议的，实现担保物权的问题就提不上议事日程。在这种情况下，当事人可以向法院另行提起诉讼，解决他们之间的民事争议。

思考问题

1. 特别程序与非诉程序的联系和区别。
2. 非诉程序的功能。
3. 调解协议的司法确认程序的完善。
4. 调解协议司法确认制度的意义。
5. 实现担保物权案件的适用范围。

法条链接

《民事诉讼法》第 177—197 条；《民诉法意见》第 193—198 条；《物权法》第 195 条、第 219 条、第 236 条；《人民调解法》第 33 条、第 34 条；《人民调解协议司法确认程序规定》。

扩展阅读

1. 郝振江:《论非讼程序的功能》,载《中外法学》2011 年第 4 期。

2. 郝振江:《论非讼程序在我国的重构》,载《法学家》2011 年第 4 期。

3. 郝振江:《论我国非讼程序的完善——聚焦于民诉法特别程序的“一般规定”》,载《华东政法大学学报》2012 年第 4 期。

4. 王亚新:《诉调对接和对调解协议的司法审查》,载《法律适用》2010 年第 6 期。

5. 廖中洪:《非讼程序的基本原理、构造与立法体例》,载《诉讼法学研究》(第八卷),中国检察出版社 2005 年版。

6. 陈桂明、赵蕾:《中国特别程序论纲》,载《法学家》2010 年第 6 期。

7. 章武生:《非讼程序的反思与重构》,载《中国法学》2011 年第 3 期。

8. 廖中洪:《制定单行〈民事非讼程序法〉的建议与思考》,载《现代法学》2007 年第 3 期。

9. 王强义:《民事诉讼特别程序研究》,中国政法大学出版社 1993 年版。

第十九章　督促程序

督促程序是一种专门用于解决债权债务关系明确而债务人无正当理由不偿还债务案件的简捷程序,体现了公正和经济的价值协调。督促程序具有成本低、效率高的优势,有利于迅速实现债权人的权利。本章主要介绍了督促程序的特点和适用范围、支付令的申请与受理程序、支付令的效力、债务人异议制度以及督促程序的终结。

第一节 督促程序的概念和特点

一、督促程序的概念

督促程序,是指人民法院根据债权人给付金钱或有价证券的申请,向债务人发出支付令,以此督促债务人在法定期间向债权人清偿债务的法律程序。

现实生活中,债的纠纷种类多、数量大,其中有许多债权债务关系明确,当事人之间并不存在争议。诉讼有一套既定的规则,程序复杂且周期较长,通过通常的诉讼程序解决此类案件既费时又费力。为了保护和方便债权人,立法设置督促程序。如果债权人认为其请求不会引发债务人的争议,就可以不通过通常的诉讼程序,直接向人民法院提出申请,以支付令的方式取得执行根据,从而更为便捷地实现债权。亦即,督促程序是债权人通过法院督促债务人清偿债务的快捷程序,有利于快速实现债权人的权利。

关于督促程序的性质,目前仍有争议。主要有诉讼程序说、非讼程序说、特别诉讼程序说、略式诉讼程序说、准诉讼程序说、非审判程序说、审前程序说等几种不同的意见。我们认为,督促程序的适用前提是双方当事人对债权债务关系没有争议,该程序因债权人提出申请而开始,但不传唤债务人到庭进行审理,双方当事人不直接进行辩论与对抗。因此,督促程序并不解决当事人之间的民事权益争议,是 ·种非讼程序。[①]

二、督促程序的特点

督促程序作为一种简捷的实现债权的略式程序,具有以下特点:

(一) 适用的特定性

适用的特定性即督促程序仅适用于债权人请求给付金钱和有价证券的案件,对于其他以请求为行为或者不为行为为目的的案件或者以确认民事法律关系存在与否以及变更消灭民事法律关系为目的的案件,均不得适用督促程序。

(二) 程序的非讼性

程序的非讼性即督促程序没有对立的双方当事人,不解决当事人之间的债权债务纠纷,而仅根据债权人的申请开始程序,人民法院也不经过开庭审理即可向债务人发出支付令,责令债务人清偿债务。

① 宋朝武主编:《民事诉讼法学》,中国政法大学出版社 2008 年版,第 402 页。

（三）审查过程的简捷性

在督促程序中，人民法院无须开庭审理，无论是对债权人的支付令申请，还是对债务人的异议，仅进行书面审查；此外，适用督促程序审理的案件，由审判员一人独任审理，并实行一审终审制度。

（四）程序适用的选择性

督促程序并非处理以给付金钱或者有价证券为内容的债权债务关系案件的必经和唯一程序，而是与诉讼程序构成可供债权人选择适用的程序。换言之，对于以给付金钱或者有价证券为内容的债权，债权人是依督促程序还是依一般诉讼程序来主张债权，由债权人选择。但是债权人一旦选择了诉讼程序，就不能再适用督促程序；而债权人选择适用督促程序，在其申请被驳回或者债务人在法定期间内提出异议时，债权人仍可以提起诉讼。

第二节　支付令的申请和受理

一、支付令的申请

（一）申请支付令的条件

支付令的申请，即债权人向人民法院请求签发支付令，从而督促债务人履行义务的行为。根据我国《民事诉讼法》以及司法解释的有关规定，申请支付令需要具备以下条件：

（1）债权人请求债务人给付的只能是金钱或者有价证券。有价证券包括汇票、本票、支票、股票、国库券、可转让的存单等。其他财产请求或者行为请求，不得适用督促程序。

（2）请求给付的金钱和有价证券已到期并且数额确定。尚未到期或者虽然已到期，但数额不确定的债权不得适用督促程序。

（3）债权人与债务人没有其他债务纠纷的。没有其他债务纠纷，最高法院将其限定为双方没有对待给付义务，即债权人与债务人之间的债权债务关系是单向的，没有其他债务纠纷。

（4）支付令必须能够送达债务人。督促程序的简捷性决定了在整个督促程序中，对债务人而言，唯一的权利就是对支付令的书面异议权，如果支付令未能送达债务人，则债务人无法行使其对支付令的异议权，因此，支付令能够送达债务人就成为适用督促程序的必要条件。《民诉法意见》第 218 条规定，对下列两种人不得适用督促程序：第一，不在我国领域内居住的人。第二，债务人下落不明的。支付令应向债务人本人直接送达，债务人拒绝接收的，人民法院可以留置送达。

(二) 提交申请书

债权人向人民法院提出支付令申请,必须提交申请书,其内容应包括:(1) 债权人、债务人双方的姓名或名称等基本情况;(2) 债权人要求债务人给付金钱的数量,或有证价券的数量及种类;(3) 债权人请求所依据的事实和证据;(4) 债务人的财产状况和可供执行的财产。

(三) 支付令申请的管辖法院

有管辖权的人民法院是指债务人住所地的基层人民法院。无论请求给付的金钱或者有价证券数额如何,都只能由基层人民法院管辖,中级以上人民法院不审理此类案件。此外,根据《最高人民法院关于适用督促程序若干问题的规定》(以下简称《督促程序规定》),共同债务人住所地、经常居住地不在同一基层人民法院辖区,各有关人民法院都有管辖权的,债权人可以向其中任何一个基层人民法院申请支付令;债权人向两个以上有管辖权的人民法院申请支付令的,由最先立案的人民法院管辖。

二、受理

对于债权人提出的支付令申请,人民法院应当进行审查,以决定是否受理。审查的内容主要是支付令申请是否符合法定条件,审查的方式应为书面审查。

就支付令申请的审查内容而言,包括以下几个方面:(1) 债权人的申请是否符合法定条件。(2) 申请是否符合法定程序。如审查是否应由本院管辖,申请手续是否完备,申请书内容是否符合规定,等等。

人民法院在对支付令申请进行审查过程中,认为申请书不符合要求的,可以通知债权人限期补正。经过审查后,对于符合条件的支付令申请,人民法院应予受理,并在收到申请后5日内通知债权人。申请不符合条件的,应在5日内通知不予受理。

根据处分原则,在人民法院发出支付令之前,申请人有权撤回申请。申请人撤回申请的,人民法院应当裁定终结督促程序。

第三节　支付令的发出和效力

一、督促程序的审判组织

人民法院审理督促程序案件实行独任制,即人民法院受理支付令申请后，应当指定1名审判员对案件进行独任审查，从而决定是否向债务人发出支付令。审判员审查支付令申请时，实行书面审理的原则。即仅根据申请人提供的证据进行书面审查，不传唤债务人，也不进行开庭审理。

二、驳回申请

人民法院受理支付令申请后，经审查认为支付令申请不能成立的，如债权人提供的事实和证据不充分或者申请不符合其他条件等，应当在15日内裁定驳回申请。对于该裁定，申请人不得上诉。但债权人可以债务人为被告另行起诉。

根据《督促程序规定》第5条的规定，人民法院受理债权人的支付令申请后，经审理，有下列情况之一的，应当裁定驳回申请：(1) 当事人不适格；(2) 给付金钱或者汇票、本票、支票以及股票、债券、国库券、可转让的存款单等有价证券的证明文件没有约定逾期给付利息或者违约金、赔偿金，债权人坚持要求给付利息或者违约金、赔偿金；(3) 债权人要求给付的金钱或者汇票、本票、支票以及股票、债券、国库券、可转让的存款单等有价证券属于违法所得；(4) 债权人申请支付令之前已向人民法院申请诉前保全，或者申请支付令同时又要求诉前保全。

三、支付令的发出

人民法院受理债权人的支付令申请后，经审查债权人提供的事实、证据，认为债权债务关系明确、合法的，应当在受理之日起15日内向债务人发出支付令。支付令是由人民法院签发的责令债务人限期清偿债务或者提出书面异议的法律文书。

支付令应当载明以下事项：(1) 债权人、债务人的基本情况。债权人、债务人是公民的，应写明其姓名、性别、年龄、职业、工作单位和住址；是法人或其他组织的，应写明其名称及法定代表人或主要负责人的姓名、职务、地址等。(2) 债务人应当给付的金钱、有价证券的种类、数量。(3) 清偿债务或提出异议的期限，即记明债务人应自收到支付令之次日起15日内清偿债务，或者向人民法院提出书面异议。(4) 债务人在法定期间不提出异议的法律后果。支付令应由审判员、书记员署名，加盖人民法院印章。人民法院应及时将支付令送达债权人和债务人。在送达债务人后，人民法院应当通知债权人支付令送达债务人的日期，以便债权人确定申请执行的时间。

四、支付令的效力

在支付令的效力问题上,学界的观点不尽一致。有人认为,支付令与确定的判决具有同等的法律效力,即既判力和执行力。也有人认为,督促程序主要是使申请人(债权人)获得“执行名义”, 或者说,“支付令的法律效力,主要是执行效力”。另有人将支付令的法律效力归纳为:(1) 对债务人有一定的拘束力;(2) 对当事人权利义务关系的既判力;(3) 强制执行的效力。综括起来,大致可以认为,在支付令的效力问题上,支付令具有执行力,人们对此均无异议,但对于支付令是否具有既判力的问题,仍有不同意见。[①]

我们认为,支付令的法律效力不同于一般文书,主要体现在支付令所具有的不同法律效力的发生时间不同。就一般文书而言,一旦生效,则该文书所具有的各种效力同时产生,如判决书所具有的确认双方当事人之间实体权利义务关系的效力与强制执行的效力等同时产生。而支付令则与此不同,支付令具有督促效力与强制执行力,但两者却不是同时产生的。

(一) 督促效力

支付令一经发出并送达债务人,即产生了督促效力,督促债务人对支付令在法定期间提出异议,或者督促债务人根据支付令的要求履行清偿义务。

(二) 强制执行效力

债务人在支付令送达后 15 日内不提出书面异议,支付令即产生强制执行的效力。如果债务人不按照支付令履行清偿义务,债权人可以支付令为依据,申请人民法院强制执行。

债务人在收到支付令后,在法定期间向支付令发出的人民法院提出书面异议,经审查支付令异议成立的,人民法院应当裁定终结督促程序,支付令自行失效。债务人在法定期间向支付令发出的人民法院起诉,视为提出支付令异议;但在法定期间没有提支付令异议,而向其他人民法院起诉的,不影响支付令的效力。

在设有担保的债务案件中,对主债务人发出的支付令对担保人没有拘束力;若对主债务人发出支付令后,债权人又就担保关系起诉的,支付令自行失效。

① 宋朝武主编:《民事诉讼法学》,中国政法大学出版社 2008 年版,第 406 页。

第四节　支付令异议和督促程序的终结

一、支付令异议

支付令异议，又称债务人异议，是指债务人在收到支付令后，对支付令所确定的实体义务本身提出的不同意见和主张。支付令异议是债务人享有的一项重要权利。因为支付令是人民法院仅以债权人一方提出的主张和理由为根据作出的，未经严格的庭审程序，因此特设异议制度，以保障债务人的合法权益。

（一）提出支付令异议的条件

根据《民事诉讼法》及相关司法解释的规定，债务人对支付令提出异议，应具备四个条件：

（1）支付令异议需在法定期间内提出。即债务人应当在收到支付令之日起 15 日内提出，超过 15 日所提出的异议无效。

（2）支付令异议应以法定形式提出。即债务人应当以书面形式提出支付令异议，口头方式无效。

（3）支付令异议应当针对债权债务关系本身提出。即债务人应当针对支付令所确定的债务本身是否合法存在、债务数额是否属实、债务偿还期限是否已届满提出不同意见和主张。如果债务人对债权债务关系本身没有异议，但对清偿能力、清偿期限、清偿方式等提出不同意见的，则不能构成债务人异议，不影响支付令的效力。

此外，应当注意下列两种情形：其一，债权人在申请中提出多项独立的给付请求，债务人就其中一项请求提出异议，其异议效力不能及于其他请求；其二，债权人的支付令申请涉及几个债务人，如果该项债务为共同债务，其中一个债务人提出异议的，该异议视为全体债务人的异议；如果该项债务不属共同债务，而是各自独立的债务，那么一人的异议，不涉及其他债务人。

（4）支付令异议应当向制作发出支付令的法院提出。如果债务人在收到支付令后，不在法定期限内提出书面异议，而是向其他人民法院起诉的，不影响支付令的效力。换言之，如果债务人向制作发出支付令的人民法院起诉，则该起诉构成债务人异议，受诉法院应当按照支付令异议处理。

（二）对支付令异议的审查

如前所述，督促程序性质上属于非讼程序，其适用前提是债权债务关系明确且双方对此无争议。如果对债务人的异议进行实质性审查，就混淆了督促程序与普通程序的功能，督促程序也就丧失了其存在价值。因此，修改前的《民事诉讼法》第192条规定："人民法院收到债务人提出的书面异议后，应当裁定终结督促程序，支付令自行失效，债权人可以起诉。"《民诉法意见》第221条进一步明确规定，对债务人的书面异议，"人民法院无须审查异议是否有理由，应当直接裁定终结督促程序"。因而，司法实践中，债务人提出异议后，人民法院仅进行形式审查，即仅审查期限、形式、是否针对债权债务关系本身提出等支付令异议的法定成立要件。但是，因对债务人异议没有任何事实依据或理由方面的限制，债务人滥用异议权导致支付令失效的现象非常普遍。再加上旧《民事诉讼法》没有关于督促程序和诉讼程序对接的规定，债权人若想寻求救济，只能另行起诉。督促程序本为方便债权人迅速实现权利而设，如此一来，选择该程序对债权人而言反而更加费时费力，还不如一开始就进入诉讼程序。因此，督促程序在我国司法实践中日渐式微、名存实亡。

为了充分发挥督促程序的作用，限制债务人滥用异议权，排除明显不合法、不合理的异议，2012年《民事诉讼法》对支付令异议审查制度进行了修改，在第217条第1款规定："人民法院收到债务人提出的书面异议后，经审查，异议成立的，应当裁定终结督促程序，支付令自行失效。"这就意味着，人民法院在督促程序中不仅要审查支付令异议的成立条件，还要审查支付令异议所附的理由。但是，基于督促程序的非讼性质，对支付令异议的审查标准应当区别于普通程序。人民法院对于债务人异议所附事实、证据和实体法依据进行的审查，仍然是形式标准，即审查其是否存在，能否在外观上形成初步链条，而不是如同诉讼中的质证一般。①

（三）支付令异议的法律后果

人民法院经审查，认为债务人提出的异议成立，则产生下列法律后果：

1. 终结督促程序

支付令异议成立，说明债权债务关系存在争议，而这种争议的解决是需要通过诉讼程序来进行。因此，人民法院应当裁定终结督促程序。

2. 支付令自行失效

支付令异议成立，在产生终结督促程序效力的同时，还使支付令自行失效，即支付令失去督促债务人履行义务的法律效力。即使债务人拒绝履行支付令所确定的义务，债权人也不得依据该支付令申请人民法院强制执行。

① 江必新主编：《〈中华人民共和国民事诉讼法〉修改条文解读与应用》，法律出版社2012年版，第427页。

3. 转入诉讼程序

支付令自行失效后,债权人与债务人之间的纠纷未得到解决,案件转入诉讼程序,但申请支付令的一方当事人不同意提起诉讼的除外。

根据1991年《民事诉讼法》的规定,督促程序因债务人提出书面异议终结后,支付令自行失效,督促程序不能自动转入诉讼程序。债权人要想实现债权,需要另行向有管辖权的法院诉讼。这样的规定虽然充分尊重了债权人提起诉讼的自由和对实体权利的处分权,但是不利于对债权的保护,而且也极易造成实务中债务人滥用异议权,达到拖延或逃避履行债务的目的。涉及督促程序和续后的诉讼程序的衔接,德、日等大陆法系国家的通行做法是,在支付令因债务人异议而失效后,支付令申请即被视为起诉,督促程序的费用转为续后诉讼程序费用的一部分。债权人在法院规定的期限内补足通常诉讼程序的费用后,督促程序即转入通常第一审程序。如果债权人声明不愿意进行诉讼,则法院裁定取消诉讼,并判令督促程序的费用由债权人负担。债权人如果无正当理由没有在法院规定的期限内补足诉讼费用的,则视为声明不愿意进入诉讼。

明确规定督促程序以债务人提出异议为转入通常诉讼程序的前提,对于债权人而言,其申请支付令时就会考虑到由于债务人提出异议而转入通常诉讼进入法庭审理的诉讼风险;对债务人而言,其会清楚地认识到运用异议权只能是拖延给付的权宜之策,并不能从根本上逃避其本应履行的责任。如果滥用异议权导致进入续后的诉讼程序,其结果只能是使自己获得败诉判决,承担债权人因此而造成的损失、支出的大量费用以及诉讼费用。这使债务人在提出异议还是履行支付令的问题上慎重斟酌,有效地避免了滥用异议权。可见,续后的诉讼程序是督促程序充分发挥效力的保证。因此,2012年《民事诉讼法》将原法的“债权人可以起诉”修改为“支付令失效的,转入诉讼程序,但申请支付令的一方当事人不同意提起诉讼的除外”。即支付令失效后,督促程序自动转入诉讼程序,无需债权人另行提起诉讼,除非债权人不同意提起诉讼。

二、督促程序的终结

督促程序的终结,是指在督促程序中,因特定情况导致申请支付令的目的已经达到或者无法达到而结束督促程序的进行。根据《民事诉讼法》与司法解释的有关规定,在以下五种情况下,应终结督促程序:

(一)支付令无法送达债务人

支付令无法送达债务人,债务人的异议权就无法得到保障,督促程序就无法进行,人民法院应当依职权裁定终结督促程序。现行司法解释规定,人民法院发出支付令之日起30日内无法将支付令送达债务人的，应当裁定终结督促程序。

（二）申请人撤回申请

在人民法院发布支付令以前，申请人撤回申请的，人民法院应当准予撤回并裁定终结督促程序。

（三）债务人在法定期间内清偿债务

债务人在收到人民法院发出的支付令后，在15日内履行了债务，督促程序的目的实现，因此督促程序终结。

（四）债务人在法定期间内提出异议

根据《民事诉讼法》第217条的规定，债务人在法定期间内对支付令提出书面异议的，支付令自行失效，人民法院应当裁定终结督促程序。

（五）支付令的撤销

根据最高人民法院《督促程序规定》的第11条，人民法院院长对本院已发生法律效力的支付令，发现确有错误，认为需要撤销的，应当提交审判委员会讨论决定后，裁定撤销支付令，驳回债权人的申请，终结督促程序。

（六）支付令发生执行效力

债务人在法定期间内既不履行债务也不提出异议的，法定期间届满后，支付令发生强制执行效力，债权人可以依据支付令申请强制执行，此时，督促程序自动终结。

案例精选

▶【案例】①

2004年2月3日，中国太平洋财产保险股份有限公司海南分公司（以下简称太平洋财险海南分公司）承保了海南省临高县琼景船务有限公司（以下简称琼景公司）所属的“瑞安8”轮。4月7日，太平洋财险海南分公司出具了将“瑞安8”轮保险受益人变更为海南省临高县信用联社的批单，同月21日，“瑞安8”轮因碰撞事故沉没。事故发生后，琼景公司故意隐瞒受益人变更的事实，以被保险人的身份向太平洋财险海南分公司提出索赔，双方于9月9日达成保险赔偿协议，由太平洋财险海南分公司一次性支付人民币1354100元，作为了结该事故的人全部保险赔偿。太平洋财险海南分公司因工作疏忽，未及时发现保险受益人变更的事实，于12月22日将上述保险赔款支付到了琼

① 该案件为海口海事法院（2005）海督字第001号案件。

景公司指定的银行账户。随后，太平洋财险海南分公司发现了上述错误，便要求琼景公司退还所支付赔款并于2005年1月7日与其达成《退回“瑞安8”轮保险赔款协议》。琼景公司已退还太平洋财险海南分公司119097元。

2005年1月11日，太平洋财险海南分公司请求海口海事法院向琼景公司发出支付令，要求琼景公司退还未退还的赔款1235021元并支付相应利息。

评析：在本案中，海口海事法院能否受理此申请向琼景公司发出支付令取决于两点。其一，是海口海事法院是否对此案具有管辖权。根据《中华人民共和国海事诉讼特别程序法》第99条第1款的规定：“债权人基于海事事由请求债务人给付金钱或者有价证券，符合《中华人民共和国民事诉讼法》有关规定的，可以向有管辖权的海事法院申请支付令。”再根据《民事诉讼法》第30条，因船舶碰撞或者其他海事损害事故请求损害赔偿提起的诉讼，由碰撞发生地、碰撞船舶最先到达地、加害船舶被扣留地或者被告住所地人民法院管辖。因此，海口海事法院对此案具有管辖权。其二，是太平洋财险海南分公司提出的申请是否符合申请支付令的条件。太平洋财险海南分公司申请中请求琼景公司给付的是金钱，且这笔金钱数额确定，即1235021元未退还赔款及其相应利息。另外，太平洋财险海南分公司与琼景公司之间并无其他债权债务纠纷，且琼景公司住所地明确，可以保证发出的支付令能够送达到琼景公司。由此可见，太平洋财险海南分公司提出的支付令申请符合法定条件。

据此，海口海事法院作出受理此案的决定，并于1月20日针对本案作出(2005)海督字第001号民事裁定书，向琼景公司发出支付令。该民事裁定书中载明了双方当事人的名称和地址及其法定代表人或主要负责人的姓名等基本情况、琼景公司应当给付的赔款数额、琼景公司退还赔款或提出异议的期限以及在法定期间不提出异议的法律后果。

支付令送达琼景公司后便产生了督促该公司在法定期间内履行支付令中记明的退还义务或者提出异议的效力。若琼景公司在法定期间即收到支付令之日起15日内既不向海口海事法院提出书面异议，也不按照支付令的要求履行相关退款义务，那么此支付令将产生强制执行效力，太平洋财险海南分公司便可以该支付令为依据，申请由海口海事法院对琼景公司进行强制执行。若琼景公司在法定期间内提出书面异议，经审查该异议成立的，海口海事法院则应裁定终结督促程序，支付令将自行失效。

太平洋财险海南分公司请求琼景公司支付未退还保险赔款一案，符合督促程序的适用条件。太平洋财险海南分公司选择督促程序，不仅可以快速实现其债权，而且督促程序自身的简捷性也为其降低了时间、人力等成本。可见，督促程序可以快速高效解决当事人之间明确的债权债务纠纷，避免耗费当事人过多的人力、时间等资源，其快捷便利、节省成本的特点很好地与市场经济相契合，并可以在稳定市场经济秩序上发挥重要作用。

思考问题

1. 督促程序要与诉讼程序相衔接的意义。
2. 支付令异议理由的范围。
3. 支付令异议的审查标准。
4. 支付令的法律效力。
5. 督促程序的终结。

法条链接

《民事诉讼法》第214—217条；《民诉法意见》第215—225条；《督促程序规定》。

扩展阅读

1. 陈桂明：《督促程序理论问题之探讨》，载《政法论坛》1992年第2期。
2. 白绿铉：《督促程序比较研究——我国督促程序立法的法理分析》，载《中国法学》1995年第4期。
3. 谭秋桂：《再论支付令的效力问题》，载《民事诉讼法修改的若干基本问题》，中国法制出版社2002年版。
4. 章武生：《督促程序的改革和完善》，载《法学研究》2002年第2期。
5. 张卫平：《论督促程序》，载《中国法学》1991年第5期。
6. 李丰安：《督促程序的破灭与再生——以支付令异议审查制度的完善为视角》，载《山东大学法律评论》2012年第6期。

第二十章　公示催告程序

公示催告程序是处理可以背书转让的票据或者其他事项被盗、遗失或者灭失时如何实现权利人权利的非讼事件程序。该程序分为公示催告与除权判决两个阶段。本章主要介绍了公示催告程序的特征、适用范围、申请公示催告的条件、除权判决的法律效力和对利害关系人的权利救济。

第一节　公示催告程序概念和特点

一、公示催告程序的概念

公示催告程序，是指人民法院根据当事人的申请，以公告的方式催告利害关系人在一定期间内申报权利，如果无人申报或者申报被驳回，经申请人的申请，依法作出除权判决的程序。

关于公示催告程序的适用范围，各国立法规定宽窄不一。如德国公示催告包括四种情况：(1) 死亡宣告的公示催告；(2) 排除土地所有人的公示催告；(3) 排除各种债权人的公示催告；(4) 宣告证券无效的公示催告。可见，与我国公示催告程序的适用范围相比较，德国公示催告可以适用于排除权利人的案件。根据我国《民事诉讼法》第 218 条的规定，公示催告程序适用于以下两类案件：

（一）按照规定可以背书转让的票据被盗、遗失、灭失的案件

票据是一种载明具体金额，用作流通和支付手段的有价证券。在我国，票据包括汇票、本票和支票三种，除现金支票不得背书转让外，其他票据均可以背书转让。票据最主要特点是无因性，即票据是一种无因的债权证券，当债权人主张票据权利时可不明示其原因，只要占有票据，就可以向票据所记载的债务人请求票据表示的金额，债务人不得拒绝。因此，当票据被盗、遗失、灭失后，为了保护公民、法人和其他组织的合法票据权利，票据最后持有人可申请公示催告。通过公示催告程序，一方面可以阻止非法票据持有人主张票据权利，另一方面可以恢复合法票据持有人的票据权利。

（二）依照法律规定可以申请公示催告的其他事项

根据《公司法》和《海商法》以及《海事诉讼特别程序法》的相关规定，这里的其他事项通常指记名股票和提单。

股票是股份有限公司发给股东的入股凭证，代表着一定的财产权利即股权。根据在股票上是否记载股东的姓名或名称，股票可以分为记名股票和无记名股票。不同类型的股票，其转让方式也不相同。我国《公司法》第 140 条以及第 141 条规定：记名股票由股东以背书方式或者法律、行政法规规定的其他方式转让；无记名股票的转让，由股东将股票交付给受让人后即可发生转让的效力。由于无记名股票以交付的方式即可实现转让，所以对于无记名股票来说，一旦被盗、遗失或者灭失后，就难以通过申请公示催告程序而获得救济；而对于记名股票来说，则类似于可以背书转让的票据，是以背书转让的

方式进行转让的,所以一旦发生被盗、遗失或者灭失等意外事件时,就可通过申请公示催告程序而获得救济。因此,我国《公司法》第 144 条规定:“记名股票被盗、遗失或者灭失,股东可以依照《中华人民共和国民事诉讼法》规定的公示催告程序,请求人民法院宣告该股票失效。人民法院宣告该股票失效后,股东可以向公司申请补发股票。”

提单是指用以证明海上货运合同和货物已经由承运人接受或者装船,以及承运人保证据以交付货物的单据;根据提单上载明的交货条件的不同,提单可以分为记名提单、指示提单及无记名提单。记名提单是指载明了向记名人交付货物的提单类型,指示提单是指按照指示人交付货物的提单类型,无记名提单是指提单上载明向提单持有人交付货物的提单类型。不同类型提单,其转让方式也不同。我国《海商法》第 79 条规定:记名提单不得转让;指示提单经过背书或者空白背书进行转让;不记名提单无需背书即可转让(即以交付的方式就可实现转让)。根据该条的规定,记名提单不得转让,自然不得申请公示催告程序;无记名提单无需以背书方式即可实现转让,一旦失控或者灭失,类似于无记名票据一样,不得申请公示催告程序。只有指示提单以背书的方式进行转让,所以目前可以适用公示催告程序进行救济的提单类型仅为指示提单。

二、公示催告程序的特点

(一)程序的开始方式特殊

公示催告程序不解决当事人之间的民事权利义务争议,而只是确认失去票据或者其他事项人的权利,因此,程序的发生不是基于当事人的起诉,而是基于当事人的申请。

(二)适用范围具有特定性

公示催告程序主要适用于可以背书转让的票据或者法律规定的其他事项被盗、遗失、灭失的案件。

(三)程序具有非讼性

公示催告案件一般是票据或者其他事项的最后持有人向法院提出公示催告申请,希望通过人民法院宣告该票据或者其他事项无效,以实现自己的权利。因此,公示催告案件没有确定的对方当事人,而且被催告的利害关系人处于不确定状态,程序具有非讼性。

(四)审理程序具有简捷性

适用公示催告程序审理案件,无须开庭审理,只要发出公示催告公告,即可以根据公告期内的情况作出相应的处理。

（五）实行一审终审，且不适用审判监督程序

人民法院对于公示催告案件，无论是用判决的方式结案，还是用裁定的方式结案，当事人均不得上诉，也不得申请再审。

作为非讼程序，公示催告程序与督促程序有许多相同之处，如两者均是基于申请人申请而开始、均未设置答辩程序、均未设置开庭审理程序、均实行一审终审制度；但是，两者在具体程序上也有区别，如督促程序中设置债务人异议程序，而公示催告程序则设置了公示催告以及利害关系人申请权利的程序。

第二节　公示催告程序的申请与受理

一、申请公示催告的条件

根据《民事诉讼法》与司法解释的规定，当事人申请公示催告，必须符合下列条件：

1. 申请人必须是可以背书转让的票据或者其他事项的最后持有人，其他人不能提起公示催告程序

所谓最后持有人，是指最后合法持有票据并可以依票据主张权利的人，也就是票据记载的最后被背书人。

2. 申请的对象必须是可以背书转让的票据以及法律规定允许公示催告的其他事项，这里的其他事项通常指记名股票和提单

3. 利害关系人处于不明的状态

如果利害关系人是明确的，就不需要申请公示催告了，可按一般的票据纠纷向人民法院提起诉讼。

4. 申请应当向票据支付地的基层人民法院提出

所谓票据支付地，即票据载明的付款地，如承兑或付款银行的所在地、收款人开户银行所在地等；票据未载明付款地的，以票据付款人的住所地或主要营业地为票据支付地。因丧失提单等提货凭证申请公示催告的，由货物所在地的海事法院管辖。因丧失股票申请公示催告的，应以签发股票的股份公司住所地的基层法院管辖。

5. 应当采用书面申请

申请书应当载明下列内容：申请人的基本情况、票据的种类、票面金额、发票人、持票人、背书人等票据主要内容、申请的事实和理由。

二、公示催告申请的审查与受理

人民法院接到公示催告申请后,应当立即对申请是否符合法律规定的申请条件进行审查。人民法院的审查主要包括五个方面:(1) 审查申请人是不是享有申请权的最后持有人;(2) 审查申请是否具备法定形式;(3) 审查有关票据是否属于公示催告程序的适用范围;(4) 申请的事由是否符合法律规定,即申请原因是否属于法律规定的“被盗、遗失或灭失”的情况;(5) 审查接受申请的法院是否具有管辖权。

人民法院经过审查,认为符合条件的,应当受理,并通知申请人;认为不符合条件的,应当在 7 日内裁定驳回申请。

第三节　公示催告案件的审理

一、发出停止支付的通知

根据《民事诉讼法》第 219 条以及《民诉法意见》第 227 条的规定,人民法院决定受理申请,应当同时通知支付人停止支付。支付人收到停止支付通知后,应停止支付,直至公示催告程序终结。如果支付人收到人民法院止付通知后拒不停止支付,将承担由此产生的后果。根据《民诉法意见》第 236 条的规定,支付人收到停止支付通知后拒不停止支付的,除可依照《民事诉讼法》第 111 条、第 114 条的规定采取强制措施外,在判决后,支付人仍应承担支付义务。但是在收到停止支付通知之前,支付人不得以任何理由拒绝向票据持有人支付。

停止支付通知,在法律上有要求支付人履行停止支付义务的效力;在性质上是人民法院为了保护票据持有人的合法权益,而采取的保全性措施。公示催告程序终结,停止支付通知的保全措施自行解除。

二、发出公示催告的公告

根据《民事诉讼法》第 219 条的规定,人民法院决定受理申请,应当同时通知支付人停止支付,并在 3 日内发出公告,催促利害关系人申报权利。人民法院发出公示催告公告的目的在于催促利害关系人及时向人民法院申报权利,否则人民法院将根据申请人的申请作出除权判决,宣布该票据或者其他事项无效。

人民法院发出的公示催告公告应记载以下内容:(1) 公示催告申请人的

姓名或者名称;(2) 票据的种类、票面金额、发票人、持票人、背书人等;(3) 申报权利的期间;(4) 在公示催告期间转让票据权利、利害关系人不申报权利的法律后果;(5) 公告的法院及公告的日期。

根据《民诉法意见》第229条的规定,公示催告的公告应当张贴在人民法院的布告栏内,并在有关报纸和宣传媒介上刊登;人民法院所在地有证券交易所的,还要张贴在证券交易所门前。该公告发出后,在公示催告期间内转让票据的行为无效。公示催告的期间,由人民法院根据具体情况决定,但不得少于60日。

人民法院发出的公示催告公告具有以下几个方面的效力:(1) 限制票据流通。根据法律规定,在公示催告期间,转让票据权利的行为无效。(2) 推定排除其他利害关系人。在公示催告确定的申报权利的期间仍无人申报权利的,就可以推定本案所涉及的票据没有其他利害关系人存在,票据权利为申请人享有。

申请人在公示催告前撤回申请的,人民法院应予准许。申请人在公示催告期间撤回申请的,人民法院可以径行裁定终结公示催告程序。

三、利害关系人申报权利

申报权利,是指公示催告的利害关系人在公示催告期间内,或者在公示催告期间届满后人民法院尚未作出除权判决之前,向人民法院主张权利的行为。申报权利是利害关系人为了防止因人民法院作出除权判决而使其权利被排除的重要权利。

(一) 申报权利的条件

利害关系人申报权利应当具备以下条件:

(1) 申报权利人应当是人民法院公示催告票据或者其他事项的实际持票人。基于权利与票据的不可分离性,只有持票人才可以主张票据权利,因此,利害关系人申报权利时应当向人民法院出示与所公示催告的票据或者其他事项完全同一的票据或者其他事项。

(2) 应当在规定的期间内申报权利。即在公示催告期间,或者公示催告期间届满后,人民法院尚未作出除权判决之前,利害关系人可以向人民法院申报权利。

(3) 应当向发出公示催告的人民法院申报权利。

(4) 采用书面形式。利害关系人向人民法院申报权利,应当提交权利申报书。申报前书应当写明权利请求、理由和事实等事项,并应当向人民法院出示票据正本或者法律规定的证据。

(二) 申报权利的处理及后果

利害关系人申报权利,人民法院应通知其向法院出示票据,并通知公示催告申请人在指定的期间察看该票据。公示催告申请人申请公示催告的票据与利害关系人出示的票据不一致的,人民法院应驳回申报;如果申报有理由,人民法院则应当裁定终结公示催告程序,并通知申请人和支付人。

公示催告程序因利害关系人申报权利而终结后,申请人或者申报人可以向人民法院起诉。人民法院可以按票据纠纷适用普通程序进行审理。

第四节 除权判决

一、除权判决的概念

除权判决,也称为无效判决,是指公示催告期间届满后,无利害关系人申报权利,或者申报权利依法被驳回的,人民法院根据申请人的申请作出的宣告票据无效的判决。

除权判决是实现票据权利与票据本身相分离,使申请人所申请的票据丧失其应有效力的法定方式,申请人可以通过人民法院依法作出的除权判决实现其在未占有票据情况下的权利,因此,除权判决也是票据权利与票据本身不可分离性原理的一种法定例外。

二、除权判决的作出

(一) 申请

根据《民诉法意见》第 232 条的规定,公示催告期间届满,无人申报权利或者申报被驳回,申请人应当在公示催告期间届满后 1 个月内申请人民法院作出除权判决,期间届满未申请作出除权判决的,人民法院应当裁定终结公示催告程序。可见,除权判决只能根据申请人的申请作出,人民法院不能依职权作出。

(二) 合议庭作出

根据《民诉法意见》第 234 条的规定,适用公示催告程序审理案件,可由审判员一人独任审理;判决宣告票据无效的,应当组成合议庭审理。

(三) 判决与公告

根据《民事诉讼法》第 222 条的规定,人民法院作出除权判决后,判决应当公告,并通知支付人。自判决公告之日起,申请人有权向支付人请求支付。

三、除权判决的法律效力

公示催告程序实行一审终审制度，因此，除权判决作出后，即产生以下法律效力：

1. 申请公示催告的票据或者其他事项失效

除权判决作出后，被申请公示催告的票据或者其他事项就失去效力，持有该票据、其他事项的利害关系人不能行使票据或者其他事项上的权利，票据付款人也可以拒绝向持票人支付。

2. 失票人恢复权利

除权判决作出后，丧失票据或者其他事项的权利人（即公示催告申请人）虽不持有票据或者其他事项，但其恢复了其应有的票据权利或其他事项上的权利。

3. 恢复债权债务关系

依据该判决，在持有判决人与付款人之间重新恢复债权债务关系，即持有判决人向付款人请求付款，付款人不得拒绝。

4. 终结公示催告

申请人申请公示催告程序的目的就在于取得除权判决，因此，人民法院作出除权判决后，公示催告程序的功能即已实现，该程序终结。

四、对利害关系人权利的救济

除权判决在本质上是人民法院根据在公示催告期间无人申报权利这一事实所作出的推定判决，即推定票据的权利人就是公示催告的申请人。这种推定有可能与事实并不相符，该票据真正持有人可能由于某种客观的原因未能在公示催告期间内申报权利。为了维护利害关系人的合法权益，《民事诉讼法》第223条对利害关系人规定了另行起诉的救济方式，即利害关系人因正当理由不能在判决前向人民法院申报的，自知道或者应当知道判决公告之日起1年内，可以向作出判决的人民法院起诉。

可见，利害关系人另行起诉应当具备下列条件：

1. 利害关系人在除权判决作出前没有向人民法院申报权利。

如果利害关系人在除权判决作出前已经向人民法院申报权利，其申报被依法驳回的，该利害关系人就不得另行起诉。

2. 利害关系人没有申报权利有正当理由。

利害关系人故意或者因过失未能在法律规定的期间内申报权利的，不得另行起诉。

3. 利害关系人应当法定期间内起诉。

利害关系人应当在知道或者应当知道判决公告之日起1年内另行起诉。

超过该期间的，不得另行起诉。

4. 利害关系人应当向作出除权判决的人民法院提起诉讼。

5. 利害关系人只能以公示催告申请人为被告另行起诉。

利害关系人另行起诉，其实质是请求人民法院行使审判权，就其与公示催告申请人之间因票据产生的纠纷进行裁判，因此，利害关系人只能以公示催告申请人为被告另行起诉。

人民法院受理利害关系人的另行起诉后，经审理认为利害关系人的起诉理由成立的，应当判决撤销除权判决，并确认票据的权利人；认为利害关系人的另行起诉理由不成立的，应当判决驳回。

思考问题

1. 公示催告程序的性质。
2. 公示催告程序的适用范围。
3. 除权判决的效力。
4. 公示催告程序利害关系人的权利救济。

法条链接

《民事诉讼法》第 218—223 条；《民诉法意见》第 226—239 条；《海事诉讼特别程序法》第 100 条；《公司法》第 144 条。

扩展阅读

1. 江伟：《论公示催告程序》，载《中国法学》1991 年第 6 期。

2. 杜闻：《简论确定除权判决的法律效力》，载《中国政法大学学报》2010 年第 3 期。

3. 杨忠孝：《论票据公示催告程序的制度完善》，载《政治与法律》2009 年第 3 期。

4. 刘学在：《公示催告程序的立法完善》，载《辽宁大学学报（哲学社会科学版）》2003 年 7 月第 31 卷第 4 期。

5. 王小能、肖爱华：《中国内地与台湾地区、香港特区票据丧失补救制度比较研究》，载《法制与社会发展》2000 年第 6 期。

6. 李伟群：《除权判决的效力与票据善意取得之间的关系》，载《法学》2006 年第 6 期。

第四编　执行程序论

第二十一章　执行程序总论

执行程序是强制实现生效法律文书内容的程序，以保障权利人的合法权益、维护法律尊严以及法院权威为根本目的。执行程序的原理与诉讼程序原理存在重大区别。本章主要介绍了审判程序与执行程序的关系、执行原则、执行主体、执行依据的范围、执行管辖的相关规定、执行程序的流程、执行过程中涉及的参与分配制度、委托执行制度、执行救济制度、执行阻却和执行回转制度。

第一节　执行程序概述

一、民事执行的概念和特点

民事执行是指人民法院的执行组织，依据申请人提交的或审判组织移送的发生法律效力的判决、裁定或调解书，以及其他机构制作的具有民事执行效力的法律文书，在义务人不自觉履行的情况下，行使执行权，按照法律规定的程序，强制义务人履行法定义务，实现上述法律文书内容的活动。民事执行具有以下特点：

1. 执行机构的特定性

执行机构是依法行使执行权，专门从事执行工作并履行执行职责的职能组织，也称执行机关或执行组织。民事执行是行使国家权力的活动，这种权力的行使会对相对人的权利或财产造成一定的影响，必须是有法律明确授权的机关才有强制执行权。在我国，执行机构是设立在法院内部、负责执行工作的执行庭或执行局，其他任何国家机关、组织或个人都无权行使强制执行权，采取民事执行措施。

2. 执行依据的有效性

执行依据或执行名义必须是已经发生法律效力的，并具有给付内容的法律文书，这是执行主体实施执行行为的前提和基础。无论是人民法院作出的具有给付内容的法律文书，还是其他机关制作的具有强制执行效力的法律文书，都是对当事人之间的权利义务的分配，在当事人之间产生了与法律同等的效力，该法律文书确定的义务必须履行。当确定的义务不履行的情况下，国家公权力介入，对私权利予以救济，排除义务人的意志，强制实现法律文书的内容。

3. 执行程序启动的被动性

民事执行程序从根本上说是对私权利的一种救济和保护。和遵循“不告不理”的诉讼制度一样，执行程序的启动同样尊重当事人的意思自治，执行主体不应当主动地介入私权主体之间的关系。一方面，义务人如果自觉履行了生效法律文书确定的内容，就无须执行主体的介入；另一方面，在当事人权利实现遭遇障碍的情况下，是否向执行机关提出救济申请，完全仰赖于其自主的选择。只有在义务人不自觉履行义务，另一方当事人向执行主体提出申请时，执行程序才能启动。当然，程序启动的被动性也并非绝对，除了当事人申请执行外，《民事诉讼法》也规定了移送执行（参见本章第三节“执行程序的开始”）。

4. 执行手段的强制性

强制性是法律的本质特征,它意味着法律的遵守和执行不以主体意志为转移,主体行为必须符合已经确立的秩序需求。执行强制正是法律所具有抽象强制特征的具化,是国家公权力对私权利的救济和保护。

执行的强制性主要体现在以下两个方面:一是威慑功能。在诉讼中,一部分冲突主体基于对民事裁判或其他法律文书所具有的品质和内容的认同,自觉履行义务;另一部分当事人的自觉履行则是基于对不履行可能导致被强制执行后果的畏惧,即使他对法律文书并不认同。正是由于执行强制性的这种外部压力的存在,促进当事人自觉履行法律文书确定的义务。二是直接强制功能。当事人拒不履行生效法律文书确定义务时,司法组织可以动用国家强制力量,采取诸如冻结、划拨被申请执行人的存款等强制执行措施,违背其意志实现权利人的权利。此外,为了保障法律文书内容的实现,对拒不履行或者阻挠法律文书实现的行为人,人民法院可以根据情节轻重予以罚款、拘留等制裁,构成犯罪的,依法追究刑事责任。应当注意的是强制执行措施的采用不是目的,而是一种手段,一方面实现权利人的权利,另一方面促使义务人自觉地履行义务。

5. 执行过程的法定性

民事执行是人民法院实现生效法律文书的活动,必须遵循法定的程序和方式。这些法定程序规定,不仅约束申请人和被申请人的行为,更重要的是保护申请人和被申请人的合法权益。因此,人民法院执行组织的活动应当遵循一定的程序和方式,以防止国家权力的滥用给私权主体造成损害,并有利于监督权力主体的行为。只有这样,才能实现生效法律文书的内容,更好地保护当事人的合法权益。

二、执行程序和审判程序的关系

执行程序是民事执行机构依照法律的规定,以生效法律文书作为根据,行使民事执行权,采取强制性的执行措施以落实生效法律文书确定的义务、实现债权人权利的阶段与过程的总和。执行程序和审判程序既有联系,又有区别。

(一) 审判程序和执行程序的区别

1. 程序分工不同

审判程序的功能是确认当事人之间的权利义务关系,即通过确认债权人的权利以实现"定分"的目的。执行程序的功能则是运用国家的司法强制力确保民事裁判确定的权利获得满足、义务得到履行。

2. 遵循的原则不同

审判过程中应当遵循的原则主要包括法院中立、当事人平等、程序参与等，这些程序原则主要以公正作为价值目标。执行程序是确保民事裁判实现的程序，如何使当事人业已确定的权利得到尽快的保护和满足是其追求的目标，执行程序更侧重于效率原则。

3. 程序设立的基础不同

审判程序的建构基础是人民法院的审判权，即法律赋予人民法院对案件进行审理，居中裁断的权力。执行程序的基础是人民法院的执行权，即法律赋予人民法院为了确保民事裁判内容的实现，排除义务人的个人意志，强迫其履行义务的国家强制性力量。

4. 程序适用的前提和阶段不同

审判程序的启动前提是当事人之间存有纠纷，一方当事人向法院提请实质司法救济和保护。执行程序适用的前提是人民法院或其他机关已经作出了具有法律效力的法律文书，而其中确定的义务人不自觉履行该义务，另一方当事人请求国家强制力的介入，确保法律文书内容的实现。就整个适用国家强制力解决纠纷的民事程序而言，审判是诉讼的必经阶段，执行程序处于该民事程序的最后阶段，但不是必经阶段。对于当事人自觉履行或者裁判没有给付内容的，就无须经历执行程序。此外，对于法律规定由人民法院执行组织执行的由其他机构作出的法律文书而言，审判程序并不是执行程序的必然前提。

（二）审判程序和执行程序的联系

第一，对于民事诉讼程序而言，审判程序是执行程序的基础和前提。审判程序是民事裁判产生的程序，而民事裁判是执行最重要的法律依据。审判程序对执行程序的影响不限于此，公正的审判程序设计和动态运行，不仅符合社会公众对司法的期望，同时也是民事裁判获得当事人认同的心理基础，其直接后果就是当事人自觉履行裁判义务。即使审判没有获得公众的公正评价或当事人的认同，为了确保对方当事人的合法权利和裁判权威，民事裁判确定的内容也必须获得实现。从这个意义上说，审判程序是执行程序的前提和基础程序。

第二，执行程序对审判程序具有保障作用。审判程序的内在价值在于其公正性，民事裁判的实现是对审判程序内在价值的肯定。审判程序承载了全社会对公正的期许，维护公正价值是其天然的职责。执行程序的设置正是对审判程序这种内在价值的确认和肯定。如果没有执行程序，全部寄希望于当事人对裁判的全部自觉履行显然是不现实的，没有执行程序作为审判程序的后盾，审判的公正无以为托。审判程序的公正为裁判的实现提供的现实可能性，而执行程序为确保裁判的实现提供了强有力的保障。

三、执行权的性质与构成

（一）执行权的定义

执行权是人民法院排除当事人的意志，采取执行措施，确保生效法律文书内容获得实现的国家权力。执行权强调国家意志和强制性，执行权的行使也是执行法律的一种模式，只是这里的"法律"不是一般的法律，是人民法院或其他机构依据法律作出的，具有强制执行力的生效法律文书。

（二）执行权的性质和构成

关于执行权的性质和构成，在理论界存在诸多论述和争议。就其性质而言，存在司法权说、行政权说、司法行政权说以及独立权力说等不同观点；就其构成而言，则存在两权说和三权说的分歧。

实际上，关于执行权的性质和构成的诸多争议，和执行体制有密切关系。世界范围内的执行体制大致可以分为两大类，一类是我国目前采用的模式，即由人民法院负责执行工作，执行法律制度也统一在《民事诉讼法》中加以规定。这种体制下就直接导致了这样的认识：民事执行行为是一种司法行为，民事执行权是人民法院审判权的组成部分，民事执行权是一种司法权。[①] 在此基础上有学者认为除了司法权外，执行权还具有行政权的特征，是一种司法行政权。[②] 另一种执行体制是执行机构独立于普通法院，执行法律制度大多也是单独立法。举例来说，根据日本民事执行法的规定，日本采用执行机关二元制，由执行法院和执行官组成。执行法官一是指为实现民事执行而应作出执行行为（应为的执行行为主要是指观念性的判断行为）的法院；二是指执行官作为执行机关进行执行处分时，协助或监督其执行的法院。执行官由执达吏转变而来，可以作为独立的执行机关进行执行行为，也可以作为执行法院的辅助机构进行执行行为。[③] 这种执行体制更倾向于认定执行权是独立的权力，不同于司法权也不同于行政权。

为了解决执行与立案、审判之间的关系，实现执行的效果，2011 年最高人民法院颁布了《关于执行权合理配置和科学运行的若干意见》。其中第 1 条规定：执行权是人民法院依法采取各类执行措施以及对执行异议、复议、申诉等事项进行审查的权力，包括执行实施权和执行审查权。这是目前在现有的执行体制下对执行权及其构成相对明确的界定。

---

① 参见江伟主编：《民事诉讼法学》，北京大学出版社 2012 年版，第 396 页。

② 参见常怡、崔婕：《完善民事强制执行立法若干问题研究》，载《法学研究》2000 年第 1 期。

③ 参见〔日〕竹下守夫：《日本民事执行制度概况》，白绿铉译，载《人民司法》2001 年第 6 期。

（三）执行权的种类

执行权分为执行实施权和执行审查权，针对执行过程中的不同事项由不同的主体负责。

执行实施权的范围主要是财产调查、控制、处分、交付和分配以及罚款、拘留措施等实施事项，由执行员或者法官行使，采取审批制方式。执行审查权的范围主要是审查和处理执行异议、复议、申诉以及决定执行管辖权的移转等审查事项，由法官行使，采取合议制方式。地方人民法院执行局按照分权运行机制设立和其他业务庭平行的执行实施和执行审查部门，分别行使执行实施权和执行审查权。

（四）执行权与审判权的协调

1. 执行权的范畴——执行施行事项和程序性争议

执行权分为实施权和审查权，执行实施权往往由执行机构单方意志决定，具有单向性的特征；审查权则是在执行过程中出现了程序性的争议，或执行当事人、案外人提出异议，需要由执行机构作出判断，有一定的裁判性质，有学者将其称为执行裁判权。这里需要注意的是案外人异议。案外人不同于当事人，在生效法律文书中不享有权利也不承担义务。如果对执行标的执行涉及其所有权或其他实体权利，案外人有权提出异议。此时执行审查机构要对案外人异议进行审查，此种审查应当是形式性的审查而非实质性的审查。

2. 审判权的范畴——执行过程中的实体性争议

在执行过程中有几种情况比较特殊，即在执行过程中涉及了当事人的实体性权利或出现实体权利争议，这些案件包括：案外人执行异议之诉、申请执行人执行异议之诉、执行分配方案异议之诉、代位析产之诉等，这些案件不能再由执行机构来实施或审查，应当专属于审判权裁判的范畴。最高人民法院颁布的《关于执行权合理配置和科学运行的若干意见》第 12 条规定，此类案件由人民法院的审判机构按照民事诉讼程序审理。逐步促进涉执行诉讼审判的专业化，具备条件的人民法院可以设立专门审判机构，对涉执行的诉讼案件集中审理。

案外人、当事人认为据以执行的判决、裁定错误的，由作出生效判决、裁定的原审人民法院或其上级人民法院按照审判监督程序审理。

3. 其他案件的处理

(1) 行政非诉案件、行政诉讼案件的执行申请，由立案机构登记后转行政审判机构进行合法性审查；裁定准予强制执行的，再由立案机构办理执行立案登记后移交执行局执行。(2) 强制清算的实施由执行局负责，强制清算中的实体争议由民事审判机构负责审理。(3) 诉前、申请执行前的财产保全申请由立案机构进行审查并作出裁定;裁定保全的,移交执行局执行。诉中财产保全、先予执行的申请由相关审判机构审查并作出裁定;裁定财产保全或者先予执行的,移交执行局执行。(4)当事人、案外人对财产保全、先予执行的裁定不服申请复议的,由作出裁定的立案机构或者审判机构按照《民事诉讼法》第107条的规定进行审查。当事人、案外人、利害关系人对财产保全、先予执行的实施行为提出异议的,由执行局根据异议事项的性质按照《民事诉讼法》第225条的规定进行审查。当事人、案外人的异议既指向财产保全、先予执行的裁定,又指向实施行为的,一并由作出裁定的立案机构或者审判机构分别按照《民事诉讼法》第107条和第223条或者第224条的规定审查。(5)具有执行内容的财产刑和非刑罚制裁措施的执行由执行局负责。(6)境外法院、仲裁机构作出的生效法律文书的执行申请,由审判机构负责审查;依法裁定准予执行或者发出执行令的,移交执行局执行。(7)执行过程中依法需要变更、追加执行主体的,由执行局按照法定程序办理;应当通过另诉或者提起再审追加、变更的,由审判机构按照法定程序办理。(8)委托评估、拍卖、变卖由司法辅助部门负责,对评估、拍卖、变卖所提异议由执行局审查。(9)被执行人对国内仲裁裁决提出不予执行抗辩的,由执行局审查。

四、执行程序设立的意义

(一)“执行难”与“执行乱”

执行程序的设立是为了确保民事裁判或其他机关制作的具有法律效力的法律文书内容得以实现。民事裁判和其他由法院执行的法律文书内容的实现出现了诸多的障碍已经成为司法实践过程中的“顽疾”。造成“执行难”和“执行乱”的原因有很多,法律层面如执行制度本身的不完善和执行体制的权力界限模糊;执行层面如执行机构及其人员缺乏执行的积极性以及在执行过程中的枉法;社会背景如整个社会缺乏对法律的信仰以及法院权威的匮乏,整个社会信用控制体系的乏力等诸多原因。执行制度和程序的设置和完善化正是在法律层面和执行层面解决这一顽疾的良药。

(二)执行程序之意义

1. 维护人民法院的裁判和法律的尊严

人民法院通过行使法律赋予的审判权,对当事人之间的权利义务争议作出评判,对权益进行处置和补偿。裁判是当事人之间特定的行为规范,当事人应当自觉履行生效法律文书所确定的义务。但是必须注意的是民事裁判仅具有某种宣誓意义,即权利人的权利在法律上被认可,义务人的行为在法律上被否定。这种在当事人之间进行的权利和义务的再次分配并不必然导致当事人的认同而获得遵守。裁判的实现还仰赖于义务人的履行和国家强制力的效用。

在现实生活中，由于各种原因的影响，“执行难”已经成为民事诉讼中突出的问题。执行难不仅使人民法院的生效裁判成为一纸空文，更严重的是人民法院的权威和信用以及法律的尊严受到了严重的挑战。当事人正是基于对法律和对法院所代表的权威的信赖，才求助于司法救济和保护。如果其权利得不到确实的保护，对司法权威和法律的信用产生质疑将无可避免。当这些个体的评价积累成为一种普遍的社会性意识和评价时，整个司法权威和法律权威将受到动摇。执行程序的设立正是利用国家强制力的作用，在当事人不自觉履行法定义务时，迫使其履行或强制其履行，保证生效法律文书得以实现，以维护司法权威和法律的尊严。

2. 保护当事人的合法权益得以实现，彻底地解决当事人之间的纠纷

裁判的作出，意味着人民法院对当事人之间权利义务关系的确认，体现现行法律制度对当事人行为的评价。但是裁判的作出并不意味着当事人之间纠纷的完全解决，权利实现的障碍得以有效的排除。当事人之间的对立情绪得以缓释，社会秩序得以平复才是纠纷获得彻底解决的标志。从法律意义上说，当事人合法权益的实现即裁判内容的实现就是纠纷解决的标志，情绪的缓释以及社会秩序的平复并非法律的刻意追求。相对于当事人之间因民事权利义务关系发生争议或权利受到侵害而引发的冲突而言，因裁判不能实现而引发的冲突被顾培东先生定义为“二次冲突”。[①] 一次冲突中，为了获得权利的保护，当事人要投入大量的诉讼成本，还需要忍受漫长的诉讼过程以及裁判不确定带来的精神上的煎熬。二次冲突不仅意味着成本的再次投入，还意味着增加了新的心理负担和精神创伤。执行程序的设置，通过强制性手段的适用，一方面保证当事人合法权益的实现，彻底地解决纠纷；另一方面避免和防止二次冲突的发生。

3. 进行法制宣传和实现一般预防

执行程序的设立除了保障个案中当事人权利得以实现以外，更重要的意义在于其一般预防的作用。如果容忍裁判或其他法律文书的内容得不到有效实现，就会对社会一般的主体行为产生这样的误导：法律可以不必遵守。执行程序的设置在于促使涉诉的当事人慑于法律和国家强制力的威严，自觉地实现生效法律文书确定的内容。其他潜在的未涉诉的义务人看到了不履行义务的法律后果，也会自觉约束自己的行为。这样既节约为执行花费的社

① 柴发邦主编：《体制改革与完善诉讼制度》，中国人民公安大学出版社 1991 年版，第 174 页。

会成本，也大量节约社会为解决纠纷所付出的成本。

第二节　执行程序的一般规定

一、民事执行的基本原则

执行原则是指在设立执行程序时和进行执行活动中起指导和约束作用的准则。执行原则不仅对执行立法有指导和约束作用，还对执行程序的具体适用起着指导和约束作用。

（一）执行合法原则

执行合法原则指执行机关的执行活动必须依法进行。执行程序是实现生效法律文书确定的内容的程序。执行程序最明显的特征就是用国家强制力排除个人意志，对个人的财产或行为施加影响。对于这样的行为必须有法律上的依据，否则就会造成权力的滥用，给权利主体的利益造成威胁。因此，执行合法原则是民事执行最根本的原则。该原则有以下几个方面的要求：首先，民事执行必须以生效的法律文书为依据；其次，民事执行必须严格依法定程序进行，其开始、进行、中止或结束必须遵循法律规定的步骤、阶段和顺序；最后，执行措施的适用必须合法，不得采取法律和司法解释未规定的措施强制债务人履行义务。

（二）强制与说服教育相结合原则

强制与说服教育相结合原则要求，在人民法院开始执行工作时，首先应当是说服教育，促使当事人自觉地履行义务。在说服教育后，当事人仍然不履行的，采取一定的强制措施，迫使其履行义务。

第一，强制性是执行的根本特征。执行是诉讼强制的最充分体现，体现了国家强制力对个人行为的干预。对于不自觉履行义务的当事人，采取一定的强制措施，一方面体现国家强制力的权威性，另一方面确保当事人合法利益的实现。

第二，说服教育是我国执行工作中必不可少的内容。强制性虽然是执行的本质特征，但是应当注意的是强制措施的效用不在于频繁的适用，而在于存在这样一种足够强大的外在威慑和压力而促使当事人自觉地履行义务。执行程序的目的在于实现生效法律文书的内容，如果当事人能在执行程序中自觉履行义务，一方面确保另一方当事人及时地实现自己的权利；另一方面，对于人民法院而言，也节约了为此支出的各种费用。在执行工作中对当事人进行的阐明利害关系，加深其对裁判的理解，澄清其错误认识和想法的说服教育工作也是促使权利得以实现的有效手段。

第三，正确处理说服教育和强制的关系。没有说服教育工作，就无法促使当事人自觉履行义务；没有强制执行作为后盾，说服教育也就没有力量，难以达到预期的效果。因此，在执行实践中要防止执行人员在执行工作中的两种不当倾向，一是重强制，轻说服教育，认为只要适用强制措施，完成任务即可；二是过分强调说服教育，不及时地采取强制手段，使案件不能及时地得到解决。

（三）执行效率原则

审判程序作为对权利义务处于不明状态的判断和认知，更注重审理过程的公正，即对双方当事人给予同等的重视，在中立的基础上根据一系列的审判规则作出裁判，确定当事人之间的权利义务关系。而执行程序则是对于确定了的权利义务关系实现的程序，这一阶段的任务是尽快地保证法律文书的内容实现。执行应更重视程序中的效率，即实现生效裁判或其他法律文书的迅速与便捷。“迟来的正义是非正义”这句古老的法谚不仅适用于审判阶段，还应当适用于执行阶段。经历了漫长的诉讼阶段或其他的程序获得的法律文书，对于当事人而言，最急需的就是实现自己已经长时间处于不确定状态的权利或恢复权利的原始状态。无论在程序设计的初始，还是在执行程序的适用过程中，都需要遵循效率的原则。效率原则在执行程序中主要体现在程序设计的合理与简便、执行措施采取的迅捷和得当以及费用的低廉等方面。

（四）保护双方当事人合法权益原则

根据我国法律规定，执行程序的启动有当事人申请执行和审判组织移送执行两种方式。无论哪种方式，势必都涉及双方当事人的利益。对丁权利人而言是实现权利，对于义务人而言是履行义务。但是在程序设计和具体的执行工作中，不能过分地强调实现法律文书和权利人的权益而损害了义务人的合法权益。法律设计的最根本底线就是确保人的最基本生存权利，这也是人权的最基本的要求。执行的最终目的在于平复受损害的法律关系，确立良好的社会秩序。如果因为执行活动而使义务人的正常生活和生产陷入困境，不仅不利于社会秩序的稳定，还有可能激化矛盾，给社会增加不稳定因素。

（五）执行标的有限原则

执行标的即执行行为所指向的对象。能够作为执行对象的只能是被执行人的财产和行为，人身不能成为执行的标的。限制和剥夺自由是对主体最严厉的惩罚，其行为对社会产生了足够的危害性才能适用。由于平等主体之间没有惩罚权，当权利人权利不能得到有效的保护和实现的时候，求助于国家权力的介入。介入的国家权力对当事人亦不能采取限制和剥夺其自由的方式予以惩罚，以达到强迫其履行义务的效果。因此，生效法律文书确定的义务应该是给付一定的财产或完成一定的行为。例如，在抚养权纠纷案件中，人民法院判令的是义务人履行一定的行为，如将孩子交还给享有抚养权的监护人监护抚养的行为。如果义务人没有履行义务，需要强制执行的，其执行的对象不是孩子，也不是义务人的人身，而是义务人的交还行为。法律不允许采取限制和剥夺义务人人身自由的执行措施。值得注意的是，在执行程序中采用拘留措施（强制中的强制，以确保执行措施的有效性），或者对拒不执行人民法院生效判决的义务人给予刑事处罚，并不是对被执行人人身自由的执行，而是对其不履行义务行为的惩罚，是其因违法行为达到一定的社会危害程度所应当承担的法律上的不利后果。

（六）人民法院执行和协助执行相结合原则

执行工作应当由人民法院的执行组织进行。在实际工作中，生效法律文书的实现不仅依靠义务人的履行行为，还要依靠权利人的受领行为，甚至还需要借助于当事人以外的其他单位和个人的行为。如被执行人在银行存有存款或其财产由他人代为保管等情况下，没有这些单位和个人的协助，执行措施就无法采用，执行的目的就无法达到。人民法院执行和协助执行相结合原则体现了社会力量对生效法律文书的尊重，体现了对执行工作的推动和帮助。在执行过程中，人民法院认为需要有关单位和个人协助执行的，向其发布协助执行通知书。协助执行是有关单位和个人的法定义务，如果有关单位和个人拒绝协助执行或妨碍执行的，要承担相应的法律责任。

二、执行主体

执行主体是指在执行法律关系中，依法享有权利或承担义务，并能引起执行程序发生、变更和终结的组织和个人。执行主体既包括在执行程序中起主导作用的人民法院，也包括执行当事人以及其他执行参与人。

（一）人民法院的执行机构

1. 执行机构

执行机构是指在人民法院内部设置的，从事执行工作，实现执行任务的职能机构。在我国，实行“审执分离”制度，即审判和执行相分离。在人民法院内部，通过两个不同的组织来分别行使审判权和执行权，审判组织和执行机构在地位上是平等的。设立独立的执行机构，其目的在于避免在司法实践中出现重审判、轻执行的情况，及时地实现生效法律文书确定的内容，更好地保护当事人的合法权益，维护人民法院裁判以及其他生效法律文书的尊严，维护法律的尊严。

执行机构的设立在我国也经历了一个逐步完善的过程。由于执行案件大多由第一审人民法院执行,而绝大多数的民事案件的一审法院为基层人民法院和中级人民法院,最初在各基层人民法院和中级人民法院都设立了执行机构。根据《最高人民法院关于高级人民法院统一管理执行工作若干问题的规定》,高级人民法院除了对下级人民法院的执行工作进行指导和监督以外,对一些特殊的情况,如重大、疑难和复杂的案件,可以提级执行。据此,在高级人民法院也设立了相应的执行机构。2007 年《民事诉讼法》规定人民法院根据需要设立执行机构,没有限定法院的级别。目前,我国从基层人民法院到最高人民法院都设有执行机构。最高人民法院依法监督地方各级人民法院和专门法院的执行工作,上级人民法院执行机构对下级人民法院的执行工作有监督、指导和协调的职责。

2. 执行机构的组成人员

执行机构通常情况下由执行法官、执行员、书记员和司法警察组成。

《关于执行权合理配置和科学运行的若干意见》中首次将执行法官和执行员加以区分。执行法官主要负责在执行过程中出现的执行争议或异议的审查工作,也负责一部分执行实施工作。

执行员是执行机构的重要组成人员,代表人民法院负责和组织执行实施工作。执行员不属于法官,其地位、待遇以及职业保障与法官不同。其主要的职责和任务包括:

(1) 执行调查。在收到申请人的申请执行书或者是审判人员移交的执行书后,执行员要及时地调阅与本案有关的案卷材料,进行必要的调查,了解被执行人的经济状况和思想状况,掌握案件的发展情况。

(2) 发布执行命令。向被执行人发布执行通知,对其进行履行生效法律文书内容的说服教育工作,促使其自觉地履行法定义务。根据案件的具体情况,限令其在一定的期限内履行义务。

(3) 采取执行措施。如被执行人在限定的期限内仍不履行法定义务的,执行员可以报领导批准,对被执行人采取相应的强制执行措施。

书记员在执行工作中主要根据执行工作的进程情况,负责制作执行笔录,并协助执行员办理有关执行事项。司法警察在必要时,如需要采取重大的强制执行措施时,受执行员的指挥,负责维护执行秩序,确保执行工作的顺利进行。

(二) 执行当事人

1. 执行当事人的种类

执行当事人包括在执行程序中的申请人和被执行人。申请执行人是依据生效的法律文书,有权向人民法院申请,要求人民法院责令生效法律文书确定的义务人履行义务的权利人。申请执行人有申请执行、变更执行请求数额、自行和解以及撤回申请的权利。被申请执行人是被要求完成生效法律文书中确定的义务的人。被申请执行人在执行过程中有要求保留本人以及其所抚养的家属生活必需费用和生活必需品的权利,有权向人民法院申请执行担保,是否准许,由人民法院裁定。

2. 执行当事人的承担

一般情况下,生效法律文书中确定的权利义务仅及于当事人。但是在执行过程中出现特殊情况导致当事人不能享有权利或承担义务,需要由案外人享有权利或承担义务,此种情况为执行承担。

(1) 申请执行人的变更。

申请执行人变更主要有以下情形:

第一,申请人死亡,其继承人继承其在执行程序中的权利。

第二,作为申请人的法人或其他组织在执行程序中发生合并或分立的,由变更后的法人或其他组织为申请人。如果申请人被宣告破产或被撤销的,人民法院组织成立的清算组或其主管机关为申请人。

(2) 被申请执行人的变更。

被申请执行人的变更有以下情形:

① 作为被申请执行人的公民死亡,其继承人没有放弃继承权的,其继承人为被申请执行人,但应以其继承的财产范围为限。如果继承人放弃继承的,则不发生变更,人民法院可以直接执行被执行人的财产。

② 如果在执行工作中,作为被执行人法人或其他组织名称变更的,人民法院可以裁定变更后的法人或其他组织为被执行人。

③ 以其他组织名义参加诉讼的企业法人的分支机构,在执行程序中不能履行生效法律文书确定义务的,人民法院可以裁定执行该企业法人的财产,如仍不能清偿的,可执行其他分支机构的财产,但要保护承包人、租赁人的利益。

④ 被执行人为无法人资格的私营独资企业,无能力履行法律文书确定的义务的,人民法院可以裁定执行该独资企业业主的其他财产。

⑤ 被执行人为个人合伙组织或合伙型联营企业,无能力履行生效法律文书确定的义务的,人民法院可以裁定追加该合伙组织的合伙人或参加该联营企业的法人为被执行人。

⑥ 被执行人按法定程序分立为两个或多个具有法人资格的企业,分立后存续的企业按照分立协议确定的比例承担债务;不符合法定程序分立的,裁

定由分立后存续的企业按照其从被执行企业分得的资产占原企业总资产的比例对申请执行人承担责任。

⑦ 被执行人无财产清偿债务，如果其开办单位对其开办时投入的注册资金不实或抽逃注册资金，可以裁定变更或追加其开办单位为被执行人，在注册资金不实或抽逃注册资金的范围内，对申请执行人承担责任。

⑧ 被执行人被撤销、注销或歇业后，上级主管部门或开办单位无偿接受被执行人的财产，致使被执行人无遗留财产清偿债务或遗留财产不足清偿的，可以裁定由上级主管部门或开办单位在所接受的财产范围内承担责任。

（三）执行参与人

执行参与人是指除了人民法院和执行当事人以外的，参加执行工作的组织和个人。包括协助人民法院进行执行工作的单位和个人（协助执行人）、在现场监督和证实执行工作的执行见证人、被申请执行人的家属或代理人、翻译人员等。

（四）案外人或其他利害关系人

对于执行工作而言，在采取执行措施的过程中，可能会影响到除本案当事人外的其他人的权利和利益。如果这些主体不能通过有效的渠道为自己的权利寻求救济和保护的话，难免有不公平的嫌疑。这些主体在权利受到侵害的时候，可以向执行组织或其他权力主体进行主张，就此成为执行法律关系的主体。

三、执行标的

执行标的，又称执行对象或执行客体，是民事执行行为指向、影响、作用的对象，即生效法律文书确定的义务人履行的义务所指向的对象。民事执行原则上仅能针对被申请执行人的财产和行为进行。

（一）财产

财产是最常见的执行标的，包括物和财产权利，如被申请执行人应当交付对方的金钱、物品、有价证券、权利凭证等。但是，对被执行人的财产的执行并非毫无限制，为保障被执行人基本的生存权利、维护社会公益和他人合法权益，下列财产不能作为执行标的：(1) 被执行人及其所抚养家属的必需生活费用。(2) 被执行人及其所供养的家属的生活必需品。前 2 项都关系到被执行人及其所供养的家属的生存和切身利益问题，因此人民法院在采取执行强制措施时，应当保留维持被执行人及其供养家属的必需生活费用和用品。(3) 案外人的财产。作为执行标的的财产，仅限于被执行人自己所有的财产，他人财产如被执行人代管的财产不能作为执行的标的。(4) 如果被执行人为法人或其他组织的，维持其正常生产所必需的设备、厂房不能作为执行标的。(5) 法律禁止流通物如武器、毒品、盗版光盘以及矿藏、水流等国家专有物。(6) 基于外交豁免权不得执行的财产，主要指根据我国缔结和参加的国际条约或协定，免于查封、扣押、冻结的外国使领馆的财产。(7) 违反公序良俗的财物如遗体、祭祀用品等。

(二) 行为

行为作为执行标的，限于生效法律文书确定义务人应当履行一定行为的案件，包括作为和不作为。前者如生效法律文书要求被执行人赔礼道歉、继续履行合同、拆除违法建筑等；后者如生效法律文书要求被执行人停止侵权行为、容忍申请执行人行使通行权等。与财产作为执行标的的情况不同，针对行为的执行，一般无法采取直接的强制执行措施。在义务人不自觉履行义务的情况下，人民法院可以采取代履行或执行罚款等间接强制的手段。例如，法院可委托第三人履行，费用由被执行人承担。

(三) 人身不能作为执行标的

执行程序中不能对被执行人的人身予以强制，抵偿债务或完成某种行为。《民诉法意见》第 254 条明确规定，强制执行的标的应当是财物或者行为。对于不自觉履行义务的当事人采取的司法拘留措施或追究其刑事责任是对于妨碍民事诉讼行为的处罚，是其行为违法的后果。

四、执行依据

执行依据又称为执行名义，是指由特定机关制作的发生法律效力，并具有执行效力的法律文书。执行依据确定了权利人的权利种类、数量和范围等内容，同时也宣示了义务人应当履行的义务的范围。执行依据不仅是当事人获得申请执行权的直接依据，也是人民法院行使执行权，启动执行程序的前提。

(一) 执行依据的特征

1. 执行依据是由特定机关根据特定的程序制作的公文书

并不是所有的法律文书都可以作为执行依据，只有特定的机关根据法律授予的权限制作的具有强制执行效力的法律文书才能作为执行依据。这里的公文书除了由人民法院行使审判权，依审判程序制作的法律文书，还包括其他机关制作的，法律赋予其强制执行效力的法律文书。例如仲裁机关在性质上是民间组织，但是其制作的仲裁裁决书和调解书因依法享有强制执行效力而成为执行依据。

2. 执行依据具有给付内容

对于由特定机关制作的法律文书而言，只有在确定了当事人为一定的给付时才有可能成为执行依据。如果仅仅是对法律事实的确认或变更法律关系，而没有判定由义务人履行一定的义务，也不能成为执行依据。具体到诉讼种类上，只有人民法院针对给付之诉作出的裁判，才可能具有给付内容并因此成为执行依据。

3. 执行依据是取得了法律效力的文书

具有给付内容的法律文书，如果没有依法取得法律效力也不能成为执行依据。例如地方各级人民法院依照一审程序作出的，尚在上诉期内的法律文书不能作为执行的依据。对于错误的判决，在其被依法撤销前并不影响其具有的执行效力。

4. 生效的法律文书只有在义务人不履行法律文书确定的义务时才有成为执行依据的可能

即当义务人不履行义务时，权利人向执行机构提出强制执行的申请时，执行依据才从潜在变成现实的依据，执行力也从仅具有宣示的意义而变成现实的强制。

（二）我国执行依据的范围

根据我国现有的法律规定，能作为执行依据的法律文书有：

（1）由人民法院制作的发生法律效力且具有给付内容的民事判决书、裁定书、调解书、民事制裁决定书、刑事附带民事诉讼的判决书、裁定书和调解书。

（2）依法应当由人民法院执行的行政处罚决定书、行政处理决定书。

（3）人民法院依法制作和发布的发生法律效力的支付令。

（4）仲裁机构作出的仲裁裁决书、调解书，人民法院依据仲裁法的规定作出的财产保全和证据保全的裁定书。

（5）经人民法院承认其效力的外国法院作出的判决、裁定以及国外仲裁机构作出的仲裁裁决书。

（6）公证机关制作的依法赋予强制执行力的债权文书。例如借款合同、借用合同、赊欠货物的债权文书、以给付赡养费、抚养费、抚育费、学费、赔偿金为内容的协议等。这一类债权文书具有下列特征：第一，追偿的对象是货币、物品或有价证券。第二，双方当事人债权债务关系明确，对给付内容没有异议，并且债务人承诺在其不完全履行或不履行义务时愿意接受强制执行。第三，公证机关明确赋予该债权文书强制执行的效力，即如果义务人不自觉履行义务的，权利人可以不经诉讼程序直接向有管辖权的人民法院申请强制执行。

（7）其他法律规定由人民法院执行的其他法律文书。这是法律规定的弹性条款，以适应社会生活的发展和立法的进步。

五、执行管辖

和审判一样，民事执行也需要解决管辖问题。执行管辖，是指各级人民法院之间以及同一级别不同地域的人民法院之间受理执行案件的分工和权限。根据我国法律的规定，对于由不同的机关制作的发生法律效力的文书，由不同的人民法院负责执行工作。

（一）执行管辖的一般规定

（1）人民法院制作的发生法律效力的民事判决、裁定、调解书以及具有财产给付内容的刑事判决、裁定，由第一审人民法院执行或者与第一审人民法院同级的被执行财产所在地人民法院执行。我国大部分案件都由基层人民法院作为第一审法院，基层法院又是设置数量最多的法院，不仅方便当事人就近提出申请，也有利于作好当事人的工作，顺利完成执行任务。在第一审法院与被执行财产所在地法院不一致时，由被执行财产所在地法院执行可以减少异地执行和委托执行，更有利于执行的实现。申请执行人向被执行的财产所在地人民法院申请执行的，应当提供该人民法院辖区有可供执行的财产的证明材料。

（2）发生法律效力的支付令，由制作支付令的人民法院执行。支付令的制作法院，即申请支付令的管辖法院也是债务人住所地的基层法院，便于掌握债务人的财产状况，及时实现支付令内容。

（3）仲裁机关制作的发生法律效力的仲裁裁决书和调解书，以及公证机关赋予强制执行效力的债权文书，由被申请人的住所地或财产所在地人民法院执行。当事人分别向两个人民法院申请的，由最先接受申请的人民法院执行。仲裁机关依法制作的法律文书被赋予了强制执行效力，当义务人不履行时由人民法院负责执行，仲裁机关没有强制执行权力。一般情况下此类法律文书的执行由基层人民法院负责；如果执行标的较大，也可以由中级人民法院执行。涉外仲裁机构作出的仲裁裁决由被执行人住所地或被执行财产所在地中级人民法院执行。

（4）在国内仲裁程序中，申请财产保全和证据保全的，由被申请人的住所地或保全财产所在地或证据所在地的基层人民法院执行。在涉外仲裁程序中，当事人申请财产保全和证据保全的，由被申请人住所地或被申请保全的财产所在地或证据所在地的中级人民法院执行。

（5）人民法院裁定承认其效力的外国法院作出的生效判决、裁定以及国外仲裁机构的仲裁裁决，由作出该裁定书和执行令的中级人民法院执行。

（6）专利管理机关依法作出的处理决定和处罚决定，由被申请人的住所地或财产所在地的省、自治区、直辖市有权受理专利纠纷案件的中级人民法院执行。

(7) 国务院各部门、省、自治区、直辖市人民政府和海关依法作出的处理决定和处罚决定书，由被申请人的住所地或财产所在地的中级人民法院执行。

(二) 执行管辖中的特殊问题

1. 共同管辖与选择管辖

在执行管辖中，往往会发生两个或两个以上的人民法院对同一案件都享有执行管辖权的情况。为了防止发生争夺管辖权或相互推诿，当事人享有向其中的一个人民法院申请执行的选择权；如果当事人向两个以上人民法院申请执行的，由最先立案的人民法院管辖。如果立案前发现其他有管辖权的人民法院已经立案的，不得重复立案。立案后发现其他有管辖权的人民法院已经立案的，应当撤销案件；已经采取执行措施的，应当将控制的财产交先立案的执行法院处理。

2. 裁定管辖

裁定管辖主要用来解决管辖权争议和执行不力的情况。(1) 指定管辖。如果人民法院之间因为执行管辖权发生争议的，应当先协商解决；如果不能达成一致的，报请共同的上级人民法院指定管辖。(2) 变更管辖。在执行过程中如果因特殊情况需要的，上一级人民法院可以裁定变更执行法院。《民事诉讼法》第 226 条规定，人民法院自收到申请执行书之日起超过 6 个月未执行的，申请执行人可以向上一级人民法院申请执行。上一级人民法院经审查，可以责令原执行法院在一定限期内执行，也可以决定由本院执行或者指令其他人民法院执行。《最高人民法院关于适用〈中华人民共和国民事诉讼法〉执行程序若干问题的解释》(以下简称《执行解释》)第 11 条对此条款进行了细化。如果上一级人民法院责令下级法院限期执行，下级法院无正当理由在指定期限内仍没有执行完结的，上一级人民法院应当指令其他人民法院执行或提级执行。

3. 管辖权异议

人民法院受理执行申请后，被申请人可以对管辖提出异议。该异议应当自收到执行通知书之日起 10 日内提出。

人民法院对被申请人提出的异议应当进行审查。异议成立的，撤销执行案件，并告知当事人向有管辖权的人民法院申请执行；异议不成立的，裁定驳回异议申请。当事人对管辖权裁定不服的，可以向上一级人民法院申请复议。在管辖权异议审查和复议期间不停止执行。

第三节　执行程序的开始

一、执行开始的方式

（一）申请执行

申请执行是一方当事人在法定期限内不自觉履行生效法律文书确定的义务时，另一方当事人向人民法院递交申请书，请求人民法院予以强制执行，而导致执行开始的方式。申请执行是执行开始的主要方式。这是因为生效法律文书确认的权利性质上属于当事人享有处分权的私权，是否开始执行原则上应由权利人自己决定。

当事人申请执行应具备以下条件：

（1）申请执行所依据的法律文书已经发生法律效力。也就是说当事人之间的权利义务关系已经由人民法院或其他机构予以确定，只有这样的法律文书才有强制执行力。

（2）申请人必须是生效法律文书中所确定的权利人，其他人不能申请人民法院对该法律文书中确定的义务进行强制执行。当申请人死亡或主体发生变更时，由其权利的继承人或承受人作为申请人。

（3）当事人申请执行，必须在法定的申请执行期限内提出。为申请执行限定期限主要基于两方面的考虑：一方面，督促权利人及时地行使权利，避免法律关系长期不确定给社会秩序的稳定带来不利的影响；另一方面，如果权利人长时间怠于行使权利，执行组织查找义务人及其财产都会有很大的困难，不利于生效法律文书的实现。

《民事诉讼法》第239条规定申请执行的期间为2年。该期间从法律文书规定的履行期限的最后一日起算；法律文书规定分期履行的，从规定的每次履行期间的最后一日起算。如果法律文书没有规定履行期间的，从法律文书生效之日起计算。如果超过法定期限，当事人丧失请求强制执行的权利；但是义务人自愿履行的，权利人有受领的权利。申请执行时效的中止、中断与诉讼时效的中止、中断适用相同的规定。《执行解释》第27条规定，在申请执行时效期间的最后6个月内，因不可抗力或者其他障碍不能行使请求权的，申请执行时效中止。从中止时效的原因消除之日起，申请执行时效期间继续计算。第28条规定，申请执行时效因申请执行、当事人双方达成和解协议、当事人一方提出履行要求或者同意履行义务而中断。从中断时起，申请执行时效期间重新计算。

(4) 申请的实质条件是据以执行的生效法律文书有给付内容，并且义务人在确定的时间内没有履行义务的。如果法律文书没有给付内容，或者义务人已经自觉履行了义务的，不能申请强制执行。

(5) 当事人应当向有管辖权的人民法院提出申请。当事人向无管辖权的法院申请强制执行不能产生引发执行程序开始的效果。

(6) 申请人应当向人民法院递交申请执行书和据以执行的生效法律文书。申请执行书中应写明申请执行的事项和理由；提供被执行人拒不履行义务的事实和证据；被执行人的经济状况以及住所地等情况。

(二) 移送执行

移送执行，是指人民法院的判决、裁定发生法律效力后，由审理案件的审判人员根据案件的性质和实际情况，无须经过当事人的申请，依职权直接将案件移送给执行人员执行。移送执行是启动民事执行程序的补充方式，仅适用于法律有特别规定的情形。我国《民事诉讼法》第 236 条第 1 款规定审判员可以将生效裁判移送执行，但未明确适用移送执行的案件范围。根据 1998 年的《最高人民法院关于人民法院执行工作若干问题的规定(试行)》(下文简称《执行规定》)，适用移送执行的案件主要有：(1) 人民法院的生效法律文书中具有给付内容的追索赡养费、抚养费、抚育费的案件；(2) 人民法院制作的具有给付内容的民事制裁决定书；(3) 人民法院制作的刑事附带民事诉讼判决、裁定、调解书中有财产执行内容的案件。

二、执行受理

申请人向人民法院法院递交执行申请，人民法院在收到执行申请后进行审查。审查内容包括：(1) 申请执行的法律文书是否已经生效；(2) 申请执行人是否为适格当事人；(3) 申请执行人是否在法定期限内提出申请；(4) 申请执行的法律文书是否有给付内容；(5) 义务人是否有在法律文书确定的履行期限内未履行法定义务；(6) 是否属于受申请法院管辖。经审查后如果符合法定条件，人民法院在 7 日内予以立案；不符合条件的，7 日内裁定不予受理。

第四节 执行程序的进行

一、发出执行通知

根据《民事诉讼法》第 240 条的规定，执行员接到申请执行书或者移交执行书，应当向被执行人发出执行通知，并可以立即采取强制执行措施。

1991年《民事诉讼法》关于执行通知的规定仅限于“执行员接到申请执行书或者移交执行书,应当向被执行人发出执行通知,责令其在指定的期间履行,逾期不履行的,强制执行”。向被执行人发出执行通知并指定履行期间,本是为了让被执行人做必要的准备工作以配合即将采取的执行措施,保证执行工作的顺利进行。实践中,该规定却异化为被执行人转移、隐匿财产以逃避执行的挡箭牌。因此,2007年修改的《民事诉讼法》对上述条文进行了完善,进一步规定“被执行人不履行法律文书确定的义务,并有可能隐匿、转移财产的,执行员可以立即采取强制执行措施”。

据司法实务部门反映,将执行员可以采取强制执行措施的情形限定在被执行人隐匿、转移财产行为,仍然不利于执行工作的开展,不利于保证债权人的权利及时得以实现。在一些案件中,被执行人隐匿、转移财产的行为非常隐蔽,执行员往往难以查清,债权人也难以证实,法院不能立即采取强制措施,而错过执行时机。另外,执行员也可能利用此条款作为怠于采取强制措施的推辞或借口,不利于保障申请执行人的权益。因此,为加大执行工作的力度,2012年《民事诉讼法》删除了有关指定履行期间的规定,赋予了执行员根据具体情况立即采取强制执行措施的权力。

二、执行调查

债务人的财产状况直接关系到执行的结果。执行机构在受理执行申请后,应当调查债务人的财产状况。调查债务人的财产状况有三种方式:

1. 申请执行人提供债务人的财产状况或线索

申请人和被申请人之间有纠纷关系和财物往来,对其财产状况比较了解,也有提供财产状况的积极性。

2. 被执行人向人民法院申报其财产状况

这是被执行人的法定义务。《执行规定》第28条第1款规定,被执行人必须如实向人民法院报告其财产状况。《民事诉讼法》第241条规定,被执行人未按执行通知履行法律文书确定的义务,应当报告当前以及收到执行通知书之日前一年的财产状况。被执行人拒绝报告或者虚假报告的,人民法院可以根据情节轻重对被执行人或者其法定代理人、有关单位的主要负责人或者直接责任人员给予罚款、拘留。被执行人财产发生变动,影响申请执行人债权实现的,10日内向人民法院补充报告。

3. 执行机构依职权调查

在执行过程中,人民法院处于主导地位,为了确保执行效率和执行结果,人民法院可以依职权主动进行调查。第一,人民法院有权向被执行人、有关机关、社会团体、企业事业单位或公民个人，调查了解被执行人的财产状况，对调查所需的材料可以进行复制、抄录或拍照，但应当依法保密。第二，为查明被执行人的财产状况和履行义务的能力，可以传唤被执行人或被执行人的法定代表人或负责人到人民法院接受询问。第三，被执行人拒绝按人民法院的要求提供其有关财产状况的证据材料的，人民法院可以按照《民事诉讼法》第 248 条的规定进行搜查。人民法院依法搜查时，对被执行人可能存放隐匿的财物及有关证据材料的处所、箱柜等，经责令被执行人开启而拒不配合的，可以强制开启。

三、执行参与分配制度

（一）执行参与分配制度概念

执行参与分配制度是指在执行的过程中，在被执行人为自然人或其他组织的情况下，申请执行人以外的其他取得执行根据或者已起诉的债权人，发现债务人的财产不能清偿所有的债权时，向人民法院申请就所有债权公平受偿的制度。关于该制度的主要法律依据体现在《民诉法意见》和《执行规定》中。

执行参与分配制度立法的目的之一就在于弥补我国《企业破产法》在适用主体范围上的不足。根据我国《企业破产法》和《民事诉讼法》的规定，目前我国的破产制度仅适用于企业法人，非法人的企业或组织，例如合伙企业、个人独资企业以及自然人包括个体工商户和农村承包经营户在发生资不抵债的情况下，不能适用《企业破产法》的相关规定。

执行参与分配制度和破产制度是两种相互独立的法律制度，在制度的理念、功能以及效力上都各有不同。破产制度是在债务人资不抵债时，通过一般的执行程序，对所有债权人进行公平清偿的制度，尊崇的原则是公平；执行参与分配是为了解决执行竞合问题而就被执行财产在债权人之间进行分配的制度，属于个别执行程序，尊崇的原则是效率。破产程序终结后，对债务人产生的是免除其责任的效果，债务人无须为没有清偿的债权继续承担责任；执行参与分配制度终结后，债务人对其没有履行的债务应当继续履行。

（二）执行参与分配条件

适用执行参与分配制度必须符合下列条件：

（1）适用的主体。当债务人是自然人或非法人组织时，其他债权人才能请求参与分配。如果债务人是企业法人，在执行中如果出现资不抵债的情况，应当由债务人或债权人申请破产，中止执行程序，通过破产程序清偿债权。

（2）债务人的财产不能清偿所有债权。也就是说除了其被法院采取强制措施的财产外没有其他的财产，或者是其他财产不足清偿全部债务。一般情况下，债务人的财产是所有债权实现的共同担保。在债务人的财产可以满足所有债权时，采用优先原则，即先获得执行依据的债权人的债权优先受偿；当债务人的财产不能满足所有债权时，采用公平原则，就执行财产进行公平分配。

（3）债权人已经获得执行依据或者已经启动了救济程序。《民诉法意见》规定，申请参与分配的债权人范围包括已经获得执行依据的以及已经起诉的债权人。但是根据《执行规定》，可以申请参与分配主体的仅限于取得执行依据的债权人而不包括其他的债权人。这样的规定对于其他债权人来说是不公平的。有人建议设立"提存制度"，即已经起诉或申请仲裁的债权人可以参与分配，但是对其执行所得要进行提存，待其真正获得执行依据后再交付于该债权人；如果该债权人最终没有获得执行依据，则将提存的款项分配给获得执行依据的其他债权人。

对于法院查封、扣押或冻结的财产有优先权、担保物权的债权人虽然没有执行依据，但是可以申请参加参与分配程序，主张优先受偿权。

（4）申请执行及参与分配的债权均为金钱债权。物的交付请求权和行为请求权如果不能转化为金钱债权的，不能参与分配。

（5）申请参与分配的时间。对于其他债权人来说，应当在债务人被执行财产分配完毕之前提出申请。如果执行程序已经终结，就不能再申请参与分配。

（6）债权人要提出书面申请，写明参与分配的理由，并附有相关的证明。

执行参与分配程序终结后不能免除债务人继续清偿的义务。如果债权人发现债务人有其他财产可供执行的，可以向法院申请继续执行。

（三）参与分配的顺序

分配的顺序直接决定债权的满足程度，因此执行法院应当根据债权的性质、数额以及被执行人可供执行的财产范围制定参与分配表，实施分配。分配顺序应当依照《民事诉讼法》的规定并参照企业法人破产清偿的顺序。在扣除执行费用、财产保全费用和其他诉讼费用后按下列顺序清偿：（1）法律规定可以优先于担保物权受偿的债权；（2）在执行标的物上设有担保物权的债权；（3）首先采取查封、扣押或冻结措施的，在其债权范围内，优先按一定的比例分配该措施所控制的变价款；（4）普通金钱债权；（5）行政或司法罚款、刑事财产处罚。

同一顺序有多项债权的，法律对其受偿顺序另有规定的，从其规定；没有规定的，按比例分配。

对被执行人财产的具体分配由首次查封扣押或冻结的法院主持。如果采取上述执行措施是依据财产保全裁定，具体分配应当在该法院案件审理终结后进行。

四、委托执行

委托执行，是指被执行人或被执行的财产不在受理执行申请的法院辖区内，为方便执行并实现生效法律文书的内容，受理执行申请的法院依法委托外地人民法院代为执行的制度。委托执行体现了人民法院之间的相互协调和协助，也有助于提高执行效率。

（一）委托执行的适用条件

委托执行应当具备以下条件：(1) 委托的人民法院对案件具有管辖权并已经受理案件。委托执行实际上是将执行权授予其他法院行使，因此其前提必须是委托法院享有执行权。(2) 被执行人在受理申请的人民法院辖区没有可供执行的财产。(3) 被执行人在其他法院辖区内有可供执行财产。(4) 受托执行法院与委托法院为同级人民法院。根据《最高人民法院关于委托执行若干问题的规定》（下文简称《委托执行规定》），委托执行应当以执行标的物所在地或者执行行为实施地的同级人民法院为受托执行法院。有两处以上财产在异地的，可以委托主要财产所在地的人民法院执行。被执行人是现役军人或者军事单位的，可以委托对其有管辖权的军事法院执行。执行标的物是船舶的，可以委托有管辖权的海事法院执行。

（二）委托执行的程序

1. 提交委托执行函和有关文件

委托执行案件应当由委托法院直接向受托法院办理委托手续，并层报各自所在的高级人民法院备案。案件委托执行时，委托法院应当提供下列材料：(1) 委托执行函；(2) 申请执行书和委托执行案件审批表；(3) 据以执行的生效法律文书副本；(4) 有关案件情况的材料或者说明，包括本辖区无财产的调查材料、财产保全情况、被执行人财产状况、生效法律文书的履行情况等；(5) 申请执行人地址、联系电话；(6) 被执行人身份证件或者营业执照复印件、地址、联系电话；(7) 委托法院执行员和联系电话；(8) 其他必要的案件材料等。

2. 受托法院立案

受托法院收到委托执行函后，应当在 7 日内予以立案，并及时将立案通知书通过委托法院送达申请执行人，同时将指定的承办人、联系电话等书面告知委托法院。委托法院收到上述通知书后，应当在 7 日内书面通知申请执行人案件已经委托执行,并告知申请执行人可以直接与受托法院联系执行相关事宜。受托法院收到委托函件后15日内开始执行,不得拒绝。执行完毕后将执行结果及时函复委托法院。受托人民法院在收到委托函件之日起15日不执行的,委托人民法院可以请求受托法院的上级人民法院指令执行。

受托法院依法立案后,委托法院应当在收到受托法院的立案通知书后作委托结案处理。委托异地法院协助查询、冻结、查封、调查或者送达法律文书等有关事项的,受托法院不作为委托执行案件立案办理,但应当积极予以协助。

3. 对查封、扣押和冻结的处理

委托执行时,委托法院应当将已经查封、扣押、冻结的被执行人的异地财产,一并移交受托法院处理,并在委托执行函中说明。

委托执行后,委托法院对被执行人财产已经采取查封、扣押、冻结等措施的,视为受托法院的查封、扣押、冻结措施。受托法院需要继续查封、扣押、冻结,持委托执行函和立案通知书办理相关手续。续封续冻时,仍为原委托法院的查封冻结顺序。查封、扣押、冻结等措施的有效期限在移交受托法院时不足1个月的,委托法院应当先行续封或者续冻,再移交受托法院。

4. 特殊情况的处理

受托法院如发现委托执行的手续、材料不全,可以要求委托法院补办。委托法院应当在30日内完成补办事项,在上述期限内未完成的,应当作出书面说明。委托法院既不补办又不说明原因的,视为撤回委托,受托法院可以将委托材料退回委托法院。受托法院退回委托的,应当层报所在辖区高级人民法院审批。高级人民法院同意退回后,受托法院应当在15日内将有关委托手续和案卷材料退回委托法院,并作出书面说明。

委托执行案件退回后,受托法院已立案的,应当作销案处理。委托法院在案件退回原因消除之后可以再行委托。确因委托不当被退回的,委托法院应当决定撤销委托并恢复案件执行,报所在的高级人民法院备案。

委托法院在案件委托执行后又发现有可供执行财产的,应当及时告知受托法院。受托法院发现被执行人在受托法院辖区外另有可供执行财产的,可以直接异地执行,一般不再委托执行。根据情况确需再行委托的,应当按照委托执行案件的程序办理,并通知案件当事人。

5. 受托执行期限

受托法院未能在6个月内将受托案件执结的,申请执行人有权请求受托法院的上一级人民法院提级执行或者指定执行,上一级人民法院应当立案审查,发现受托法院无正当理由不予执行的,应当限期执行,或者作出裁定提级执行,或者指定执行。

(三) 异地执行

异地执行是被执行人或被执行财产不在受理执行申请的法院辖区范围内,受理执行申请的法院直接到被执行人或被执行财产所在地实施执行,以实现生效法律文书内容。异地执行与委托执行一样,适用于跨法院辖区执行。出于执行效率的考虑,在出现跨区域执行时首先要考虑委托执行。法律对异地执行,尤其是跨省、自治区和直辖市的执行有严格的限制。最高人民法院《委托执行规定》第1条第2款规定,执行案件中有三个以上被执行人或者三处以上被执行财产在本省、自治区、直辖市辖区以外,且分属不同异地的,执行法院根据案件具体情况,报经高级人民法院批准后可以异地执行。执行法院赴异地执行案件时,应当持有其所在辖区高级人民法院的批准函件,但异地采取财产保全措施和查封、扣押、冻结等非处分性执行措施的除外。

异地执行时,可以根据案件具体情况,请求当地法院协助执行,当地法院应当积极配合,保证执行人员的人身安全和执行装备、执行标的物不受侵害。

五、执行阻却

执行阻却是指在执行的过程中,由于某种特殊情况的发生,使执行程序暂时无法进行、无法继续进行或者是无需进行的各种状态的总称。

(一) 执行担保

执行担保是指在执行过程中,被执行人或第三人为了请求暂时停止执行,向人民法院提供相应的财产担保或保证,经过申请人同意后,民事执行机构决定暂缓执行的制度。被执行人或担保人向人民法院提供担保的,按照《担保法》的相关规定办理相关的登记手续。

执行担保应当具备一定的条件:

(1) 必须由被执行人向人民法院提出申请。人民法院不得依职权主动适用执行担保。

(2) 担保的方式,可以是被执行人向人民法院提供财产担保,也可以由第三人担保。以财产作为担保的,应提交保证书;由第三人担保的,应当提交担保书。担保人应当具有代为履行或者代为承担赔偿责任的能力。

(3) 被执行人申请执行担保的,应当征得申请执行人的同意。如果申请执行人不同意的,人民法院不得依职权暂缓执行。

(4) 被执行人申请执行担保的,必须经过人民法院许可,才能成立。执行担保成立后,人民法院决定暂缓执行的期限。暂缓执行的期间,如果有担保期限的,应与担保期限一致,但是最长不能超过一年。如果被执行人或者担保人对担保财产在暂缓执行期限内有转移、隐匿、变卖、毁损等行为的,人民法院可以恢复强制执行。如果在暂缓执行期间届满后,被执行人仍然不履行义务的,人民法院可以直接执行担保财产,或者裁定执行担保人的财产。但是在执行担保人的财产时,以其应当履行义务的财产范围为限。

(二)执行和解

1. 执行和解的概念

执行和解是指在执行过程中,双方当事人就执行的标的物的一部分或全部,自愿协商,达成和解协议,从而终结执行程序的活动。执行和解是当事人在执行程序中处分自己民事实体权利和程序权利的具体体现。执行机构没有对案件的审理和裁断权,在执行过程中,执行机构不能对当事人进行居中调解,达成调解协议。

2. 执行和解的条件

在执行过程中,当事人达成和解的,应当具备以下条件:(1)达成和解协议必须是双方当事人自愿达成,执行员和其他人不得强迫当事人达成和解协议。(2)和解协议可以就履行义务的主体、标的物及其数额、履行期限和履行方式进行变更,但是其内容不能违反法律、法规,不能损害国家的、集体的和他人的合法权益。(3)双方当事人应当具有诉讼行为能力。委托代理人代为和解和达成和解协议的,应当有当事人的特别授权。

和解协议一般应当采用书面形式,如果没有书面的和解协议的,执行人员应当将和解协议内容记入笔录,由双方当事人签名或盖章。

3. 执行和解的效力

当事人自愿达成的和解协议,在当事人自觉履行的情况下,可以产生终结执行程序的作用,但是不能撤销原生效法律文书。由于原来的生效法律文书具有的确定力,非经法定程序不得变更或撤销。达成的和解协议不具备法律效力,只能依赖当事人的自觉履行,如果当事人不自觉履行的,不能据此申请人民法院强制执行。在双方当事人达成和解协议后,一方当事人不自觉履行或反悔的,申请执行人因受欺诈、胁迫与被执行人达成和解协议,另一方当事人可以申请人民法院恢复执行原生效法律文书的执行。申请执行的期限因达成和解协议而中止,其期限自和解协议所规定的履行期间的最后一日起连续计算。对于和解协议已经履行的部分,应当予以扣除。如果和解协议已经履行完毕,人民法院不予恢复执行。和解协议合法有效并已经履行完毕的,人民法院终结执行程序。

实践中,执行和解在很多法院有被异化的倾向,有演变成“执行调解”的趋势。设立执行和解的本意是尊重当事人的意思自治,由当事人在执行程序中选择是否放弃一部分权利而与对方当事人达成和解协议。但是在执行过程中,往往是负责执行的执行员采取各种措施和手段对申请执行人进行劝说、协调,要求其放弃部分的权利。这种做法产生的原因就在于执行员和申请执行人在执行程序中的目的不同。对于申请执行人而言,是想通过执行程序,使民事裁判获得实现,实现自己的权利。对于执行员而言,其目的是要完成工作任务。执行和解是重要的结束执行程序的方式,如果当事人之间达成了执行和解协议,就意味着执行员任务的完成。这种目的和利益的偏差使得执行和解异化成执行调解,产生了非常恶劣的影响。

对于代表法院的执行员的这种强制要求和解的行为,当事人或者申请执行人不得不听从,否则国家强制力就可能对其权利的实现无所作为。强制和解的后果就是申请执行人、被执行人以及社会公众的观念都因此发生了变化:由法官作出的裁判可以未经法定程序更改,民事裁判进而是可以讨价还价。长久以往民事裁判和法律的权威性将不复存在。

（三）执行中止

执行中止是指在执行过程中,由于特定情况的出现而导致执行暂时不能继续进行,需要等到这种状况消失后,再行恢复的情形。根据我国《民事诉讼法》和《执行规定》,导致执行中止的情形有:

（1）申请人表示可以延期执行。申请人同意延期执行是其处分自己权利的表现,只要不违反法律、法规的规定,并且不损害社会公共利益的,人民法院可以裁定中止执行。

（2）案外人对执行标的提出了确有理由的异议的。本案能否继续执行,取决于人民法院对案外人提出的异议的审查结果。如果异议成立,则适用执行中止;如果异议不成立,执行工作继续进行。

（3）作为一方当事人的公民死亡,需要等待其继承人继承权利或承担义务的。

（4）作为一方当事人的法人或其他组织终止,尚未确定权利义务承受人的。

（5）人民法院已经受理以被执行人为债务人的破产申请的。

（6）被执行人确无财产可供执行的。

（7）执行的标的物是其他法院或仲裁机构正在审理的案件争议的标的物,需要等待该案件审理完毕确定权属的。

（8）一方当事人申请执行仲裁裁决,另一方当事人申请撤销仲裁裁决的。

(9) 仲裁裁决的被执行人提出不予执行申请,并提供相应担保的。

(10) 已经按照审判监督程序决定再审的。

执行中止应当作出书面裁定,裁定书一经送达即发生法律效力。执行中止是执行程序的暂时停止,其前的一切行为仍然有效。当中止的事由消失后,人民法院可以根据当事人的申请或依职权恢复执行程序。恢复执行程序应当书面通知执行当事人。

第五节　执行程序的结束

执行程序结束是指因法定事由的出现使得案件的执行到了最后的阶段,民事执行法律关系归于消灭的制度。在实践中执行程序结束又称为执行结案。

一、执行结束的方式

根据《执行规定》第 108 条规定,执行结束的方式有以下四种:(1) 生效法律文书确定的内容全部执行完毕;(2) 裁定终结执行;(3) 裁定不予执行;(4) 当事人之间达成执行和解协议并已履行完毕。其中,因生效法律文书的内容获得实现导致执行结束的情况是执行程序的正常结束;而债权人债权没有完全实现情况下的执行结束是执行程序的非正常结束,主要包括执行终结和不予执行。《审限规定》第 5 条规定,执行案件应当在立案之日起 6 个月内执结,非诉执行案件应当在立案之日起 3 个月内执结;有特殊情况需要延长的,经本院院长批准,可以延长 3 个月,还需延长的,层报高级人民法院备案。委托执行的案件,委托的人民法院应当在立案后 1 个月内办理完委托执行手续,受委托的人民法院应当在收到委托函件后 30 日内执行完毕。未执行完毕,应当在期限届满后 15 日内将执行情况函告委托人民法院。刑事案件没收财产刑应当即时执行。刑事案件罚金刑,应当在判决、裁定发生法律效力后 3 个月内执行完毕,至迟不超过 6 个月。

二、不予执行

不予执行,是指人民法院审查仲裁裁决、公证债权文书、外国法院的判决或裁定以及其他非诉讼裁判文书的过程中,因发现存在不予执行的法定事由而裁定停止执行行为并结束执行程序的制度。法院不予执行的裁定通常在申请执行期间,即执行程序尚未真正启动时作出。但是,不予执行的法定事由有时在执行过程中才被发现,所以不能排除法院在执行过程中作出不予执行裁定的情形。

人民法院在收到当事人的执行申请书或审判员的移交执行书后，首先要对申请进行审查。主要审查以下几个方面的问题：提起执行的手续是否完备；执行依据是否发生法律效力；是否已经超过申请执行的期限。对于不符合条件的法律文书，人民法院作出裁定，不予执行并送达双方当事人和制作机关。针对不同的法律文书，不予执行的情况也各不相同。

（一）不予执行仲裁裁决的情形

对于仲裁裁决是否不予执行的事由进行审查的，应当组成合议庭进行审查。如果被申请人提出证据证明仲裁裁决有下列情形之一的，裁定不予执行：

（1）当事人在合同中没有订有仲裁条款或事后没有达成仲裁协议的。

（2）仲裁裁决的事项不属于仲裁协议的范围或者仲裁机构无权仲裁的。

（3）仲裁庭的组成或仲裁程序违反法律规定的。

（4）裁决所根据的证据是伪造的。

（5）对方当事人向仲裁机构隐瞒了足以影响公正裁决的证据的。

（6）仲裁员在仲裁时有贪污受贿、徇私舞弊、枉法裁判的行为的。

如果人民法院认定执行该仲裁裁决，违反社会公共利益的，应当裁定不予执行。不予执行裁定书应当送达双方当事人和仲裁机构。对于人民法院裁定不予执行的，双方当事人可以达成仲裁协议，重新仲裁，或者向人民法院提起诉讼。

（二）不予执行涉外仲裁机构作出仲裁裁决的情形

（1）当事人在合同中没有订有仲裁条款或事后没有达成仲裁协议的；

（2）被申请人没有得到指定仲裁员或者进行仲裁程序的通知，或者由于其他不属于被申请人负责的原因未能陈述意见的；

（3）仲裁庭的组成或仲裁程序与仲裁规则不符的；

（4）裁决的事项不属于仲裁协议的范围或者仲裁机构无权仲裁的。

如果人民法院认定执行该裁决违反社会公共利益的，裁定不予执行。对于人民法院裁定不予执行的，双方当事人可以达成仲裁协议，重新仲裁，或者向人民法院提起诉讼。

（三）不予执行公证债权文书的情形

对于公证债权文书确有错误，如不是依法制作的，债权文书不真实、不合法或者是超过了法律规定的范围的，人民法院应当裁定不予执行。

（四）外国法院的判决、裁定的不予执行

人民法院对申请或请求承认和执行的外国法院作出的发生法律效力的判决、裁定，认为违反中华人民共和国法律的基本原则或者国家主权、安全、社会公共利益的,不予承认和执行。

三、执行终结

在执行过程中,由于出现了特殊情况,使得执行程序没有必要或者不可能继续进行,从而结束执行程序的情形,称为执行终结。执行终结是民事执行程序的非正常结束,意味着申请执行人的权利并未得到完全实现。之所以在生效法律文书确定的义务并未得到完全履行的情况下结束执行程序,是因为执行已经没有必要或没有可能再继续进行下去。同时,与执行中止不同,执行终结不是民事执行程序的暂时停止而是最终结束,此后执行程序不再恢复。

根据我国法律的规定,引起执行终结的情况有:(1) 申请人撤销申请;(2) 据以执行的法律文书被撤销;(3) 作为被执行人的公民死亡,无遗产可供执行,又无义务承担人的;(4) 追索赡养费、抚养费、抚育费案件的权利人死亡的;(5) 作为被执行人的公民因生活困难,无力偿还借款,又无生活来源,并且丧失了劳动能力的;(6) 人民法院认为应当终结执行程序的其他情况。

在执行过程中,出现了应当终结执行程序的情况,人民法院应当作出书面裁定。执行终结裁定书,应当写明终结执行的理由和法律依据,由执行员、书记员署名并加盖人民法院公章。裁定书送达当事人后立即生效。

第六节　执 行 救 济

一、执行救济的概念

执行救济是指在民事执行程序中,执行当事人、利害关系人或案外人的合法权益因执行机构的执行行为受到损害或可能受到损害,根据法律规定向有关机关提出保护合法权益的请求,有关机关根据法律规定,依法纠正或矫正不当或违法执行行为的法律制度。我国目前的执行救济制度主要包括执行异议、执行异议之诉和执行回转。

民事执行救济对维护执行当事人、案外人合法权益以及执行权威意义重大。执行过程中,违法或不当执行行为所造成的负面影响是双重的,它一方面侵害了当事人或案外人的合法权益,另一方面又妨碍了执行目的的实现,影响了执行效率,损害了人民法院的执行权威。执行救济通过纠正违法或不当执行行为,一方面对受侵害人的合法权益进行补救,另一方面是有效监督人民法院依法行使执行权,确保执行中的司法公正。除此之外,执行救济制度还为当事人和利害关系人提供了表达不满和说明理由的机会,可以有效地缓解其对抗情绪,减少执行冲突。

二、执行异议

2007年《民事诉讼法》扩大了执行异议的范围和内涵,将执行异议和执行异议之诉加以区分。执行异议主要分为三类:第一类是当事人、利害关系人对执行违法行为提出的异议;第二类是案外人对执行标的向法院提出的异议;第三类是关于分配方案的异议。后两类异议可以作为异议之诉的前置程序。例如,案外人提出异议,人民法院裁定与原判决、裁定无关的,案外人可以向人民法院提起诉讼。

(一)当事人、利害关系人的执行异议

《民事诉讼法》第225条规定,当事人、利害关系人认为执行机构的执行行为违反法律规定的,可以向负责执行的人民法院提出书面异议,要求其改正。据此,当事人、利害关系人异议指执行当事人或利害关系人针对执行机构及其人员执行程序或执行方法上的违法情况,向该机构或其人员声明不服并要求保护自己合法权益。从性质上分析,当事人和利害关系人异议是一种程序性的执行救济制度。

1. 当事人、利害关系人异议的条件

(1)异议主体是当事人或利害关系人。当事人包括申请执行人和被执行人。利害关系人的范围民事诉讼法没有作出明确规定,一般认为是指法律上的权益受执行行为直接影响的公民、法人或其他组织。

(2)异议的对象是执行机构的违法执行行为,包括责令债务人、利害关系人履行义务的执行命令、执行措施和执行裁判行为。其中,对执行裁判行为提起异议,仅限于因执行裁判程序违法为由提起,因实体权利义务关系发生的争议,应通过其他方式解决。

(3)向负责执行的人民法院提出。要求案外人和利害关系人直接向执行法院提出异议,主要是为了保证执行效率和效益。

(4)异议采用书面形式。为了方便执行机构对异议的审查,同时督促当事人、利害关系人慎重、严肃地行使异议的权利,《民事诉讼法》规定当事人、利害关系人必须以书面形式提出异议。

2. 审查和裁定

人民法院自收到书面异议之日起15日内审查,理由成立的,裁定撤销或改正;理由不成立的,裁定驳回。当事人、利害关系人对裁定不服的,自裁定送达之日起10日可以向上一级人民法院申请复议。当事人、利害关系人申请

复议的，上一级人民法院应当组成合议庭，自收到复议申请之日起30内审查完毕，作出裁定。有特殊情况需要延长的，经本院院长批准，最多延长30日。

执行异议审查和复议期间不停止执行。被执行人、利害关系人提供充分、有效的担保请求停止相应充分措施的，人民法院可以准许；申请执行人提供充分、有效的担保请求继续执行的，应当继续执行。

（二）案外人异议

《民事诉讼法》第227条规定，执行过程中，案外人对执行标的提出书面异议的，人民法院应当自收到书面异议之日起15日内审查。理由成立的，裁定中止对标的的执行；理由不成立的，裁定驳回。根据上述规定，案外人异议是指在执行程序中，除了执行当事人和参与人以外的案外人对执行标的提出了实体权利请求，并在此基础上要求停止对执行标的的执行。案外人针对执行标的的异议包括主张对执行标的的所有权或者其他足以阻止标的转让、交付的实体权利。案外人认为执行机构所采取的执行措施对自己的权利造成损害时，有权提出权利保护主张。

根据我国《民事诉讼法》第227条，案外人执行异议必须符合下列条件：(1) 有权提出执行异议的主体只能是案外人。即没有参加诉讼，并且不受人民法院作出的裁判或其他作为执行依据的生效法律文书约束的人。(2) 必须是案外人对本案的执行标的主张部分或全部实体权利。也就是说案外人认为如果执行该执行标的，就是对自己或自己管领的权利的侵害。根据《执行解释》，只有对执行标的主张所有权或者有其他足以阻止标的转让、交付的实体权利的人，才能成为案外人异议中的案外人。(3) 执行异议必须在执行程序结束之前提出。执行程序尚未开始或业已结束时，案外人应通过其他途径寻求救济。(4) 执行异议一般应以书面形式提出，写明对执行标的主张的权利和理由，并提供相应的证据。如果书写有困难的，可以口头提出，由书记员记录在案。

对于案外人提出的异议，人民法院应当自收到书面异议之日起15日内审查，理由成立的，裁定中止对该标的的执行；理由不成立的裁定驳回。案外人、当事人对裁定不服，认为原判决、裁定有错误的，依照审判监督程序办理；与原判决、裁定无关的，可以自裁定送达之日起15日内向人民法院提起诉讼。案外人向人民法院提起的诉讼成为案外人异议之诉，申请执行人向人民法院提起的诉讼成为许可执行之诉。

案外人异议审查期间，人民法院对执行标的不得处分。如果案外人提供了充分、有效的担保请求解除对异议标的的查封、扣押、冻结措施，人民法院可以准许；如果申请执行人提供了充分有效担保要求继续执行的，应当继续执行。因案外人提供担保解除查封、扣押、冻结有错误,致使该标的无法执行的,人民法院可以直接执行担保财产;申请执行人提供担保请求继续执行有错误给对方造成损失的,应当予以赔偿。

执行异议是对案外人的合法权益的保护,同时能及时地发现人民法院或其他机关制作的法律文书的错误,防止和避免在执行工作中的失误,并且可以有效地避免造成执行上的浪费。

(三)对分配方案的异议

在实现金钱债权的执行中,若多个债权人对同一个被执行人申请执行或对执行财产申请参与分配,执行法院应当制作财产分配方案,并送达各债权人和被执行人。执行当事人认为法院的上述分配方案不公平甚至有错误的情况下,如认为分配方案所确定的债权及其数额多少、受偿顺序有问题,可以向执行法院提出不同意见并要求法院纠正。此种异议即称为对分配方案的异议。

根据《执行解释》,债权人或被执行人对分配方案提出异议,应符合以下条件:(1)异议须在法定期间内提出。债权人或者被执行人对分配方案有异议的,应当自收到分配方案之日起15日内提出。(2)异议须向有管辖权的法院提出。对分配方案异议应向执行法院提出,以方便法院对异议的审查。向其他法院提出的分配方案异议的,不发生相应法律效果。(3)异议须以书面形式提出,口头形式的异议不符合法律规定。

执行法院受理异议申请后,应当将有关情况通知未提出异议的债权人或被执行人。未提出异议的债权人、被执行人在收到通知后15日内对有关异议不提出反对意见的,执行法院依异议人的意见对分配方案进行审查调整,并根据调整后的方案进行分配。提出异议的债权人、被执行人收到通知后提出反对意见的,法院应当通知异议人,分配方案异议程序即告终结。异议人可以自收到通知之日起15日内,以提出反对意见的债权人、被执行人为被告,向执行法院提起诉讼;异议人逾期未提起诉讼的,执行法院依原分配方案进行分配。

实际上,执行当事人对分配方案的异议涉及实体争议,本应通过诉讼程序解决。但是,由于诉讼程序程序复杂且周期较长,如果所有争议都直接进入诉讼,将导致参与分配程序过于繁琐。因此,《执行解释》采取了较为灵活、务实的做法,赋予债权人或者被执行人首先向执行法院提出异议的权利。若未提出异议的债权人、被执行人在法定期间内对未提出反对意见,执行法院即依异议人的意见对分配方案进行审查调整并进行分配,这种做法既体现了对当事人意思自治的尊重,也有利于提高执行效率。

三、执行异议之诉

执行异议之诉是指在执行过程中当事人、利害关系人或案外人对执行涉及的实体权利义务产生异议，通过诉讼方式加以解决的诉讼形态。执行异议之诉与普通诉讼有一定的区别，执行异议之诉是发生在执行过程中，要以执行异议为前置程序，在管辖上也具有专属性特征。根据我国目前的法律规定，执行异议之诉包括案外人异议之诉、许可执行之诉和分配方案异议之诉。

（一）案外人异议之诉

根据《民事诉讼法》第 227 条的规定，案外人针对执行标的提出的异议是实体权利请求，意在阻止法院不得执行该执行标的或撤销执行程序。该权利请求是否有法律上的依据应当由享有审判权的主体作出判断，而不是由享有执行权的主体进行评判。因此，如果案外人在执行过程中对本案的执行标的提出异议，应当向有管辖权的人民法院提出执行异议之诉，由审判组织作出裁判后再决定是否对执行标的继续执行。

1. 案外人异议之诉的法律依据

《民事诉讼法》第 227 条的后半段承认了执行异议之诉。根据上述法律规定，人民法院对案外人在执行过程中对执行标的提出的书面异议，应当在收到异议之日起 15 日内进行审查，并根据审查结果作出中止执行或驳回申请的裁定。案外人、当事人对裁定不服，认为原判决、裁定错误的，依照审判监督程序办理；与原判决、裁定无关的，可以自裁定送达之日起 15 日内向人民法院提起诉讼。在此基础上，《执行解释》又对案外人异议之诉的审理和裁判程序进行了更为详细的规定。案外人异议之诉是执行程序中衍生出的一种特殊类型的诉讼，其目的不是单纯地确定异议标的的权属，而是从根本上排除对异议标的的执行，因而属于一种执行救济途径。

2. 案外人异议与案外人异议之诉的关系

2007 年修改的《民事诉讼法》将案外人异议和案外人异议之诉加以区分。案外人异议是指非本案当事人的案外人认为执行行为侵害了或可能侵害自己的所有权或其他实体性权利，要求人民法院进行审查，其意图在于对抗对执行标的的执行。对此异议人民法院在一定的时间内进行审查，审查后有 2 种结果：一是案外人异议成立，裁定中止执行；二是异议不成立，驳回其申请。案外人对驳回裁定不服的，可以根据不同的情况，采取不同的应对措施。如果认为是原判决、裁定有错误的，可以提起再审申请；认为与原判决、裁定无关的，可以提起案外人异议之诉，适用民事审判程序的相关规定。

3. 案外人异议之诉的条件

（1）前置程序。案外人异议之诉与普通诉讼不同，必须以案外人异议为前置程序。也就是说，执行过程中案外人向人民法院提出书面异议，人民法院在 15 日内作出裁定。如果案外人对此裁定不服，执行标的和原判决、裁定没有关系，并且案外人不认为原判决、裁定有错误的情况下，可以提起案外人异议之诉。

（2）时间要求。案外人提起异议之诉以案外人异议为前提，对人民法院作出的裁定不服的，必须在送达之日起 15 日内提起诉讼，否则将丧失起诉的权利。

（3）当事人的确定。案外人对执行标的主张实体权利，并请求对执行标的停止执行的，应当以申请执行人为被告；被执行人反对案外人对执行标的所主张的实体权利的，应当以申请执行人和被执行人为共同被告。

（4）管辖法院。案外人提起诉讼的，由执行法院管辖。案外人异议之诉的目的与普通诉讼有所区别，其目的是在于阻止对执行标的的执行。为了便于当事人提出诉讼和便于审理和执行，案外人异议之诉由执行法院专属管辖，其他法院无管辖权。

3. 案外人异议之诉的审理

案外人提起异议诉讼的，执行法院应当依照诉讼程序审理。经审理，理由不成立的，判决驳回其诉讼请求；理由成立的，根据案外人的诉讼请求作出相应的裁判。对此裁判应当适用两审终审制，异议之诉的当事人对裁判不服的，应当根据诉讼程序的规定享有上诉权。

案外人提起异议诉讼的，诉讼期间，不停止执行。案外人的诉讼请求确有理由或者提供充分、有效的担保请求停止执行的，可以裁定停止对执行标的进行处分；申请执行人提供充分、有效的担保请求继续执行的，应当继续执行。案外人请求停止执行、请求解除查封、扣押、冻结或者申请执行人请求继续执行有错误，给对方造成损失的，应当予以赔偿。

（二）许可执行之诉

在案外人提出执行异议，人民法院作出支持案外人异议，中止对执行标的执行的裁定后，申请执行人若对该裁定不服且此项不服声请与原判决裁定无关时，为了保护自己的合法权利可以向法院提起许可执行之诉。

申请执行人和案外人的利益针锋相对，申请执行人的许可执行之诉与案外人异议之诉是相对应的。案外人的诉求是阻止执行机构对执行标的的执行，而申请执行人的诉求是请求执行机构对执行标的进行执行，从而实现自己的裁判利益。

申请人的许可执行之诉应当以案外人为被告;被执行人反对申请执行人请求的,应当以案外人和被执行人为共同被告。此种案件由执行法院管辖,起诉期间是从裁定书送达之日起15日内。

人民法院依照《民事诉讼法》第227条规定裁定对异议标的中止执行后,申请执行人自裁定送达之日起15日内未提起诉讼的,人民法院应当裁定解除已经采取的执行措施。

申请执行人提起许可执行诉讼的,执行法院应当依照诉讼程序审理。经审理,理由不成立的,判决驳回其诉讼请求;理由成立的,根据申请执行人的诉讼请求作出相应的裁判。

(二)分配方案异议之诉

分配方案异议之诉是以分配方案异议为前提提起的诉讼。多个债权人对同一被执行人申请执行或者对执行财产申请参与分配的,执行法院制作财产分配方案。对此分配方案应当允许提出异议。债权人或被执行人对分配方案提出异议的,执行法院应当通知没有提出异议的债权人或被执行人。未提出异议的债权人、被执行人收到通知之日起15日内未提出反对意见的,执行法院依异议人的意见对分配方案审查修正后进行分配;提出反对意见的,应当通知异议人。也就是说异议人提出的新的分配方案被否定后,异议人可以自收到通知之日起15日内,以提出反对意见的债权人、被执行人为被告,向执行法院提起诉讼。

分配方案异议之诉是执行救济制度的重要组成部分,是针对分配方案所提起的一种诉讼,其发生原因是没有对分配方案提出异议的债权人或债务人对其他债权人或债务人提出的分配方案异议提出了不同意见。不同意见的提出说明各方当事人之间就执行财产如何分配仍旧存在争议,这种情况下,要彻底解决争议,就应当进行诉讼。

分配方案异议之诉专属于执行法院管辖,其审理要遵循诉讼程序制度。法院经过审理认定分配方案异议理由成立的,判决支持异议人的分配方案,对原有分配方案进行修改;异议理由不成立的,判决驳回。当事人对该判决不服的,可以依法提起上诉。此外,《执行解释》还规定,在分配方案异议之诉的诉讼期间内进行分配的,执行法院应当将与争议债权数额相应的款项予以提存。

(四)债务人异议之诉

除了上述三种执行救济诉讼外,还有一种债务人异议之诉。债务人异议之诉是指债务人对于执行依据中所载明的债权,有消灭或阻碍其请求权得以实现的事由,向法院提起民事诉讼,请求法院排除执行依据的执行效力,从而停止强制执行。

此种执行依据并非法院的生效裁判或调解书,而是由其他机构制作,依法获得强制执行效力的法律文书。一方当事人申请执行的情况下,债务人有权对此执行依据中载明的债权提出异议,以保护自己的合法权利。目前我国《民事诉讼法》并未对此作出规定。《公证法》第40条规定了当事人、公证事项的利害关系人对作为执行依据的公证书内容有争议时,可以向法院提起民事诉讼。

对于其他机构制作的赋予强制执行效力的法律文书,如果当事人或利害关系人认为有错误,可以通过向法院申请不予执行进行救济,但是不予执行裁定仅仅排除了法律文书的执行效力。允许债务人提起异议之诉可以彻底解决当事人之间的实体权利之争。

四、执行回转

执行回转是指在执行程序结束后,原据以执行的法律文书经过法定程序被撤销,以至于取得财产的一方当事人丧失了取得财产的合法依据,人民法院重新采取执行措施,将已经执行的财产退还给原被执行人,财产权利恢复到执行程序开始前的状态的情形。

执行回转是民事执行中的必要补救性制度,意义在于纠正因为生效法律文书的错误而导致的执行失误,保护当事人的合法权益。

(一)执行回转的原因

根据在实践中由不同的机构制作的不同的法律文书,发生执行回转的原因有:

(1)人民法院制作的判决书、裁定书、调解书在执行完毕后,依再审程序被撤销。

(2)人民法院制作的先予执行的裁定,在执行完毕后,被本院的生效裁判或上级人民法院的终审裁判所撤销的,因先予执行而取得财务的一方应当返还。

(3)其他机关制作的由人民法院制作的法律文书在执行完毕后,被制作机关或其上级机关依法撤销的。

(二)执行回转的条件

(1)必须是原法律文书已经被依法撤销,作出了新的法律文书。执行必须以生效的法律文书为依据。如果原有的法律文书被认为确有错误,但是没有新的法律文书,也不能适用执行回转。

(2)必须是原生效法律文书已经由人民法院按照执行程序执行完毕,执行程序已经终结。如果在执行过程中，则不适用执行回转。

（3）必须是新的法律文书中明确否定了已经获得财产的人具有取得财产的依据，并且拒不返还所得财产的。如果根据新的法律文书，取得财产的人自觉返还财产，则无须适用执行回转。

具备了执行回转条件的，人民法院应当作出执行回转的裁定，责令取得财产的原申请执行人返还已经取得的财产和孳息，如果拒不返还的，人民法院可以强制执行。执行回转的案件应当重新立案，适用执行程序的相关规定。如果已经执行的标的物是特定物的，应当返还原物，如果原物不存在的，可以折价抵偿。

案例精选

▶【案例】

2006年8月，王某诉至法院，要求陈某归还欠款8000元及其利息。后经法院主持调解，陈某同意在2006年12月30日前一次性归还王某借款本息合计9000元。但在约定的还款期届满后，陈某并未履行生效法律文书所确定的义务，王某遂于2007年1月10日申请人民法院强制执行。本案在执行过程中，被执行人陈某与申请执行人王某达成执行和解协议：陈某于2007年3月30日前支付王某借款8000元，王某自愿放弃1000元的利息。此后，陈某之父（以下简称陈父）代其子归还了5000元，另3000元由陈父以自己的名义出具欠条，承诺于2008年5月1日前还款。但到期后，陈父未能归还。2008年5月20日，王某申请人民法院恢复对原民事调解书的强制执行。

评析：根据法律规定，在执行过程中允许当事人之间达成执行和解协议，但是执行和解协议对当事人没有强制效力。如果一方当事人不履行和解协议的，应当恢复原生效法律文书的执行。

本案中，当事人在执行过程中就还款日期以及还款金额和利息事项达成和解协议。陈父的还款行为应当视为和解协议的部分履行。如果在约定的还款日期届满后陈某或陈父没有按和解协议履行剩余部分的还款义务，王某可以向法院申请恢复执行原民事调解书，已经履行的部分应当予以扣除，即陈某还应当向王某还款4000元人民币。

思考问题

1. 民事执行程序与民事审判程序的关系。
2. 执行机构设置的理论基础。

3. 民事执行检察监督机制的建构。

4. 民事执行和解制度的完善。

5. 民事执行案外人异议之诉制度的完善。

法条链接

《民事诉讼法》第224—240条、第256—258条;《民诉法意见》第33条、第254—279条;《执行解释》第1—30条;《执行规定》第1—31条、第70—96条、第102—136条;《审限规定》第5条、第6条;《委托执行规定》。

扩展阅读

1. 张卫平:《案外人异议之诉》,载《法学研究》2009年第1期。

2. 肖建国:《民事执行中的检法关系问题——民事执行检察监督法理基础的另一种视角》,载《法学》2009年第2期。

3. 谭秋桂:《民事执行权的配置方式与民事执行体制的构建》,载《法律适用》2006年第1期。

4. 谭秋桂:《民事执行原理研究》,中国法制出版社2001年版。

5. 赵秀举:《论现代社会的执行危机》,载《中外法学》2010年第4期。

6. 黄松有、杨春华:《对我国民事执行中实体争议救济的考量》,载《中国法学》2006年第5期。

7. 江伟、肖建国:《论我国强制执行法的基本构造》,载《法学家》2001年第4期。

8. 肖建国、赵晋山:《民事执行若干疑难问题探讨》,载《法律适用》2005年第3期。

9. 唐力:《论民事执行的正当性与程序保障——以第三人异议之诉为中心》,载《法学评论》2009年第5期。

第二十二章　执行程序分论

本章核心问题是执行措施。民事执行措施是民事执行的核心制度之一，指执行机构强制债务人履行义务的方法和手段。执行标的物不同，执行措施也有所不同。科学规范和正确适用执行措施，对保障权利人的合法权益、实现民事执行的目的以及体现民事执行的价值均可起到积极的促进作用。本章以金钱债权与非金钱债权的区分为标准，介绍了针对金钱债权和非金钱债权的执行措施的种类、适用条件、适用程序以及各种执行保障措施。

第一节　执行措施概述

一、执行措施的概念和特征

执行措施是指人民法院的执行机构依法采取的强制实现生效法律文书所确定的义务的手段和方法。人民法院通过对债务人的财产或行为采取具有强制性的限制或处分行为,迫使义务人履行义务以实现生效法律文书的内容,集中体现了执行程序的国家强制性。

执行措施具有以下特征:

(1) 法定性。执行措施是实现生效法律文书确定内容的重要保障,同时执行措施直接针对的对象是被执行人的财产或行为。执行行为涉及主体的基本权利,公权力的介入必须非常审慎并且要严格遵守法定的程序和权力范围,否则就可能造成对主体合法权利的侵害。正是基于上述原因,法律对执行措施的种类、适用程序和适用条件都进行了明确规定,法院采取执行措施必须严格依法进行。

(2) 强制性。国家权力的重要特征就是强制性,即排除主体的个人意志,强制其为或不为特定的行为。执行措施是法院运用公权力实现债权人权利的手段和方法,自然体现出鲜明的强制性。但是需要注意的是,强制性措施的采用必须符合法定的条件,采取执行措施的前提是当事人不履行法律文书确定的义务,并且在收到执行通知书后仍拒不履行。

(3) 单向性。执行措施是国家强制力的体现,具有单方意志性特征。执行措施强调的是被执行人单方面的接受和容忍,其运用无需征得被执行人的同意。

(4) 多样性。法律文书确定的义务内容具有多样性特征,为了确保法律文书确定内容的有效实现,根据执行标的、执行内容以及执行过程中具体情况的不同,执行措施也呈现出多样化的特征。

二、执行措施的种类

以执行标的、执行内容以及执行措施性质等作为标准,可以把执行措施划分为不同的种类。

(1) 根据法律文书确定的权利性质不同,可以分为对金钱债务的执行措施和对非金钱债务的执行措施。根据执行标的物的不同,对金钱债务的执行措施还可以分为对动产的执行措施、对不动产的执行措施和对其他财产权利的执行措施等。对非金钱债务的执行措施又可以分为交付特定标的物的执行措施和对行为的执行措施。其中对金钱债务的执行措施和交付特定标的物的执行措施合称为对财产的执行措施。

(2) 根据执行措施能否直接实现生效法律文书确定的内容,分为直接执行措施和间接执行措施。直接执行措施能够直接满足权利人的权利需求,例如划拨、拍卖、变卖等。间接执行措施不能直接实现权利,而是通过第三人的行为实现债权,或者通过执行措施的采取,对义务人造成压力以促使其履行法定义务。例如,对于可替代履行的行为,如果被执行人拒绝履行,执行机构可以委托他人代为履行,所产生的费用由被执行人承担。除此之外,还可以对被执行人罚款或拘留,促使其积极履行义务。

(3) 根据执行标的的不同,可以分为对财产的执行措施和对行为的执行措施。对财产的执行措施是针对被执行人或第三人的现金、动产、不动产等财物采取的查封、扣押、冻结等措施;对行为的执行措施包括针对给付特定物,为或不为特定行为采取的执行措施如指定交付、强制迁出、责令停止侵害、赔礼道歉等。

(4) 根据执行措施的目的不同,分为实现权利的执行措施和保障性执行措施。实现权利的执行措施能够直接实现生效法律文书确定的内容。保障性执行措施是保障、辅助和配合权利人权利实现的措施,如对被执行人存款、收入的查询,对其住所或人身的搜查等等。

第二节 实现金钱债权的执行

实现金钱债权的执行是指为实现债权人的金钱债权而对被执行人采取的执行措施的总称。金钱债权一般是指以给付一定数额的金钱为内容的债权。这里所说的金钱债权比较广泛,其标的包括现金,也包括可以转化为现金的动产、不动产以及知识产权、投资权益和股权等财产性权利。根据《民事诉讼法》和相关司法解释,对金钱债权的执行主要包括对存款(包括债券、股票、基金份额等)、收入、财产以及财产性权利的执行。就金钱债权的执行方法而言,对现金的执行比较简单,主要采取义务人直接交付或由法院划拨、转交等方式执行。而对被执行人其他财产的执行则相对复杂。

一、对存款(包括债券、股票、基金份额等)的执行

根据《民事诉讼法》第 242 条第 1 款的规定,被执行人未按执行通知履行法律文书确定的义务,人民法院有权向有关单位查询被执行人的存款、债券、

股票、基金份额等财产情况，并根据不同情形扣押、冻结、划拨、变价被执行人的财产。人民法院查询、扣押、冻结、划拨、变价的财产不得超出被执行人应当履行义务的范围。

（1）查询。查询是人民法院向有关单位进行的调查和询问被执行人存款、债券、股票、基金份额等情况的活动。其目的是了解被执行人的财产状况和履行义务的能力，为冻结和划拨作准备。

（2）扣押。扣押是人民法院将被执行人的债权、股票、基金份额等财产权利凭证予以扣留，或者押运到特定场所，不允许被执行人占有、使用和处分的执行措施

（3）冻结。冻结是人民法院对被执行人的在有关单位的存款、债券、股票、基金份额等采取的不准其提取和支出的措施。这一措施是为了确保其履行义务的能力。存款一经冻结，银行不得向被执行人支付，被执行人在冻结期间失去了使用和支配该款项的权利。金融机构擅自解冻被人民法院冻结的款项，致冻结款项被转移的，人民法院有权责令其限期追回已转移的款项。在限期内未能追回的，应当裁定该金融机构在转移的款项范围内以自己的财产向申请执行人承担责任。

（4）划拨。划拨是指人民法院通过有关单位将被执行人的存款、债券、股票、基金份额等强行划入权利人的账户内的行为。这是一种直接实现生效法律文书的方式。

（5）变价。变价是法院的执行机构通过交易市场或其他机构将被执行人的债券、股票、基金份额等转化为现金的执行措施。人民法院在采取上述执行措施时要遵循一定的程序，并注意保护被执行人的合法权益。第一，人民法院在查询、冻结和划拨时，不得超过被执行人应当履行义务的范围。第二，人民法院决定扣押、冻结、划拨、变价财产，应当作出裁定，并向有关的单位发出协助执行通知书。第三，被执行人为金融机构的，对其交存在人民银行的存款准备金和备付金不得冻结和扣划，但对其在本机构、其他金融机构的存款，及其在人民银行的其他存款可以冻结、划拨，并可对被执行人的其他财产采取执行措施，但不得查封其营业场所。

采取上述执行措施通常需要得到相关金融机构的协助，而实践中负有协助执行义务的单位拒绝协助法院采取执行措施的现象非常普遍。我国原《民事诉讼法》仅对银行、信用社以及其他有储蓄业务的单位协助查询、冻结、划拨存款的义务做了直接规定。涉及哪些单位有法定的协助执行义务、在何种情况下应当协助执行等，实践中难免存在认识上的分歧。法律规定的不明确一定程度上成为有关单位不履行协助执行义务的借口。因此，从立法上扩大

协助执行单位的范围，明确规定有关单位的协助执行义务，已成为当务之急。同时，鉴于司法实践中股票、债券、基金份额等财产作为执行标的的情形越来越多，对该类财产的执行措施进行明确规定也势在必行。因此，2012 年《民事诉讼法》扩大了法院查询财产的范围，增加了对债券、股票、基金份额等财产情况的查询，同时将负有协助执行义务的单位从“银行、信用合作社和其他有储蓄业务的单位”扩展到“有关单位”。此外，新《民事诉讼法》还强化了执行措施，除“查询、冻结、划拨”被执行人存款等外，还允许法院根据不同情形“扣押、变价”被执行人的财产。

二、对收入的执行

在被执行人未按照执行通知履行生效法律文书确定的义务时，人民法院有权对其应当履行义务部分的收入进行扣留和提取。这一部分收入是义务人应当获得，还没有实际获得的收入，比如工资收入、稿酬等。人民法院根据被执行人应当履行义务的具体情况，对其收入进行扣留，或者提取用于偿付其应当履行的义务。

作为被执行人的公民，其收入转为储蓄存款的，应当责令其交出存单。拒不交出的，人民法院应当作出提取其存款的裁定，向金融机构发出协助执行通知书，并附生效法律文书，由金融机构提取被执行人的存款交人民法院或存入人民法院指定的账户。

人民法院在扣留和提取被执行人的收入时，应当制作书面裁定，并向有关单位发出执行通知书。这些被执行人所在的单位、银行、信用社以及其他单位必须予以办理，不得拒绝。有关单位收到人民法院协助执行被执行人收入的通知后，擅自向被执行人或其他人支付的，人民法院有权责令其限期追回；逾期未追回的，应当裁定其在支付的数额内向申请执行人承担责任。人民法院在扣留、提取被执行人收入时，应当保留被执行人及其所抚养家属的必需生活费用。

三、对财产的执行

《执行规定》第 38 条规定，被执行人无金钱给付能力的，人民法院有权裁定对被执行人的其他财产采取查封、扣押、冻结、拍卖、变卖等措施。裁定书应送达被执行人。这里的财产主要是指被执行人的动产或不动产。

（一）查封、扣押、冻结

1. 查封、扣押、冻结的定义

为了规范执行中的查封、扣押和冻结行为，最高人民法院通过了《关于人民法院民事执行中查封、扣押、冻结财产的规定》,2005 年 1 月 1 日正式实施。查封是一种临时措施,是指人民法院对被执行人的有关财产贴上封条,就地封存,不准任何人转移和处理的措施,一般适用于不动产。扣押是人民法院将被执行人的财产运到有关的场所予以扣留,不准被执行人占有、使用和处分的措施,一般是针对被执行人的动产。冻结措施主要适用于资产、债权或股权等,即人民法院作出裁定,不允许被执行人以及其他人对这些财产进行提取、使用和支配。

2. 查封、扣押、冻结的财产范围

人民法院可以查封、扣押、冻结被执行人占有的动产、登记在被执行人名下的不动产、特定动产及其他财产权。未登记的建筑物和土地使用权,依据土地使用权的审批文件和其他相关证据确定权属。对于第三人占有的动产或者登记在第三人名下的不动产、特定动产及其他财产权,第三人书面确认该财产属于被执行人的,人民法院可以查封、扣押、冻结。

3. 查封、扣押、冻结的程序

人民法院采取查封、扣押和冻结措施的,应当遵循一定的程序。

(1) 人民法院查封、扣押、冻结被执行人的动产、不动产及其他财产权,应当作出裁定,并送达被执行人和申请执行人。采取查封、扣押、冻结措施需要有关单位或者个人协助的,人民法院应当制作协助执行通知书,连同裁定书副本一并送达协助执行人。查封、扣押、冻结裁定书和协助执行通知书送达时发生法律效力。

(2) 通知相关的人员到场。查封、扣押、冻结等执行措施的采取影响到主体的财产权利,法院应当对其进行明确的告知。被执行人是公民的,应当通知其本人或者其成年家属到场。被执行人是法人或其他组织的,通知其法定代表人或者主要负责人到场。如果被执行人放弃行使这种监督权和提出合理要求的权利,即拒不到场的情况下,不影响人民法院的执行。

(3) 通知有关单位和基层组织参加执行。对于被执行人是公民的,应当通知其工作单位或者是财产所在地的基层组织派人参加。

(4) 对查封、扣押的财产造具清单。为了避免发生纠纷和保护被执行人的利益,人民法院对查封、扣留的财产应当进行登记、列明清单。并由在场的人签名或盖章后,交被执行人一份;如果被执行人是公民的,也可以交其成年家属一份。

查封和扣押遵循一定的程序,一方面防止执行机构滥用执行权,另一方面保护被执行人的合法权利。对于查封的财产,人民法院可以指定被执行人负责保管,如果因被执行人的过错造成了这些财产毁损或灭失的,被执行人应当承担相应的责任。

4. 查封、扣押、冻结的期限

除了法律、司法解释另有规定外，人民法院冻结被执行人的银行存款及其他资金的期限不得超过六个月，查封、扣押动产的期限不得超过1年，查封不动产、冻结其他财产权的期限不得超过2年。申请执行人申请延长期限的，人民法院应当在查封、扣押、冻结期限届满前办理续行查封、扣押、冻结手续，续行期限不得超过前款规定期限的1/2。

为了保护被执行人的利益，被执行人及其所扶养家属生活所必需的衣服、家具、炊具、餐具及其他家庭生活必需的物品；被执行人及其所扶养家属所必需的生活费用；被执行人及其所扶养家属完成义务教育所必需的物品；未公开的发明或者未发表的著作；被执行人及其所扶养家属用于身体缺陷所必需的辅助工具、医疗物品；被执行人所得的勋章及其他荣誉表彰的物品等不能采取查封、扣押和冻结等执行措施。此外，根据《中华人民共和国缔结条约程序法》，以中华人民共和国、中华人民共和国政府或中华人民共和国政府部门名义同外国、国际组织缔结的条约、协定和其他具有条约、协定性质的文件中规定免于查封、扣押、冻结的财产，以及法律或者司法解释规定的其他不得查封、扣押、冻结的财产，也属于禁止查封、扣押、冻结的财产。

（二）拍卖、变卖财产

查封、扣押、冻结作为控制性的执行措施，只是限制了被执行人随意处分财产的行为。为了满足债权人的权利请求，有时需要通过变价程序对查封、扣押的财产进行处分，以最终实现申请执行人的金钱债权。因此，《民事诉讼法》第247条规定，财产被查封、扣押后，执行员应当责令被执行人在指定期间履行法律文书确定的义务。被执行人逾期不履行的，人民法院应当拍卖被查封、扣押的财产；不适于拍卖或者当事人双方同意不进行拍卖的，人民法院可以委托有关单位变卖或者自行变卖。国家禁止自由买卖的物品，交有关单位按照国家规定的价格收购。该条明确规定了人民法院指定履行期限作为拍卖、变卖的前置程序，同时确立了拍卖优先原则。具体而言，被执行人在法院指定的期限内拒绝履行法律文书确定的义务的，人民法院有权对被执行人的财产进行变价，以所得价款清偿债务。在对财产进行变价处理时，法院应首先选择拍卖的方式。只有不适于拍卖或当事人双方不同意拍卖的情况下，人民法院可以委托有关单位变卖或自行变卖。通过拍卖的方式变价能够最大限度地实现财产的价值，因此，确立拍卖优先原则既有助于实现执行措施的科学化和合理化，也有助于维护执行当事人双方的合法权益。拍卖是指对于查封、扣押的财产，以公开竞价的方式，将财产卖给出价最高者的行为。对于拍卖查封、扣押的财产采取拍卖措施的,人民法院应当作出裁定。对被执行人财产进行拍卖时,应当委托拍卖机构进行拍卖;没有拍卖机构的,交由有关的单位进行。拍卖财产可以是动产,也可以是不动产。变卖是指人民法院对于查封、扣押的财产,不经过拍卖,直接强制出卖,用获得的价款清偿义务人债务的行为。人民法院在执行中需要变卖被执行人财产的,可以交由有关单位进行,也可以由人民法院直接变卖。对于人民法院直接变卖或组织变卖的财产,应当就价格问题征求物价部门的意见,或者委托专门的资产评估机构对变卖的财产进行估价。对于变卖的财产,人民法院及其工作人员及其家属不得买受。

对于拍卖、变卖被执行人的财物,应当委托依法成立的资产评估机构进行价格评估。

四、对债权的执行

(一)对债权执行的定义

在被执行人不能清偿债务时,如果其对本案以外的第三人享有到期债权的,人民法院可以根据申请执行人或被执行人的申请,向该第三人发出履行到期债务的通知,第三人在指定的期间内不提出异议也不履行的,裁定对其强制执行。对债权的执行又称为代位执行。

从法理上讲,债务人所有的财产都应当作为其债务履行的担保,这当然包括其享有的积极债权。根据《合同法》的规定,如果债务人怠于行使到期债权,致使债权人的债权受到损害时,债权人享有代位权,即代替债务人的位置,直接向与之没有直接权利义务关系的第三人主张权利。

在执行过程中,依据生效法律文书享有权利的人,在其权利不能得到有效实现,而义务人又享有到期债权时,权利人或义务人可以向人民法院提出申请,由义务人的债务人向权利人履行义务。在通常情况下,法律文书的效力仅及于参与诉讼的当事人,对未涉诉的当事人并没有约束力。代位执行主要是基于执行效率的考虑,可以看做是代位权在执行程序的具体效用。

法律规定在执行过程中可以由债务人的债务人直接对权利人进行履行,在程序设计上就应当非常谨慎和缜密,应当给第三人的权利以充分的保障,防止权利人或执行机构权利或权力的滥用,尤其是执行机构权力的滥用。执行实践中,为了能实现法律文书的内容和工作任务,执行机构的执行工作往往出现范围扩大化的倾向。如果法律设置了这样的一种法律文书效力扩张的方式,而没有设置限制性条件,对未涉诉的第三人而言是非常大的威胁。

（二）对债权执行的程序

1．向第三人发出履行通知。

发出履行通知是使第三人进入民事执行程序的方法，也是执行债务人对第三人到期债权不可缺少的步骤。发出履行通知应当满足下列实质条件：(1) 应当是穷尽一切手段都无法达到执行效果时才能适用，即法律文书确定的被执行人被采取了强制执行措施后仍不能履行；(2) 被执行人对第三人的债权已经到期，且债权债务关系明确，如果被执行人对第三人享有债权，但是该债权清偿期尚未届满，不能适用代位执行程序；(3) 该债权不专属于被执行人，即不是基于特定的信任关系或人身关系而取得的债权；(4) 申请执行人提出申请。是否行使执行代位权取决于申请执行人的意愿，执行机构不能依职权作出适用代位执行程序的决定，这是对执行权的限制。申请执行人提出申请的范围不得超过自己对被执行人的债权和被执行人对第三人的债权。

履行通知的形式要件包括：(1) 履行通知应以书面通知的方式送达第三人，并且第三人能实际受领该通知书。(2) 履行通知中应当载明下列事项：履行债务的范围，包括数额、种类等；履行期限；履行方式；不履行将要承担的法律后果。根据《执行规定》第 61 条第 2 款的规定，履行通知的具体内容如下：第三人直接向申请执行人履行其对被执行人所负的债务，不得向被执行人清偿；第三人应当在收到履行通知后的 15 日内向申请执行人履行；第三人对履行到期债务有异议的，应当在收到履行通知后的 15 日内向执行法院提出异议；第三人违背上述义务的法律后果。

履行通知对于被执行人和第三人产生不同的效力。对于被执行人而言，其对该债权的处分受到限制，一方面不得受领该履行，另一方面其放弃对第三人的债权或延缓第三人的履行期限的行为无效。对于第三人而言，在收到履行通知后，不得对被执行人履行，如果其擅自向被执行人履行而造成履行的财产不能追回的，在已经履行的财产范围内与被执行人承担连带的清偿责任，并且可以对其追究妨碍执行的责任。同时，第三人还享有对履行通知提出异议的权利。

（三）第三人异议。

第三人异议是指第三人对履行通知中所列明的债权有实质性的不同意见。由于该履行通知所依据的债权确认并没有经过审判程序，可能直接影响到第三人的财产利益，应当给予其抗辩的权利。对于第三人提出的异议，执行组织因没有裁判的权利，不应当进行实质审查。只要第三人在指定的期间内提出异议，执行机构就不能对其财产采取强制执行措施。

1. 第三人异议的方式、期限和内容

第三人提出异议一般应当采用书面方式。口头异议由执行人员记入笔录,并由第三人签字或盖章。第三人应当在收到履行通知后的15日内提出异议,否则就将承受不利的法律后果。异议的内容应当是对债权的实质性不同意见,包括该债权不存在、对债权的数额有异议以及其他的对抗被执行人的抗辩理由。如果第三人提出没有履行能力或与申请执行人之间没有直接的法律关系,不产生异议的效力。

2. 第三人异议的效力

如果第三人提出异议,并且该异议依法成立的,就产生排除强制执行措施采用的效力,法院不得对第三人强制执行。在这种情况下,如果申请执行人认为被执行人存在怠于行使到期债权或有放弃债权的嫌疑,可以向人民法院提起代位权诉讼或请求人民法院撤销债务人的行为,对自己的权利进行救济。

3. 第三人异议的审查

第三人应当向执行机构提出异议。该执行机构仅对异议进行形式上的审查而无须进行实体上的审查。例如,执行机构可对第三人的异议是否在法定的期间内提出,异议是否与债权的存在、数额等有关联进行审查。如果第三人仅提出没有履行能力,执行机关可以裁定异议不成立。

(四) 采取强制执行措施

第三人在法定期间没有提出异议,也没有履行的,或者提出异议被裁定不成立的,人民法院可以对第三人采取强制执行措施,满足申请执行人的权利。如果第三人确实没有履行能力或没有财产可供执行的,不得再对其债务人的财产适用代位执行程序,此时应当终结代位执行程序。

适用代位执行程序后,第三人的履行行为在申请执行人和被执行人以及第三人之间产生一定的法律后果。对于第三人和被执行人而言,其债务因为履行而在清偿的范围内消灭,被执行人不得再依原来的债权债务关系向第三人主张原债权;对于申请执行人和被执行人而言,申请执行人的债权因为获得清偿而消灭。当然,在申请执行人的权利没有获得完全满足的情况下,其还可以向被执行人继续主张权利。

五、对知识产权、投资权益或股权的执行

(一) 对知识产权的执行

知识产权是对专利、商标、作品等享有的智力成果权,是财产权的一种。如果被执行人享有知识产权而不履行生效法律文书确定的义务,人民法院有

权裁定禁止被执行人转让其专利权、注册商标专用权、著作权(财产权部分)等知识产权。上述权利有登记主管部门的,应当同时向有关部门发出协助执行通知书,要求其不得办理财产权转移手续,必要时可以责令被执行人将产权或使用权证照交人民法院保存。被执行人在人民法院采取了禁止转让措施后仍不履行的,人民法院可以采取拍卖、变卖等执行措施。

(二)对股票、投资收益的执行

股票是一种有价证券,代表持有者对公司的所有权,属于财产性的权利。股息和红利属于投资性收益。随着社会的发展,人们的收入构成已经不局限于工资和薪金收入,投资性收益已经成为收入重要来源。根据企业性质的不同,对被执行人拥有的股票或投资收益采取的执行措施也各有不同。

对被执行人从有关企业中应得的已到期的股息或红利等收益的,人民法院有权裁定禁止被执行人提取,或禁止有关企业向被执行人支付,并要求有关企业直接向申请执行人支付。对被执行人预期从有关企业中应得的股息或红利等收益,人民法院可以采取冻结措施,禁止到期后被执行人提取,并禁止有关企业向被执行人支付。待该收益到期后,人民法院可从有关企业中提取,并出具提取收据。

对被执行人在其他股份有限公司中持有的股份凭证(股票),人民法院可以扣押,并强制被执行人按照公司法的有关规定转让。人民法院也可以直接采取拍卖、变卖的方式进行处分,或直接将股票抵偿给债权人,用于清偿被执行人的债务。

对被执行人在有限责任公司、其他法人企业中的投资权益或股权,人民法院可以采取冻结措施。冻结投资权益或股权的,应当通知有关企业不得办理被冻结投资权益或股权的转移手续,不得向被执行人支付股息或红利。被冻结的投资权益或股权,被执行人不得自行转让。

被执行人在其独资开办的法人企业中拥有的投资权益被冻结后,人民法院可以直接裁定予以转让,以转让所得清偿其对申请执行人的债务。对被执行人在有限责任公司中被冻结的投资权益或股权,人民法院可以依据《公司法》第35条、第36条的规定,征得全体股东过半数同意后,予以拍卖、变卖或以其他方式转让。不同意转让的股东,应当购买该转让的投资权益或股权,不购买的,视为同意转让,不影响执行。人民法院也可允许并监督被执行人自行转让其投资权益或股权,将转让所得收益用于清偿对申请执行人的债务。

对被执行人在中外合资、合作经营企业中的投资权益或股权,在征得合资或合作他方的同意和对外经济贸易主管机关的批准后,可以对冻结的投资权益或股权予以转让。如果被执行人除在中外合资、合作企业中的股权以外别无其他财产可供执行,其他股东又不同意转让的,可以直接强制转让被执行人的股权,但应当保护合资他方的优先购买权。

有关企业收到人民法院发出的协助冻结通知后,擅自向被执行人支付股息或红利,或擅自为被执行人办理已冻结股权的转移手续,造成已转移的财产无法追回的,应当在所支付的股息或红利或转移的股权价值范围内向申请执行人承担责任。

第三节 实现非金钱债权的执行

实现非金钱债权的执行是指人民法院执行机构为了实现申请人的非金钱债权,迫使被执行人履行生效法律文书确定义务而采取的各种执行措施的总称。非金钱债权与金钱债权相对应,其标的是被执行人的特定行为而非金钱或可以转化为金钱的财产或财产性权利。特定行为可以分为物的交付和法律文书确定的行为两种。因非金钱债权不以金钱的交付为目的,其执行措施与金钱债权有明显不同,一般不涉及变价程序,也不存在偿付的问题。

一、交付物的执行

交付物的执行是指人民法院在被执行人不履行交付义务时所采用的强制其交出法律文书指定的物的执行措施。这里需要注意的是对物的交付的执行与金钱债权中对财产的执行有所不同。物的交付要求被执行人交付法律文书指定的物,直接转移物的所有权,无需将特定的物货币化。而金钱债权的执行中对财产采用查封、扣押和冻结措施都是为了迫使被执行人履行现金债务,如果不能满足申请人要求的,要将财产进行拍卖和变卖。根据交付的物的不同,交付物的执行可以分为以下几类:

(一) 交付动产的执行

交付动产又可以分为交付财物或票证以及特定物。交付财物或票证的,若被执行人拒不履行交付义务的,首先由执行人员传唤双方当事人,对被执行人进行说服教育,促使其将指定的财物或票证当面交付申请执行人,或者由执行员转交给申请人,由被交付人签收。如果被执行人外的有关公民持有该财物或票证的,人民法院应当通知其交出,如果拒不交出的,人民法院可以强制执行。有关单位持有该财物或票证的,应当根据人民法院的协助执行通知书转交,并由被交付人签收。拒不转交的,人民法院可以强制执行,并可以处以罚款和向有关机关提出予以纪律处分的司法建议。

如果执行标的物为特定物的,应当执行原物。原物被隐匿或非法转移的,人民法院有权责令其交出。原物因损坏、灭失等确实已经不存在的,可以折价赔偿。

有关单位或个人持有持有法律文书指定的财物或票证,因其过错造成财物或票证被毁损或灭失的,人民法院可以责令其赔偿;拒不赔偿的,人民法院可以按照执行标的物的价值强制执行。

(二) 交付不动产的执行

交付不动产的执行,指人民法院根据生效法律文书确定的义务,强制解除被执行人对不动产的占有并将改不动产交付给申请执行人。如果被执行人在法律文书确定的期限内,拒不迁出或退出土地的,由人民法院的执行组织强制其搬迁,腾出房屋或土地,交付给申请人。适用这一执行措施,应当遵循法定程序:

(1) 由院长签发限期迁出房屋或退出土地的公告。公告中应明确义务人履行的期限,并告之拒不履行的法律后果。公告的目的是督促义务人在一定的期限内自觉履行。

(2) 公告期限届满,被执行人不自觉履行的,采取强制执行措施。首先,是通知相关人员到场。被执行人是公民的,应通知被执行人或其成年家属到场,其工作单位或者房屋、土地所在地的基层组织也应派人参加;被执行人是法人或其他组织的,应当通知其法定代表人或者主要负责人到场。拒不到场的,不影响执行。其次,是制作现场执行笔录。书记员或执行员应记录现场发生的情况,对搬出的财产进行登记和造具清单,由在场人签名或盖章。再次,强制迁出房屋过程中被搬出的财物,由人民法院派人运至指定地点,交给被执行人。被执行人是公民的,也可以交给其成年家属。如果因为被执行人或其成年家属拒收而造成的损失,由被执行人自行承担。

在执行过程中,如果需要办理有关财产权的证照转移手续的,人民法院可以向有关部门发布协助执行通知书。因为证照的转移是必须通过这些机构才能完成,有关单位必须协助人民法院办理有关证照的转移手续。如果拒不办理的,按照妨碍民事诉讼行为进行处理。

二、对行为的执行

对行为的执行是指被执行人在不履行法律文书确定的行为时,人民法院采取强制措施强制其履行。

生效法律文书中确定的义务人必须完成的行为可分为可替代行为和不可替代行为,也可以分为作为和不作为。例如在侵权案件中,作为义务有赔礼道歉、消除影响、修理、重作、更换等;不作为义务则有停止侵害等。

对于作为行为的执行，如果被执行人在接到执行通知后拒不履行的，人民法院可以强制执行或者是委托有关单位或者他人完成，费用由被执行人承担。如果该项行为义务只能由被执行人完成，经说服教育被执行人仍拒不履行的，人民法院可以对其进行罚款或拘留，情节严重构成犯罪的，可追究其刑事责任。

生效法律文书如果确定被执行人承担不作为义务的，其没有实施积极的作为就是在履行法定义务；如果被执行人实施了积极行为就是不履行生效裁判确定的义务。不作为也可以分为不可替代和可替代行为，针对不同的行为采用不同的执行措施。

第四节　保障性执行措施

保障性执行措施是指为了配合和辅助直接实现债权人权利的基本执行措施而采取的执行措施。其功能在于保障执行工作的顺利进行以及执行效率。这些措施包括搜查、查询、强制交付迟延履行利息或迟延履行金、继续履行、报告财产和限制出境以及限制高消费等。

一、搜查

在执行过程中，被执行人不仅逾期不履行法律文书所确定的义务，还有转移、隐匿财产的行为时，人民法院有权签发搜查令，对被执行人及其住所或财产隐匿地进行搜查。搜查是对被执行人转移、隐匿的财产进行搜索、查找的执行措施，其本身并不是为了实现法律文书中确定的权利，而是为了保障执行机构能对被执行人的财产采取其他的执行措施。因采取搜查措施有可能侵犯宪法赋予公民的基本权利，所以法律严格限制了其适用条件和程序。

（一）搜查适用的条件

（1）搜查必须是在民事执行程序中适用；（2）生效法律文书规定的履行期间已经届满；（3）被执行人拒不履行法定的义务，并有转移、隐匿财产的行为或者拒不提供有关财产状况的证明材料；（4）搜查的范围仅限于被执行人及其住所和财产隐匿地。

（二）搜查程序

（1）必须由院长签发搜查令，并且必须由执行人员进行。

（2）进行搜查时，搜查人员必须按规定着装并出示搜查令和身份证件。搜查涉及被执行人的人身自由、名誉、居住等权利，在适用和操作上需慎重。

（3）通知相关人员到场。搜查时应当禁止无关人员进入搜查现场。搜查对象是公民的,应通知被执行人或其成年家属以及基层组织派员到场;搜查对象是法人或其他组织的,应当通知其法定代表人或者主要负责人到场,有上级主管部门的,应当通知主管部门有关人员到场。拒不到场的,不影响搜查。另外,如果搜查妇女的身体,应当由女执行人员进行。

(4) 搜查应当制作搜查笔录,对到场的人员、过程和结果进行详细记录,并由相关人员签名或盖章确认。

(5) 如果被隐匿的财产被查出,应当依法进行查封、扣押,并对财产进行清查,造具清单,由在场的人签名,并交被执行人一份。

二、责令加倍支付迟延履行的利息和支付迟延履行金

迟延履行是指义务人未按照生效法律文书中确定的期限履行法定义务,或者是故意拖延履行。包括两种情况:一是义务人没有在确定的时间内履行金钱义务的,人民法院应当责令其加倍支付迟延履行期间的利息;二是义务人在确定的时间内没有履行其他义务的,应当支付迟延履行金。责令迟延履行给付金钱义务的被执行人加倍支付利息,是指在按银行同期贷款最高利率计付的债务利息上增加一倍。被执行人未按照法律文书确定的期限履行义务的,无论是否给申请执行人造成损失,都应当支付迟延履行金。如果造成损失的,双倍补偿申请执行人已经受到的损失;如果没有造成损失,由人民法院根据案件的具体情况决定迟延履行金的数额。被执行人迟延履行的,迟延履行的期间从法律文书确定的履行期间届满次日起计算。

三、继续履行

在执行过程中,人民法院采取查询、冻结、划拨被执行人的存款,扣留和提取被执行人的收入,查封、扣押、冻结、拍卖、变卖被执行人的财产等措施后,被执行人仍不能清偿债务的,应当继续履行其义务。如果申请人发现被执行人有其他财产的,可随时要求人民法院继续执行。这是一项保障权利人权利完全实现的制度,可以防止被执行人产生侥幸心理,促使其完全的、及时地履行法律文书确定的义务。

四、报告财产

被执行人未按照生效法律文书履行义务的,应当书面报告下列财产情况:(1) 收入、银行存款、现金、有价证券;(2) 土地使用权、房屋等不动产;(3) 交通运输工具、机器设备、产品、原材料等动产;(4) 债权、股权、投资权益、基金、知识产权等财产性权利;(5) 其他应当报告的财产。

除此之外，被执行人自收到执行通知之日前一年至当前财产发生变动的，应当对该变动情况进行报告。被执行人在报告财产期间履行全部债务的，人民法院应当裁定终结报告程序。被执行人报告财产后，其财产情况发生变动，影响申请执行人债权实现的，应当自财产变动之日起 10 日内向人民法院补充报告。对被执行人报告的财产情况，申请执行人请求查询的，人民法院应当准许。申请执行人对查询的被执行人财产情况，应当保密。对被执行人报告的财产情况，执行法院可以依申请执行人的申请或者依职权调查核实。

五、限制出境、记入征信系统或通过媒体发布

被执行人不履行法定义务的，人民法院可以对其采取或通知有关单位协助采取限制其出境的措施。限制被执行人出境的，应当由申请执行人向执行法院提出书面申请；必要时，执行法院可以依职权决定。被执行人为单位的，可以对其法定代表人、主要负责人或者影响债务履行的直接责任人员限制出境。被执行人为无民事行为能力人或者限制民事行为能力人的，可以对其法定代理人限制出境。在限制出境期间，被执行人履行法律文书确定的全部债务的，执行法院应当及时解除限制出境措施；被执行人提供充分、有效的担保或者申请执行人同意的，可以解除限制出境措施。

除了限制出境外，对于不履行生效法律文书确定义务的被执行人，执行法院可以依职权或者依申请执行人的申请，将被执行人不履行法律文书确定义务的信息，通过报纸、广播、电视、互联网等媒体公布。媒体公布的有关费用，由被执行人负担；申请执行人申请在媒体公布的，应当垫付有关费用。

上述辅助措施的采取，会给债务人造成一定的心理压力，促使其履行裁判义务，有助于解决执行难的问题。

六、限制债务人高消费

限制债务人高消费，指在民事执行过程中，如果被执行人没有履行或没有全面履行生效法律文书确定的义务时，执行机构依法限制或禁止其以自己的财产进行某些种类的消费行为，促使其履行义务的一种措施。限制债务人高消费是一种间接执行措施，其作用机制是通过对被执行人造成心理上的压力或不便感以促使其履行义务。人民法院决定采取限制高消费措施时，应当考虑被执行人是否有消极履行、规避执行或者抗拒执行的行为以及被执行人的履行能力等因素。

被执行人为自然人的，被限制高消费后，不得有以下以其财产支付费用

的行为:(1) 乘坐交通工具时,选择飞机、列车软卧、轮船二等以上舱位;(2) 在星级以上宾馆、酒店、夜总会、高尔夫球场等场所进行高消费;(3) 购买不动产或者新建、扩建、高档装修房屋;(4) 租赁高档写字楼、宾馆、公寓等场所办公;(5) 购买非经营必需车辆;(6) 旅游、度假;(7) 子女就读高收费私立学校;(8) 支付高额保费购买保险理财产品;(9) 其他非生活和工作必需的高消费行为。被执行人为单位的,被限制高消费后,禁止被执行人及其法定代表人、主要负责人、影响债务履行的直接责任人员以单位财产实施上述行为。

限制高消费一般由申请执行人提出书面申请,经人民法院审查决定;必要时人民法院可以依职权决定。人民法院决定限制高消费的,应当向被执行人发出限制高消费令。限制高消费令由人民法院院长签发。限制高消费令应当载明限制高消费的期间、项目、法律后果等内容。

人民法院根据案件需要和被执行人的情况可以向有义务协助调查、执行的单位送达协助执行通知书,也可以在相关媒体上进行公告。限制高消费令的公告费用由被执行人负担;申请执行人申请在媒体公告的,应当垫付公告费用。

被限制高消费的被执行人因生活或者经营必需而进行被禁止的消费活动的,应当向人民法院提出申请,获批准后方可进行。在限制高消费期间,被执行人提供确实有效的担保或者经申请执行人同意的,人民法院可以解除限制高消费令;被执行人履行完毕生效法律文书确定的义务的,人民法院应当在上述通知或者公告的范围内及时以通知或者公告解除限制高消费令。

被执行人违反限制高消费令进行消费的行为属于拒不履行人民法院已经发生法律效力的判决、裁定的行为,经查证属实的,依照《民事诉讼法》第111条的规定,予以拘留、罚款;情节严重,构成犯罪的,追究其刑事责任。有关单位在收到人民法院协助执行通知书后,仍允许被执行人高消费的,人民法院可以依照《民事诉讼法》第114条的规定,追究其法律责任。

案例精选

▶【案例】①

首都师范大学与中建物业管理公司供用热力合同纠纷一案,北京市海淀区人民法院判决中建物业管理公司给付首都师范大学供暖费2913715.7元以

① 参见http://www.court.gov.cn/spyw/zxgz/201108/t20110824_164832.htm,2012年2月1日最后访问。

及利息270025.17元。一审判决后，中建物业管理公司提起上诉。北京市第一中级人民法院二审判决驳回上诉，维持原判。

由于中建物业管理公司未履行生效判决确定的义务，首都师范大学向北京市海淀区人民法院申请执行。执行法院要求中建物业管理公司申报财产情况。中建物业管理公司申报了中国工商银行和兴业银行两个银行账户，执行法院对两个账户进行了冻结，仅扣划到9800元。执行法院进一步调查发现，中建物业管理公司在中国建设银行还开立有一个账户，执行法院遂冻结了该账上仅有的存款13289.02元。执行法院要求中建物业管理公司负责人到庭说明为何没有如实申报财产，并要求中建物业管理公司提供3个银行账号的对账单和会计凭证供调查。中建物业管理公司负责人未到庭，且未提供对账单和会计凭证。鉴于此，执行法院对中建物业管理公司的办公场所进行了搜查。通过查阅搜查获取的会计账簿，发现中建物业管理公司以工资、药费、差旅费等名义向中建北配楼招待所支付了大笔费用，累计近百万元。执行法院调取了中建物业管理公司的中国建设银行账户交易记录，显示在执行法院发出执行通知书后，中建物业管理公司仍有多笔大额资金往来。执行法院到中建北配楼招待所的经营场所进行调查，发现招待所条件十分简陋，仅有6名员工，月经营收入为20000至30000元。

经过调查，执行法院掌握了大量确凿的证据，证明中建物业管理公司在收到执行通知书后，未如实申报财产情况，其将经营收入等大笔资金转入中建北配楼招待所的银行账户，以达到转移财产，规避执行的目的。因此，执行法院对中建物业管理公司的负责人采取了拘留措施，并决定对中建物业管理公司的账目进行审计。执行法院采取强制措施后，中建物业管理公司迫于压力，3日内向法院支付了180余万元执行款，并与申请人首都师范大学达成了执行和解协议，并已分期履行完毕。

评析：本案中，为了确保生效法律文书获得有效地执行，执行法院要求被执行人报告财产。在被执行人不如实申报财产的情况下，对被执行人账户和工作场所进行查询和搜查，以期获得被执行人财产的真实状况。对于被执行人的负责人不积极履行判决义务，不配合执行工作以及转移隐匿财产的行为采取强制措施，对其实施一定的惩罚。本案较好地运用了财产报告、财产调查、搜查手段以及执行保障措施，使得该案得以顺利执结，当事人的合法权利获得有效救济和保护。

思考问题

1. 执行措施的种类和适用条件。
2. 被执行人财产调查制度的完善。
3. 对行为请求权的执行措施。
4. 对被执行人到期债权执行的条件。
5. 执行威慑机制的构建及其完善。

法条链接

《民事诉讼法》第241—255条;《民诉法意见》第280—303条;《执行解释》第31—39条;《执行规定》第32—69条;《关于限制被执行人高消费的若干规定》。

扩展阅读

1. 季卫东、徐昕:《"执行难"的理论争鸣:公力救济与私力救济之间的竞争与互补》,载《时代法学》2007年第1期。

2. 吴光陆:《强制执行法拍卖性质之研究》,台湾五南图书出版公司1987年版。

3. 田平安:《民事执行措施论》,载《时代法学》2007年第1期。

4. 陈荣宗:《法院拍卖的理论基础》,载杨建华主编:《强制执行法、破产法论文选辑》,五南图书出版公司1984年版。

5. 廖中洪:《代位执行中的若干问题研究》,载《法律适用》2005年第6期。

7. 陈桂明、侍东波:《民事执行法中拍卖制度之理论基石——强制拍卖性质之法律分析》,载《政法论坛》2002年第5期。

8. 李浩:《论民事执行中债务人财产的发现》,载《法学》2007年第12期。

第五编　涉港澳台及涉外民事诉讼程序

第二十三章　涉港澳台民事诉讼程序

在我国主权统一和“一国两制”原则之下，存在着一个主权国家内同时存在四个法域的局面。各法域间既相互独立又相互平等。各法域法院不得到别的法域直接实施司法行为和采取诉讼措施，各法域的司法文书和司法外文书也不能在别的法域直接发生法律效力。因此，我国对涉及港澳台民商事案件的审理和四个法域之间的区际民事司法协助作出特别规定。本章主要介绍涉港澳台民事诉讼程序的特点、适用范围和特别规定、区际民事司法协助。

第一节　涉港澳台民事诉讼程序概述

在“一国两制”原则的指导下，我国政府恢复对香港和澳门行使主权后，在香港和澳门分别设立特别行政区，实行“港人治港”、“澳人治澳”的高度自治体制，并分别在《香港特别行政区基本法》和《澳门特别行政区基本法》中明确规定特别行政区享有立法权和司法终审权。台湾是中国领土不可分割的一部分。尽管目前台湾地区仍是一个独立的法域，但是两岸的民事和经济交流从未间断且日益加强。在民事和经济交往过程中，纠纷是难以避免的。随着将来“一国两制”原则在解决台湾问题上的贯彻执行，将形成一个主权国家内同时存在四个法域的状况。

为了既体现不同法域之间司法权的相对独立性，又体现国家主权的统一性，我国法律对涉港澳台民事案件诉讼程序作出特别规定，使其既区别于内地公民之间、法人之间、其他组织之间以及其相互之间的民事诉讼程序，又区别于涉外民事诉讼程序。

一、涉港澳台民事诉讼程序的概念和特点

在我国，由大陆（内地）人民法院审理和裁判的涉港澳台民商事诉讼案件所遵循的程序，称为涉港澳台民事诉讼程序。涉港澳台民事案件是指因含有涉港澳台因素的民商事纠纷引起的，依法应当或者可以由人民法院审理和裁判的案件，包括涉港澳台争讼案件、涉港澳台非讼事件和涉港澳台执行案件。

涉港澳台民事诉讼程序具有以下特点：(1) 适用的案件是统一主权之下的民事纠纷案件，但适用的程序不同于内地通常民事诉讼程序；(2) 适用的案件不属于涉外民事诉讼案件，但适用的程序参照适用涉外民事诉讼程序的规定；(3) 与通常诉讼程序的关系适用特别法与一般法关系的方法处理，即法律对涉港澳台民事诉讼程序有特别规定的，适用该规定，没有特别规定的，适用内地通常民事诉讼程序的一般规定。

二、涉港澳台民事诉讼程序的适用范围

涉港澳台民事诉讼程序适用的案件是因含有涉港澳台因素的纠纷引起的、依法应当或者可以由法院审理和裁判的民事纠纷案件。所以，涉港澳台民事诉讼程序的适用范围由两个因素决定：一是纠纷是否含有涉港澳台因素，二是案件是否应当或者可以由法院审理和裁判。

所谓含有涉港澳台因素的纠纷，是指至少包含以下三种因素之一的争

议:(1) 民事争议的主体涉及港澳台的,即一方或者双方当事人是港澳特别行政区居民、台湾地区居民或法人、其他组织;(2) 争议的事实涉及港澳台的,即引起争议的民事法律关系发生、变更或者消灭的法律事实发生在香港、澳门特别行政区或台湾地区,比如合同在香港特区签订或履行、侵权行为发生在澳门特区等;(3) 争议的标的物涉及港澳台的,即争议的财产在香港、澳门特别行政区或台湾地区。

第二节　涉港澳台民事诉讼程序的特别规定

大陆(内地)人民法院解决涉港澳台民商事案件时,在诉讼程序(选择)适用方面,我国现行《民事诉讼法》没有作出规定的,通常次序是:(1) 适用大陆(内地)与港澳台共同制定的特殊规则;(2) 适用大陆(内地)专门制定的特殊规则;(3) 参照适用大陆(内地)关于涉外民事诉讼程序的特别规定;(4) 适用《民事诉讼法》和相关司法解释对大陆(内地)民事诉讼的一般程序规定。

我国法律对内地法院审理涉港澳台民商事案件,作出下列规定:

一、民事诉讼当事人和诉讼代理人

(一) 当事人的证明文件

港澳台当事人在大陆(内地)进行民事诉讼活动,应向人民法院提供港澳台有关部门出具的证明文件(如身份证、护照、公司执照、婚姻状况公证书等)以证明其身份;若因特殊原因确实无法取得上述证明文件,可用其他适当方法证明其身份(如通过合法的同乡会、宗亲会等来证明)。

(二) 委托律师作为诉讼代理人

港澳台当事人在大陆(内地)进行民事诉讼活动,有权根据我国《民事诉讼法》的规定,委托诉讼代理人代为诉讼。住所地在香港、澳门特别行政区的当事人需要委托律师在内地人民法院代理进行诉讼的,应当委托内地的执业律师。香港的法律执业者、澳门的执业律师不得以律师身份作为代理人出庭。①

---

① 根据司法部2003年发布的《取得内地法律职业资格的香港特别行政区和澳门特别行政区居民在内地从事律师职业管理办法》的规定,凡参加内地举行的国家司法考试合格,取得《中华人民共和国法律职业资格证书》的香港、澳门特别行政区居民,可以在内地申请律师执业。但是,获准在内地律师执业的香港、澳门特别行政区居民,只能从事内地非诉讼法律事务,即可以采取担任法律顾问、代理、咨询、代书等方式从事内地非诉讼法律事务。因此,香港、澳门特别行政区居民即使具有内地律师执业资格,也不得接受委托在内地从事诉讼代理业务。

住所地在台湾地区的当事人需要委托律师代理进行诉讼的,应当委托在内地执业的律师。在台湾地区执业的律师,不得在内地以律师身份参加诉讼活动。

（三）授权委托书

港澳当事人从港澳委托的诉讼代理人,其授权委托书须经我国司法部授权的香港委托公证人、澳门有关机构证明,并明确代理权限。人民法院应注意审查代理人的委托权限,区分民事委托与诉讼委托、一般授权与特别授权。未履行公证、认证手续的,人民法院不允许受托人出庭代理诉讼。①

台湾地区当事人委托台湾地区居民代理诉讼的,从台湾地区向人民法院提交的授权委托书,应当经公证证明。

二、管辖

涉港澳台民事案件的管辖,原则上根据民事诉讼法关于地域管辖以及涉外民事诉讼管辖的规定确定。但是,考虑到离婚等类型案件有特殊性,最高人民法院有关司法解释规定了处理涉港澳台民事案件的管辖规则:

(1) 双方原在内地结婚,现一方居住在香港特区或澳门特区,由原告住所地或经常居住地人民法院管辖;港、澳一方向香港特区或澳门特区提起离婚诉讼,内地一方向人民法院起诉的,受诉人民法院有权管辖。

(2) 居住港、澳一方当事人向香港特区或澳门特区法院起诉离婚后,该法院作出准予离婚的判决,只要不违反我国法律的基本精神,且双方当事人均无异议的,该判决对双方当事人有拘束力;如该判决要在内地执行的,须由香港特区或澳门特区法院按内地民事诉讼法的有关规定,委托内地人民法院协助执行。

(3) 关于涉台离婚案件,参照《民事诉讼法》第 22 条的规定,由原告住所地或经常居住地人民法院管辖。下列三类案件,均由原告住所地或经常居住地人民法院管辖:第一,大陆一方要求与在台一方离婚的案件;第二,大陆一方与在台一方分离后未办理离婚手续,一方或双方分别在大陆和台湾地区再婚的,如果其中一方当事人(大陆一方)提出与其配偶离婚的案件;第三,回大

① 港澳当事人从港澳提交给人民法院的授权委托书,应当按如下规定办理证明手续:(1) 驻港澳机构(新华社香港分社、中国银行、华润公司、招商局、澳门南光公司、澳门南通银行)的工作人员,可由所在机构出具证明;(2) 港九工会联合会、香港中华总商会、香港教育工作者联合会、澳门中华教育会、澳门中华总商会的会员可以由所在的社团出具证明;(3) 社会上的一般群众可以由司法部委托的香港律师出具证明;(4) 对香港民政署、民政处出具的证明认证问题,凡由司法部委托的律师转送的,即可以认为是可靠的。

陆定居一方要求与在台一方离婚的案件。

凡是内地人民法院享有管辖权的案件,港、澳特区法院对该案的受理,并不影响当事人就同一案件在内地法院起诉;但是否受理,应视案件具体情况作出决定。根据《认可台湾地区判决规定》,案件虽经台湾地区有关法院判决,但当事人未申请许可,而是就同一案件事实向人民法院提起诉讼的,应予受理。

三、期间

对于住所地在香港、澳门特别行政区、台湾地区的当事人,其答辩、上诉期间应当参照适用涉外民事诉讼程序的规定。被告方住所地在香港、澳门特别行政区、台湾地区的,其向人民法院提交答辩状的期间为 30 日;不服第一审判决和第一审依法可以上诉的裁定的当事人,其住所地在香港、澳门特别行政区、台湾地区的,应当在收到判决书、裁定书的次日起 30 日内向上一级人民法院提起上诉。同时,人民法院审理涉港澳台民事案件,不受《民事诉讼法》有关审理期限规定的限制。

四、证据制度

涉港澳台民事诉讼证据制度中最重要的问题是如何取得和提交证明材料以及法院如何认定证据。根据“谁主张谁举证”的原则,涉港澳台民事诉讼证明材料原则上应当由当事人提供。《证据规定》第 11 条第 2 款规定:“当事人向人民法院提供的证据是在香港、澳门、台湾地区形成的,应当履行相关的证明手续。”

在内地无住所的香港当事人从内地以外寄交或者托交的有关诉讼材料,须经我国司法部委托的香港律师公证,委托事项主要包括:(1) 凡发生在香港地区的法律行为、有法律意义的事实和文书的公证事项,均可由委托的香港律师办理。(2) 公证机构在受理内地与香港的一些公司、企业签订的经济合同时,如有需要,可要求港方当事人提供由司法部委托的香港律师出具的证明、该公司或企业登记注册的证明、银行资信情况证明、公司章程证明、委托代签合同的委托书的证明、公司或企业纳税的证明、银行担保证明等。(3) 香港公司、企业因经济合同纠纷在内地人民法院诉讼或在仲裁机构仲裁时,提交给人民法院或仲裁机构的法人登记注册证、委托书等有关材料的证明。(4) 关于港澳同胞到内地申请收养子女等与其有关的证明。公证书上应盖有中国法律服务(香港)有限公司转递香港公证文书专用章。

在内地无住所的澳门当事人从内地以外寄交或者托交的有关诉讼材料,

应盖有中国法律服务(澳门)有限公司证明事务专用章。

在我国大陆无住所的台湾地区当事人从台湾地区寄交或者托交的有关诉讼材料,应当经台湾地区当地的公证机构或者其他部门、民间组织、律师出具证明,个人可以由其工作单位出具证明。

港澳台地区法院确定的案件实体事实,在其后的大陆(内地)进行的民事诉讼中,一般没有预决或相对免证的效力。但是,大陆(内地)人民法院已经认可的港澳台地区法院确定判决确认的案件实体事实,在其后的大陆(内地)进行的民事诉讼中,具有预决或相对免证的效力。

第三节　区际民事司法协助

一、区际民事司法协助概述

(一) 区际民事司法协助的含义

区际民事司法协助,是指同一主权国家不同法域的司法机关之间在民商事司法领域内的合作与互助。根据《香港基本法》第 95 条和《澳门基本法》第 93 条的规定:香港和澳门特别行政区可与全国其他地区的司法机关通过协商依法进行司法方面的联系和相互提供协助。在我国统一主权和"一国两制"下,各法域间既相互独立又相互平等,所以各法域法院不得到别的法域直接实施司法行为和采取诉讼措施,各法域的司法文书和司法外文书也不能在别的法域直接发生法律效力。因此,各法域间需要相互给予民事司法协助。

我国的区际民事司法协助包括:(1) 一般区际民事司法协助,即大陆(内地)与港、澳、台之间相互送达诉讼文书或法律文书、调取证据、提供法律资料等;(2) 特殊区际民事司法协助,即大陆(内地)与港、澳、台之间相互承认和执行司法文书和司法外文书。

(二) 区际民事司法协助的原则

我国区际民事司法协助的原则主要有:

1. "一国两制"

我国区际民事司法协助首先必须严格遵守"一国两制"原则。该原则的主要内容:(1) "一国",即维护我国统一主权或国家统一;(2) "两制",即维持大陆(内地)和港澳台地区各自现行的政治、经济、社会和法律制度,并且各"法域"间相互平等。

2. 各法域平等

根据"一国两制"原则,在法律上,"四法域"之间既相互独立又相互平等,彼此间应当平等协商。在民事司法协助方面,“四法域”之间存在着平等的司法合作关系,只能以“平等协商”的方式达成民事司法协助的文件,相互间平等给予民事司法协助。

3. 遵守各法域公共秩序

在“一国两制”、各法域平等原则的基础上,民事司法协助应当遵守各法域的公共秩序,即遵守各法域基本的政治、经济、社会和法律制度以及善良风俗等。某司法协助行为若损害某法域的公共秩序,则该法域法院有权拒绝提供协助。

4. 适用被请求法域诉讼程序

民事司法协助行为多属于程序行为或诉讼行为,所以原则上被请求法院按照本法域诉讼程序采取司法协助措施(这实际上是“程序问题适用法院地法”原则在区际民事司法协助领域的体现)。请求方法院请求采用特殊方式,被请求方法院认为不违反本法域法律规定的,可以按其特殊方式给予司法协助。

5. 程序审查

对协助的请求、请求协助的文书,被请求方法院只从程序上审查,即符合司法协助文件、本法域诉讼法的就给予协助,而不得根据本法域实体法对请求协助的文书进行实体审查,除非该文书的实体内容违反“一国两制”、本法域的公共秩序等原则。

二、内地与香港特别行政区的区际民事司法协助

(一)一般区际民事司法协助

目前内地与香港特区法院之间的一般司法协助限于代为送达司法文书和提供有关法律文书与资料。《涉港澳送达规定》和《内地与香港送达安排》对此作出具体规定。

1.《涉港澳送达规定》

《涉港澳送达规定》适用于人民法院审理涉港澳民商事案件时向住所地在港澳的受送达人送达司法文书。司法文书是指起诉状副本、上诉状副本、反诉状副本、答辩状副本、传票、判决书、调解书、裁定书、决定书、支付令、决定书、通知书、证明书、送达回证等与诉讼相关的文件。

作为受送达人的自然人或者企业、其他组织的法定代表人、主要负责人在内地的,人民法院可以直接向该自然人或者法定代表人、主要负责人送达。除受送达人在授权委托书中明确表明其诉讼代理人无权代为接收有关司法文书外,其委托的诉讼代理人为有权代其接受送达的诉讼代理人,人民法院

可以直接向该代表机构送达。受送达人在内地设立有分支机构或者业务代办人并授权其接受送达的，人民法院可以直接向该分支机构或者业务代办人送达。人民法院向在内地的受送达人或者受送达人的法定代表人、主要负责人、诉讼代理人、代表机构以及有权接受送达的分支机构、业务代办人送达司法文书，可以适用留置送达的方式。

人民法院向受送达人送达司法文书，可以邮寄送达。邮寄送达应附有送达回证。受送达人未在送达回证上签收但在邮件回执上签收的，视为送达，签收日期为送达日期。自邮寄之日起满 3 个月，虽未收到送达与否的证明文件，但存在《涉港澳送达规定》第 12 条规定情形的，期间届满之日视为送达。自邮寄之日起满 3 个月，如果未能收到送达与否的证明文件，且不存在该规定第 12 条规定情形的，视为未送达。

人民法院可以通过传真、电子邮件等能够确认收悉的其他适当方式向受送达人送达。

人民法院不能依照本规定的上述方式送达的，可以公告送达。公告内容应当在内地和受送达人住所地公开发行的报刊上刊登，自公告之日起满 3 个月即视为送达。

除公告送达方式外，人民法院可以同时采取多种法定方式向受送达人送达。采取多种方式送达的，应当根据最先实现送达的方式确定送达日期。

《涉港澳送达规定》第 12 条规定，受送达人未对人民法院送达的司法文书履行签收手续，但存在以下情形之一的，视为送达：(1) 受送达人向人民法院提及了所送达司法文书的内容；(2) 受送达人已经按照所送达司法文书的内容履行；(3) 其他可以确认已经送达的情形。

下级人民法院送达司法文书，根据有关规定需要通过上级人民法院转递的，应当附申请转递函。上级人民法院收到下级人民法院申请转递的司法文书，应当在 7 个工作日内予以转递。上级人民法院认为下级人民法院申请转递的司法文书不符合有关规定需要补正的，应当在 7 个工作日内退回申请转递的人民法院。

2.《内地与香港送达安排》

《涉港澳送达规定》第 6 条第 1 款规定，人民法院向在内地没有住所的受送达人送达司法文书，可以按照《内地与香港送达安排》送达。

根据《内地与香港送达安排》，内地人民法院和香港特别行政区法院可以相互委托送达司法文书，委托送达司法文书均须通过各高级人民法院和香港特区高等法院进行；最高人民法院司法文书可以直接委托香港特区高等法院送达。由此，内地基层人民法院和中级人民法院审理涉港民商事案件需要委托香港地区法院送达司法文书时,必须通过上级人民法院进行转递。司法实践中送达的情况往往难以把握,从而使得司法文书送达问题长时间处于一种不确定的状态。对此,《涉港澳送达规定》第 6 条第 2 款规定,按照前款规定方式送达的,自内地的高级人民法院或者最高人民法院将有关司法文书递送香港特区高等法院之日起满 3 个月,如果未能收到送达与否的证明文件且不存在本规定第 12 条规定情形的,视为不能适用上述安排中规定的方式送达。若不能适用上述安排中规定的方式送达时,可以及时采取其他送达方式。

委托方请求送达司法文书,须出具盖有其印章的委托书,并须在委托书中说明委托机关的名称、受送达人的姓名或者名称、详细地址及案件的性质。委托书应当以中文文本提出。所附司法文书没有中文文本的,应当提供中文译本。以上文件一式两份,受送达人为两人以上的,每人一式两份。受委托方认为委托书与安排的规定不符的,应当通知委托方,并说明对委托书的异议,必要时可以要求委托方补充材料。不论司法文书中确定的出庭日期或者期限是否已过,受委托方均应送达。受委托方接受委托后,应当依照受委托方所在地法律规定的程序进行送达。即内地人民法院依照《民事诉讼法》规定的程序送达,香港特区法院依照香港特别行政区法律规定的程序送达。

送达司法文书后,内地人民法院应当出具送达回证;香港特别行政区法院应当出具送达证明书。出具送达回证和证明书,应当加盖法院印章。受委托方无法送达的,应当在送达回证或者证明书上注明妨碍送达的原因、拒收事由和日期,并及时退回委托书及所附全部文书。

内地人民法院与香港特区法院相互委托送达司法文书的费用互免。但委托方在委托书中请求以特定送达方式送达所产生的费用,由委托方负担。

（二）特殊区际民事司法协助

目前,内地与香港特区法院在特殊区际民事司法协助方面的规范文件,有最高人民法院《内地与香港认可和执行判决安排》和《内地与香港执行仲裁裁决安排》等。

1. 相互认可和执行民商事案件判决

根据《香港基本法》第 95 条的规定,最高人民法院与香港特区政府经协商,《内地与香港认可和执行判决安排》作出如下安排:

(1) 可予认可和执行的民商事案件判决。

内地人民法院和香港特区法院在具有书面管辖协议的民商事案件中作出的须支付款项的具有执行力的终审判决,当事人可以向内地人民法院和香港特区法院申请认可和执行。

"书面管辖协议",是指当事人为解决与"特定法律关系"有关的已经发生或者可能发生的争议,自本安排生效之日起,以“书面形式”明确约定内地人民法院或者香港特区法院具有唯一管辖权的协议。其中,“特定法律关系”是指当事人之间的民商事合同,不包括雇佣合同以及自然人因个人消费、家庭事宜或者其他非商业目的而作为协议一方的合同。“书面形式”是指合同书、信件和数据电文(包括电报、电传、传真、电子数据交换和电子邮件)等可以有形地表现所载内容、可以调取以备日后查用的形式。

“具有执行力的终审判决”,在内地是指:最高人民法院的判决,高级人民法院、中级人民法院以及经授权管辖第一审涉外、涉港澳台民商事案件的基层人民法院依法不准上诉或者已经超过法定期限没有上诉的第一审判决,第二审判决和依照审判监督程序由上一级人民法院提审后作出的生效判决;在香港特区是指:终审法院、高等法院上诉法庭以及原讼法庭和区域法院作出的生效判决。

这里所称“判决”,在内地包括:判决书、裁定书、调解书、支付令;在香港特区包括:判决书、命令和诉讼费评定证明书。当事人向香港特区法院申请认可和执行判决后,内地人民法院对该案件依法再审的,由作出生效判决的上一级人民法院提审。

(2)申请认可和执行民商事判决。

① 向有管辖权的法院提出申请。

申请认可和执行符合本安排规定的民商事判决,在内地向被申请人住所地、经常居住地或者财产所在地的中级人民法院提出,在香港特区向香港特区高等法院提出。被申请人住所地、经常居住地或者财产所在地在内地不同的中级人民法院辖区的,申请人应当选择向其中一个人民法院提出认可和执行的申请,不得分别向两个或者两个以上人民法院提出申请。被申请人住所地、经常居住地或者财产所在地,既在内地又在香港特区的,申请人可以同时分别向两地法院提出申请,两地法院分别执行判决的总额,不得超过判决确定的数额。已经部分或者全部执行判决的法院应当根据对方法院的要求提供已执行判决的情况。

② 提交合法文件。

申请人向有关法院申请认可和执行判决的,应当提交以下文件:请求认可和执行的申请书;经作出终审判决的法院盖章的判决书副本;作出终审判决的法院出具的证明书,证明该判决属于本安排所指的终审判决,在判决作出地可以执行;身份证明材料。向内地人民法院提交的文件没有中文文本的,申请人应当提交证明无误的中文译本。

申请书应当载明下列事项:当事人为自然人的,其姓名、住所;当事人为法人或者其他组织的,法人或者其他组织的名称、住所以及法定代表人或者主要负责人的姓名、职务和住所;申请执行的理由与请求的内容,被申请人的财产所在地以及财产状况;判决是否在原审法院地申请执行以及已执行的情况。

③ 符合申请期限。

申请人申请认可和执行的期间为 2 年。前款规定的期限,内地判决到香港特区申请执行的,从判决规定履行期间的最后一日起计算,判决规定分期履行的,从规定的每次履行期间的最后一日起计算;香港特区判决到内地申请执行的,从判决可强制执行之日起计算,该日为判决上注明的判决日期,判决对履行期限另有规定的,从规定的履行期限届满后开始计算。

(3) 法院受理申请、财产保全、裁定认可和执行。

根据规定而获认可的判决与执行地法院的判决效力相同。

当事人对认可和执行与否的裁定不服的,在内地可以向上一级人民法院申请复议,在香港特别行政区可以根据其法律规定提出上诉。在法院受理当事人申请认可和执行判决期间,当事人依相同事实再行提起诉讼的,法院不予受理。已获认可和执行的判决,当事人依相同事实再行提起诉讼的,法院不予受理。

对于裁定不予认可和执行的判决,申请人不得再行提起认可和执行的申请,但是可以按照执行地的法律依相同案件事实向执行地法院提起诉讼。

法院受理认可和执行判决的申请之前或者之后,可以按照执行地法律关于财产保全或者禁制资产转移的规定,根据申请人的申请,对被申请人的财产采取保全或强制措施。

(4) 不予认可和执行。

对申请认可和执行的判决,原审判决中的债务人提供证据证明有下列情形之一的,受理申请的法院经审查核实,应当裁定不予认可和执行:

① 根据当事人协议选择的原审法院地的法律,管辖协议属于无效。但选择法院已经判定该管辖协议为有效的除外;

② 判决已获完全履行;

③ 根据执行地的法律,执行地法院对该案享有专属管辖权;

④ 根据原审法院地的法律,未曾出庭的败诉一方当事人未经合法传唤或者虽经合法传唤但未获依法律规定的答辩时间,但原审法院根据其法律或者有关规定公告送达的,不属于上述情形;

⑤ 判决是以欺诈方法取得的;

⑥ 执行地法院就相同诉讼请求作出判决,或者外国、境外地区法院就相

同诉讼请求作出判决，或者有关仲裁机构作出仲裁裁决，已经为执行地法院所认可或者执行的。

内地人民法院认为在内地执行香港特别行政区法院判决违反内地社会公共利益，或者香港特别行政区法院认为在香港特别行政区执行内地人民法院判决违反香港特别行政区公共政策的，不予认可和执行。

（5）中止认可和执行程序。

对于香港特别行政区法院作出的判决，判决确定的债务人已经提出上诉，或者上诉程序尚未完结的，内地人民法院审查核实后，可以中止认可和执行程序。经上诉，维持全部或者部分原判决的，恢复认可和执行程序；完全改变原判决的，终止认可和执行程序。

内地地方人民法院就已经作出的判决按照审判监督程序作出提审裁定，或者最高人民法院作出提起再审裁定的，香港特别行政区法院审查核实后，可以中止认可和执行程序。再审判决维持全部或者部分原判决的，恢复认可和执行程序；再审判决完全改变原判决的，终止认可和执行程序。

（6）执行民商事判决。

当事人向有关法院申请执行判决，应当根据执行地有关诉讼收费的法律和规定交纳执行费或者法院费用。

内地与香港特别行政区法院相互认可和执行的标的范围，除判决确定的数额外，还包括根据该判决须支付的利息、经法院核定的律师费以及诉讼费，但不包括税收和罚款。

在香港特别行政区诉讼费是指经法官或者司法常务官在诉讼费评定证明书中核定或者命令支付的诉讼费用。

2. 相互执行仲裁裁决

根据《香港基本法》第95条的规定，最高人民法院与香港特区政府经协商，香港特区法院同意执行内地仲裁机构依据《仲裁法》所作出的裁决，内地人民法院同意执行在香港特区按香港特区仲裁条例所作出的裁决。《内地与香港执行仲裁裁决安排》对此作出如下安排：

（1）申请执行。

① 向有管辖权的法院提出申请。

在内地或者香港特区作出的仲裁裁决，一方当事人不履行仲裁裁决的，另一方当事人可以向被申请人住所地或者财产所在地的有关法院申请执行。有关法院，在内地指被申请人住所地或者财产所在地的中级人民法院，在香港特区指香港特区高等法院。

被申请人住所地或者财产所在地在内地不同的中级人民法院辖区内的，

申请人可以选择其中一个人民法院申请执行裁决,不得分别向两个或者两个以上人民法院提出申请。被申请人的住所地或者财产所在地,既在内地又在香港特区的,申请人不得同时分别向两地有关法院提出申请。只有一地法院执行不足以偿还其债务时,才可就不足部分向另一地法院申请执行。两地法院先后执行仲裁裁决的总额,不得超过裁决数额。

② 提交合法文件。

申请人向有关法院申请执行在内地或者香港特区作出的仲裁裁决的,应当提交以下文书:执行申请书、仲裁裁决书、仲裁协议。

执行申请书的内容应当载明下列事项:申请人为自然人的情况下,该人的姓名、地址;申请人为法人或者其他组织的情况下,该法人或其他组织的名称、地址及法定代表人姓名;被申请人为自然人的情况下,该人的姓名、地址;被申请人为法人或者其他组织的情况下,该法人或其他组织的名称、地址及法定代表人姓名;申请人为法人或者其他组织的,应当提交企业注册登记的副本。申请人是外国籍法人或者其他组织的,应当提交相应的公证和认证材料;申请执行的理由与请求的内容,被申请人的财产所在地及财产状况。

执行申请书应当以中文文本提出,裁决书或者仲裁协议没有中文文本的,申请人应当提交正式证明的中文译本。

③ 符合申请期限。

申请人向有关法院申请执行内地或者香港特区仲裁裁决的期限依据执行地法律有关时限的规定。

申请人向有关法院申请执行在内地或者香港特区作出的仲裁裁决,应当根据执行地法院有关诉讼收费的办法交纳执行费用。

(2) 法院受理申请和不予执行。

有关法院接到申请人申请后,应当按执行地法律程序处理及执行。

在内地或者香港特区申请执行的仲裁裁决,被申请人接到通知后,提出证据证明有下列情形之一的,经审查核实,有关法院可裁定不予执行:

① 仲裁协议当事人依对其适用的法律属于某种无行为能力的情形;或者该项仲裁协议依约定的准据法无效;或者未指明以何种法律为准时,依仲裁裁决地的法律是无效的;

② 被申请人未接到指派仲裁员的适当通知,或者因他故未能陈述意见的;

③ 裁决所处理的争议不是交付仲裁的标的或者不在仲裁协议条款之内,或者裁决载有关于交付仲裁范围以外事项的决定的;但交付仲裁事项的决定可与未交付仲裁的事项划分时,裁决中关于交付仲裁事项的决定部分应当予

以执行；

④ 仲裁庭的组成或者仲裁庭程序与当事人之间的协议不符，或者在有关当事人没有这种协议时与仲裁地的法律不符的；

⑤ 裁决对当事人尚无约束力，或者业经仲裁地的法院或者按仲裁地的法律撤销或者停止执行的。

有关法院认定依执行地法律，争议事项不能以仲裁解决的，则可不予执行该裁决。

内地法院认定在内地执行该仲裁裁决违反内地社会公共利益，或者香港特区法院决定在香港特区执行该仲裁裁决违反香港特区的公共政策，则可不予执行该裁决。

三、内地与澳门特别行政区的区际民事司法协助

目前，最高人民法院与澳门特别行政区已经达成的区际司法协助的协议，包括《内地与澳门送达取证安排》《涉港澳送达规定》《内地与澳门认可和执行判决安排》和《内地与澳门认可和执行仲裁裁决安排》。

（一）一般区际司法协助

根据《澳门特别行政区基本法》第 93 条的规定，最高人民法院与澳门特别行政区代表经协商，《内地与澳门送达取证安排》和《涉港澳送达规定》就内地与澳门特别行政区法院就民商事案件相互委托送达司法文书和调取证据问题作出详细规定。有关相互委托送达文书的规定参见内地与香港特区相互委托送达文书的规定（见上文）。在这里，只叙述《内地与澳门送达取证安排》就内地与澳门特别行政区的调取证据和提供法律资料所做的规定。

1．调取证据

委托方法院请求调取的证据只能是用于与诉讼有关的证据。

双方相互委托代为调取证据的委托书应当写明：委托法院的名称；当事人及其诉讼代理人的姓名、地址，及其他一切有助于辨别其身份的情况；委托调取证据的原因，以及委托调取证据的具体事项；被调查人的姓名、地址，及其他一切有助于辨别其身份的情况，以及需要向其提出的问题；调取证据需采用的特殊方式；有助于执行该委托的其他一切情况。

代为调取证据的范围包括：代为询问当事人、证人和鉴定人，代为进行鉴定和司法勘验，调取其他与诉讼有关的证据。

如委托方法院提出要求，受委托方法院应当将取证的时间、地点通知委托方法院，以便有关当事人及其诉讼代理人能够出席。受委托方法院在执行委托调取证据时，根据委托方法院的请求，可以允许委托方法院派司法人员

出席。必要时,经受委托方允许,委托方法院的司法人员可以向证人、鉴定人等发问。

受委托方法院完成委托调取证据的事项后,应当向委托方法院书面说明。如果未能按委托方法院的请求全部或部分完成调取证据事项,受委托方法院应当向委托方法院书面说明妨碍调取证据的原因,并及时退回委托书及所附全部文件。如果当事人、证人根据受委托方的法律规定,拒绝作证或推辞提供证言时,受委托方法院应当以书面通知委托方法院,并退回委托书及所附全部文件。

受委托方法院可以根据委托方法院的请求,并经证人、鉴定人同意,协助安排其辖区的证人、鉴定人到对方辖区出庭作证。证人、鉴定人在委托方地域内逗留期间,不得因在其离开受委托方地域之前,在委托方境内所实施的行为或针对他所作的裁决而被刑事起诉、羁押,或者为履行刑罚或者其他处罚而被剥夺财产或者扣留身份证件,或者以任何方式对其人身自由加以限制。证人、鉴定人完成所需诉讼行为,且可自由离开委托方地域后,在委托方境内逗留超过7天,或者已离开委托方地域又自行返回时,前款所指的豁免即行终止。证人、鉴定人到委托方法院出庭而导致的费用及补偿,由委托方法院预付。

受委托方法院取证时,被调查的当事人、证人、鉴定人等的代理人可以出席。

2. 提供法律资料

《内地与澳门送达取证安排》第23条规定:受委托方法院可以根据委托方法院的请求代为查询并提供本辖区的有关法律。《内地与澳门认可和执行判决安排》第23条规定:为执行本安排,最高人民法院和澳门特别行政区终审法院应当相互提供相关法律资料。

(二) 特殊区际司法协助

1. 相互认可和执行民商事判决

根据《澳门基本法》第95条的规定,最高人民法院与澳门特区政府经协商,《内地与澳门认可和执行判决安排》作出如下安排:

(1) 可予认可和执行的民商事案件判决。

《内地与澳门认可和执行判决安排》适用于内地与澳门特别行政区民商事案件(在内地包括劳动争议案件,在澳门特别行政区包括劳动民事案件)判决的相互认可和执行,也适用于刑事案件中有关民事损害赔偿的判决、裁定,但不适用于行政案件。

本安排所称"判决",在内地包括:判决、裁定、决定、调解书、支付令;在澳门特别行政区包括：裁判、判决、确认和解的裁定、法官的决定或者批示。

一方法院作出的具有给付内容的生效判决，当事人可以向对方有管辖权的法院申请认可和执行。没有给付内容，或者不需要执行，但需要通过司法程序予以认可的判决，当事人可以向对方法院单独申请认可，也可以直接以该判决作为证据在对方法院的诉讼程序中使用。

对民商事判决的认可和执行，除本安排有规定的以外，适用被请求方的法律规定。"被请求方"，指内地或者澳门特别行政区双方中，受理认可和执行判决申请的一方。

（2）申请认可和执行民商事判决。

① 向有管辖权的法院提出申请。

内地有权受理认可和执行判决申请的法院为被申请人住所地、经常居住地或者财产所在地的中级人民法院。两个或者两个以上中级人民法院均有管辖权的，申请人应当选择向其中一个中级人民法院提出申请。澳门特别行政区有权受理认可判决申请的法院为中级法院，有权执行的法院为初级法院。

被申请人在内地和澳门特别行政区均有可供执行财产的，申请人可以向一地法院提出执行申请。申请人向一地法院提出执行申请的同时，可以向另一地法院申请查封、扣押或者冻结被执行人的财产。待一地法院执行完毕后，可以根据该地法院出具的执行情况证明，就不足部分向另一地法院申请采取处分财产的执行措施。两地法院执行财产的总额，不得超过依据判决和法律规定所确定的数额。

② 提交合法文件。

请求认可和执行判决的申请书，应当载明下列事项：申请人或者被申请人为自然人的，应当载明其姓名及住所；为法人或者其他组织的，应当载明其名称及住所，以及其法定代表人或者主要负责人的姓名、职务和住所；请求认可和执行的判决的案号和判决日期；请求认可和执行判决的理由、标的，以及该判决在判决作出地法院的执行情况。

申请书应当附生效判决书副本，或者经作出生效判决的法院盖章的证明书，同时应当附作出生效判决的法院或者有权限机构出具的证明下列事项的相关文件：传唤属依法作出，但判决书已经证明的除外；无诉讼行为能力人依法得到代理，但判决书已经证明的除外；根据判决作出地的法律，判决已经送达当事人，并已生效；申请人为法人的，应当提供法人营业执照副本或者法人登记证明书；判决作出地法院发出的执行情况证明。如被请求方法院认为已充分了解有关事项时，可以免除提交相关文件。被请求方法院对当事人提供的判决书的真实性有疑问时，可以请求作出生效判决的法院予以确认。

申请书应当用中文制作。所附司法文书及其相关文件未用中文制作的,应当提供中文译本。其中法院判决书未用中文制作的,应当提供由法院出具的中文译本。

为适用本安排,由一方有权限公共机构(包括公证员)作成或者公证的文书正本、副本及译本,免除任何认证手续而可以在对方使用。

申请人依据本安排申请认可和执行判决,应当根据被请求方法律规定,交纳诉讼费用、执行费用。申请人在生效判决作出地获准缓交、减交、免交诉讼费用的,在被请求方法院申请认可和执行判决时,应当享有同等待遇。

(3) 法院受理申请、财产保全、裁定认可和执行。

法院收到申请人请求认可和执行判决的申请后,应当将申请书送达被申请人。被申请人有权提出答辩。

被请求方法院应当尽快审查认可和执行的请求,并作出裁定。法院就认可和执行判决的请求作出裁定后,应当及时送达。

当事人对认可与否的裁定不服的,在内地可以向上一级人民法院提请复议,在澳门特别行政区可以根据其法律规定提起上诉;对执行中作出的裁定不服的,可以根据被请求方法律的规定,向上级法院寻求救济。

经裁定予以认可的判决,与被请求方法院的判决具有同等效力。判决有给付内容的,当事人可以向该方有管辖权的法院申请执行。被请求方法院不能对判决所确认的所有请求予以认可和执行时,可以认可和执行其中的部分请求。

法院受理认可和执行判决的申请之前或者之后,可以按照被请求方法律关于财产保全的规定,根据申请人的申请,对被申请人的财产采取保全措施。

在被请求方法院受理认可和执行判决的申请期间,或者判决已获认可和执行,当事人再行提起相同诉讼的,被请求方法院不予受理。

(4) 不予认可和执行。

被请求方法院经审查核实存在下列情形之一的,裁定不予认可:

① 根据被请求方的法律,判决所确认的事项属被请求方法院专属管辖;

② 在被请求方法院已存在相同诉讼,该诉讼先于待认可判决的诉讼提起,且被请求方法院具有管辖权;

③ 被请求方法院已认可或者执行被请求方法院以外的法院或仲裁机构就相同诉讼作出的判决或仲裁裁决;

④ 根据判决作出地的法律规定,败诉的当事人未得到合法传唤,或者无诉讼行为能力人未依法得到代理;

⑤ 根据判决作出地的法律规定,申请认可和执行的判决尚未发生法律效

力，或者因再审被裁定中止执行；

⑥ 在内地认可和执行判决将违反内地法律的基本原则或者社会公共利益；在澳门特别行政区认可和执行判决将违反澳门特别行政区法律的基本原则或者公共秩序。

对于第①、④、⑥项不予认可的判决，申请人不得再行提起认可和执行的申请。但根据被请求方的法律，被请求方法院有管辖权的，当事人可以就相同案件事实向当地法院另行提起诉讼。第⑤项所指的判决，在不予认可的情形消除后，申请人可以再行提起认可和执行的申请。

2. 相互认可和执行仲裁裁决

根据《澳门基本法》第 93 条的规定，最高人民法院与澳门特区政府经协商，《内地与澳门认可和执行仲裁裁决安排》作出如下安排：

（1）可予认可和执行的仲裁裁决。

澳门特别行政区仲裁机构及仲裁员按照澳门特别行政区仲裁法规在澳门作出的民商事仲裁裁决；内地仲裁机构依据《中华人民共和国仲裁法》在内地作出的民商事仲裁裁决。

《内地与澳门认可和执行仲裁裁决安排》没有规定的，适用认可和执行地的程序法律规定。

（2）申请认可和执行。

① 向有管辖权的法院提出申请。

在内地或者澳门特别行政区作出的仲裁裁决，一方当事人不履行的，另一方当事人可以向被申请人住所地、经常居住地或者财产所在地的有关法院申请认可和执行。内地有权受理认可和执行仲裁裁决申请的法院为中级人民法院。两个或者两个以上中级人民法院均有管辖权的，当事人应当选择向其中一个中级人民法院提出申请。澳门特别行政区有权受理认可仲裁裁决申请的法院为中级法院，有权执行的法院为初级法院。

被申请人的住所地、经常居住地或者财产所在地分别在内地和澳门特别行政区的，申请人可以向一地法院提出认可和执行申请，也可以分别向两地法院提出申请。当事人分别向两地法院提出申请的，两地法院都应当依法进行审查。予以认可的，采取查封、扣押或者冻结被执行人财产等执行措施。仲裁地法院应当先进行执行清偿；另一地法院在收到仲裁地法院关于经执行债权未获清偿情况的证明后，可以对申请人未获清偿的部分进行执行清偿。两地法院执行财产的总额，不得超过依据裁决和法律规定所确定的数额。

② 提交合法文件。

申请人向有关法院申请认可和执行仲裁裁决的，应当提交以下文件或者经公证的副本:申请书;申请人身份证明;仲裁协议;仲裁裁决书或者仲裁调解书。上述文件没有中文文本的,申请人应当提交经正式证明的中文译本。

申请书应当包括下列内容:申请人或者被申请人为自然人的,应当载明其姓名及住所;为法人或者其他组织的,应当载明其名称及住所,以及其法定代表人或者主要负责人的姓名、职务和住所;申请人是外国籍法人或者其他组织的,应当提交相应的公证和认证材料;请求认可和执行的仲裁裁决书或者仲裁调解书的案号或识别资料和生效日期;申请认可和执行仲裁裁决的理由及具体请求,以及被申请人财产所在地、财产状况及该仲裁裁决的执行情况。

由一方有权限公共机构(包括公证员)作成的文书正本或者经公证的文书副本及译本,在适用本安排时,可以免除认证手续在对方使用。

③ 符合申请期限。

申请人向有关法院申请认可和执行内地或者澳门特别行政区仲裁裁决的期限,依据认可和执行地的法律确定。

申请人依据本安排申请认可和执行仲裁裁决的,应当根据执行地法律的规定,交纳诉讼费用。

(3) 法院受理申请、财产保全、裁定认可和执行。

受理申请的法院应当尽快审查认可和执行的请求,并作出裁定。

法院在受理认可和执行仲裁裁决申请之前或者之后,可以依当事人的申请,按照法院地法律规定,对被申请人的财产采取保全措施。

一方当事人向一地法院申请执行仲裁裁决,另一方当事人向另一地法院申请撤销该仲裁裁决,被执行人申请中止执行且提供充分担保的,执行法院应当中止执行。根据经认可的撤销仲裁裁决的判决、裁定,执行法院应当终结执行程序;撤销仲裁裁决申请被驳回的,执行法院应当恢复执行。当事人申请中止执行的,应当向执行法院提供其他法院已经受理申请撤销仲裁裁决案件的法律文书。

(4) 不予认可和执行。

对申请认可和执行的仲裁裁决,被申请人提出证据证明有下列情形之一的,经审查核实,有关法院可以裁定不予认可:

① 仲裁协议一方当事人依对其适用的法律在订立仲裁协议时属于无行为能力的;或者依当事人约定的准据法,或当事人没有约定适用的准据法而依仲裁地法律,该仲裁协议无效的;

② 被申请人未接到选任仲裁员或者进行仲裁程序的适当通知,或者因他故未能陈述意见的;

③ 裁决所处理的争议不是提交仲裁的争议，或者不在仲裁协议范围之内；或者裁决载有超出当事人提交仲裁范围的事项的决定，但裁决中超出提交仲裁范围的事项的决定与提交仲裁事项的决定可以分开的，裁决中关于提交仲裁事项的决定部分可以予以认可；

④ 仲裁庭的组成或者仲裁程序违反了当事人的约定，或者在当事人没有约定时与仲裁地的法律不符的；

⑤ 裁决对当事人尚无约束力，或者业经仲裁地的法院撤销或者拒绝执行的。

有关法院认定，依执行地法律，争议事项不能以仲裁解决的，不予认可和执行该裁决。

内地法院认定在内地认可和执行该仲裁裁决违反内地法律的基本原则或者社会公共利益，澳门特别行政区法院认定在澳门特别行政区认可和执行该仲裁裁决违反澳门特别行政区法律的基本原则或者公共秩序，不予认可和执行该裁决。

四、内地与台湾地区的区际民事司法协助

目前，大陆与台湾地区在区际民事司法协助方面的规范文件，有《认可台湾地区判决规定》(1998)、《涉台送达规定》(2008 年)、《认可台湾地区判决补充规定》(2009)、《两岸司法互助规定》(2011 年)。

(一) 一般民事司法协助

1. 诉讼文书的送达

涉台民事诉讼文书送达事务的处理，应当遵守一个中国原则和法律的基本原则，不违反社会公共利益。根据《涉台送达规定》和《两岸司法互助规定》，涉台的诉讼文书的送达应遵循下列规定：

(1) 送达的诉讼文书范围。

人民法院送达或者代为送达的民事诉讼文书包括：起诉状副本、上诉状副本、反诉状副本、答辩状副本、授权委托书、传票、判决书、调解书、裁定书、支付令、决定书、通知书、证明书、送达回证以及与民事诉讼有关的其他文书。

(2) 送达的方式。

人民法院向住所地在台湾地区的当事人送达民事诉讼文书，可以采用下列方式：

① 受送达人居住在大陆的，直接送达。受送达人是自然人，本人不在的，可以交其同住成年家属签收；受送达人是法人或者其他组织的，应当由法人的法定代表人、其他组织的主要负责人或者该法人、组织负责收件的人签收；

受送达人不在大陆居住，但送达时在大陆的，可以直接送达。

② 受送达人在大陆有诉讼代理人的，向诉讼代理人送达。受送达人在授权委托书中明确表明其诉讼代理人无权代为接收的除外。

③ 受送达人有指定代收人的，向代收人送达。

④ 受送达人在大陆有代表机构、分支机构、业务代办人的，向其代表机构或者经受送达人明确授权接受送达的分支机构、业务代办人送达。

⑤ 受送达人在台湾地区的地址明确的，可以邮寄送达。

⑥ 有明确的传真号码、电子信箱地址的，可以通过传真、电子邮件方式向受送达人送达。

⑦ 按照两岸认可的其他途径送达。

采用上述方式不能送达或者台湾地区的当事人下落不明的，公告送达。

采用以上①②③④方式送达的，由受送达人、诉讼代理人或者有权接受送达的人在送达回证上签收或者盖章，即为送达；拒绝签收或者盖章的，可以依法留置送达。采用第⑤项方式送达的，应当附有送达回证。受送达人未在送达回证上签收但在邮件回执上签收的，视为送达，签收日期为送达日期。自邮寄之日起满 3 个月，如果未能收到送达与否的证明文件，且根据各种情况不足以认定已经送达的，视为未送达。采用第⑥项方式送达的，应当注明人民法院的传真号码或者电子信箱地址，并要求受送达人在收到传真件或者电子邮件后及时予以回复。以能够确认受送达人收悉的日期为送达日期。采用第⑦项方式送达的，应当由有关的高级人民法院出具盖有本院印章的委托函。委托函应当写明案件各方当事人的姓名或者名称、案由、案号；受送达人姓名或者名称、受送达人的详细地址以及需送达的文书种类。采用公告方式送达的，公告内容应当在境内外公开发行的报刊或者权威网站上刊登。公告送达的，自公告之日起满 3 个月，即视为送达。

(3) 送达的程序。

① 大陆人民法院协助送达台湾法院的诉讼文书。

人民法院协助台湾地区法院送达司法文书，应当采用民事诉讼法等法律和相关司法解释规定的送达方式，并应当尽可能采用直接送达方式，但不采用公告送达方式。人民法院协助台湾地区送达司法文书，应当充分负责，及时努力送达。

台湾地区请求人民法院协助送达台湾地区法院的司法文书并通过其联络人将请求书和相关司法文书寄送高级人民法院联络人的，高级人民法院应当在 7 个工作日内完成审查。经审查认为可以协助送达的，应当立即转送有关下级人民法院送达或者由本院送达；经审查认为欠缺相关材料、内容或者认为不宜协助送达的，高级人民法院联络人应当立即向台湾地区联络人说明情况并告知其补充相关材料、内容或者将材料送还。

具体办理送达文书司法互助案件的人民法院应当在收到高级人民法院转送的材料之日起5个工作日内，以“协助台湾地区送达民事（刑事、行政诉讼）司法文书”案由立案，指定专人办理，并应当自立案之日起15日内完成协助送达，最迟不得超过两个月。

收到台湾地区送达文书请求时，司法文书中指定的开庭日期或者其他期限逾期的，人民法院亦应予以送达，同时高级人民法院联络人应当及时向台湾地区联络人说明情况。

具体办理送达文书司法互助案件的人民法院成功送达的，应当由送达人在《〈海峡两岸共同打击犯罪及司法互助协议〉送达回证》上签名或者盖章，并在成功送达之日起7个工作日内将送达回证送交高级人民法院；未能成功送达的，应当由送达人在《〈海峡两岸共同打击犯罪及司法互助协议〉送达回证》上注明未能成功送达的原因并签名或者盖章，在确认不能送达之日起7个工作日内，将该送达回证和未能成功送达的司法文书送交高级人民法院。

高级人民法院应当在收到前款所述送达回证之日起7个工作日内完成审查，由高级人民法院联络人在前述送达回证上签名或者盖章，同时出具《〈海峡两岸共同打击犯罪及司法互助协议〉送达文书回复书》，连同该送达回证和未能成功送达的司法文书，立即寄送台湾地区联络人。

② 大陆人民法院请求台湾地区法院协助送达诉讼文书。

审理案件的人民法院需要台湾地区协助送达司法文书的，应当填写《〈海峡两岸共同打击犯罪及司法互助协议〉送达文书请求书》附录部分，连同需要送达的司法文书，一式二份，及时送交高级人民法院。需要台湾地区协助送达的司法文书中有指定开庭日期等类似期限的，一般应当为协助送达程序预留不少于6个月的时间。

高级人民法院收到本院或者下级人民法院《〈海峡两岸共同打击犯罪及司法互助协议〉送达文书请求书》附录部分和需要送达的司法文书后，应当在7个工作日内完成审查。经审查认为可以请求台湾地区协助送达的，高级人民法院联络人应当填写《〈海峡两岸共同打击犯罪及司法互助协议〉送达文书请求书》正文部分，连同附录部分和需要送达的司法文书，立即寄送台湾地区联络人；经审查认为欠缺相关材料、内容或者认为不需要请求台湾地区协助送达的，应当立即告知提出请求的人民法院补充相关材料、内容或者在说明理由后将材料退回。

台湾地区成功送达并将送达证明材料寄送高级人民法院联络人，或者未能成功送达并将相关材料送还，同时出具理由说明给高级人民法院联络人的，高级人民法院应当在收到之日起7个工作日内，完成审查并转送提出请求的人民法院。经审查认为欠缺相关材料或者内容的，高级人民法院联络人应当立即与台湾地区联络人联络并请求补充相关材料或者内容。

自高级人民法院联络人向台湾地区寄送有关司法文书之日起满4个月，如果未能收到送达证明材料或者说明文件，且根据各种情况不足以认定已经送达的，视为不能按照协议确定的海峡两岸司法互助方式送达。

2. 职责分工

人民法院和台湾地区业务主管部门通过各自指定的协议联络人，建立办理海峡两岸司法互助业务的直接联络渠道。

最高人民法院是与台湾地区业务主管部门就海峡两岸司法互助业务进行联络的一级窗口。最高人民法院台湾司法事务办公室主任是最高人民法院指定的协议联络人。最高人民法院负责：就协议中涉及人民法院的工作事项与台湾地区业务主管部门开展磋商、协调和交流；指导、监督、组织、协调地方各级人民法院办理海峡两岸司法互助业务；就海峡两岸调查取证司法互助业务与台湾地区业务主管部门直接联络，并在必要时具体办理调查取证司法互助案件；及时将本院和台湾地区业务主管部门指定的协议联络人的姓名、联络方式及变动情况等工作信息通报高级人民法院。

最高人民法院授权高级人民法院就办理海峡两岸送达文书司法互助案件，建立与台湾地区业务主管部门联络的二级窗口。高级人民法院应当指定专人作为经最高人民法院授权的二级联络窗口联络人。高级人民法院负责：指导、监督、组织、协调本辖区人民法院办理海峡两岸送达文书和调查取证司法互助业务；就办理海峡两岸送达文书司法互助案件与台湾地区业务主管部门直接联络，并在必要时具体办理送达文书和调查取证司法互助案件；登记、统计本辖区人民法院办理的海峡两岸送达文书司法互助案件；定期向最高人民法院报告本辖区人民法院办理海峡两岸送达文书司法互助业务情况；及时将本院联络人的姓名、联络方式及变动情况报告最高人民法院，同时通报台湾地区联络人和下级人民法院。

中级人民法院和基层人民法院应当指定专人负责海峡两岸司法互助业务。中级人民法院和基层人民法院负责：具体办理海峡两岸送达文书和调查取证司法互助案件；定期向高级人民法院层报本院办理海峡两岸送达文书司法互助业务情况；及时将本院海峡两岸司法互助业务负责人员的姓名、联络方式及变动情况层报高级人民法院。

3. 调查取证司法互助

人民法院办理海峡两岸调查取证司法互助业务，限于与台湾地区法院相互协助调取与诉讼有关的证据，包括取得证言及陈述；提供书证、物证及视听资料；确定关系人所在地或者确认其身份、前科等情况；进行勘验、检查、扣押、鉴定和查询等。

(1) 大陆人民法院协助台湾地区法院调查取证。

人民法院协助台湾地区法院调查取证，应当采用民事诉讼法和相关司法解释规定的方式。在不违反法律和相关规定、不损害社会公共利益、不妨碍正在进行的诉讼程序的前提下，人民法院应当尽力协助调查取证，并尽可能依照台湾地区请求的内容和形式予以协助。

台湾地区请求人民法院协助台湾地区法院调查取证并通过其联络人将请求书和相关材料寄送最高人民法院联络人的，最高人民法院应当在收到之日起7个工作日内完成审查。经审查认为可以协助调查取证的，应当立即转送有关高级人民法院或者由本院办理，高级人民法院应当在收到之日起7个工作日内转送有关下级人民法院办理或者由本院办理；经审查认为欠缺相关材料、内容或者认为不宜协助调查取证的，最高人民法院联络人应当立即向台湾地区联络人说明情况并告知其补充相关材料、内容或者将材料送还。

具体办理调查取证司法互助案件的人民法院应当在收到高级人民法院转送的材料之日起5个工作日内，以“协助台湾地区民事（刑事、行政诉讼）调查取证”案由立案，指定专人办理，并应当自立案之日起1个月内完成协助调查取证，最迟不得超过3个月。因故不能在期限届满前完成的，应当提前函告高级人民法院，并由高级人民法院转报最高人民法院。

具体办理调查取证司法互助案件的人民法院成功调查取证的，应当在完成调查取证之日起7个工作日内将取得的证据材料一式三份，连同台湾地区提供的材料，并在必要时附具情况说明，送交高级人民法院；未能成功调查取证的，应当出具说明函一式三份，连同台湾地区提供的材料，在确认不能成功调查取证之日起7个工作日内送交高级人民法院。

高级人民法院应当在收到前款所述材料之日起7个工作日内完成初步审查，并将审查意见和前述取得的证据材料或者说明函等，一式二份，连同台湾地区提供的材料，立即转送最高人民法院。

最高人民法院应当在收到之日起7个工作日内完成最终审查，由最高人民法院联络人出具《〈海峡两岸共同打击犯罪及司法互助协议〉调查取证回复书》，必要时连同相关材料，立即寄送台湾地区联络人。

(2) 大陆人民法院请求台湾地区协助调查取证。

审理案件的人民法院需要台湾地区协助调查取证的,应当填写《〈海峡两岸共同打击犯罪及司法互助协议〉调查取证请求书》附录部分,连同相关材料,一式三份,及时送交高级人民法院。高级人民法院应当在收到前款所述材料之日起7个工作日内完成初步审查,并将审查意见和《〈海峡两岸共同打击犯罪及司法互助协议〉调查取证请求书》附录部分及相关材料,一式二份,立即转送最高人民法院。最高人民法院收到高级人民法院转送的《〈海峡两岸共同打击犯罪及司法互助协议〉调查取证请求书》附录部分和相关材料以及高级人民法院审查意见后,应当在7个工作日内完成最终审查。经审查认为可以请求台湾地区协助调查取证的,最高人民法院联络人应当填写《〈海峡两岸共同打击犯罪及司法互助协议〉调查取证请求书》正文部分,连同附录部分和相关材料,立即寄送台湾地区联络人;经审查认为欠缺相关材料、内容或者认为不需要请求台湾地区协助调查取证的,应当立即通过高级人民法院告知提出请求的人民法院补充相关材料、内容或者在说明理由后将材料退回。

台湾地区成功调查取证并将取得的证据材料寄送最高人民法院联络人,或者未能成功调查取证并将相关材料送还,同时出具理由说明给最高人民法院联络人的,最高人民法院应当在收到之日起7个工作日内完成审查并转送高级人民法院,高级人民法院应当在收到之日起7个工作日内转送提出请求的人民法院。经审查认为欠缺相关材料或者内容的,最高人民法院联络人应当立即与台湾地区联络人联络并请求补充相关材料或者内容。

4. 相关事项

人民法院对于台湾地区请求协助所提供的和执行请求所取得的相关资料应当予以保密。但依据请求目的使用的除外。

人民法院应当依据请求书载明的目的使用台湾地区协助提供的资料。但最高人民法院和台湾地区业务主管部门另有商定的除外。

对于依照协议和本规定从台湾地区获得的证据和司法文书等材料,不需要办理公证、认证等形式证明。

人民法院办理海峡两岸司法互助业务,应当使用统一、规范的文书样式。

对于执行台湾地区的请求所发生的费用,由有关人民法院负担。但下列费用应当由台湾地区业务主管部门负责支付:鉴定费用;翻译费用和誊写费用;为台湾地区提供协助的证人和鉴定人,因前往、停留、离开台湾地区所发生的费用;其他经最高人民法院和台湾地区业务主管部门商定的费用。

人民法院在办理海峡两岸司法互助案件中收到、取得、制作的各种文件和材料,应当以原件或者复制件形式,作为诉讼档案保存。

（二）特殊民事司法协助

1. 可予认可和执行的司法文书和司法外文书

可以申请认可和执行的法律文书包括：台湾地区有关法院民事判决（对商事、知识产权、海事等民事纠纷案件作出的判决）；台湾地区有关法院民事裁定、调解书、支付令；台湾地区仲裁机构裁决。

2. 申请认可和执行

（1）向有管辖权的人民法院提出申请。

台湾地区有关法院的民事判决，当事人的住所地、经常居住地或者被执行财产所在地在其他省、自治区、直辖市的，申请由申请人住所地、经常居住地或者被执行财产所在地中级人民法院受理。

申请人向两个以上有管辖权的中级人民法院申请认可的，由最先立案的中级人民法院管辖。申请人向被执行财产所在地中级人民法院申请认可的，应当提供被执行财产存在的相关证据。

（2）提交合法文件。

申请人应提交申请书，并须附有不违反一个中国原则的台湾地区有关法院民事判决书正本或经证明无误的副本、证明文件。

申请书应记明以下事项：申请人姓名、性别、年龄、职业、身份证件号码、申请时间和住址（申请人为法人或者其他组织的，应记明法人或者其他组织的名称、地址、法定代表人姓名、职务）；当事人受传唤和应诉情况及证明文件；请求和理由；其他需要说明的情况。

申请人申请认可台湾地区有关法院民事判决，应当提供相关证据，以证明该判决真实并且效力已确定。

申请人委托他人代理申请认可台湾地区有关法院民事判决的，应当向人民法院提交由委托人签名或盖章并经当地公证机关公证的授权委托书。

（3）符合申请期限。

申请认可台湾地区有关法院民事判决的，应当在该判决效力确定后2年内提出。

当事人因不可抗拒的事由或者其他正当理由耽误期限而不能提出认可申请的，在障碍消除后的10日内，可以申请顺延期限。

3. 人民法院受理申请

申请认可台湾地区有关法院民事判决的案件，应根据案件的不同类型，由相关民事审判庭的审判人员组成合议庭进行审理。

人民法院收到申请书，经审查，符合《认可台湾地区判决规定》第4条和第5条的条件的，应当在7日内受理；不符合第4条和第5条的条件的，不予受理,并在7日内通知申请人,同时说明不受理的理由。

人民法院受理认可台湾地区有关法院民事判决的申请后,对当事人就同一案件事实起诉的,不予受理。案件虽经台湾地区有关法院判决,但当事人未申请认可,而是就同一案件事实向人民法院提起诉讼的,应予受理。人民法院受理认可申请后,作出裁定前,申请人要求撤回申请的,应当允许。对人民法院不予认可的民事判决,申请人不得再提出申请,但可以就同一案件事实向人民法院提起诉讼。

人民法院作出民事判决前,一方当事人申请认可台湾地区有关法院就同一案件事实作出的判决的,应当中止诉讼,对申请进行审查。经审查,对符合认可条件的申请,予以认可,并终结诉讼;对不符合认可条件的,则恢复诉讼。

4. 财产保全

申请人提出认可台湾地区有关法院民事判决的申请时,或者在案件受理后、人民法院作出裁定前,可以提出财产保全申请。

申请人申请财产保全的,应当向人民法院提供有效的担保。申请人不提供担保或者提供的担保不符合条件的,驳回其申请。

具有下列情形之一的,人民法院应当及时解除财产保全:人民法院作出准予财产保全的裁定后,被申请人提供有效担保的;人民法院作出认可裁定后,申请人在申请执行期限内不申请执行的;人民法院裁定不予认可台湾地区有关法院民事判决的;申请人撤回保全申请的。

申请财产保全的其他程序,适用《民事诉讼法》及相关司法解释的规定。

5. 裁定认可和执行

人民法院受理申请人申请后,应当在6个月内审结。

人民法院审查申请后,对于台湾地区有关法院民事判决不具有不予认可所列情形的,裁定认可其效力。经人民法院裁定认可的台湾地区有关法院民事判决,与人民法院作出的生效判决具有同等效力。

申请人依裁定向人民法院申请执行的,人民法院应予受理。被认可的台湾地区有关法院民事判决需要执行的,依照我国《民事诉讼法》规定的程序办理。

台湾地区有关法院的民事判决具有下列情形之一的,裁定不予认可:

① 申请认可的民事判决的效力未确定的;

② 申请认可的民事判决,是在被告缺席又未经合法传唤或者在被告无诉讼行为能力又未得到适当代理的情况下作出的;

③ 案件系人民法院专属管辖的;

④ 案件的双方当事人订有仲裁协议的;

⑤ 案件系人民法院已作出判决，或者外国、境外地区法院作出判决或境外仲裁机构作出仲裁裁决已为人民法院所承认的；

⑥ 申请认可的民事判决具有违反国家法律的基本原则，或者损害社会公共利益情形的。

思考问题

1. 涉港澳台民事诉讼程序的特点。

2. 涉港澳台民事诉讼程序有关当事人和诉讼代理人、管辖、调取证据、期间的特别规定。

3. 我国区际民事司法协助应当遵循的原则。

4. 内地人民法院和港澳台地区实施一般和特殊区际民事司法协助的规定。

法条链接

《民事诉讼法》第259—264条；《民诉法意见》第304—320条；《最高人民法院关于内地与香港特别行政区法院相互委托送达民商事司法文书的安排》；《最高人民法院关于内地与香港特别行政区相互执行仲裁裁决的安排》；《最高人民法院关于内地与香港特别行政区法院相互认可和执行当事人协议管辖的民商事案件判决的安排》；《最高人民法院关于涉港澳民商事案件司法文书送达问题若干规定》；《最高人民法院关于进一步规范人民法院涉港澳台调查取证工作的通知》；《最高人民法院关于内地与澳门特别行政区法院就民商事案件相互委托送达司法文书和调取证据的安排》；《最高人民法院关于内地与澳门特别行政区相互认可和执行民商事判决的安排》；《最高人民法院关于内地与澳门特别行政区相互认可和执行仲裁裁决的安排》；《最高人民法院关于人民法院认可台湾地区有关法院民事判决的规定》；《最高人民法院关于人民法院认可台湾地区有关法院民事判决的补充规定》；《最高人民法院关于涉台民事诉讼文书送达的若干规定》；《最高人民法院关于人民法院办理海峡两岸送达文书和调查取证司法互助案件的规定》。

扩展阅读

1. 陈红：《"一国两制"框架下我国区际司法协助的路径思考》，载《探索》2007年4期。

2. 陈力:《一国两制下的中国区际司法协助》,复旦大学出版社 2003 年版。

3. 李广辉、王瀚:《我国区际法院判决承认与执行制度之比较》,载《法律科学——西北政法学院学报》2009 年 2 期。

4. 刘晓红:《论我国商事仲裁裁决执行的区际司法协助》,载《政法论丛》2010 年 1 期。

5. 马进保:《我国内地与港澳的区际司法协助与机制构建》,载《河北法学》2008 年 3 期。

6. 宋锡祥:《海峡两岸司法协助新探》,载《政治与法律》2006 年 2 期。

7. 宋锡祥:《中国内地与香港区际民商事司法协助若干问题探讨》,载《华东政法大学学报》2008 年 2 期。

8. 肖建华主编:《中国区际司法协助研究》,中国人民公安大学出版社 2006 年版。

第二十四章　涉外民事诉讼程序

涉外民事诉讼，是指人民法院在双方当事人和其他诉讼参与人的参加下，审理具有涉外因素的民事案件的活动以及由此产生的诉讼法律关系的总和。它涉及民事诉讼法和国际私法的有关规定，我国《民事诉讼法》第四编对此作出特别规定。涉外民事诉讼考虑到国家主权、涉外因素、法律冲突、司法协助等方面，呈现其适用中的特殊性。本章结合《民事诉讼法》和相关国际条约的规定，主要介绍了涉外民事诉讼程序的原则、管辖、期间和送达、司法协助。

第一节　涉外民事诉讼程序概述

一、涉外民事诉讼的概念与特征

（一）涉外民事诉讼的概念

涉外民事诉讼，是指人民法院在双方当事人和其他诉讼参与人的参加下，审理具有涉外因素的民事案件的活动以及由此产生的诉讼法律关系的总和。就其研究内容而言，民事诉讼法学者对涉外民事诉讼的研究主要是国内民事诉讼法关于涉外民事诉讼的规定，而国际私法学者对国际民事诉讼的研究则更多地从国际私法的角度考虑国家与国家之间就民商事法律关系所发生纠纷的解决。这里的涉外民事诉讼应作广义理解，即包括涉外商事诉讼。

涉外民事案件是指具有下列情形之一，并且由我国人民法院审理的民事案件：

第一，法律关系的主体方面具有涉外因素，即当事人一方或者双方是外国人、无国籍人、外国企业或者组织；

第二，法律关系的内容方面具有涉外因素，即当事人之间民事法律关系的设立、变更、终止的法律事实发生在外国；

第三，法律关系的客体方面具有涉外因素，即当事人之间争议的标的物在外国。

具备上述其中一个方面的涉外因素，就是涉外民事案件。

（二）涉外民事诉讼的特征

涉外民事诉讼具有民事诉讼的一般特征，同时又因为具有涉外因素而在法律适用方面有自己的特征。与国内民事诉讼相比较，涉外民事诉讼具有以下几个主要特征：

(1) 涉外民事诉讼往往涉及国家主权问题，当事人之间民事纠纷的解决可能会涉及几个主权国家，由于涉外民事诉讼存在涉及外国的某些特殊因素，因此，在处理涉外民事案件时，既要维护我国的司法主权，又要在相互尊重对方国家主权和当事人利益的前提下，进行司法协助。

(2) 涉外民事诉讼在具体程序上需要作出一些特殊规定。在涉外民事诉讼中，由于当事人可能在我国没有住所，在诉讼文书的送达、当事人的传唤等程序上，所花费的时间要比国内民事诉讼更长，为了便于当事人进行诉讼，行使诉讼权利，涉外民事诉讼在管辖、期间、送达等制度上均具有一定的特殊性。

（3）涉外民事诉讼涉及不同国家之间司法协助的问题。一国法院只能在本国领域内进行诉讼行为，具有严格的地域性，但是，在涉外民事诉讼中，某些诉讼行为往往需要到其他国家法院的配合与协作才能完成。

（4）涉外民事诉讼案件在审判中对于法律的适用，会涉及准据法的适用问题。既可能出现实体法的选择问题，也可能出现程序法的选择问题，而国内民事诉讼统一适用我国的实体法和程序法，不存在准据法的选择适用问题。

二、涉外民事诉讼程序的立法体例和法律渊源

涉外民事诉讼程序，是指一国司法机关受理、审判和执行涉外民事案件，以及当事人进行诉讼活动所遵循的法定程序。由于涉外民事诉讼具有特殊之处，需要在具体程序上作出特别的规定。就各国对于涉外民事诉讼的立法体例，大致有下列三种形式：

第一，制定与民事诉讼法相并行的单行涉外民事诉讼法，作为法院审理涉外民事案件的专门法律依据。由于涉外民事诉讼程序与国内民事诉讼程序的内容大同小异，这种立法体例极易造成立法的重复，目前各国在立法体例上大多已不采取这种单独立法的方式。

第二，将涉外民事诉讼程序的特殊规定分散规定于民事诉讼法之中。即将民事诉讼法作为处理涉外民事案件的基本程序法，但在民事诉讼法中对涉外民事诉讼需要作出特别规定的部分分别列入相关章节的条款中，作为对民事诉讼法的补充和例外规定。

第三，在民事诉讼法中专门设立章节对涉外民事诉讼的特别程序问题集中规定，以适应处理涉外民事诉讼的特别需要。这种立法体例，不仅将涉外民事诉讼程序统一规定在民事诉讼法中，而且对涉外民事诉讼程序的特殊问题集中加以规定，便于法院审理涉外民事案件，也便利于当事人进行涉外民事诉讼，因此，成为各国民事诉讼立法的新趋势。

我国民事诉讼法对涉外民事诉讼的特别规定就属于第三种体例。在《民事诉讼法》中设专编，即第四编对涉外民事诉讼程序作了特别规定。虽然我国《民事诉讼法》设专编对涉外民事诉讼程序作出了一些特别性规定，但是，该特别规定不是与审判程序、执行程序并列的独立完整的程序规定，它只是针对涉外民事诉讼中的一般原则、管辖、期间与送达、司法协助等问题作出了特殊规定。涉外民事诉讼程序与一般民事诉讼程序是特殊与一般的关系，涉外民事诉讼程序的特别规定同《民事诉讼法》的一般规定一样，仍然受民事诉讼法的基本原则的指导。法院审理涉外民事案件时，该编有规定的，适用该编的规定；该编没有规定的，适用《民事诉讼法》的其他规定。

第二节　涉外民事诉讼程序的一般原则

涉外民事诉讼程序的一般原则，是根据我国民事诉讼法的基本原则以及我国缔结或者参加的国际条约的规定，参照国际惯例，并结合我国涉外民事诉讼的特殊情况而制定对涉外民事诉讼有指导意义，进行涉外民事诉讼必须遵循的原则。在涉外民事诉讼程序中，法院、当事人以及其他诉讼参与人除需遵守民事诉讼法的基本原则以外，还应当遵守涉外民事诉讼程序的一般原则。我国《民事诉讼法》第5条、第二十三章对涉外民事诉讼程序的一般原则作了规定，主要包括以下内容：

一、适用我国民事诉讼法的原则

根据《民事诉讼法》第259条的规定，在中华人民共和国领域内进行涉外民事诉讼，适用本编规定。本编没有规定的，适用本法其他有关规定。该条明确规定了涉外民事诉讼应适用我国民事诉讼法的原则，这一原则的确立，不仅是涉外民事诉讼中维护国家主权的重要体现，而且也是人民法院审理涉外民事案件，原则上适用法院所在地国家民事诉讼法国际惯例的体现。

涉外民事诉讼适用我国民事诉讼法的原则，主要体现在以下三个方面：

（1）任何外国人、无国籍人、外国企业或者组织在我国领域内进行民事诉讼，均适用我国《民事诉讼法》规定的程序进行诉讼活动。

（2）凡属于我国人民法院专属管辖的涉外民事案件，我国均有司法管辖权，其他国家的法院无权管辖。凡属于我国人民法院管辖的涉外民事案件，我国人民法院均享有司法管辖权。

（3）任何外国法院的生效判决、裁定和外国仲裁机构的仲裁裁决，只有经过我国人民法院依法进行审查并予以承认后，才能在我国领域内发生法律效力；有执行内容的，才能按照我国《民事诉讼法》的执行程序规定予以执行。

二、同等对等原则

我国《民事诉讼法》第5条规定："外国人、无国籍人、外国企业和组织在人民法院起诉、应诉，同中华人民共和国公民、法人和其他组织有同等的诉讼权利义务。外国法院对中华人民共和国公民、法人和其他组织的民事诉讼权利加以限制的，中华人民共和国人民法院对该国公民、企业和组织的民事诉讼权利，实行对等原则。"

同等对等原则包括同等原则和对等原则两个方面的内容：

（一）同等原则

外国人、无国籍人、外国企业和组织在人民法院起诉、应诉时诉讼权利义务与中华人民共和国公民、法人和其他组织相同。外国当事人有无诉讼权利能力和诉讼行为能力，应当依照我国法律来确定，而不以其所在国法律来确定其当事人资格。

（二）对等原则

外国法院对中华人民共和国公民、法人和其他组织的民事诉讼权利没有加以限制的，我国人民法院对该国公民、企业和组织的民事诉讼权利也不加以限制。相应的，如果外国法院对中华人民共和国公民、法人和其他组织的民事诉讼权利加以限制的，我国人民法院对该国公民、企业和组织的民事诉讼权利也加以同样的限制。

三、适用我国缔结或者参加的国际条约的原则

条约必须信守，是国际关系中的一项公认准则。我国《民事诉讼法》第260条明确规定：我国缔结或者参加的国际条约同民事诉讼法有不同规定的，适用该国际条约的规定，但我国声明保留的条款除外。该原则也可以称为信守国际条约的原则。其内容具体体现为以下两方面：

（1）凡是我国缔结或者参加的国际条约，包括多边的国际公约和双边的条约，我国法律即确认其效力；我国未承认的国际条约或者国际条约中的某些条款，我国人民法院审理涉外民事案件时不予以适用。

（2）我国缔结或者参加的国际条约中的某些规定，与我国《民事诉讼法》的相关规定不一致的，人民法院审理涉外民事案件时应优先适用国际条约中的有关规定，但是我国声明保留的条款除外。

四、尊重外交特权和豁免原则

外交特权和豁免原则，是指一个国家或者国际组织派驻在他国的外交代表享有的免受驻在国司法管辖的一种制度，又称司法豁免或司法豁免权。司法豁免权作为外交特权的重要组成部分，分为刑事豁免权与民事豁免权两种，最早只适用于外交代表，后逐步扩大到其他主体，以及某些国家的组织和国家组织。我国《民事诉讼法》第261条规定：“对享有外交特权与豁免的外国人、外国组织或者国际组织提起的民事诉讼，应当依照中华人民共和国有关法律和中华人民共和国缔结或者参加的国际条约的规定办理。”刑事司法豁免权是完全的、绝对的，即外交代表不受驻在国的刑事管辖；而民事豁免权具有相对性、限制性和不完全性。根据《外交特权与豁免条例》

的规定，外交代表在下列情况下不享有民事司法豁免权，我国人民法院有权受理相关诉讼：

(1) 派遣国明示放弃司法豁免权(但不包括放弃对判决的执行，因此如果要放弃对判决的执行必须要另行作出明确表示)。

(2) 享有司法豁免权的人向驻在国法院提起诉讼引起反诉的，不享有司法豁免权。

(3) 享有司法豁免权的人因私人事务涉及诉讼的，不享有司法豁免权。依照《中华人民共和国领事特权与豁免条例》第14条、1961年《维也纳外交关系公约》和1963年《维也纳领事关系公约》的规定，这里的私人事务主要包括：第一，外交代表在驻在国因自己的不动产与他人发生的诉讼；第二，外交代表以私人身份作为遗嘱执行人、遗产管理人或继承人，与他人发生的继承诉讼；第三，外交代表超出职务范围而从事商业活动所发生的诉讼，包括未明示以派遣国代表身份订立契约的诉讼；第四，因领事官员在未表明身份的情况下订立合同所引起的纠纷，或者由于他们的车辆、船舶或航空器等交通工具在驻在国境内造成事故而涉及损害赔偿的诉讼。

虽然我国《民事诉讼法》没有规定外国国家的主权豁免，但是根据“平等者之间无管辖权”的原则，学者们一般认为国家及其财产的豁免是公认的国家法原则，一个国家不得对另一个国家行使审判权，除非外国政府同意诉讼，即便如此，如果外国国家或者政府败诉，没有经过该国政府的同意，不得对其国家财产强制执行。

五、使用我国通用语言文字的原则

我国《民事诉讼法》第262条的规定：人民法院审理涉外民事案件，应当使用我国通用的语言、文字。当事人要求提供翻译的，可以提供，费用由当事人承担。民事诉讼中使用本国通用的语言文字是国际上通行的惯例做法，也是一国主权与尊严的问题。

也就是说，如果在涉外民事诉讼中，外国当事人需要提供翻译的，只要当事人提出申请，就应为其提供，由此产生的费用由当事人承担。该措施既便利了当事人进行诉讼，同时也便利了人民法院审理涉外民事案件。

六、委托我国律师代理诉讼的原则

根据我国《民事诉讼法》第263条、第264条的规定，涉外民事诉讼中的外籍当事人如果委托代理人以律师身份代理诉讼，必须委托我国律师机构的律师代理。律师制度作为一国司法制度的组成部分，只能在本国领域内适用,而不得延伸适用于其他国家的领域。任何国家的律师均只能在其本国领域内执行律师职务,不能接受当事人的委托,以律师的身份到外国法院代理诉讼活动。

此外,《民诉法意见》第 308 条进一步规定:涉外民事诉讼中的外籍当事人,可以委托本国人为诉讼代理人,也可以委托本国律师以非律师身份担任诉讼代理人;外国驻华使、领馆官员,受本国公民的委托,可以以个人名义担任诉讼代理人,但在诉讼中不享有外交特权和豁免权。《民诉法意见》第 309 条规定:涉外民事诉讼中,外国驻华使、领馆授权其本馆官员,在作为当事人的本国国民不在我国领域内的情况下,可以以外交代表身份为其本国国民在我国聘请中国律师或中国公民代理民事诉讼。

根据国务院制定的《外国律师事务所驻华代表机构管理条例》(2002 年)的规定,经国务院批准,外国律师事务所可以在我国设立代表机构、派驻代表,从事一些法律咨询、委托中国律师事务所办理中国法律事务、提供有关中国法律环境影响的信息等活动。

第三节　涉外民事诉讼管辖

一、涉外民事诉讼管辖概述

(一) 涉外民事诉讼管辖的含义

涉外民事诉讼管辖,是指我国人民法院对具有涉外因素的民事案件的受案范围以及我国人民法院之间受理第一审涉外民事案件的分工和权限。

涉外民事诉讼不同于国内民事诉讼,它涉及国家主权的问题,既要维护我国的国家主权,又不能侵犯到他国的合法权益。如何正确界定涉外民事案件的管辖,不仅直接涉及国家主权的维护,而且还涉及我国人民法院对涉外案件是否享有司法审判权。

(二) 涉外民事诉讼管辖的原则

从各国的立法例来看,除了普遍强调国家主权原则以外,各国同时要求具体的案件必须与本国具有某种联系因素。经过长期的司法实践,不同国家间不仅签署了一些国际条约,而且还逐渐形成了一些惯例性做法,这些国际条约与惯例做法必然作用于国内法,形成确定涉外民事诉讼管辖的一些共同的原则。

1. 属地管辖原则

属地管辖原则是指在涉外民事案件中,以当事人的住所、财产、诉讼标的物、产生争议的法律关系或法律事实等作为行使管辖权的连接因素而形成的原则。其中有一个因素存在于一国境内或发生于一国境内，该国就取得对该案件的司法管辖权。

2. 属人管辖原则

属人管辖原则是指以在涉外民事案件中，以当事人的国籍作为行使管辖权的连接因素而形成的原则。只要一方当事人具有一国国籍，无论他是原告还是被告，也不论他在发生诉讼时居住在何处，其国籍国法院对该争议案件取得管辖权。

3. 实际控制管辖原则

实际控制管辖原则又称为有效原则，法院对涉外民事案件是否具有管辖权，应看该法院是否能够对被告或者其财产实行直接的控制，能否作出有效的判决。这是英美法国家普遍采取的管辖原则。在具体确定管辖时又可以分为对人的实际控制和对物的实际控制两种管辖权。比如被告在本国并接到本国法院传票、诉讼标的物在本国领域内，本国法院就有管辖权。

根据《民事诉讼法》第265条的规定，我国实际上采用属地管辖原则。我国将诉讼标的物所在地、可供扣押财产所在地规定为确定法院有管辖权的联结因素，除考虑到属地管辖原则外，还考虑到对物的实际控制因素。

在现代国际社会中，普遍承认以当事人意志为确定管辖权的根据，即协议管辖。我国《民事诉讼法》也规定，在确定涉外民事诉讼管辖时，当事人在不违反级别管辖和专属管辖的前提下，可以协议选择与争议有实际联系的法院管辖。

二、我国涉外民事诉讼管辖的特别规定

（一）地域管辖

《民事诉讼法》第265条对地域管辖作出了明确的规定，即因合同纠纷或者其他财产权益纠纷，对在中华人民共和国领域内没有住所的被告提起的诉讼，如果合同在中华人民共和国领域内签订或者履行，或者诉讼标的物在中华人民共和国领域内，或者被告在中华人民共和国领域内有可供扣押的财产，或者被告在中华人民共和国领域内设有代表机构，可以由合同签订地、合同履行地、诉讼标的物所在地、可供扣押财产所在地、侵权行为地或者代表机构住所地人民法院管辖。

适用地域管辖应当具备几个条件：（1）必须是合同纠纷或者其他财产权益纠纷；（2）被告在我国领域内没有住所；（3）有管辖权法院的所在地必须是与涉外民事案件有一定牵连关系，即合同签订地、合同履行地、诉讼标的物所

在地、可供扣押财产所在地、侵权行为地或者代表机构住所地，这里的代表机构须是作为被告的外国企业或其他组织派驻在我国境内的常设办事机构，而不是分支机构。

（二）专属管辖

我国《民事诉讼法》第 266 条对涉外专属管辖作出了明确的规定：因在中华人民共和国履行中外合资经营企业合同、中外合作经营企业合同、中外合作勘探开发自然资源合同发生纠纷提起的诉讼，由中华人民共和国人民法院管辖。这三类案件的审理不仅涉及我国主权问题，而且还涉及国计民生的重大利益与我国的自然资源。因为在我国境内履行中外合资经营企业合同、中外合作经营企业合同所注册的是中国法人，而在我国境内履行中外合作勘探开发自然资源往往涉及对我国自然资源的开发问题，所以这三类合同所发生的纠纷只能由我国人民法院专属管辖。

（三）集中管辖

为正确审理涉外民商事案件，依法保护中外当事人的合法权益，最高人民法院《关于涉外民商事案件诉讼管辖若干问题的规定》(2001 年）对有关涉外民商事案件诉讼管辖的问题实行集中管辖。

下列五类案件实行集中管辖：(1) 涉外合同和侵权纠纷案件；(2) 信用证纠纷案件；(3) 申请撤销、承认与强制执行国际仲裁裁决的案件；(4) 审查有关涉外民商事仲裁条款效力的案件；(5) 申请承认和强制执行外国法院民商事判决、裁定的案件。涉及香港、澳门特别行政区和我国台湾地区当事人的民商事纠纷案件的管辖，参照本规定处理。

上面五类涉外民商事案件的第一审法院包括：(1) 国务院批准设立的经济技术开发区人民法院；(2) 省会、自治区首府、直辖市所在地的中级人民法院；(3) 经济特区、计划单列市中级人民法院；(4) 最高人民法院指定的其他中级人民法院；(5) 高级人民法院。上述中级人民法院的区域管辖范围由所在地的高级人民法院确定。

高级人民法院应当对涉外民商事案件的管辖实施监督，凡越权受理涉外民商事案件的，应当通知或者裁定将案件移送有管辖权的人民法院审理。

（四）协议管辖

涉外协议管辖与国内协议管辖统一适用《民事诉讼法》第 34 条（明示协议管辖）和第 127 条第 2 款（默示协议管辖）的规定。

如果当事人协议由我国法院管辖的，对于管辖协议是否成立和生效，应当根据我国《民事诉讼法》（法院地法）来确认。

三、诉讼竞合

诉讼竞合,是指同一当事人就同一民事纠纷,基于相同的事实理由和诉讼目的,同时向两个以上国家的法院提起诉讼的现象。诉讼竞合,主要包括两种情形:(1) 同一当事人作为原告向两个以上国家法院分别提出诉讼;(2) 一方当事人作为原告向一个国家法院提起诉讼以后,另一方当事人也作为原告向另一个国家的法院提起诉讼。

由于不同国家的法律制度存在一定的差异,这就使得同一民事纠纷因在不同国家法院进行诉讼所适用实体法律的不同而产生不同的诉讼结果,因此,对于具有涉外因素的民事案件,当事人为了最大限度地维护自己的权益,必然尽力选择有利于自己的法院起诉,而各国为了扩大涉外民事诉讼的管辖权也必然会尽量通过增加管辖连接因素的方式使本国法院取得涉外诉讼的管辖权,因此,诉讼竞合现象经常且大量存在。为了解决诉讼竞合所引起的国家之间在管辖权问题上的冲突,各国对此采取了以下几种对策:(1) 拒绝行使管辖权或中止诉讼;(2) 禁止在外国法院进行诉讼;(3) 允许当事人自行选择审判法院。

我国《民事诉讼法》虽然设有专章规定涉外民事诉讼中的管辖,但对诉讼竞合问题却没有作出相应的规定。但司法解释中却存在关于诉讼竞合的规定。例如《民诉法意见》第 306 条规定:中华人民共和国人民法院和外国法院都有管辖权的案件,一方当事人向外国法院起诉,而另一方当事人向中华人民共和国人民法院起诉的,人民法院可予受理。判决后,外国法院申请或者当事人请求人民法院承认和执行外国法院对本案作出的判决、裁定的,不予准许;但双方共同参加或者签订的国际条约另有规定的除外。《民诉法意见》第 15 条规定:中国公民一方居住在国外,一方居住在国内,不论哪一方向人民法院提起离婚诉讼,国内一方住所地的人民法院都有权管辖。如国外一方在居住国法院起诉,国内一方向人民法院起诉的,受诉人民法院有权管辖。

第四节　涉外民事诉讼的期间和送达

一、涉外民事诉讼的期间

涉外民事诉讼期间按照当事人在我国领域内是否有住所,分为两种情况:(1) 当事人在我国领域内有住所的,适用《民事诉讼法》第七章第一节关于期间的一般规定;(2) 当事人在我国领域内没有住所的,适用《民事诉讼法》第四编第二十五章有关期间的特别规定。

（一）被告和被上诉人的答辩期

《民事诉讼法》第268条明确规定了被告的答辩期："被告在中华人民共和国领域内没有住所的，人民法院应当将起诉状副本送达被告，并通知被告在收到起诉状副本后30日内提出答辩状。被告申请延期的，是否准许，由人民法院决定。"

根据《民事诉讼法》第269条，被上诉人在收到上诉状副本后，应当在30日内提出答辩状。当事人不能在法定期间提出答辩状，申请延期的，是否准许，由人民法院决定。

（二）上诉期间

《民事诉讼法》第269条明确规定当事人的上诉期间，在中华人民共和国领域内没有住所的当事人，不服第一审人民法院判决、裁定的，有权在判决书、裁定书送达之日起30日内提起上诉。当事人不能在法定期间提起上诉，申请延期的，是否准许，由人民法院决定。

《民诉法意见》第311条进一步规定，当事人双方分别居住在我国领域内和领域外，对第一审人民法院判决、裁定的上诉期间，居住在我国领域内的为《民事诉讼法》第147条所规定的期限，即判决的上诉期为判决书送达之日起15日，而裁定的上诉期为裁定书送达之日起10日；居住在我国领域外的为30日。

（三）审理期间

《民事诉讼法》第270条的规定："人民法院审理涉外民事案件的期间，不受本法第149条、第176条规定的限制。"因此，无论人民法院审理第一审涉外民事案件，还是审理第二审涉外民事案件，都没有审限的约束。

二、涉外送达

涉外民事诉讼送达，是指在涉外民事诉讼中，人民法院依照法定程序，将诉讼文书送交当事人或者其他诉讼参与人的行为。

根据《民事诉讼法》第267条规定以及相关司法解释，如果外国的当事人在我国领域有住所、或者其诉讼代理人有权接受送达、或者在我国领域设立有代表机构或者有权接受送达的分支机构、业务代办人等情况下，此时则不牵涉域外送达，在国内即可完成对涉外案件的送达。在涉外诉讼中的当事人不能满足上述几种情况时，则需要域外送达。域外送达的方式包括：

1. 依照国际条约中规定的方式送达

这里所说的国际条约是指1965年《海牙送达公约》，我国于1991年批准加入该《公约》,1992 年生效。在加入此《公约》时,作了 5 项声明,其中比较重要的两项声明一个是对《公约》第 10 条,也即邮寄送达进行了保留,反对外国在我国采取这种送达方式。另一个是在送达符合该《公约》规定的各项条件时,即使没有收到任何送达证明或者交付证明,仍可以作出判决。根据《海牙送达公约》关于送达方式的规定,送达途径主要有:中央机关送达、外交和领事送达、邮寄送达、目的国司法助理人员、官员或其他主管人员送达等。

2. 外交途径送达

在下列情况下可以通过外交途径送达:人民法院向同我国建交但未签订双边司法协助协议或者参加海牙送达公约国家国籍、第三国国籍或无国籍当事人送达文书。这种送达方式所送达的法律文书通常需要附有受送达国文字或者该国同意的第三国文字译本。

3. 使领馆途径送达

事实上,外交送达与使领馆送达的运作程序有一些相似,即主体相同,它们都需要通过使领馆进行。但送达方式不同,外交途径一般不直接将司法文书交给受送达人,而使领馆送达则可以直接送交给受送达人。

4. 向诉讼代理人送达

外国人、无国籍人、外国企业和组织在人民法院起诉,必须委托我国律师代理诉讼;也可以委托其本国人或居住国的公民为诉讼代理人;还可以委托外国律师以非律师身份担任诉讼代理人;外国驻华使领馆官员也可受本国公民委托,以个人名义担任诉讼代理人,但不享有外交特权和豁免权。

5. 向受送达人的代表机构或分支机构送达

这种方式在涉外民商事案件中经常被采用,需要注意受送达人对其分支机构或者业务代办人接受送达的授权,只有在他们被委托授权的条件下送达才具有法律效力。

6. 邮寄送达

受送达人所在国的法律允许邮寄送达的,可以邮寄送达,自邮寄之日期满 3 个月,送达回证没有退回,但根据各种情况足以认定已经送达的,期间届满之日视为送达。

7. 传真、电子邮件送达

这是 2012 年修订的《民事诉讼法》新增加的送达方式,随着科技的迅速发展,采用传真、电子邮件等方式,在确定受送达人收悉的情况下,可以更为快捷、方便地进行送达。本条规定与修订的《民事诉讼法》第 87 条的规定相呼应,将我国涉外民事诉讼与普通民事诉讼在此问题上进行统一。

8. 公告送达

在不能用前述方式送达的时候,可以公告送达,自公告期满3个月,即视为送达。2012年修订的《民事诉讼法》将涉外民事诉讼公告送达的期限从原来的6个月改为3个月。人民法院可以采用在报刊上或者受诉法院所在地等合适的地点进行公告,通过公告的形式将应告知当事人的内容向当事人送达。

第五节 司法协助

一、司法协助概述

(一) 司法协助的概念

司法协助,是指不同国家的法院之间,根据本国缔结或者参加的国际条约或者按照互惠原则,互相协助代为一定诉讼行为的制度。

司法行为是一种主权行为,基于主权独立的原则,任何一个主权国家都有权排斥他国的司法行为,换言之,一国的司法机关也只能在其领域内行使司法权。同样,一国法院的判决和仲裁机构的仲裁裁决通常情况下也仅具有域内效力,这就使得涉外民事诉讼过程中,往往需要各国法院在司法事务上互相协助。可见,司法协助制度正是随着国际间交往的日益增多而逐渐形成并发展起来的。20世纪以来,有关司法协助的国际条约逐渐增多,例如1954年签订的《海牙民事诉讼程序公约》,1958年在纽约签订的《承认及执行外国仲裁裁决公约》,1971年在海牙签订的《关于承认与执行外国民事和商事判决的公约》等。

(二) 司法协助的种类

我国《民事诉讼法》第四编第二十七章专门对司法协助作出了具体的规定,既包括代为送达文书、调查取证以及进行其他诉讼行为,也包括对外国法院判决、裁定以及外国仲裁裁决的承认与执行。据此,司法协助分为一般司法协助与特殊司法协助。

二、一般司法协助

一般司法协助,也称为普通司法协助,是指不同国家的法院之间按照条约关系或者互惠原则互相请求,代为送达文书、调查取证和其他诉讼行为的制度。其他诉讼行为,通常是指代为提供有关法律资料的行为。

(一) 一般司法协助的途径

根据《民事诉讼法》的规定,我国人民法院与外国法院之间进行一般司法协助,通常有以下三种途径:

1. 条约途径

对于已经与我国签订司法协助协定的国家，或者与我国共同参加涉及司法协助内容的国际条约的国家，法院之间均应按照条约所规定的途径进行司法协助。例如，1988 年 2 月 8 日生效的《中华人民共和国和法兰西共和国关于民事、商事司法协助的协定》第 3 条规定："提供司法协助，除本协定另有规定外，应当通知缔约双方各自指定或建立的中央机关进行。"我国指定的中央机关是司法部。

2. 外交途径

适用外交途径进行司法协助适用于两国之间虽然尚未签订有关司法协助的双边协定，也未共同参加某一相关国际条约，但双方业已建立外交关系的情况。通过外交途径进行司法协助，一般由外交机关作为中介，最终还是通过司法机关实施协助。按照互惠原则通过外交途径相互给予司法协助，这也是国际上通行的做法。

3. 本国使领馆途径

通过本国驻外使领馆代为完成一定的诉讼行为，这也是司法协助的一种途径。采用该种途径时需注意：(1) 由于该途径需通过使领馆进行，因此，只能向在驻在国的本国公民实施诉讼行为，不得向外国公民实施诉讼行为；(2) 不得违反驻在国的法律，并且不得采取强制措施。为此，我国《民事诉讼法》第 277 条明确规定，外国驻中华人民共和国的使领馆可以向该国公民送达文书和调查取证，但不得违反中华人民共和国的法律，并不得采取强制措施。除上述规定的情况外，未经中华人民共和国主管机关准许，任何外国机关或者个人不得在中华人民共和国领域内送达文书、调查取证。

（二）一般司法协助的程序

1991 年 3 月 2 日，第七届全国人大常委会第十八次会议决定批准我国加入《关于向国外送达民事或商事司法文书和司法外文书公约》，1997 年 7 月 3 日第八届全国人大常委会第二十六次会议决定批准我国加入《关于从国外调取民事或商事证据的公约》。根据这两个公约、《民事诉讼法》以及最高人民法院、外交部、司法部《关于我国法院和外国法院通过外交途径相互委托送达法律文书若干问题的通知》和最高人民法院《关于执行中外司法协助协定的通知》中的有关规定，不同国家之间的一般司法协助程序分为三种：公约成员国之间的司法协助程序；订有司法协助协定国家之间的司法协助程序；仅有外交关系国家之间的司法协助程序。

1. 公约成员国之间的司法协助程序

凡公约成员国驻华使、领馆转送该国法院或其他机关请求我国送达的民事或商事司法文书，应直接送交我国司法部，由司法部转递给最高人民法院，再由最高人民法院交有关人民法院送达给当事人。

凡公约成员国有权送达文书的主管机关或司法助理人员直接送交我国司法部转递给最高人民法院，再由最高人民法院交有关人民法院送达给当事人。

公约成员国要求我国人民法院代为调查取证，请求书应依上述送达程序交我国司法部，由司法部转交给最高人民法院，再由最高人民法院送交有执行权的人民法院执行。

送达证明由有关人民法院交最高人民法院送司法部，再由司法部送交该国驻华使领馆或该国主管当局或司法助理人员。

我国法院欲请求公约成员国向该国公民或第三国公民或无国籍人送达民事、商事司法文书，有关中级人民法院或专门法院应将请求书和所送司法文书送有关高级人民法院转最高人民法院，由最高人民法院送司法部转送给该国指定的中央机关；必要时，也可由最高人民法院送我国驻该国使领馆转送给该国指定的中央机关。我国法院请求公约成员国调查取证，依上述送达程序将请求书及必要的文件送该国有责任接收请求书的指定中央机关，再由其根据其本国法律调查取证。

公约成员国驻他国使、领馆可以直接向本国公民送达民事、商事司法文书，但不得违反他国法律。

我国与公约成员国签订有司法协助协定的，按协定的规定办理。

2. 订有司法协助协定国家之间司法协助的程序

外国一方法院请求我国协助时，应通过我国司法部递交申请我国法院提供司法协助的请求书和有关文件，再由司法部将请求书和有关文件转交最高人民法院，经审查后送交有关高级人民法院指定的中级人民法院或专门法院办理；办理结果由承办法院交有关高级人民法院，由高级人民法院审核后报最高人民法院，并由其译成外文连同原文书一并送司法部，再由司法部转递提出申请的外国一方。

我国法院委托外国一方法院予以司法协助的，亦应按司法协助协定提出请求文书和附件，经所属高级人民法院审核后报最高人民法院，最高人民法院审核后译成外文，连同中文的请求文书和所附文件一并转司法部，由司法部转递给缔约的外国一方。

3. 仅有外交关系国家之间司法协助的程序

外国法院要求我国人民法院协助时，由该国驻华使馆将委托事项和有关文件交我国外交部领事司审查后转递有关高级人民法院，再由该高级人民法院指定有关中级人民法院代为完成诉讼行为，完成结果连同原有关文件再按上述程序交外交部领事司转交给对方。

我国要求外方提供一般司法协助的，将请求书及有关文件报经有关高级人民法院审查，再转由外交部领事司向外方转递。

请求提供一般司法协助时，请求书须注明对方人员姓名、性别、年龄、国籍及其在国外的详细外文地址，同时附上委托书。委托书和所附法律文书应有该国文字或该国同意使用的第三国文字译本。若受托国法院名称不明时，可委托当事人所在地区主管法院。该国对委托书及法律文书有公证、认证等特殊要求的按要求办理，但特殊要求不得违反中华人民共和国法律。

三、特殊司法协助

特殊司法协助，是指两国法院在一定条件下相互承认并执行对方发生法律效力的法院裁判和仲裁机构仲裁裁决的制度。

一国法院的裁判与仲裁机构的仲裁裁决的效力只及于本国领域，因此，不同国家的法院之间相互给予特殊司法协助对实现当事人的合法权益非常重要。特殊司法协助具体包括两个方面的内容：（1）对外国法院裁判和仲裁机构裁决的承认与执行；（2）我国法院的裁判和仲裁机构的裁决在国外的承认与执行。

（一）对外国法院裁判和仲裁机构裁决的承认与执行

1. 承认与执行外国法院裁判和仲裁机构裁决的前提

根据我国缔结或者参加的国际条约以及《民事诉讼法》的规定，我国人民法院承认与执行外国法院裁判和仲裁机构裁决的前提是，当事人所在国或者请求法院所在国与我国订有司法协助协定或者共同缔结和参加的国际条约，或者存在互惠关系。

2. 承认与执行外国法院裁判和仲裁机构裁决的条件

根据我国缔结或者参加的国际条约以及《民事诉讼法》的规定，承认与执行外国法院裁判和仲裁机构裁决，需具备以下条件：

（1）请求承认和执行的外国法院裁判和仲裁机构裁决已生效。

（2）制作该裁判或者裁决的外国法院或者仲裁机构对该事项有管辖权。

（3）外国法院裁判或者仲裁机构裁决的制作程序合法。

（4）外国法院裁判或者仲裁机构裁决需要在我国得到承认与执行，即被执行人或者被执行的财产在我国领域内。

（5）外国法院裁判或者仲裁机构裁决不违反我国法律的基本原则或者国家主权、安全、社会公共利益。

3. 承认与执行外国法院裁判和仲裁机构裁决的程序

根据《民事诉讼法》的规定，承认与执行外国法院裁判和仲裁机构裁决需遵循下列程序：

（1）申请。外国法院作出的发生法律效力的裁判，需要在我国领域内得到承认与执行的，可以由当事人直接向我国有管辖权的中级人民法院，即被执行人住所地或者被执行财产所在地的中级人民法院申请承认和执行，也可以由外国法院依照该国与我国缔结或者参加的国际条约的规定，或者按照互惠原则，请求人民法院承认和执行。国外仲裁机构的裁决，需要我国法院承认和执行的，应当由当事人直接向被执行人住所地或者其财产所在地的中级人民法院申请。

（2）审查与处理。我国人民法院接到申请或者请求后，依照我国缔结或者参加的国际条约，或者按照互惠原则进行审查，这种审查，只限于审查外国法院的裁判或者仲裁机构的裁决是否符合我国《民事诉讼法》规定的承认和执行外国法院裁判或者仲裁机构裁决的条件，对该外国法院裁判或者仲裁机构裁决中事实的认定和法律的适用问题则不予以审查。经过审查后，认为符合承认与执行条件的，裁定承认其效力，需要执行的，发出执行令；认为不符合条件的，将申请书或者请求书退回提出申请的当事人或者提出请求的外国法院。

（二）我国法院的裁判和仲裁机构的裁决在国外的承认与执行

根据《民事诉讼法》第280条的规定，人民法院作出的发生法律效力的判决、裁定，如果被执行人或者其财产不在我国领域内，当事人请求执行的，可以由当事人直接向有管辖权的外国法院申请承认和执行，也可以由人民法院依照我国缔结或者参加的国际条约的规定，或者按照互惠原则，请求外国法院承认和执行。我国涉外仲裁机构作出的发生法律效力的仲裁裁决，当事人请求执行的，如果被执行人或者其财产不在我国领域内，应当由当事人直接向有管辖权的外国法院申请承认和执行。

当事人请求外国法院承认和执行我国法院裁判或者仲裁机构裁决时，须提供下列相关文件：（1）生效的法院裁判或者仲裁机构裁决；（2）业已送达的送达回证或者其他证明文件；（3）上述文件的译本，译本须采用对方通行或者认可的文字。外国法院接到当事人的申请或者我国法院的请求后，按照与我国订立的司法协助协定或者缔结和共同参加的国际条约，或者按照互惠原则进行审查，对于符合条件的，应按照该国法律予以承认和执行。

此外，《民诉法意见》第320条还规定，当事人在我国领域外使用人民法院的判决书、裁定书，要求我国人民法院证明其法律效力的，以及外国法院要求我国人民法院证明判决书、裁定书的法律效力的，我国作出判决、裁定的人民法院，可以本法院的名义出具证明。

案例精选

▶【案例1】

2006年8月15日凌晨，船东为香港新虹航运有限公司的美国籍“美虹”轮(原告)，自香港驶往天津新港空载航行。凌晨4点“美虹”轮与苏联籍“喀秋莎”轮(被告)相撞。这次事故中，“美虹”轮严重受损，驾驶台右前方开口，第三舱严重进水。人员方面一人重伤，一人轻伤，其他人无伤亡。苏联船仅受轻微损伤，无人身伤亡。

事故发生后，“美虹”轮船长要求苏联船长立即救助遇难船员，并将遇难船员送至烟台港。“美虹”轮于8月20日凌晨被烟台救捞局拖轮拖至烟台港锚地。被告轮船到港以后，“美虹”轮船长根据船东指示，于2006年8月21日向青岛海事法院申请扣押被告所属“喀秋莎”。

8月23日，青岛海事法院裁定责令被告在5日内提供40万美元的担保，届时如拒不提供，对该轮即予扣押。8月27日被告所在的保赔协会按“美虹”轮船东的要求提供担保，原被告经调解达成了赔偿协议。

评析：我国法院是否对本案拥有管辖权？我国《民事诉讼法》第265条对地域管辖作出了明确的规定，即因合同纠纷或者其他财产权益纠纷，对在中华人民共和国领域内没有住所的被告提起的诉讼，如果合同在中华人民共和国领域内签订或者履行，或者诉讼标的物在中华人民共和国领域内，或者被告在中华人民共和国领域内有可供扣押的财产，我国法院有管辖权。本案属于涉及财产权益的纠纷，被告有可供扣押的财产在我国境内，因此我国法院有管辖权。

▶【案例2】

安德丽亚公司系位于广东省南海的中外合资企业，意大利Andrea公司持有90%的股份。Andrea公司在2005年变更名称为EP股份公司，后进入清理程序。2005年3月24日，EP股份公司被意大利米兰法院第2号判决宣告破产。2007年4月14日，米兰法院作出《EP股份公司破产出售令》，判令将该破产公司所有财产、权利及持有股份的海外公司作为不可分割的整体进行出售。2007年9月30日，米兰法院作出《被没收财产转让判处令》，判处将属于EP股份公司的所有财产、权利及所持海外公司的股份，以单一整体价格转让给申请人BP公司；责令破产监护人将上述破产财产完全交付于申请人供其自由支配。

但是,Andrea公司于2007年5月将该公司在安德丽亚公司的股份转让给了香港隆轩公司。我国当地外经部门批准了上述股份转让,安德丽亚公司外方股东已变更为隆轩公司。申请人BP公司认为:Andrea公司非法转让其已无权处分的安德丽亚公司股份给隆轩公司,侵犯了申请人作为唯一持有破产人海外股份的法定所有人的权利。申请人遂向我国某市中级法院提出申请,要求承认和执行:(1)意大利米兰法院于2007年3月24日作出的第2号破产判决;(2)意大利米兰法院于2007年9月30日作出的《被没收财产转让判处令》;(3)确认申请人在安德丽亚公司的合法股东地位,EP股份公司在安德丽亚公司持有的90%股份,应完全交付申请人自由支配。

评析:本案涉及我国法院承认与执行外国法院发生法律效力的裁决。根据我国《民事诉讼法》第281条之规定,外国法院作出的发生法律效力的判决、裁定,需要人民法院承认与执行的,可以由当事人直接向有管辖权的外国法院申请承认和执行。也可以由人民法院依照中国缔结或参加的国际条约的规定,或者按照互惠原则请求外国法院承认和执行。我国与意大利在平等互利的基础上,于1991年缔结了《中意司法协助条约》,该条约已于1995年正式生效。根据该条约,缔约一方法院在上述条约生效后的民事裁决,如需要另一缔约方承认与执行的,应根据该条约条件予以承认与执行。在本案中,由意大利米兰法院于2005年3月24日作出的第2号破产判决及米兰法院于2007年9月30日作出的《被没收财产转让判处令》已发生法律效力,不存在双边条约规定的拒绝承认和执行的情形,且未违反中国法律的基本原则或者国家主权、安全、社会公共利益。因此,申请人请求承认意大利米兰法院破产判决及财产转让判令效力的申请,符合我国法律及《中意司法协助条约》规定的承认外国法院裁决效力的条件,依法应予以承认。

思考问题

1. 涉外民事诉讼程序的特征和原则。
2. 我国确定涉外民事诉讼管辖的特殊规定。
3. 我国涉外民事诉讼程序中的送达方式。
4. 一般司法协助的适用范围和途径。
5. 进行特殊司法协助的前提与条件。

法条链接

《民事诉讼法》第259—270条,第276—283条;《民诉法意见》第304—320条;《涉外民事关系法律适用法》;《中华人民共和国外交特权与豁免条例》;《关于涉外民商事案件诉讼管辖若干问题的规定》;《关于涉外民事或商事案件司法文书送达问题若干规定》。

扩展阅读

1. 丁伟:《我国对涉外民商事案件实行集中管理的利弊分析》,载《法学》2003年第8期。

2. 何其生:《域外送达制度研究》,北京大学出版社2006年版。

3. 焦燕:《涉外民事诉讼的被告财产管辖权:比较法之考察》,载《环球法律评论》2011年2期。

4. 刘仁山:《国际民商事判决承认与执行中的司法礼让原则》,载《中国法学》2010年第5期。

5. 王柠:《论民商事域外取证法律冲突及其弱化趋势》,载《中国司法》2012年7期。

6. 徐宏:《国际民事司法协助(第二版)》,武汉大学出版社2012年版。

7. 徐卉:《涉外民商事诉讼管辖权冲突研究》,中国政法大学出版社2001年版。

第二十五章　涉外仲裁

涉外仲裁又称国际商事仲裁,在我国是指主体、客体和法律事实中必须至少有一项是发生于国外的民商事争议案件的仲裁。我国《仲裁法》为涉外仲裁设有专章,并明确规定了其适用范围和不同于国内仲裁的程序。我国的涉外仲裁机构包括中国国际经济贸易仲裁委员会和中国海事仲裁委员会。本章主要介绍了涉外仲裁的概念和特征、涉外仲裁应当遵循的基本原则以及涉外仲裁的具体程序规则。

第一节 涉外仲裁概述

一、涉外仲裁的概念

涉外仲裁，是指当事人根据合同约定或书面协议，将涉外经济贸易、运输和海事中发生的纠纷，提交中国涉外仲裁机构进行审理和裁决的制度。

在涉外民商事纠纷中，当事人可以选择仲裁，也可以选择诉讼来解决他们之间的纠纷。如果当事人选择仲裁，就应当在合同中订立仲裁条款，或者另行签订仲裁协议，并在协议中明确约定将纠纷交由我国涉外仲裁机构或者其他国家和地区的仲裁机构解决。

二、适用涉外仲裁的条件和基本原则

（一）适用涉外仲裁的条件

涉外仲裁至少具备下列条件之一：

（1）争议的当事人具有不同的国籍，其主要营业地或住所地不在同一国家，或是依不同国家的法律组成的法人，也可以是自然人；

（2）争议的标的具有涉外因素，即争议的标的物所在地或合同的签订地或履行地在当事人一方或各方所在国以外的国家或地区。

（二）涉外仲裁的基本原则

1. 协议原则

所谓协议原则，是指仲裁机构仲裁权的取得须建立在当事人自愿协议基础之上。当事人可以事先在合同中订立仲裁条款，也可以在案发后达成书面仲裁协议。没有当事人的仲裁协议，仲裁机构不能行使仲裁权。

2. 公平原则

公平原则建立在当事人法律地位平等的基础之上。无论是中国当事人或外国当事人，也无论当事人所在国家的大、小、强、弱，他们在仲裁程序中都处于平等的地位，仲裁机构将公平相待、公正裁决。

3. 独立裁决原则

独立裁决原则，首先是指仲裁机构在仲裁案件时，只能依据客观事实和法律，实事求是地裁决，不受任何机关、团体和个人的干涉。其次，是指仲裁员个人独立，基于独立的意志作出裁决意见。

4. 保密审理原则

保密审理即指不公开审理和当事人、仲裁员、证人、鉴定人等承担不向外界透露案件实体和程序进行情况的义务。对涉外案件不公开仲裁是出于对当事人自由意志的尊重和商业保密的考虑。如果双方当事人申请公开审理,必须征得仲裁庭的同意和认可。

5. 参照国际惯例原则

各国在长期的商业交往中已形成若干惯例,这些惯例既涉及实体法又涉及程序法。涉外仲裁机构在仲裁时,参照这些国际惯例可以弥补我国法律、法规的某些缺陷,也利于双方当事人接受裁决结果,从而合理、迅速地解决当事人间的争执。

三、中国的涉外仲裁机构

仲裁机构属民间性质。仲裁员由民间推荐选任;仲裁机构对仲裁事项没有强制管辖权;涉外仲裁机构行使仲裁权的基础取决于双方当事人的合意。中国涉外仲裁机构成立较早,主要有两个:一是中国国际经济贸易仲裁委员会;二是中国海事仲裁委员会。这两个委员会隶属于中国国际商会。

中国国际经济贸易仲裁委员会原名对外经济贸易仲裁委员会,成立于1956年。中国国际经济贸易仲裁委员会由主任一人、副主任和委员若干人组成。按照《中国国际经济贸易仲裁委员会仲裁规则》(2012年)第3条,仲裁委员会根据当事人的约定受理契约性或非契约性的经济贸易等争议案件。所述案件包括:国际或涉外争议案件;涉及香港特别行政区、澳门特别行政区及台湾地区的争议案件;国内争议案件。根据《中国国际经济贸易仲裁委员会金融争议仲裁规则》(2008年版)第2条的规定,中国国际经济贸易仲裁委员会以仲裁的方式独立、公正地解决当事人之间因金融交易发生的或与此有关的争议。金融交易,是指金融机构之间以及金融机构与其他法人和自然人之间在货币市场、资本市场、外汇市场、黄金市场和保险市场上所发生的本外币资金融通、本外币各项金融工具和单据的转让、买卖等金融交易,包括但不限于下列交易:贷款;存单;担保;信用证;票据;基金交易和基金托管;债券;托收和外汇汇款;保理;银行间的偿付约定;证券和期货。

中国海事仲裁委员会成立于1959年。该委员会由主席一人、副主席和委员若干人组成。仲裁员从具有有关专业知识和实际经验的中外人士中聘任。根据《中国海事仲裁委员会仲裁规则》(2004年版)第2条规定,中国海事仲裁委员会以仲裁的方式,独立、公正地解决海事、海商、物流争议以及其他契约性或非契约性争议,以保护当事人的合法权益,促进国际国内经济贸易和物流的发展。仲裁委员会受理下列争议案件:(1) 租船合同、多式联运合同或者提单、运单等运输单证所涉及的海上货物运输、水上货物运输、旅客运输争议;(2) 船舶、其他海上移动式装置的买卖、建造、修理、租赁、融资、拖带、碰撞、救助、打捞,或集装箱的买卖、建造、租赁、融资等业务所发生的争议;(3) 海上保险、共同海损及船舶保赔业务所发生的争议;(4) 船上物料及燃油供应、担保争议,船舶代理、船员劳务、港口作业所发生的争议;(5) 海洋资源开发利用、海洋环境污染所发生的争议;(6) 货运代理,无船承运,公路、铁路、航空运输,集装箱的运输、拼箱和拆箱,快递,仓储,加工,配送,仓储分拨,物流信息管理,运输工具、搬运装卸工具、仓储设施、物流中心、配送中心的建造、买卖或租赁,物流方案设计与咨询,与物流有关的保险,与物流有关的侵权争议,以及其他与物流有关的争议;(7) 渔业生产、捕捞等所发生的争议;(8) 双方当事人协议仲裁的其他争议。

中国的涉外商事仲裁事宜主要是受到《仲裁法》及中国国际经济贸易仲裁委员会和中国海事仲裁委员会所制定的仲裁规则的规范。

四、涉外仲裁与国内仲裁、民事诉讼的区别

(一) 涉外仲裁与国内仲裁的区别

与国内仲裁相比,涉外仲裁有以下特点:

(1) 具有涉外性。涉外仲裁含有涉外因素,这是它同国内仲裁的主要区别所在。其涉外性决定了它比国内仲裁更加灵活,并受到国际公约、惯例及协议规范。

(2) 更具自治性。在涉外仲裁中,当事人可以自由选择仲裁事项、仲裁地点,参照国际惯例,依据法律,解决了大量的涉外经济贸易和海事纠纷。

(3) 法院审查的范围不同。涉外仲裁中,法院对涉外仲裁裁决的审查是程序性的,不涉及实体问题;但对于国内仲裁裁决,法院不仅做程序审查,在证据方面也做实体性的审查。

(二) 涉外仲裁与民事诉讼的区别

涉外仲裁与民事诉讼相比,也有自身的特点。涉外仲裁与诉讼的区别归纳起来主要有以下几个方面:

(1) 管辖权产生的依据不同。仲裁机构的管辖权来源于当事人之间的协议,是建立在双方当事人之间协议的基础上。只有在当事人之间存在着将他们之间的争议提交仲裁的协议,仲裁机构才有权审理他们之间的争议。

(2) 组织机构不同。仲裁机构一般都是民间性的组织,仲裁员不是由国家任命的,一般是由各常设机构列出仲裁人员名单,由双方当事人在仲裁员名单中指定。因此,对双方当事人来说,仲裁比诉讼具有较大的灵活性,有较多的自由。然而法院是国家的审判机关,是国家机器的主要组成部分,法院

的法官都是由国家任命或选举产生,争议双方当事人都没有选择法官的自由。

(3) 审级制度不同。各国的仲裁裁决一般都采用一审终审制,仲裁庭的裁决是终局裁决,双方当事人都不可以向法院起诉或向其他机关提出变更的请求。而在诉讼中,当事人对法院的一审判决不服,可以在法定期间内提起上诉。

第二节　涉外仲裁程序

本文以《中国国际经济贸易仲裁委员会仲裁规则》(2012 年)为基础,具体介绍涉外仲裁程序的流程。

一、涉外仲裁的启动和准备

仲裁程序自仲裁委员会秘书局收到仲裁申请书之日起开始。

(一) 申请和受理

1. 申请

当事人申请仲裁时应提交由申请人或申请人授权的代理人签名及或盖章的仲裁申请书。仲裁申请书应写明:(1) 申请人和被申请人的名称和住所,包括邮政编码、电话、传真、电子邮件或其他电子通讯方式;(2) 申请仲裁所依据的仲裁协议;(3) 案情和争议要点;(4) 申请人的仲裁请求;(5) 仲裁请求所依据的事实和理由。同时,在提交仲裁申请书时,附具申请人请求所依据的证据材料以及其他证明文件。当事人应当按照仲裁委员会制定的仲裁费用表的规定预缴仲裁费。

2. 受理

仲裁委员会根据当事人在争议发生之前或在争议发生之后达成的将争议提交仲裁委员会仲裁的仲裁协议和一方当事人的书面申请,受理案件。仲裁委员会秘书局收到申请人的仲裁申请书及其附件后,经审查,认为申请仲裁的手续完备的,应将仲裁通知、仲裁委员会仲裁规则和仲裁员名册各一份发送给双方当事人;申请人的仲裁申请书及其附件也应同时发送给被申请人。经审查认为申请仲裁的手续不完备的,可以要求申请人在一定的期限内予以完备。申请人未能在规定期限内完备申请仲裁手续的,视同申请人未提出仲裁申请;申请人的仲裁申请书及其附件,秘书局不予留存。受理案件后,秘书局应指定一名案件秘书协助仲裁案件的程序管理工作。

（二）答辩和反请求

1. 答辩

被申请人应自收到仲裁通知后45天内提交答辩书。被申请人确有正当理由请求延长提交答辩期限的，由仲裁庭决定是否延长答辩期限；仲裁庭尚未组成的，由秘书局作出决定。仲裁庭有权决定是否接受逾期提交的答辩书。被申请人未提交答辩书，不影响仲裁程序的进行。

答辩书由被申请人或被申请人授权的代理人签名及/或盖章，并应包括下列内容及附件：（1）被申请人的名称和住所，包括邮政编码、电话、传真、电子邮件或其他电子通讯方式；（2）对仲裁申请书的答辩及所依据的事实和理由；（3）答辩所依据的证据材料以及其他证明文件。

2. 反请求

被申请人如有反请求，应自收到仲裁通知后45天内以书面形式提交。被申请人确有正当理由请求延长提交反请求期限的，由仲裁庭决定是否延长反请求期限；仲裁庭尚未组成的，由仲裁委员会秘书局作出决定。

被申请人提出反请求时，应在其反请求申请书中写明具体的反请求事项及其所依据的事实和理由，并附具有关的证据材料以及其他证明文件。同时，被申请人应按照仲裁委员会制定的仲裁费用表在规定的时间内预缴仲裁费；未按期缴纳反请求仲裁费的，视同未提出反请求申请。

仲裁委员会秘书局认为被申请人提出反请求的手续已完备的，应向双方当事人发出反请求受理通知。申请人应在收到反请求受理通知后30天内对被申请人的反请求提交答辩。申请人确有正当理由请求延长提交答辩期限的，由仲裁庭决定是否延长答辩期限；仲裁庭尚未组成的，由仲裁委员会秘书局作出决定。

仲裁庭有权决定是否接受逾期提交的反请求答辩书。申请人对被申请人的反请求未提出书面答辩的，不影响仲裁程序的进行。

申请人可以申请对其仲裁请求进行更改，被申请人也可以申请对其反请求进行更改；但是仲裁庭认为其提出更改的时间过迟而影响仲裁程序正常进行的，可以拒绝其更改请求。

（三）合并仲裁

经一方当事人请求并经其他各方当事人同意，或仲裁委员会认为必要并经各方当事人同意，仲裁委员会可以决定将进行的两个或两个以上的仲裁案件合并为一个仲裁案件，进行审理。决定合并仲裁时，仲裁委员会应考虑相关仲裁案件之间的关联性，包括不同仲裁案件的请求是否依据同一仲裁协议提出，不同仲裁案件的当事人是否相同，以及不同案件的仲裁员的选定或指定情况。除非各方当事人另有约定,合并的仲裁案件应合并于最先开始仲裁程序的仲裁案件。

(四) 对仲裁协议及/或管辖权的异议

仲裁委员会有权对仲裁协议的存在、效力以及仲裁案件的管辖权作出决定。如有必要,仲裁委员会也可以授权仲裁庭作出管辖权决定。仲裁庭依据仲裁委员会的授权对管辖权作出决定时,可以在仲裁程序进行中单独作出,也可以在裁决书中一并作出。

仲裁委员会依表面证据认为存在由其进行仲裁的协议的,可根据表面证据作出仲裁委员会有管辖权的决定,仲裁程序继续进行。仲裁委员会依表面证据作出的管辖权决定并不妨碍其根据仲裁庭在审理过程中发现的与表面证据不一致的事实及/或证据重新作出管辖权决定。

当事人对仲裁协议及/或仲裁案件管辖权的异议,应当在仲裁庭首次开庭前书面提出;书面审理的案件,应当在第一次实体答辩前提出。对仲裁协议及/或仲裁案件管辖权提出异议不影响仲裁程序的继续进行。

仲裁委员会或经仲裁委员会授权的仲裁庭作出无管辖权决定的,应当作出撤销案件的决定。撤案决定在仲裁庭组成前由仲裁委员会秘书长作出,在仲裁庭组成后,由仲裁庭作出。

(五) 仲裁文件的提交与交换

当事人的仲裁文件应提交至仲裁委员会秘书局。仲裁程序中需发送或转交的仲裁文件,由秘书局发送或转交仲裁庭及当事人,当事人另有约定并经仲裁庭同意或仲裁庭另有决定者除外。

当事人提交的仲裁申请书、答辩书、反请求书和证据材料以及其他仲裁文件,应一式五份;多方当事人的案件,应增加相应份数;当事人提出财产保全申请或证据保全申请的,应增加相应份数;仲裁庭组成人数为一人的,应相应减少两份。

▶ 二、仲裁庭的组成

仲裁庭由一名或三名仲裁员组成。除非当事人另有约定或本规则另有规定,仲裁庭由三名仲裁员组成。

(一) 仲裁员的选定或指定

仲裁委员会制定统一适用于仲裁委员会及其分会/中心的仲裁员名册;当事人从仲裁委员会制定的仲裁员名册中选定仲裁员。当事人约定在仲裁委员会仲裁员名册之外选定仲裁员的,当事人选定的或根据当事人之间的协议指定的人士经仲裁委员会主任依法确认后可以担任仲裁员。

关于三人仲裁庭的组成,申请人和被申请人应各自在收到仲裁通知后15天内选定或委托仲裁委员会主任指定一名仲裁员。当事人未在上述期限内选定或委托仲裁委员会主任指定的,由仲裁委员会主任指定。第三名仲裁员由双方当事人在被申请人收到仲裁通知后15天内共同选定或共同委托仲裁委员会主任指定。第三名仲裁员为仲裁庭的首席仲裁员。双方当事人可以各自推荐一至五名候选人作为首席仲裁员人选,并按照上述规定的期限提交推荐名单。双方当事人的推荐名单中有一名人选相同的,该人选为双方当事人共同选定的首席仲裁员;有一名以上人选相同的,由仲裁委员会主任根据案件的具体情况在相同人选中确定一名首席仲裁员,该名首席仲裁员仍为双方共同选定的首席仲裁员;推荐名单中没有相同人选时,由仲裁委员会主任指定首席仲裁员。双方当事人未能按照上述规定共同选定首席仲裁员的,由仲裁委员会主任指定首席仲裁员。

仲裁庭由一名仲裁员组成的,按照上述规定的程序,选定或指定该独任仲裁员。

仲裁案件有两个或两个以上申请人及/或被申请人时,申请人方及/或被申请人方应各自协商,各方共同选定或共同委托仲裁委员会主任指定一名仲裁员。首席仲裁员或独任仲裁员应按照规定的程序选定或指定。申请人方及/或被申请人方按照规定选定首席仲裁员或独任仲裁员时,应各方共同协商,并提交各方共同选定的候选人名单。如果申请人方及/或被申请人方未能在收到仲裁通知后15天内各方共同选定或各方共同委托仲裁委员会主任指定一名仲裁员,则由仲裁委员会主任指定仲裁庭三名仲裁员,并从中确定一人担任首席仲裁员。

仲裁委员会主任根据本规则的规定指定仲裁员时,应考虑争议的适用法律、仲裁地、仲裁语言、当事人国籍,以及仲裁委员会主任认为应考虑的其他因素。

(二)仲裁员的披露义务和回避

被选定或被指定的仲裁员应签署声明书,披露可能引起对其公正性和独立性产生合理怀疑的任何事实或情况。在仲裁程序中出现应披露情形的,仲裁员应立即书面披露。仲裁员的声明书及/或披露的信息应提交仲裁委员会秘书局并由其转交各方当事人。

当事人收到仲裁员的声明书及/或书面披露后,如果以仲裁员披露的事实或情况为理由要求该仲裁员回避,则应于收到仲裁员的书面披露后10天内书面提出。逾期没有申请回避的,不得以仲裁员曾经披露的事项为由申请该仲裁员回避。当事人对被选定或被指定的仲裁员的公正性和独立性产生具有正当理由的怀疑时,可以书面提出要求该仲裁员回避的请求,但应说明提出回避请求所依据的具体事实和理由,并举证。对仲裁员的回避请求应在收到组庭通知后15天内以书面形式提出;在此之后得知要求回避事由的,可以在得知回避事由后15天内提出,但应不晚于最后一次开庭终结。当事人的回避请求应当立即转交另一方当事人、被请求回避的仲裁员及仲裁庭其他成员。仲裁员是否回避,由仲裁委员会主任作出终局决定并可以不说明理由。在仲裁委员会主任就仲裁员是否回避作出决定前,被请求回避的仲裁员应继续履行职责。

如果一方当事人请求仲裁员回避,另一方当事人同意回避请求,或被请求回避的仲裁员主动提出不再担任该仲裁案件的仲裁员,则该仲裁员不再担任仲裁员审理本案。上述情形并不表示当事人提出回避的理由成立。

(三)仲裁员的更换

仲裁员在法律上或事实上不能履行其职责,或没有按照本规则的要求或在本规则规定的期限内履行应尽职责时,仲裁委员会主任有权决定将其更换;该仲裁员也可以主动申请不再担任仲裁员。是否更换仲裁员,由仲裁委员会主任作出终局决定并可以不说明理由。仲裁员因回避或更换不能履行职责时,应按照原选定或指定该仲裁员的方式和期限,选定或指定替代的仲裁员。当事人未按照原方式和期限选定替代仲裁员的,由仲裁委员会主任指定替代的仲裁员。重新选定或指定仲裁员后,由仲裁庭决定是否重新审理及重新审理的范围。

最后一次开庭终结后,如果三人仲裁庭中的一名仲裁员因死亡或被除名等情形而不能参加合议及/或作出裁决,另外两名仲裁员可以请求仲裁委员会主任按照《仲裁法》第31条的规定更换该仲裁员;在征求双方当事人意见并经仲裁委员会主任同意后,该两名仲裁员也可以继续进行仲裁程序,作出决定或裁决。仲裁委员会秘书局应将上述情况通知双方当事人。

三、审理与裁决

(一)审理

1. 审理方式

除非当事人另有约定,仲裁庭可以按照其认为适当的方式审理案件。在任何情形下,仲裁庭均应公平和公正地行事,给予双方当事人陈述与辩论的合理机会。仲裁庭应开庭审理案件,但双方当事人约定并经仲裁庭同意或仲裁庭认为不必开庭审理并征得双方当事人同意的,可以只依据书面文件进行审理。除非当事人另有约定,仲裁庭可以根据案件的具体情况采用询问式或辩论式审理案件。仲裁庭可以在其认为适当的地点以其认为适当的方式进行合议。除非当事人另有约定，仲裁庭认为必要时可以发布程序令、发出问题单、制作审理范围书、举行庭前会议等。

仲裁庭审理案件不公开进行。双方当事人要求公开审理的，由仲裁庭决定是否公开审理。不公开审理的案件，双方当事人及其仲裁代理人、仲裁员、证人、翻译、仲裁庭咨询的专家和指定的鉴定人，以及其他有关人员，均不得对外界透露案件实体和程序的有关情况。

2. 开庭地点和开庭通知

当事人约定了开庭地点的，仲裁案件的开庭审理应当在约定的地点进行。① 除非当事人另有约定，由仲裁委员会秘书局或其分会/中心秘书处管理的案件应分别在北京或分会/中心所在地开庭审理；如仲裁庭认为必要，经仲裁委员会秘书长同意，也可以在其他地点开庭审理。

开庭审理的案件，仲裁庭确定第一次开庭日期后，应不晚于开庭前20天将开庭日期通知双方当事人。当事人有正当理由的，可以请求延期开庭，但应于收到开庭通知后5天内提出书面延期申请；是否延期，由仲裁庭决定。当事人有正当理由未能按规定的期限提出延期开庭申请的，是否接受其延期申请，由仲裁庭决定。再次开庭审理的日期及延期后开庭审理日期的通知及其延期申请，不受上述期限的限制。

3. 举证、质证

当事人应对其申请、答辩和反请求所依据的事实提供证据加以证明，对其主张、辩论及抗辩要点提供依据。仲裁庭可以规定当事人提交证据的期限。当事人应在规定的期限内提交证据。逾期提交的，仲裁庭可以不予接受。当事人在举证期限内提交证据材料确有困难的，可以在期限届满前申请延长举证期限，是否延长，由仲裁庭决定。当事人未能在规定的期限内提交证据，或虽提交证据但不足以证明其主张的，负有举证责任的当事人承担因此产生的后果。

开庭审理的案件，证据应在开庭时出示，当事人可以质证。对于书面审理的案件的证据材料，或对于开庭后提交的证据材料且当事人同意书面质证的，可以进行书面质证。书面质证时，当事人应在仲裁庭规定的期限内提交书面质证意见。

---

① 但是，下列情形除外：当事人约定在仲裁委员会或其分会/中心所在地之外开庭的，应预缴因此而发生的差旅费、食宿费等实际费用。当事人未在仲裁委员会规定的期限内预缴有关实际费用的，应在仲裁委员会或其分会/中心所在地开庭。

仲裁庭认为必要时,可以自行调查事实,收集证据。仲裁庭自行调查事实、收集证据时,可以通知当事人到场。经通知,一方或双方当事人不到场的,不影响仲裁庭自行调查事实和收集证据。仲裁庭自行调查收集的证据,应转交当事人,给予当事人提出意见的机会。

仲裁庭可以就案件中的专门问题向专家咨询或指定鉴定人进行鉴定。专家和鉴定人可以是中国或外国的机构或自然人。仲裁庭有权要求当事人、当事人也有义务向专家或鉴定人提供或出示任何有关资料、文件或财产、货物,以供专家或鉴定人审阅、检验或鉴定。专家报告和鉴定报告的副本应转交当事人,给予当事人提出意见的机会。任何一方当事人要求专家或鉴定人参加开庭的,经仲裁庭同意,专家或鉴定人应参加开庭,并在仲裁庭认为必要时就所作出的报告进行解释。

4. 仲裁与调解相结合

双方当事人有调解愿望的,或一方当事人有调解愿望并经仲裁庭征得另一方当事人同意的,仲裁庭可以在仲裁程序进行过程中对其审理的案件进行调解,双方当事人也可以自行和解。仲裁庭在征得双方当事人同意后可以按照其认为适当的方式进行调解。调解过程中,任何一方当事人提出终止调解或仲裁庭认为已无调解成功的可能时,仲裁庭应停止调解。

经仲裁庭调解达成和解或双方当事人自行和解的,双方当事人应签订和解协议。经调解或当事人自行达成和解协议的,当事人可以撤回仲裁请求或反请求;当事人也可以请求仲裁庭根据当事人和解协议的内容作出裁决书或制作调解书。当事人请求制作调解书的,调解书应当写明仲裁请求和当事人书面和解协议的内容,由仲裁员署名,并加盖“中国国际经济贸易仲裁委员会”印章,送达双方当事人。调解不成功的,仲裁庭应当继续进行仲裁程序并作出裁决。

当事人有调解愿望但不愿在仲裁庭主持下进行调解的,经双方当事人同意,仲裁委员会可以协助当事人以适当的方式和程序进行调解。

如果调解不成功,任何一方当事人均不得在其后的仲裁程序、司法程序和其他任何程序中援引对方当事人或仲裁庭在调解过程中曾发表的意见、提出的观点、作出的陈述、表示认同或否定的建议或主张作为其请求、答辩或反请求的依据。

当事人在仲裁程序开始之前自行达成或经调解达成和解协议的,可以依据由仲裁委员会仲裁的仲裁协议及其和解协议,请求仲裁委员会组成仲裁庭,按照和解协议的内容作出仲裁裁决。除非当事人另有约定,仲裁委员会主任指定一名独任仲裁员组成仲裁庭,按照仲裁庭认为适当的程序进行审理并作出裁决。具体程序和期限,不受本规则其他条款关于程序和期限的限制。

5. 当事人缺席

申请人无正当理由开庭时不到庭的,或在开庭审理时未经仲裁庭许可中途退庭的,可以视为撤回仲裁申请;被申请人提出反请求的,不影响仲裁庭就反请求进行审理,并作出裁决。被申请人无正当理由开庭时不到庭的,或在开庭审理时未经仲裁庭许可中途退庭的,仲裁庭可以进行缺席审理并作出裁决;被申请人提出反请求的,可以视为撤回反请求。

6. 庭审笔录

开庭审理时,仲裁庭可以制作庭审笔录及/或影音记录。仲裁庭认为必要时,可以制作庭审要点,并要求当事人及/或其代理人、证人及/或其他有关人员在庭审笔录或庭审要点上签字或盖章。庭审笔录、庭审要点和影音记录供仲裁庭查用。

7. 程序中止

当事人请求中止仲裁程序,或出现其他需要中止仲裁程序的情形的,仲裁程序可以中止。中止程序的原因消失或中止程序期满后,仲裁程序恢复进行。仲裁程序的中止及恢复,由仲裁庭决定;仲裁庭尚未组成的,由仲裁委员会秘书长决定。

8. 撤回申请和撤销案件

当事人可以撤回全部仲裁请求或全部仲裁反请求。申请人撤回全部仲裁请求的,不影响仲裁庭就被申请人的仲裁反请求进行审理和裁决。被申请人撤回全部仲裁反请求的,不影响仲裁庭就申请人的仲裁请求进行审理和裁决。因当事人自身原因致使仲裁程序不能进行的,可以视为其撤回仲裁请求。仲裁请求和反请求全部撤回的,案件撤销。在仲裁庭组成前撤销案件的,由仲裁委员会秘书长作出撤案决定;仲裁庭组成后撤销案件的,由仲裁庭作出撤案决定。撤案决定应加盖"中国国际经济贸易仲裁委员会"印章。

(二)裁决

1. 作出裁决的期限

仲裁庭应在组庭后6个月内作出裁决书。经仲裁庭请求,仲裁委员会秘书长认为确有正当理由和必要的,可以延长该期限。程序中止的期间不计入上述规定的裁决期限。

2. 裁决的作出

仲裁庭应当根据事实和合同约定,依照法律规定,参考国际惯例,公平合理、独立公正地作出裁决。当事人对于案件实体适用法有约定的,从其约定。当事人没有约定或其约定与法律强制性规定相抵触的,由仲裁庭决定案件实体的法律适用。

仲裁庭在其作出的裁决书中,应写明仲裁请求、争议事实、裁决理由、裁决结果、仲裁费用的承担、裁决的日期和地点。当事人协议不写明争议事实和裁决理由的,以及按照双方当事人和解协议的内容作出裁决书的,可以不写明争议事实和裁决理由。仲裁庭有权在裁决书中确定当事人履行裁决的具体期限及逾期履行所应承担的责任。裁决书应加盖"中国国际经济贸易仲裁委员会"印章。

由三名仲裁员组成的仲裁庭审理的案件,裁决依全体仲裁员或多数仲裁员的意见作出。少数仲裁员的书面意见应附卷,并可以附在裁决书后,该书面意见不构成裁决书的组成部分。仲裁庭不能形成多数意见时,裁决依首席仲裁员的意见作出。其他仲裁员的书面意见应附卷,并可以附在裁决书后,该书面意见不构成裁决书的组成部分。

除非裁决依首席仲裁员意见或独任仲裁员意见作出并由其署名,裁决书应由多数仲裁员署名。持有不同意见的仲裁员可以在裁决书上署名,也可以不署名。

作出裁决书的日期,即为裁决发生法律效力的日期。

裁决是终局的,对双方当事人均有约束力。任何一方当事人均不得向法院起诉,也不得向其他任何机构提出变更仲裁裁决的请求。

3. 部分裁决和补充裁决

仲裁庭认为必要或当事人提出请求经仲裁庭同意的,仲裁庭可以在作出最终裁决之前,就当事人的某些请求事项作出部分裁决。部分裁决是终局的,对双方当事人均有约束力。一方当事人不履行部分裁决,不影响仲裁程序的继续进行,也不影响仲裁庭作出最终裁决。

如果裁决书中有遗漏事项,仲裁庭可以在发出裁决书后的合理时间内自行作出补充裁决。任何一方当事人可以在收到裁决书后 30 天内以书面形式请求仲裁庭就裁决书中遗漏的事项作出补充裁决;如确有漏裁事项,仲裁庭应在收到上述书面申请后 30 天内作出补充裁决。

4. 裁决书草案的核阅和裁决书的更正

仲裁庭应在签署裁决书之前将裁决书草案提交仲裁委员会核阅。在不影响仲裁庭独立裁决的情况下,仲裁委员会可以就裁决书的有关问题提请仲裁庭注意。

仲裁庭可以在发出裁决书后的合理时间内自行以书面形式对裁决书中的书写、打印、计算上的错误或其他类似性质的错误作出更正。任何一方当事人均可以在收到裁决书后 30 天内就裁决书中的书写、打印、计算上的错误或其他类似性质的错误，书面申请仲裁庭作出更正；如确有错误，仲裁庭应在收到书面申请后30天内作出书面更正。

5. 费用承担

仲裁庭有权在裁决书中裁定当事人最终应向仲裁委员会支付的仲裁费和其他费用。仲裁庭有权根据案件的具体情况在裁决书中裁定败诉方应补偿胜诉方因办理案件而支出的合理的费用。仲裁庭裁定败诉方补偿胜诉方因办理案件而支出的费用是否合理时，应具体考虑案件的裁决结果、复杂程度、胜诉方当事人及/或代理人的实际工作量以及案件的争议金额等因素。

四、简易程序

《中国国际经济贸易仲裁委员会仲裁规则》(2012年)规定了仲裁的简易程序：除非当事人另有约定，凡争议金额不超过人民币200万元，或争议金额超过人民币200万元，但经一方当事人书面申请并征得另一方当事人书面同意的，适用简易程序；没有争议金额或争议金额不明确的，由仲裁委员会根据案件的复杂程度、涉及利益的大小以及其他有关因素综合考虑决定是否适用简易程序。

申请人提出仲裁申请，经审查可以受理并适用简易程序的，仲裁委员会秘书局应向双方当事人发出仲裁通知。

除非当事人另有约定，适用简易程序的案件，依照规定成立独任仲裁庭审理案件。

被申请人应在收到仲裁通知后20天内提交答辩书及证据材料以及其他证明文件；如有反请求，也应在此期限内提交反请求书及证据材料以及其他证明文件。申请人应在收到反请求书及其附件后20天内对被申请人的反请求提交答辩。当事人确有正当理由请求延长上述期限的，由仲裁庭决定是否延长；仲裁庭尚未组成的，由仲裁委员会秘书局作出决定。

仲裁庭可以按照其认为适当的方式审理案件；可以决定只依据当事人提交的书面材料和证据进行书面审理，也可以决定开庭审理。

对于开庭审理的案件，仲裁庭确定第一次开庭日期后，应不晚于开庭前15天将开庭日期通知双方当事人。当事人有正当理由的，可以请求延期开庭，但应于收到开庭通知后3天内提出书面延期申请；是否延期，由仲裁庭决定。当事人有正当理由未能按上述规定的期限提出延期开庭申请的，是否接受其延期申请，由仲裁庭决定。再次开庭审理的日期及延期后开庭审理日期的通知及其延期申请，不受上述期限的限制。

仲裁庭应在组庭后3个月内作出裁决书。经仲裁庭请求，仲裁委员会秘书长认为确有正当理由和必要的,可以延长该期限。程序中止的期间不计入裁决期限。

仲裁请求的变更或反请求的提出,不影响简易程序的继续进行。经变更的仲裁请求或反请求所涉争议金额分别超过人民币 200 万元的案件,除非当事人约定或仲裁庭认为有必要变更为普通程序,继续适用简易程序。

五、对涉外仲裁裁决的撤销和不予执行

在涉外仲裁机构作出裁决后,如果被申请人提出证据证明仲裁裁决符合法定情形,则人民法院可以裁定撤销或者不予执行仲裁裁决。根据《民事诉讼法》第 274 条的规定,仲裁裁决有下列情形之一的,裁定撤销或不予执行:

(1) 当事人在合同中没有订有仲裁条款或者事后没有达成书面仲裁协议的;

(2) 被申请人没有得到指定仲裁员或者进行仲裁程序的通知,或者由于其他不属于被申请人负责的原因未能陈述意见的;

(3) 仲裁庭的组成或者仲裁的程序与仲裁规则不符的;

(4) 裁决的事项不属于仲裁协议的范围或者仲裁机构无权仲裁的;

(5) 人民法院认定执行该裁决违背社会公共利益的。

在涉外仲裁裁决被人民法院裁定不予执行后,当事人双方可以自由协商,重新进行选择,既可以根据双方达成的书面仲裁协议重新申请仲裁,也可以向人民法院起诉。

六、涉外仲裁裁决的执行

(一) 对外国仲裁裁决的承认与执行

外国仲裁裁决在我国的承认与执行可以分为三种情况:

1. 承认与执行《纽约公约》缔约国作出的仲裁裁决

1986 年 12 月 2 日,第六届全国人大常委会第十八次会议决定我国加入《承认及执行外国仲裁裁决公约》(即 1958 年《纽约公约》),我国于 1987 年 1 月 22 日申请加入该《公约》,该《公约》于 1987 年 4 月 22 日起对我国生效。我国在加入该《公约》时提出互惠保留和商事保留。为了妥善地执行《公约》的规定,最高人民法院于 1987 年 4 月 10 日发出《关于执行我国加入的〈承认及执行外国仲裁裁决公约〉的通知》,主要内容如下:

第一,根据我国加入该《公约》所作的互惠保留声明,我国对在另一缔约国领土内作出的仲裁裁决的承认和执行适用该《公约》。该《公约》与我国《民事诉讼法》有不同规定的,按《公约》的规定办理。对于在非缔约国领土内作

出的仲裁裁决,需要我国法院承认和执行的,应按我国同申请人所在国缔结的其他条约或者按互惠原则办理。

第二,根据我国加入该《公约》时所作的商事保留声明,我国仅对按照我国法律属于契约性和非契约性商事法律关系所引起的争议适用该《公约》。

第三,申请我国法院承认和执行在另一缔约国领土内作出的仲裁裁决,由当事人直接向被执行人住所地或者其财产所在地中级人民法院提出申请。

第四,我国有管辖权的中级人民法院接到一方当事人请求后,应对申请及承认和执行的外国仲裁裁决进行审查,如果认为不具有该《公约》第 5 条第 1—2 款所列的情形,应当裁定承认其效力,并依照我国《民事诉讼法》规定的程序执行;如果认为具有该《公约》第 5 条第 2 款所列情形之一的,或者根据被申请人提供的证据证明具有第 5 条第 1 款所列情形之一的,应当裁定驳回申请,拒绝承认及执行。

第五,申请我国法院承认及执行的仲裁裁决,仅限于 1958 年《纽约公约》对我国生效后,在另一缔约国领土内作出的仲裁裁决。

2. 承认与执行与我国有双边条约的国家作出的仲裁裁决

在我国与一些国家订立的双边贸易、投资保护和司法协助的条约或协定中,规定有关于相互承认与执行对方国家的仲裁裁决的条文。对于在这些国家作出的仲裁裁决,可按双边条约的规定予以承认和执行。

3. 承认与执行与我国没有有关条约关系的其他国家作出的仲裁裁决

对于在与我国没有有关条约关系的其他国家作出的仲裁裁决,需要在我国领域内得到承认与执行的,应当由当事人直接向被执行人住所地或者其财产所在地中级人民法院提出申请,我国法院按照互惠原则办理。

(三)我国仲裁机构的裁决在国外的承认与执行

根据《民事诉讼法》第 280 条的规定,我国人民法院作出的发生法律效力的判决、裁定,如果被执行人或者其财产不在我国领域内,当事人请求执行的,可以由当事人直接向有管辖权的外国法院申请承认和执行,也可以由人民法院依照我国缔结或者参加的国际条约的规定,或者按照互惠原则,请求外国法院承认和执行。我国涉外仲裁机构作出的发生法律效力的仲裁裁决,当事人请求执行的,如果被执行人或者其财产不在我国领域内,应当由当事人直接向有管辖权的外国法院申请承认和执行。

当事人请求外国法院承认和执行我国法院或涉外仲裁机构生效判决时,必须提供下列文件:(1)生效的法院裁判或者仲裁机构裁决;(2)业已送达的送达回证或者其他证明文件;(3)上述文件的译本,译本须采用对方通行或者认可的文字。

此外,《民诉法意见》第320条还规定,当事人在我国领域外使用人民法院的判决书、裁定书,要求我国人民法院证明其法律效力的,以及外国法院要求我国人民法院证明判决书、裁定书的法律效力的,我国作出判决、裁定的人民法院,可以本法院的名义出具证明。

案例精选

▶【案例】①

申请执行人:深圳远洋运输股份有限公司。

被执行人:深圳船舶工业贸易公司。

申请执行人与被执行人因“橙云”轮滞期费争议申请仲裁,XXXX年12月8日经中国海事仲裁委员会作出(XX)海仲裁字第028号裁决,由于被执行人不履行,申请执行人于XXXX年2月26日向广州海事法院申请强制执行。被执行人以该裁决认定事实的主要证据不足为由,提出申辩,请求法院裁定不予执行该仲裁裁决。

广州海事法院认为,中国海事仲裁委员会是我国的涉外仲裁机构,申请执行人申请执行的仲裁裁决是我国涉外仲裁机构作出的,双方当事人之间的争议属于涉外民事案件。对我国涉外仲裁机构作出的裁决,被执行人认为法院应不予执行的,应提出证据证明该裁决具有《中华人民共和国民事诉讼法》第274条规定的情形。现被执行人提出的申辩理由不属于《中华人民共和国民事诉讼法》第274条规定情形之一,其请求本院裁定不予执行上述裁决的理由不能成立。根据《中华人民共和国民事诉讼法》的规定,裁定如下:

一、驳回被执行人深圳船舶工业贸易公司的申辩;

二、被执行人深圳船舶工业贸易公司应在本院(1998)广海法深字第28号民事通知书规定的期限内履行完毕上述裁决规定的给付义务,逾期不履行的,本院将强制执行。

评析:本案涉及法院裁定不予执行涉外仲裁裁决的情形。本案申请人申请执行的仲裁裁决是我国涉外仲裁机构作出的,虽然双方当事人都是国内企业,但双方当事人之间的争议是租船合同滞期费纠纷,所涉船舶是国际航行船舶,船舶产生滞期费的法律事实发生在外国,因此该仲裁裁决属于涉外仲裁裁决。而国内仲裁和涉外仲裁对于申请仲裁裁决的不予执行的依据是不同的。被执行人以“该裁决认定事实的主要证据不足”为由提出申辩,该申辩

① 参见http://china.findlaw.cn/info/case/hsal/93976.html,2013年3月10日最后访问。

理由不属于《民事诉讼法》第 274 条规定对涉外仲裁裁决不予执行的情形。因此,我国法院对被执行人提出的不予执行涉外仲裁裁决的理由不予认可。

思考问题

1. 涉外仲裁的概念与特征。
2. 涉外仲裁的适用范围。
3. 涉外仲裁程序的基本流程。
4. 涉外仲裁裁决的执行和不予执行的条件。

法条链接

《民事诉讼法》第 271—283 条;《民诉法意见》第 313—320 条;《仲裁法》第 65—72 条;《海事诉讼特别程序法》第 11 条;《执行规定》第 12 条;《关于执行我国加入的〈承认及执行外国仲裁裁决公约〉的通知》;《中国海事仲裁委员会仲裁规则》(2004 年版);《中国国际经济贸易仲裁委员会金融争议仲裁规则》(2008 年版);《中国国际经济贸易仲裁委员会仲裁规则》(2012 年)。

扩展阅读

1. 韩健:《涉外仲裁司法审查》,法律出版社 2006 年。
2. 宋连斌:《国际商事仲裁管辖权研究》,法律出版社 2000 年版。
3. 杨良宜:《仲裁法:从 1996 年英国仲裁法到国际商务仲裁》,法律出版社 2006 年版。
4. 于喜富:《国际商事仲裁的司法监督与协助——兼论中国的立法与司法实践》,知识产权出版社 2006 年版。
5. 赵秀文:《国际商事仲裁法(第 3 版)》,中国人民大学出版社 2012 年版。